Karsten Geisler

Adobe InDesign

Der praktische Einstieg

Rheinwerk
Design

Liebe Leserin, lieber Leser,

Adobe InDesign gilt als eines der wichtigsten Werkzeuge im Bereich des Kommunikationsdesigns. Diese umfangreiche Software zu beherrschen, ist bei jedem Grafikdesigner und jeder Kommunikationsdesignerin ein Punkt auf der To-do-Liste.

Dabei stehen Sie vor einer großen Herausforderung: Sich die Software allein anzueignen, ist nahezu unmöglich. Wie gut, dass es seit vielen Jahren dieses Einsteigerbuch von Karsten Geisler gibt, das nunmehr bereits in der 8. Auflage erschienen ist. Es nimmt Sie an die Hand und führt Sie durch die Software: Sie lernen die Benutzeroberfläche kennen sowie alle Werkzeuge und Funktionen, und zwar so praxisorientiert, dass sie in der täglichen Arbeit direkt eingesetzt werden können. Der Autor zeigt Ihnen Schritt für Schritt, wie Sie Ihre Layoutideen umsetzen, Dokumente anlegen, Musterseiten erstellen, Absatz- und Zeichenformate anwenden und Ihre Daten kompetent ausgeben. Zur 8. Auflage wurde das Buch komplett überarbeitet und neu strukturiert, da InDesign in den letzten Jahren viele Umbauten erfahren hatte. Nun finden Sie auch ein separates Kapitel, das sich mit dem Satz von umfangreichen Dokumenten beschäftigt, einer der Hauptaufgaben von Adobe InDesign.

Noch ein Hinweis zu den Praxisbeispielen des Buchs: Das benötigte Beispielmaterial finden Sie auf der Verlagswebsite unter *www.rheinwerk-verlag.de/5519*.

Wenn Sie Fragen, Anregungen oder Kritik zum Buch haben, freue ich mich über Ihre E-Mail.

Ihre Ruth Lahres
Lektorat Rheinwerk Design

ruth.lahres@rheinwerk-verlag.de
www.rheinwerk-verlag.de
Rheinwerk Verlag • Rheinwerkallee 4 • 53227 Bonn

Auf einen Blick

Wir hoffen, dass Sie Freude an diesem Buch haben und sich Ihre Erwartungen erfüllen. Ihre Anregungen und Kommentare sind uns jederzeit willkommen. Bitte bewerten Sie doch das Buch auf unserer Website unter **www.rheinwerk-verlag.de/feedback**.

An diesem Buch haben viele mitgewirkt, insbesondere:

Lektorat Ruth Lahres
Korrektorat Petra Bromand, Düsseldorf
Herstellung Maxi Beithe
Typografie und Layout Vera Brauner, Janne Brönner
Einbandgestaltung Judith Pappe
Coverfoto Shutterstock: 1469456438 © Asrostudio zul77
Satz Karsten Geisler, Hanno Elbert/rheinsatz
Druck mediaprint solutions, Paderborn

Dieses Buch wurde gesetzt aus der Linotype Syntax (9,5 pt/13,75 pt) in Adobe InDesign.
Gedruckt wurde es auf matt gestrichenem Bilderdruckpapier (115 g/m²).
Hergestellt in Deutschland.

Bibliografische Information der Deutschen Nationalbibliothek:
Die Deutsche Nationalbibliothek verzeichnet diese Publikation in der Deutschen Nationalbibliografie; detaillierte bibliografische Daten sind im Internet über *http://dnb.dnb.de* abrufbar.

ISBN 978-3-8362-8973-3

8., aktualisierte und erweiterte Auflage 2022

Informationen zu unserem Verlag und Kontaktmöglichkeiten finden Sie auf unserer Verlagswebsite **www.rheinwerk-verlag.de**. Dort können Sie sich auch umfassend über unser aktuelles Programm informieren und unsere Bücher und E-Books bestellen.

Inhalt

Seiten
Ebenen
Verknüpfungen
[Ohne]
A-Kapiteleinstieg
24-25
26-27
28 Seiten auf 15 Druckbögen
Kontur
Farbe
Stärke:
0 Pt
Farbfelder
Farbton:
%
Schwarz
C=4 M=97 Y=6 K=0
Green

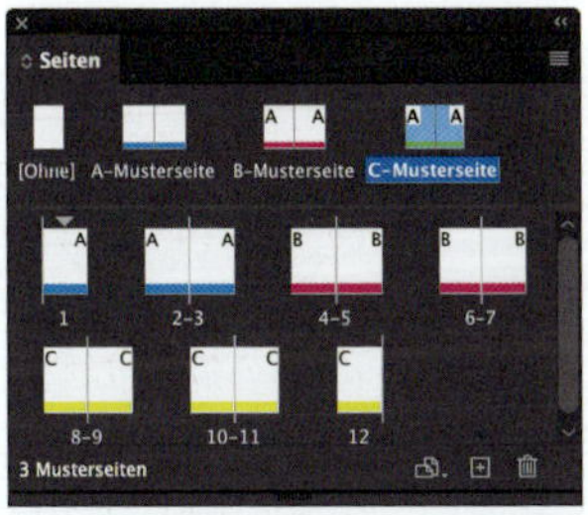

Seiten
[Ohne]
A-Musterseite
B-Musterseite
C-Musterseite
1
2-3
4-5
6-7
8-9
10-11
12
3 Musterseiten

3 Mit Text arbeiten

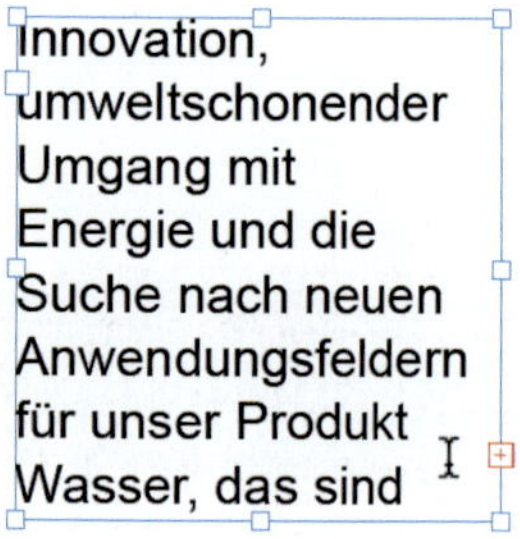

INTERVIEW
Optimis-
mus ist
kein Luxus

4 Bilder

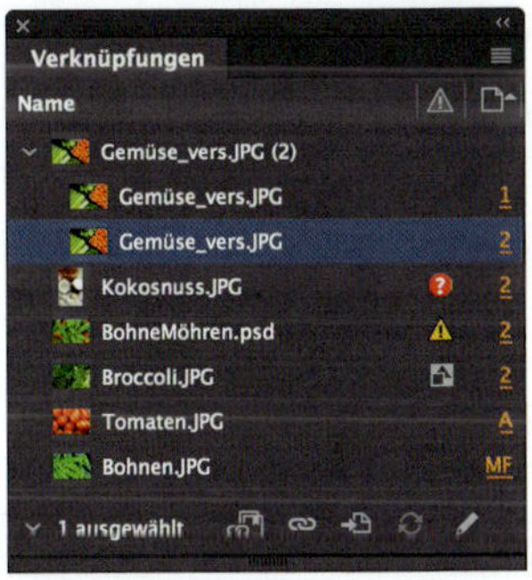
Verknüpfungen
Name
Gemüse_vers.JPG (2)
Gemüse_vers.JPG
1
Gemüse_vers.JPG
2
Kokosnuss.JPG
2
BohneMöhren.psd
2
Broccoli.JPG
2
Tomaten.JPG
A
Bohnen.JPG
MF
1 ausgewählt

5 Tabellen

Thema	Datum	Kategorie	Gebühr
Süße Suppen	13.06.	A	35,–
Herzhafte Desserts	27.06.	WE	80,–
Vorspeisen	30.06.	A*	27,50
Italienische Küche	01.07.	A	31,–
Indische Küche	03.07.	A	45,–

A: Abendkurs, Beginn 19:30 Uhr
WE: Wochenendkurs, Samstag 13–18 Uhr, Sonntag 9–13 Uhr
* Beginn 20 Uhr

6 Farben und Effekte

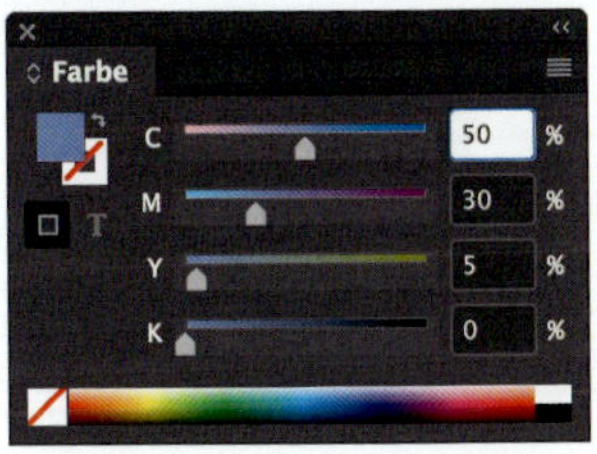

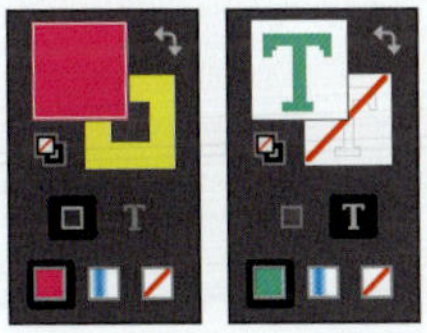

7 Pfade und Objekte

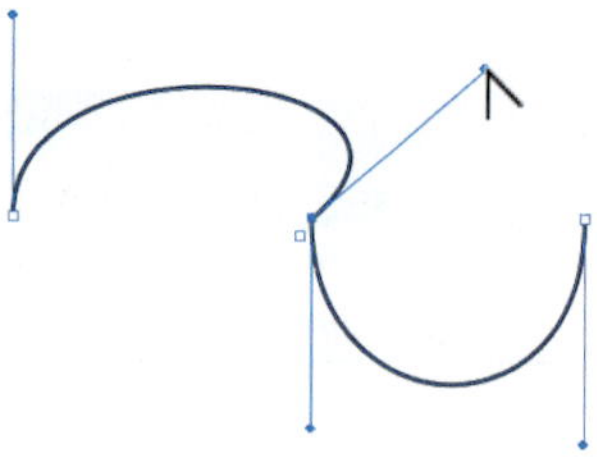

8 Praktische Hilfsmittel

9 Lange Dokumente

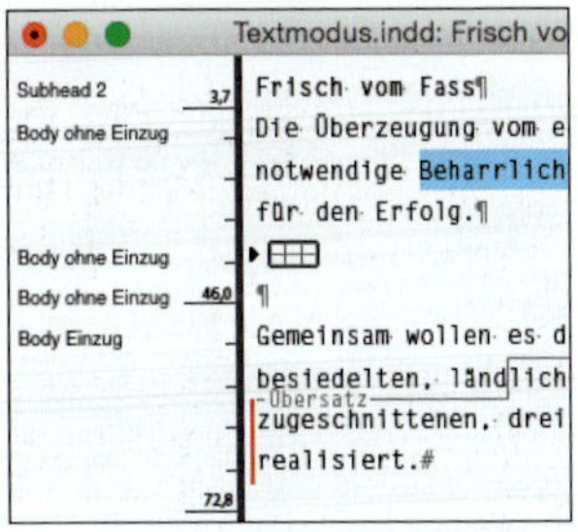

10 Digital Publishing

11 Dokumente prüfen und ausgeben

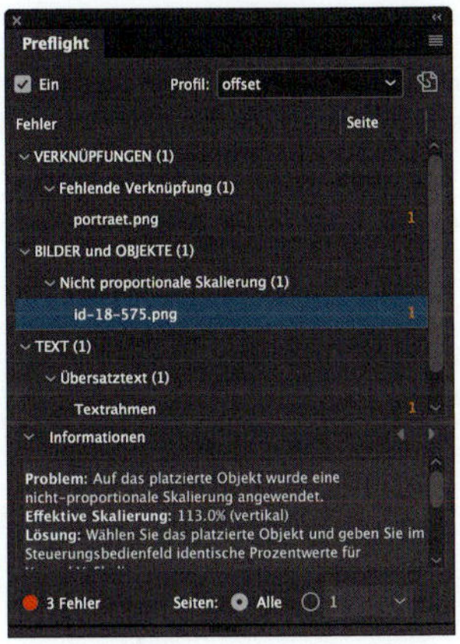
Preflight
Ein
Profil: offset
Fehler
Seite
VERKNÜPFUNGEN (1)
Fehlende Verknüpfung (1)
portraet.png
BILDER und OBJEKTE (1)
Nicht proportionale Skalierung (1)
id-18-575.png
TEXT (1)
Übersatztext (1)
Textrahmen
Informationen
Problem: Auf das platzierte Objekt wurde eine nicht-proportionale Skalierung angewendet.
Effektive Skalierung: 113.0% (vertikal)
Lösung: Wählen Sie das platzierte Objekt und geben Sie im Steuerungsbedienfeld identische Prozentwerte für
3 Fehler
Seiten: Alle 1

Vorwort

Adobe InDesign ist ein ungeheuer mächtiges Werkzeug mit einem schier überwältigenden Funktionsumfang. Dieses Buch wird Sie mit den wirklich wichtigen Funktionen und Arbeitsabläufen in InDesign – auch im Zusammenspiel mit Photoshop, Illustrator, Word und der Bridge – vertraut machen.

Neben den rein programmspezifischen Informationen habe ich den Text, die Bilder und die Workshops mit Hintergrundwissen und Tipps aus der Praxis angereichert, so dass Sie wie nebenbei einiges über Layout und Typografie, aber auch beispielsweise über Druckverfahren lernen.

Damit Sie schnell mit den grundsätzlichen Bedienkonzepten von InDesign vertraut werden, geht es in **Kapitel 1** mit der Benutzeroberfläche los. Hier finden Sie auch eine Übersicht über die wichtigsten Werkzeuge, mit denen Sie in InDesign immer wieder arbeiten werden.

Kapitel 2 beschäftigt sich mit der Grundlage, die man für jede Gestaltung in InDesign braucht: dem Dokument. Hier lernen Sie, wie Sie neue Dokumente anlegen und wie Sie Dokumente später modifizieren können, indem Sie beispielsweise neue Seiten einfügen.

Nachdem Sie gelernt haben, ein Dokument Ihren Vorstellungen entsprechend anzulegen, erfahren Sie in **Kapitel 3**, »Mit Text arbeiten«, was Sie zur professionellen Arbeit mit Text und Schrift benötigen. Es ist das umfangreichste Kapitel dieses Buches, da ich davon ausgehe, dass den größten Anteil Ihrer praktischen Arbeit die Formatierung von Text ausmachen wird.

Viele Layouts leben von der Kombination Text-Bild, weshalb wir uns in **Kapitel 4** mit Bildern beschäftigen.

Den ausgereiften Features, mit denen in InDesign Tabellen angelegt, auf effektive Weise gestaltet und Designs auf mehrere Tabellen angewendet werden können, ist **Kapitel 5** gewidmet.

In **Kapitel 6** stelle ich Ihnen die Konzepte vor, mit denen Sie Objekten Farben zuweisen können. Hier erfahren Sie auch, welches die wichtigsten Farbsysteme sind und wie Sie selbst Farben und Verläufe anlegen, einsetzen und verwalten können.

Um in InDesign freie Formen anzulegen, sind verschiedene Zeichenwerkzeuge mit an Bord. Diese Tools und viele praktische Hinweise zum Umgang mit den verschiedenen Objektarten finden Sie in **Kapitel 7**.

InDesign bietet eine ganze Reihe von überaus nützlichen Hilfsmitteln, die einem das Leben als Designer und Designerin wesentlich angenehmer machen. Diese wichtigen Features stelle ich Ihnen in **Kapitel 8** vor.

Nach den umfangreichen Grundlagen der vorangegangenen Kapitel lernen Sie in **Kapitel 9** die Funktionen kennen, die Sie bei der Arbeit mit langen Dokumenten unterstützen.

Der Schwerpunkt von **Kapitel 10** liegt in der Erstellung von E-Books. Außerdem lernen Sie hier, wie Sie ohne großen Aufwand interaktive Elemente und Animationen für die Ausgabe in PDFs direkt in InDesign erstellen können.

Zum Abschluss lernen Sie in **Kapitel 11**, wie Sie nach dem Erstellen von InDesign-Dokumenten fehlerfreie Daten für den Druck oder als E-Book ausgeben.

Da die Lesbarkeit im Deutschen unter gegenderter Sprache häufig leidet, wende ich in diesem Buch keine der bisher möglichen Schreibweisen (wie Designer*in) an. Gemeint sind selbstverständlich immer alle Geschlechter.

Bedanken möchte ich mich einmal mehr bei den Kollegen vom Rheinwerk Verlag für die tolle Zusammenarbeit. Mein besonderer Dank gilt meiner Frau Sigrun, die mich beim Schreiben dieses Buches über alle Maßen unterstützt hat.

Und nun wünsche ich Ihnen viel Spaß beim Lesen des Buches und bei der Arbeit mit Adobe InDesign!

Ihr Karsten Geisler

Beispielmaterial

Den größten Nutzen werden Sie aus dem Buch ziehen, wenn Sie die Workshops, die ich an verschiedenen Stellen eingestreut habe, direkt am Rechner nacharbeiten. Sind für diese Schritt-Anleitungen Daten verfügbar, werden diese neben dem Download-Icon ausgewiesen.

Sie können sich diese Dateien von der Website des Verlags herunterladen. Scrollen Sie auf der Katalogseite *www.rheinwerk-verlag.de/5519* bis zum Kasten »Materialien«. Bitte halten Sie Ihr Buchexemplar bereit, damit Sie die Materialien freischalten können.

1 Die Benutzeroberfläche

Lernen Sie Ihr Cockpit kennen

- Wie ist die Programmoberfläche aufgebaut?
- Wie kann ich InDesign zeitsparend bedienen?
- Welches sind die wichtigsten Werkzeuge?
- Wie kann ich die Tools nach meinen Bedürfnissen anpassen?
- Wie kann ich mit der Tastatur statt der Maus arbeiten?

1 Die Benutzeroberfläche

Um ein möglichst zügiges Arbeiten zu gewährleisten, ist es sinnvoll, sich zunächst mit der Programmoberfläche zu beschäftigen. Daher werden Sie in diesem Kapitel die wichtigsten Fenster, Bedienelemente und Werkzeuge kennenlernen.

1.1 Übersicht über die Arbeitsoberfläche

Wenn Sie das Programm nach der Installation zum ersten Mal starten und ein neues Dokument über Datei • Neu • Dokument angelegt haben, sehen Sie auf einem Macintosh etwa Folgendes:

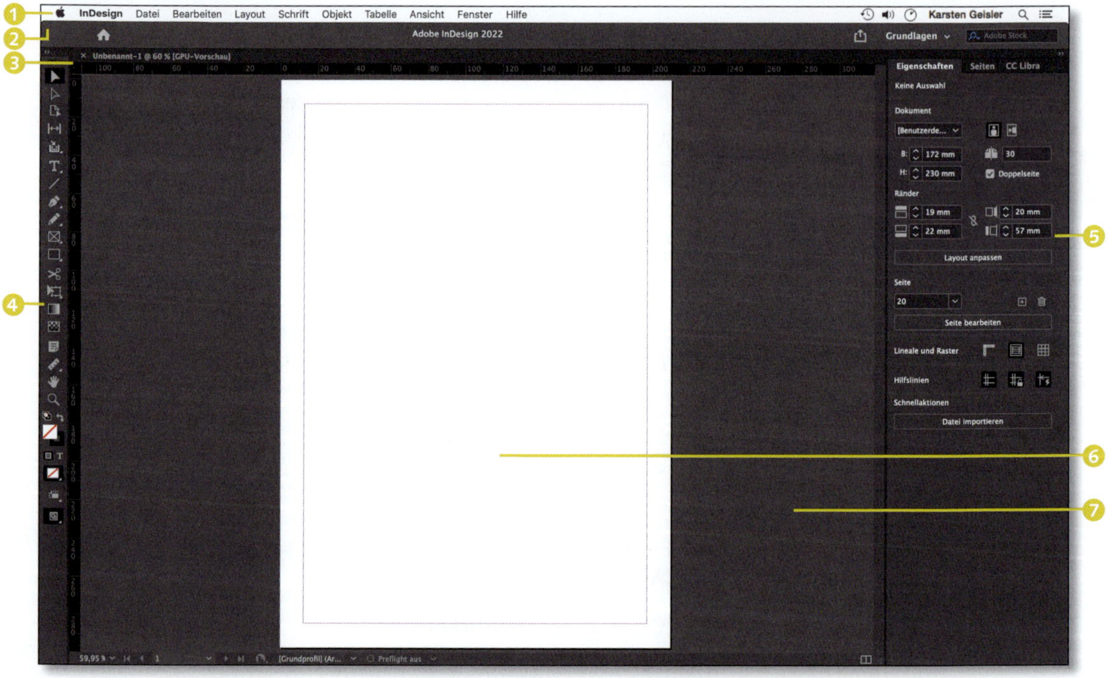

▼ **Abbildung 1.1**
Eine Fülle von Bedienelementen wartet in InDesign darauf, eingesetzt zu werden. Hier ist die InDesign-Oberfläche unter macOS zu sehen.

Wie Sie an dem nächsten Screenshot sehen können, sieht die Bedienoberfläche unter Windows fast identisch aus.

▲ **Abbildung 1.2**
Das Interface unter Windows unterscheidet sich nur unwesentlich von der Mac-Version, die Funktionen sind gleich.

Über die gesamte Monitorbreite finden Sie:

❶ Menüleiste
❷ Anwendungsleiste (nur Mac)
❸ Dokumentfenster
❹ Werkzeugleiste
❺ Bedienfelder
❻ Dokumentseite
❼ Montagefläche

Die Menüleiste bietet Zugriff auf die grundlegenden Programmfunktionen. Die Anwendungsleiste am Mac bzw. dementsprechend der rechte Bereich der Menüleiste am PC beherbergt Funktionen wie Freigeben und die Arbeitsbereiche, auf die ich im nächsten Abschnitt eingehe.

Am rechten Bildschirmrand sehen Sie über die gesamte Monitorhöhe Bedienfelder ❺. Hier ist das Bedienfeld EIGENSCHAFTEN aufgeklappt. Im Bedienfeld sehen Sie oben neben dem Reiter mit der Bezeichnung des sichtbaren Fensters noch die beiden Reiter für SEITEN und CC LIBRARIES. Im Dokumentfenster ❷ mit dem Titel des aktiven Dokuments wird die aktive InDesign-Datei dargestellt. Der Bereich, auf dem gelayoutet wird, ist die eigentliche Dokumentseite ❻. Elemente, die noch nicht oder nicht mehr im Layout verwendet werden, können auf der Montagefläche abgelegt werden ❼.

Das Mac-Menü »InDesign«

Die Befehle des Menüs INDESIGN der Mac-Version sind in der Windows-Version im BEARBEITEN-Menü hinterlegt. Das sind z. B. die Voreinstellungen, mit denen das grundsätzliche Verhalten von InDesign den eigenen Bedürfnissen angepasst werden kann.

Freigeben, Arbeitsbereiche und Suchfunktion

Am rechten Bildschirmrand sehen Sie die drei Funktionen Freigeben ①, Arbeitsbereiche ② und die Suche ③.

Abbildung 1.3 ►
Hier können Sie Dokumente online stellen, Arbeitsbereiche wählen und Suchanfragen stellen.

Wenn Sie ein Layout weitergeben oder über PUBLISH ONLINE online verfügbar machen möchten, öffnen Sie mit dem FREIGEBEN-Button ① ein Menü mit entsprechenden Optionen (siehe Abbildung 1.4). Diese Funktion ist für schnelle Interaktionen mit Kunden und Kollegen gedacht.

Interessanter in diesem Bereich ist die Möglichkeit, sich eigene Arbeitsbereiche ② zusammenzustellen. Dabei können Sie die Anordnung von Bedienfeldern und die Anzahl von angezeigten Menüeinträgen ganz nach Ihren Bedürfnissen speichern und je nach Tätigkeit wieder aktivieren.

▲ Abbildung 1.4
Auch ein Verpacken und Weitergeben ist unter dem Punkt FREIGEBEN möglich.

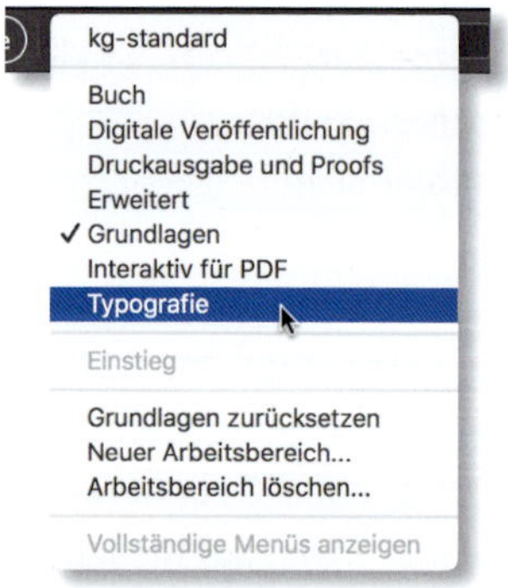

◄ Abbildung 1.5
Über ein Menü können Sie verschiedene Arbeitsoberflächen, sogenannte Arbeitsbereiche, wählen.

Für die Reinzeichnung, also die Vorbereitung eines Layouts für die Übergabe an eine Druckerei, benötigen Sie beispielsweise andere Bedienfelder als zur Formatierung von Text. Für beide Arbeitsschwerpunkte ist jeweils eine optimierte Arbeitsumgebung vorinstalliert: DRUCKAUSGABE UND PROOFS bzw. TYPOGRAFIE (siehe Abbildung 1.5). Probieren Sie beide einfach aus. Für den Einstieg ist die Umgebung GRUNDLAGEN durchaus praktikabel, weshalb Sie anschließend wieder zu diesem Arbeitsbereich zurückkehren sollten. Der Einsatz verschiedener Arbeitsbereiche ist allerdings optional, viel wichtiger ist das Verständnis der zahlreichen Fenster, auf die ich im nächsten Abschnitt genauer eingehe.

Am rechten Bildschirmrand ist ein Such-Eingabefeld ❸ positioniert, mit dessen Hilfe Sie das Adobe-eigene Angebot an Layoutmaterial auf *stock.adobe.com* oder die Online-Hilfe auf *helpx.adobe.com* durchsuchen können. Mit einem Klick auf die Lupe können Sie zwischen diesen Optionen hin- und herschalten. Bei beiden Funktionen wird Ihr Standardbrowser geöffnet und die Suchergebnisse zu Ihren eingetragenen Suchbegriffen werden Ihnen direkt präsentiert. Für Adobe Stock und die Adobe-Hilfe müssen Sie online sein.

Über Adobe Stock haben Sie aus InDesign direkten Zugriff auf kostenpflichtige Bilder, Grafiken und Videos. Zum Layouten können Sie zunächst kostenfreie Vorschaubilder einsetzen und erst nach Abstimmung mit dem Kunden Lizenzen erwerben. Die Lizenzhöhe richtet sich bei Adobe Stock nach dem Nutzungsumfang.

Bei der Suche mit der Adobe-Hilfe werden Ihnen nach der Eingabe eines Suchbegriffs auch Ergebnisse aus Hilfeseiten der anderen Adobe-Programme im Browser angezeigt. Der Nutzen dieser Funktion ist daher doch eher eingeschränkt. Schauen Sie sich daher unbedingt das offizielle InDesign-Handbuch von Adobe an, das Sie online unter *https://helpx.adobe.com/de/indesign/user-guide.html* finden. Speichern Sie sich den Link als Lesezeichen in Ihrem Browser ab, damit Sie jederzeit wieder darauf zugreifen können.

1.2 Handling von Bedienfeldern

Schauen wir uns jetzt an, wie Sie die etwa 60 Bedienfelder, die Sie über das Menü FENSTER ein- bzw. ausblenden, in InDesign organisieren können. In diesen Fenstern haben Sie Zugriff auf viele zentrale Funktionen, die Sie nicht in den Menüs finden. Daher spielt die Verwendung von Bedienfeldern in einem Programm wie InDesign eine zentrale Rolle. Es gibt eine Reihe von Vorgehensweisen, die Sie kennen sollten, damit diese Fenster Ihnen genau das anzeigen, was Sie gerade benötigen.

Multiple Choice

Eine besondere Stellung nehmen die Schrift-Bedienfelder ein: Sie sind nämlich nicht nur unter FENSTER • SCHRIFT UND TABELLEN zu finden, sondern auch im Menü SCHRIFT.

Erscheinungsformen

Sie können sich Bedienfelder in vier verschiedenen Varianten anzeigen lassen. Nach dem ersten Start von InDesign sehen Sie am rechten Bildschirmrand ein sogenanntes Dock ❶. In diesem sind Bedienfelder als Schaltflächen sichtbar. Wird der Cursor auf eine der Seiten eines Docks positioniert, kann das Dock in der Breite geändert ❷ und platzsparend bis auf die Icons zusammengeschoben werden ❸. Wird ein Button gedrückt ❻, klappt das Bedienfeld zur Seite auf ❹. Denselben Effekt hat auch die Eingabe des jeweiligen Fenster-Tastenkürzels. Für das SEITEN-Bedienfeld wäre dies F12.

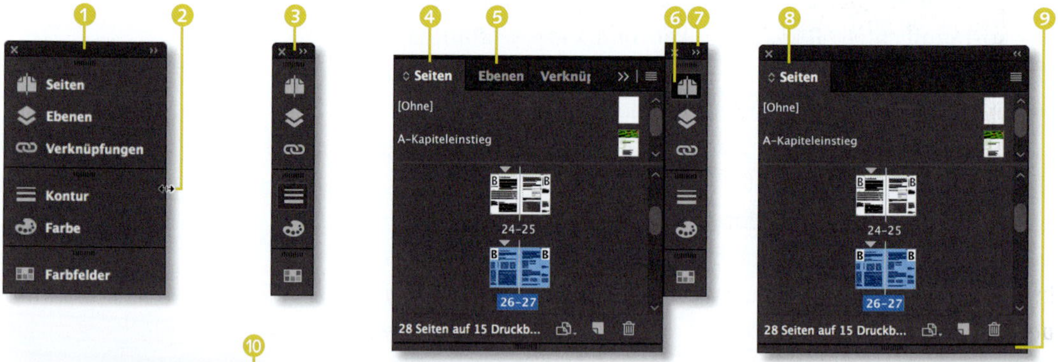

▲ **Abbildung 1.6**
Bedienfelder lassen sich in InDesign äußerst flexibel kombinieren und darstellen.

Ist das Bedienfeld Teil einer Bedienfeldgruppe, werden die anderen Bedienfelder derselben Gruppe als Registerkarte dargestellt ❺. Bedienfelder können an ihren Registerkarten ❽ aus einer Gruppe gelöst werden und sind dann frei auf dem Bildschirm positionierbar. Wird der Doppelpfeil ❼ in der Titelleiste eines Docks betätigt, klappen sich alle Bedienfeldgruppen und die einzelnen Bedienfelder aus ❿. Diese sogenannten Bedienfeldstapel können mit einem erneuten Klick auf denselben Button wieder auf die Symbole verkleinert werden.

Wird das Tastenkürzel eines der Bedienfelder betätigt, die im Bedienfeldstapel gruppiert sind, blendet sich der gesamte Stapel aus. Durch dieses Ein- und Ausblenden von ganzen Bedienfeldstapeln mittels Tastenkürzeln können Sie sehr zügig bei Bedarf die gewünschten Funktionen einblenden und anschließend wieder für eine aufgeräumte Bedienoberfläche sorgen. Dasselbe gilt auch für Bedienfeldgruppen. In diesem Vorgehen liegt für mich ein besonderer Vorteil gegenüber dem Einsatz von Arbeitsbereichen, auf die Sie ausschließlich über das entsprechende Menü Zugriff haben und nicht über Tastenkürzel.

Einige Bedienfelder, wie das SEITEN-Bedienfeld, lassen sich über einen Anfasser ⑨ beliebig in der Höhe und Breite verändern. Alle Bedienfelder lassen sich durch einen wiederholten Doppelklick auf die Registerkarte mit dem Bedienfeldnamen ⑪ in drei Größen darstellen:

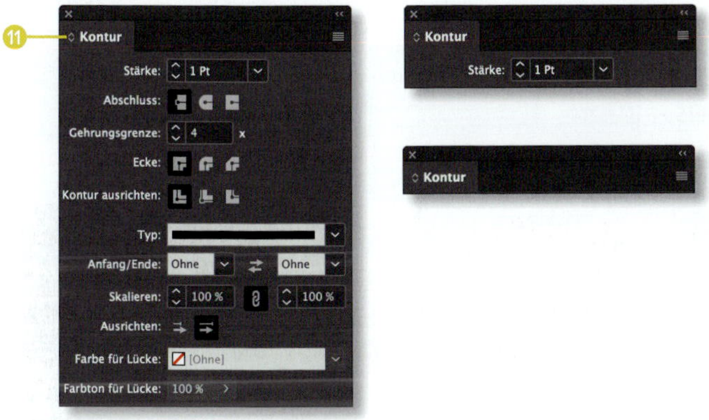

◂ **Abbildung 1.7**
Die meisten Bedienfelder lassen sich in drei verschiedenen Größen darstellen.

InDesign behält die Konfiguration Ihrer Bedienfelder beim Beenden des Programms bei, Sie brauchen daher diese Schritte zum Optimieren Ihrer individuellen Programmoberfläche beim nächsten Programmstart nicht zu wiederholen.

Bedienfelder neu gruppieren

Bedienfelder können Sie nach Ihren Bedürfnissen selbst neu gruppieren. Dafür ziehen Sie sie an den Registerkarten bzw. den Bedienfeldtitelleisten ⑫. Wenn Sie ein Bedienfeld auf oder neben eine Registerkarte eines anderen bewegen, erhält das Zielbedienfeld eine blaue Färbung ⑬: Lassen Sie dann los, sind beide zu einer Bedienfeldgruppe arrangiert ⑭.

▾ **Abbildung 1.8**
Zwei separate Bedienfelder werden zu einer Bedienfeldgruppe zusammengeführt.

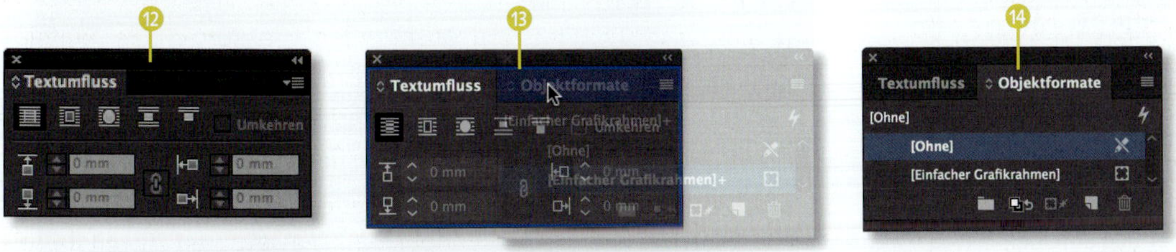

Möchten Sie aus zwei einzelnen Bedienfeldern ❶ einen Bedienfeldstapel machen, brauchen Sie nur das eine Bedienfeld von unten an das andere heranzuführen ❷. Wenn sich dabei dann ein blauer Rand einblendet, können Sie das Bedienfeld loslassen – schon sorgt der Bedienfeldstapel für Übersicht ❸. Einen solchen Bedienfeldstapel können Sie dann am gemeinsamen oberen Rand anfassen und beliebig positionieren.

▼ Abbildung 1.9
Hier werden die Bedienfelder zu einem Bedienfeldstapel organisiert.

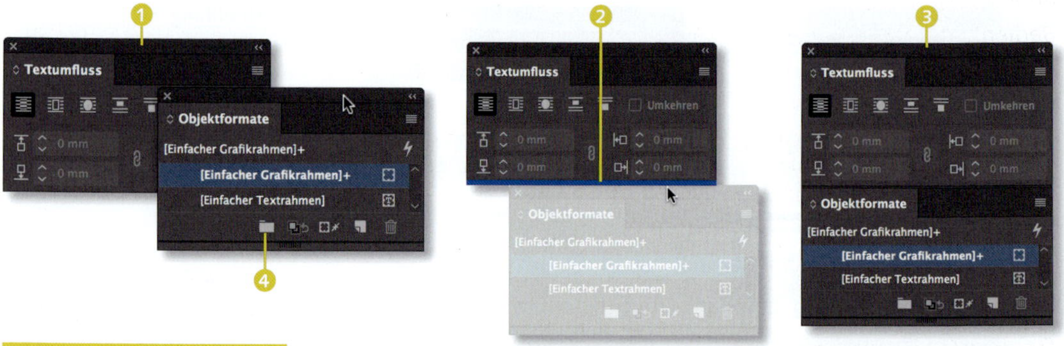

Ordner in Bedienfeldern

Wenn Listen in Bedienfeldern aufgrund ihrer Länge unübersichtlich werden, können Sie diese durch Anlegen von Gruppen mit einem Klick auf das Ordnersymbol des Bedienfeldmenüs ❹ strukturieren. Allerdings ist es häufig einfacher, zunächst die gewünschten Elemente in der Liste auszuwählen und einen Befehl wie Neue Gruppe aus Formaten… über das Bedienfeldmenü aufzurufen.

Bedienfelder, Bedienfeldgruppen und -stapel sowie die Werkzeugleiste können Sie außerdem auch an den seitlichen Bildschirmrändern andocken lassen.

Bedienfelder ausblenden

Über Bearbeiten/InDesign • Voreinstellungen • Benutzeroberfläche lässt sich die sehr nützliche Option Bedienfelder automatisch auf Symbole minimieren ❺ aktivieren.

Abbildung 1.10 ▸
In den Voreinstellungen steuern Sie das Verhalten der Bedienfelder.

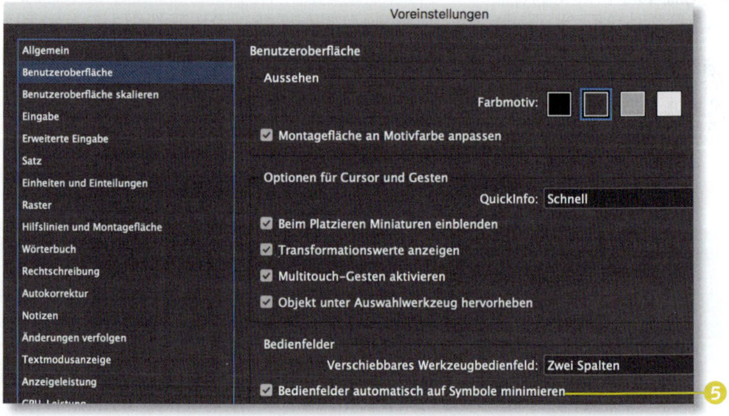

Die Aktivierung dieser Option hat zur Folge, dass ein Bedienfeldsymbol, das sich durch Anklicken zur normalen Bedienfeldgröße vergrößert hat, direkt wieder auf Symbolgröße zusammenklappt, wenn im Layout weitergearbeitet wird. Diese Funktion beschränkt sich dabei auf Bedienfelder, die als Schaltflächen oder Symbole dargestellt werden. Alle anderen frei positionierbaren Bedienfelder oder Bedienfeldgruppen bleiben von dieser Funktion unberührt. Es kann beispielsweise sinnvoll sein, dass das Seiten-Bedienfeld immer eingeblendet ist, das Kontur-Bedienfeld aber nur bei Bedarf mit einem Klick auf das Symbol aufgerufen wird und sich direkt nach seinem Gebrauch wieder verkleinert.

Möchten Sie alle Bedienfelder ausblenden, genügt ein Druck auf die ⇥-Taste. Sollen alle bis auf die zentralen Bedienfelder Anwendungsleiste, Steuerung-Bedienfeld und Werkzeugleiste ausgeblendet werden, halten Sie zusätzlich die ⇧-Taste gedrückt.

Grauwert der Bedienoberfläche ändern

In den Voreinstellungen können Sie im Bereich Benutzeroberfläche auch die Helligkeit der Bedienelemente sowie das Aussehen der Montagefläche Ihren Wünschen anpassen. Die Darstellung der Montagefläche lässt sich auch über Ansicht • Montagefläche an Motivfarbe anpassen ändern.

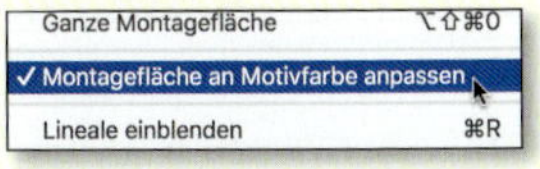

Bedienfeldmenüs

Am rechten Rand neben den Registerkarten finden Sie bei allen Bedienfeldern Menüs 6, die sich durch einen Klick öffnen lassen. In diesen Bedienfeldmenüs sind viele wichtige Befehle hinterlegt, die häufig nur hier und nicht über die Programm-Menüleiste anzuwählen sind: Zeichenformate können Sie beispielsweise nur innerhalb des Zeichenformate-Bedienfelds aus anderen InDesign-Dokumenten laden, nicht aber über die Menüleiste:

Elemente in der CC Library speichern

Ein anderer Button, der Ihnen immer wieder begegnen wird, ist links der Button 7, mit dem Sie Elemente aus dem jeweiligen Bedienfeld in Ihre CC Library speichern können. Mit Hilfe dieser Cloud-Funktion können Sie eine Reihe von Gestaltungselementen über Dokumente, Programme und Rechner verteilen.

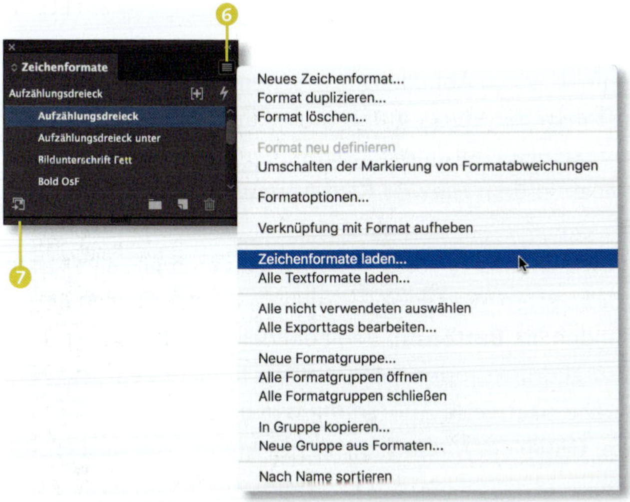

◂ **Abbildung 1.11**
Viele Bedienfelder verfügen über eigene Menüs, in denen meist wichtige Funktionen hinterlegt sind.

Werte und Optionen ändern

Am folgenden Screenshot des Eigenschaften-Bedienfelds, für das ich einfach ein DIN-A4-Dokument mit den voreingestellten Werten erstellt habe, möchte ich Ihnen die verschiedenen Bedienelemente zeigen, mit denen Sie Werte und Optionen nach Ihren Vorstellungen ändern können.

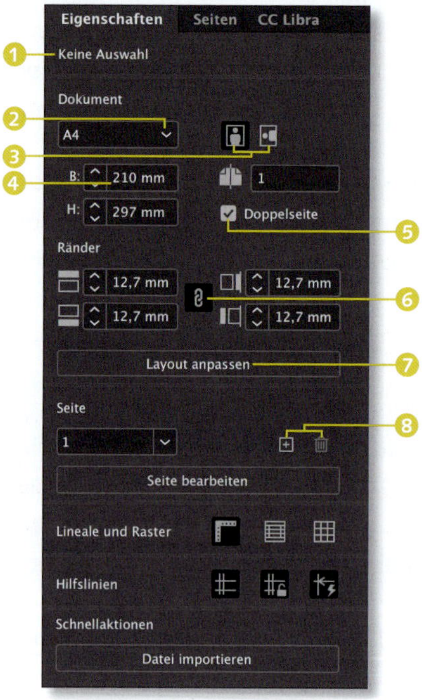

Abbildung 1.12 ▸
Werte und Optionen der Bedienelemente am Beispiel des Eigenschaften-Bedienfelds

Die Angaben zum aktuellen Dokument innerhalb des Eigenschaften-Bedienfelds wie in Abbildung 1.12 sehen Sie immer dann bzw. nur, wenn Sie weder etwas in Ihrem Dokument markiert haben noch den Textcursor in einem Textrahmen stehen haben. Dies sehen Sie auch in dem Hinweis Keine Auswahl ① ganz oben im Bedienfeld.

- In **Pulldown-Menüs** ② können Sie wie gewohnt aus einer Liste mit vordefinierten Werten auswählen.
- Häufig finden Sie **Buttons** in Bedienfeldern, die entweder aktiviert, also gedrückt, oder deaktiviert, d.h. nicht gedrückt sein können. Die paarweise Anordnung wie hier bei der Seitenorientierung (Hoch- bzw. Querformat) ③ kommt nur ausnahmsweise vor.

- In **Eingabefeldern** wie etwa bei der Dokumentbreite ❹ können Sie den Wert einfach überschreiben. Darüber hinaus gibt es ein paar Tricks, wie Sie bei Bedarf noch effektiver vorgehen können. Nachdem Sie den Cursor in ein Eingabefeld platziert haben, können Sie auch einfach die [▲]/[▼]-Tasten auf Ihrer Tastatur verwenden, um Werte zu vergrößern oder zu verkleinern. Diese Änderungen können Sie auch in glatten 10er-Schritten vornehmen: Halten Sie dafür einfach die [⇧]-Taste gedrückt. Innerhalb von Bedienfeldern und Dialogboxen können Sie mit der Texteinfügemarke schnell in das nächste Eingabefeld springen, indem Sie die [⇥]-Taste betätigen. Die [⇥]+[⇧]-Taste bewegt den Cursor in das vorige Eingabefeld. Probieren Sie diese Tastenkombination unbedingt einmal aus, Sie werden sie häufig benötigen.
- Aktivierte Optionen können auch mit einem **Häkchen** ❺ gekennzeichnet sein. Deaktivieren Sie ein solches Feld, wird es einfach als leeres Kästchen gezeigt.
- Bei geschlossenem **Verkettungssymbol** ❻ wird der eingegebene Wert ebenfalls auf die anderen Eingabefelder (hier: Rand oben/unten/innen/außen) angewendet. Ein Klick auf den Verkettungs-Button ändert den Status der Verkettung: Dann können Sie auch voneinander unabhängige Werte in die Felder eintragen.
- Achten Sie auch auf die diversen **Buttons** ❼. Ein Klick darauf öffnet Ihnen ein weiteres Fenster, in dem Sie weitere Einstellungen vornehmen können. Ein solches zusätzliches Fenster finden Sie auch über die verschiedenen Menüs, aber die Möglichkeit, dieses direkt über das EIGENSCHAFTEN-Bedienfeld aufzurufen, ist schon enorm benutzerfreundlich.

1.3 Kontextmenüs

Ein äußerst hilfreiches Konzept zum Aufruf von Menüeinträgen kennen Sie möglicherweise aus anderen Anwendungen: das Kontextmenü. Diese Bezeichnung deutet auf seine Besonderheit hin: Es reagiert auf den Kontext, in dem es – mittels eines Rechtsklicks – aufgerufen wird. Arbeiten Sie an einem Mac ohne Mehrtastenmaus, wird das Kontextmenü durch einen [ctrl]-Klick aufgerufen.

Grundrechenarten

In Eingabefeldern können Sie mit +, −, * und / die Grundrechenarten anwenden: Möchten Sie z. B. die Schriftgröße eines markierten Textes verdoppeln, reicht die Eingabe von *2 im entsprechenden Eingabefeld. Das Ergebnis wird Ihnen nach Drücken der [⇥]- bzw. [↵]-Taste angezeigt und direkt angewendet.

Standardfunktionen

In Bedienfeldern, in denen Sie selber ein Element – wie hier eine Seite bzw. mehrere Seiten – hinzufügen können, sehen Sie paarweise einen Plus- und einen Mülleimer-Button ❽. Sie ahnen es: Mit einem Klick auf den Plus-Button fügen Sie Ihrem Dokument eine Seite hinzu, mit einem Klick auf den Mülleimer löschen Sie eine Seite. Ein Klick bei gedrückter [alt]-Taste auf den Plus-Button blendet Ihnen praktische Zusatzoptionen ein. An dieser Stelle können Sie dann statt einer auch direkt mehrere Seiten hinzufügen und weitere Einstellungen vornehmen.

▲ **Abbildung 1.13**
Das Kontextmenü bei markiertem Text ist äußerst umfangreich und bietet mit einem Klick zentrale textspezifische Befehle an.

▲ **Abbildung 1.14**
Nicht InDesign-typisch, dennoch einen Blick wert: die Menüs

Die Kontextmenüs zeigen Ihnen eine sinnvolle Auswahl verfügbarer Befehle: Rufen Sie das Kontextmenü bei aktivem Textwerkzeug innerhalb eines Textrahmens auf, werden Ihnen textspezifische Befehle wie die RECHTSCHREIBPRÜFUNG und vieles andere angeboten (siehe Abbildung 1.13).

Ist gerade nichts auf der Seite markiert und wird dann das Kontextmenü aufgerufen, haben Sie schnellen Zugriff auf die ANZEIGEOPTIONEN bezüglich Vergrößerung des Dokuments und Sichtbarkeit von Linealen u. Ä. Dieses Konzept, bei dem InDesign eine Auswahl an Funktionen präsentiert, sehen Sie auch in den Menüs und insbesondere im EIGENSCHAFTEN-Bedienfeld.

1.4 Die Menüs

Lassen Sie uns an dieser Stelle noch einen Blick auf den Aufbau von Menüs werfen, auch wenn Struktur und Funktion kein besonderes Merkmal von InDesign sind, sondern in allen Programmen grundsätzlich gleich aufgebaut sind.

In einem aufgeklappten Menü gibt es verschiedene Arten von Menüeinträgen: den einfachen Befehl ❶, ein Untermenü ❸ und den Aufruf eines Dialogfelds ❹ bzw. eines Bedienfeldes.

Ein Befehl kann immer dann angewählt werden, wenn InDesign registriert, dass dieser überhaupt ausführbar ist. Somit reagiert auch das Menü dynamisch auf markierte Objekte und auf die letzten ausgeführten Aktionen. Im Beispiel hatte ich zuletzt den Befehl ELEMENT VERSCHIEBEN ausgeführt, was InDesign hinter dem Eintrag RÜCKGÄNGIG ❶ anzeigt. Ist ein Menüeintrag nicht verfügbar, wird er ausgegraut dargestellt. Für den Screenshot links war kein Objekt markiert, weshalb etwa der Befehl AUSSCHNEIDEN ❷ nicht anwählbar ist.

Tastenkürzel

Am rechten Rand eines Menüeintrags finden Sie das Tastenkürzel, mit dem Sie den entsprechenden Befehl über die Tastatur ausführen können. Mit der Tastatur lässt es sich wesentlich schneller als mit der Maus arbeiten. Lernen Sie daher die Tastenkürzel, die hinter den Menüeinträgen hinterlegt sind! Zumindest die Shortcuts der Befehle, die Sie immer und immer wieder benutzen: Auf lange Sicht werden Sie durch die Anwendung der Tastenkürzel nicht nur richtig viel Zeit sparen, sondern Sie werden Ihre kreative Arbeit flüssiger erledigen. Vermutlich werden Sie überrascht sein, wie schnell sich Ihre Hände die Kurzbefehle merken: Nach einigen Ausführungen derselben Kürzel gehen sie Ihnen in Fleisch und Blut über, so dass Sie sich bald gar nicht mehr bewusst an die zum Teil komplexen Tastenkombinationen erinnern müssen!

alt+⇧+Strg+V/
alt+⇧+⌘+V
Ein Buchstabe und drei Zusatztasten sind das Maximum der Tastenkombinationen, die sich Ihre Muskeln nach wiederholtem Anwenden wie von selbst merken. (Mit dem obigen Kürzel wird der Befehl An Originalposition einfügen aufgerufen.)

1.5 Das Eigenschaften-Bedienfeld

Das Bedienfeld Eigenschaften, das Ihnen beim ersten Start von InDesign am rechten Bildschirmrand über die gesamte Bildschirmhöhe eingeblendet wird, nimmt eine Sonderstellung innerhalb der etwa sechzig verschiedenen Bedienfelder ein. Während alle anderen Bedienfelder sozusagen Spezialisten sind und Ihnen immer Sets von feststehenden Informationen – etwa zur verwendeten Schrift oder Elementen wie Absatzformaten – liefern, zeigt Ihnen das Eigenschaften-Bedienfeld verschiedenste Informationen an. Die Informationen, die Ihnen hier eingeblendet werden, hängen dabei von zwei Faktoren ab.

1. Es werden Ihnen – solange Sie kein Objekt markiert haben 5 bzw. den Textcursor nicht in einem Text positioniert haben (Abbildung 1.15) – allgemeine Informationen zum gerade geöffneten Dokument angezeigt. Die Angaben in den verschiedenen Anzeigebereichen können Sie bei Bedarf direkt hier ändern. Das Eigenschaften-Bedienfeld ist dabei nur eine von mehreren Stellen, an denen Sie die diversen Werte einstellen können, bietet aber einen guten Überblick.
2. InDesign reagiert auf das, was Sie gerade gewählt haben, und zeigt Ihnen – genau wie beim Kontextmenü – die Funktionen und Optionen an, die zu ihrer Auswahl passen. Diese kontextabhängige Oberfläche des Eigenschaften-Bedienfeldes ist enorm bedienungsfreundlich, weil Sie hierdurch bei vielen Arbeitsschritten gar keinen Zugriff auf die spezialisierten Fenster benötigen.

Diese variable Oberfläche und eine weitere Besonderheit des Eigenschaften-Bedienfeldes schauen wir uns nun an.

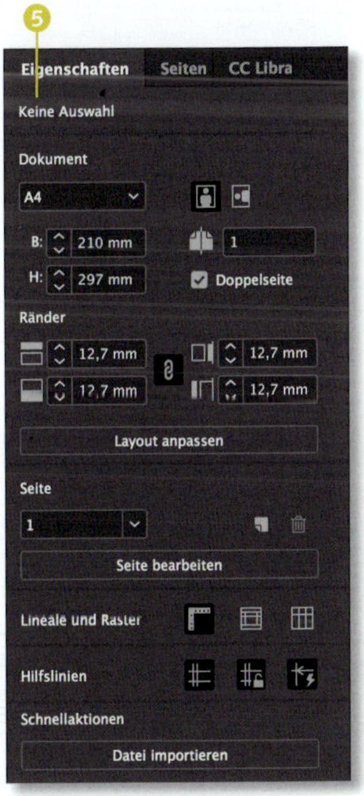

▲ **Abbildung 1.15**
Solange Sie nichts markiert haben, liefert das Eigenschaften-Bedienfeld eine Reihe von grundlegenden Informationen über das geöffnete InDesign-Dokument.

Abbildung 1.16 ▲▶
Hier sehen Sie die Anzeigen, wenn ein Rahmen (links und Mitte) oder ein Textrahmen (rechts) markiert ist.

Abhängig davon, welches Objekt Sie mit dem Cursor markiert haben, werden Ihnen also unterschiedliche Einstellungsmöglichkeiten angezeigt: Wenn Sie beispielsweise einen einfachen Rahmen markiert haben 1, werden dessen individuelle Eigenschaften angezeigt.

Im unteren Bereich des Eigenschaften-Bedienfelds finden Sie Funktionen wie in diesem Fall die Ausrichten-Funktionen 2. Auch diese Funktionen sind abhängig vom gewählten Objekt bzw. den gewählten Objekten. Wenn Sie nämlich mehrere Objekte angewählt haben, könnten Sie diese durch Klicken der entsprechenden Buttons aneinander ausrichten.

In einigen Bereichen des EIGENSCHAFTEN-Bedienfelds sehen Sie rechts unten drei Punkte (3), eine weitere Besonderheit dieses wichtigen Fensters. Mit einem Klick darauf blenden Sie sich weitere Optionen des jeweiligen Bereiches ein. Im Screenshot sehen Sie hier daher weitere Optionen zur Transformation des markierten Rahmens (4). Im weiteren Verlauf dieses Buches werden Sie häufig die kompletten Anzeigen zu den jeweiligen Infobereichen sehen – dann habe ich zuvor auf diesen Button geklickt, um eben die weitergehenden Informationen zu Objekten zu erhalten.

Im rechten Screenshot der Abbildung 1.16 sehen Sie, wie sich die eingeblendeten Informationen des EIGENSCHAFTEN-Bedienfelds ändern, wenn statt eines gewöhnlichen Rahmens ein Textrahmen markiert ist (5). Es werden Ihnen nun automatisch im unteren Bereich des EIGENSCHAFTEN-Bedienfelds Informationen zum verwendeten Textformat, zu Zeichen- und Absatzdetails angezeigt. Häufig reichen diese eher allgemeineren Anzeigen jedoch noch nicht aus. Dann können Sie sich auch hier wieder weitere Informationen anzeigen lassen, indem Sie in den verschiedenen Bereichen unten rechts auf die Buttons mit den drei Punkten klicken.

Da InDesign die Bedienfelder, die Sie sich anzeigen lassen, samt den jeweiligen aus- bzw. eingeblendeten Optionen speichert, sieht das Programm beim nächsten Start wieder so aus wie beim letzten Beenden des Programms. Mit der Zeit werden Sie ein Gefühl dafür bekommen, welche Einstellungen Sie wo machen können und welche Anzeigen Sie auf Ihrem Monitor am häufigsten benötigen. Das EIGENSCHAFTEN-Bedienfeld sollten Sie aufgrund des sehr bedienungsfreundlichen Konzeptes praktisch immer eingeblendet lassen.

Häufig benötigte Befehle

Immer wieder werden Sie aber auch feststellen, dass Ihnen die im EIGENSCHAFTEN-Bedienfeld angebotenen grundlegenden Angaben und Optionen eines Bereichs noch nicht ausreichen. In diesen Fällen rufen Sie sich das jeweilige Bedienfeld über das FENSTER-Menü auf.

1.6 Die Werkzeugleiste

Alle InDesign-Werkzeuge sind in der Werkzeugleiste (oder Toolbox) zusammengefasst. Sie wird standardmäßig in einer Spalte angezeigt und befindet sich am linken Monitorrand. Die Werkzeugleiste können Sie wie alle Bedienfelder frei auf dem Monitor positionieren, indem Sie sie an der Griffleiste (1) anklicken und ziehen. Wenn Sie die Werkzeugleiste wieder zurück an den Bildschirmrand bewegen, erscheint eine blaue Linie: Damit wird der Andockbereich markiert. Lassen Sie dann die Werkzeugleiste los, dockt sie wie von Magneten gezogen am Bildschirmrand an.

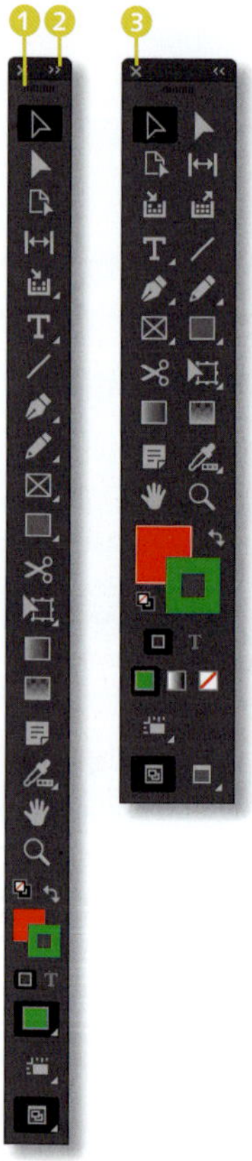

▲ **Abbildung 1.17**
Sie haben die Wahl zwischen drei verschiedenen Darstellungen: Vertikal einspaltig, vertikal zweispaltig und horizontal.

Ein Klick auf den Doppelpfeil (2) schaltet zwischen drei möglichen Darstellungen der Werkzeugleiste hin und her, wobei die horizontale Darstellung nur bei abgedockter Werkzeugleiste zur Verfügung steht. Erwartungsgemäß schließt ein Klick auf das kleine x (3) das Bedienfeld. Die Werkzeuge können Sie sich dann über FENSTER • WERKZEUGE auf den Bildschirm zurückholen.

Beachten Sie auch das kleine Dreieck am Rand einiger Werkzeuge, beispielsweise des Textwerkzeugs: Klicken Sie darauf, werden Ihnen alternative Werkzeuge angezeigt.

Lassen Sie uns die Werkzeuge, die Sie bei der täglichen Arbeit mit InDesign verwenden werden, der Reihe nach ansehen. Die wichtigsten werden Ihnen innerhalb dieses Buches immer wieder begegnen und später im Detail besprochen.

Tastenkürzel

Versuchen Sie, sich die Tastenkürzel der wichtigsten Tools zu merken. Sie werden mit der Zeit wesentlich flüssiger arbeiten, wenn Sie nur ausnahmsweise ein Werkzeug anklicken.

Auswahlwerkzeug

Dieses Werkzeug (Tastenkürzel V, Esc) befindet sich nicht zufällig an der prominentesten Stelle innerhalb der Werkzeugleiste: Das Auswahlwerkzeug werden Sie mit Sicherheit am häufigsten verwenden. Mit ihm werden die verschiedenen Objekte wie Textrahmen, Linien und Bilder ausgewählt, auf dem Layout verschoben und in der Größe geändert. Das Auswahlwerkzeug reagiert dynamisch auf die Objekte, über die Sie es bewegen: Die Form des Cursors ändert sich und verdeutlicht dadurch die möglichen Veränderungen, die am Objekt vorgenommen werden können.

In der folgenden Abbildung sehen Sie das Auswahlwerkzeug in Aktion:

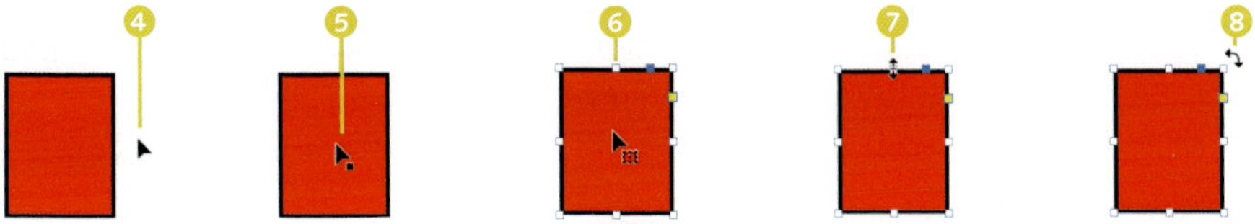

▲ **Abbildung 1.18**
Das Auswahlwerkzeug zeigt durch die unterschiedlichen Cursors an, welche Aktionen ausgeführt werden können.

- **Standardcursor:** Der Standardcursor ist sichtbar, wenn der Bereich unter dem Werkzeug leer ist (4).
- **Kleines Quadrat:** Ein kleines Quadrat neben dem Pfeilcursor signalisiert, dass sich das Werkzeug über einem nicht markierten Objekt wie dieser Rechteckform befindet (5).
- **Griffpunkte:** Ist das Objekt markiert, werden die acht Griffpunkte des Rahmens sichtbar (6).
- **Zweifachpfeil:** Wird das Auswahlwerkzeug über einem der Auswahlgriffe positioniert, wird die mögliche Bewegungsrichtung durch Zweifachpfeile (7) visualisiert.
- **Gebogener Doppelpfeil:** Möchten Sie ein aktives Objekt um seinen Mittelpunkt drehen, brauchen Sie nur den Cursor in der Nähe einer Ecke zu positionieren. Dadurch ändert sich der Cursor in einen gebogenen Doppelpfeil (8).

Weitere Details zu diesem Werkzeug und verschiedenen Auswahltechniken finden Sie auch in Kapitel 7, »Pfade und Objekte«.

Rahmenbasiertes Arbeiten

InDesign ist ein rahmenbasiertes Programm: Ausnahmslos alle (!) druckbaren Objekte befinden sich in InDesign immer in einem sogenannten Begrenzungsrahmen. Mit diesem kann das Objekt unabhängig von seiner Art (Text- oder Bildrahmen oder eine Linie, s. u.) in seiner Größe, Position und Proportion mit Hilfe des Auswahlwerkzeugs manipuliert werden.

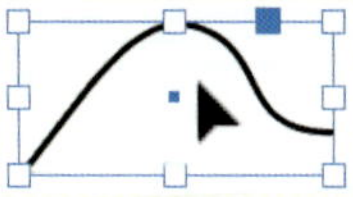

Direktauswahl-Werkzeug

Das Direktauswahl-Werkzeug (Tastenkürzel [A]) ist für das Feintuning, das Ändern von Details an Objekten vorgesehen und kommt wesentlich seltener zum Einsatz als das Auswahlwerkzeug. Da sich die beiden Auswahlwerkzeuge nicht nur im Aussehen, sondern auch in ihrer Funktion ähneln, fällt die Unterscheidung anfangs nicht ganz leicht. Analog zum Auswahlwerkzeug ändert sich auch beim Direktauswahl-Werkzeug der Cursor: neben (9) und über (10) einem nicht markierten und über einem aktivierten Objekt (11).

◂ **Abbildung 1.19**
Die Ähnlichkeit mit dem Auswahlwerkzeug ist groß.

Bei genauem Hinsehen stellt InDesign markierte Objekte abhängig vom verwendeten Werkzeug unterschiedlich dar:

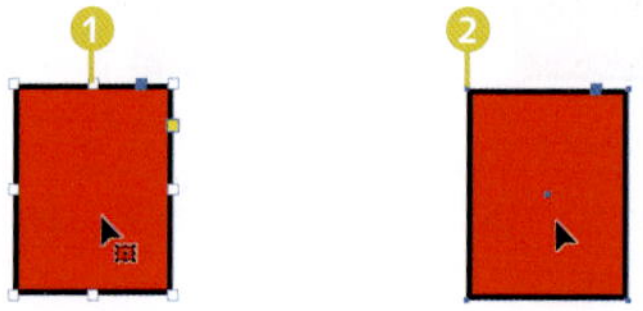

Abbildung 1.20 ▸
Dasselbe Rechteck wurde mit den verschiedenen Auswahlwerkzeugen markiert.

Im direkten Vergleich ist der Unterschied sichtbar: Ist ein Objekt mit dem Auswahlwerkzeug markiert, werden immer alle acht Auswahlgriffe sichtbar ①. Diese werden durch kräftige Quadrate dargestellt. Markieren Sie ein Objekt hingegen mit dem Direktauswahl-Werkzeug, werden die sogenannten Ankerpunkte als deutlich feinere Quadrate angezeigt ②. Die Anzahl dieser Punkte ist abhängig von der Komplexität des jeweiligen Pfades.

Mit dem Direktauswahl-Werkzeug können diese einzelnen Ankerpunkte nun individuell markiert und bearbeitet oder gelöscht werden (mit dem Auswahlwerkzeug können Sie immer nur das gesamte Objekt modifizieren). Im folgenden Beispiel habe ich die Form des Rechtecks durch Verschieben des Eckpunktes ③ geändert:

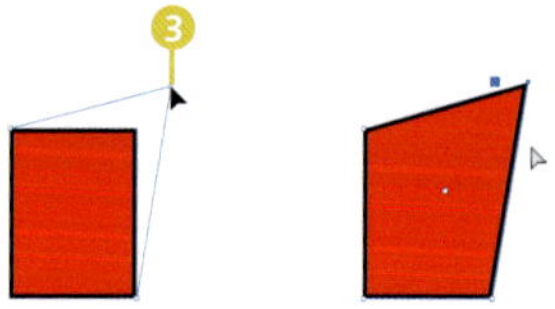

Abbildung 1.21 ▸
Mit dem Direktauswahl-Werkzeug können Sie im Gegensatz zum Auswahlwerkzeug einzelne Ankerpunkte markieren und verschieben.

Zur Veränderung der Form lassen sich auch die sogenannten Pfadsegmente markieren und in ihrer Position ändern. Mit *Pfadsegment* wird ein Teilstück eines Pfades bezeichnet, das zwischen zwei benachbarten Pfadpunkten liegt ④:

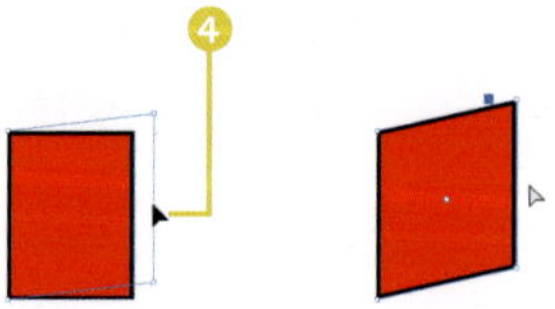

Abbildung 1.22 ▸
Sie können auch ganze Pfadsegmente mit dem Direktauswahl-Werkzeug verschieben.

In Kapitel 7, »Pfade und Objekte«, werden Sie noch weitere Funktionen dieses wichtigen Werkzeugs kennenlernen.

Textwerkzeug

Dieses Werkzeug (Tastenkürzel T) verwenden Sie zur Eingabe und zur Auswahl von Text. Achten Sie darauf, dass Sie durch einen Doppelklick mit dem Auswahlwerkzeug auf einen Textrahmen automatisch auch zum Textwerkzeug wechseln.

Alternative Werkzeuge

Durch einen längeren Klick auf ein Werkzeug, das einen schwarzen Pfeil rechts unten hat, öffnen sich weitere Tools. Das Text-auf-Pfad-Werkzeug stelle ich Ihnen in Abschnitt 7.5 vor.

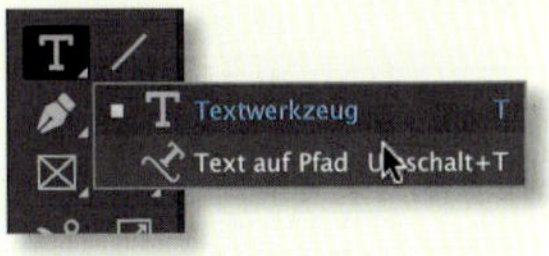

Text eingeben

Anders als in Textanwendungen wie OpenOffice Writer oder Microsoft Word können Sie Text nicht einfach auf einer InDesign-Dokumentseite eingeben: Text braucht in InDesign fast ausnahmslos einen Rahmen, in dem er sich befinden kann. Einen solchen Rahmen erstellen Sie mit dem Textwerkzeug durch Klicken und Ziehen. Die Texteinfügemarke befindet sich dann automatisch im Textrahmen, und Sie können mit der Texteingabe beginnen.

Text auswählen

Das Textwerkzeug ist nicht nur für die Eingabe, sondern auch für die Auswahl von Text zuständig. Zur schnellen Auswahl von Text steht Ihnen eine ganze Reihe von Auswahlmöglichkeiten zur Verfügung:

- **Klicken und Ziehen:** Der Text wird von der aktuellen Textcursor-Position bis zu der Stelle markiert, an der Sie die Maus loslassen.
- **Doppelklick:** markiert das Wort, auf dem sich der Textcursor befindet.
- **Dreifachklick:** markiert die Zeile, in der sich der Textcursor befindet.
- **Vierfachklick:** markiert den Absatz, in dem sich der Textcursor befindet.
- **Über das Menü:** Der Befehl Bearbeiten • Alles auswählen (Tastenkürzel Strg/⌘+A) macht genau das: Es wird der gesamte Text ausgewählt. Mit »Alles« ist hier der gesamte Text des Textabschnitts gemeint, in dem sich der Textcursor befindet. Texte können sich durch verknüpfte Textrahmen über mehrere Hundert Seiten erstrecken: Dieser gesamte Text ist dann der Textabschnitt. Wenn sich die Texteinfügemarke nicht in einem Text befindet oder ein anderes Tool gewählt ist, führt der genannte Befehl dazu, dass alle Objekte einer Seite bzw. einer Doppelseite markiert werden.

Shortcut oder Buchstabe?

Mit der Esc-Taste »flüchten« Sie aus einem Textrahmen, damit Sie auch wirklich ein anderes Tool anwählen, statt den entsprechenden Buchstaben in Ihren Text zu tippen!

Dreifachklick

Unter Bearbeiten/InDesign • Voreinstellungen • Eingabe können Sie das Markieren einer Zeile durch einen Dreifachklick deaktivieren.

- **Mit Hilfe der Tastatur:** Schnell und präzise arbeiten Sie mit der [⇧]-Taste in Kombination mit einer der vier Pfeiltasten [▼]/[▲]/[◄]/[►]. So lässt sich Text von der Einfügemarke aus in alle Richtungen markieren. Mit der Tastenkombination [Strg]/[⌘]+[⇧]+[▼]/[⇧] lässt sich Text gleich absatzweise markieren.

Die Rahmen- und Formwerkzeuge

Weiterschalten geht nicht

In Photoshop kann man verwandte Tools wie Rechteck-, Ellipse- und Polygon-Werkzeug durch zusätzliches Drücken der [⇧]-Taste zum eigentlichen Tastenkürzel (hier [F]) aufrufen. Dies ist in InDesign leider nicht vorgesehen.

Wenn Sie sich die Werkzeuge in zwei Spalten anzeigen lassen, finden Sie in der sechsten Zeile zwei fast identische Werkzeuge, die sich in den Icons lediglich darin unterscheiden, dass die linken Rahmenwerkzeuge mit einem x gekennzeichnet sind. Art-Direktoren und Layouter verwenden für Bilder in anskizzierten Vorlayouts Rechtecke, die mit einem x gekennzeichnet werden. Dieses Vorgehen ist in den Icons der beiden Werkzeuggruppen wiederzufinden: Die Rahmenwerkzeuge mit x sollen Bilder aufnehmen ①, mit den Formwerkzeugen werden Gestaltungselemente wie etwa farbige Flächen oder Balken erstellt ②. Mit einem längeren Klick auf eines der Tools öffnet sich ein sogenanntes Flyout-Menü, über das Sie weitere Werkzeuge zum Erstellen von z. B. kreis- oder sternförmigen Objekten anwählen können:

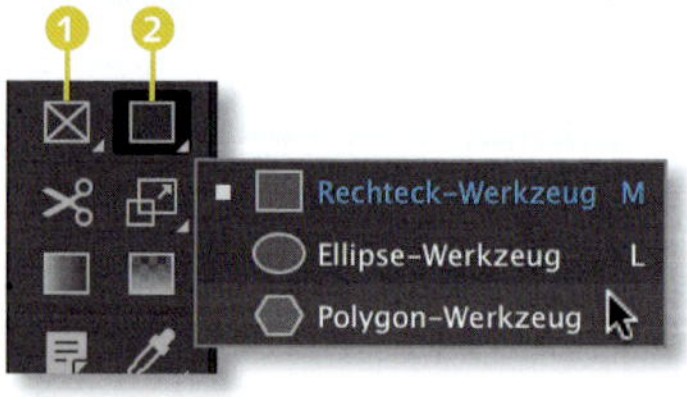

Abbildung 1.23 ►
Die Rahmenwerkzeuge (mit x) und die Formwerkzeuge beherbergen jeweils noch zwei weitere Tools.

Zunächst einmal unterscheiden sich die Objekte, die Sie mit den Rahmen- bzw. Formwerkzeugen erstellen, dadurch, dass die Rahmenobjekte ③ entsprechend den Programmvoreinstellungen weder Kontur noch Flächenfarbe ④ aufweisen. Das ist auch eine praktikable Voreinstellung, da Bildrahmen in der Regel nicht mit einer Flächen- oder einer Konturfarbe gestaltet werden. Im Gegensatz dazu haben die Objekte, die mit den Formwerkzeugen erstellt werden ⑤, eine schwarze Kontur ⑥. Im unteren Bereich der Werkzeugleiste wird die Formatierung markierter Objekte wiedergegeben. Hier können Sie die jeweiligen Kontur- und Flächenformatierungen ablesen (siehe Abschnitt »Der Formatierungsbereich« weiter hinten in diesem Kapitel).

◂ **Abbildung 1.24**
Hier sind ein Rechteckrahmen und ein Rechteck mit den jeweiligen Standardformatierungen zu sehen.

Außer diesen Formatierungen gibt es noch einen anderen – für die Praxis jedoch unerheblichen – Unterschied zwischen beiden Objektarten: Ihnen sind verschiedene Inhalte zugeordnet. Für die Praxis ist dies jedoch kaum von Belang, da InDesign die Objektart automatisch ändert, wenn Sie z. B. in ein Rechteck – das eigentlich nicht als Bildplatzhalter vorgesehen ist – ein Bild laden.

Voreingestellte Formatierung ändern

Möchten Sie die voreingestellten Formatierungen für die Rahmen- bzw. Formwerkzeuge ändern, so demarkieren Sie zunächst über Bearbeiten • Auswahl aufheben einfach alle Objekte. Wählen Sie dann das Tool, dessen Voreinstellungen Sie ändern wollen, und definieren Sie über die entsprechenden Bedienfelder die gewünschten Farben, Konturen und Konturstärken. Von nun an zeichnen Sie mit den eben definierten Formatierungen Rahmen bzw. Formen. Solche Formatierungen können Sie auch vornehmen, wenn kein InDesign-Dokument geöffnet ist. Die Änderungen wirken sich auf alle anschließend erstellten Dokumente aus.

Kurzzeitiger Werkzeugwechsel
Möchten Sie zwischendurch zu einem anderen Werkzeug wechseln, reicht das Drücken und Halten des entsprechenden Tastaturbefehls. Nach dem Loslassen ist automatisch wieder das ursprüngliche Tool aktiv.

Rechteck- und Ellipse-Werkzeug

Nach der Wahl eines der Rahmenwerkzeuge wird durch Klicken und Ziehen der entsprechende Rahmen erstellt. Das Drücken der [⇧]-Taste sorgt dafür, dass statt einer Ellipse ein Kreis gezeichnet wird. Ist ein Rechteck-Werkzeug im Einsatz, wird das Rechteck hierdurch zum Quadrat.

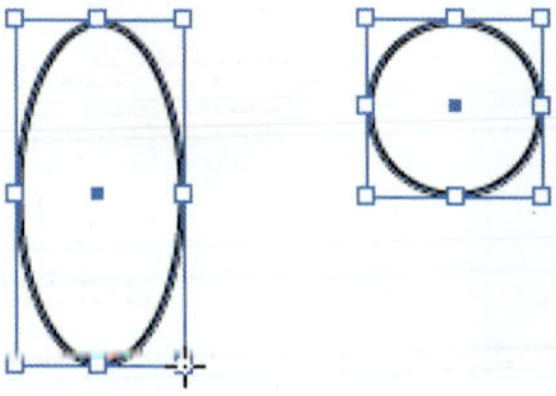

◂ **Abbildung 1.25**
Ellipsen werden zu Kreisen, Rechtecke zu Quadraten, wenn Sie beim Zeichnen die [⇧]-Taste gedrückt halten.

Werkzeughinweise

Im Bedienfeld Fenster • Hilfsprogramme • Werkzeughinweise werden hilfreiche Tipps zum gewählten Werkzeug aufgeführt.

Das Drücken der [alt]-Taste sorgt dafür, dass der Rahmen von der Mitte aus erstellt wird. Beide Sondertasten können beim Erstellen von Objekten auch kombiniert werden: Bei gedrückten [alt]+[⇧]-Tasten ziehen Sie ein Quadrat bzw. einen Kreis vom Mittelpunkt aus auf. Probieren Sie vor allem auch die [⇧]-Taste in Kombination mit anderen Werkzeugen aus – häufig werden hierdurch Bewegungen oder Richtungen z. B. auf die Horizontale eingeschränkt.

Eine weitere Möglichkeit bietet sich Ihnen, wenn Sie mit einem der Rahmen- oder Formwerkzeuge einfach auf die Dokumentseite klicken: Es öffnet sich dann ein Dialogfenster, in dem Sie entsprechend dem angewählten Werkzeug Eingaben vornehmen können.

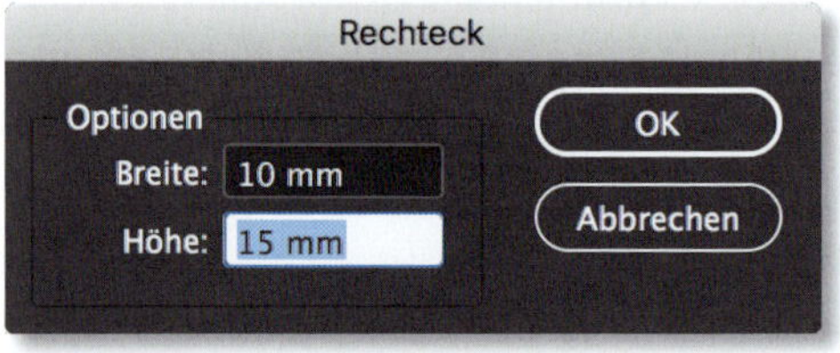

Abbildung 1.26 ▸
Lassen Sie InDesign zeichnen, wenn Sie wissen, wie groß der neue Rahmen sein soll.

Objekt verschieben

Sie können Objekte durch kurzzeitiges Drücken der Leertaste während des Zeichnens verschieben.

Nach der Bestätigung des Dialogs wird an der Mausposition ein Rahmen mit den eingegebenen Maßen erstellt.

Polygon-Werkzeug

Beim Polygon-Werkzeug können Sie zusätzlich zur gewünschten Größe die Anzahl der Seiten in das Dialogfenster eintragen. Wird bei Sternform ❶ ein anderer Wert als 0 % eingetragen, sind mit Anzahl der Seiten die Zacken des Sterns gemeint. Der Prozentwert bei Sternform entscheidet über die Tiefe der Sternzacken. Sterne können Sie im Nachhinein modifizieren, indem Sie den Stern markieren und anschließend auf das Polygon-Werkzeug in der Werkzeugleiste doppelklicken.

Sterne aufziehen

Wie in Illustrator können Sie auch das Aussehen von Sternen beim Aufziehen mit der Maus auch über die Tastatur modifizieren: Drücken Sie dafür zunächst die Leertaste, um dann die Zackenzahl und -form mit den [▲]/[▼]- bzw. [◀]/[▶]-Tasten zu ändern.

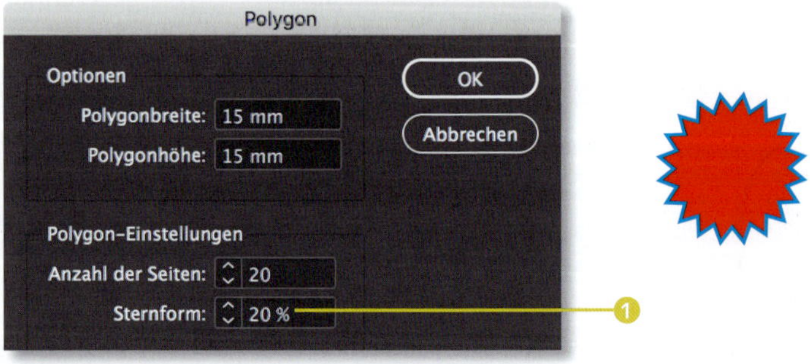

Abbildung 1.27 ▸
Mit den entsprechenden Vorgaben lassen sich in InDesign auch Sterne erzeugen.

Hand-Werkzeug

Dieses ist eines der am häufigsten verwendeten Werkzeuge und dient zur Navigation im Layout: Mit der Hand (Tastenkürzel [H]) verschieben Sie den sichtbaren Bereich Ihres Layouts innerhalb des Dokumentfensters. Das Hand-Werkzeug können Sie jederzeit auch durch die Kombination [alt]+Leertaste aktivieren. Dadurch können Sie auch direkt vom Textwerkzeug zum Hand-Werkzeug wechseln, ohne erst die [Esc]-Taste gedrückt zu haben (siehe Infobox »Shortcut oder Buchstabe?« im Abschnitt »Textwerkzeug« weiter vorn).

Tastenkürzel Hand-Werkzeug

Wenn Sie gerade das Textwerkzeug einsetzen, reicht auch einfach die [alt]-Taste zum kurzzeitigen Anwählen der Hand. Bei den meisten anderen Tools reicht die Leertaste zum schnellen Wechsel.

Zoomen mit dem Hand-Werkzeug

Interessanter als die Verschieben-Funktion dieses Tools ist der sogenannte Power-Zoom. Er wird aktiviert, wenn Sie mit dem Hand-Werkzeug auf ein Dokument klicken 2, die Maustaste gedrückt halten und einen Augenblick warten. Der Power-Zoom ist in seiner Funktionalität eine Mischung aus Hand- und Zoomwerkzeug (siehe folgenden Abschnitt »Zoomwerkzeug«): Der Hand-Cursor verändert sein Aussehen, und InDesign zoomt ein ganzes Stück aus dem Dokument heraus. Um den ursprünglich sichtbaren Ausschnitt Ihres Dokuments wird ein roter Rahmen eingeblendet 3, den Sie mit der Hand beliebig auf Ihrem Dokument verschieben können 4. Nach dem Loslassen der Maus wird der neu eingerahmte Bereich in der ursprünglichen Vergrößerung angezeigt 5.

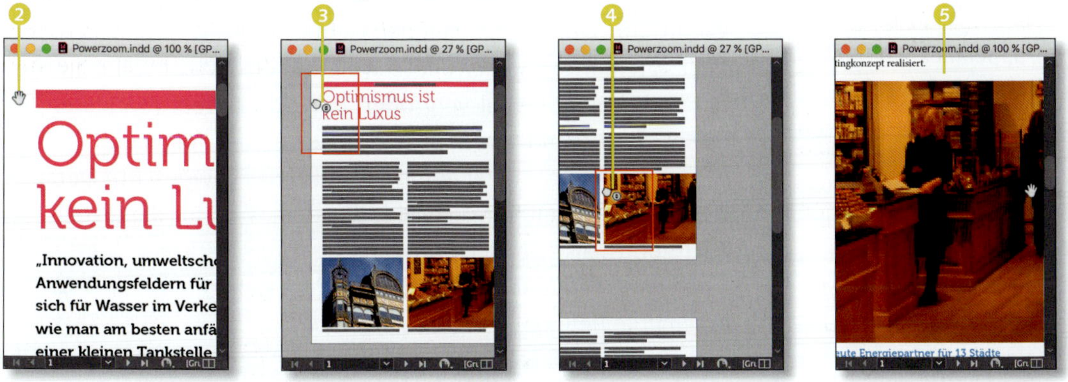

▼ Abbildung 1.28
Mit dem Power-Zoom lässt sich die gewünschte Stelle im Layout schnell ansteuern.

Mit dem Power-Zoom können Sie sich übrigens auch über mehrere Seiten hinweg bewegen.

Zoomwerkzeug

macOS: Spotlight

Das vorgegebene Tastenkürzel für den Zoom ([⌘]+Leertaste) kollidiert auf Macintoshs mit dem Aufrufen der Suchfunktion Spotlight. Ändern Sie auf Betriebssystemebene das Kürzel zum Aufrufen der Mac-Suche.

Ein weiteres, sehr häufig angewendetes Tool ist das Zoomwerkzeug (Tastenkürzel [Z]). Möchten Sie einen Ausschnitt Ihres Layouts vergrößern oder im Gegenteil dazu mehr von Ihrer Seite sehen, verwenden Sie hierzu dieses Tool. Rufen Sie die Lupe über [Strg]/[⌘]+Leertaste auf, erscheint das Vergrößerungsglas. Bei zusätzlich gedrückter [alt]-Taste steht Ihnen das Verkleinerungsglas zur Verfügung, mit dem Sie aus der Detailansicht wieder herauszoomen können.

Zum Vergrößern reicht ein Klick auf die zu vergrößernde Stelle. Schneller und präziser können Sie sich an die gewünschten Bereiche heranzoomen, indem Sie mit aktiviertem Zoomwerkzeug einen Rechteckrahmen aufziehen ①. Der hiermit definierte Bereich wird beim Loslassen der Maus in möglichst hoher Vergrößerung in das Dokumentfenster eingepasst ②.

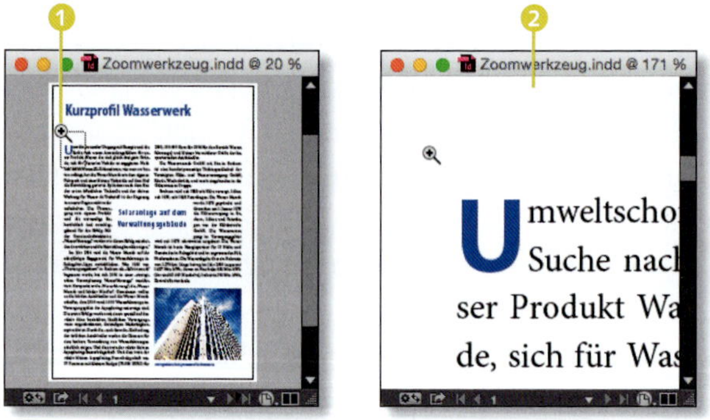

Abbildung 1.29 ▸ Mit dem Zoomwerkzeug können Sie die gewünschte Stelle des Layouts besonders schnell vergrößern.

Doppelklick auf Hand oder Lupe

Wenn Sie das Hand-Icon in der Werkzeugleiste doppelklicken, wird der aktuelle Druckbogen in Ihr Fenster eingepasst. Ein Doppelklick auf das Lupen-Icon setzt die Zoom-Stufe auf 100%.

Wenn im Dokument gerade nichts markiert ist, vergrößert InDesign immer von der Bildschirmmitte aus. Meist will man aber ein bestimmtes Detail vergrößert vor sich haben: Markieren Sie dieses, und wenn Sie dann eines der in der folgenden Tabelle genannten Tastenkürzel eintippen, wird das gewünschte Detail in der vorgegebenen Vergrößerung auf dem Monitor dargestellt. Im Textmodus, also bei der Arbeit mit dem Textwerkzeug, wird praktischerweise immer der Bereich, in dem sich gerade die Texteinfügemarke befindet, vergrößert.

Außerdem bietet InDesign noch eine ganze Reihe von Kurzbefehlen zum schnellen Wechsel der Dokumentansicht. Da nicht alle im Menü Ansicht aufgeführt werden, stelle ich in folgender Übersicht die nützlichsten zusammen.

Druckbogen

In einem doppelseitigen Dokument werden die jeweils nebeneinanderliegenden Seiten als *Druckbogen* bezeichnet.

Befehl	Windows	macOS
Seite in Fenster einpassen	Strg+0	⌘+0
Druckbogen in Fenster einpassen	Strg+alt+0	⌘+alt+0
Originalgröße	Strg+1	⌘+1
Zoomen auf 50 %	Strg+5	⌘+5
Zoomen auf 200 %	Strg+2	⌘+2
Zoomen auf 400 %	Strg+4	⌘+4
Einzoomen	Strg++	⌘++
Auszoomen	Strg+-	⌘+-
Auswahl in Fenster einpassen	Strg+alt++	⌘+alt++

◂ **Tabelle 1.1**
Hier finden Sie die wichtigsten Tastenkürzel für das Zoomen.

Der Formatierungsbereich

Unter den eigentlichen Werkzeugen, mit denen Sie Objekte oder Text erstellen, verschieben oder in der Größe ändern, sehen Sie einen Bereich, über den Sie regeln können, was wie gefüllt werden soll: die Fläche oder die Kontur? Der Rahmen oder der Text? Mit einer Farbe oder einem Verlauf? Diese Formatierungsmöglichkeiten sind von derart zentraler Bedeutung bei der Gestaltung von Layouts, dass wir innerhalb des Buches an verschiedenen Stellen darauf zurückkommen werden. Im Folgenden erläutere ich die allgemeine Funktionsweise des Formatierungsbereichs.

Wenn Ihnen Ihr Bildschirm genügend Platz bietet, sollten Sie sich die Werkzeuge durch einen Klick auf den schwarzen Doppelpfeil ❸ in der Anfasserleiste in zwei Spalten anzeigen lassen. Dadurch wird nämlich nicht nur der Bereich zur Formatierung von Objekten und Text immerhin doppelt so groß ❺ wie in der einspaltigen Darstellungsvariante ❹ dargestellt, Sie haben dann auch direkten Zugriff auf zwei weitere Buttons ❻, mit denen Sie einen Verlauf anwenden bzw. die Formatierung entfernen können:

macOS: Animierter Zoom

Wenn Sie an einem Mac mit ausreichenden Ressourcen arbeiten, ist die sogenannte GPU-Leistung automatisch aktiviert: Dadurch ändert sich das Verhalten des Zoomwerkzeugs. Sie ziehen mit dem Werkzeug keinen zu vergrößernden Bereich auf, sondern zoomen direkt in das Dokument hinein, wenn Sie bei gedrückter Maustaste nach unten rechts ziehen. Wenn Sie nach oben links ziehen, zoomen Sie heraus.

◂ **Abbildung 1.30**
Wenn Sie sich die Werkzeugleiste zweispaltig anzeigen lassen, profitiert davon besonders der Formatierungsbereich.

Was wird formatiert?

In der Werkzeugleiste sind auf wenigen Quadratzentimetern diverse hilfreiche Informationen und Möglichkeiten der Formatierung untergebracht:

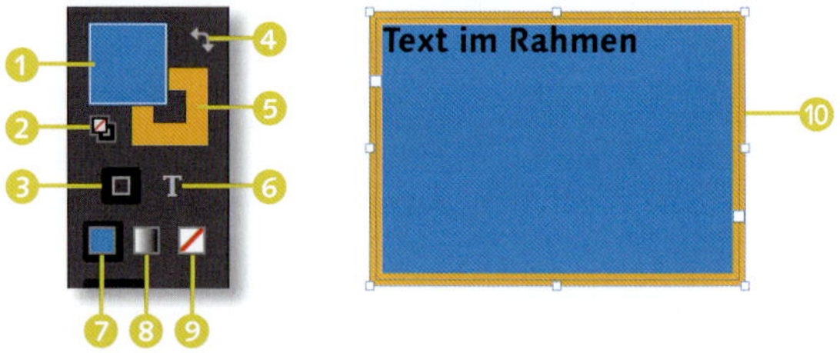

Abbildung 1.31 ▸
Auf engstem Raum ist eine Fülle von Informationen und Modifikationsmöglichkeiten untergebracht.

Verschaffen wir uns anhand eines Textrahmens einen Überblick: Der Formatierungsbereich registriert, was Sie gerade markiert haben. Ist wie im Beispiel ein Textrahmen selbst ❿ und nicht sein Textinhalt aktiviert, haben Sie durch die Buttons Formatierung wirkt sich auf Rahmen aus ❸ und Formatierung wirkt sich auf Text aus ❻ die Möglichkeit, zwischen diesen beiden Elementen eines Textrahmens hin- und herzuschalten (das erreichen Sie auch durch Drücken der Taste [J]).

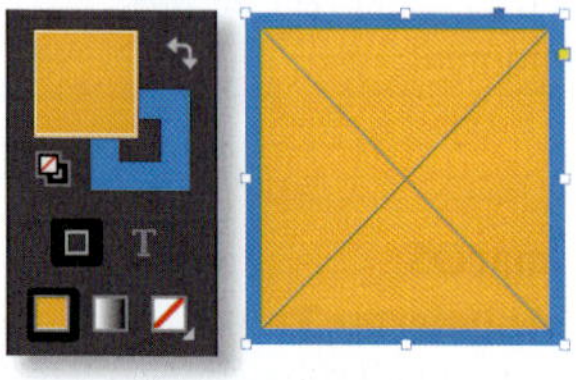

▴ Abbildung 1.32
Bei allen Objekten, die keine Textrahmen sind, ist der T-Button ausgegraut.

Bei allen Objekten, die keine Textrahmen sind, ist der T-Button ausgegraut (siehe Abbildung 1.32). Änderungen der Fläche oder der Kontur wirken sich somit auf das jeweils gewählte Element aus. Im Beispiel ist der Rahmen-Button aktiviert, so dass die beiden Symbole für Fläche ❶ und Kontur ❺ die aktuelle Formatierung des Rahmens ❿ wiedergeben.

Fläche und Kontur

Im Beispiel liegt das Flächen-Symbol vor der Kontur, eine Änderung der Farbe über eines der Bedienfelder Farbe bzw. Farbfelder würde sich somit auf die Fläche auswirken. Soll die Kontur formatiert werden, reicht ein Klick auf das Kontur-Symbol. Ebenso ändern Sie die Reihenfolge von Kontur und Fläche mit Drücken der [X]-Taste. Die jeweilige Anzeige wird übrigens immer mit den Bedienfeldern Farbfelder und Farbe synchronisiert (siehe Abbildung 1.33).

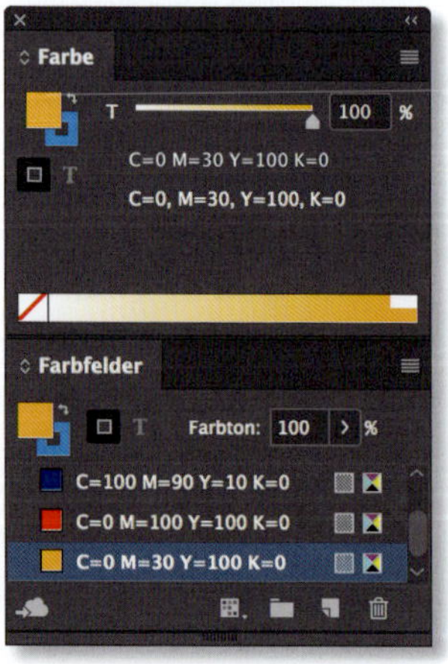

▴ Abbildung 1.33
Achten Sie bei diesen beiden Bedienfeldern auf die synchronisierten Symbole für Fläche, Kontur, Rahmen und Text.

Ein Klick auf den Doppelpfeil Fläche und Kontur austauschen ❹ bewirkt den Austausch der beiden Formatierungen. Durch das Betätigen des Buttons Standardfläche und -kontur

(2) (oder durch Drücken der Taste [D]) wird der Kontur Schwarz zugewiesen, die Fläche erhält die Füllung »keine« und ist somit durchscheinend: Eventuell darunter platzierte Objekte sind dann sichtbar.

Von den unteren drei Buttons kann immer nur einer aktiviert sein, da einer Fläche oder Kontur entweder eine Farbe (7), ein Verlauf (8) oder keinerlei Füllung (9) zugewiesen werden kann.

Per Tastatur formatieren

Besonders praktisch ist die Anwahl dieser drei Optionen mit den drei Tastenkürzeln [,] (Komma) für Farbe, [.] (Punkt) für Verlauf und [#] bzw. [/] auf dem Nummernblock für »keine«.

Sonderfall Text

Ist Text mit dem Textwerkzeug markiert (14), werden die Flächen- und Kontur-Symbole durch zwei T ersetzt:

- Das ausgefüllte T steht für die Schriftzeichenfläche (11).
- Das konturierte T steht für dessen Kontur (12).

Klicken Sie bei aktiviertem Textrahmen (16) auf den T-Button (13), wirken sich die Änderungen der Formatierung (15) direkt auf den gesamten Text des Rahmens aus. Die anderen Bedienelemente des Formatierungsbereichs funktionieren wie bei den Standardobjekten.

▼ Abbildung 1.34
Im Formatierungsbereich der Werkzeugleiste lässt sich auch Text grundlegend formatieren.

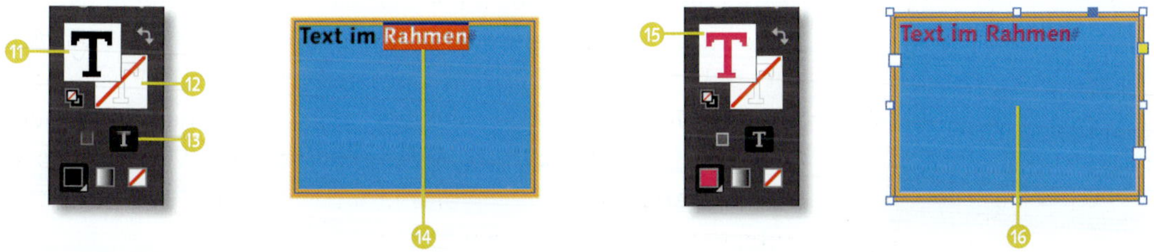

Normalerweise wird bei Text nur die Flächenfarbe geändert. Es ist aber auch möglich, mit Hilfe des Kontur-Buttons eine Linie um die Buchstaben herumzulegen. Davon ist allerdings abzuraten:

Konturierte Schrift
Setzen Sie eine Kontur um Schrift mit Bedacht ein. Die Räume innerhalb und die Abstände zwischen den Schriftzeichen werden durch eine Kontur massiv geändert und zerstören sehr schnell die ausgewogene Anmutung einer Schrift und sind oft schlecht lesbar.

◀ Abbildung 1.35
Nicht alles, was Programme bieten, ist auch unbedingt sinnvoll.

Bildschirmmodus

Ganz unten in der Werkzeugleiste finden Sie abhängig von der gewählten ein- oder zweispaltigen Darstellung einen bzw. zwei Buttons, mit denen Sie den gewünschten Bildschirmmodus wählen können. Wie beim Formatierungsbereich profitieren auch diese Buttons von der zweispaltigen Darstellung der Werkzeugleiste:

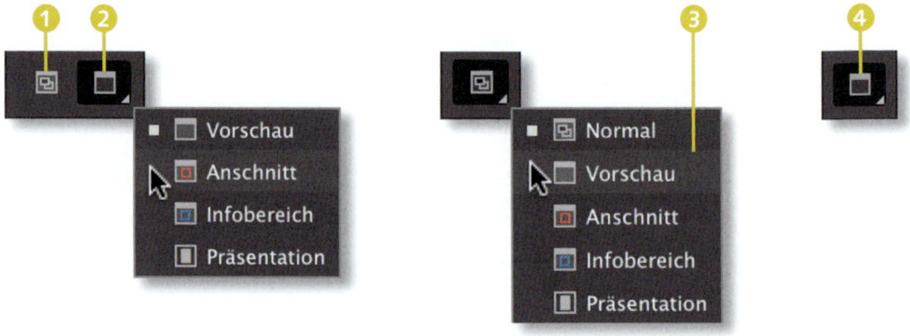

Abbildung 1.36 ▸
Im unteren Bereich der Werkzeugleiste kann der gewünschte Bildschirmmodus gewählt werden.

Bei der zweispaltigen Darstellung der Werkzeugleiste können die beiden wichtigsten Bildschirmmodi direkt angewählt werden. Links steht immer der Modus NORMAL zur Verfügung ①, rechts ist der Modus VORSCHAU voreingestellt ②. Wird die Werkzeugleiste einspaltig angezeigt, wird der alternative Bildschirmmodus über das Flyout-Menü angewählt ③. Das entsprechende Icon ist nach der Aktivierung in der Werkzeugleiste zu sehen ④.

Auf den folgenden Screenshots sehen Sie dasselbe Layout in den drei wichtigsten Bildschirmmodi NORMAL, VORSCHAU und PRÄSENTATION:

▾ Abbildung 1.37
Hier sehen Sie ein Layout in drei Bildschirmmodi.

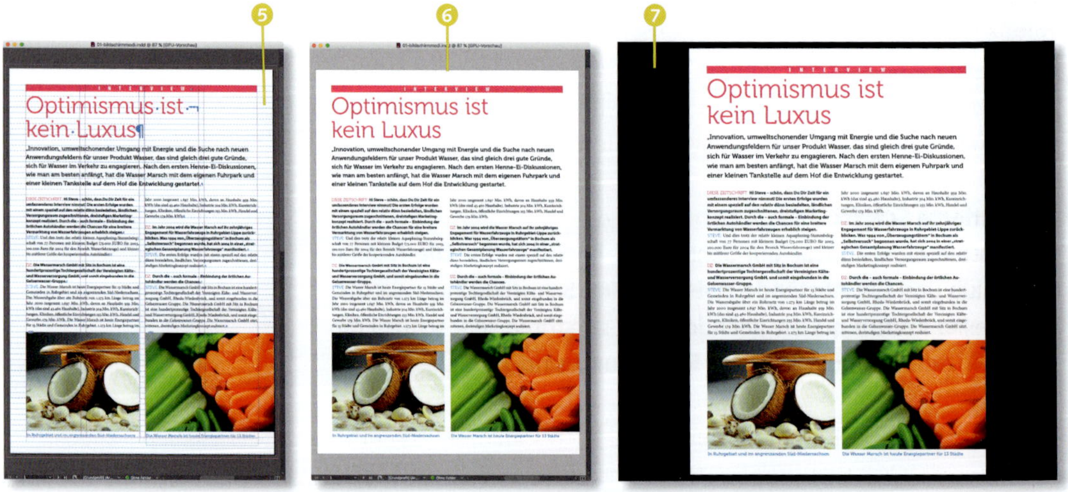

- Der Modus Normal ⑤ trägt seinen Namen völlig zu Recht, denn in diesem Modus werden Sie sicher am häufigsten arbeiten. Ist er aktiviert, werden alle sichtbaren Hilfslinien, Rahmenkanten, Raster und verborgenen Zeichen wie etwa Leerzeichen eingeblendet.
- Im Modus Vorschau ⑥ werden all diese Hilfsmittel wie auch die weiße Montagefläche, die jede Dokumentseite umgibt, ausgeblendet. Somit erhalten Sie durch diesen Modus eine Vorschau, wie die Seite nach der Produktion aussehen wird.
- Die Bildschirmdarstellung Präsentation ⑦ finden Sie als letzte Option in den Flyout-Menüs. In diesem Modus werden nicht nur alle Hilfsmittel wie Rahmenkanten und Raster ausgeblendet, sondern auch die Montagefläche, Bedienfelder und die Menüleiste werden durch einen schwarzen Hintergrund ersetzt. Das Layout wird dabei unabhängig von der aktuellen Vergrößerungsstufe so auf dem Monitor dargestellt, dass Sie die einzelnen Druckbögen komplett anschauen können. Mit den Pfeiltasten blättern Sie durch das Dokument, und mit der [Esc]-Taste verlassen Sie die Präsentation.

Sichtbare Hilfsmittel

Die fürs Layouten sehr nützlichen Hilfsmittel wie etwa Hilfslinien sind gegebenenfalls trotz des Normal-Modus nicht zu sehen. Überprüfen Sie dann im Menü Ansicht • Extras bzw. Raster und Hilfslinien, welche Elemente eingeblendet werden sollen.

Zwischen Bildschirmmodi wechseln

Unabhängig von der Darstellung der Werkzeugleiste wechseln Sie am einfachsten zwischen den verschiedenen Bildschirmmodi, indem Sie die Taste [W] drücken. Es wird dann immer zwischen dem Modus Normal und dem zuletzt im Flyout-Menü gewählten Alternativmodus gewechselt. Der Präsentationsmodus lässt sich mit [⇧]+[W] aktivieren.

1.7 Creative Cloud

Aufgrund der sehr engen Verzahnung von InDesign mit anderen Diensten der Creative Cloud schauen wir zum Abschluss dieses Kapitels auf das besonders interessante Feature der Fonts, auf die Sie über Ihre Creative Cloud Zugriff haben. Öffnen Sie sich hierfür die eigenständige Desktop-App Creative Cloud. Eine Übersicht über die Fonts erhalten Sie mit einem Klick auf den Schriften-Button ⑧ oben rechts. Anschließend werden Ihnen die weiteren Optionen Schriften verwalten und Alle Schriften durchsu-

▲ **Abbildung 1.38**
Schauen Sie sich auf alle Fälle die Fonts an, auf die Sie im Rahmen Ihres Abos Zugriff haben.

CHEN angeboten. Wählen Sie auf alle Fälle zu Beginn der Beschäftigung mit InDesign die zweite Option, damit Sie einen Überblick über die große Auswahl an Fonts erhalten. Beide Optionen im Adobe-Fonts-Menü führen Sie zum Online-Angebot innerhalb von *fonts.adobe.com*. Nach der Anmeldung mit Ihrer Adobe ID auf der Seite können Sie entsprechend Ihrer Wahl Ihre Schriften verwalten oder sich vom Schriftenangebot inspirieren lassen.

Die Fonts, die Sie auf *fonts.adobe.com* aktivieren, werden über die Creative Cloud direkt mit Ihrem Rechner synchronisiert, so dass Sie sie direkt in InDesign verwenden können. Creative-CloudFonts erkennen Sie in den Schriftmenüs am Icon mit einer Wolke und einem Häkchen: .

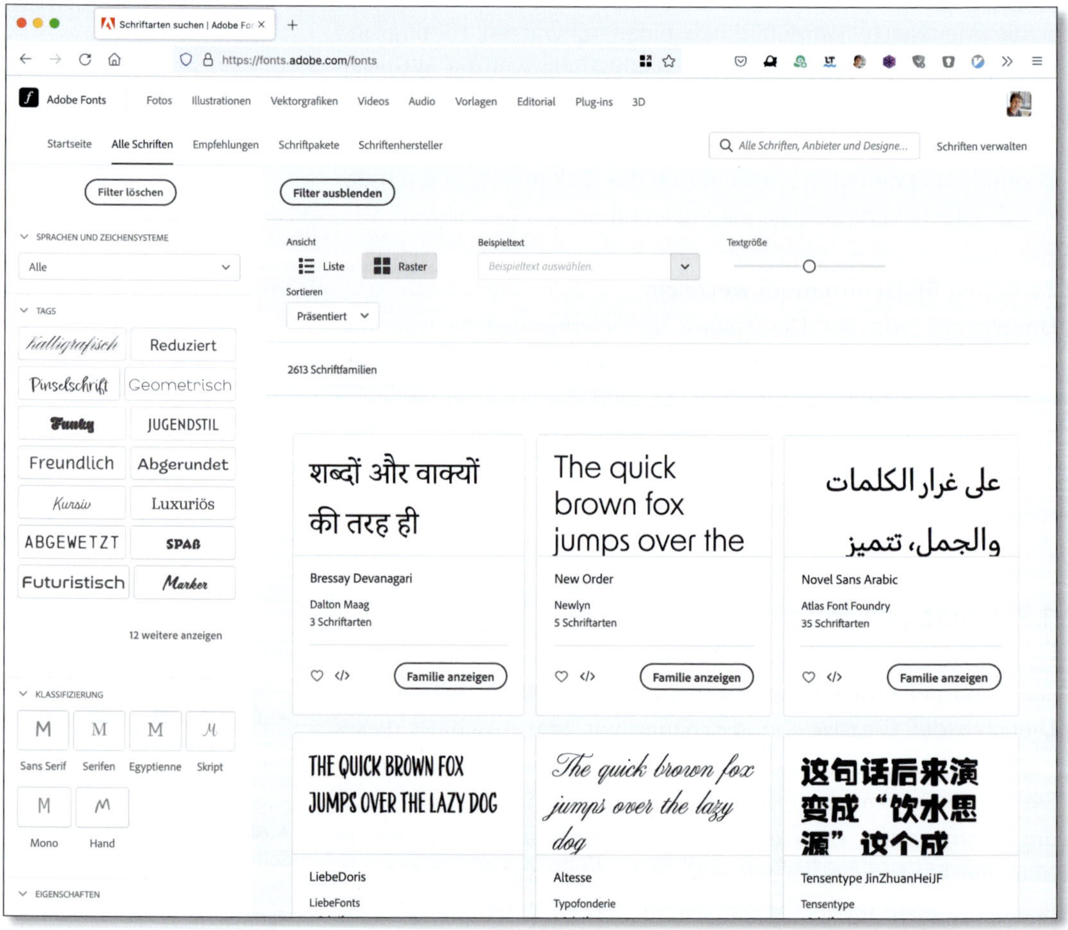

▼ Abbildung 1.39
Laden Sie sich hochwertige Schriften von *fonts.adobe.com* herunter.

2

Dokumente anlegen

Starten Sie durch!

- Welche Dokumentarten kann InDesign erstellen?
- Welche Einstellungen sind für ein neues Dokument sinnvoll?
- Wie können Sie InDesign-Layouts speichern?
- Was sind Musterseiten?

2 Dokumente anlegen

Wie in anderen Programmen werden auch in InDesign neue Dokumente über DATEI • NEU • DOKUMENT (Strg/⌘+N) angelegt. Lassen Sie uns aber auch in die Tiefe gehen und die verschiedenen Optionen, die uns InDesign bietet, erforschen. Sie werden sehen, dass es eine ganze Reihe von Tipps und Kniffen gibt, die das Arbeiten mit InDesign schon im Anfangsstadium eines Dokuments effizienter werden lassen.

2.1 Drei Dokumentformate

Außer dem Standarddateiformat DOKUMENT ❶ finden Sie im Menü DATEI • NEU noch zwei weitere Optionen: BUCH ❷ und BIBLIOTHEK ❸.

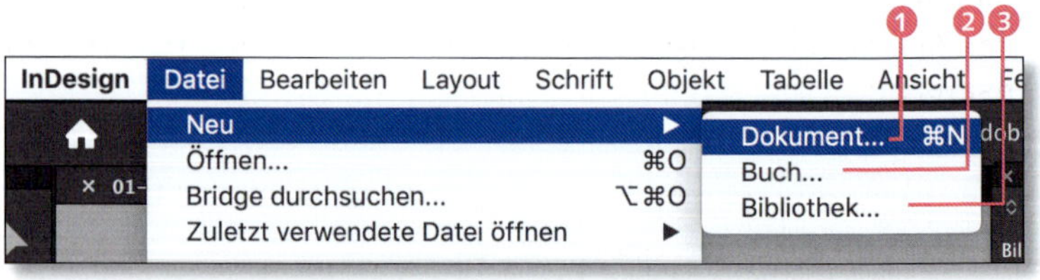

Abbildung 2.1 ▸ InDesign kann drei Dateiformate erstellen.

Den Eintrag DOKUMENT werden Sie am häufigsten anwählen, da die beiden anderen Dokumentarten BUCH und BIBLIOTHEK keine Layoutdaten beinhalten: Eine Buch-Datei enthält selbst keine einzige Seite, die gestaltet werden könnte. Eine solche Datei verwaltet vielmehr mehrere »normale« InDesign-Dokumente. Das Buch-Dateiformat wird dementsprechend bei umfangreichen Layoutjobs wie eben Büchern oder Magazinen eingesetzt (siehe Abschnitt 9.1, »Buch-Funktion«).

Dateien des Dateiformats BIBLIOTHEK beinhalten wie die Buch-Dateien ebenfalls keine Seiten. Bibliotheken können unterschiedliche Gestaltungselemente wie Textrahmen und Grafiken aufnehmen. Diese Layoutbausteine können von der Bibliothek aus wieder in das Dokument, aus dem sie stammen, oder in andere Dokumente eingefügt werden. Bibliotheken werden wir uns in Abschnitt 9.6, »CC Libraries«, näher ansehen.

▲ **Abbildung 2.2**
Jedes InDesign-Dateiformat ist an einem eigenen Icon erkennbar.

Die drei unterschiedlichen Dateiarten von InDesign sind an ihrem typischen Icon und an ihrer Dateikennung erkennbar. Bei allen steht das »ind« natürlich für »InDesign«, die unterschiedlichen Folgebuchstaben stehen für die englischen Entsprechungen der Dokumentart. So steht das »d« für »document«, »b« für »book« und »l« für »library« (deutsch: Bücherei).

Bei den Exportformaten, von denen es wesentlich mehr als die drei InDesign-Formate gibt, sieht es hingegen völlig anders aus: Beim Export gibt InDesign Datenformate aus, die zur Weitergabe an andere Programme gedacht sind und die in der Regel danach auch nicht weiter bearbeitet werden. Zu diesen Dateiformaten gehört beispielsweise das wichtige PDF-Format, das von InDesign zwar ohne Weiteres exportiert, aber nicht wieder direkt geöffnet werden kann. Insofern ist die Bezeichnung *Export* sinnvoll. Die InDesign-Datei selbst, aus der ein anderes Dateiformat exportiert wird, bleibt durch den Export praktisch unverändert. Neben dem Standard-Exportformat PDF kann InDesign auch zahlreiche Rastergrafik-Formate wie PNG oder JPG ausgeben. Beim Export werden Sie dann nach den entsprechenden Exportoptionen gefragt. Bei JPGs ist das beispielsweise die Komprimierungsstufe.

Exportformate

Die meisten der Formate, die Sie wie etwa PDF aus InDesign exportieren können, lassen sich in InDesign nicht direkt öffnen.

2.2 Ein Dokument einrichten

Wenn Sie ein neues Dokument anlegen, erscheint ein Dialogfenster, in dem Sie eine Reihe von Vorgaben für das neue Dokument vornehmen können. Die im Dialogfenster Neues Dokument gemachten Einstellungen können Sie fast ausnahmslos zu jedem beliebigen späteren Zeitpunkt wieder ändern. Dennoch ist es von Vorteil, wenn Sie die Dokumentvorgaben, die Sie hier treffen, bei der weiteren Arbeit am Layout nur noch in Details nachjustieren müssen und keine grundsätzlichen Änderungen vorzunehmen brauchen, wie etwa von Hoch- auf Querformat oder der Seitengröße.

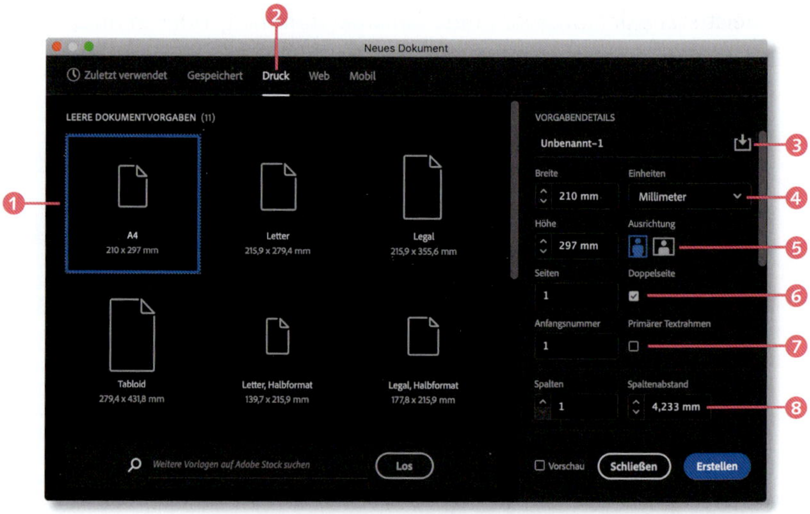

Abbildung 2.3 ▸
Im Dialog Neues Dokument werden grundsätzliche Dokumenteigenschaften definiert.

Neben den Reitern Zuletzt verwendet, Gespeichert, Web und Mobil finden Sie am oberen Fensterrand auch Druck ❷. (Auf die rein digitalen Medienformate unter Web und Mobil kommen wir in Kapitel 10, »Digital Publishing«, zu sprechen). Hier sind im Bereich Leere Dokumentvorgaben ❶ Standardgrößen wie DIN A4 hinterlegt.

Im Bereich rechts, Vorgabendetails, stellen Sie die wichtigsten Parameter für ein neues, leeres Dokument ein. Hier können Sie auch direkt einen Dokumentnamen vergeben. Und bei Bedarf können Sie mit einem Klick auf den Button am rechten Fensterrand Vorgaben speichern, wenn Sie immer mal wieder dieselben Dokumentvorgaben benötigen ❸.

In der nächsten Zeile ❹ können Sie die Breite des neuen Dokuments definieren. In welcher Längeneinheit Sie dies tun, können Sie unter Einheiten festlegen. Die hier gewählte Einheit wird im neuen Dokument auch als Einheit der Lineale und für Objekte verwendet – diese Wahl können Sie mit einem Klick im Dokument auch wieder umstellen; ich komme später noch darauf zu sprechen. Die Höhe eines neuen Dokuments können Sie ebenso frei wählen wie die Breite. Und falls die Proportionen des neuen Dokuments zwar stimmen, Sie sich aber mit der Ausrichtung vertan haben, können Sie dies mit einem Klick auf den jeweils anderen Button unter Ausrichtung ❺ ändern.

Meist steht der Umfang einer Publikation bei Layoutbeginn fest, so dass Sie die entsprechende Seitenzahl direkt unter Seiten angeben können. In den meisten Fällen, in denen Sie ein neues Dokument anlegen, dürfte die aktivierte Option Doppelseite passen ❻. Alle Veröffentlichungen, die aufgeklappt werden können, basieren auf Doppelseiten. Plakate, Flyer und gegebenenfalls Visitenkarten sind genau wie E-Books typische Medien, bei denen Sie eher keine Doppelseiten benötigen.

In der folgenden Zeile ❼ können Sie die Anfangsnummer definieren. In Sonderfällen möchten Sie vielleicht mit einer anderen Seitenzahl als mit der voreingestellten 1 beginnen. Interessant hierbei: Ihr doppelseitiges Dokument beginnt zwingend mit einer rechten Einzelseite, wenn Sie hier eine ungerade Zahl eintragen. Dementsprechend werden auch die ersten beiden Seiten direkt als Doppelseite angelegt, wenn Sie hier einen geraden Wert eingeben.

Neben dem Eingabefeld bei Anfangsnummer sehen Sie noch die Option Primärer Textrahmen. Die Aktivierung dieser Option sorgt dafür, dass Ihr neues Dokument direkt einen Textrahmen enthält – ansonsten müssen Sie diesen erst händisch anlegen, bevor Sie mit irgendwelchen Textarbeiten überhaupt anfangen können. Auf diese vor allem bei langen Dokumenten interessante Funktion werde ich später noch genauer eingehen (siehe Abschnitt 3.2).

Unterhalb dieser Einstellungsmöglichkeiten können Sie definieren, wie viele Spalten das neue Dokument enthält und welchen Abstand die Spalten haben sollen ❽. Zunächst einmal werden hierdurch lediglich nicht druckende Hilfslinien entsprechend Ihren Angaben in Ihrem Dokument zu sehen sein – falls Sie den primären Textrahmen aktiviert haben, werden dort auch diese Spalteneinstellungen übernommen.

Im Bereich Ränder ❾, für den Sie eventuell etwas herunterscrollen müssen, definieren Sie den sogenannten Satzspiegel. Damit wird unter Typografen die Fläche einer Seite bezeichnet, die den Hauptteil der Texte und gegebenenfalls Bilder einer Publikation aufnimmt. Für die Ränder gilt dasselbe wie bei den Spalten: Hier definieren Sie den Stand von Hilfslinien. Wenn Sie den primären Textrahmen aktiviert haben, richtet sich seine Größe und Position ebenfalls nach diesen Einstellungen.

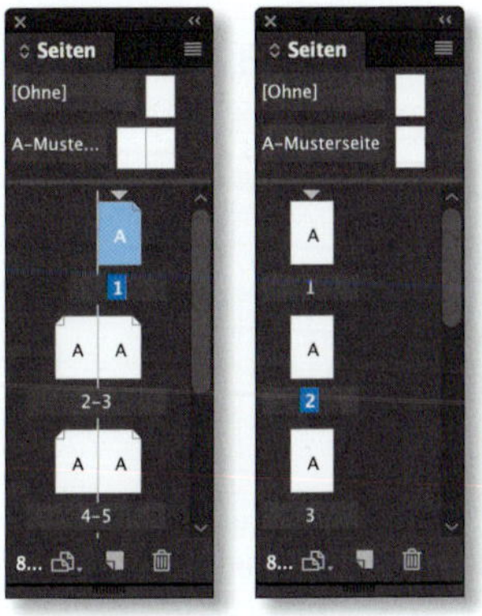

▲ **Abbildung 2.4**
Doppel- (links) und Einzelseitendokumente (rechts) im Bedienfeld Seiten

▲ **Abbildung 2.5**
Im unteren Bereich des Bereichs Vorgabendetails können Sie den Satzspiegel, Anschnitt und Infobereich definieren

Flächen und Abstände

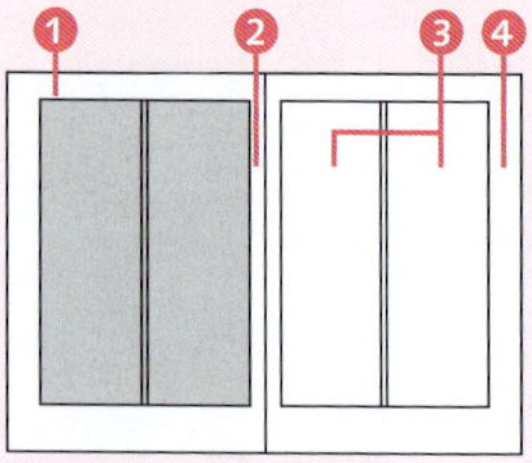

❶ Satzspiegel
❷ Rand innen
❸ Spalten
❹ Rand außen

Dateieinstellungen später ändern

Mit Ausnahme der Option PRIMÄRER TEXTRAHMEN können Sie alle im Dialog NEUES DOKUMENT gemachten Eingaben unter DATEI • DOKUMENT EINRICHTEN jederzeit modifizieren.

Im untersten Bereich ANSCHNITT UND INFOBEREICH (Abbildung 2.5) ist vor allem ANSCHNITT von Bedeutung. Der im Dialog angebotene Anschnitt dient beim Layouten als Orientierung: InDesign markiert den hier angegebenen Anschnitt mit einer roten Linie ❻ rund um die Dokumentseite. Als häufig empfohlener Wert für den Anschnitt/die Beschnittzugabe gilt hier »3 mm«. Diesen Wert sollten Sie aber in jedem Fall bei Ihrem Drucker erfragen.

Zum Hintergrund dieser zusätzlichen Fläche rund um Ihre Druckbögen: Wenn Sie Daten für den Druck vorbereiten, benötigen Sie eine sogenannte Beschnittzugabe. Das gilt für Visitenkarten genauso wie für eine Broschüre oder ein Plakat. Denn sowohl im Offset- als auch im Digitaldruck werden Ihre Druckdaten auf Papierbögen gedruckt, die größer als das Endformat sind. Das Endformat ergibt sich erst durch den allerletzten Arbeitsgang, das Schneiden. Und da bei der gesamten Produktion keine 100%ige Genauigkeit erreicht werden kann, sollten sogenannte »randabfallende Elemente« immer über das Endformat hinausgehend angelegt werden. Dazu gehört etwa der farbige Balken dieser Doppelseite ❺: Er ragt bis zum Seitenrand, im Layout geht er daher bis zum Anschnitt.

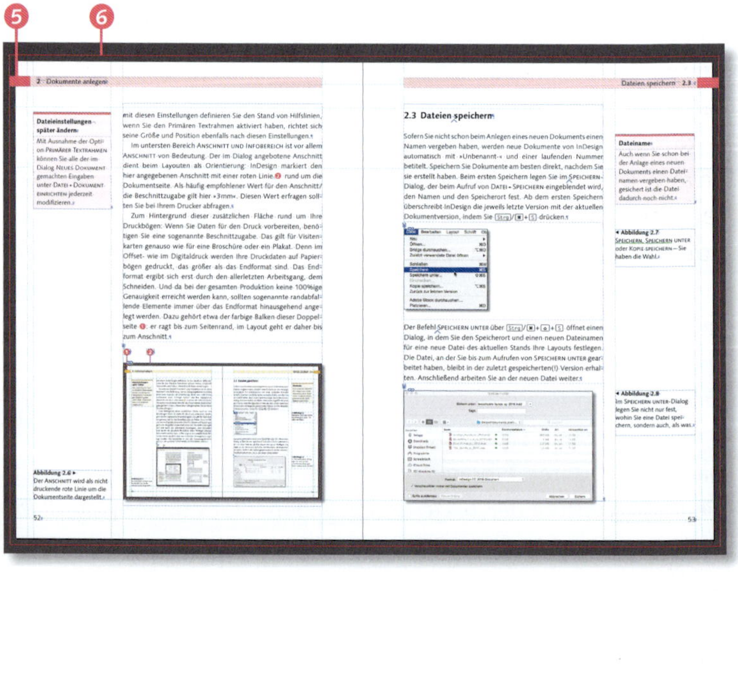

Abbildung 2.6 ▸
Der Anschnitt wird als nicht druckende rote Linie um die Dokumentseite dargestellt.

2.3 Dateien speichern

Sofern Sie nicht schon beim Anlegen eines neuen Dokuments einen Namen vergeben haben, werden neue Dokumente von InDesign automatisch mit »Unbenannt-« und einer laufenden Nummer betitelt. Speichern Sie Dokumente am besten direkt, nachdem Sie sie erstellt haben. Beim ersten Speichern legen Sie im SPEICHERN-Dialog, der beim Aufruf von DATEI • SPEICHERN eingeblendet wird, den Namen und den Speicherort fest. Ab dem ersten Speichern überschreibt InDesign die jeweils letzte Version mit der aktuellen Dokumentversion, wenn Sie Strg/⌘+S drücken.

Der Befehl SPEICHERN UNTER über Strg/⌘+⇧+S öffnet einen Dialog, in dem Sie den Speicherort und einen neuen Dateinamen für eine neue Datei des aktuellen Stands Ihres Layouts festlegen. Die Datei, an der Sie bis zum Aufrufen von SPEICHERN UNTER gearbeitet haben, bleibt in der zuletzt gespeicherten (!) Version erhalten. Anschließend arbeiten Sie an der neuen Datei weiter.

Wenn Sie beim Arbeiten einen Zwischenstand Ihres Layouts erhalten möchten, wählen Sie die dritte Speichern-Option KOPIE SPEICHERN. Es öffnet sich wieder ein Dialog, in dem Sie Speicherort und Dateinamen festlegen können. Im Unterschied zu SPEICHERN UNTER bleibt dabei die ursprüngliche Datei geöffnet, es wird sozusagen ein Schnappschuss Ihrer Arbeit als neue Datei erstellt. Wie auch bei SPEICHERN UNTER können Sie auch beim KOPIE SPEICHERN-Befehl Ihr Layout als eines der alternativen Dateiformate INDESIGN 2022-VORLAGE 7 und INDESIGN CS4 ODER HÖHER (IDML) 8 speichern:

Dateiname

Auch wenn Sie bereits bei der Anlage eines neuen Dokuments einen Dateinamen vergeben haben, gesichert ist die Datei dadurch noch nicht.

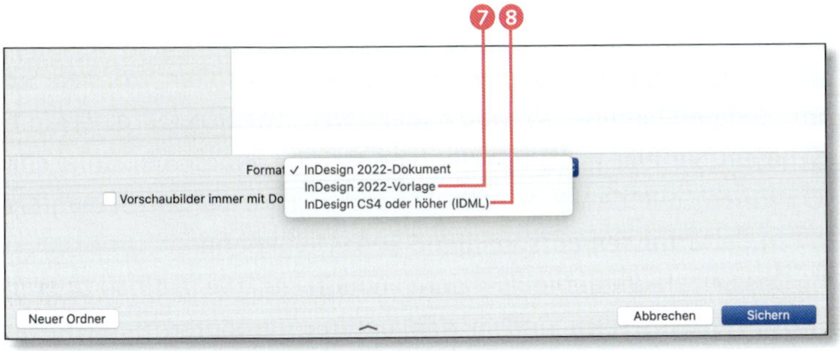

◂ **Abbildung 2.7**
InDesign-Dokumente können in drei Formaten gespeichert werden.

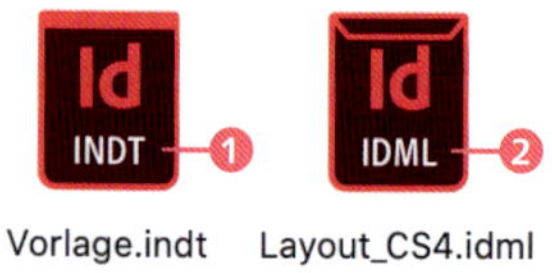

▲ **Abbildung 2.8**
InDesign-Dokumente können in zwei weiteren Formaten gespeichert werden.

Ist ein Layout als InDesign 2022-Vorlage ❶ gespeichert worden, wird beim Öffnen einer solchen Datei direkt eine Kopie dieser Vorlage erstellt. Stellen Sie sich eine Vorlage wie einen Block mit Seiten vor, aus dem Sie immer wieder dieselbe Art Seiten entnehmen können. Dabei ist es unerheblich, ob die Vorlage Daten enthält oder wie viele Seiten sie umfasst.

Speichern vs. Exportieren

Dateien, die Sie über den Speichern- bzw. Speichern unter-Befehl auf Ihrer Festplatte angelegt haben, lassen sich auch wieder in InDesign öffnen. Bei Daten, die hingegen über den Befehl Exportieren erstellt wurden, ist das nicht der Fall!

IDML

Möchten Sie eine Datei erstellen, die mit einer Vorgängerversion von InDesign bearbeitet werden soll, speichern Sie Ihr Dokument im IDML-Format ab ❷. IDML-Dateien können von InDesign-Versionen CS4 und höher geöffnet und bearbeitet werden. Beim Umwandeln vom INDD- ins IDML-Format werden Daten gelöscht, die InDesign intern in eine normale INDD-Datei schreibt. Dadurch kann sich die Datengröße im Vergleich zur ursprünglichen InDesign-Datei drastisch verringern. Dieses Abspeichern als IDML empfiehlt sich auch, wenn Sie einmal Probleme mit einem InDesign-Dokument bekommen sollten.

Beim Öffnen einer IDML-Datei in InDesign CS4/CS5/CS5.5/CS6 kann es allerdings zu Überraschungen kommen, da aktuelle InDesign-Features nicht 1:1 in Vorgängerversionen dargestellt werden können.

2.4 Das Bedienfeld »Seiten«

Seiten farbig markieren

Um die Übersichtlichkeit im Seiten-Bedienfeld zu erhöhen, können Sie die Miniaturen über das Bedienfeldmenü mit dem Befehl Seitenattribute • Farbetikett einfärben.

Dieses Bedienfeld können Sie über das Menü Fenster oder über F12 aufrufen. In den Miniaturansichten sehen Sie entsprechend den getroffenen Voreinstellungen Vorschauen Ihres Layouts. Die Darstellungsgröße und ob die Miniaturen vertikal oder horizontal im Bedienfeld wiedergegeben werden sollen, können Sie im Bedienfeldmenü ❺ unter Bedienfeldoptionen einstellen. Schauen Sie hier auf alle Fälle hinein: Hier finden Sie zahlreiche Optionen, mit denen Sie die Darstellung im Seiten-Bedienfeld Ihren Bedürfnissen entsprechend anpassen können.

Das Seiten-Bedienfeld ist durch eine Trennlinie in einen oberen Musterseitenbereich und in den unteren, größeren Bereich mit der Repräsentation der Dokumentseiten als Miniaturen geteilt.

Der Bereich »Musterseiten«

Auf Musterseiten werden Elemente wie beispielsweise Seitenzahlen eingefügt, die dann auf allen Dokumentseiten zu sehen sind, auf die diese Musterseite angewendet wurde. Auf dieses äußerst wichtige Feature werde ich in Abschnitt 2.5, »Musterseiten«, genauer eingehen.

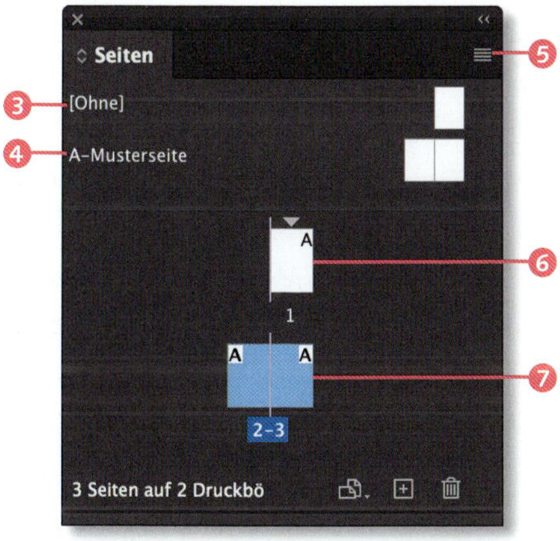

◂ **Abbildung 2.9**
So sieht eines der wichtigsten Bedienfelder aus: das SEITEN-Bedienfeld.

Alle InDesign-Dokumente haben automatisch die Musterseite [OHNE] ❸, die nicht weiter geändert werden kann und auf den ersten Blick nicht sonderlich interessant erscheinen mag. Am rechten Bedienfeldrand sehen Sie direkt, ob es sich um ein- oder zweiseitige Musterseiten handelt. Im Beispiel ist A-MUSTERSEITE ❹ doppelseitig. Mit einem Doppelklick auf eine Musterseite kann sie geöffnet und wie eine gewöhnliche Dokumentseite bearbeitet werden.

Die Musterseite [Ohne]

Diese leere Musterseite können Sie beispielsweise für ganzseitige Anzeigen innerhalb von Broschüren verwenden. Hier benötigen Sie keine Seitenzahl und keine Hilfslinien, die den Satzspiegel kennzeichnen und die typischerweise auf Musterseiten angelegt werden.

Der Bereich »Dokumentseiten«

Im unteren Bereich in Abbildung 2.9 sehen Sie drei Dokumentseiten in der Miniaturansicht. Ein doppelseitiges Dokument beginnt wie hier in der Regel mit einer rechten Einzelseite ❻. Doppelseitige Dokumente sind im SEITEN-Bedienfeld auch an der längeren Linie zu erkennen, die den Bund markiert. Am Bund werden die Seiten einer Publikation zusammengeheftet oder -geklebt. Die Seite 1 im Beispiel könnte also die Titelseite einer Broschüre sein.

An den kleinen Zahlen unterhalb der Miniaturen ist die Seitenzahl ablesbar. Ein Doppelklick auf die Seitenzahl passt die entsprechenden Seiten in das Dokumentfenster ein – auf diese Weise

Seitenansicht drehen

Dieses weitere Feature finden Sie ebenfalls im SEITEN-Bedienfeldmenü unter SEITENATTRIBUTE • DRUCKBOGENANSICHT DREHEN. Wie der Befehl schon ausdrückt, wird hier die Ansicht und nicht die Seite selbst gedreht.

können Sie auch hervorragend im Dokument navigieren. Durch einen Doppelklick auf die Seitenzahl werden außerdem die Seiten im SEITEN-Bedienfeld ❼ markiert, die angeklickt wurden. Mit gedrückter [Strg]/[⌘]-Taste lassen sich auch Seiten markieren, die nicht nebeneinanderliegen. Dies ist wünschenswert, wenn Sie beispielsweise nur auf bestimmten Seiten des Dokuments die Ränder und Spalten ändern möchten.

Ganz unten im SEITEN-Bedienfeld finden Sie die aktuelle Anzahl der Seiten des aktiven Dokuments und die Anzahl Druckbögen, auf denen sich diese Seiten befinden. Mit Druckbögen sind neben Einzelseiten auch die direkt nebeneinanderliegenden Seiten gemeint. Auf einem Druckbogen können auch mehr als zwei Seiten stehen: Dies kommt beispielsweise in Magazinen vor, wenn große Panoramabilder auf Seiten abgedruckt werden, die man über die eigentliche Heftgröße ausklappen kann. Dann liegt ein so genannter Altarfalz vor.

Dokumente verwalten und anpassen

Entsprechend der Angabe im Feld SEITENANZAHL im Dialogfeld NEUES DOKUMENT weist die neue InDesign-Datei eine oder mehrere Dokumentseiten auf. Um einem Dokument z. B. neue Seiten hinzuzufügen oder bestehende zu löschen, können Sie abgesehen vom SEITEN-Bedienfeld auch die entsprechenden Befehle des Untermenüs SEITEN innerhalb des Menüs LAYOUT bemühen.

Seiten einfügen

Um eine oder mehrere Seiten einem Dokument hinzuzufügen, können Sie zwischen verschiedenen Methoden wählen: Klicken Sie unten auf den Button mit dem Plus-Zeichen, dann wird einfach eine neue Seite nach der aktuell markierten Seite in das Dokument eingefügt. Die gegebenenfalls folgenden Seiten rücken dadurch entsprechend um eine Seite nach hinten. Beachten Sie hierbei, dass die Seite, die Sie im Dokumentfenster sehen, nicht zwangsläufig die Seite sein muss, die im Bedienfeld SEITEN markiert ist!

Seiten löschen

Wenn Sie Seiten aus einem InDesign-Dokument löschen möchten, markieren Sie diese im SEITEN-Bedienfeld und klicken dann auf den Mülleimer-Button am unteren Bedienfeldrand.

Auf diese Weise lassen sich jedoch immer nur einzelne Seiten hinzufügen. Möchten Sie mehrere Seiten gleichzeitig hinzufügen, können Sie dies über den Befehl SEITEN EINFÜGEN erledigen. Sie finden diesen Befehl im SEITEN-Bedienfeldmenü.

Abbildung 2.10 ▸
Mit dem Dialogfeld SEITEN EINFÜGEN können Sie genau steuern, wo die Seiten eingefügt werden sollen.

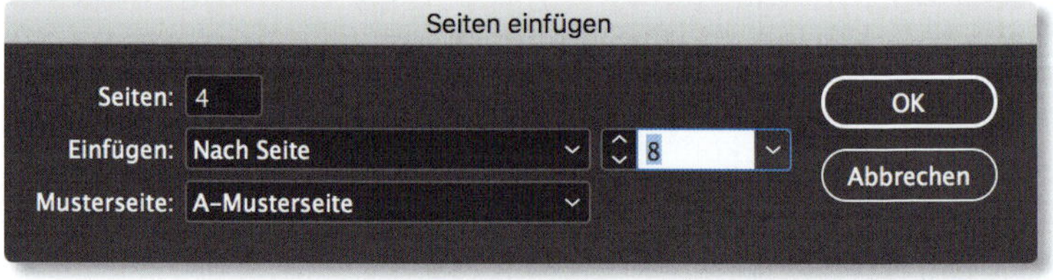

Hier können Sie neben der gewünschten Anzahl neuer Seiten auch angeben, an welcher Stelle InDesign die neuen Seiten einfügen soll. Dabei stehen Ihnen neben der direkten Eingabe einer genauen Seitenzahl im Pulldown-Menü noch folgende Optionen zur Verfügung: Nach Seite, Vor Seite, Am Anfang bzw. Am Ende des Dokuments. Außerdem haben Sie die Möglichkeit, aus den angelegten Musterseiten des aktuellen Dokuments zu wählen.

Seiten duplizieren

Gerade im Entwurfsstadium möchte man schnell verschiedene Varianten eines Layouts ausprobieren: Seiten sind schnell dupliziert, wenn Sie die betreffenden Seiten in der Miniaturansicht markieren und auf den Plus-Button unten im Seiten-Bedienfeld ziehen.

Seiten zwischen Dokumenten austauschen

Wenn Sie eine oder mehrere Seiten zwischen zwei Dokumenten austauschen möchten, können Sie dies auf zwei verschiedene Arten mit Hilfe des Bedienfeldes Seiten erreichen.

Im Bedienfeldmenü finden Sie den Eintrag Seiten verschieben. Das Dialogfeld, das sich nach Betätigung dieses Befehls öffnet, hat eine große Ähnlichkeit mit dem oben gezeigten Dialog Seiten einfügen:

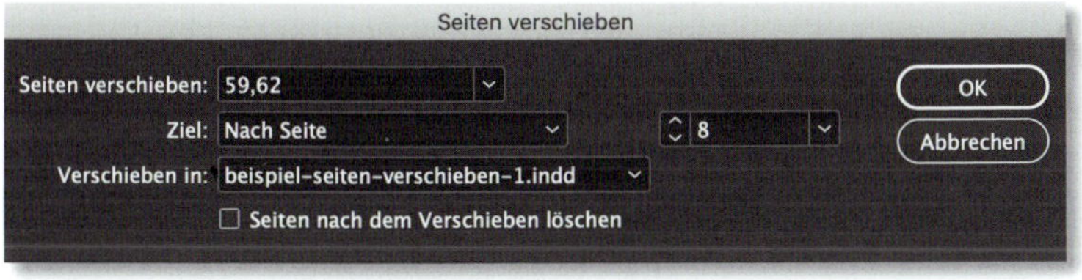

◂ **Abbildung 2.11**
Sie können sogar Seiten zwischen Dokumenten verschieben, die nicht direkt aufeinanderfolgen.

Ganz oben geben Sie die Seiten an, die Sie verschieben möchten. Es werden hierbei übrigens immer automatisch die Seiten angegeben, die im Seiten-Bedienfeld markiert sind. Bei Ziel geben Sie an, an welche Stelle im Dokument die Seiten verschoben werden sollen. Und bei Verschieben in können Sie neben dem aktuellen Dokument auch ein anderes der momentan geöffneten Dokumente angeben. Wird hier ein anderes Dokument gewählt, können Sie bei Bedarf durch das Aktivieren der Checkbox Seiten nach dem Verschieben löschen die Seiten aus dem aktuellen Dokument entfernen lassen. Die Seitenformate der beiden Dokumente sollten beim Verschieben dieselben sein.

Seiten können auch einfach aus dem Seiten-Bedienfeld in ein anderes geöffnetes Dokument gezogen werden. Dafür müssen sich die beiden Dokumente nur in verschiedenen Dokumentfenstern befinden.

Unterschiedliche Seitenformate anwenden

▲ **Abbildung 2.12**
Am Seiten-Bedienfeld sehen Sie, dass die Seiten 4–5 im Dokumentfenster angezeigt werden; markiert ist Seite 2.

▲ **Abbildung 2.13**
Im Menü Seitenformat bearbeiten des Seiten-Bedienfeldes können Sie eigene Presets speichern.

Manches Mal werden Sie verschiedene Seitenformate in einem Dokument benötigen, beispielsweise bei der Anlage eines sechsseitigen Folders in Wickelfalz oder eines Umschlags einer Broschüre, bei der Sie die Breite des Rückens für sich definieren möchten. Um einzelnen Seiten eine vom eigentlichen Dokumentformat abweichende Größe zuzuweisen, können Sie mit dem Seitenwerkzeug arbeiten. Das Seitenformat kann aber auch direkt aus dem Seiten-Bedienfeld geändert werden. Dazu markieren Sie zunächst die gewünschte Seite. Mehrere aufeinanderfolgende Seiten können Sie mit gedrückter [⇧]-Taste markieren. Seiten, die nicht direkt hintereinanderliegen, markieren Sie mit gedrückter [Strg]/[⌘]-Taste. Nach einem Klick auf den Button Seitenformat bearbeiten (1) lassen sich anschließend im Menü verschiedene Seitenformate anwählen. Diese werden direkt auf die derzeit markierten Seiten angewendet.

Sehr praktisch ist in diesem Zusammenhang die Möglichkeit, dass eigene Formatvorgaben nicht nur über den Menüpunkt Benutzerdefiniert angelegt, sondern auch programmweit gespeichert werden können.

Seitenformate ändern

Ändern Sie mit dem Menübefehl Seitenformat bearbeiten immer nur die Seiten, die vom dokumentweiten Seitenformat abweichen sollen. Dieses haben Sie bei der Anlage des Dokuments festgelegt; es kann über Datei • Dokument einrichten geändert werden.

Ränder und Spalten ändern

Nachdem Sie ein neues Dokument erstellt haben, möchten Sie vielleicht die Spaltenanzahl auf einzelnen Seiten oder für alle Seiten eines Dokuments ändern. Wie Sie beides umsetzen können, sehen wir uns in den nächsten zwei Workshops an.

Schritt für Schritt
Spalten einer Doppelseite ändern

1 Neues Dokument

Rufen Sie über Datei • Neu • Dokument oder mit [Strg]/[⌘]+[N] den Dialog Neues Dokument auf. Ändern Sie die Seitenzahl auf 8. Die anderen voreingestellten Werte können Sie übernehmen. Bestätigen Sie den Dialog. Das achtseitige Dokument wird direkt angezeigt.

2 Eine Doppelseite markieren

Rufen Sie über [F12] oder FENSTER • SEITEN das Bedienfeld SEITEN auf. Doppelklicken Sie innerhalb des Bedienfeldes SEITEN unterhalb der ersten Doppelseite auf die Seitenzahlen 2–3 ❷. Dadurch wird diese Doppelseite zentriert in das Dokumentfenster eingepasst und ist gleichzeitig markiert. Daher wird sich die Änderung der Ränder und Spalten, die wir gleich vornehmen, auf genau diese Seiten auswirken – und nicht auf das gesamte Dokument.

Doppelseite anzeigen

Falls Sie die beiden Seiten nicht komplett sehen, ändern Sie dies durch Aufruf des Befehls DRUCKBOGEN IN FENSTER EINPASSEN, den Sie im Menü ANSICHT finden. Das entsprechende Tastenkürzel lautet [Strg]/[⌘]+[alt]+[0].

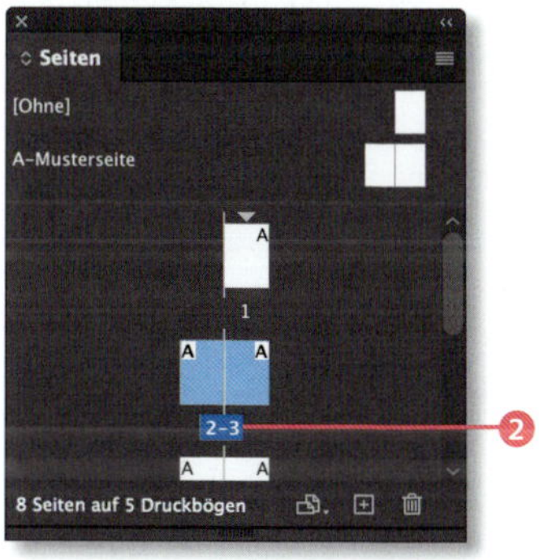

◂ **Abbildung 2.14**
Hier ist eine Doppelseite markiert, Sie können aber auch einzelne Seiten markieren.

3 Ränder und Spalten auf einer Doppelseite ändern

Rufen Sie über LAYOUT den Dialog RÄNDER UND SPALTEN auf. Geben Sie im Bereich SPALTEN • ANZAHL »2« ein ❹, und bestätigen Sie diese Eingaben ❸. Mit einem Klick auf OK verlassen Sie wie gewohnt das Fenster.

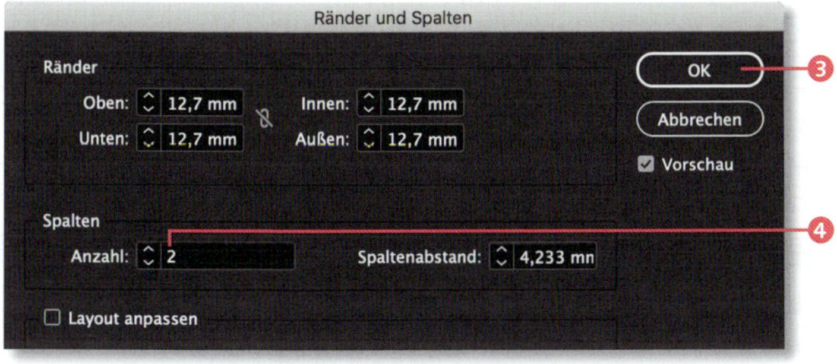

◂ **Abbildung 2.15**
Kleine Zahlen mit großer Wirkung: Hier werden die Spalten neu definiert.

4 Verschiedene Spaltenzahlen in einem Dokument

Verkleinern Sie die Ansicht Ihrer Seiten so weit, dass Sie zumindest Teile der vorigen und der Folgeseiten sehen können. Das erreichen Sie z. B., indem Sie mehrfach über [Strg]/[⌘]+[-] herauszoomen. An den Hilfslinien erkennen Sie, dass sich die geänderten Spalteneinstellungen nur auf die erste Doppelseite ❷ ausgewirkt haben. Das liegt daran, dass wir in Schritt 2 eben genau diese Doppelseite markiert haben. Mit dieser Technik können Sie auch lediglich einzelne Seiten Ihrer Dokumente ändern. Markieren Sie dann nur die entsprechende Einzelseite.

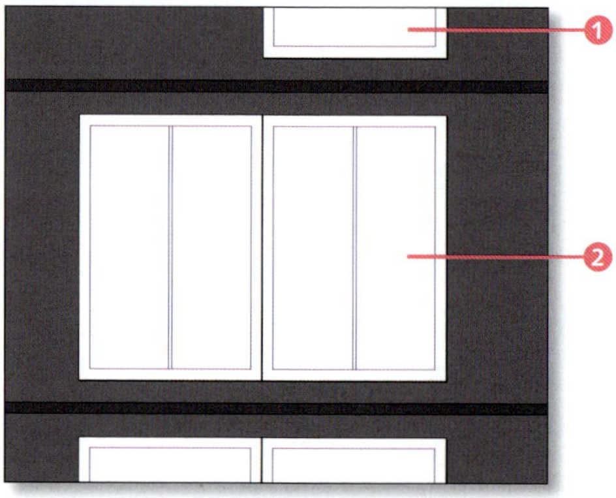

Abbildung 2.16 ▸
In einem einspaltigen Dokument ❶ sind nur auf der ersten Doppelseite zwei Spalten definiert worden.

Auf einzelnen Seiten und Doppelseiten können Sie nun den Satzspiegel und die Seitenzahl ändern. Wenn Sie dies beispielsweise in einem 24-seitigen Dokument für alle Seiten machen wollen, kommen die Musterseiten ins Spiel.

Seltsame Werte

Die merkwürdigen voreingestellten Werte etwa bei Ränder und Spalten erklären sich dadurch, dass sich InDesign an dem nordamerikanischen Längenmaß Inch (2,54 cm) orientiert. Die Ränder sind also mit 1/2 Inch und der Spaltenabstand ist mit 1/5 Inch voreingestellt (siehe Spaltenabstand in Abbildung 2.15). Die durch Umrechnung nach Millimeter entstandenen »krummen« Werte kommen in InDesign an verschiedenen Stellen vor – ändern Sie sie direkt in ganzzahlige mm-Werte.

2.5 Musterseiten

Auf Musterseiten werden Gestaltungselemente wie z. B. Seitenzahlen platziert, die auf allen oder zumindest vielen Dokumentseiten zu sehen sein sollen. Beispielsweise wurden die farbigen Balken am oberen Rand der Seiten, die Sie gerade in der Hand halten, über Musterseiten angelegt.

Das Prinzip der dokumentweiten Einstellungen ist derart grundlegend, dass Sie es immer im Hinterkopf behalten sollten. Fragen Sie sich bei Ihrer Arbeit immer wieder, ob das, was Sie gerade gestalten, mehrfach in Ihrem Layout vorkommt. Wenn Sie diese Frage bejahen können, ist in InDesign mit großer Sicherheit ein Weg vorgesehen, diese Arbeitsschritte an einer zentralen Stelle im Dokument zu hinterlegen, damit von da an immer wieder darauf zugegriffen werden kann. Auf diese Vorgehensweise werden Sie in diesem Buch immer wieder stoßen.

In der Seitendarstellung in Abbildung 2.17 sehen Sie in den oberen äußeren Ecken der Dokumentseiten 1–3 und 8 ein großes A, auf den Doppelseiten 4–7 ein B. Daran erkennen Sie, auf welche Seiten die A- bzw. B-Musterseite angewendet wurde. Alle Änderungen, die auf der A-Musterseite vorgenommen werden, werden automatisch auch auf alle mit A gekennzeichneten Seiten angewendet – dasselbe gilt ebenso für B wie für weitere Musterseiten.

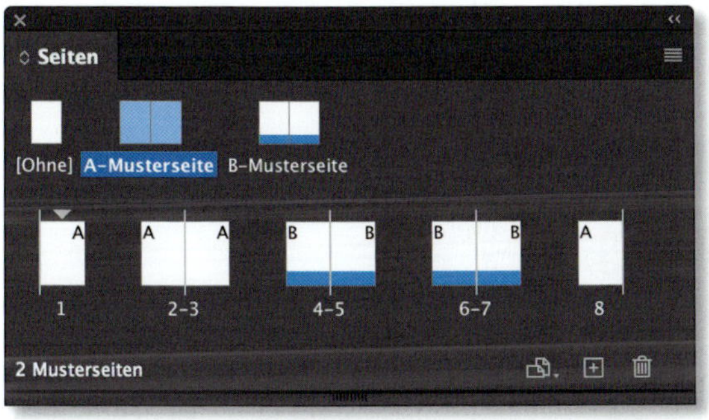

▲ **Abbildung 2.17**
In diesem Layout werden zwei verschiedene Musterseiten auf die Dokumentseiten angewendet.

Springen oder Blättern

Am linken unteren Fensterrand wird nicht nur die aktuelle Seitenzahl bzw. der Name der Musterseite angezeigt. Hier kann auch mit Hilfe eines Ausklappmenüs die gewünschte Seite angewählt werden.

Schritt für Schritt
Spalten eines Dokuments ändern

Schauen wir uns die Arbeit mit Musterseiten im Praxiseinsatz an. Wir wollen die Spaltenzahl mit Hilfe von Musterseiten ändern.

1 Neues achtseitiges Dokument

Legen Sie ein neues doppelseitiges Dokument mit acht Seiten an.

2 Die Musterseite anwählen

Ein Doppelklick auf A-Musterseite ❸ zeigt diese im Dokumentfenster an. Dass wir uns nicht mehr auf einer Dokumentseite befinden, ist nur am eingefärbten Musterseiten-Icon erkennbar (und an der Seitenanzeige am unteren Fensterrand, siehe Kasten): Da wir bisher weder Inhalte eingefügt noch Änderungen vorgenommen haben, entspricht das Aussehen der Musterseiten exakt den Dokumentseiten.

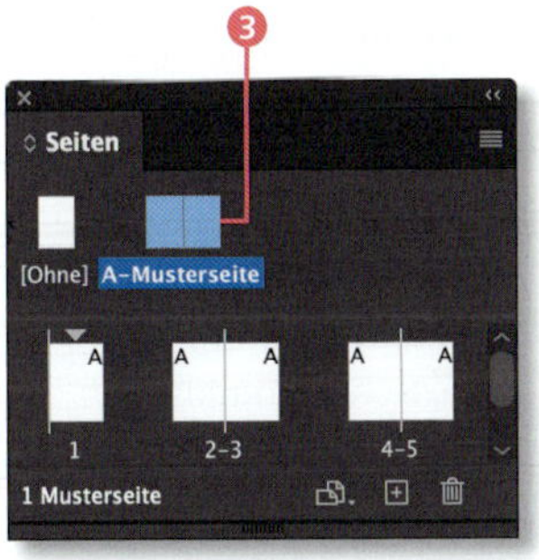

▲ **Abbildung 2.18**
Durch einen Doppelklick wurde die A-Musterseite markiert.

Musterseiten aus Dokumentseiten erstellen

Wenn Sie beim Layouten auf einer Dokumentseite feststellen, dass einige der gestalteten Objekte eigentlich auf eine Musterseite gehören, können Sie die betreffende Dokumentseite einfach in den Musterseitenbereich im SEITEN-Bedienfeld ziehen: Dadurch wird eine Musterseite aus der Dokumentseite erstellt.

3 Die Musterseite ändern

Da Sie sich jetzt auf der A-MUSTERSEITE befinden, können Sie diese wie eine Dokumentseite Ihren Vorstellungen gemäß anpassen. Rufen Sie wieder über LAYOUT • RÄNDER UND SPALTEN den entsprechenden Dialog auf, und ändern Sie hier die Anzahl der Spalten auf z. B. »2«. Wechseln Sie nun mit einem Doppelklick auf eine Seite innerhalb des Bedienfeldes SEITEN zurück auf die Dokumentseiten. Sofern die Hilfslinien sichtbar sind, sehen Sie, dass Sie mit wenigen Klicks die Anzahl der Spalten im gesamten Dokument (!) geändert haben.

◂ **Abbildung 2.19**
Dank Musterseiten sind die Spalten eines ganzen Dokuments mit wenigen Klicks geändert.

Automatische Seitenzahlen

Neben den allgemeinen Einstellungen bezüglich des Satzspiegels werden auch die Seitenzahlen normalerweise auf der Musterseite angelegt. InDesign erstellt dann die Seitenzahlen auf den Dokumentseiten automatisch.

Seitenzahlen sind ebenso schnell angelegt, wie die Ränder und Spalten im ganzen Dokument geändert sind. Doppelklicken Sie die Musterseite im Bedienfeld SEITEN an, auf der Sie Seitenzahlen anlegen möchten. Damit befinden Sie sich auf der entsprechenden Musterseite. Wenn Sie nun auf der Musterseite mit dem Textwerkzeug (siehe Abschnitt 1.6 unter »Textwerkzeug«) einen Textrahmen an der gewünschten Stelle aufziehen, an der die Seitenzahlen erscheinen sollen, wird dieser, anders als auf einer Dokumentseite, nicht mit einer durchgehenden, sondern mit einer gepunkteten Linie dargestellt. Alle Objekte, die auf einer Musterseite angelegt sind, werden so dargestellt – sowohl auf der Musterseite als auch auf einer Dokumentseite.

Ansichtsmodus

Voraussetzung für die Sichtbarkeit der Textrahmen ist natürlich, dass Sie sich im Normal-Modus (siehe Abschnitt 1.6 unter »Bildschirmmodus«) befinden und die Rahmenkanten nicht über ANSICHT • EXTRAS • RAHMENKANTEN AUSBLENDEN ausgeblendet haben.

Direkt nach dem Erstellen eines Textrahmens wartet die Texteingabemarke auf Text. Für die automatische Seitenzahl wählen Sie SCHRIFT • SONDERZEICHEN EINFÜGEN • MARKEN • AKTUELLE SEITENZAHL (oder rufen das Kontextmenü mit einem Rechtsklick auf, dadurch sparen Sie sich die erste Menüebene).

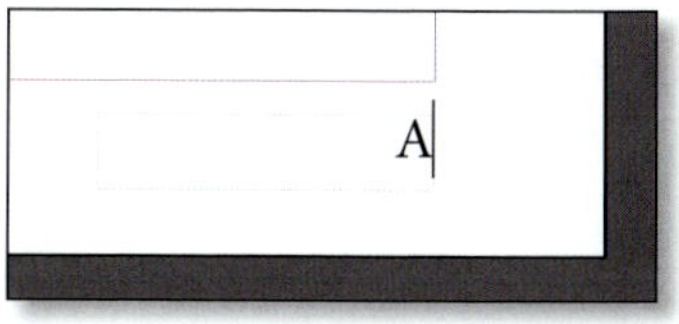

◂ **Abbildung 2.20**
Rahmenkanten von Objekten, die sich auf einer Musterseite befinden, werden fein gepunktet dargestellt.

Durch Anwahl dieses Befehls wird ein Großbuchstabe als Platzhalter für die Seitenzahlen in dem Textrahmen eingefügt und nicht wie erwartet eine Ziffer. Dabei entspricht der Buchstabe des Platzhalters dem Präfix des Musterseitennamens. Auf den Dokumentseiten wird aber die aktuelle Seitenzahl angezeigt. Die Seitenzahl wird von InDesign automatisch aktualisiert, wenn Sie Seiten hinzufügen oder löschen. Den Seitenzahlplatzhalter können Sie wie jeden anderen Text nach Belieben formatieren.

Objektreihenfolge

Objekte, die auf einer Musterseite angelegt werden, liegen immer zuunterst auf der Ebene, auf der sie erstellt werden. Auf das Thema »Ebenen« komme ich in Abschnitt 8.5 im Detail zu sprechen.

Musterseitenobjekte lösen

Stellen Sie sich vor, Sie gestalten eine umfangreiche Broschüre, die auf allen Seiten gewöhnliche schwarze Seitenzahlen haben soll. Nun entscheiden Sie sich beispielsweise, dass an einer einzigen Stelle des Layouts eine rechte Einzelseite komplett schwarz eingefärbt sein soll, weil die vorgesehenen Abbildungen auf Schwarz besser als auf weißem Grund wirken. Die Seitenzahl auf dieser einen Seite soll im Druck weiß sein. In einer solchen Situation benötigen Sie von der Dokumentseite aus Zugriff auf die Seitenzahl, die Sie wie oben beschrieben auf der Musterseite angelegt haben.

Wenn Sie versuchen, auf einer Dokumentseite ein Objekt zu markieren, das auf einer Musterseite angelegt wurde, werden Sie feststellen, dass Ihnen das nicht ohne Weiteres gelingt. Und das ist auch gut so, damit gerade diese Elemente, die für eine konsistente Gestaltung sorgen sollen, nicht einfach oder aus Versehen verschoben oder abweichend gestaltet werden können.

Primärer Textrahmen

Wenn Sie bei der Anlage eines neuen Dokuments die Option PRIMÄRER TEXTRAHMEN aktiviert haben, können Sie diesen auf der Dokumentseite direkt markieren.

Um nun ausnahmsweise einzelne Objekte einer Musterseite auf einer Dokumentseite manipulieren zu können, drücken Sie bei aktiviertem Auswahlwerkzeug zusätzlich Strg/⌘+⇧. Klicken Sie mit dieser Tastenkombination auf das gewünschte Objekt ①, wird es von der Musterseite gelöst (zu erkennen an dem dann durchgezogenen Rahmen ②), und Sie können das gelöste Objekt und seinen Inhalt nach Ihren Vorstellungen gestalten.

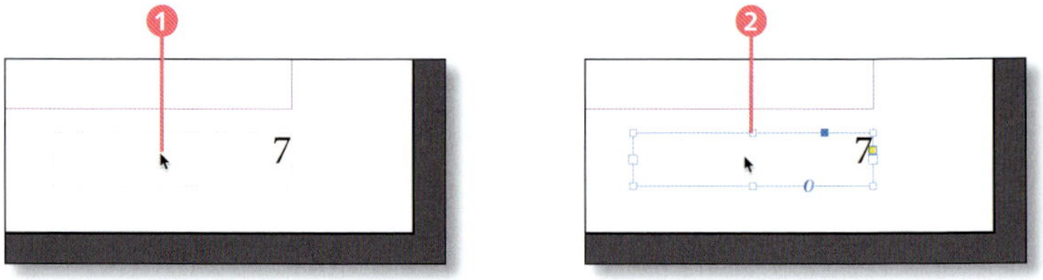

Abbildung 2.21 ▸
Musterseitenobjekte können auf Dokumentseiten von der Musterseite gelöst und bearbeitet werden.

Alle Objekte übergehen

Sollen auf einer Dokumentseite alle Objekte der Musterseite übergangen werden, finden Sie im Menü des SEITEN-Bedienfeldes hierfür den Befehl ALLE MUSTERSEITENOBJEKTE ÜBERGEHEN.

Musterseiten basieren auf Musterseiten

Wir sehen uns in einem Workshop an, wie man Musterseiten ineinander verschachtelt und wie Musterseiten auf bestehende Dokumentseiten angewendet werden. Dabei gehen wir von folgender Situation aus: Wir möchten ein umfangreicheres Druckmedium erstellen, das zwei oder mehr Rubriken enthält. Die Rubriken sollen durch einen farbigen Streifen, der auf allen Seiten einer Rubrik vorhanden sein soll, voneinander abgesetzt werden. Die Position dieses farbigen Balkens soll überall gleich sein, nur die Farbe soll sich von Rubrik zu Rubrik ändern.

Schritt für Schritt
Rubriken durch Farbe codieren

1 Position des farbigen Balkens definieren

Erstellen Sie ein doppelseitiges Dokument mit zwölf Seiten und 3 mm Anschnitt. Die Angaben zum Satzspiegel (Ränder und Spalten) sind für diesen Workshop unerheblich: Übernehmen Sie einfach die voreingestellten Werte. Mit einem Doppelklick auf die entsprechenden Seiten im SEITEN-Bedienfeld wechseln Sie auf die A-MUSTERSEITE und passen diese mit Strg/⌘+alt+0 in das Dokumentfenster ein.

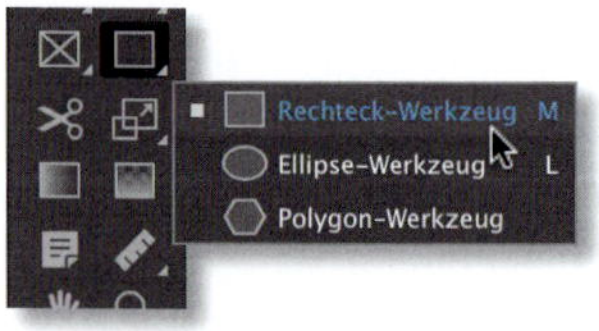

▴ **Abbildung 2.22**
Zur Anlage des farbigen Balkens können Sie das Rechteck-Werkzeug einsetzen.

Zunächst entscheiden wir uns für die Positionierung des Farbstreifens am unteren Seitenende. Erstellen Sie also mit dem Rechteck-Werkzeug (siehe Abschnitt 1.6 unter »Rahmen- und Formwerkzeuge«) ein Rechteck am unteren Seitenrand über die gesamte Breite in beliebiger Höhe. Ziehen Sie mit Ausnahme der oberen Seite alle Seiten des Rechtecks bis zur Markierung des Anschnitts auf ❸.

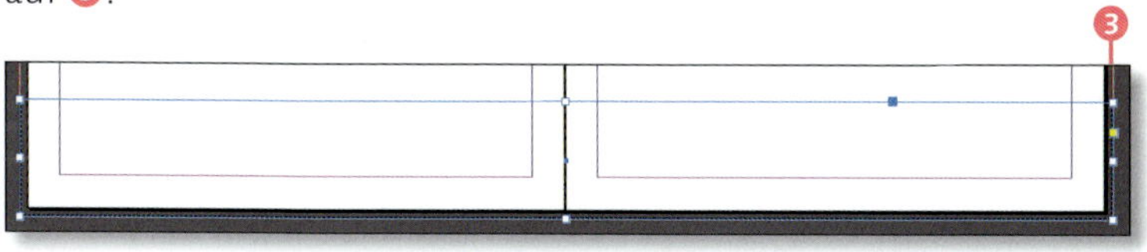

◂ **Abbildung 2.23**
Erstellen Sie ein Rechteck über die gesamte Breite der A-Musterseite.

2 Fläche und Kontur formatieren

Dem Rechteck weisen wir nun eine Flächenfarbe zu. Rufen Sie dafür das Bedienfeld FARBFELDER auf, das Sie im Menü FENSTER finden. Achten Sie zunächst darauf, dass sich das Flächenfeld ❺ im Vordergrund befindet. Sollte dies nicht der Fall sein, klicken Sie es an und holen es dadurch nach vorn. Mit einem Klick auf das Farbfeld mit dem reinen Cyan-Blau ❽ färben Sie die Fläche des Rechtecks blau.

In der Werkzeugleiste sehen Sie dieselbe Darstellung von Fläche und Kontur ❹, und Sie werden bemerken, dass die Darstellung in der Werkzeugleiste mit der des FARBFELDER-Bedienfeldes verlinkt ist: Wenn Sie z. B. im Bedienfeld FARBFELDER die Kontur in den Vordergrund holen, wird die Kontur auch in der Werkzeugleiste nach vorn geholt. Klicken Sie jetzt noch die Kontur ❻ im Bedienfeld FARBFELDER an, und weisen Sie ihr mit einem weiteren Klick auf [OHNE] ❼ keine Farbe zu.

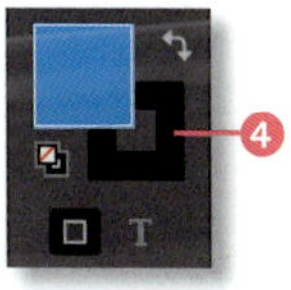

▴ **Abbildung 2.24**
Ob die Fläche oder die Kontur eines Objekts (oder die eines Textes) editiert wird, zeigt neben dem Bedienfeld FARBFELDER auch die Werkzeugleiste.

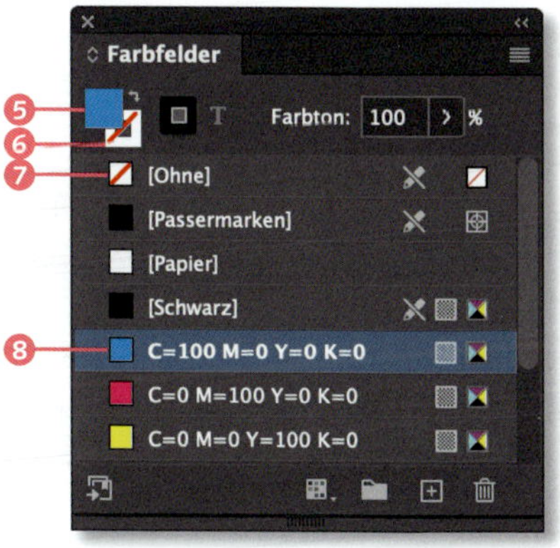

◂ **Abbildung 2.25**
Im Bedienfeld FARBFELDER weisen Sie markierten Objekten Farben zu.

[Eckige Klammern]

In einigen Bedienfeldern finden Sie Einträge, die in eckige Klammern eingefasst sind. Im Bedienfeld FARBFELDER sind das die Werte [OHNE], [PASSERMARKEN], [SCHWARZ], [PAPIER]. Solche Einträge sind nicht modifizierbar.

3 Neue Musterseite anlegen

Nachdem nun ein Rechteck mit cyanfarbener Fläche und ohne Konturfarbe auf der A-Musterseite positioniert ist, legen Sie eine neue Musterseite an, die auf der A-Musterseite basiert. Rufen Sie hierfür im Bedienfeld SEITEN das Bedienfeldmenü auf, und wählen Sie den Befehl NEUE MUSTERSEITE. Nun wählen Sie im Pulldown-Menü BASIERT AUF MUSTERSEITE ❶ die Option A-MUSTERSEITE. Alle anderen Vorgaben können Sie übernehmen. Durch dieses Vorgehen weist die neue Musterseite dasselbe Rechteck an derselben Position wie auf der A-Musterseite auf.

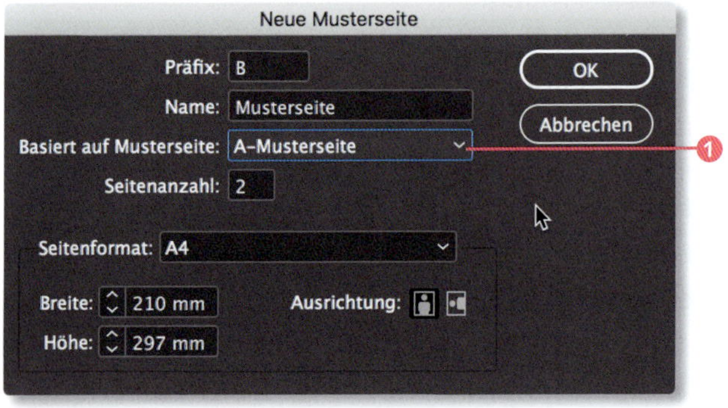

Abbildung 2.26 ▸
Mit BASIERT AUF MUSTERSEITE können Sie Musterseiten ineinander verschachteln.

4 Noch eine neue Musterseite anlegen

Führen Sie Schritt 3 ein weiteres Mal durch. Auch diese neue Musterseite lassen Sie auf der A-Musterseite basieren. Dass die beiden neuen B- und C-Musterseiten auf der A-Musterseite basieren, wird in dem SEITEN-Bedienfeld genau wie bei den Dokumentseiten durch die Buchstaben in den oberen äußeren Ecken ❷ der Musterseiten gekennzeichnet.

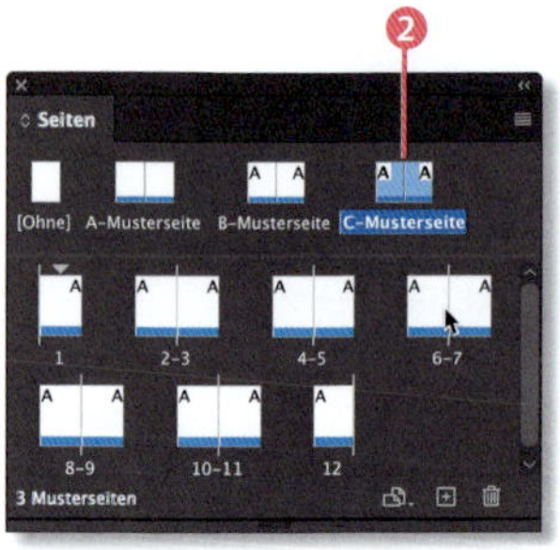

▲ Abbildung 2.27
Bisher sind B- und C-Musterseiten einfache Kopien der A-Musterseite.

5 Musterseiten modifizieren

Mit einem Doppelklick auf B-MUSTERSEITE wird diese zur Bearbeitung angezeigt. Um das cyanfarbene Rechteck auf der B-Musterseite zu bearbeiten, markieren Sie es mit dem Auswahlwerkzeug, wobei Sie gleichzeitig [Strg]/[⌘]+[⇧] gedrückt halten, damit es von der ursprünglichen Musterseite gelöst wird. Dem Rechteck weisen Sie über FARBFELDER den oberen Rotton, das reine Magenta, zu. Anschließend ändern Sie die Flächenfarbe des Rechtecks auf der C-Musterseite zum voreingestellten Gelb.

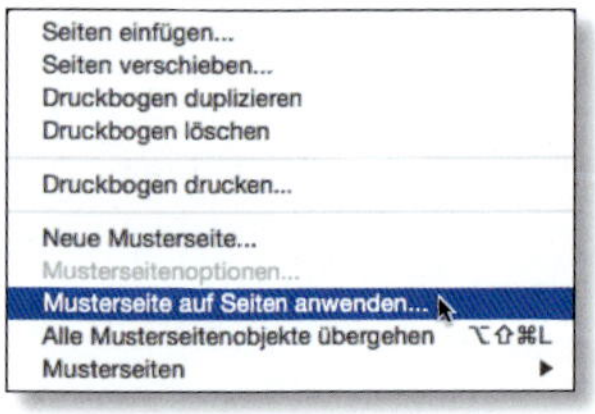

▲ Abbildung 2.28
Hier sehen Sie die Befehle des umfangreichen SEITEN-Bedienfeldmenüs.

◂ **Abbildung 2.29**
Trotz Änderung basieren die B- und die C-Musterseite weiterhin auf der A-Musterseite.

6 B-Musterseite anwenden

Musterseiten können auf Dokumentseiten angewendet werden, indem sie im Bedienfeld SEITEN auf die entsprechenden Dokumentseiten gezogen werden. Wenn Sie mehreren Dokumentseiten Musterseiten zuweisen möchten, empfehle ich Ihnen, das SEITEN-Bedienfeldmenü aufzurufen. Dort finden Sie den Befehl MUSTERSEITE AUF SEITEN ANWENDEN. In dem Dialog, der sich bei Anwahl dieses Befehls öffnet, können Sie genauer steuern, was wo angewendet werden soll. Das empfiehlt sich insbesondere bei großen Seitenbereichen, die Sie durch die Eingabe der entsprechenden Seitenzahlen einfach angeben können.

Mit den folgenden Einstellungen wenden Sie die B-Musterseite auf die zweite und dritte Doppelseite, die Seiten 4–7, an.

▴ **Abbildung 2.30**
Soll eine Musterseite auf mehrere Seiten angewendet werden, lohnt sich der Befehl MUSTERSEITE ANWENDEN.

7 C-Musterseite anwenden

Wiederholen Sie Schritt 6 noch für die Seiten 8–12, und wählen Sie hierbei aus dem Pulldown-Menü MUSTERSEITE ANWENDEN (Abbildung 2.30) C-MUSTERSEITE. Damit sind alle drei Musterseiten auf die Dokumentseiten angewendet.

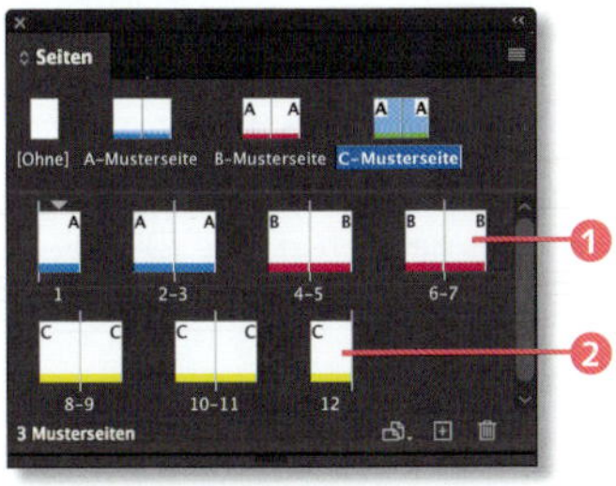

▴ **Abbildung 2.31**
Kleine Großbuchstaben ❶ und ❷ weisen auf die zugewiesenen Musterseiten hin.

Seitenanordnung

Bei umfangreichen Dokumenten ist die vertikale Anzeige von Seiten im SEITEN-Bedienfeld eher unhandlich. Mit einem Rechtsklick auf eine leere Stelle im SEITEN-Bedienfeld öffnen Sie ein Kontextmenü. Im Menüpunkt SEITEN ANZEIGEN können Sie die Ansicht umschalten.

8 A-Musterseite ändern

Vielleicht wirken die Rechtecke am unteren Seitenrand doch zu schwer? Da die Seiten aufeinander aufbauen, müssen Sie die Rechtecke weder auf zwölf Dokumentseiten noch auf den drei Musterseiten nach oben schieben. Es reicht die Änderung des ursprünglichen blauen Rechtecks auf der A-MUSTERSEITE, da sich die Änderungen an diesem Rechteck auf die anderen Musterseiten weiter vererben – und von da auf alle Dokumentseiten. Verschieben Sie also das blau gefärbte Rechteck an die obere Kante der Seite: Ein Doppelklick auf die A-MUSTERSEITE lässt Sie diese bearbeiten, mit dem Auswahlwerkzeug verschieben Sie das cyanfarbene Rechteck nach oben bis zum Anschnitt. Halten Sie hierbei die [⇧]-Taste gedrückt, wird die Bewegung mit der Maus auf die Vertikale eingeschränkt, und die Änderungen des Objekts sind schnell erledigt. Ebenso helfen die Hilfslinien des Anschnitts bei der Positionierung der Fläche.

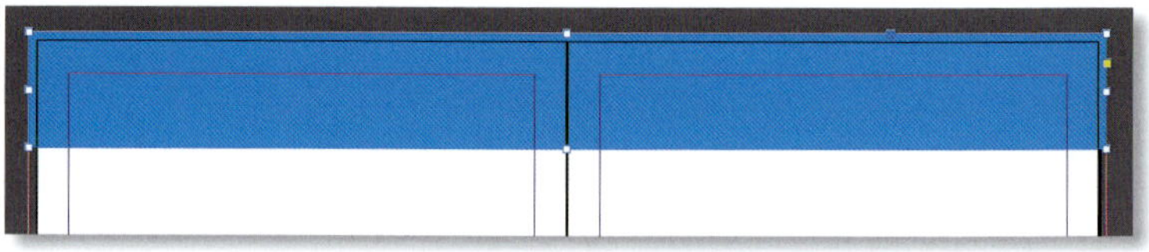

Abbildung 2.32 ▸
Das farbige Rechteck wird an den oberen Anschnitt der A-Musterseite verschoben.

Wie Sie sehen, verändern sich dadurch sowohl die beiden Musterseiten B und C (die ja auf A basieren) als auch alle Dokumentseiten, die ihrerseits auf den drei Musterseiten beruhen.

Natürlich lassen sich auf Musterseiten nicht nur Seitenzahlen und Farbflächen anlegen. Linien, Platzhalter für Bilder und Textrahmen mit oder ohne Text sind ebenso Kandidaten für Musterseiten.

Da das Anlegen und Verwalten von Farben, Objekten, Absatzformaten etc. an zentralen Stellen in InDesign eine extrem wichtige Rolle spielt und deshalb immer wiederkehrt, werden Sie sich sicher schnell an dieses zeitsparende Konzept gewöhnen.

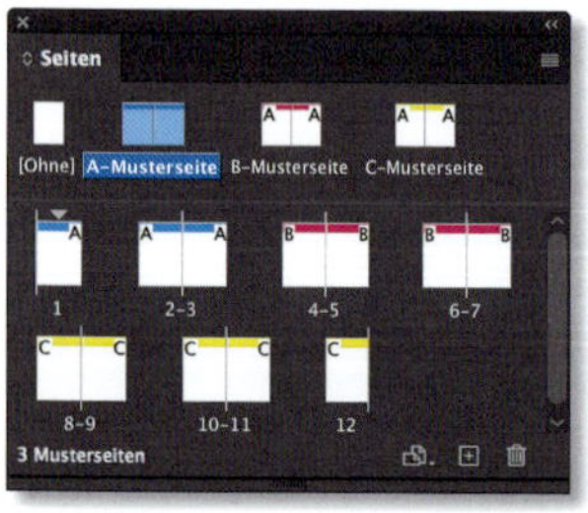

▴ Abbildung 2.33
Die neue Position des Rechtecks hat sich an alle (!) Muster- und Dokumentseiten vererbt.

3

Mit Text arbeiten

Die Stärken von InDesign ausreizen

- Wie wird Text in InDesign erfasst und importiert?
- Wie wird das Aussehen von Text modifiziert?
- Was sind Zeichen- und Absatzformate?
- Wie kann ich grundlegende typografische Korrekturen erledigen?
- Was muss ich beim Textimport beachten?

3 Mit Text arbeiten

Die Königsdisziplin von InDesign ist Text und Schrift. Designer und Setzer bekommen mit InDesign ein Tool an die Hand, das den unterschiedlichsten und höchsten Ansprüchen genügt und dabei komfortabel bedienbar ist.

3.1 Text eingeben und platzieren

Mehrere Dateien markieren

In den ÖFFNEN- und PLATZIEREN-Dialogen können Sie mit gedrückter [⇧]-Taste auch mehrere Dateien markieren und öffnen/platzieren.

Grundsätzlich gibt es zwei Möglichkeiten, wie Text seinen Weg in ein InDesign-Dokument findet. Die naheliegende habe ich schon in Abschnitt 1.6 vorgestellt: Sie geben Text wie in einer Textverarbeitung einfach mit dem Textwerkzeug ein.

Die zweite Möglichkeit besteht darin, Text, der beispielsweise in Word erfasst wurde, in InDesign zu importieren. Den dafür zuständigen Befehl finden Sie unter DATEI • PLATZIEREN oder über [Strg]/[⌘]+[D]. Sie wählen in dem PLATZIEREN-Dialog die betreffende Textdatei aus, und falls der Cursor vorher in einem Textrahmen platziert war, wird der Text direkt in den Rahmen geladen, sonst zunächst in den Zwischenspeicher.

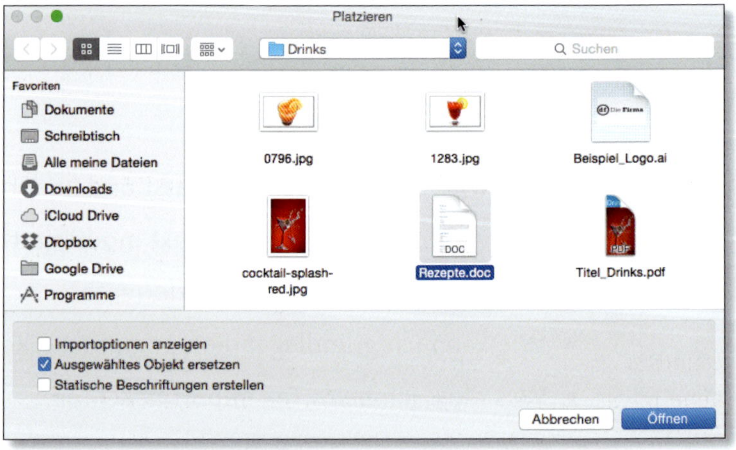

Abbildung 3.1 ▸
Egal welche Art Daten nach InDesign importiert werden soll, der Befehl lautet immer gleich: PLATZIEREN.

Beim Platzieren von Text ist es unerheblich, welches Werkzeug dabei aktiviert ist. InDesign wechselt automatisch zum Symbol für geladenen Text (siehe Abbildung 3.3).

Wenn sich bei der Platzierung des Textes die Texteinfügemarke in einem Textrahmen befindet, wird der Text direkt an diese Stelle platziert. Dabei ist es belanglos, wo sich der Textrahmen befindet oder ob vorher schon Text im Textrahmen geladen war. Haben Sie Text markiert, bevor Sie den Befehl PLATZIEREN aufrufen, wird die Auswahl durch den importierten Text ersetzt.

Wenn sich die Texteinfügemarke beim Textplatzieren nicht in einem Textrahmen befand und auch kein Textrahmen markiert war, erscheint das Symbol GELADENER TEXT. Es nimmt entsprechend den Objekten und Hilfslinien, über denen es sich befindet, verschiedene Formen an.

Objekt ersetzen

Wenn Sie einen Rahmen markiert haben und dann Text importieren, löscht InDesign kommentarlos den vorigen Rahmeninhalt. Dieses Verhalten können Sie abstellen, indem Sie im PLATZIEREN-Dialog die Option AUSGEWÄHLTES OBJEKT ERSETZEN deaktivieren.

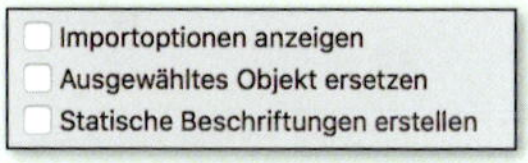

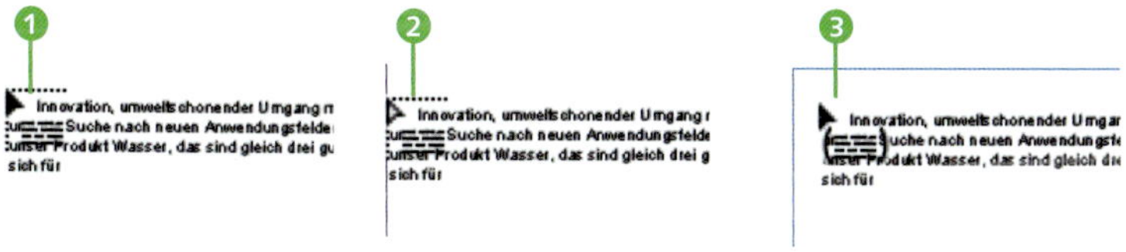

◀ **Abbildung 3.2**
Je nachdem, worüber sich das Symbol für geladenen Text gerade befindet, ändert sich sein Aussehen.

- **Cursor über leerem Bereich:** Wenn Sie mit geladenem Text einfach auf eine freie Stelle im Dokument klicken ❶, erstellt InDesign einen Textrahmen mit der Breite der nächstliegenden Textspalte. Wenn Sie nach dem Klicken direkt die Maus ziehen, können Sie einen neuen Textrahmen der gewünschten Größe aufziehen (siehe Abbildung 3.3). Der Text wird in beiden Fällen direkt in den neuen Textrahmen geladen.
- **Cursor über Hilfslinie:** Schwebt der Cursor über einer Hilfslinie ❷, erstellen Sie durch einen Klick ebenfalls einen Textrahmen. Dieser orientiert sich an den Hilfslinien und gegebenenfalls Spaltenbreiten der aktuellen Seite.
- **Cursor über Textrahmen:** Die gebogenen Klammern ❸ weisen auf einen leeren Rahmen hin, der sich unter dem Cursor befindet. Durch einen Klick auf den Rahmen wird der Text dort hineingeladen.

Damit Sie beim Platzieren von Text nicht versehentlich vorhandene Inhalte überschreiben, demarkieren Sie über BEARBEITEN • AUSWAHL AUFHEBEN eine eventuell vorhandene Objektauswahl.

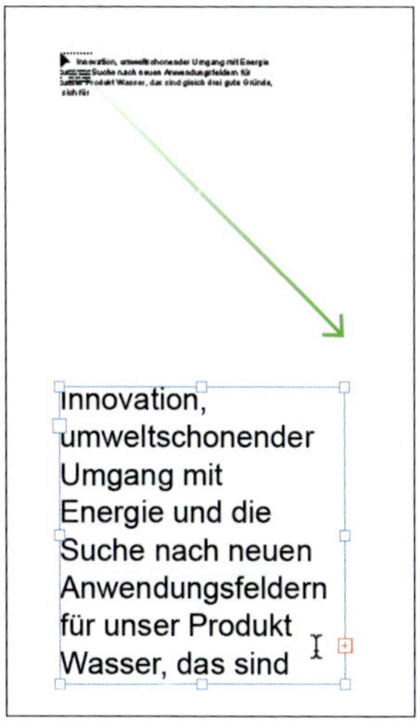

▲ **Abbildung 3.3**
Mit geladenem Text kann ein Textrahmen aufgezogen werden (oben). In ihn wird direkt der Text platziert (unten).

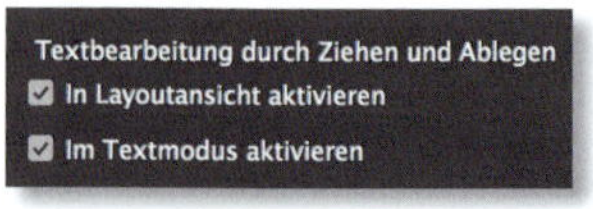

▲ **Abbildung 3.4**
Aktivieren Sie beide Optionen in den Voreinstellungen.

▼ **Abbildung 3.5**
Ist die oben gezeigte Textbearbeitungsoption aktiv, ist dies auch am veränderten Aussehen des Textcursors erkennbar.

Textbearbeitung durch Ziehen und Loslassen

In den Voreinstellungen (Bearbeiten/InDesign • Voreinstellungen) im Register Eingabe finden Sie den Bereich Textbearbeitung durch Ziehen und Ablegen. Aktivieren Sie hier die Optionen In Layoutansicht aktivieren und Im Textmodus aktivieren. Durch Aktivierung dieser Funktionen können Sie markierten Text einfach an eine andere Stelle ziehen. Ist diese Funktion aktiv, blendet InDesign unten rechts am Textcursor ein »T« ein, wenn Sie Text markiert haben ❶. Ziehen Sie den markierten Text mit gedrückter Maustaste danach einfach an die gewünschte Stelle ❷. Erst durch das Loslassen der Maustaste wird der aktivierte Text von InDesign ausgeschnitten und an der neuen Stelle eingefügt ❸.

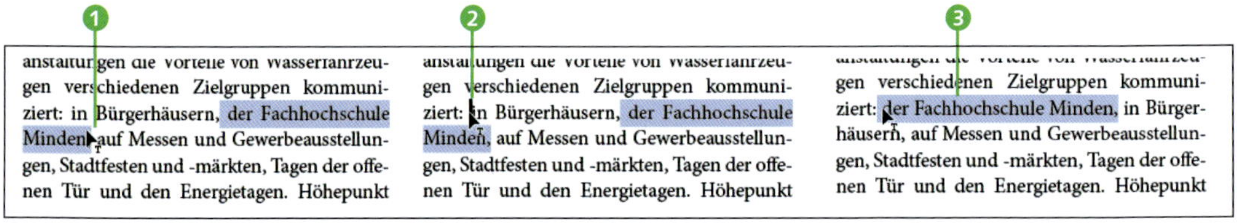

3.2 Textrahmen

Textabschnitt

Mit *Textabschnitt* ist in InDesign der gesamte Text eines Textrahmens oder der mehrerer verketteter Textrahmen gemeint. Im Dialogfeld Bearbeiten • Suchen/Ersetzen etwa können Sie angeben, ob im Textabschnitt, im Dokument o. Ä. gesucht werden soll.

Ein markierter Textrahmen weist zusätzlich zu den acht Griffpunkten (siehe Abschnitt 1.6) vier weitere Quadrate auf, von denen uns zunächst die beiden größeren interessieren: Das obere linke ❹ markiert den Eingang, während das untere rechte ❺ den Ausgang für Text bezeichnet. Diese Quadrate können bis zu drei verschiedene Zustände annehmen:

- **Leere Quadrate:** Ist das Quadrat leer, bedeutet dies beim Eingang ❹, dass der Rahmen leer ist, oder zeigt wie hier an, dass der Text in diesem Rahmen beginnt. Das leere Quadrat am Ausgang ❺ eines Textrahmens bedeutet dementsprechend, dass der Text vollständig in den entsprechenden Textrahmen passt.
- **Quadrat mit Pfeil:** Weist das Quadrat einen Pfeil ❻ auf, bedeutet dies, dass der Textrahmen Teil einer Textverkettung ist. Was darunter zu verstehen ist, klären wir gleich.
- **Rotes Quadrat:** Passt ein Text nicht komplett in einen Rahmen, zeigt uns InDesign dies mit einem roten Pluszeichen ❼ an. Dieser nicht mehr sichtbare Text wird in InDesign *Übersatztext*

genannt. Das INFORMATIONEN-Bedienfeld gibt sogar über die Anzahl der überzähligen Zeichen und Wörter Auskunft.

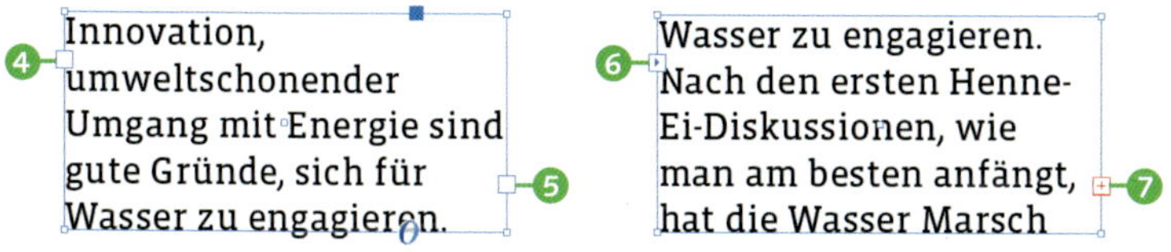

▲ **Abbildung 3.6**
Im rechten Textrahmen befindet sich Übersatztext.

Übersatztext-Infos

Unter FENSTER • INFORMATIONEN werden die Infos über den Übersatztext angezeigt – dafür muss sich die Texteinfügemarke nur im entsprechenden Text befinden.

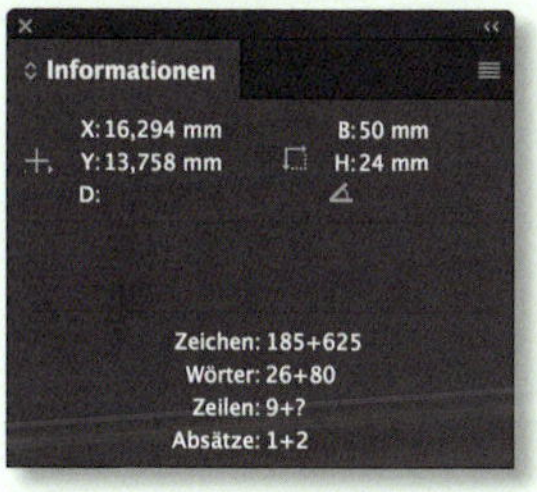

Textverkettungen

Damit Dokumentseiten in InDesign größere Textmengen aufnehmen können, werden Textrahmen miteinander verknüpft oder, wie es in InDesign heißt, verkettet. Haben Sie, wie in Abschnitt 3.1 erläutert, einen längeren Text über PLATZIEREN geladen und klicken mit dem Symbol GELADENER TEXT in eine Spalte auf Ihrer Dokumentseite, zeigt InDesign am Ausgang des Textrahmens ein rotes Pluszeichen 7, wenn der Text nicht vollständig in den Textrahmen passt. Übersatztext muss natürlich behoben werden.

Neben der roten Warnung am Textrahmenausgang gibt uns InDesign am linken unteren Rand des Dokumentfensters noch eine zweite Warnung aus: Sie werden dort mit einem roten Button auf Fehler aufmerksam gemacht 8. InDesign führt im Hintergrund laufend eine sogenannte Preflight-Prüfung durch. Dabei wird das aktuelle Dokument auf mögliche Probleme bei der Druckausgabe untersucht. Für diese Prüfung können Sie selbst Prüfprofile erstellen, mit denen Sie präzise steuern können, was InDesign prüfen soll. Das Preflight-Feature sehen wir uns in Abschnitt 11.4 noch genauer an.

Radar im Dauerbetrieb

PREFLIGHT am unteren Rand des Dokumentfensters kann auch Textfehler wie Übersatztext erkennen und warnt dann mit einem roten Button.

Übersatztext auflösen

Um Übersatztext durch Layoutmaßnahmen und nicht durch Änderungen am Text aufzulösen, gibt es verschiedene Möglichkeiten:

- **Die Größe des Textrahmens frei verändern:** Natürlich können Sie den Textrahmen wie alle Objekte in InDesign an den acht Auswahlgriffen beliebig in der Größe und den Proportionen verändern.

- **Textrahmen per Klick auf Griffpunkt vergrößern:** Mit einem Doppelklick z.B. auf den unteren mittleren Auswahlgriff ❶ behält InDesign die Breite des Textrahmens bei und vergrößert den Textrahmen nach unten ❷. Das funktioniert nur, wenn auf der Seite genügend Platz für die gesamte Textmenge vorhanden ist, ansonsten bleibt die Rahmengröße unverändert.

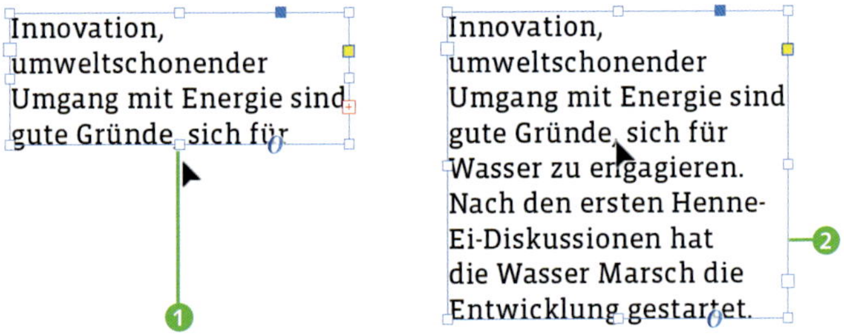

Abbildung 3.7 ▸
Ein Doppelklick auf den mittleren unteren Auswahlgriff ❶ vergrößert den Textrahmen nach unten.

- **Neuen Textrahmen erstellen:** Nach einem Klick mit dem Auswahlwerkzeug auf den Textausgang mit dem Übersatztext erhalten Sie wieder das Symbol Geladener Text, mit dem Sie erneut einen Textrahmen erstellen können. Der Text fließt nun weiter in den neuen Textrahmen.
- **Text mit einem bestehenden Textrahmen verbinden:** Wenn sich das Symbol Geladener Text über einem vorhandenen Textrahmen befindet, wird es zum Verkettungssymbol ❸. Durch einen Klick mit dem Verkettungssymbol auf einen Rahmen werden beide miteinander verbunden. Auf diese Weise können Textrahmen auch über mehrere Dokumentseiten miteinander verkettet werden.

Gefüllten Textrahmen verketten

Enthält ein Textrahmen vor dem Verketten schon Text, wird der alte Text einfach durch den neuen, zusätzlichen Inhalt nach hinten gedrängt.

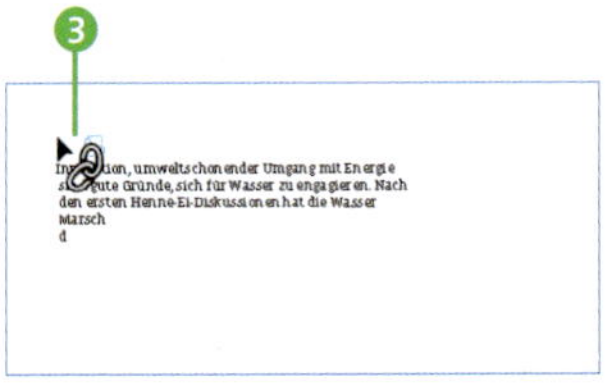

Abbildung 3.8 ▸
Das Verkettungssymbol erscheint, wenn sich das Symbol Verketteter Text über einem Textrahmen befindet.

Textverkettung einblenden

Die Sichtbarkeit von Textverkettungen können Sie über Ansicht • Extras • Textverkettungen einblenden bzw. ausblenden steuern. Eingeblendete Textverkettungen werden als Linien ❹ von

Ausgang zu Eingang der betreffenden Textrahmen gekennzeichnet. Dafür muss mindestens einer der Textrahmen markiert sein.

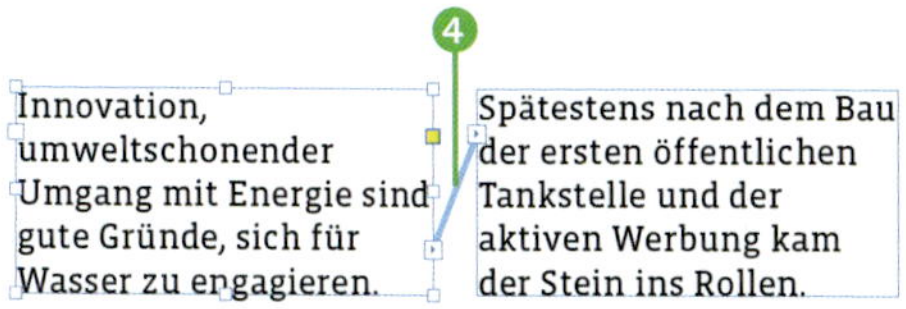

◂ **Abbildung 3.9**
Bei sichtbaren Textverkettungen werden diese als Linien zwischen den Textrahmen dargestellt.

Textverkettungen bearbeiten

Bei umfangreicheren Projekten hat man eigentlich immer mit verketteten Textrahmen zu tun – diese spielen nur bei einseitigen Layoutjobs wie Postkarten oder Postern keine Rolle. Wenn Sie in einem verketteten Text einen Teil des Textes ❺ löschen, rutscht der nachfolgende Text nach oben, bis die entstandene Lücke geschlossen ist ❻. Sollten dadurch Textrahmen entstehen, die keinen Text mehr enthalten, bleiben diese trotzdem auf der Dokumentseite stehen und sind auch weiter verkettet.

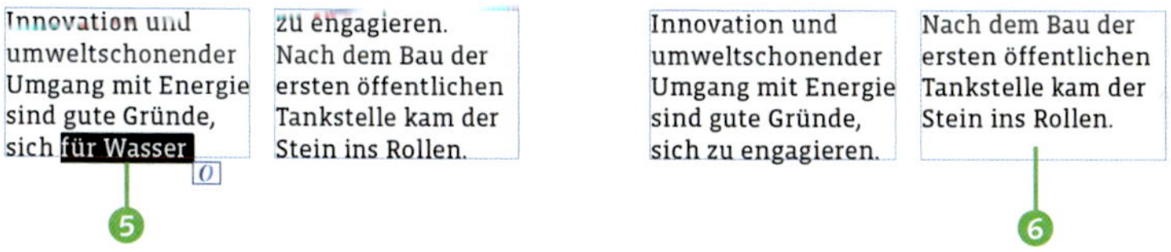

◂ **Abbildung 3.10**
Durch Textverkettungen reagiert der nachfolgende Text auf Löschungen und Hinzufügungen.

Zur Bearbeitung von Textverkettungen haben Sie die folgenden Möglichkeiten:

- **Textrahmen nachträglich einfügen:** Textrahmen können auch nachträglich in bestehende Textverkettungen eingefügt werden.

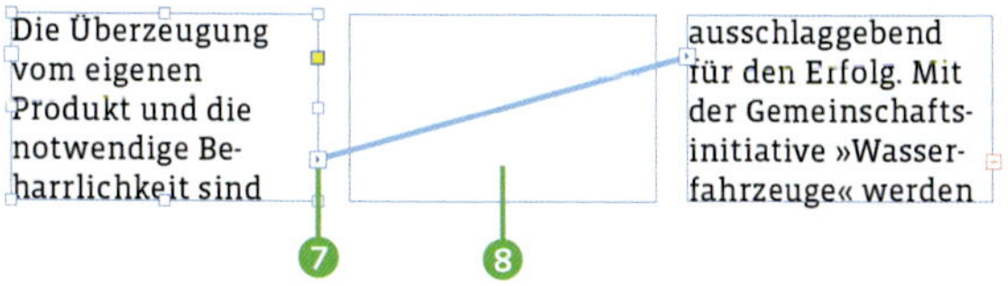

◂ **Abbildung 3.11**
Der mittlere Textrahmen soll in die bestehende Textverkettung mit aufgenommen werden.

Dafür brauchen Sie nur mit dem Auswahlwerkzeug auf den Ausgang des ersten Textrahmens ❼ zu klicken. Damit erhalten Sie das Symbol Geladener Text, und mit einem Klick auf den Textrahmen ❽, der in die bestehende Textverkettung aufgenommen werden soll, sind direkt alle drei Textrahmen miteinander verkettet.

Abbildung 3.12 ▶
Mit nur einem Klick ist der mittlere Textrahmen in die vorhandene Textverkettung mit aufgenommen.

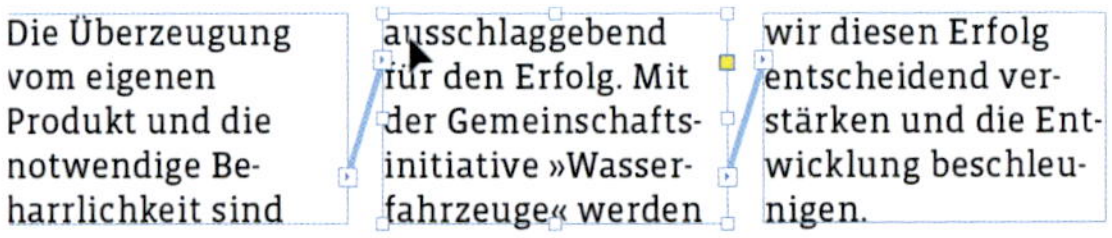

- **Textrahmen aus Textverkettungen lösen:** Soll ein Textrahmen wieder aus dem Textfluss entfernt werden ❶, ohne dass er gelöscht wird, klicken Sie mit dem Auswahlwerkzeug auf den Textausgang des vorangehenden Textrahmens ❷. Sobald sich der Cursor über dem folgenden Textrahmen derselben Textkette befindet, wird das Icon mit einer offenen Kette eingeblendet ❸. Ein Klick auf den Textrahmen löst die Verkettung sowohl des angeklickten als auch aller folgenden Textrahmen aus dem bestehenden Textfluss.

Abbildung 3.13 ▶
Mit einem Klick wird hier die Verkettung mit allen folgenden Textrahmen aufgehoben.

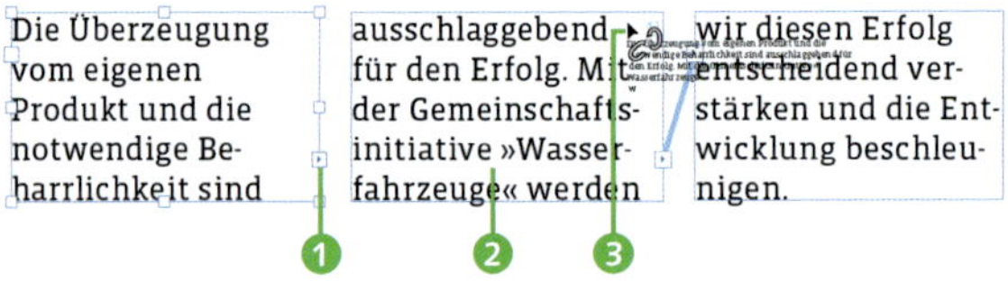

Der angeklickte und die gegebenenfalls folgenden Textrahmen werden durch diese Aktion geleert, und der Text, der bisher in diesem Textrahmen war, wird zum Übersatztext des vorigen Textrahmens. Das wird dementsprechend von InDesign direkt am Textausgang gekennzeichnet ❹. Den Übersatztext können Sie wie weiter oben beschrieben mit einem Klick des Auswahlwerkzeugs erneut laden und platzieren.

Abbildung 3.14 ▶
Durch das Lösen der Textverkettung ist wieder Übersatztext entstanden, der beliebig neu verkettet werden kann.

- **Automatischer Textfluss:** Wenn Sie viel Text in entsprechend viele Textrahmen platzieren möchten, die sich an den Hilfslinien auf Ihren Seiten orientieren sollen, nutzen Sie den automatischen Textfluss. Laden Sie den gewünschten Text mit dem

Platzieren-Befehl in den Cursor. Damit InDesign nun einen ersten Textrahmen erzeugt, setzen Sie den Cursor mit dem Symbol für geladenen Text ❺ auf die obere linke Ecke des Satzspiegels auf der Dokumentseite und drücken die [⇧]-Taste ❻. Hierdurch wird Automatischer Textfluss aktiviert, und InDesign erstellt jetzt verknüpfte Textrahmen und fügt ebenso die nötigen Seiten dem Dokument hinzu, bis der gesamte geladene Text Platz findet. Falls Sie mehrere Spalten in Ihrem Dokument angelegt haben, wird allerdings pro Spalte ein Textrahmen erstellt, was sich bei langem Text als unhandlich erweist. Ein alternatives Vorgehen bietet Ihnen die Funktion des primären Textrahmens, den wir uns als Nächstes anschauen.

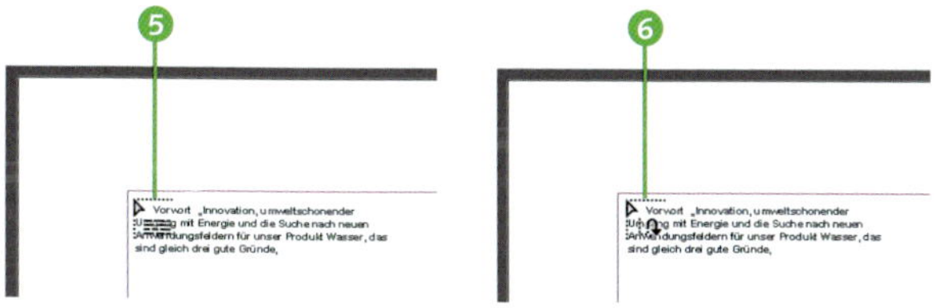

◂ **Abbildung 3.15**
Wenn Sie bei geladenem Text die [⇧]-Taste drücken, werden Textrahmen und Seiten automatisch erstellt.

Primärer Textrahmen

Die Funktion des primären Textrahmens stellt einen Sonderfall im Bereich Textverkettungen dar, weil Sie ihn im Unterschied zu den bisher gezeigten Techniken bei der Anlage eines Dokumentes aktivieren können. Primäre Textrahmen bieten sich immer an, wenn Sie viel Text über entsprechend viele Seiten verketten möchten – und dabei die volle Kontrolle über die Anzahl Spalten in den automatisch von InDesign generierten Textrahmen haben möchten. Im Gegensatz zum automatischen Textfluss erstellt InDesign beim Einsatz des primären Textrahmens nämlich pro Satzspiegel einen Textrahmen, der gegebenenfalls mehrere Spalten aufweisen kann.

In Abschnitt 2.5 unter »Ränder und Spalten ändern«, haben Sie gesehen, wie Sie die Spalten- und Rändereinstellungen für ein Dokument ändern können. Sehen wir uns nun an, wie Sie diese Änderungen auch für die Textrahmen auf der Musterseite mit Hilfe der primären Textrahmen durchführen können. Dabei können die Dokumentseiten ruhig schon Text enthalten. Der Text wird entsprechend der Änderung des primären Textrahmens einfach neu umbrochen.

Einsatzzweck für primären Textrahmen

Typische Projekte für den primären Textrahmen sind Broschüren und Bücher. Auch im vorliegenden Buch sind alle Textrahmen des Fließtextes mittels eines primären Textrahmens miteinander verkettet. Bei kleinteiligen, bewegten Gestaltungen mit vielen kurzen, unabhängigen Texten sind primäre Textrahmen nicht die erste Wahl.

Schritt für Schritt
Text platzieren und den Satzspiegel nachträglich ändern

In diesem Workshop werden Sie Layouteinstellungen ändern, nachdem Sie einem Dokument Text hinzugefügt haben.

Intelligenter Textumfluss

Falls InDesign die Seiten bei langen Texten nicht automatisch einfügt, liegt das vermutlich daran, dass der Intelligente Textumfluss in den Voreinstellungen (im Bereich Eingabe) deaktiviert ist.

1 Anlegen eines Dokuments

Legen Sie ein doppelseitiges Dokument an. Die Seitenanzahl belassen Sie bei »1«, und aktivieren Sie die Option Primärer Textrahmen.

2 Längeren Text platzieren

Markieren Sie zunächst mit dem Auswahlwerkzeug den primären Textrahmen auf der Dokumentseite. Durch die Aktivierung der Option Primärer Textrahmen im Dialog Neues Dokument hat InDesign auf der Musterseite einen Textrahmen erstellt. Dieser entspricht den Optionen bei Ränder und Spalten im Dialog Neues Dokument. Dieser Textrahmen wird wie alle Elemente, die auf einer Musterseite liegen, auf alle Dokumentseiten vererbt. Im Gegensatz zu allen anderen Objekten, die auf der Musterseite erstellt werden, kann der primäre Textrahmen direkt auf der Dokumentseite markiert werden. Dass es sich hier um einen besonderen Textrahmen handelt, erkennen Sie auch an dem kleinen Textfluss-Icon in der oberen linken Ecke des markierten Textrahmens 1.

Diese Datei finden Sie in den Beispielen unter dem Namen »primaerer-textrahmen.doc«.

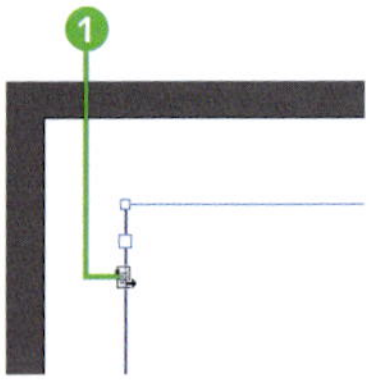

Abbildung 3.16 ▸ Textrahmen, die auf dem primären Textrahmen der Musterseite beruhen, sind am Textfluss-Icon zu erkennen.

Rufen Sie nun über Datei • Platzieren den Platzieren-Dialog auf, und wählen Sie hier den Text »primaerer-textrahmen.doc«. InDesign lädt den Text in den bestehenden Textrahmen und legt automatisch die nötigen Dokumentseiten mit Textrahmen an, bis der gesamte Text in das Dokument passt.

Öffnen Sie zur Kontrolle das Bedienfeld Seiten: InDesign hat Ihrem Dokument die notwendigen Dokumentseiten hinzugefügt.

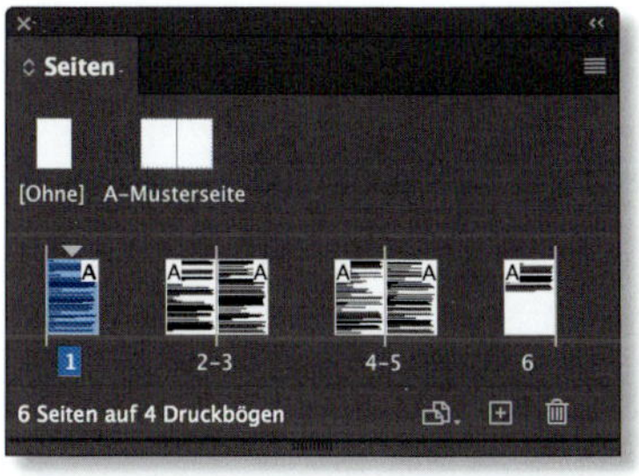

◂ **Abbildung 3.17**
Die für den geladenen Text nötigen Textrahmen und Seiten wurden von InDesign automatisch eingefügt.

3 »Layout anpassen« aktivieren

Wechseln Sie mit einem Doppelklick auf A-Musterseite im Fenster Seiten zur Musterseite, und öffnen Sie dann den Dialog Ränder und Spalten im Layout-Menü. Markieren Sie unbedingt zuerst die Option Layout anpassen ❷. Dadurch ändern sich Position und Spaltenanzahl des primären Textrahmens gleich mit.

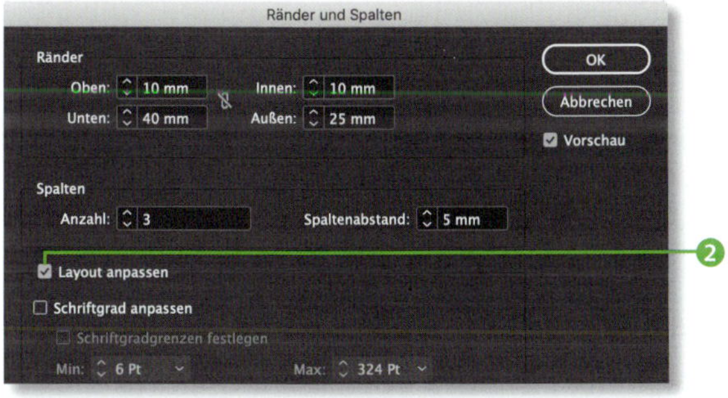

◂ **Abbildung 3.18**
Mit der aktivierten Layoutanpassung verändern sich die primären Textrahmen gleich mit.

4 Satzspiegel und primären Textrahmen ändern

Zur Demonstration habe ich die Spaltenzahl auf zwei erhöht und die Außenränder und die Stege deutlich vergrößert:

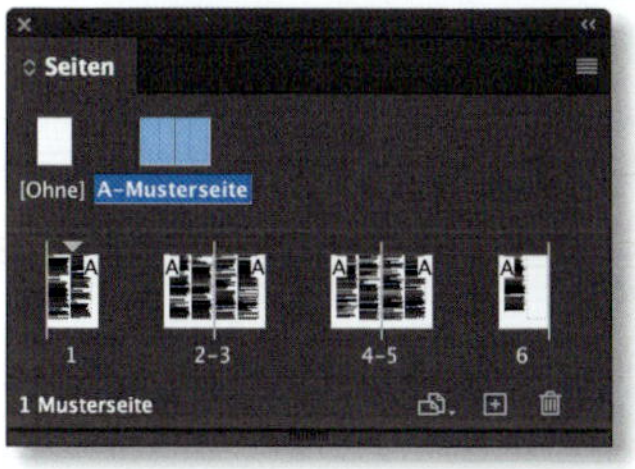

◂ **Abbildung 3.19**
Im Seiten-Bedienfeld wird die Änderung des Satzspiegels an den Seitenminiaturen erkennbar.

Ändern Sie die Größe des Satzspiegels und der primären Mustertextrahmen auf der Musterseite immer nur auf die beschriebene Weise. Sonst laufen Sie Gefahr, dass sich die Änderungen nicht auf schon bestehende Textrahmen auswirken.

Textrahmenoptionen

Im unten abgebildeten Beispiel wurde auf einer zweispaltigen Seite ein dreispaltiger Textrahmen positioniert. Damit der Text nicht direkt an den Rand des Rahmens stößt, ist dem Textrahmen ein Abstand des Textes zum Rahmen an allen Seiten zugewiesen worden ❶. Diese und weitere Einstellungen werden in dem sehr wichtigen TEXTRAHMENOPTIONEN-Dialogfeld vorgenommen.

Abbildung 3.20 ▸ Nicht nur Seiten, sondern auch Textrahmen können individuell in Spalten aufgeteilt werden.

Um die TEXTRAHMENOPTIONEN für einen Textrahmen zu modifizieren, markieren Sie den Textrahmen und rufen dann das Dialogfeld über OBJEKT • TEXTRAHMENOPTIONEN oder [Strg]/[⌘]+[B] auf.

Abbildung 3.21 ▸ Mit den TEXTRAHMENOPTIONEN steuern Sie den Text innerhalb eines Textrahmens.

In diesem Fenster finden Sie vier Bereiche, von denen besonders der Bereich Allgemein ❷ von Interesse ist. Mit den Einstellungen im Bereich Spalten ❸ legen Sie wie im Dialog Neues Dokument die Spaltenanzahl und den Abstand zwischen den Spalten fest – hier für einen Textrahmen statt für eine Seite bzw. für ein ganzes Dokument. Wenn Sie die Option Spalten ausgleichen bei mehrspaltigen Textrahmen aktivieren, versucht InDesign, den Text des betreffenden Rahmens unten auf einer Höhe enden zu lassen. Sie finden im Pulldown-Menü Spalten noch die interessante Option Feste Breite. Ist sie aktiv, können die Spalten nur die unter Breite und Spaltenabst. eingegebenen Werte haben.

Im Bereich Abstand zum Rahmen ❹ kann für jede Rahmenseite ein individueller Wert für den Abstand zum Text eingestellt werden. Im Bereich Vertikale Ausrichtung ❺ werden Ihnen im Pulldown-Menü vier Optionen angeboten: Oben, Zentrieren, Unten und Vertikaler Keil. Bei den ersten drei Wahlmöglichkeiten wird Text entsprechend der Bezeichnung innerhalb des Textrahmens positioniert – vorausgesetzt, der Text füllt den Textrahmen nicht vollständig aus. Beim vertikalen Keil füllt InDesign den zur Verfügung stehenden Raum des Textrahmens durch Erhöhung des Zeilenabstands. Die Checkbox Textumfluss ignorieren ❻ hat große Bedeutung: Mit der Aktivierung steuern Sie, ob der Text des Rahmens, dessen Optionen hier geändert werden, von anderen Objekten gegebenenfalls verdrängt werden kann. Dieses Prinzip sehen wir uns in Abschnitt 9.3, »Textumfluss«, genauer an.

Optionen im Blick

Auf die wichtigsten Einstellungen wie Anzahl der Spalten und den Abstand dazwischen haben Sie auch Zugriff über das Eigenschaften-Bedienfeld.

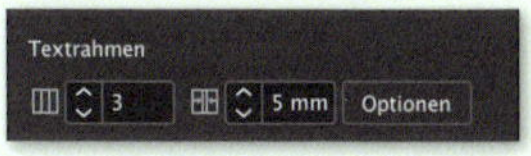

Spalten ausgleichen

Hier ist derselbe zweispaltige Textrahmen ohne (links) und mit aktivierter Option Spalten ausgleichen zu sehen (rechts).

3.3 Zeichen

An verschiedenen Stellen von InDesign ist es essenziell, dass Sie sich darüber im Klaren sind, ob eine gewünschte Änderung ein Schriftzeichen oder einen ganzen Absatz betrifft. Daher empfehle ich Ihnen, sich bald einzuprägen, welche der Optionen zu den Zeichen und welche zum Absatz gehören. Zunächst beschäftigen wir uns mit der kleinsten Informationseinheit innerhalb der geschriebenen Sprache, den Zeichen.

InDesign bietet Ihnen drei Fenster an, in denen Sie markierten Text modifizieren können. Dabei ist es Ihnen überlassen, in welchem der drei Fenster Sie Änderungen vornehmen, da die Änderungen mit den jeweils anderen Fenstern synchronisiert werden: die Fenster ZEICHEN, EIGENSCHAFTEN und STEUERUNG.

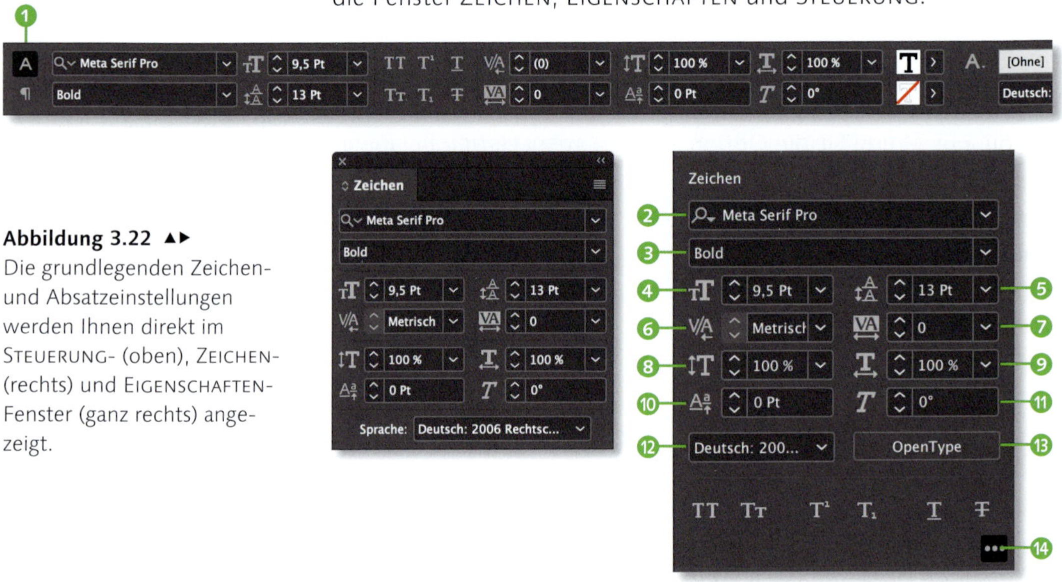

Abbildung 3.22 ▲▶
Die grundlegenden Zeichen- und Absatzeinstellungen werden Ihnen direkt im STEUERUNG- (oben), ZEICHEN- (rechts) und EIGENSCHAFTEN-Fenster (ganz rechts) angezeigt.

Schriftgrad

Die Schriftgröße bezieht sich auf die Gesamthöhe, die Großbuchstaben und Unterlängen einer Schrift einnehmen. Hinzu kommt noch etwas »Fleisch« oben und unten; Akzente und Punkte wie beim Ä werden nicht zwingend dazugezählt.

Im STEUERUNG-Fenster müssen Sie bei schmaleren Displays den Button ZEICHENFORMATIERUNG ❶ gedrückt haben, um die entsprechenden Infos angezeigt zu bekommen. Das ZEICHEN-Bedienfeld habe ich mit einem Doppelklick auf den Reiter ZEICHEN vergrößert. Dieselbe Ansicht lässt sich auch über OPTIONEN EINBLENDEN im Bedienfeldmenü anwählen. Der Bereich ZEICHEN im EIGENSCHAFTEN-Bedienfeld lässt sich über die drei Punkte unten rechts ⓮ erweitern, damit Ihnen hier möglichst viele Optionen eingeblendet werden.

Die verschiedenen Optionen bespreche ich anhand des EIGENSCHAFTEN-Bedienfelds, da es Ihnen sehr schnellen Zugriff auf Funktionen bietet, die Sie in den anderen Bedienfeldern nur über Bedienfeldmenüs aufrufen können.

- **Schriftart:** Alle auf Ihrem Rechner aktivierten Schriften ❷ werden im Pulldown-Menü in einer Vorschau angezeigt.
- **Schriftschnitt:** Wählen Sie hier ❸ den gewünschten Schriftschnitt – etwa Medium, Bold, Kursiv – aus.
- **Schriftgrad:** Als Einheit für den Schriftgrad ❹ dient hier der typografische Punkt (Pt). Sie können aber auch beispielsweise

»5 mm« eingeben, InDesign rechnet den eingegebenen Wert um und zeigt ihn anschließend in Punkt an.

- **Zeilenabstand:** In den Eingabefeldern ❺ können Sie den gewünschten Abstand wählen oder eingeben.
- **Kerning:** Mit Kerning ❻ regulieren Sie den Zeichenabstand von einzelnen Zeichenpaaren. Setzen Sie für die Optimierung von Kerningeinstellungen den Cursor zwischen zwei Zeichen (anstatt die Zeichen selbst zu markieren).
- **Laufweite:** Im Gegensatz zum Kerning wird mit der Laufweite ❼ der Zeichenabstand von Wörtern oder ganzen Textabschnitten geändert.
- **Vertikal skalieren ❽, Horizontal skalieren ❾, Neigen (Pseudo-Kursiv) ⓫**: Da die Ergebnisse dieser Manipulationen schnell unprofessionell wirken, sollten Sie diese Optionen nur im gut begründeten Ausnahmefall einsetzen.
- **Grundlinienversatz:** Hier ❿ können Sie eingeben, um welchen Betrag der markierte Text von der Schriftlinie aus nach oben oder unten verschoben wird.
- **Sprache:** Hier ⓬ wählen Sie ein Wörterbuch aus, das InDesign für die Silbentrennung und für die Rechtschreibprüfung des markierten Textes heranzieht. Der Text selbst bleibt durch die Zuweisung einer anderen Sprache unverändert.
- **OpenType:** Fonts im OpenType-Format bieten Ihnen häufig eine ganze Reihe an Schriftzeichen an, die andere Formate eher nicht aufweisen. Dazu gehören etwa hoch- und tiefgestellte Zeichen und verschiedene Ziffernvarianten. Mit einem Klick auf diesen Button OpenType ⓭ öffnen Sie ein Menü, aus dem Sie die gewünschte Variante auswählen können. OpenType-Features, die im aktuell verwendeten Font nicht vorhanden sind, werden hier mit eckigen Klammern gekennzeichnet (siehe Abbildung 3.23). In welchem Format ein Font auf Ihrem Rechner vorliegt, erkennen Sie am Symbol, das Sie am rechten Rand des ausgeklappten Schriftmenüs sehen. Derzeit kann InDesign mit folgenden Fonttechnologien umgehen: TrueType, PostScript Type 1, OpenType, OpenType SVG und Adobe Fonts. Dabei liegen Adobe Fonts auch im OpenType-Format vor.

Zeilenabstand

Der Zeilenabstand wird von Schriftlinie bis Schriftlinie gemessen und sollte etwa 1/5 bis 1/4 größer als die Schriftgröße gewählt werden.

▲ **Abbildung 3.23**
Hier sind die OpenType-Features der Schrift »Meta Serif Pro« im Zeichen-Bedienfeldmenü eingeblendet.

An dritter Stelle im STEUERUNG-Bedienfeld und am unteren Rand des Bereichs ZEICHEN im EIGENSCHAFTEN-Bedienfeld sehen Sie sechs Buttons:

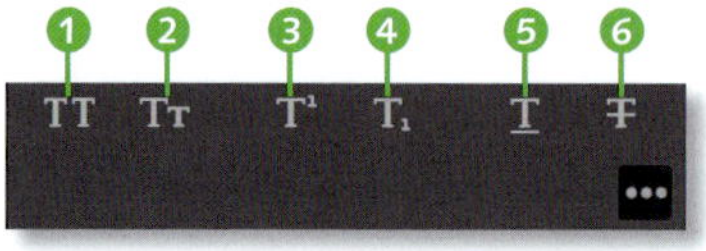

◂ **Abbildung 3.24**
Nicht alle Buttons im EIGENSCHAFTEN-Bedienfeld sind empfehlenswert.

Original oder Fälschung*?

- *Times italic a e f*
- *Times verzerrt a e f(*)*
- ECHTE KAPITÄLCHEN
- ELEKTRONISCH ERSTELLTE KAPITÄLCHEN(*)
- km², CO_2
- km², CO_2(*)

Schrift eines Rahmens

Wenn Sie bei markierten Textrahmen die Zeichenattribute ändern, wird der gesamte Rahmentext umformatiert.

Der markierte Text wird mit dem Button GROSSBUCHSTABEN ❶ ungeachtet der eingegebenen Groß- und Kleinschreibung in Großbuchstaben dargestellt. Dabei wird die ursprüngliche Schreibweise von InDesign intern beibehalten, wodurch sich diese Modifikation auch wieder rückgängig machen lässt. Der Button KAPITÄLCHEN ❷ bewirkt, dass der markierte Text in Großbuchstaben dargestellt wird, wobei die Großbuchstaben in zwei Größen vorkommen. Bei entsprechend ausgebauten Fonts greift InDesign auf die eigens erstellten Zeichen zurück. Wenn allerdings diese speziellen Zeichen fehlen, errechnet InDesign diese, was zu unbefriedigenden Ergebnissen führt (siehe den nebenstehenden Kasten). Daher ist bei diesem Button Vorsicht geboten. Bei Einheiten wie km² können Sie die Ziffer mit HOCHGESTELLT ❸ nach oben versetzen. Genauso können Sie die Ziffer bei chemischen Formeln wie CO_2 mit TIEFGESTELLT ❹ nach unten versetzen. Das Ergebnis ist allerdings unbefriedigend, weil hier InDesign die Verkleinerung der Zeichen errechnet und die Strichstärken zu sehr verkleinert. Daher die Empfehlung: Schauen Sie unbedingt unter den OpenType-Optionen nach, und geben Sie, sofern der verwendete Zeichensatz die hoch- bzw. tiefgestellten Zeichen enthält, diesen unbedingt den Vorzug. UNTERSTRICHEN ❺ und DURCHGESTRICHEN ❻ erledigen genau dies.

OpenType-Features wie hoch- und tiefgestellte Ziffern lassen sich übrigens auch direkt anwählen. Markieren Sie hierfür das Zeichen ❼, und wählen Sie im eingeblendeten Kontextmenü das gewünschte Zeichen aus ❽:

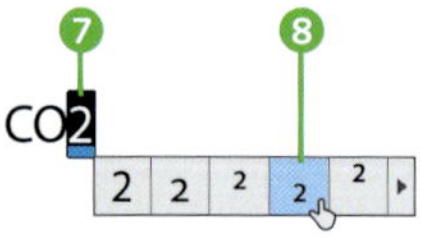

◂ **Abbildung 3.25**
OpenType-Features können Sie auch direkt über ein Kontextmenü anwählen.

Das Bedienfeld »Glyphen«

Wenn Sie bestimmte Sonderzeichen wie © suchen, können Sie unter SCHRIFT • SONDERZEICHEN EINFÜGEN • SYMBOLE oder im Kontextmenü nachsehen, das Sie aus einem Textrahmen heraus mit einem Rechtsklick aufrufen. Ansonsten finden Sie alle Zeichen eines Zeichensatzes im Bedienfeld GLYPHEN, das Sie über das Menü SCHRIFT aufrufen können. Dieses Bedienfeld bietet Ihnen somit auch einen umfassenden Überblick über einen beliebigen installierten Font.

Glyphensatz

Wenn Sie manche Sonderzeichen immer wieder benötigen, können Sie diese in einem sogenannten Glyphensatz speichern. Dabei werden die Schriftzeichen mit der jeweiligen Schrift abgespeichert. Die betreffende Funktion finden Sie im Menü des GLYPHEN-Bedienfeldes.

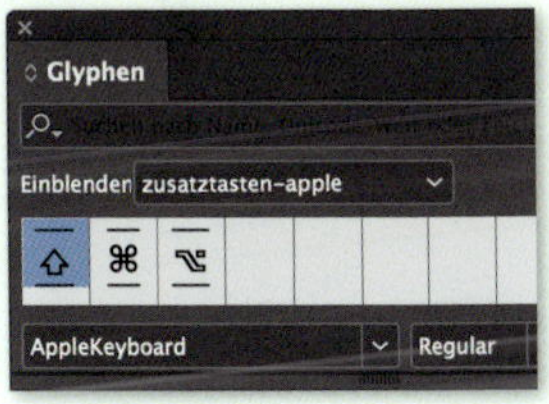

◂ **Abbildung 3.26**
Im Bedienfeld GLYPHEN ist hier ein kleiner (!) Ausschnitt der MINION PRO REGULAR zu sehen.

Es werden automatisch die Glyphen (Zeichen) der Schrift angezeigt, in der der Text gesetzt ist, in dem sich der Cursor befindet. Sie können hier aber auch die Schriftart ⑪ und den Schriftschnitt ⑫ selbst anwählen. Im Pulldown-Menü EINBLENDEN ⑨ können Sie bestimmen, ob Sie den gesamten Zeichensatz oder nur einen Teil wie Zahlen, Interpunktion oder Symbole angezeigt bekommen möchten. Über die kleinen Dreiecke am unteren Rand der Zeichenfelder ⑩ lassen sich Zeichenalternativen anwählen.

Spezielle Zeichen

Wenn Sie Zeichen wie besondere Leerräume, Striche oder Anführungszeichen setzen möchten, geht das sehr einfach über das Kontextmenü, das Sie bei aktivem Textwerkzeug mit einem

Menü »Schrift«

Dieselben Einträge aus dem Kontextmenü finden Sie ebenfalls im Menü Schrift.

Rechtsklick einblenden lassen können. Aus den hier hinterlegten Menüpunkten können Sie dann die gewünschten Zeichen auswählen.

Leerräume

Schauen wir uns zunächst die wichtigsten Einträge im Untermenü Leerraum einfügen an.

Abbildung 3.27 ▶
Die wichtigsten Leerräume sind mit Tastaturbefehlen belegt.

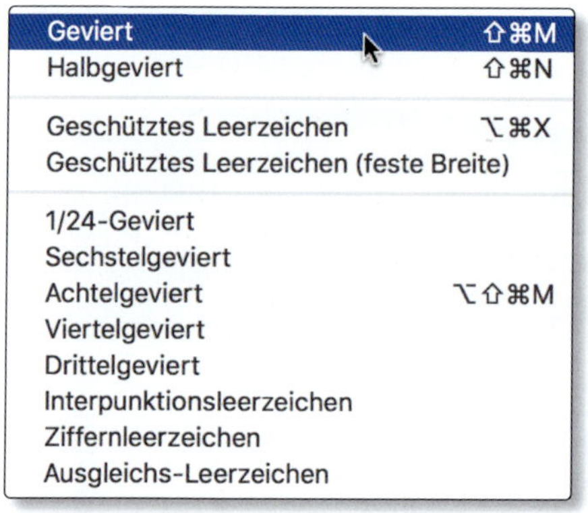

- **Geviert:** Der Begriff *Geviert* stammt wie so mancher typografische Fachbegriff aus der Bleisatzzeit und ist eine proportionale Größe. Das Geviert ist so breit wie die Schriftgröße, in der es gesetzt wird: In einer 10-Pt-Schrift ist es somit 10 Pt breit. In Inhaltsverzeichnissen, bei denen die Seitenzahl nicht rechtsbündig gesetzt wird, kommt das Geviert-Leerzeichen für den Abstand zwischen Kapitel und Seitenzahl zum Einsatz. In Mengentexten wird es eigentlich nicht verwendet. Es kann aber auch als Orientierungsgröße für einen Absatzeinzug (siehe Abschnitt 3.5, »Tabulatoren«) herangezogen werden.
- **Geschütztes Leerzeichen:** Ein geschütztes Leerzeichen hat die Breite eines gewöhnlichen Leerzeichens (von etwa einem Halbgeviert) und hält die Wörter, zwischen denen es platziert wurde, zusammen. Das ist beispielsweise bei Titeln wie Prof., Dr. wünschenswert. Ohne den Einsatz des geschützten Leerzeichens läuft man Gefahr, dass der Titel am Zeilenende vom Eigennamen getrennt wird, was die Lesbarkeit erschwert. Im Blocksatz wird das geschützte Leerzeichen bei Bedarf wie normale Leerzeichen in der Breite verringert oder verbreitert.

▲ **Abbildung 3.28**
Zwischen Text und Seitenzahl habe ich jeweils ein Geviert-Leerzeichen gesetzt.

- **Geschütztes Leerzeichen (feste Breite):** Ein geschütztes Leerzeichen mit fester Breite behält auch im Blocksatz seine Breite von etwa einem Halbgeviert bei und sorgt wie ein normales geschütztes Leerzeichen dafür, dass etwa Titel und Namen nicht getrennt werden.

Am nächsten Morgen entdeckte Dr. Schulze-Meyerhof, dass wieder eine Herde Schafe über seinen englischen Rasen getrampelt war.

Am nächsten Morgen entdeckte Dr. Schulze-Meyerhof, dass wieder eine Herde Schafe über seinen englischen Rasen getrampelt war.

Am nächsten Morgen entdeckte Dr. Schulze-Meyerhof, dass wieder eine Herde Schafe über seinen englischen Rasen getrampelt war.

▲ **Abbildung 3.29**
Nach »Dr.« wurde v. l. n. r. ein normales, ein geschütztes und ein geschütztes Leerzeichen mit fester Breite gesetzt.

- **Achtelgeviert:** Dieser kleine Abstand wird gerne bei Abkürzungen wie z. B., u. Ä. und z. T. eingefügt. Auch bei Mengenangaben wie 10 €, 12 % wird das Achtelgeviert gesetzt. Es hält die Textteile, zwischen denen es steht, wie ein geschütztes Leerzeichen zusammen.
- **Ausgleichs-Leerzeichen:** Möchten Sie z. B. ein Symbol wie ein Quadrat am Ende eines im Blocksatz gesetzten Textes setzen, fügen Sie vor dem Symbol das Ausgleichs-Leerzeichen ein. Die Schlusszeile wird dadurch auf die gesamte Spaltenbreite ausgetrieben.

In Magazinen wird das Ende von langen Artikeln häufig durch ein Autorenkürzel oder ein Schlusszeichen gekennzeichnet. ■

◀ **Abbildung 3.30**
Durch das Ausgleichs-Leerzeichen wird hier das Quadrat an die Satzkante versetzt.

Striche

Der Strich, der am häufigsten zum Einsatz kommt, ist zugleich auch die kürzeste der in den Schriftsätzen hinterlegten Strichvarianten. Er kommt als Trenn- oder Bindestrich vor und wird mit der [-]-Taste in den Text eingegeben. Der Trennstrich – auch als *Divis* bezeichnet – wird von InDesign automatisch an den Trennstellen in die Wörter eingefügt, sobald Sie die Silbentrennung im ABSATZ-Bedienfeld für einen Text aktivieren. Bei Doppelnamen wie »Schulze-Meyerhof« fungiert dieser Strich als Bindestrich.

▲ **Abbildung 3.31**
Wenn die Silbentrennung im ABSATZ-Bedienfeld für einen Absatz aktiviert wurde, trennt InDesign die Wörter an der rechten Satzkante.

Vier weitere Striche finden Sie unter SCHRIFT • SONDERZEICHEN EINFÜGEN • TRENN- UND GEDANKENSTRICHE:

It was—according to Ms. Smith—a never ending story.

▲ **Abbildung 3.32**
Die Times benötigt keinen weiteren Leerraum um die Geviertstriche.

- **Geviertstrich:** Der längste Strich wird bei uns kaum eingesetzt. Im angelsächsischen Raum findet er als Gedankenstrich Verwendung, dann gegebenenfalls mit geringem Leerraum.
- **Halbgeviertstrich:** Der Halbgeviertstrich wird vor allem als Gedankenstrich und als Bis-Strich gesetzt.

Halbgeviertstriche

- Gedankenstrich: Er stand – möglicherweise – auf eigenen Füßen.
- Bis-Strich: S. 98–102
- Auslassungsstrich: € 380,–

- **Bedingter Trennstrich:** Trennt InDesign ein bestimmtes Wort nicht sinnvoll, fügen Sie an der gewünschten Stelle den bedingten Trennstrich ein. Bedingt bedeutet in diesem Zusammenhang, dass der Trennstrich nur dann von InDesign eingefügt wird, wenn das Wort an der Satzkante steht (und die Silbentrennung aktiv ist). Ändert sich der Umbruch z. B. durch Textänderungen und steht das Wort nicht mehr direkt an der Satzkante, wird der Trennstrich von InDesign wieder entfernt. Die Position von Trennungen innerhalb eines Wortes sollte deshalb immer mit Bedingter Trennstrich eingegeben werden.

  InDesign fügt bei aktivierter Silbentrennung die nötigen Trennstriche entsprechend den im Wörterbuch hinterlegten Trennregeln ein. Diese Regeln können Sie selbst optimieren, was bei immer wiederkehrenden Wörtern empfehlenswert ist (siehe Abschnitt 3.4 unter »Absatz-Eigenschaften«).

  Soll ein Wort nicht getrennt werden, setzen Sie den bedingten Trennstrich davor. Das kann bei Eigennamen und Produktbezeichnungen gewünscht sein.

Konsument-
scheidung.¶
Konsum-
entscheidung.#

▲ **Abbildung 3.33**
Damit InDesign nach »Konsum« trennt, wurde ein bedingter Trennstrich eingefügt.

- **Geschützter Trennstrich:** Wenn Sie verhindern möchten, dass ein Doppelname über zwei Zeilen hinweg getrennt wird, geben Sie statt des normalen Bindestrichs dieses Sonderzeichen ein.

Morgens früh entdeckte Dr. Schulze-Meyerhof, dass wieder eine Herde Schafe über seinen englischen Rasen getrampelt war.	Morgens früh entdeckte Dr. Schulze-Meyerhof, dass wieder eine Herde Schafe über seinen englischen Rasen getrampelt war.

Abbildung 3.34 ▶
Rechts wurde der geschützte Trennstrich eingefügt (allerdings mit fatalen Folgen für die Wortzwischenräume).

Ziffern

Es gibt zwei unterschiedliche Gruppen von Ziffernsätzen: Versal- und Mediävalziffern. Versalziffern sind deutlich häufiger vertreten, zumindest bei Schriften, die nicht als OpenType vorliegen. Versalziffern haben alle die Größe der Versalien (Großbuchstaben): 1234567890. Mediävalziffern hingegen verfügen genau wie Kleinbuchstaben über Ober- und Unterlängen: 1234567890.

InDesign bietet dem Designer bei OpenType-Fonts sowohl für Versal- als auch für Mediävalziffern die Möglichkeit, die Ziffern entweder für den Tabellensatz optimiert oder proportional zueinander zu setzen. Zugriff auf die vier Satzmöglichkeiten bei OpenType-Schriften haben Sie über OpenType im Zeichen-Bedienfeldmenü. In der Tabellenvariante erhält jede Ziffer dieselbe Breite. Typografen sprechen hier von *Dickte*. Dadurch wird erreicht, dass im Tabellensatz die Ziffern unabhängig von ihrer individuellen Ausformung alle spaltenweise untereinanderstehen. Die Ziffern haben dadurch z. T. große optische Abstände zueinander.

Im Gegensatz dazu erhalten beim proportionalen Ziffernsatz die Ziffern gemäß ihrem Aussehen den entsprechenden Raum. Dadurch stehen die Ziffern in der Regel enger zueinander. Als Regel für den Ziffernsatz kann gelten: Im Fließtext möglichst Mediävalziffern einsetzen, da diese sich durch ihre Ober- und Unterlängen besser in den sie umgebenden Fließtext einordnen und nicht so ins Auge springen wie Versalziffern.

Anführungszeichen

Drei typografisch korrekte Möglichkeiten sind gängig:

- **Deutsche Anführungszeichen (Gänsefüßchen):** „Mir gefiel ‚Harry Potter' nicht." Als Merkhilfe für den richtigen Satz hilft Ihnen vielleicht Folgendes weiter: 99 unten, 66 oben bzw. 9 unten, 6 oben. Die Form dieser Zahlen zeigt, wo welche Anführungszeichen genutzt werden sollen. Die deutschen öffnenden und schließenden Anführungszeichen sehen vor allem in Serifen-Schriften wie der „Times" so aus, aber auch bei Serifenlosen kann man die unterschiedlichen Zeichenformen zumindest in größeren Schriftgraden erkennen.
- **Französische Anführungszeichen, auch Guillemets genannt:** Im Französischen und in Schweizerdeutsch werden die Anführungszeichen (Guillemets) nach außen gesetzt: « Harry », üblicherweise mit einem schmalen Leerzeichen.
- **Französische Anführungszeichen in deutscher Verwendung:** In der deutschen Verwendung stehen sie nach innen: »Harry«, und zwar ohne Leerzeichen, man nennt sie dann auch Chevrons. Die deutschen Anführungsstriche machen im Satz eher Probleme als ihre französischen Verwandten, weil sie nicht zu einer Bandbildung des Satzes beitragen und schlechter lesbar

Zahlen bitte!

Hier sehen Sie die Ziffern der Myriad Pro Regular bei der Arbeit:

- Versalziffern für Tabellen

  123.456,01 €
- Mediävalziffern für Tabellen

  123.456,01 €
- proportionale Versalziffern

  123.456,01 €
- proportionale Mediävalziffern

  123.456,01 €

Achten Sie besonders auf die Abstände zwischen 1 und 2 und zwischen 0 und 1.

Englische Anführungen

Im Englischen werden Anführungen so gesetzt:

"I didn't like 'Harry Potter'."

Zollzeichen

Diese Zeichen sind keine Anführungszeichen, sondern werden korrekt so eingesetzt:

- Zoll: 24"-Monitor
- Sekunde: Blue In Green 6'32"
- Sekunde: Köln liegt auf 50° 56' 33" nördlicher Breite.

sind. Vor allem an den Satzkanten bilden sich durch die deutschen Anführungszeichen kleine Löcher, die den Satz unruhig wirken lassen.

Es gibt Anführungsstriche nicht nur in der doppelten Variante, sondern auch in der einfachen. Diese wird eingesetzt, wenn innerhalb einer direkten Rede zitiert wird oder Wörter betont werden sollen. Obwohl auch andere Lösungen durchaus akzeptabel sind, bietet es sich an, immer nur gleichartige Anführungszeichen einzusetzen und nicht etwa: „Mir gefiel ›Harry Potter‹ nicht."

Ihre favorisierten Anführungszeichen können Sie unter BEARBEITEN/INDESIGN • VOREINSTELLUNGEN • WÖRTERBUCH festlegen. Die dort gewählten oder eingefügten Zeichen setzt InDesign automatisch, wenn Sie [⇧]+[2] eingeben. Drücken Sie am Satzanfang diese Tasten, wird das öffnende, bei erneuter Eingabe am Ende des Satzes das schließende Anführungszeichen eingefügt. Auch das Menü SCHRIFT • SONDERZEICHEN EINFÜGEN • ANFÜHRUNGSZEICHEN greift auf diese Voreinstellungen zurück. Unabhängig von den Voreinstellungen können Sie Guillemets am Mac in allen Schriften mit [alt]+[Q] für « und [alt]+[⇧]+[Q] für » eingeben. Unter Windows geben Sie auf dem Nummernblock mit gedrückter [alt]-Taste 0187 für » bzw. 0171 für « ein.

Wohin denn nur?

Jean hat 'nen Jeansladen:

- Jean's Jeans
- Jeans Jeans
- Jeans Jean's
- Jeans' Jeans

Ladennamen sind beliebte Fundgruben für typografische Irrtümer: Richtig ist Variante zwei, erlaubt ist aber auch die erste, die besser lesbar ist. Die anderen sind nur eines: billig.

Apostrophe

Für dieses Auslassungszeichen gibt es ebenfalls ein eigenes Zeichen. Der Apostroph wird mit [alt]+[0146] (Windows) bzw. [alt]+[⇧]+[#] (Mac) eingegeben. Analog zum Merkspruch bei den Anführungszeichen lautet er hier: 9 oben:

Ich hab' 'nen Neuen; Rock 'n' Roll

Ligaturen

In gut ausgebauten Schriften, vor allem solchen mit Serifen, findet man Ligaturen. Das sind eigenständige Schriftzeichen, die aus der Kombination von zwei oder auch drei einzelnen Zeichen vom Schriftdesigner extra entworfen wurden. Ohne Ligaturen stehen die entsprechenden Zeichenfolgen zu nah aneinander (siehe nebenstehende Abbildung im Infokasten).

Ligaturen

In der oberen Reihe sind typische Zeichenkombinationen ohne aktivierte Option LIGATUREN zu sehen, unten ist sie eingeschaltet.

fi fl ff ffl

ﬁ ﬂ ﬀ ﬄ

3.4 Absätze

Im gängigen Sprachgebrauch ist ein Absatz ein inhaltlich zusammenhängender Abschnitt eines Textes. In InDesign hingegen ist ein Absatz ein Text, dessen Eingabe mit der [↵]-Taste beendet wurde. Das kann daher auch eine Leerzeile sein: Eine Zeile ohne Text ist für InDesign auch ein Absatz.

Verborgene Zeichen

In InDesign können Sie sich die nicht druckenden Steuerzeichen wie Absatzmarken, Leerräume und Tabulatoren mit SCHRIFT • VERBORGENE ZEICHEN EINBLENDEN anzeigen lassen – außerdem muss der Bildschirmmodus NORMAL aktiviert sein.

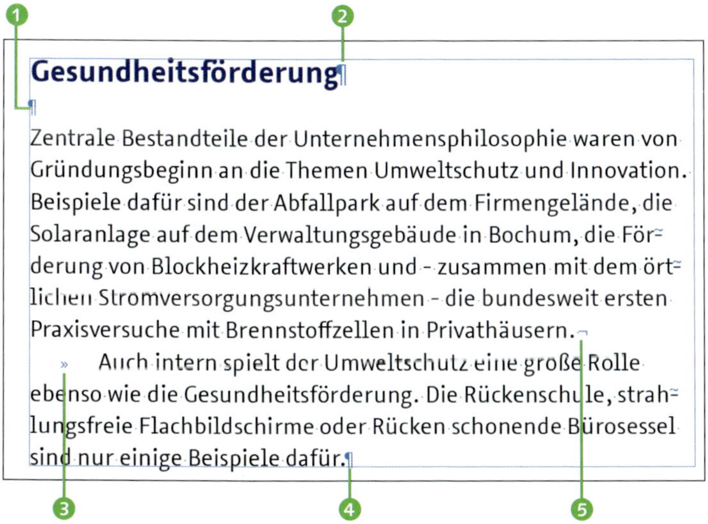

◂ **Abbildung 3.35**
Die eingeblendeten verborgenen Zeichen zeigen die tatsächliche Struktur des Textes.

Das gespiegelte »P« ❷ kennzeichnet das Ende eines Absatzes, und eine Leerzeile ❶ ist nichts anderes als ein Absatz ohne Text. Ein Einzug ❸ kennzeichnet einen neuen Absatzanfang. Inhaltlich ist das richtig, für InDesign gehört der folgende Text im Beispiel jedoch noch zum selben Absatz, da das nächste Absatzzeichen nach der Leerzeile ❶ erst hinter »dafür« steht ❹. Ein sogenannter harter Zeilenumbruch ❺ wird mittels [⇧]+[↵] eingegeben, das Symbol hierfür ist ein Winkel. Der Einzug ❸ ist mit einem Tabulator realisiert, erkennbar an dem Doppelpfeil.

Verborgene Zeichen

Wenn Sie viel mit Text arbeiten, empfehle ich Ihnen, die verborgenen Zeichen immer eingeblendet zu lassen. Zum Ausblenden aller Hilfslinien, Raster und verborgenen Zeichen wechseln Sie schnell mit der [W]-Taste zum VORSCHAU-Modus. Erneutes Drücken der Taste aktiviert wieder den NORMAL-Modus mit allen Hilfsmitteln.

Absatz-Eigenschaften

Um einen kompletten Absatz zu formatieren, reicht es, dass sich der Textcursor irgendwo im Absatz befindet, eben weil ein gesamter Absatz und kein markierter Textbereich formatiert werden soll. Wie bei den Zeichen können Sie auch die Absatzformatierungen im STEUERUNG-, ABSATZ- und im EIGENSCHAFTEN-Bedienfeld modifizieren.

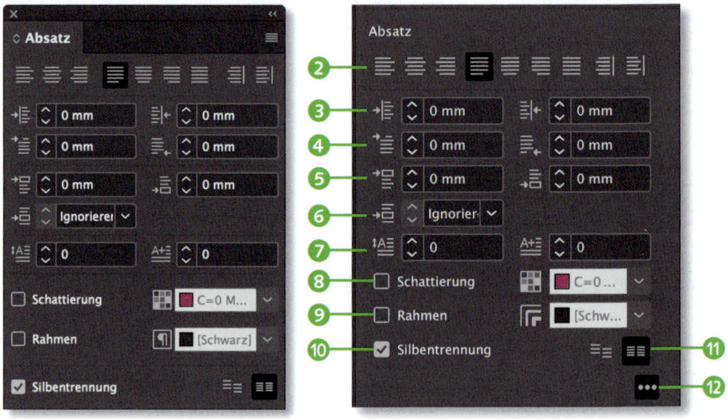

Abbildung 3.36 ▲▶
Absatzeinstellungen können Sie im STEUERUNG- (oben), ABSATZ- (links) und EIGENSCHAFTEN-Bedienfeld (rechts) vornehmen.

Im STEUERUNG-Bedienfeld müssen Sie gegebenenfalls den Button ABSATZFORMATIERUNG ❶ anklicken, um die entsprechenden Optionen angezeigt zu bekommen. Das ABSATZ-Bedienfeld können Sie sich über OPTIONEN EINBLENDEN anzeigen lassen, und im EIGENSCHAFTEN-Bedienfeld erweitern Sie den Bereich ABSATZ durch Anklicken der drei Punkte unten rechts ⓬.

Mit diesen Buttons ❷ weisen Sie einem Absatz die gewünschte Absatzausrichtung zu (weitere Erläuterungen finden Sie im nebenstehenden Kasten). Um einen Absatz links von der eigentlichen Satzkante abzurücken, geben Sie bei EINZUG LINKS ❸ den gewünschten Wert ein. In derselben Zeile können Sie ebenso auch einen Abstand für einen Einzug auf der rechten Seite definieren. Mit dem Eingabefeld EINZUG LINKS IN ERSTER ZEILE ❹ können Sie festlegen, um welchen Wert die erste Zeile eingerückt werden soll.

Die beiden Eingabefelder ABSTAND DAVOR und ABSTAND DANACH in der nächsten Zeile ❺ regeln die Werte, um die der vorige bzw. folgende Text vom aktiven Absatz weggeschoben wird. Wenn Sie den Abstand zwischen Absätzen mit anderen Werten einstellen möchten als denen, die Sie unter ❺ festgelegt haben, können Sie dies hier angeben ❻.

Zum Erstellen einer Initiale am Absatzbeginn benötigen Sie die beiden Eingabefelder INITIALHÖHE (ZEILEN) ❼ und EIN ODER MEHRERE ZEICHEN ALS INITIALE daneben. Im erstgenannten legen Sie die Anzahl der Zeilen fest, über die die Initiale erstellt werden soll, das zweite Feld regelt die Anzahl der Zeichen, die als Initiale(n) dargestellt werden sollen.

Mit SCHATTIERUNG ❽ bzw. RAHMEN ❾ können Sie Absätzen eine Hintergrundfarbe und/oder eine Kontur zuweisen. Wie Sie weitere Einstellungen für diese Formatierungen vornehmen können, schauen wir uns noch genauer an.

Die beiden Optionen SILBENTRENNUNG ❿ und NICHT AN/AN GRUNDLINIENRASTER AUSRICHTEN ⓫ gehören zu den wichtigsten Buttons des Bereichs ABSATZ. Die Anwendung des Grundlinienrasters sehen wir uns in Abschnitt 8.3, »Grundlinienraster«, an. Weitere, sehr wichtige Einstellungen finden Sie im Bedienfeldmenü des ABSATZ-Bedienfeldes (siehe Abbildung 3.37). Wir werden sie uns nun ausführlich ansehen.

Absatzausrichtung

Links- bzw. rechtsbündig ausrichten
Text sieht im sogenannten Flattersatz lockerer als mit Blocksatz gesetzt aus.

Zentrieren
Zentrierter Satz wirkt schnell altmodisch.

Blocksatz, letzte Zeile linksbündig
Das ist die erste Wahl für große Textmengen und wird in Büchern fast ausschließlich verwendet (die anderen drei Blocksatzarten sind Exoten).

Nicht/ Am Bund ausrichten
Hiermit ausgerichteter Text orientiert seine tatsächliche Ausrichtung an seiner Position bezüglich des Bundes.

Adobe-Absatzsetzer/Adobe-Ein-Zeilen-Setzer

Der ADOBE-ABSATZSETZER prüft immer komplette Absätze nach dem besten Umbruch: InDesign versucht hierbei, für einen Absatz mit aktivierter Silbentrennung die wenigsten und plausibelsten Trennungen und die gleichmäßigsten Wortabstände zu erreichen. Sichtbar ist diese Vorgehensweise, wenn Sie selbst Text eingeben: Dabei wird der Text des gesamten Absatzes immer wieder neu umbrochen, weil InDesign die neuen Zeichen mit in die Berechnung des Umbruchs aufnimmt. Auch Textänderungen in fertig umbrochenen Texten können beim Absatzsetzer zu einem komplett neuen Umbruch führen.

Im Gegensatz zum Absatzsetzer analysiert der ADOBE-EIN-ZEILEN-SETZER eben nur einzelne Zeilen und kommt dadurch mitunter zu einem unruhigeren Satzbild.

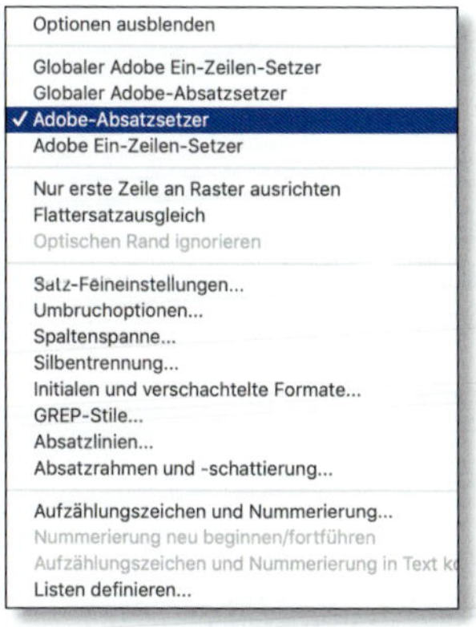

▲ **Abbildung 3.37**
Im Menü des ABSATZ-Bedienfeldes finden sich noch einige bemerkenswerte Funktionen.

Nur erste Zeile an Raster ausrichten

In InDesign können Sie mit einem sogenannten Grundlinienraster arbeiten. Meist wird an diesen horizontalen Hilfslinien der komplette Fließtext ausgerichtet – der vertikale Abstand zwischen den Hilfslinien entspricht dann eben genau dem Zeilenabstand des Fließtextes.

Bei Texten wie Überschriften, die mit einem anderen Zeilenabstand als dem des Fließtextes gesetzt werden, können Sie eben nur die erste Zeile am Grundlinienraster ausrichten. Keine Sorge, falls Sie sich an dieser Stelle noch nicht viel darunter vorstellen können: Da das Grundlinienraster ein zentrales Hilfs- und Gestaltungsmittel ist, gehe ich im gleichlautenden Abschnitt 8.3 noch genauer darauf ein.

Flattersatzausgleich

Diese Option bietet sich z. B. für mehrzeilige Überschriften und Bildlegenden im Flattersatz an: InDesign versucht dann, die Länge aller Zeilen des Absatzes aneinander anzugleichen, was zu angenehmerem Zeilenfall führt.

Abbildung 3.38 ▶
Beim unteren Beispiel habe ich den Flattersatzausgleich aktiviert.

Überschriften mit deutlich verschieden langen Zeilen wirken
unruhig

Überschriften mit deutlich verschieden
langen Zeilen wirken unruhig

Optischen Rand ignorieren

Diese Option ist nur wählbar, wenn im Bedienfeld TEXTABSCHNITT, das Sie im Menü SCHRIFT finden, die Option OPTISCHER RANDAUSGLEICH aktiviert wurde. Der optische Randausgleich lässt sich immer nur für ganze Textabschnitte – also komplette Texte, die auch über mehrere verkettete Textrahmen laufen können – aktivieren:

Abbildung 3.39 ▶
Damit man OPTISCHEN RAND IGNORIEREN nutzen kann, muss OPTISCHER RANDAUSGLEICH aktiviert sein.

Durch den optischen Randausgleich werden Anführungszeichen, Satzzeichen, Trenn- bzw. Bindestriche und einzelne Schriftzeichen so von InDesign über den Textrahmen bzw. den Spaltenrand geschoben, dass optisch ruhiger wirkende Satzkanten entstehen.

„Innovation, umweltschonender Umgang mit Energie und die Suche nach neuen Anwendungsfeldern für unser Produkt Wasser, das sind gleich drei gute Gründe, sich für Wasser im Verkehr zu engagieren.“	„Innovation, umweltschonender Umgang mit Energie und die Suche nach neuen Anwendungsfeldern für unser Produkt Wasser, das sind gleich drei gute Gründe, sich für Wasser im Verkehr zu engagieren.“

◂ **Abbildung 3.40**
Beim rechten Beispiel ist der optische Randausgleich aktiviert, links nicht.

Sollen nun einzelne Absätze – etwa Überschriften – vom optischen Randausgleich ausgenommen werden, aktivieren Sie hierfür die Option Optischen Rand ignorieren.

Satz-Feineinstellungen

Wenn Sie für einzelne Absätze die Abstände zwischen den Wörtern oder den Zeichen ändern möchten, können Sie dies im Dialogfeld Satz-Feineinstellungen vornehmen.

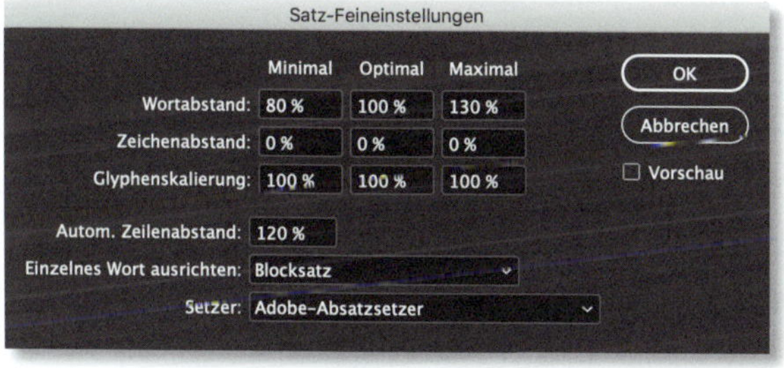

◂ **Abbildung 3.41**
Im Dialog Satz-Feineinstellungen können Sie beispielsweise Wortabstände neu einstellen.

Die Verringerung des Wortabstands kann bei großen Schriftgraden in Titeln und Überschriften erwünscht sein, da der normale Wortabstand für Lesegrößen gut funktioniert, bei großen Texten jedoch zu groß wirkt. Bei Glyphenskalierung können Sie angeben, bis zu welchem Wert InDesign die Glyphen (Schriftzeichen) in der Breite verzerren kann, um ein möglichst ausgeglichenes Satzbild zu erreichen. Änderungen der Werte bei Zeichenabstand und Glyphenskalierung um 1–2 % Prozent können zu einem ruhigeren Satzbild führen, wobei diese Eingriffe in das Schriftbild selbst keinesfalls wahrnehmbar sein sollten.

Wortabstände ändern

In Einzelfällen möchte man die Wortabstände einer Auswahl und nicht eines ganzen Absatzes ändern:

- Verringern: Strg/⌘+alt+⌫
- Vergrößern: Strg/⌘+alt+ctrl+\

Umbruchoptionen

Die Optionen, die in diesem Fenster eingestellt werden, beziehen sich darauf, wie InDesign mit Absätzen verfahren soll, die über mehrere Spalten oder über mehrere Textrahmen hinweg laufen.

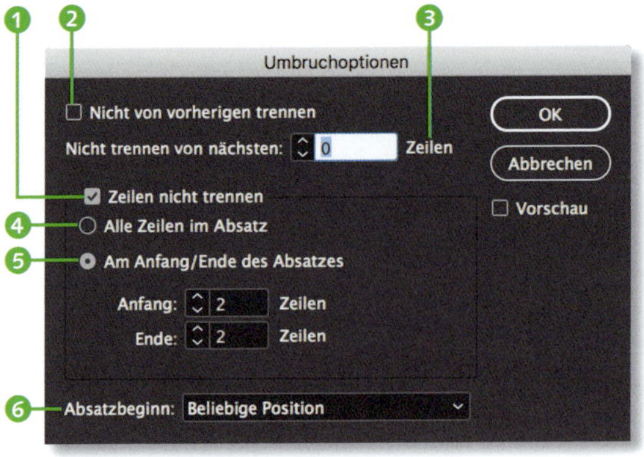

Abbildung 3.42 ▸
Mit diesen Umbruchoptionen können Sie Schusterjungen und Hurenkinder vermeiden.

So können Sie mit Nicht von vorherigen trennen ❷ den Anfang des aktuellen Absatzes und das Ende des vorherigen Absatzes zusammenhalten; damit können Sie z. B. einen Absatz, der einer Zwischenüberschrift folgt, sozusagen an die Zwischenüberschrift anheften.

▾ Abbildung 3.43
Mit der Option Nicht von vorherigen trennen wird die Zwischenüberschrift an den folgenden Absatz angeheftet.

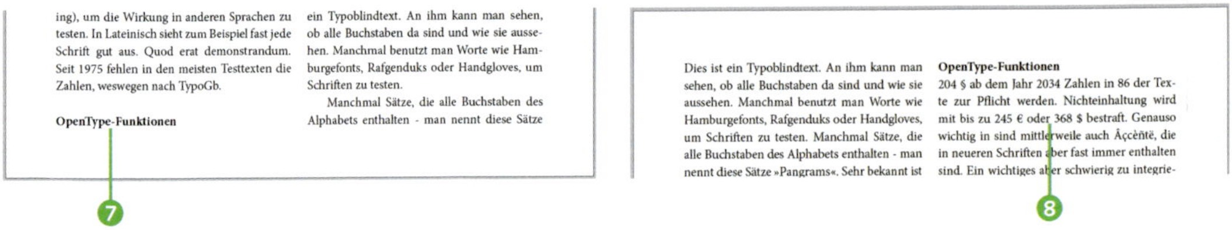

Ohne aktivierte Umbruchoptionen steht die Zwischenüberschrift am Spaltenfuß alleine ❼ – ein grober Satzfehler. Für den rechten Screenshot habe ich beim Absatz nach der Zwischenüberschrift die Option Nicht von vorherigen trennen aktiviert. Dadurch wird die Zwischenüberschrift nicht mehr vom Folgeabsatz getrennt ❽.

Abbildung 3.44 ▸
Mit der Option Nicht von vorherigen trennen wird die Zwischenüberschrift an den folgenden Absatz angeheftet.

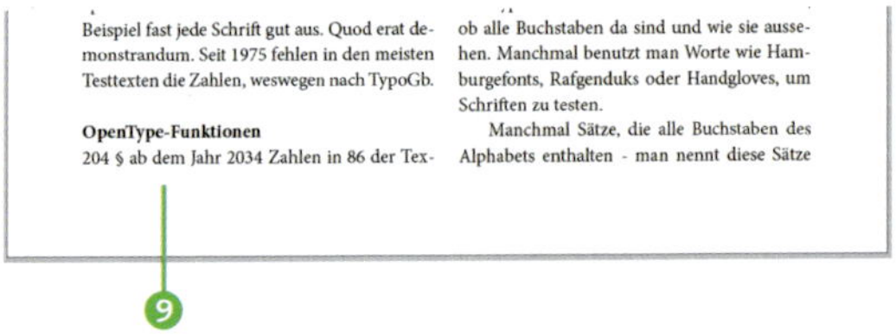

In Abbildung 3.44 sehen Sie links eine Zeile des Fließtextes nach der Zwischenüberschrift ❾. Mit der Option Nicht trennen von nächsten können Sie steuern, wie viele Zeilen ❸ des Folgeabsatzes noch in derselben Spalte stehen sollen. Ich habe bei Anzahl Zeilen 2 für die Zwischenüberschrift eingegeben. Das führt dazu, dass beide Zeilen in die nächste Spalte umbrochen werden: Das Ergebnis entspricht dem rechten Screenshot aus Abbildung 3.43.

Aktivieren Sie Zeilen nicht trennen ❶, können Sie eine der weiteren Optionen aktivieren, die den kompletten aktiven Absatz betreffen: Alle Zeilen im Absatz ❹ hält den gesamten Absatztext zusammen. Das ist bei kurzen Absätzen wie Überschriften sinnvoll, bei denen es nicht wünschenswert ist, dass sie über Spalten hinweg getrennt werden. Für sonstige Fließtextabsätze ist die Option Am Anfang/Ende des Absatzes ❺ sinnvoll: Mit den Eingaben Anfang und Ende steuern Sie, wie viele Zeilen des aktiven Absatzes zusammengehalten werden sollen. Für beide hat sich der Wert »2« bewährt. Dadurch ist gewährleistet, dass eben immer mindestens zwei Zeilen eines Absatzes zusammenstehen. Durch diese Angaben vermeiden Sie Schusterjungen und Hurenkinder (siehe Kasten rechts »Seltsame Fachwörter«). Hurenkinder gelten weithin als grobe Satzfehler. Dagegen sind Schusterjungen eher akzeptabel, zumal sie bei Weitem nicht so sehr ins Auge fallen.

Aus dem Pulldown-Menü Absatzbeginn ❻ können Sie einen Eintrag wählen, mit dem Sie z. B. festlegen, dass der Absatz immer am Spaltenanfang stehen soll. Das kann beispielsweise bei Überschriften der ersten oder zweiten Ordnung gewünscht sein. Für Kapitelanfänge etwa kommen auch die Optionen Auf nächster Seite, Auf nächster ungerader Seite und Auf nächster gerader Seite infrage. Die Umbruchoptionen sind aufgrund ihres Funktionsumfangs und der vielen Kombinationsmöglichkeiten ein sehr wichtiges Werkzeug, das Sie im Workshop »Zwei Absatzformate anlegen und zuweisen« praktisch einsetzen werden.

Seltsame Fachwörter

Links unten sehen Sie einen Schusterjungen (einzelne Zeile eines Absatzbeginns am Ende einer Spalte), rechts oben ein Hurenkind (letzte Zeile eines Absatzendes am Spaltenanfang).

◂ **Abbildung 3.45**
Mit den Optionen des Absatzbeginns können Sie genau steuern, wo bestimmte Absätze wie etwa Kapitelüberschriften stehen sollen.

Spaltenspanne

Mit dieser praktischen Funktion ist es möglich, Text in einem mehrspaltigen Textrahmen ❷ über mehrere Spalten hinweg laufen zu lassen. Im folgenden Beispiel wurde der Rubrik ❸ über das Pulldown-Menü ANZAHL ❶ »Alle« zugewiesen. Die Headline und der Vorlauftext erstrecken sich durch die Angabe von »2« nun über die ersten beiden Spalten.

▼ Abbildung 3.46
Mit der Funktion SPALTENSPANNE können Texte auf mehrere Spalten desselben Textrahmens verteilt werden.

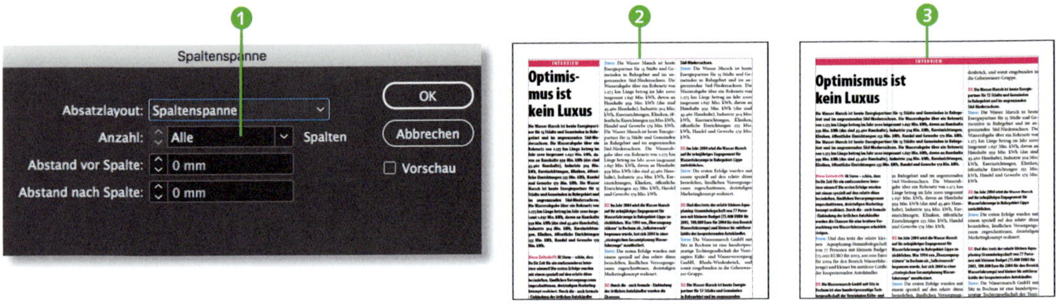

▼ Abbildung 3.47
Mit der Funktion UNTERTEILTE SPALTE können Texte einer Spalte in mehrere Unterspalten aufgeteilt werden.

Wenn Sie im Menü ABSATZLAYOUT statt SPALTENSPANNE die Option UNTERTEILTE SPALTE ❹ wählen, erreichen Sie das Gegenteil der eben beschriebenen Funktion. Markierte Absätze einer Textspalte können hiermit in weitere Spalten aufgeteilt werden:

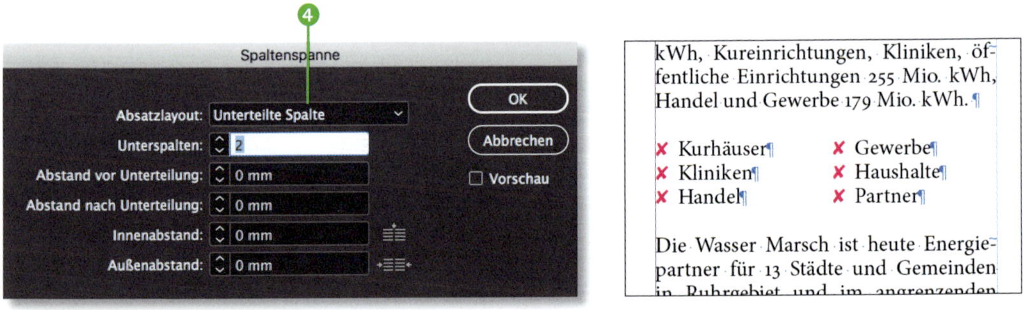

> **Wann Silbentrennung?**
> Fließtexte sollten immer mit aktiver Silbentrennung gesetzt werden, bei Headlines und Zwischenüberschriften sind Worttrennungen hingegen selten erwünscht.

Silbentrennung

Im Gegensatz zu den SPRACHE-Einstellungen im ZEICHEN-Bedienfeld wird in diesem Dialogfeld z. B. festgelegt, ab welcher Wortlänge InDesign trennen soll. Ob im Absatz überhaupt getrennt werden soll, können Sie nicht nur im ABSATZ-Bedienfeld angeben, sondern auch hier ❺. Ihre Wahl wird automatisch an der jeweils anderen Stelle aktualisiert.

◂ **Abbildung 3.48**
Wie InDesign trennen soll, können Sie hier angeben.

- **Wörter mit mindestens:** Wörter, die kürzer als die hier angegebene Buchstabenanzahl sind, werden nicht getrennt. Steht hier eine »5« wie im Beispiel, wird ein Wort wie »ei-ne« nicht getrennt.
- **Kürzeste Vorsilbe:** Die Silbe, nach der getrennt wird, hat die hier angegebene Zeichenzahl. Steht hier eine »3« wie im Beispiel, wird ein Wort wie »ei-nes« nicht getrennt, da die Vorsilbe zu kurz ist.
- **Kürzeste Nachsilbe:** Die Silbe, vor der getrennt wird, hat die hier angegebene Zeichenzahl. Steht hier eine »3« wie im Beispiel, wird ein Wort wie »mei-ne« nicht getrennt.
- **Max. Trennstriche:** InDesign versucht, an der rechten Satzkante nicht mehr als den hier eingetragenen Wert an Trennzeichen in direkter Folge zu erstellen. Hierbei ist »3« ein guter Richtwert, der jedoch bei sehr schmalen Spalten auch größer sein kann, da sonst eventuell zu große Wortzwischenräume entstehen.
- **Trennbereich:** Mit Trennbereich wird im linksbündigen Flattersatz und bei aktivem Ein-Zeilen-Setzer der Bereich vor der rechten Satzkante angegeben, in den ein Wort hineinragen muss, bevor es getrennt wird. Je größer dieser Trennbereich ist, desto größer ist der zu erwartende Weißraum.
- **Schieberegler »Abstände optimieren – Weniger Trennstriche«:** Wenn Sie InDesign anweisen möchten, dass optimierte Abstände etwa zwischen den Wörtern eine höhere oder sogar absolute Priorität vor der Anzahl aufeinanderfolgender Tren-

8–10 Wörter pro Zeile

Für eine gute Lesbarkeit ist neben der Schrift, der Schriftgröße und dem Zeilenabstand auch die Zeilenlänge von großer Bedeutung: Empfehlenswert sind Spaltenbreiten, die im Durchschnitt 8–10 Wörter aufnehmen können.

Bei schmalen Spalten wie dieser hier schafft die Absatzausrichtung Blocksatz durch die größeren und unregelmäßigen Wort- und Zeichenzwischenräume kaum lösbare Probleme.

Zusammenarbeit

Beim Trennen greift InDesign auf das Wörterbuch zurück, das in den Zeichen-Einstellungen bei Sprache aktiviert ist. Worttrennungen können im Wörterbuch definiert werden. Außerdem beeinflussen die Einstellungen der Abstände (siehe Abschnitt »Absatz-Eigenschaften« weiter vorn) die Trennergebnisse.

nungen haben, bewegen Sie den Regler nach links. Das dürfte in den meisten Fällen zu angenehmen Ergebnissen führen. Sind Ihnen hingegen weniger Trennungen im Vergleich zu den Wortabständen wichtiger, ziehen Sie den Regler nach rechts.

- **Großgeschriebene Wörter trennen:** Im Deutschen sollte diese Option wegen der Häufigkeit großgeschriebener Wörter immer aktiviert sein.
- **Letztes Wort trennen:** Hiermit erlauben Sie InDesign die Trennung des letzten Wortes im Absatz, was zu unschönen Ergebnissen führen kann. Wird diese Option deaktiviert, steht mindestens ein ungetrenntes Wort in der letzten Absatzzeile.
- **Silben über Spalte hinweg trennen:** Da eine Worttrennung über eine Spalte der Lesbarkeit abträglich ist, sollte ein solcher Umbruch vermieden werden. Dies gilt in besonderem Maße für Text, der auf die nächste Seite umbricht, wofür es jedoch keine eigene Einstellung gibt.
- **Duden-Silbentrennung:** Hier können Sie zwischen vier Optionen wählen, nach denen InDesign trennen soll. Mit der Option Alle können Wörter nach Bedarf an zwar grammatikalisch richtigen, aber sinnentstellenden Stellen getrennt werden: »Musiker-ziehung«, »Visage-suche«, »Spargel-der«. Hierzu gehören auch Wörter wie »Schul-terschmerz« oder »Schulter-min«, die die Lesbarkeit deutlich herabsetzen. Das ist sicherlich keine wünschenswerte Lösung. Mit Alle ausser unästhetische kommen keine Trennungen mehr vor, die den Sinn völlig verdrehen, aber unschöne Trennungen wie »Hängere-gal« kommen im Text durchaus vor. Die Option Ästhetische ist die strikteste Trennregel: Hier werden Wörter nur noch an vorgesehenen sinnhaften Stellen getrennt. Da es im Deutschen unzählige Wörter wie »Dokument« gibt, die problemlos getrennt werden können, bei denen jedoch keine sinnhafte Trennung vorgesehen ist, werden diese dann nicht getrennt. Bei der vierten Option Bevorzugt ästhetische werden Wörter mit hinterlegten sinnvollen Trennungen ebenso getrennt wie jene, die wie »Dokument« nach der geltenden Rechtschreibung getrennt werden können, bei denen aber keine ästhetischen Trennungen vorgesehen sind. Für die meisten Satzaufgaben bieten sich die Optionen Alle ausser unästhetische oder Bevorzugt ästhetische an.

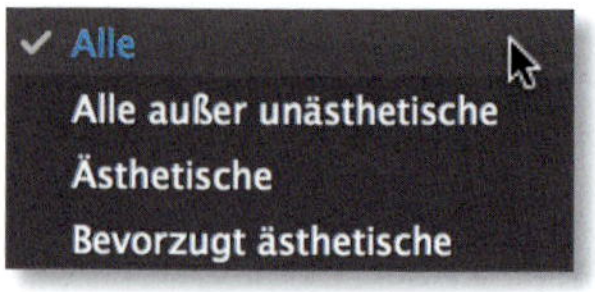

▲ **Abbildung 3.49**
Sie haben die Wahl zwischen vier Optionen, nach denen InDesign den Duden-Regeln gemäß trennen soll.

Mu-sik-er-zie-hung
Schul-ter-min
Do-ku-ment

Mu-sik-erzie-hung
Schul-termin
Do-ku-ment

Musik-erziehung
Schul-termin
Dokument

Musik-erziehung
Schul-termin
Do-ku-ment

▲ **Abbildung 3.50**
Dieselben Wörter mit den zu erwartenden Trennungen (v. o. n. u.): Alle, Alle ausser unästhetische, Ästhetische, Bevorzugt ästhetische.

Initialen und verschachtelte Formate

Neben den beiden Größen INITIALHÖHE (ZEILEN) und EIN ODER MEHRERE ZEICHEN ALS INITIALE, die Sie bereits von der Oberfläche des ABSATZ-Bedienfeldes her kennen (siehe Abschnitt 3.4 unter »Absatz-Eigenschaften«), bietet dieses Dialogfeld noch weitere Möglichkeiten, das Aussehen der Initiale detailliert zu steuern.

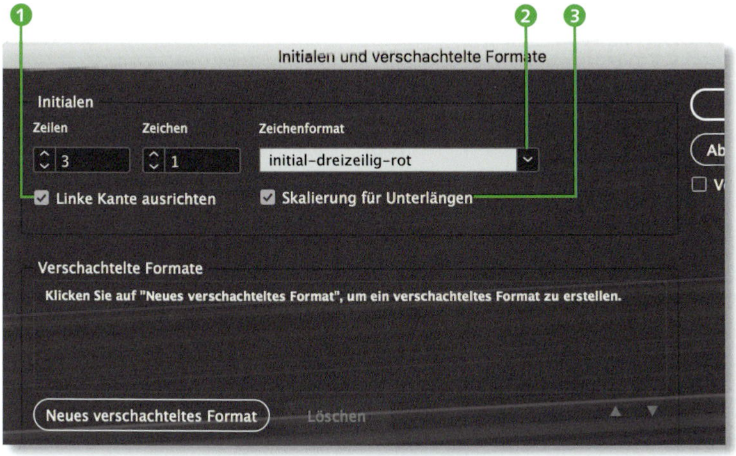

◀ **Abbildung 3.51**
Im Dialog INITIALEN UND VERSCHACHTELTE FORMATE können Sie Initialen weiter formatieren.

Durch die aktivierte Option LINKE KANTE AUSRICHTEN ① stehen die meisten Buchstaben bündiger zur linken Satzkante. Die vom Fließtext abweichende Schrift und Farbe der Initiale können Sie auch in einem Zeichenformat definieren:

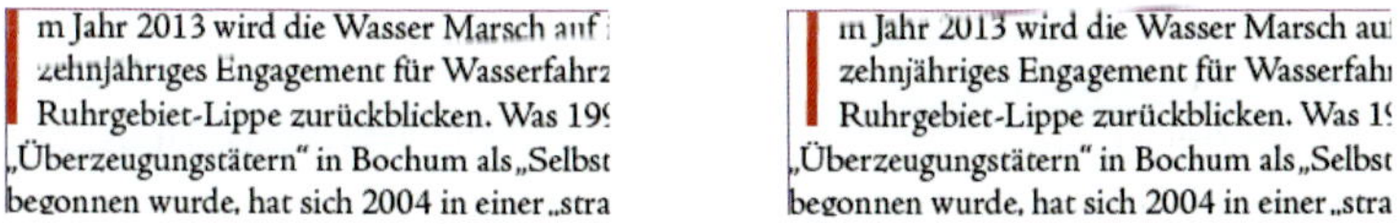

◀ **Abbildung 3.52**
Die aktive Option LINKE KANTE AUSRICHTEN sorgt für eine ruhigere Satzkante (links).

Aus den bisher im aktiven Dokument erstellten Zeichenformaten können Sie für die Initiale im Pulldown-Menü ZEICHENFORMAT das gewünschte wählen ②. Zeichen, deren Unterlängen wie beim »J« im unten abgebildeten Beispiel in die nächste Zeile ragen, werden durch die Aktivierung von SKALIERUNG FÜR UNTERLÄNGEN ③ verkleinert.

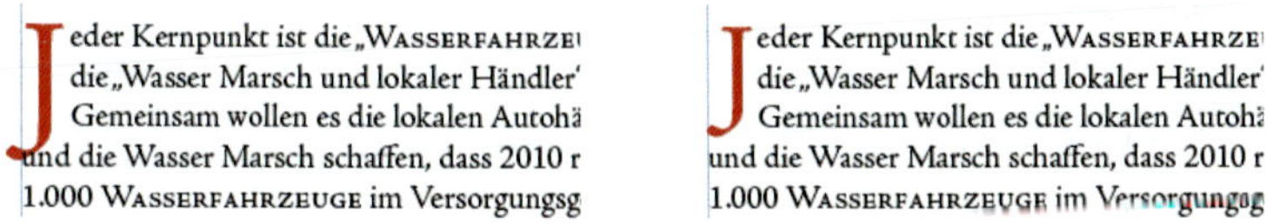

◀ **Abbildung 3.53**
Die Aktivierung der Option SKALIERUNG FÜR UNTERLÄNGEN räumt auf.

Bibliografische Angaben

Wenn Texte immer demselben Muster wie etwa Autor – Titel – Verlag folgen, lassen sie sich mit verschachtelten Formaten durchformatieren.

Tillmann, Christine: *Jrad erlefft.* Kindheitserinnerungen, Kaldenkirchen 2005.

Voeste, Anja: *Dialekt im Wandel.* Perspektiven einer neuen Dialektologie, o. Ort 2006.

Wijnands, Paul: *Limbo – Hollands.* Op taalsafari in Limbabwe, Maastricht 2007.

Mit verschachtelten Formaten lassen sich Absätze nach selbst bestimmbaren Regeln automatisch formatieren. Aufwendige Formatierungen, wie sie etwa bei bibliografischen Angaben vorkommen, lassen sich hiermit problemlos und zeitsparend realisieren. Ein konkretes Beispiel hierzu finden Sie in Abschnitt 3.6 unter »Nächstes Format«.

GREP-Stile

GREP ist unter Programmierern ein gängiges Tool zur Textmustersuche bzw. -erkennung. In Kapitel 8, »Praktische Hilfsmittel«, werden wir uns etwas intensiver mit dem Thema »GREP« beschäftigen.

Mit GREP-Stilen lassen sich Formatzuweisungen ähnlich den verschachtelten Formaten automatisieren; sie zählen zu den mächtigsten InDesign-Funktionen. Ein GREP-Stil besteht aus zwei Teilen: dem Suchmuster ❷ und dem Zeichenformat ❸, das auf den gefundenen Ausdruck angewendet werden soll. Folgendes Beispiel würde – wie in diesem Absatz – jede Ziffer mit dem Zeichenformat »Ziffer_auf_Kreis« automatisch formatieren.

Abbildung 3.54 ▸
Mit nebenstehender Suchabfrage formatiert InDesign alle Ziffern automatisch im markierten Absatz.

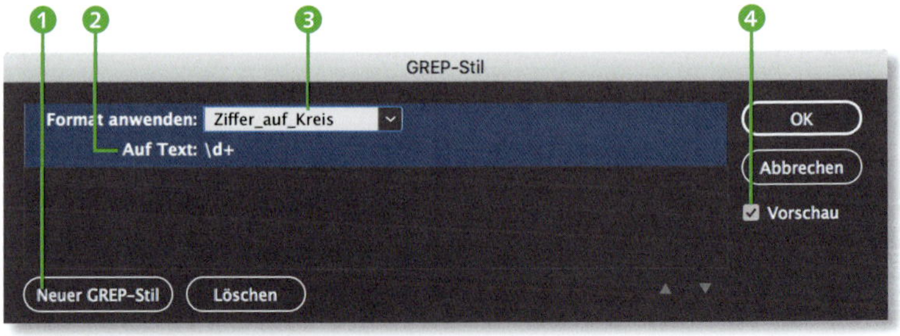

Über den Button Neuer GREP-Stil ❶ können dem aktiven Absatz neue Formatierungsanweisungen hinzugefügt werden. Bei aktiver Vorschau ❹ ist im Hintergrund direkt sichtbar, ob der GREP-Stil wie gewünscht funktioniert.

Eine Besonderheit bei GREP-Stilen ist, dass sie im Unterschied zu der Funktion Suchen/Ersetzen dynamisch im Text suchen. Das bedeutet, dass jedes Mal, wenn das definierte Suchmuster gefunden wird, automatisch das gewünschte Zeichenformat angewendet wird – und das nicht nur bei bestehendem Text, sondern auch beim Eingeben oder beim Importieren von Text.

GREP-Sprache

Der Vorteil von GREP liegt darin, dass hierbei nach Mustern und nicht nach buchstäblichen Zeichen gesucht wird: So stehen in der GREP-Sprache die Ausdrücke »\d« für »jede beliebige Ziffer«, »\s« für »jedes beliebige Leerzeichen« usw.

Absatzlinien

Hier können Sie das Aussehen und die Position von Linien festlegen, die dadurch eine Eigenschaft des Absatzes werden:

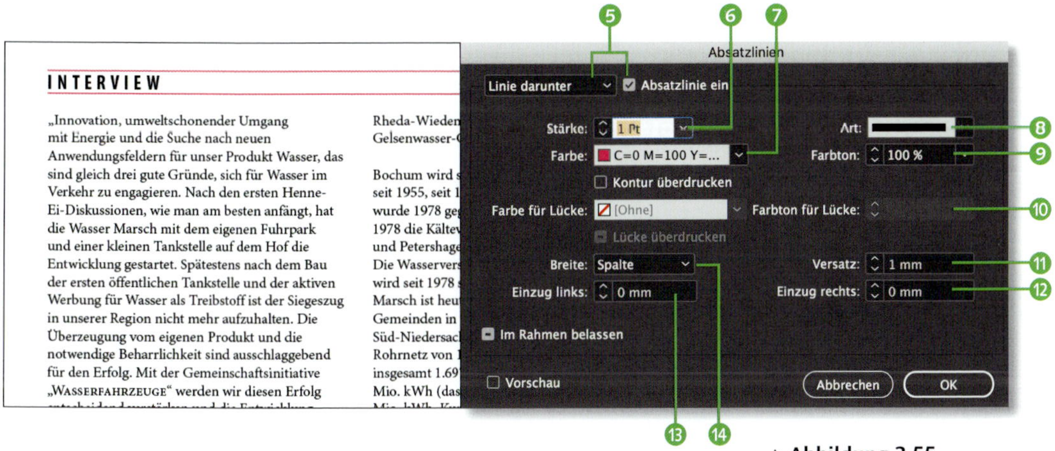

▲ **Abbildung 3.55**
Hier sehen Sie die Einstellungen für die Absatzlinie unter »Interview«.

Zunächst legen Sie mit dem Dropdown-Menü und der Checkbox daneben ❺ fest, für welche der beiden möglichen Absatzlinien Sie Einstellungen vornehmen. Im Dialog ABSATZLINIEN können Sie je eine Linie ober- und/oder unterhalb des derzeit markierten Absatzes anlegen.

Die Checkbox ABSATZLINIE EIN rechts neben dem Ausklappmenü muss markiert sein, sonst können Sie im unteren Bereich keine Änderungen vornehmen. Die STÄRKE ❻ ist ebenso frei wählbar wie die FARBE ❼. Hier können Sie neben den Farben, die im Bedienfeld FARBFELDER (siehe Abschnitt 6.4) hinterlegt sind, auch die Option TEXTFARBE wählen. In diesem Fall wird die entsprechende Absatzlinie in der Farbe erstellt, die dem Text zugewiesen wurde. Ob die Linie durchgezogen, gepunktet o. Ä. sein soll, legen Sie durch die Anwahl der Option ART ❽ fest. Mit einem Zahlenwert bei FARBTON ❾ definieren Sie, ob die unter ❼ gewählte Farbe vollflächig (100%) oder beispielsweise heller, also etwa zu 50%, gedruckt werden soll. Haben Sie als ART z. B. eine gestrichelte Linie gewählt, können Sie einen FARBTON FÜR LÜCKE ❿ einstellen: Damit erhalten Sie Linien mit abwechselnden Farben.

Bei BREITE ⓮ haben Sie die Wahl zwischen SPALTE und TEXT. Wählen Sie SPALTE, wenn die Absatzlinie der Spaltenbreite entsprechen soll, bei TEXT wird die Linie von InDesign genauso lang

Linien und Flächen

Versuchen Sie grundsätzlich, Linien und farbige Flächen wie in Abbildung 3.55 innerhalb bestehender Textrahmen über die ABSATZFORMATOPTIONEN zu erstellen. Händisch erstellte Objekte – etwa Linien – werden sehr schnell unübersichtlich und sind sehr schwer zu pflegen.

gezeichnet, wie der eigentliche Text breit ist. Mit dem EINZUG LINKS ⓭ können Sie festlegen, ob die Absatzlinie direkt an der Satzkante (0 mm) oder mit einem Einzug beginnen soll. Mit EINZUG RECHTS ⓬ stellen Sie den rechten Abstand zur Satzkante ein. VERSATZ ⓫ regelt den vertikalen Abstand zur Grundlinie.

Absatzrahmen

Aufgrund der vielen Einstellungsmöglichkeiten bei ABSATZRAHMEN UND -SCHATTIERUNG stelle ich Ihnen beide Optionsfenster in separaten Abschnitten vor.

Mit RAHMEN können Sie Absätze mit Rahmen versehen. Das Schöne daran: Die Rahmen passen sich in Größe und Position dynamisch den Textänderungen an, ein händisches Nachjustieren entfällt somit.

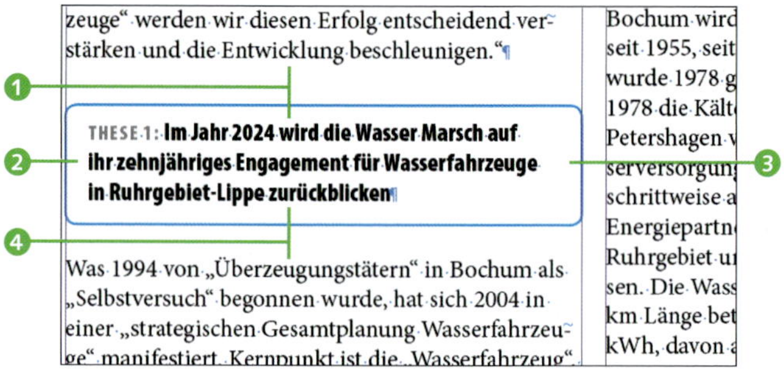

Abbildung 3.56 ▸ Der Absatzrahmen ist mit wenigen Klicks erstellt und passt sich immer dem Text an.

Für den Absatzrahmen in Abbildung 3.56 spielen die diversen Einstellungen zusammen, mit denen wir Abstände definieren können. Der folgende Screenshot zeigt die konkreten Einstellungen für die Absatzabstände.

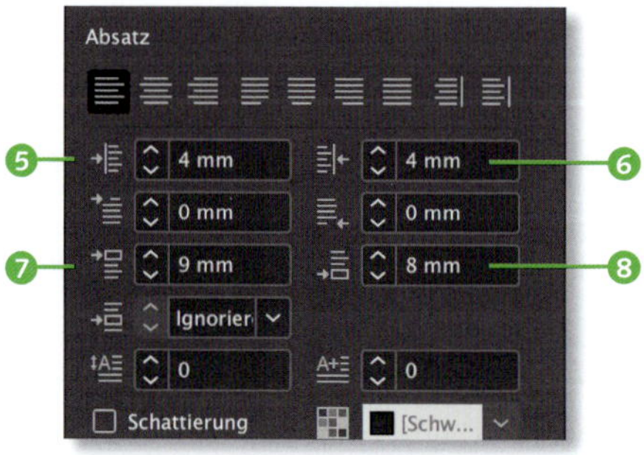

Abbildung 3.57 ▸ Der Text wird separat vom Rahmen mit den Einstellungen im Bereich ABSATZ des EIGENSCHAFTEN-Bedienfelds definiert.

Die 4 mm Einzug links ❺ und rechts ❻ sorgen für den Abstand vom Text zum Textrahmen ❷ und ❸. Genauso definiert der Abstand vor bzw. der Abstand nach ❼ und ❽ den entsprechenden Raum zum vorigen ❶ und folgenden Fließtext ❹.

Das Aussehen des Rahmens habe ich gesondert im Bereich Rahmen vorgenommen:

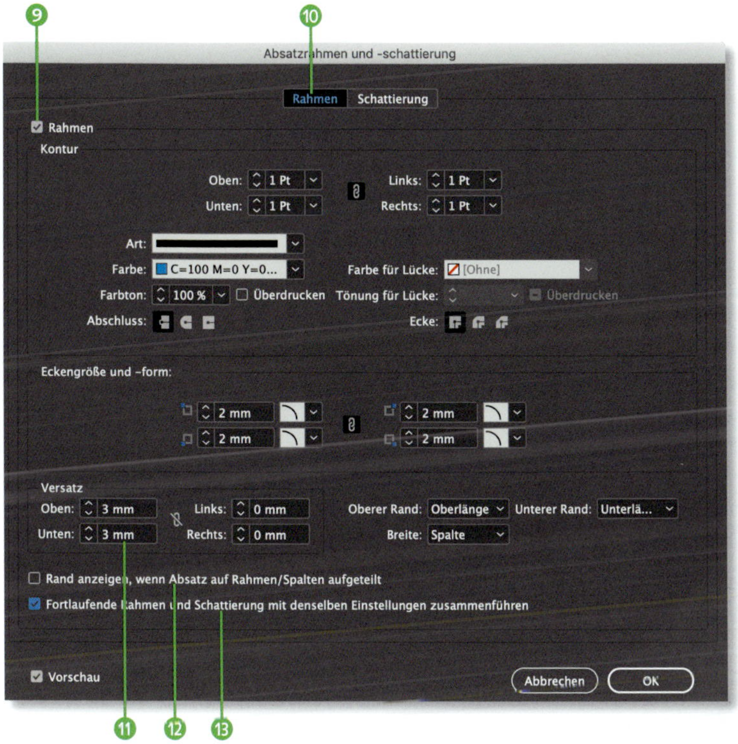

◂ **Abbildung 3.58**
Durch die umfangreichen Optionen können Sie Absatzrahmen genau steuern.

Um einen Absatzrahmen anzulegen, aktivieren Sie die entsprechende Option ❾ im Bereich Rahmen ❿. Wie Sie im Abschnitt Kontur sehen, können Sie je Seite auch unterschiedliche Konturstärken vergeben. Weil hier als Konturstärke auch 0 stehen kann, können Sie auch Balken an einzelnen Seiten realisieren (siehe Abbildung 3.59). Mit einem Versatz von jeweils 3 mm ⓫ habe ich den Rahmen vom Text abgerückt. Mit einer weiteren Option können Sie definieren, ob InDesign den Rahmen schließen soll, wenn der betreffende Absatz über mehr als eine Spalte läuft ⓬. Sollen mehrere aufeinander folgende Absätze mit eigenen Konturen eingerahmt werden, deaktivieren Sie die entsprechende Option ⓭.

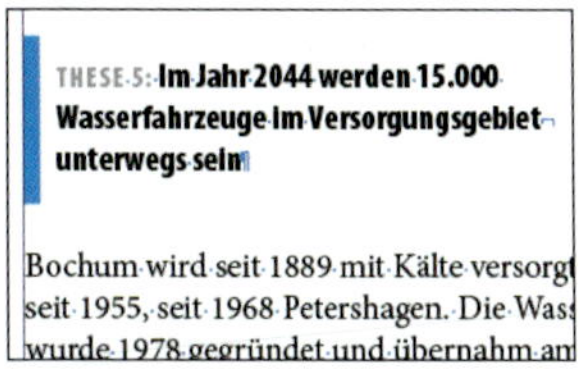
THESE 5: **Im Jahr 2044 werden 15.000 Wasserfahrzeuge im Versorgungsgebiet unterwegs sein**

Bochum wird seit 1889 mit Kälte versorgt seit 1955, seit 1968 Petershagen. Die Wass wurde 1978 gegründet und übernahm am

▴ **Abbildung 3.59**
Balken lassen sich auch nur einseitig realisieren.

Absatzschattierung

▲ **Abbildung 3.60**
Die grüne Fläche wird mit einer Absatzschattierung realisiert.

Die Anlage und die Formatierungsmöglichkeiten der Absatzschattierung ähneln sehr denen der Absatzlinien. Im Folgenden stelle ich Ihnen die Anlage einer Absatzschattierung im Detail vor, denn genau wie bei den Absatzlinien ersparen Sie sich viele händische und damit fehleranfällige Arbeiten, wenn Sie auch Farbflächen mittels Absatzeinstellungen und nicht etwa durch zusätzliche Farbflächen realisieren.

Schritt für Schritt
Eine Fläche mit Absatzschattierung erstellen

Der hier gezeigte Ansatz bietet sich auch dann an, wenn Sie farbige Balken in flexiblen Längen benötigen.

1 Textrahmen auf Musterseite erstellen

Legen Sie ein neues, doppelseitiges Dokument an, verwenden Sie dabei ruhig die vorgeschlagenen Einstellungen. Rufen Sie das Seiten-Bedienfeld auf, und wechseln Sie mit einem Doppelklick auf A-Musterseite zur entsprechenden Musterseite.

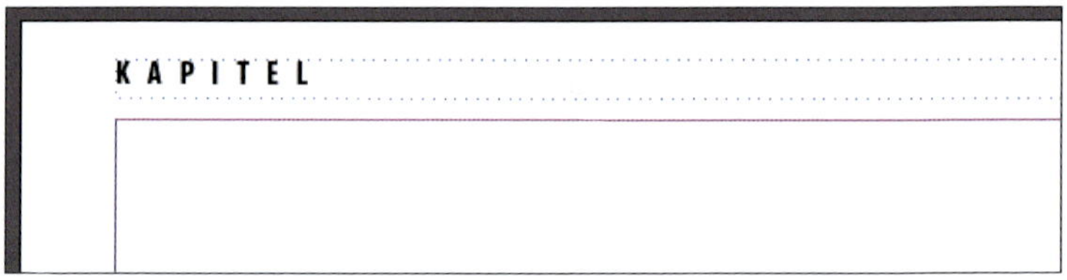

Abbildung 3.61 ▶
Die Breite des Textrahmens bestimmt später die Länge der Absatzschattierung.

Legen Sie auf der linken Musterseite einen neuen Textrahmen über die gesamte Breite des Satzspiegels an. Verschieben Sie ihn so weit nach oben und verkleinern Sie ihn gegebenenfalls so weit in der Höhe, dass er zwischen dem oberen Seitenrand und der obersten Hilfslinie steht. Der Textrahmen für die Abbildung 3.61 ist gut 6 mm hoch. Dieser Textrahmen soll als Kapitelkennung auf allen Seiten einer Broschüre erscheinen.

Schreiben Sie nun »Kapitel« in den Textrahmen. Weisen Sie dem Text folgende Schriftattribute zu: »Myriad Pro«, »Bold Condensed«, 12 Pt, Großbuchstaben, Laufweite 500, linksbündig ausrichten.

VERSALIEN

Schreiben Sie Texte, auch wenn sie letztlich als Versalien formatiert werden, immer im gemischten Satz (mit Groß- und Kleinbuchstaben). Das erspart Ihnen später die Korrektur, weil InDesigns Rechtschreibprüfung den tatsächlich eingegebenen Text und nicht die formatierte Version überprüft.

2 Die Fläche als Absatzschattierung anlegen

Während sich der Cursor noch im Text befindet, rufen Sie nun aus dem Absatz-Bedienfeld das Dialogfeld Absatzrahmen und -Schattierung auf:

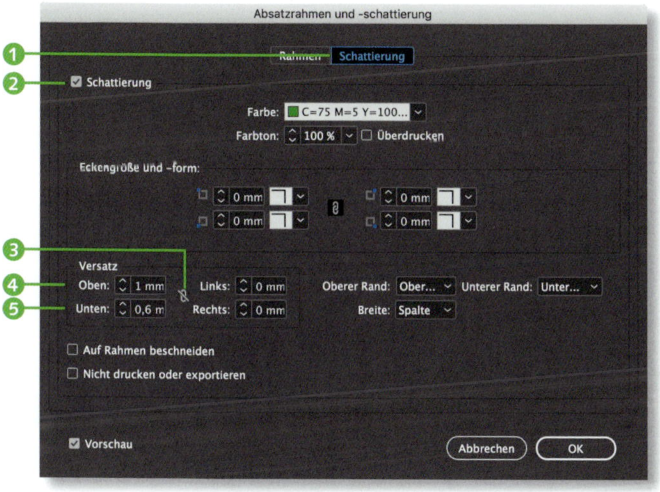

◂ **Abbildung 3.62**
Der Versatz regelt die Größe der Farbfläche bezogen auf den Text.

Hier wählen Sie zunächst den Bereich Schattierung ❶ und aktivieren die Option Schattierung ❷. Wählen Sie als Farbe das voreingestellte Grün. Öffnen Sie durch einen Klick das Ketten-Symbol ❸ im Bereich Versatz, damit Sie hier verschiedene Werte eingeben können. Durch einen Versatz von Oben »1 mm« ❹ und Unten »0,6 mm« ❺ steht der Text jetzt etwas »luftiger« auf dem Grün. Bestätigen Sie Ihre Eingaben mit OK.

3 Schriftfarbe ändern

Um die Schrift weiß aussehen zu lassen, markieren Sie das ganze Wort. Rufen Sie über Fenster • Farbe • Farbfelder das entsprechende Bedienfeld auf, und wählen Sie als Flächenfarbe [Papier].

◂ **Abbildung 3.63**
Da Weiß im Druck durch das Aussparen von Farbe entsteht, finden Sie hier das Farbfeld [Papier] statt Weiß.

Durch das Papierweiß ist die Schrift jetzt besser lesbar, das Zwischenergebnis sieht so aus:

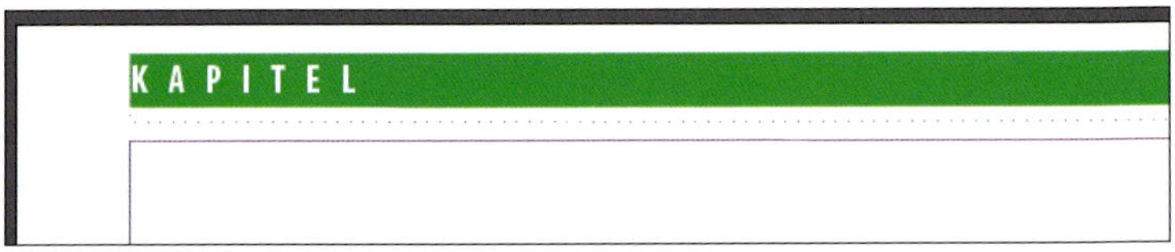

Abbildung 3.64 ▸
Die Größe und die Position der grünen Fläche sind in Ordnung, nur klemmt »Kapitel« noch am linken Rand.

4 Absatzeinzug einfügen

Damit der Text von der linken Rahmenkante abrückt, fügen Sie vor dem Wort »Kapitel« einen Einzug ein. Das erledigen Sie, indem Sie im Bedienfeld Absatz bei Einzug links einen passenden Wert eingeben. Klicken Sie also mit dem Textwerkzeug in den Text, und geben Sie als Einzug »2 mm« ein.

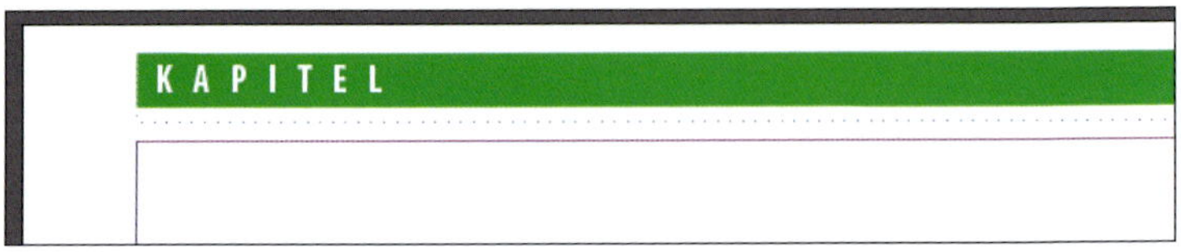

Abbildung 3.65 ▸
Die Option Einzug links rückt den Text nach rechts.

5 Textrahmen kopieren

Wenn Sie nun den gleichen Textrahmen auch oben auf der rechten Musterseite stehen haben möchten, ist das ebenfalls mit wenigen Mausklicks erledigt. Aktivieren Sie hierfür das Auswahlwerkzeug, und klicken Sie damit auf den eben erstellten Rahmen. Drücken Sie nun auf der Tastatur die [alt]+[⇧]-Tasten, und ziehen Sie dann den Rahmen nach rechts auf die gegenüberliegende Seite der Mustervorlage. Die [⇧]-Taste schränkt die Bewegung auf die Horizontale bzw. Vertikale und das dazwischenliegende Vielfache von 45° ein, die [alt]-Taste sorgt für das Kopieren des Objekts.

Die Tastenkombination [alt]+[⇧] sollten Sie sich bald merken. Denn meistens möchte man eine Kopie eines bereits erstellten Objekts erstellen, die einen gestalterischen Bezug zum Ursprungsobjekt hat. In diesem Beispiel ist der Bezug durch horizontale Ausrichtung gegeben. Genauso möchten Sie sicher auch Objekte vertikal wiederholen. Dadurch, dass die [⇧]-Taste Ihre Mausbewegungsrichtung einschränkt, erreichen Sie genau das. Beim Anwenden der Menübefehle Kopieren und Einsetzen müssen Sie im Gegensatz hierzu immer nachjustieren.

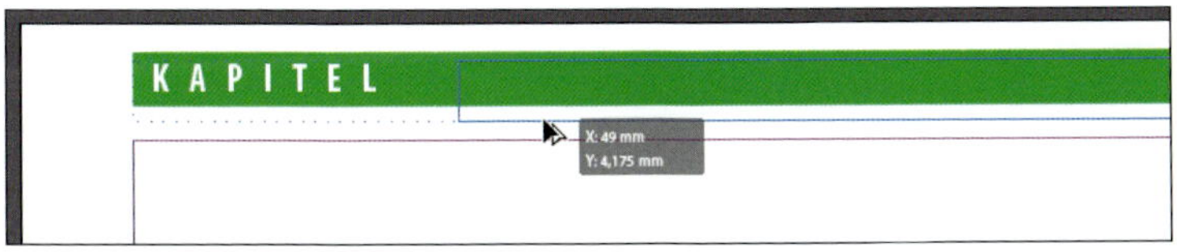

◂ **Abbildung 3.66**
Einfacher geht es nicht: Kopieren Sie durch Ziehen.

6 Absatzeinzug einfügen

Wenn »Kapitel« auf der rechten Musterseite vom Bund aus gesehen auch außen, also ganz rechts, stehen soll, brauchen Sie hier den Absatz im ABSATZ-Bedienfeld nur mit RECHTSBÜNDIG AUSRICHTEN zu formatieren und als rechten Einzug denselben Wert wie in Schritt 4 einzugeben. Dadurch erhalten Sie die gewünschte symmetrische Gestaltung.

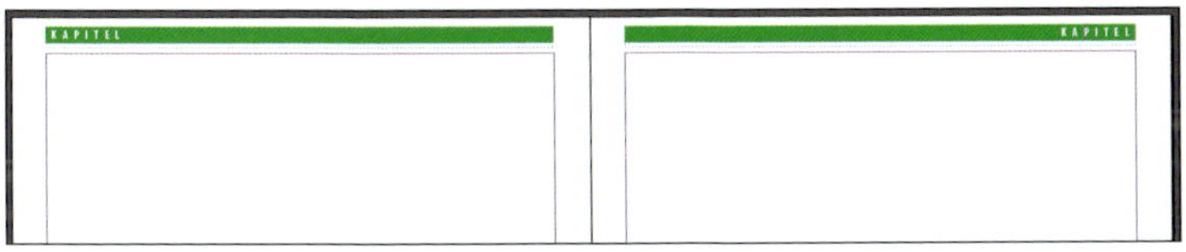

◂ **Abbildung 3.67**
Auf beiden Musterseiten ist die Rubrikkennung erstellt.

Aufzählungszeichen und Nummerierung

Im STEUERUNG- und EIGENSCHAFTEN-Bedienfeld und im Bedienfeldmenü des ABSATZ-Bedienfelds finden Sie unterhalb des Bereichs ABSATZ den Bereich AUFZÄHLUNGSZEICHEN UND NUMMERIERUNG. Mit den beiden Buttons können Sie normale Absätze in Listen umwandeln. Klicken Sie dafür einfach auf einen der beiden Buttons LISTE MIT AUFZÄHLUNGSZEICHEN ❶ oder NUMMERIERTE LISTE ❷.

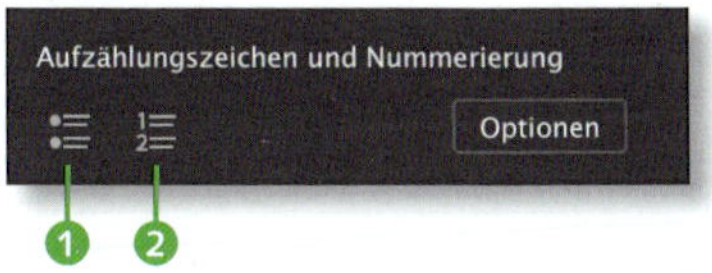

◂ **Abbildung 3.68**
Mit diesen Buttons erstellen Sie Listen per Klick.

Sie können den Listentyp später auch beliebig ändern oder die Zuweisung zu einer Liste komplett rückgängig machen. Zum Ändern des Listentyps genügt ein Klick auf den jeweils anderen der beiden Buttons, um einen Absatz wieder zu einem regulären Absatz ohne Liste zu machen, deaktivieren Sie den jeweiligen Button.

Aufzählung

Sehen wir uns zunächst die recht umfangreichen Einstellungsmöglichkeiten für eine Liste vom Typ AUFZÄHLUNGSZEICHEN an. Die meisten der Optionen, die beim Listentyp AUFZÄHLUNGSZEICHEN ❶ modifizierbar sind, finden Sie ebenso beim Listentyp ZAHLEN. Im folgenden Screenshot sehen Sie die Einstellungen für die zweite der beiden Listenebenen, die Sie im Kasten links sehen.

- **Texteingabe**
- **Textrahmen**
  - Textverkettungen und ihr Handling
  - Textrahmen löschen
  - Textrahmenoptionen
- **Musterseiten**
- **Zeichen**
  - Zeichenattribute

▲ **Abbildung 3.69**
Inhaltsebenen werden hier durch verschiedene Schnitte, Einrückungen und Aufzählungszeichen verdeutlicht.

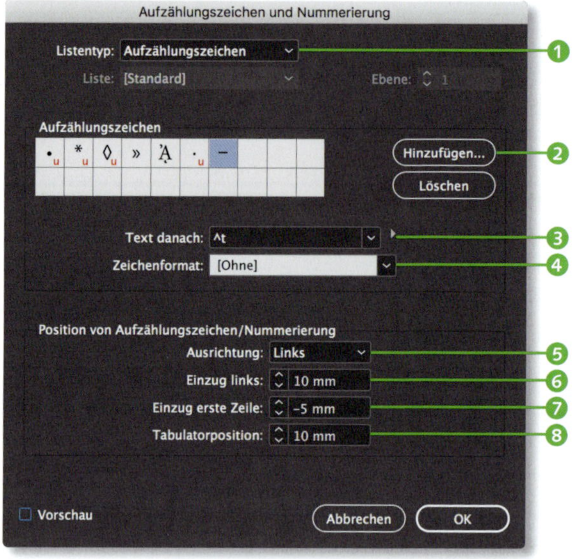

Abbildung 3.70 ▶
Ein Absatz, der mit einem Klick als Liste definiert wurde, lässt sich weiter präzise modifizieren.

- **Aufzählungszeichen:** Hier werden Ihnen alternative Zeichen für die Auflistung angeboten, die Sie mit einem einfachen Klick auswählen können. Mit dem Befehl HINZUFÜGEN ❷ können Sie hier auch weitere Zeichen einfügen, falls Sie andere Aufzählungszeichen verwenden möchten. Zeichen, die mit einem roten »u« gekennzeichnet sind, werden in der Schrift des Listentextes dargestellt. Das »u« steht für Unicode und verweist beispielsweise auf das Sternchen oder die Raute: Das sind Zeichen, bei denen Sie ziemlich sicher sein können, dass es sie auch in anderen Fonts gibt. Die anderen Zeichen ohne »u« wurden von InDesign mit einem Hinweis auf die Schrift hier eingefügt und kommen so nicht unbedingt in jeder Schrift vor. Falls Sie ein solches Zeichen verwenden möchten und Sie ändern dann später den Listenfont, kann es zu Problemen kommen, und Ihr zuvor gewähltes Aufzählungszeichen wird nur noch als rosa Quadrat angezeigt. Behalten Sie dieses kleine Detail also ein wenig im Auge.

- **Text danach:** In diesem Eingabefeld ❸ können Sie ein Steuerzeichen wie einen Tabulator festlegen, das den Abstand zwischen Aufzählungszeichen und dem eigentlichen Listentext definiert. Ein Klick auf den rechts stehenden Pfeil öffnet ein Menü, in dem die möglichen Zeichen hinterlegt sind. Im Beispiel sehen Sie hier `^t`, das Steuerzeichen für Tabulator. Im Menü wird es mit *Tabstopp* bezeichnet und sollte bei Listen unbedingt eingesetzt werden, weil es die Ausrichtung Ihrer Listen vereinfacht. Weiter unten, unter TABULATORPOSITION ❽, können Sie nämlich direkt den Stand des hier vergebenen Tabstopps definieren.
- **Zeichenformat:** Soll das Aufzählungszeichen unabhängig vom Listentext etwa mit einer anderen Farbe, einer anderen Schriftgröße oder einer anderen Schrift formatiert werden, können Sie dies mit dem entsprechenden ZEICHENFORMAT ❹ umsetzen. Sie können hier aus den im Dokument erstellten Zeichenformaten wählen oder direkt ein neues erstellen (mehr zu den Zeichenformaten in Abschnitt 3.6).
- **Ausrichtung:** Der voreingestellte Wert LINKS ❺ dürfte in fast allen Fällen die gewünschte Positionierung des Aufzählungszeichens sein: Er definiert, wie das Aufzählungszeichen an der Position, die sich aus den beiden folgenden Optionen EINZUG LINKS und EINZUG ERSTE ZEILE ergibt, ausgerichtet wird. Es stehen im Pulldown-Menü ebenso ZENTRIERT und RECHTS zur Verfügung.
- **Einzug links:** Um den hier eingetragenen Wert ❻ wird der gesamte Absatz samt dem Aufzählungszeichen von der linken Satzkante nach rechts gerückt.
- **Einzug erste Zeile:** Wenn die Aufzählungszeichen wie im Beispiel vor dem Text stehen sollen, wird die erste Zeile um den gewünschten Betrag ❼ wieder nach links verschoben. Dafür wird einfach ein negativer Einzug angegeben.
- **Tabulatorposition:** Diese Angabe ❽ regelt den Abstand zwischen dem Aufzählungszeichen und dem folgenden Text. Dafür muss bei TEXT DANACH auch ein Tabulator als Steuerzeichen definiert sein. Stehen wie im Beispiel bei EINZUG LINKS und TABULATORPOSITION dieselben Werte, stehen die Textzeilen auch bei mehrzeiligen Absätzen genau untereinander.

Ausgegraute Optionen

Das Pulldown-Menü LISTE wird erst beim Listentyp NUMMERIERUNG interessant, beim Listentyp AUFZÄHLUNGSZEICHEN ist es ausgegraut. Mit EBENE können Sie die Hierarchieebene des markierten Absatzes wählen. Das ist bei sogenannten Konturlisten (siehe Kasten oben) sinnvoll.

1. **Texteingabe**
2. **Textrahmen**
   2.1. Textverkettungen und ihr Handling
   2.2. Textrahmen löschen
   2.3. Textrahmenoptionen
3. **Musterseiten**
4. **Zeichen**
   4.1. Zeichenattribute

▲ Abbildung 3.71
Die Nummerierung der ersten Ebenen wird fortgeführt, die zweite beginnt mit jedem Oberpunkt neu.

Nummerierung

Wenn Sie statt AUFZÄHLUNGSZEICHEN als Listentyp NUMMERIERUNG wählen, sind im Bedienfeld AUFZÄHLUNGSZEICHEN UND NUMMERIERUNG einige Optionen mehr aktivierbar, da z. B. definiert werden muss, wie InDesign bei Listen die einzelnen Absätze durchnummerieren soll. Zum Einstieg sehen Sie sich den folgenden Screenshot an, der die Einstellungen für die zweite Ebene der Liste in Abbildung 3.71 wiedergibt.

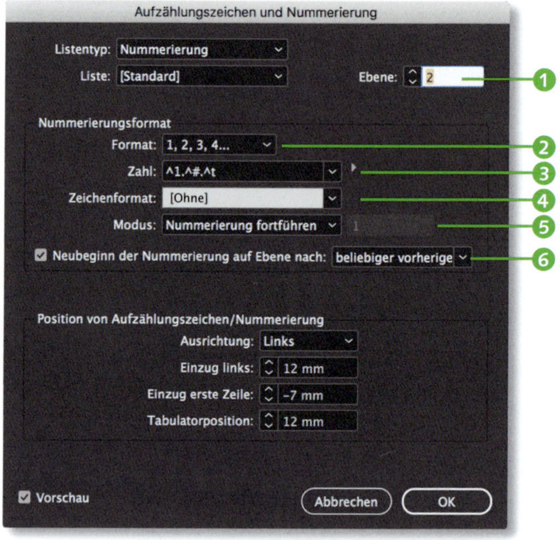

Abbildung 3.72 ▶
Listen sind zwar mit einem Klick erstellt, die genauere Steuerung ist allerdings weniger intuitiv.

- **Ebene:** An dieser Stelle ❶ definieren Sie, zu welcher Hierarchieebene der gewählte Absatz innerhalb der Liste gehört.
- **Format:** Bestimmen Sie die Art der Nummerierung (Ziffern mit oder ohne führende Null[en], römische Ziffern in Groß- oder Kleinschreibung etc.) mit Hilfe des Pulldown-Menüs ❷.
- **Zahl:** Hier ❸ definieren Sie, ob InDesign z. B. nur die aktuelle Ebene vor den eigentlichen Listentext stellen soll oder ob auch die übergeordneten Ebenen miteinbezogen werden sollen (wie etwa bei »2.1«).
- **Zeichenformat:** Wie bei den Aufzählungszeichen können Sie aus den im Dokument angelegten Zeichenformaten wählen oder direkt ein neues definieren. Das hier gewählte ZEICHENFORMAT ❹ formatiert das Aufzählungszeichen selbst.
- **Modus:** Soll die Liste nach einer Unterbrechung weitergeführt werden oder mit einer bestimmten Zahl beginnen, wird dies an

dieser Stelle ⑤ angegeben. Ersteres bietet sich z. B. bei nummerierten Überschriften an.

- **Neubeginn der Nummerierung auf Ebene nach:** Eine Aktivierung dieser Checkbox ⑥ steuert die Zählweise, wie die Listenpunkte nummeriert werden. Die Option wird automatisch aktiviert, sobald Sie unter EBENE eine größere Zahl als »1« gewählt haben. Dann liegt eine verschachtelte Liste vor, bei der Sie dann die einzelnen Ebenen individuell in der Nummerierung und der Darstellung anpassen können. Im Beispiel in Abbildung 3.71 erkennen Sie am Punkt 4.1., dass die Listenpunkte der zweiten Ebene erwartungsgemäß wieder bei »1« beginnen. Ansonsten stünde hier »4.4.« als Fortführung der drei Unterpunkte von »2. Textrahmen«. Sie sehen, dass gerade bei Listen des Typs AUFZÄHLUNGSZEICHEN eine ganze Reihe Maßnahmen ineinandergreifen. Um dieses Zusammenspiel besser verstehen zu können, werden Sie gleich anhand zweier Listen die diversen Faktoren, die die Darstellung von Listen beeinflussen, noch näher kennenlernen.

Listen mit 2. Ebene

Listen mit zwei und mehr inhaltlichen Ebenen werden auch als Konturlisten bezeichnet. Die ineinander verschachtelte Hierarchie wird dabei meist durch Einrückungen kenntlich gemacht: Es bildet sich dann links eine Kontur, an der die inhaltlichen Bezüge ablesbar sind. Im Beispiel in Abbildung 3.73 habe ich neben den Einzügen auch noch verschiedene Schnitte und unterschiedliche Aufzählungszeichen zur Visualisierung der inhaltlichen Zusammenhänge eingesetzt.

Schritt für Schritt
Eine Liste mit zwei Ebenen mit Aufzählungszeichen formatieren

Um Sie mit der Praxis der Listenformatierung vertraut zu machen, können Sie folgende Schritt-für-Schritt-Anleitung nachvollziehen. Ziel ist die Liste in Abbildung 3.73, bei der die beiden Textebenen durch verschiedene Aufzählungszeichen und individuelle Einrückungen kenntlich gemacht sind. Die Aufzählungszeichen der zweiten Ebene stehen bündig mit den Texten der ersten Ebene.

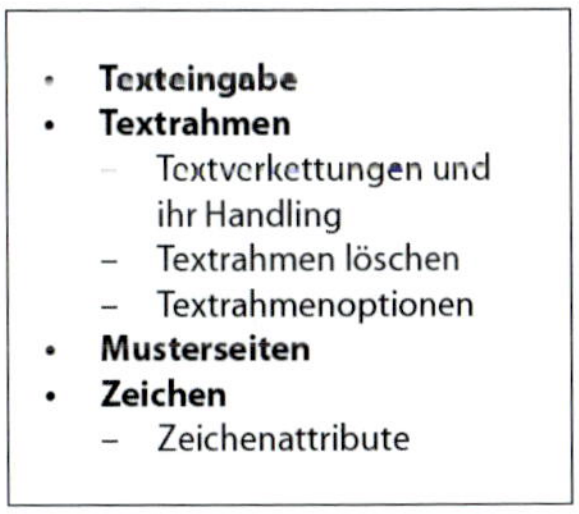

- **Texteingabe**
- **Textrahmen**
  - Textverkettungen und ihr Handling
  - Textrahmen löschen
  - Textrahmenoptionen
- **Musterseiten**
- **Zeichen**
  - Zeichenattribute

▲ **Abbildung 3.73**
So soll die Liste am Ende des Workshops aussehen.

1 Grundlegende Formatierung festlegen

Platzieren Sie in einem beliebigen Dokument die Datei »liste.doc« in einen neuen Textrahmen. Lassen Sie sich beim Platzieren die Importoptionen (siehe Abschnitt 3.7, »Importoptionen für Text«) anzeigen, und markieren Sie die Option FORMATE UND FORMATIERUNG IN TEXT UND TABELLEN BEIBEHALTEN. Nachdem die Datei platziert wurde, sieht Ihr Dokument in etwa wie in Abbildung 3.74 aus.

Diese Datei finden Sie in den Beispielen unter dem Namen »liste.doc«.

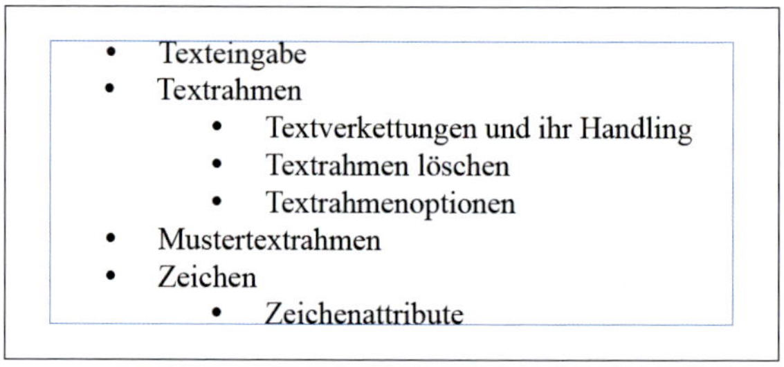

Abbildung 3.74 ▶
Nach dem Import in InDesign

2 Den Text der ersten Ebene formatieren

Markieren Sie den gesamten Text, und formatieren Sie ihn nach Ihren Vorstellungen. Ich verwende hier die Myriad Pro Bold in 9/11 Pt (bei solchen paarweisen Schriftangaben mit der Einheit Punkt bezeichnet die erste Zahl die Schriftgröße und die zweite den Zeilenabstand).

Anschließend formatieren Sie die Listentexte der zweiten Ebene mit Regular. Eine Möglichkeit dafür ist das Pipette-Werkzeug : Nachdem Sie die erste Zeile formatiert haben, klicken Sie mit dem Pipette-Werkzeug in diese Zeile. Achten Sie bei der Aufnahme von Formatierungen mit Hilfe der Pipette darauf, dass kein Rahmen markiert ist. InDesign überträgt sonst sofort die kopierten Formate auf den aktiven Rahmen. Mit der jetzt gefüllten Pipette markieren Sie die verbleibenden Texte der zweiten Ebene und übertragen hierdurch die zuvor aufgenommene Textformatierung auf den entsprechenden Textbereich:

Werkzeugwahl

Falls Sie in der Toolbox nicht die Pipette , sondern das Werkzeug Farbeinstellung sehen, klappen Sie es mit einem Mausklick auf und wählen dann die Pipette.

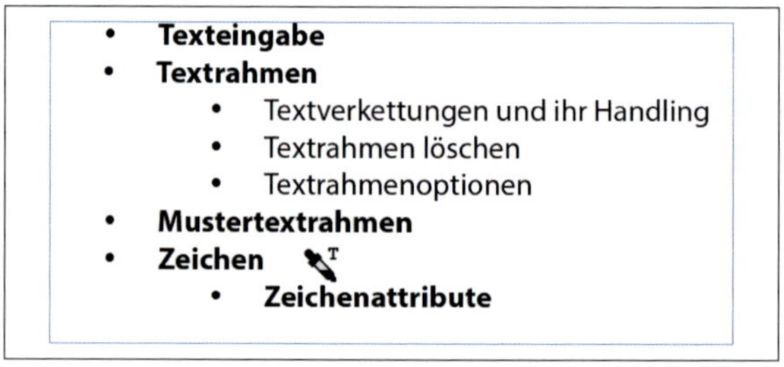

Abbildung 3.75 ▶
Mit der Pipette können Sie sehr schnell Formatierungen übertragen.

3 Erste Ebene formatieren

Positionieren Sie den Textcursor im ersten Listeneintrag »Texteingabe«. Rufen Sie nun das Dialogfeld Aufzählungszeichen und Nummerierung im Absatz-Bedienfeldmenü auf. Hier rücken Sie die Liste durch die Eingabe von »0 mm« für Einzug erste Zeile ❷ und Einzug links ❶ an den linken Textrahmenrand. Halten Sie dabei diese Reihenfolge ein, Sie bekommen sonst aufgrund der voreingestellten Werte eine Fehlermeldung. Bei TABULATORPOSITION ❸ geben Sie »5 mm« ein.

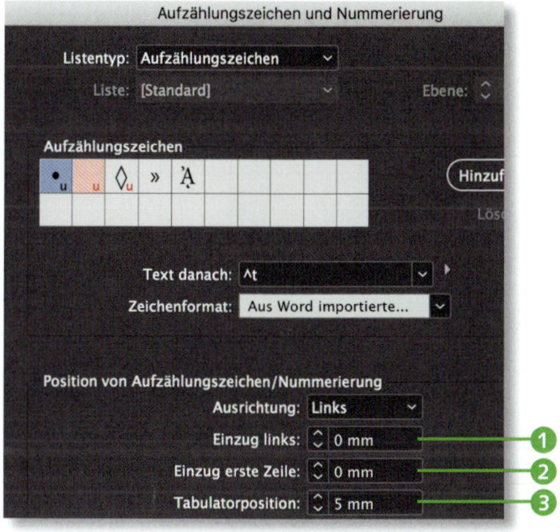

◂ **Abbildung 3.76**
Die Auswahl der als Aufzählungszeichen zur Verfügung stehenden Zeichen können Sie selbst erweitern.

Die vorgenommenen Einstellungen übertragen Sie wieder mit der Pipette auf die anderen Zeilen der ersten Listenebene.

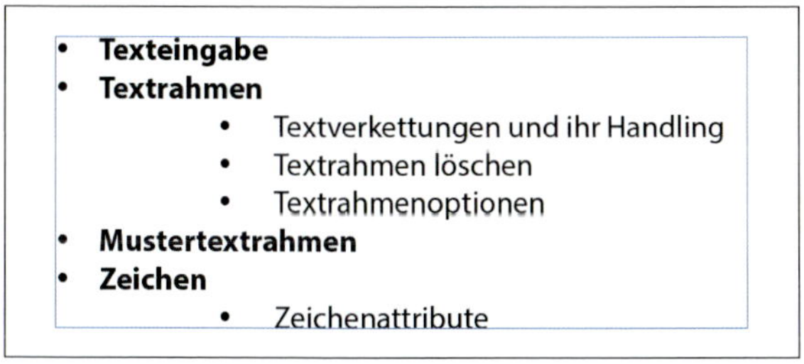

◂ **Abbildung 3.77**
Die Schriftformatierungen stimmen, die Aufzählungszeichen und Einzüge müssen noch optimiert werden.

4 Zweite Ebene formatieren

Als Aufzählungszeichen der zweiten Ebene sollen Halbgeviertstriche dienen, und diese sollen exakt unter den Texten der ersten Ebene positioniert werden. Die bisherigen Einzüge sind aufgrund der voreingestellten Werte in InDesign übertrieben groß. Markieren Sie die drei Unterpunkte von »Textrahmen«, und rufen Sie wieder das Dialogfeld AUFZÄHLUNGSZEICHEN UND NUMMERIERUNG auf. Obwohl dieses Dialogfeld im oberen Bereich die Option EBENE anbietet, ist dies beim Listentyp AUFZÄHLUNGSZEICHEN ausgegraut. Diese Option kommt aber im nächsten Workshop bei der Anlage und Formatierung von nummerierten Listen zum Einsatz.

Mit den folgenden Werten bei POSITION UND AUFZÄHLUNGSZEICHEN/NUMMERIERUNG korrigieren wir die großen Einzüge:

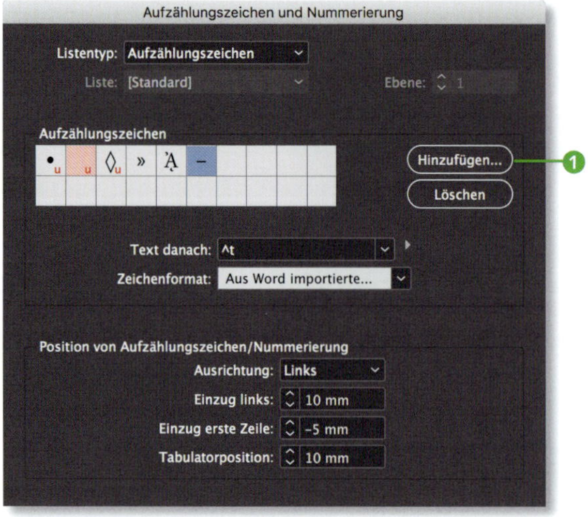

Abbildung 3.78 ▸
Die zweite Ebene erhält einen Halbgeviertstrich (Spiegelstrich) als Aufzählungszeichen.

Zeichen suchen

Wenn Sie auf den HINZUFÜGEN-Button drücken, sehen Sie den kompletten Zeichensatz der gewählten Schrift. Beim Überfahren der Glyphen werden Ihnen per QuickInfo u. a. die Namen eingeblendet. Der Halbgeviertstrich heißt dort *En-Dash*.

Fügen Sie den Halbgeviertstrich den Aufzählungszeichen einfach über den Button HINZUFÜGEN (1) hinzu. Die Übertragung der Formatierung machen Sie wie eben mit dem Pipette-Werkzeug. Fertig!

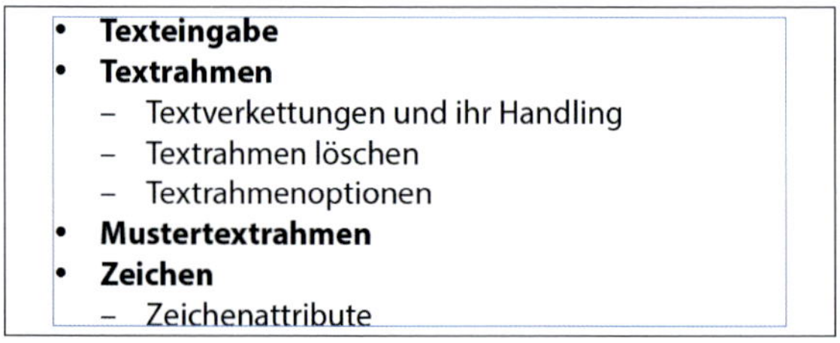

Abbildung 3.79 ▸
Die beiden Listenebenen heben sich deutlich voneinander ab und sind sauber aneinander ausgerichtet.

Wenn Sie den Textrahmen so weit verschmälern, dass der Text neu umbrochen werden muss, ist das Ergebnis folgendes:

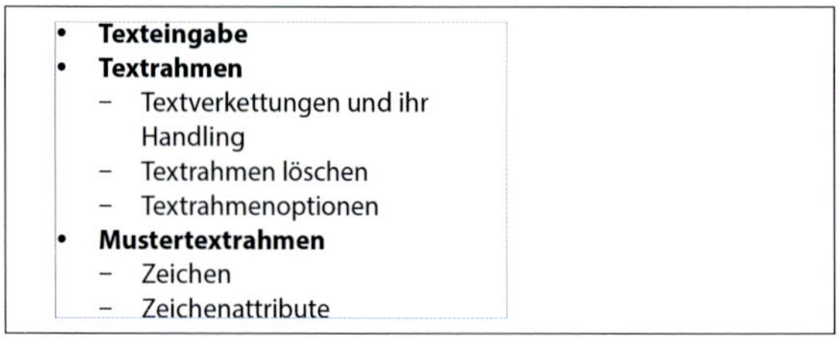

Abbildung 3.80 ▸
Auch bei mehr Text oder schmalerer Spalte wird der Text der zweiten Ebene korrekt eingezogen.

Schritt für Schritt

Eine Liste mit zwei Ebenen mit Zahlen formatieren

Dieser Workshop baut direkt auf dem vorangegangenen auf – Sie können aber auch »liste-nummer-anfang.indd« öffnen und damit weiterarbeiten. Zum besseren Verständnis des Themas »Listen« empfehle ich Ihnen aber, auch die vorige Schritt-für-Schritt-Anleitung durchzuarbeiten.

Diese Datei finden Sie in den Beispielen unter dem Namen »liste-nummer-anfang.indd«.

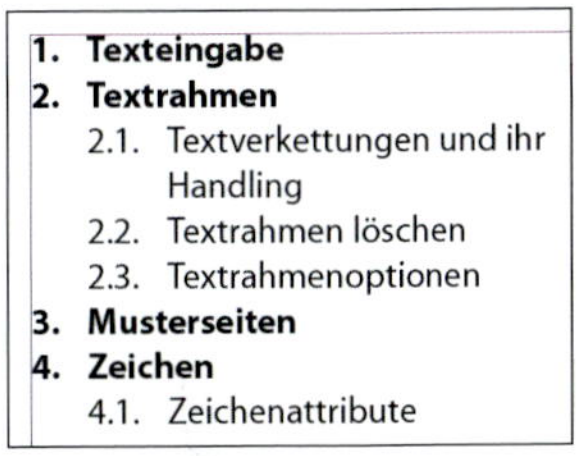
1. Texteingabe
2. Textrahmen
   2.1. Textverkettungen und ihr Handling
   2.2. Textrahmen löschen
   2.3. Textrahmenoptionen
3. Musterseiten
4. Zeichen
   4.1. Zeichenattribute

▲ **Abbildung 3.81**
So soll die Liste am Ende des Workshops aussehen.

1 Listentyp ändern

Markieren Sie die ersten beiden Punkte der ersten Ebene, und ändern Sie den Listentyp ② im Dialogfeld Aufzählungszeichen und Nummerierung in Nummerierung. InDesign tauscht hierdurch die Aufzählungszeichen in Ziffern. Alle anderen Einträge müssen nicht geändert werden.

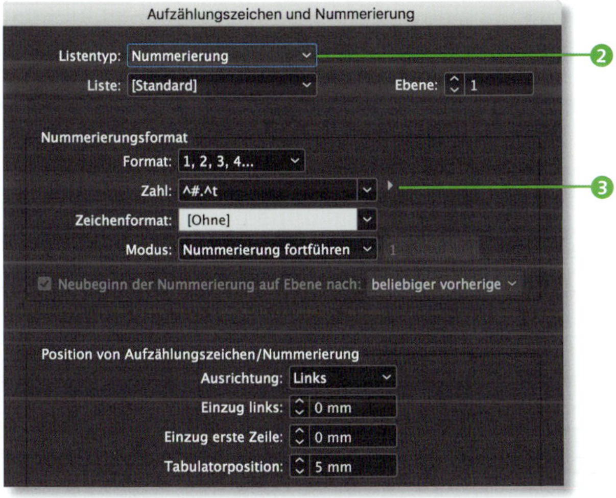

◄ **Abbildung 3.82**
Die Optionen beim Listentyp Nummerierung sind umfangreicher als bei Aufzählungszeichen.

Lassen Sie sich von den kryptischen Zeichen im Feld Zahl ③ nicht einschüchtern: Mit dem Caret-Zeichen (^) beginnen Steuerzeichen, die als Platzhalter und nicht als normale Buchstaben fungieren. Davon sind hier zwei automatisch eingetragen worden: ^# steht für eine Nummer, und ^t bezeichnet einen Tabulator. Den Punkt zwischen den Steuerzeichen sehen Sie im Layout genau wie hier angegeben: nach der Nummer und vor dem Tabulator, der den eigentlichen Text an die definierte Position von 5 mm nach rechts einrückt.

Sonderzeichen anwählen

Sonderzeichen und Zahlenplatzhalter finden Sie rechts neben dem Feld Zahl unter dem Pfeil.

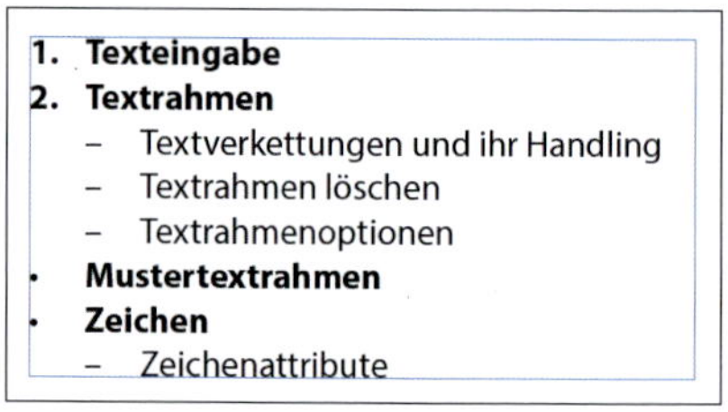

Abbildung 3.83 ▸
Die ersten beiden Listenpunkte hat InDesign schon nummeriert.

Mit dem Pipette-Werkzeug übertragen Sie die eben gemachten Einstellungen auf die anderen beiden Listeneinträge, die vorn noch Aufzählungszeichen stehen haben:

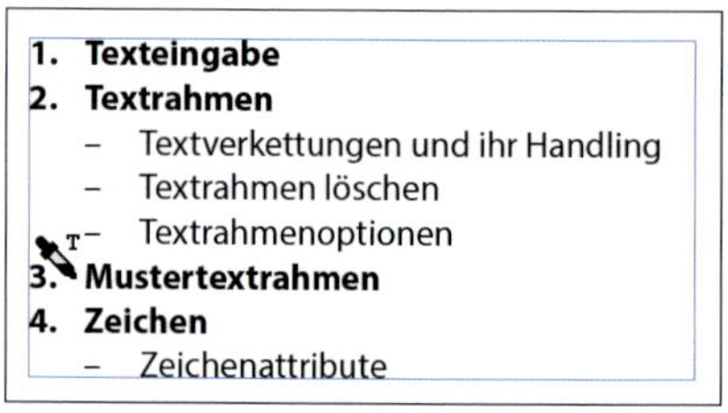

Abbildung 3.84 ▸
InDesign zählt auch über Unterbrechungen hinweg.

2 Zweite Ebene formatieren

Markieren Sie erst die drei Unterpunkte von »Textrahmen« mit dem Textwerkzeug. Wenn Sie nun wieder das Dialogfeld Aufzählungszeichen und Nummerierung öffnen und hier erneut den Listentyp auf Nummerierung ändern, sehen Sie bei aktivierter Vorschau ❸, dass jetzt alle Einträge durchnummeriert werden.

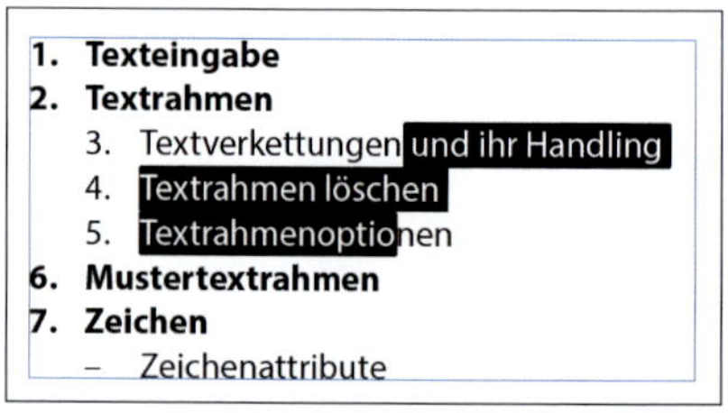

Abbildung 3.85 ▸
Noch nummeriert InDesign alle Einträge einfach durch.

Um die zweite Ebene unabhängig von der ersten nummerieren zu können, geben Sie bei Ebene ❶ eine »2« ein.

Damit nun noch der Nummerierung der zweiten Ebene die übergeordnete Ebene vorangestellt wird, positionieren Sie den Cursor vor das Caret-Zeichen am linken Rand des Eingabefeldes Zahl. Öffnen Sie nun mit einem Klick auf den kleinen Rechtspfeil ❷ das Untermenü. Dort wählen Sie Zahlenplatzhalter einfügen •

Ebene 1. Geben Sie anschließend noch einen Punkt ein, damit die Zahlen voneinander abgesetzt werden.

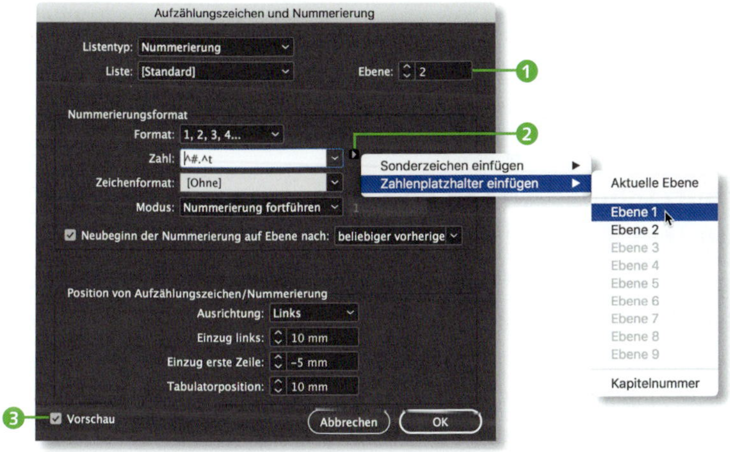

◀ **Abbildung 3.86**
Die Ziffern der zweiten Ebene werden per Ausklappmenü definiert.

Nach den vorigen Arbeitsschritten sollten im Feld Zahl nun die folgenden Zeichen stehen: `^1.^#.^t` , die die zweite Ebene unserer Auflistung jetzt so aussehen lassen:

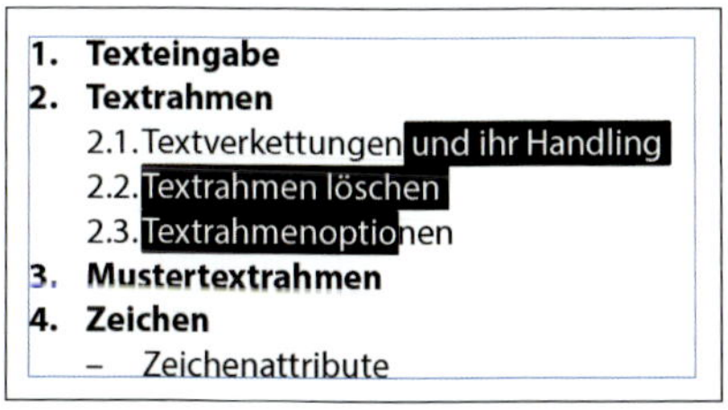

◀ **Abbildung 3.87**
Die zweite Ebene ist fertig nummeriert, aber der Text klemmt noch zu sehr an den Zahlen.

Durch die doppelten Ziffern reicht nun der Einzug links nicht mehr aus, ich habe ihn und die Tabulatorposition auf »12 mm« erhöht. Anschließend habe ich den Einzug erste Zeile auf »–7 mm« korrigiert und den Unterpunkt von Punkt 4 per Pipette mit derselben Formatierung versehen.

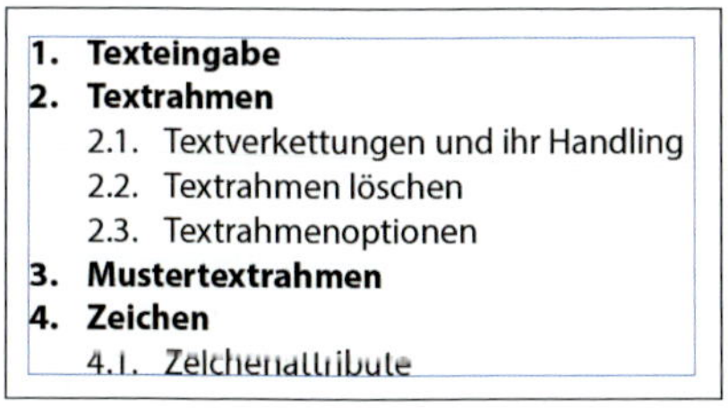

◀ **Abbildung 3.88**
Fertig: InDesign zählt und formatiert die zwei Ebenen unabhängig voneinander.

Tabulatoren löschen

Da in den vorigen Schritten schon bei 5 und 10 mm Tabulatoren eingefügt wurden, fragt InDesign bei der Eingabe eines höheren Wertes, ob die vorhandenen Tabulatoren tatsächlich gelöscht werden sollen.

Nummerierung neu beginnen/fortführen

Diese Option innerhalb des Menüs des Absatz-Bedienfeldes ist nur anwählbar, wenn Sie auch einen oder mehrere Absätze einer Liste des Typs Nummerierung markiert haben. Diese Option entspricht der unter Modus vorgenommenen Einstellung im Dialogfeld Aufzählungszeichen und Nummerierung.

Aufzählungszeichen und Nummerierung in Text konvertieren

Die in Listen definierten Aufzählungszeichen bzw. Nummerierungen liegen genau genommen nicht als Text vor. Zur Überprüfung können Sie einmal probieren, ein Aufzählungszeichen oder eine Ziffer einer Nummerierung zu markieren – es wird Ihnen nicht gelingen. Ebenso können Sie zum Test einen oder mehrere Absätze einer Liste markieren und dann den Textmodus über Bearbeiten • Im Textmodus bearbeiten aufrufen: Im Textmodus wird Ihnen der Text des aktiven Textabschnitts ohne jegliche Formatierungen angezeigt. Auch dabei wird offensichtlich, dass die Listenzeichen von InDesign intern verwaltet werden und nicht als tatsächlicher Text vorliegen.

Möchten Sie die Aufzählungszeichen oder die Nummerierung in tatsächlichen Text ändern, können Sie dies über diesen Befehl erledigen. Vielleicht benötigen Sie diese Funktion, weil eine Liste beim Kopieren oder beim Export für eine andere Anwendung ihre Formatierung verliert.

Listen definieren

▲ **Abbildung 3.89**
Fenster Aufzählungszeichen und Nummerierung

Die voreingestellte Liste [Standard], mit der wir bisher gearbeitet haben, ist für viele Zwecke absolut ausreichend. Allerdings ist diese Liste immer auf einen Textabschnitt beschränkt. Wenn Sie eine Liste benötigen, deren Zählung über verschiedene nicht verkettete Textrahmen (oder sogar über verschiedene Dokumente, die Sie über die Buchfunktion zusammenfügen) laufen soll, legen Sie hierfür einfach eine neue Liste an und verwenden diese.

Die Funktion zum Anlegen einer neuen Liste können Sie direkt im Fenster Aufzählungszeichen und Nummerierung 1 oder über den Befehl Listen definieren im Absatz-Bedienfeldmenü aufrufen. In folgender Abbildung sehen Sie links zwei nicht verkettete Textrahmen, die Nummerierung der Liste der ersten Ebene wird über die einzelnen Textrahmen fortgeführt. Rechts sehen Sie die Einstellungen für die erste Ebene mit der eigens angelegten Liste »kapitel« ❷.

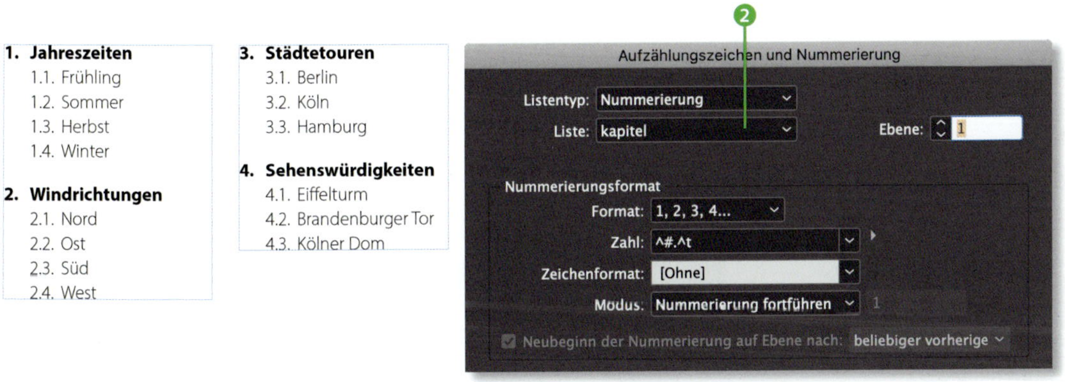

▼ **Abbildung 3.90**
Listen sind schnell definiert und eingesetzt.

Damit Listen über Textrahmen bzw. Dokumente hinweg gezählt werden, muss die Option Nummerierung über Textabschnitte hinweg fortführen ❸ der entsprechenden Liste aktiviert sein. Lassen Sie diese einfach beim Anlegen von Listen aktiviert. Den Status können Sie jederzeit über den Befehl Listen definieren im Absatz-Bedienfeldmenü überprüfen und gegebenenfalls ändern.

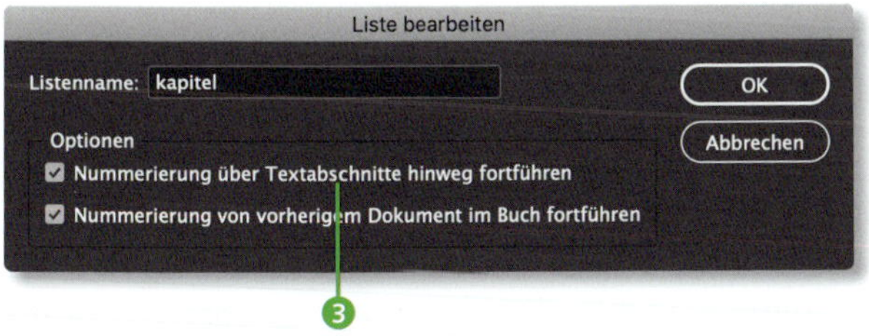

◀ **Abbildung 3.91**
Die Voreinstellungen für neu definierte Listen sind für die meisten Anforderungen in Ordnung.

3.5 Tabulatoren

Grundsätzlich dienen Tabulatoren dazu, Texte oder Zahlen an genau definierten Positionen auszurichten. Wenn Text ausgerichtet werden soll, sollten Sie wegen ihrer exakten Steuerbarkeit immer auf Tabulatoren und/oder Einzüge zurückgreifen. Leerzeichen sind für solche Aufgaben absolut ungeeignet, da sie in ihrer

Position nicht präzise definiert werden können. Im Folgenden lernen Sie, wie Sie diese Positionen selbst exakt Ihren Vorstellungen entsprechend festlegen können.

Das Bedienfeld TABULATOREN ist eines der wenigen, das Sie nicht im Menü FENSTER finden: Es wird über SCHRIFT • TABULATOREN oder [Strg]/[⌘]+[⇧]+[T] aufgerufen. Mit einem Klick auf den Magneten ❺ können Sie das Bedienfeld oben an dem zu bearbeitenden Textrahmen andocken. Dafür muss die obere Textrahmenkante in Ihrem Dokumentfenster zu sehen sein:

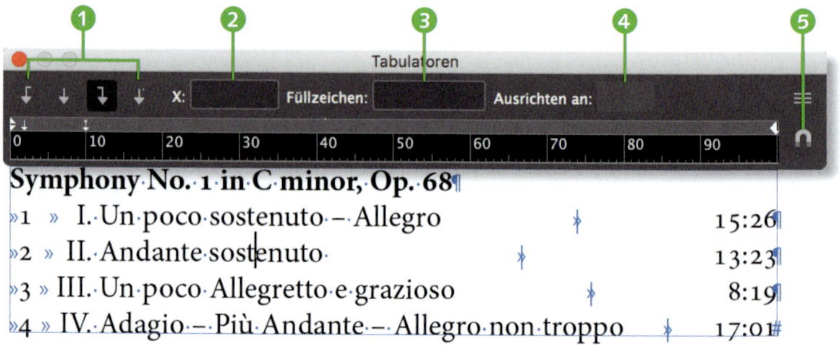

Abbildung 3.92 ▸
Texte können mit Tabulatoren präzise ausgerichtet werden.

Die Art des Tabulators wird mit diesen vier Buttons ❶ festgelegt: linksbündig, zentriert, rechtsbündig und dezimal. Die genauen Anwendungsfälle dieser Tabulatorarten schauen wir uns im Workshop im nächsten Abschnitt an.

Beachten Sie bei der Wahl des Tabulators, dass dieser die Positionierung von Text bestimmt, der *nach* dem Tabulator steht – das kann vor allem beim rechtsbündigen Tabulator verwirren, ist letztlich aber nur konsequent. Im Tabulatorlineal wird die Tabulatorart angezeigt, sie kann später auch wieder geändert werden.

Im Feld für die TABULATORPOSITION ❷ können Sie diese per Eingabe genau steuern. Sie können Tabulatoren auf dem Tabulatorlineal auch frei verschieben. Bei FÜLLZEICHEN ❸ können Sie beispielsweise einen Punkt eintippen, dieser wird dann bis zum folgenden Text von InDesign wiederholt (siehe Abbildung 3.93). Auch bei AUSRICHTEN AN ❹ können Sie ein Zeichen eingeben, z. B. ein Komma, wenn die Tabulatorart des aktiven Tabulators dezimal ist. Zahlen, die Kommas enthalten, werden dann automatisch daran ausgerichtet.

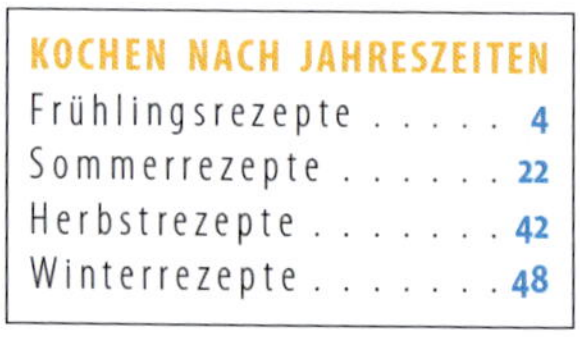

▴ Abbildung 3.93
Solche sauber ausgerichteten Punkte werden mit FÜLLZEICHEN realisiert.

Schritt für Schritt

Eine Aufzählung mit Tabulatoren ausrichten

In diesem Workshop können Sie die Schritte nachvollziehen, die zu einer Formatierung wie in Abbildung 3.92 führen.

1 Text platzieren und formatieren

Platzieren Sie »tabulatoren.doc« in ein Dokument, und weisen Sie dem Text die Minion Pro Regular in 11/13 Pt zu. Bei der Arbeit mit Tabulatoren sollten Sie sich die verborgenen Zeichen anzeigen lassen, als Bildschirmmodus wählen Sie NORMAL.

Diese Datei finden Sie in den Beispielen unter dem Namen »tabulatoren.doc«.

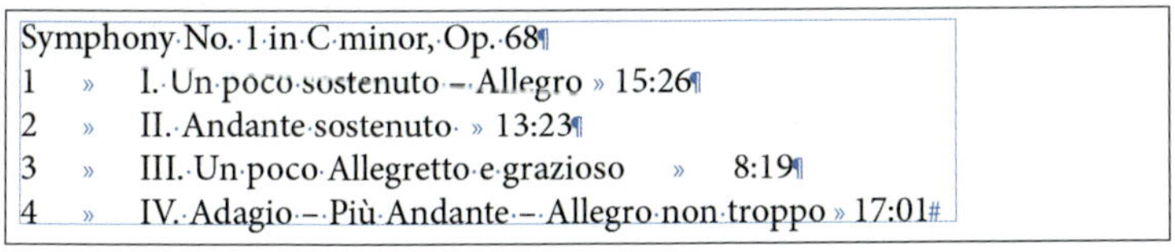

◂ **Abbildung 3.94**
Die Angaben zu symphonischer Musik sind jetzt in der Minion Pro gesetzt.

2 Weitere Tabulatoren einfügen

Damit die Titelnummern 1–4 unabhängig von der Rahmenkante positionierbar werden, fügen Sie vor den vier Ziffern je einen Tabulator durch Drücken der [⇥]-Taste ein. Markieren Sie nun die vier Tabulatoren, und rufen Sie das Bedienfeld TABULATOREN im Menü SCHRIFT auf. Um die Ziffern mittig übereinander auszurichten, klicken Sie den Button ZENTRIERTER TABULATOR ⑦ an. Klicken Sie dann auf die gewünschte Position im hellen Balken des Tabulatorlineals ⑥, oder geben Sie die gewünschte Position bei X ⑧ ein. Als Einheit wird hier die Einheit des horizontalen Lineals verwendet (siehe Abschnitt 8.1, »Lineale«). Sie können wie sonst auch in InDesign eine beliebige Einheit mit angeben. Diese wird von InDesign direkt in die Linealeinheit umgerechnet.

Verborgene Zeichen

Wenn Sie über SCHRIFT • VERBORGENE ZEICHEN EINBLENDEN aktivieren, haben Sie einen genauen Überblick über Anzahl und Art der Tabulatoren im Text.

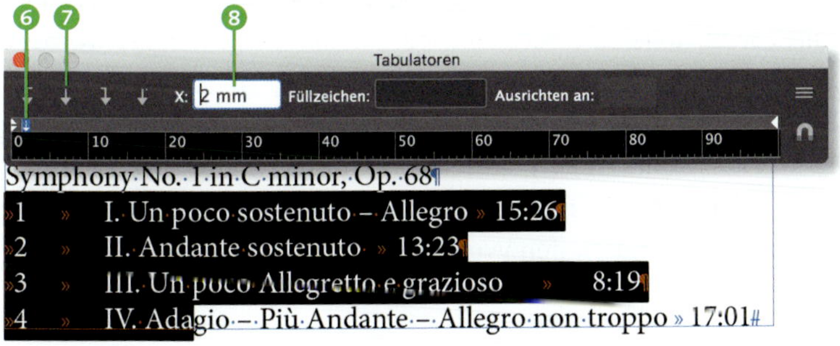

◂ **Abbildung 3.95**
Vor den Titelnummern habe ich zentrierte Tabulatoren eingefügt und ihre Position bei 2 mm definiert.

3 Dezimal-Tabulator setzen

Als Nächstes möchte ich die römischen Ziffern an den Punkten ausrichten. Hierfür setzen wir den Dezimal-Tabulator ein. Klicken Sie in den hellgrauen Balken oberhalb des Lineals, und definieren Sie den neuen Tabulator mit einem Klick auf den vierten Button ❶ als Dezimal-Tabulator. Um die Position genau festzulegen, geben Sie den gewünschten Wert, z. B. »10 mm«, bei X ❷ ein. Bei Ausrichten an ❸ geben Sie einen Punkt ein: Die Punkte nach den römischen Ziffern stehen exakt untereinander.

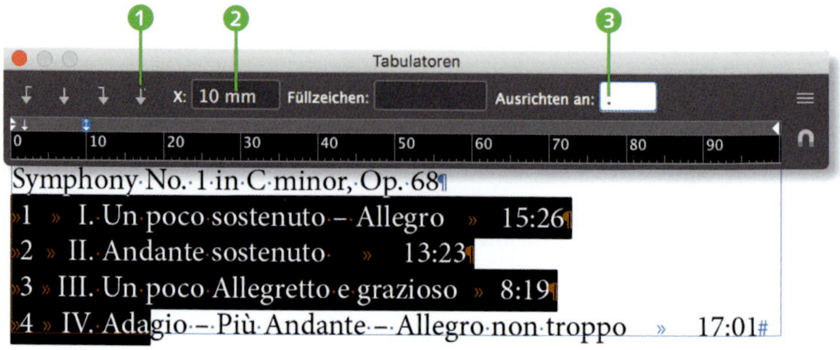

Abbildung 3.96 ▸
Vor den römischen Zahlen habe ich Dezimal-Tabulatoren eingefügt.

4 Die Zeitangaben nach rechts verschieben

Jetzt müssen wir nur noch die Zeitangaben der einzelnen Symphonie-Sätze an den rechten Rand schieben. Soll die Position rechts durch den Textrahmen definiert werden, ersetzen Sie die vier Tabulatorzeichen vor den Zeitangaben im Text durch Tabulator für rechte Ausrichtung. Dieses Zeichen finden Sie unter Schrift • Sonderzeichen einfügen • Andere • Tabulator für rechte Ausrichtung, oder Sie geben einfach ⇧+⇥ ein. Dadurch wird der folgende Text, in diesem Fall die Minuten- und Sekundenangaben der Musikstücke, an den rechten Rand des Textrahmens verschoben. Im Tabulatorlineal brauchen Sie hierfür keinen Tabulator zu setzen. Ein Tabulator für rechte Ausrichtung wird, wenn die verborgenen Zeichen eingeblendet werden, im Gegensatz zu einem normalen Tabulator als Doppelpfeil mit einer vertikalen Linie dargestellt ❹. Möchten Sie die Zeiten vom Rand abrücken, können Sie dies durch das Verschieben des weißen Dreiecks ❺ am rechten Rand des Tabulatorlineals erreichen. Sie ändern hierdurch den Wert für Einzug rechts. Dieser ist auch direkt im Bedienfeld Absatz ablesbar und kann dort ebenfalls numerisch definiert werden.

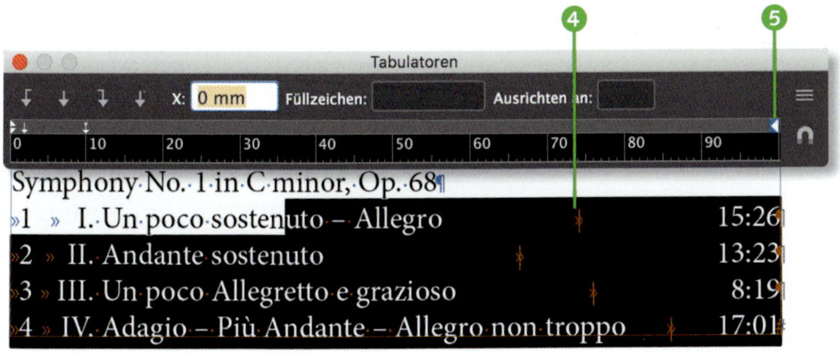

◂ **Abbildung 3.97**
Der Tabulator für rechte Ausrichtung kann über das weiße Dreieck im Tabulatorlineal positioniert werden.

5 Füllzeichen einfügen

Damit die jeweiligen Zeiten den einzelnen Symphonie-Sätzen besser zugeordnet werden können, ist der Einsatz von Füllzeichen wie z. B. Punkten empfehlenswert. Da nur Tabulatoren und keine rechten Einzüge mit Füllzeichen versehen werden können, müssen Sie zunächst noch linksbündige Tabulatoren an der Position des rechten Textrahmenrandes erstellen. Zunächst markieren Sie jedoch den Rahmen mit dem Auswahlwerkzeug und geben im Steuerung-Bedienfeld bei Breite »100 mm« ein.

Markieren Sie nun wieder die vier Zeilen, und erstellen Sie mit einem Klick in den hellen Bereich im Tabulatorlineal ungefähr am rechten Ende des Lineals einen Tabulator. Positionieren Sie den Tabulator nun mit der Eingabe von »100 mm« bei X 7 genau auf die Rahmenkante. Die Icons für den neuen Tabulator und den Tabulator rechts stehen dadurch an derselben Stelle 9. Weisen Sie dem Tabulator nun noch das Attribut Rechtsbündig per Klick auf den entsprechenden Button 6 zu. Nun können Sie einen Punkt in das Eingabefeld Füllzeichen 8 eingeben. InDesign erstellt exakt ausgerichtete Punktlinien zwischen Text und Zeitangaben. Damit die Punkte nicht zu eng aneinanderstehen, können Sie auch ein Leerzeichen im Feld Füllzeichen hinzufügen:

Zusätzliche Funktionen

Im Bedienfeldmenü finden Sie weitere Funktionen, mit denen sich z. B. Tabulatoren in gleichmäßigen Abständen wiederholen lassen.

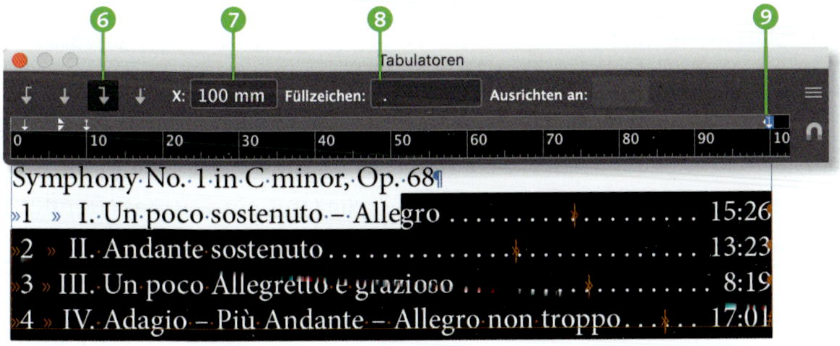

◂ **Abbildung 3.98**
Fertig: Die Füllzeichen stehen trotz unterschiedlich langer Zeitangaben sauber untereinander.

3.6 Formate

▲ **Abbildung 3.99**
InDesign stellt Ihnen fünf verschiedene, sehr mächtige Formatarten zur Verfügung.

Die Anlage und Verwendung von Formaten ist meiner Ansicht nach das mit Abstand wichtigste Thema bei der Arbeit mit InDesign. Insbesondere beim Gestalten von großen Informationsmengen verschaffen Sie sich enorme Vorteile durch den konsequenten Einsatz von Formaten. Mittels Formaten können Sie nämlich einfache bis sehr komplexe Gestaltungsvorlagen in einem Dokument hinterlegen, um diese dann an beliebig vielen Stellen anzuwenden. Der Einsatz von Formaten hat vor allem zwei immense Vorteile gegenüber dem wiederholten, händischen Formatieren einzelner Gestaltungselemente:

- Die Formatierung etwa eines Absatzes muss nur einmal vorgenommen werden. Dadurch können Sie sicher sein, dass alle Elemente, auf die Sie ein Format anwenden, auch tatsächlich gleich formatiert sind.
- Bei einer etwaigen Änderung einer Formatierung braucht diese nur ein Mal (nämlich am Format) vorgenommen zu werden und wird dann an alle Elemente durchgereicht, auf die das entsprechende Format im Vorfeld angewendet wurde.

▲ **Abbildung 3.100**
Bei einem neuen InDesign-Dokument wirken die diversen Formatfenster ziemlich unscheinbar.

InDesign bietet uns fünf verschiedene Formate an. Diese finden Sie im Fenster-Menü unter Formate (Abbildung 3.99). Neben den Zeichen- und Absatzformaten, die wir uns in diesem Abschnitt anschauen, können Sie noch Objektformate erstellen und zwei Formate, die Sie bei Tabellen einsetzen können: die Tabellen- und Zellenformate (siehe Abschnitt 5.6). Mit Objektformaten können Sie beispielsweise farbige Flächen erstellen oder wie in diesem Buch Bilder mit einem Effekt wie Schlagschatten versehen (siehe Abschnitt 9.4, »Objektformate«).

Die fünf Fenster für die verschiedenen Formate (Abbildung 3.100) sowie das Anlegen und Anwenden von neuen Formaten ähneln sich bzw. sind gleich. Um ein Format anzulegen, stehen Ihnen zwei verschiedene Vorgehensweisen zur Verfügung:

1. Sie formatieren erst ein entsprechendes Element (wie eine Auszeichnung) und erstellen darauf basierend ein Format. Für eine Auszeichnung wäre dies ein Zeichenformat.
2. Sie legen das gewünschte Format im entsprechenden Optionsfenster an, das Sie über den Befehl "Formatname" bearbeiten

im Kontextmenü aufrufen können. Dieser Weg bietet sich an, wenn Sie exakt wissen, wie das Ergebnis aussehen soll und wie Sie die hierfür nötigen Optionen einstellen. Die Optionsfenster der verschiedenen Formate sind teilweise sehr umfangreich, daher empfehle ich, zunächst dem ersten Ansatz zu folgen.

Beide Ansätze lassen sich auch beliebig kombinieren, denn egal, welchen Weg Sie anfangs einschlagen, häufig werden Sie, nachdem Sie ein Format erstellt haben, dieses in Details noch optimieren. Auch hierfür gibt es verschiedene Herangehensweisen, auf die ich später zurückkomme.

Zeichenformate

Mit Zeichenformaten können Sie Textpartien *innerhalb* von Absätzen formatieren. Eine typische Anforderung in Fließtexten sind die so genannten Auszeichnungen. Mit Auszeichnungen werden Textpassagen wie das Wort *innerhalb* im ersten Satz dieses Absatzes durch eine von der sonstigen Absatzformatierung unterschiedene Typografie abgehoben.

Der Einsatz eines Zeichenformats für eine Anforderung wie Auszeichnungen versetzt Sie in die Lage, unabhängig vom Umfang der zu setzenden Texte eine Gestaltungslösung zentral im Dokument zu definieren. Bei Bedarf können Sie bei konsequenter Anwendung des Zeichenformats dokumentweit Optimierungen daran vornehmen – etwa was die Laufweite betrifft.

Anlegen eines Zeichenformats

Für die meisten Situationen empfehle ich Ihnen, zunächst die Formatierung im Text vorzunehmen, um diese anschließend in einem Zeichenformat zu hinterlegen. In folgendem Beispiel sollen die Wörter »E-Bus« 2 und »E-Busse« 1 ausgezeichnet werden.

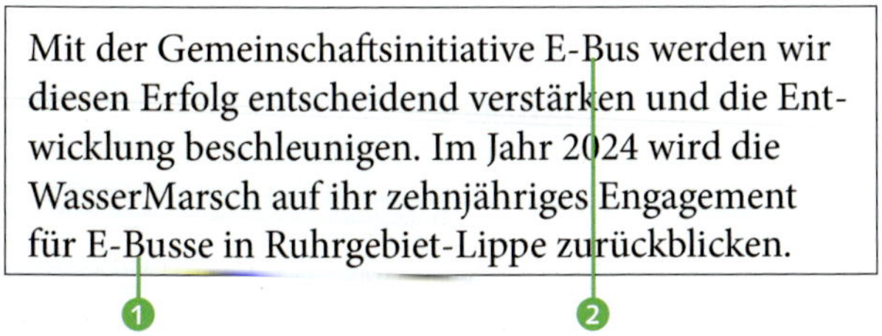

◂ **Abbildung 3.101**
Die Wörter »E-Bus« und »E-Busse« sollen vom Fließtext durch Auszeichnungen abgehoben werden.

Zunächst formatiere ich »E-Bus« als Großbuchstaben. Dafür markiere ich das Wort ❶ und aktiviere mit einem Klick auf den entsprechenden Button im Bereich ZEICHEN des EIGENSCHAFTEN-Bedienfeldes die Option GROSSBUCHSTABEN ❷. Damit ich diese und weitere Optionen sehe, habe ich vorher auf den Button WEITERE OPTIONEN ❸ geklickt.

Abbildung 3.102 ▸ Ein Wort ist schnell umformatiert, etwa als Großbuchstaben.

Formate ab zwei Anwendungen

Bei Formatierungen, die in kleinen Projekten nur zweimal vorkommen, lege ich keine Formate an. Bei mehr als zwei Anwendungen erstelle ich auf alle Fälle Zeichen-, Absatz-, Objektformate etc.

Um diese Formatierung nun auf Wörter wie »E-Busse« und »E-Bus-Initiative« zu übertragen, könnte ich die Pipette verwenden (dazu komme ich gleich noch). Allerdings: Noch habe ich kein Zeichenformat angelegt, und die übertragenen Formatierungen müsste ich im Nachhinein jede für sich händisch ändern. Das ist bei zwei, drei Textstellen natürlich machbar, aber für längere Texte, in denen Auszeichnungen oder andere gleichartige Formatierungen viele Male vorkommen, ist die Anlage von entsprechenden Formaten angezeigt.

Für die Anlage eines Zeichenformates rufe ich das ZEICHENFORMATE-Bedienfeld über FENSTER • FORMATE auf. Mit einem Klick auf den Button NEUES FORMAT ERSTELLEN ❻ wird die Formatierung des markierten Textes in ein Zeichenformat ❹ geschrieben.

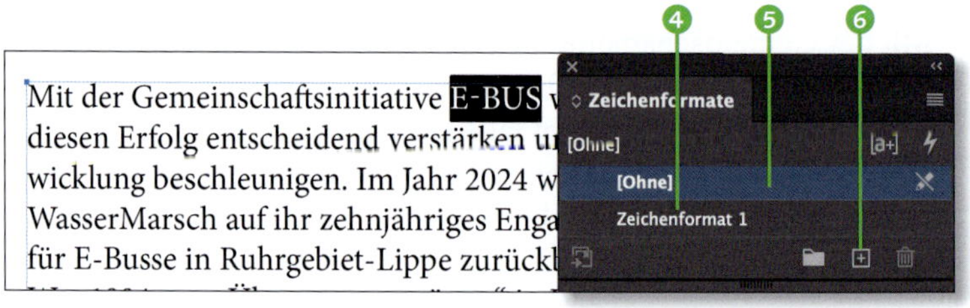

Abbildung 3.103 ▸ Formatierungen werden unabhängig von ihrer Komplexität mit einem Klick in einem neuen Format hinterlegt.

Dem Wort »E-BUS« ist das neue Zeichenformat noch nicht zugewiesen worden: Das erkennen Sie an der Markierung des voreingestellten Zeichenformates [Ohne] ❺. Die Zuweisung hole ich mit einem Klick auf ZEICHENFORMAT 1 ❼ nach.

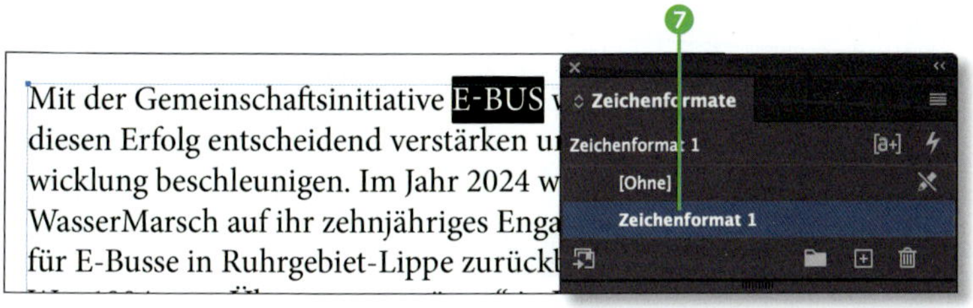

◂ **Abbildung 3.104**
Das neue Zeichenformat muss mit einem Klick auf den Formatnamen noch auf das Wort angewendet werden.

Mit einem Klick neben den automatisch vergebenen Namen des neuen Zeichenformats lässt sich dieses umbenennen – ich vergebe hier den Namen »auszeichnung« ❾.

Zeichenformat zuweisen

Um das gerade erstellte Zeichenformat den diversen Textstellen zuzuweisen, könnte ich die jeweiligen Wörter mit dem Textwerkzeug markieren und anschließend auf das Zeichenformat klicken.

Noch einfacher lässt sich die Zuweisung von Zeichenformaten mit dem Pipette-Werkzeug, das Sie in der Werkzeugleiste finden, bewerkstelligen. Die Arbeit mit diesem Werkzeug besteht immer aus zwei Schritten: Im ersten nehmen Sie die Formatierung mit einem Klick auf das betreffende Element auf ❽, und im zweiten wenden Sie diese auf ein anderes Element an. Die Übertragung von Formatierungen funktioniert nämlich nicht nur bei Text, sondern auch bei Objekten wie Bildrahmen.

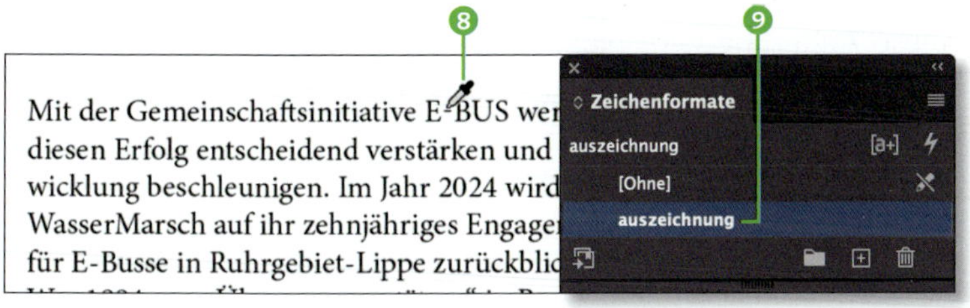

◂ **Abbildung 3.105**
Ich habe das Zeichenformat umbenannt und nehme mit dem Pipette-Werkzeug die Formatierung samt dem Zeichenformat auf.

Übrigens nimmt die Pipette immer die Formatierung des angeklickten Elementes auf, unabhängig davon, ob das Element mit einem Zeichen-, Absatz- oder Objektformat o. Ä. formatiert wurde. Wenn aber ein solches Format verwendet wurde, wird dieses mit angewendet.

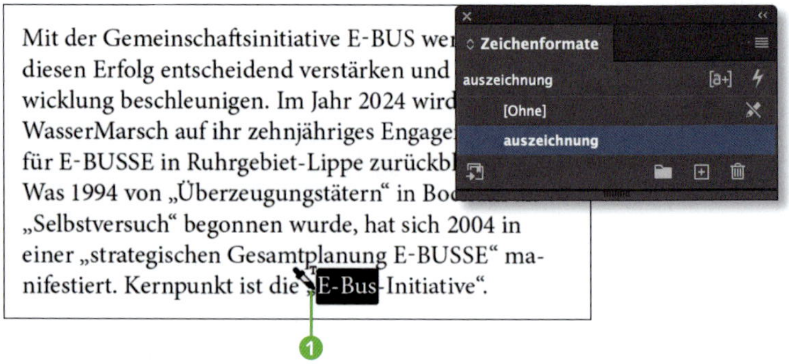

Abbildung 3.106 ▸ Der Text, der mit der gefüllten Pipette markiert wird, wird umformatiert und gegebenenfalls wie hier mit einem Zeichenformat belegt.

Für Abbildung 3.106 hatte ich die verschiedenen Wortvarianten von »E-Bus« wie »E-Busse« schon mithilfe der Pipette ❶ umformatiert. Hier fehlt nun nur noch die Formatierung in der letzten Zeile: Den betreffenden Text markiere ich mit der gefüllten Pipette, wodurch die Formatierung samt Zeichenformat angewendet wird. Achten Sie auf das Aussehen des Cursors: Nachdem Sie eine Formatierung aufgenommen haben, ändert sich das Aussehen der leeren Pipette in eine gefüllte.

Zeichenformat ändern

In den vorigen Abschnitten haben ich zwar ein Zeichenformat angelegt und zugewiesen. Bis hierhin hätte ich allerdings dasselbe Ergebnis auch ohne ein Zeichenformat realisieren können. Eine der Stärken von Formaten wird deutlich, wenn Sie eine Gestaltung, die Sie in einem Format hinterlegt und an zahlreichen Stellen in einem Dokument angewendet haben, im Nachhinein ändern. Diese Änderung wird nämlich an alle die Elemente weitergegeben, auf die Sie dieses Format angewendet haben.

Für das Ändern von bestehenden Formaten bieten sich wieder zwei Wege an, die ich Ihnen beide erläutern werde. Wie bei der Anlage eines Formates haben Sie nämlich auch beim nachträglichen Ändern eines Formats die Wahl zwischen:

1. der gewohnten Formatierung beispielsweise mit Hilfe des EIGENSCHAFTEN-Bedienfeldes und der anschließenden Übernahme dieser Modifikationen in das Zeichenformat oder
2. der Umsetzung der Änderungen direkt im Optionsfenster.

Zunächst schauen wir uns den ersten Ansatz an. Wenn Sie statt der Großbuchstaben im Beispiel Kapitälchen verwenden möchten, ändern Sie diese Formatierung an einer der Stellen, die mit dem Zeichenformat belegt sind.

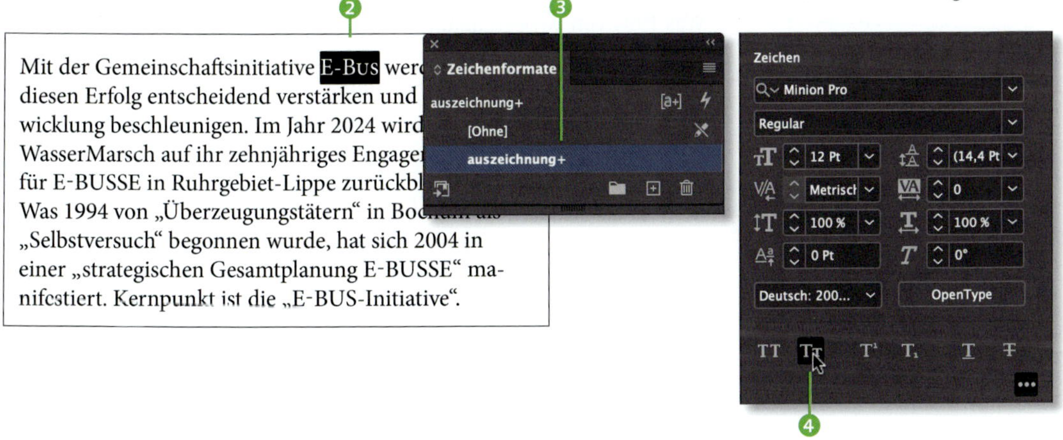

▼ **Abbildung 3.107**
Der Text, der mit der gefüllten Pipette markiert wird, wird umformatiert und gegebenenfalls wie hier mit einem Zeichenformat belegt.

Markieren Sie das Wort wie gewohnt mit dem Textwerkzeug ❷, und formatieren Sie es nach Ihren Vorstellungen um. Ich wähle hier im Eigenschaften-Bedienfeld nun statt der Großbuchstaben Kapitälchen ❹. Wenn die Zeichen (oder sonstige Elemente) schon mit einem Format versehen sind, quittiert InDesign diese Änderung mit einem Plus hinter dem Formatnamen ❸.

Nun möchte ich ja gerade diese Änderung mit in die bestehende Formatierung des Zeichenformats »auszeichnung« übernehmen. Genau hierfür finden wir im Menü des Zeichenformate-Bedienfeldes bzw. im Kontextmenü ❺ den Befehl Format neu definieren.

Formatabweichungen

Immer wenn Sie ein Pluszeichen hinter einem Formatnamen sehen, bedeutet dies, dass das markierte Objekt anders formatiert ist als im Format vorgesehen.

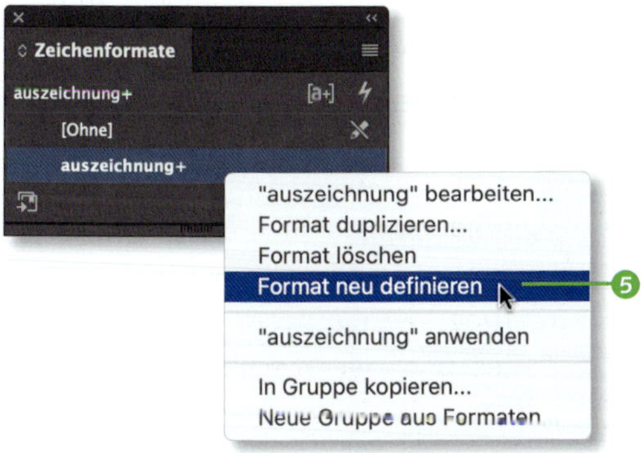

◀ **Abbildung 3.108**
Änderungen an einem Format lassen sich ganz einfach über den Befehl Format neu definieren in das Format übernehmen.

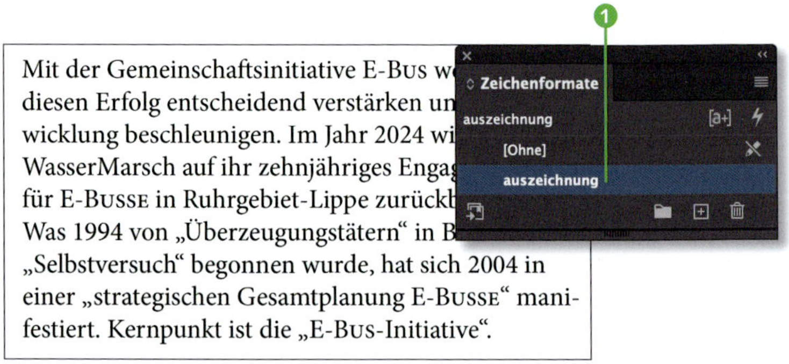

Abbildung 3.109 ▸
Alle Textstellen, die ich vorher mit dem Zeichenformat »auszeichnung« formatiert hatte, werden direkt umformatiert.

Durch die Anwendung der Funktion Format neu definieren ist die sogenannte lokale Formatierung, die eben nur auf ein Element bzw. eine Textstelle angewendet war, nun in das Zeichenformat »auszeichnung« geschrieben worden ❶. Dadurch wird das Pluszeichen hinter dem Zeichenformatnamen auch wieder ausgeblendet: Das Zeichenformat entspricht ja jetzt der zuvor gemachten Formatänderung. Im selben Moment, in dem das Format geändert wird, formatiert InDesign alle Textstellen, denen ich im Vorfeld dieses Zeichenformat zugewiesen hatte, um: Alle Varianten des Wortes »E-Bus« sind jetzt in Kapitälchen gesetzt.

Schauen wir uns jetzt den zweiten Ansatz an, um ein bestehendes Zeichenformat zu modifizieren: innerhalb der Zeichenformatoptionen. Wir möchten überprüfen, wie die Kursive statt der Kapitälchen aussieht.

Hierfür öffne ich mit einem Rechtsklick auf den Zeichenformatnamen das Kontextmenü und wähle hier den Befehl "auszeichnung" bearbeiten, im Bedienfeldmenü heißt es Formatoptionen. Alternativ hilft auch ein Doppelklick auf den Namen des Formats.

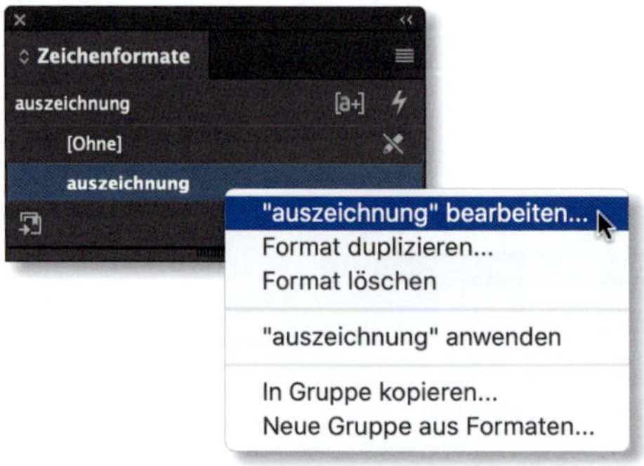

Abbildung 3.110 ▸
Statt eine Formatänderung im Text vorzunehmen und diese dann ins Zeichenformat übernehmen, rufe ich jetzt die Zeichenformatoptionen auf, um hier Modifikationen vorzunehmen.

Die Optionen der verschiedenen Formate sind alle nach demselben Schema aufgebaut (dieses Layout findet sich noch an einigen anderen Stellen innerhalb der Adobe-Programme wie den Programmvoreinstellungen, den Export- und Druckdialogen). Links sind verschiedene Funktionsgruppen in einer Spalte ❸ anzuwählen. Beim Öffnen von einem Dialog wie den Zeichenformatoptionen ist hier immer der erste Eintrag markiert, hier heißt er ALLGEMEIN. Die entsprechenden Optionen werden uns im großen Bereich rechts angezeigt. Ganz oben ist der jeweilige Formatname in einem Eingabefeld ❹ zu sehen, der hier bei Bedarf auch geändert werden kann. In den FORMATEINSTELLUNGEN ❺ erhalten Sie einen Überblick über die Optionen, die in dem aufgerufenen Format hinterlegt sind. Hier lohnt es sich, zumindest ab und an ein Auge darauf zu werfen: Wir sehen u.a., dass im aufgerufenen Zeichenformat als Buchstabenart Kapitälchen gewählt sind. Aktivieren Sie auf alle Fälle die Option VORSCHAU ❷, die Ihnen in vielen Dialogfenstern unten links angeboten wird. Durch Aktivieren dieser Option brauchen wir nicht im Blindflug zu mutmaßen, ob unsere Einstellungen, die wir ändern, auch das gewünschte Ergebnis erzielen, weil uns die Änderungen im Dokument direkt angezeigt werden. Somit können wir verschiedene Einstellungen ausprobieren.

Tastaturbefehl

Formaten wie den Zeichenformaten können Sie Tastaturbefehle zuweisen. Bei Formaten, die Sie sehr häufig verwenden, sollten Sie von dieser Möglichkeit Gebrauch machen. Das entsprechende Eingabefeld ❻ finden Sie in den jeweiligen Formatoptionen im Bereich ALLGEMEIN ❸.

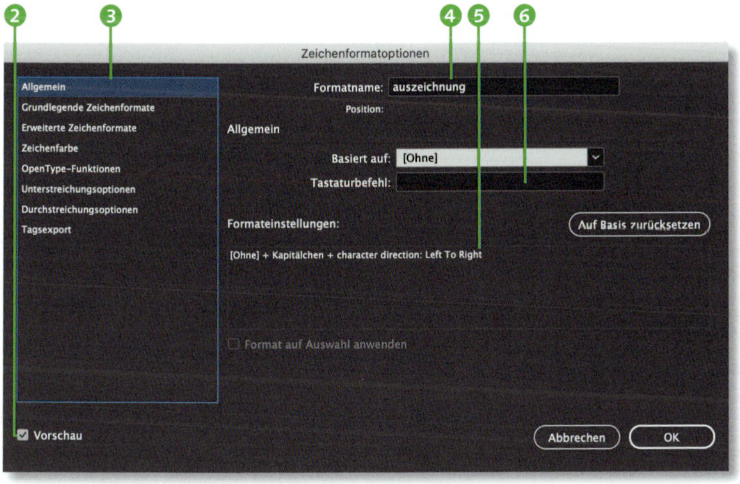

◂ **Abbildung 3.111**
Verschiedene Dialoge in InDesign sind im selben Layout angelegt, das auch in den Zeichenformatoptionen zu sehen ist.

Um nun die Kapitälchen im Zeichenformat zu deaktivieren und stattdessen den Kursivschnitt zu wählen, wähle ich in der linken

Spalte Grundlegende Zeichenformate ❶. Die entsprechenden Optionen werden mir daraufhin rechts eingeblendet. Hier ändere ich die Buchstabenart im Menü von Kapitälchen auf Normal ❸. Außerdem ändere ich den Schriftschnitt von Regular auf Italic ❷. Die Änderungen sind durch die Aktivierung der Vorschauoption direkt im Dokument sichtbar ❹ – eine Markierung des Textes ist hierfür nicht nötig, weil sich die Formatierung einfach immer direkt auf alle Elemente auswirkt, die wir im Vorfeld schon mit dem Format belegt hatten.

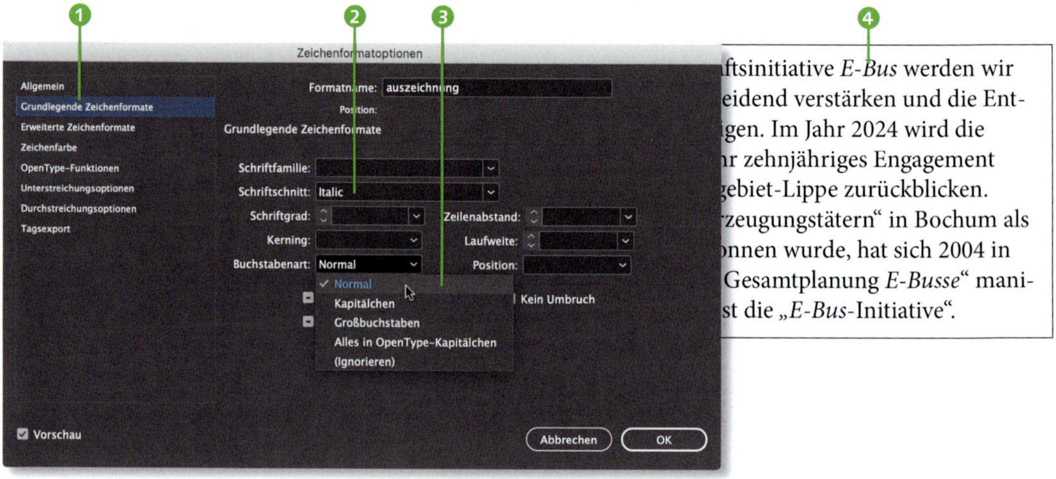

▲ **Abbildung 3.112**
Verschiedene Dialoge in InDesign sind im selben Layout angelegt, das auch in den Zeichenformatoptionen zu sehen ist.

Beachten Sie, dass wir in den Formatoptionen immer nur das einzugeben brauchen, was sich im Vergleich zur grundsätzlichen Formatierung – hier ist dies die Absatzformatierung – ändern soll. Daher ist es hier weder nötig noch voreingestellt, dass wir uns Gedanken um Schriftfamilie oder Schriftgrad u.Ä. machen: Diese Formatierungen werden von der bestehenden Absatzformatierung übernommen – solange wir dies eben nicht innerhalb des Zeichenformats überschreiben. Das hat den Vorteil, dass wir die Änderung der Schriftfamilie, des Schriftschnitts oder des Schriftgrads, wenn das so gewollt ist, später lediglich im Absatz vorzunehmen brauchen.

Nachdem Sie nun die Grundzüge von Formaten kennengelernt haben, wenden wir uns den Absatzformaten zu, der meiner Ansicht nach mit Abstand wichtigsten – und umfangreichsten – Funktionalität innerhalb von InDesign.

Absatzformate

Im Unterschied zu den Zeichenformaten, die ja auf einzelne Zeichen oder Wörter (innerhalb von Absätzen) angewendet werden, lassen sich mit Absatzformaten eben ganze Absätze formatieren und gerade keine einzelnen Zeichen oder Wörter. Dieser grundlegende konzeptionelle Unterschied ist auch an der Art und Weise ablesbar, wie Sie Zeichen- bzw. Absatzformate Texten zuweisen. Bei Zeichenformaten müssen Sie immer die entsprechenden Textstellen markieren, um diesen ein Zeichenformat zuzuweisen. Im Unterschied hierzu reicht es genau wie bei der Formatierung von Absätzen, dass bei der Zuweisung von Absatzformaten der Cursor irgendwo im Absatz steht.

Schritt für Schritt
Zwei Absatzformate anlegen und zuweisen

In diesem Workshop lernen Sie das grundsätzliche Vorgehen, um Absatzformate anzulegen und zuzuweisen. Das Ziel des Workshops zeige ich Ihnen vorab:

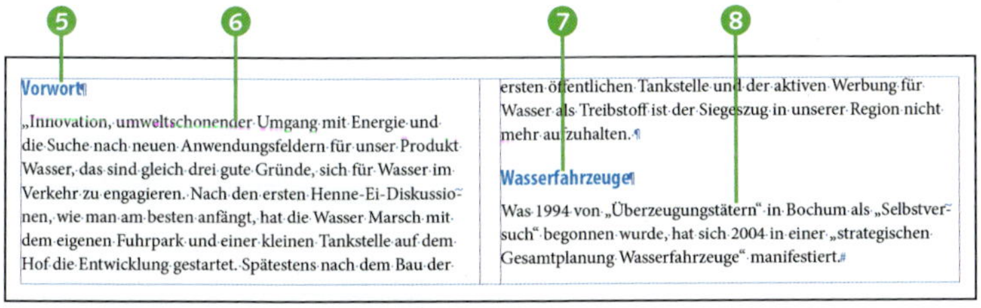

◂ **Abbildung 3.113**
Für dieses Ergebnis werden wir zwei Absatzformate erstellen und zuweisen.

Für die Typografie in Abbildung 3.113 benötigen wir je ein Absatzformat für die Zwischenüberschriften 5 7 und die Fließtexte 6 8.

1 Datei öffnen, verborgene Zeichen einblenden

Aktiveren Sie die Option SCHRIFT • VERBORGENE ZEICHEN EINBLENDEN, und achten Sie darauf, dass Sie sich im normalen Bildschirmmodus (siehe Abschnitt 1.6, »Die Werkzeugleiste«) befinden. Dies können Sie in der Werkzeugleiste oder unter ANSICHT • BILDSCHIRMMODUS überprüfen und gegebenenfalls ändern.

Diese Datei finden Sie in den Beispielen unter dem Namen »absatzformate-anlegen-zuweisen.indd«.

Die beiden Funktionen bieten eine sehr gute Übersicht über die Struktur des Textes. Denn hierdurch werden neben Leerzeichen die für die Orientierung sehr wichtigen Zeichen für Absatzenden ❶ und auch das Zeichen für das Ende des Textabschnitts ❷ eingeblendet.

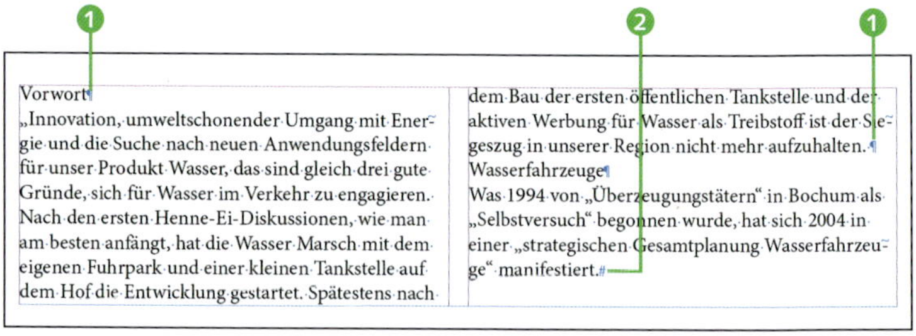

Abbildung 3.114 ▸
Dieser Ausgangstext soll in der Typografie aus der vorigen Abbildung angelegt werden.

2 Absatz formatieren

Ich beginne mit der Formatierung des Fließtextes. Es hat sich bewährt, von der Textart auszugehen, die am meisten in einem Dokument vorkommt, und sich hiervon zu den größeren (wie Zwischenüberschriften und Überschriften) und gegebenenfalls kleineren Textarten (wie Fußnoten) vorzuarbeiten.

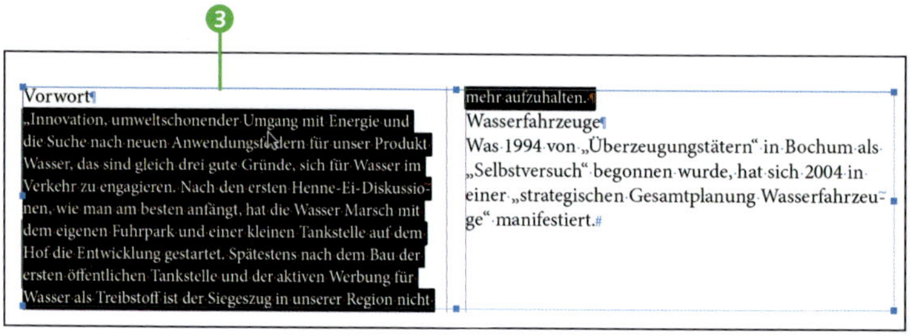

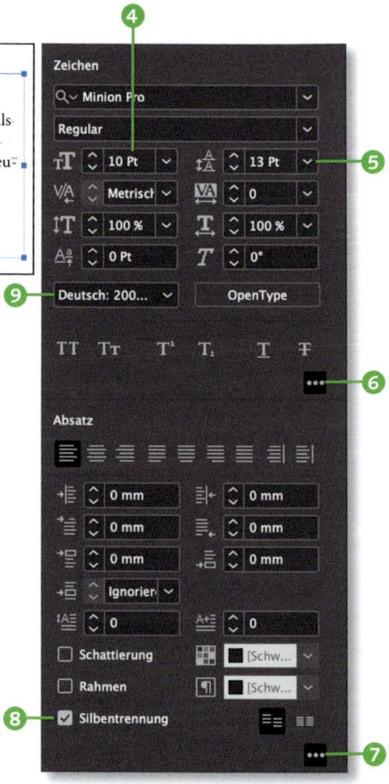

Abbildung 3.115 ▴▸
Ob Sie die Typografie in den einzelnen Bedienfeldern oder wie ich hier im EIGENSCHAFTEN-Bedienfeld vornehmen, ist Ihnen überlassen.

Obwohl wir ein Absatzformat anlegen möchten, nehmen wir grundlegende Formatierungen auch der Zeichen vor. Denn Absatzformate enthalten zwingend allgemeine Angaben zu Schriftart und Schriftgröße. Diese finden Sie zwar ebenso in den Zeichenformatoptionen, hier kommen sie aber eben nur für die gewünschten Abweichungen von der allgemeinen Formatierung des Absatzes zum Einsatz, mit denen einzelne Wörter oder Textstellen, aber keine ganzen Absätze, belegt werden sollen.

Mit dem Textcursor machen wir einen Vierfachklick in den ersten Absatz mit Fließtext. Hierdurch wird der komplette Absatz samt dem Absatzendezeichen markiert ❸. Um im EIGENSCHAFTEN-Bedienfeld weitere Optionen innerhalb der Bereiche ZEICHEN und ABSATZ eingeblendet zu bekommen, aktivieren wir diese über die beiden Buttons MEHR OPTIONEN ❻❼. Wenn Sie mit den einzelnen Bedienfeldern für ZEICHEN und ABSATZ arbeiten, finden Sie die entsprechende Funktion in den jeweiligen Bedienfeldmenüs.

Die Schriftgröße legen wir mit 10 pt ❹, den Zeilenabstand mit 13 pt ❺ fest. Das Wörterbuch, das InDesign zur Rechtschreibprüfung heranziehen soll, definieren wir über das Pulldown-Menü im Zeichen-Bereich mit DEUTSCH: 2006 RECHTSCHREIBREFORM ❾. Als Letztes aktivieren wir gegebenenfalls die Silbentrennung ❽.

3 Absatzformat »body« anlegen

Die Formatierungen, die wir eben vorgenommen haben, übernehmen wir nun in ein Absatzformat. Dazu öffnen wir das ABSATZFORMATE-Bedienfeld über FENSTER • FORMATE. Setzen Sie den Textcursor, falls der Absatz nicht mehr markiert ist, einfach in den Absatz ❿, den wir im vorigen Schritt formatiert haben. Nun klicken wir auf den Button NEUES FORMAT ERSTELLEN ⓫. Hierdurch werden alle bisher vorgenommenen Zeichen- und Absatzformatierungen in ein neues Absatzformat geschrieben.

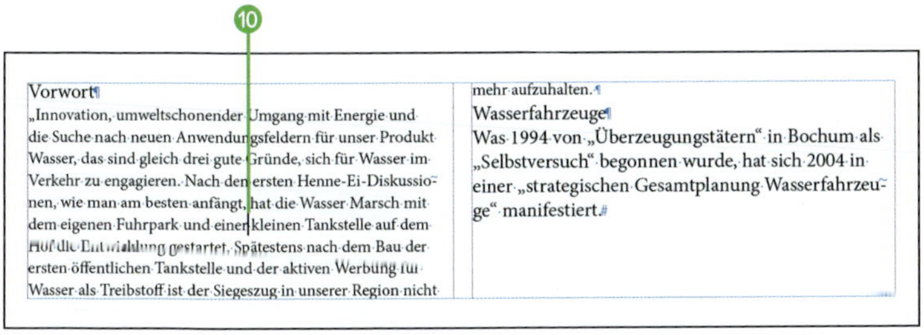

▼ Abbildung 3.116
Die vorgenommenen Zeichen- und Absatzmodifikationen hinterlegen wir mit einem Klick in einem neuen Absatzformat.

InDesign hat das neue Absatzformat »Absatzformat 1« angelegt ❶. Bedenken Sie, dass wir bisher zwar ein Absatzformat erstellt haben, dieses ist aber dem Absatz, dessen Formatierung wir übernommen haben, noch nicht zugewiesen – das ist im ABSATZFORMATE-Bedienfeld auch daran zu erkennen, dass das Absatzformat nicht markiert ist.

Mit einem Rechtsklick auf den Namen rufen wir das Kontextmenü auf und wählen hier "ABSATZFORMAT 1" BEARBEITEN ❷.

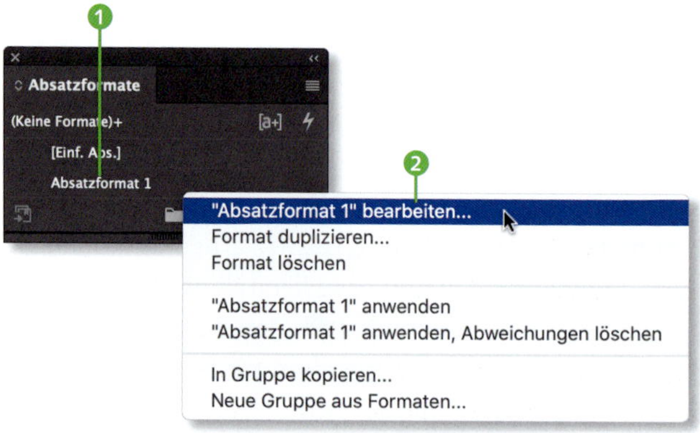

Abbildung 3.117 ▸
Über das Kontextmenü können Sie die Absatzformate bearbeiten.

Daraufhin öffnen sich die Absatzformatoptionen, in denen wir im Eingabefeld FORMATNAME den Namen in »body« ❸ ändern. Bei der Benennung von Formaten versuche ich, die Funktion und nicht das Aussehen eines Formates zu verwenden, da sich die Formatierung während der Arbeit am Dokument noch ändern kann:

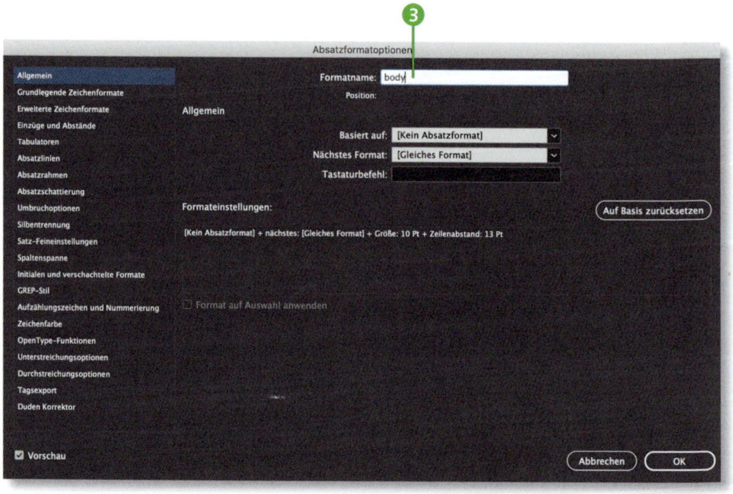

Abbildung 3.118 ▸
In den Absatzformatoptionen vergeben wir den Namen »body«.

4 Absatzformat »body« zuweisen

Um dem Absatz, aus dem wir die Formatierungen in das »body«-Absatzformat übernommen haben, dieses Absatzformat auch zuzuweisen, klicken wir einfach das Absatzformat »body« im Absatzformate-Bedienfeld an ❺ (dafür muss sich der Cursor im entsprechenden Absatz befinden ❹). Dass dieses Absatzformat auf den Absatz angewendet wurde, ist jetzt auch an der blaugrauen Markierung erkennbar.

▼ **Abbildung 3.119**
Ein Absatzformat wird zugewiesen.

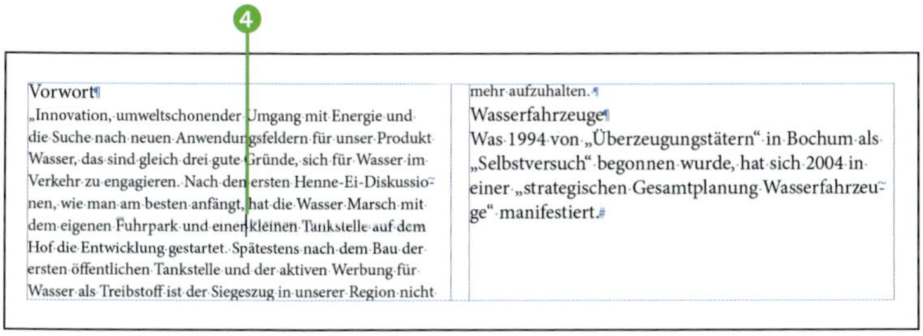

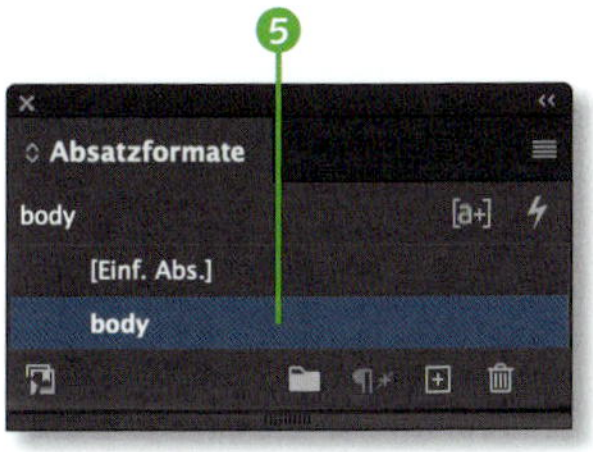

Das Aussehen des Absatzes ändert sich hierdurch nicht – die Formatierung entspricht ja exakt der des Absatzformats. Von nun an würden sich Änderungen am Absatzformat aber auf diesen Absatz auswirken.

Jetzt platzieren wir den Textcursor an beliebiger Stelle im zweiten Absatz ❻, der mit dem »body«-Absatzformat formatiert werden soll, und weisen durch einen erneuten Klick auf das entsprechende Absatzformat ❼ dieses dem Absatz zu.

▼ **Abbildung 3.120**
Die Formatierung des gesamten Absatzes springt durch einen Klick auf das »body«-Absatzformat um.

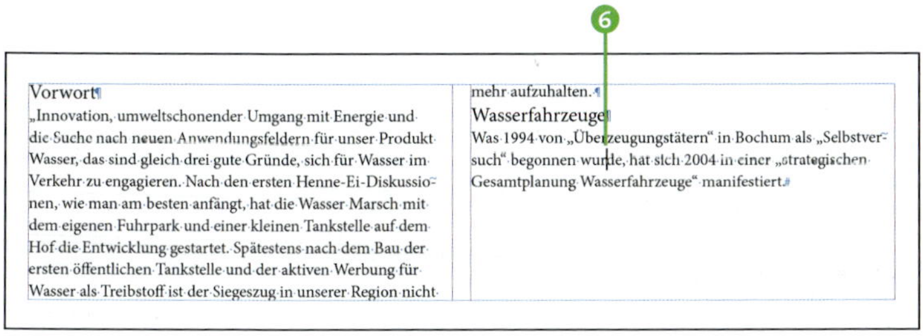

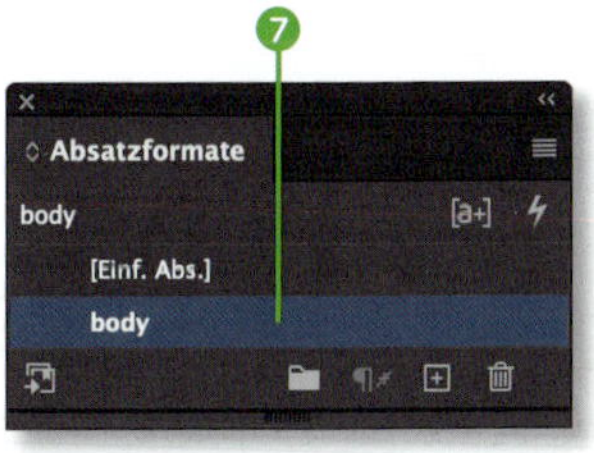

Ab jetzt sollten wir Änderungen an der Absatzformatierung des Bodys nur noch innerhalb der Absatzformatoptionen vornehmen. Beispielsweise, wenn wir die Satzart von linksbündig auf Blocksatz ändern möchten. Dieses Vorgehen schauen wir uns im nächsten Schritt an.

5 Absatzformat »body« ändern

Um dem »body«-Absatzformat die Blocksatz-Absatzausrichtung zuzuweisen, öffnen wir wie im Schritt 3 beschrieben mit einem Rechtsklick auf das Absatzformat »body« das Kontextmenü und wählen hier den Befehl "BODY" BEARBEITEN. Alternativ reicht ein Doppelklick auf das Absatzformat. In den Absatzformatoptionen wählen wir in der linken Spalte EINZÜGE UND ABSTÄNDE ❶. Im Pulldown-Menü AUSRICHTUNG wählen wir anschließend die Option BLOCKSATZ, LETZTE LINKSBÜNDIG ❷.

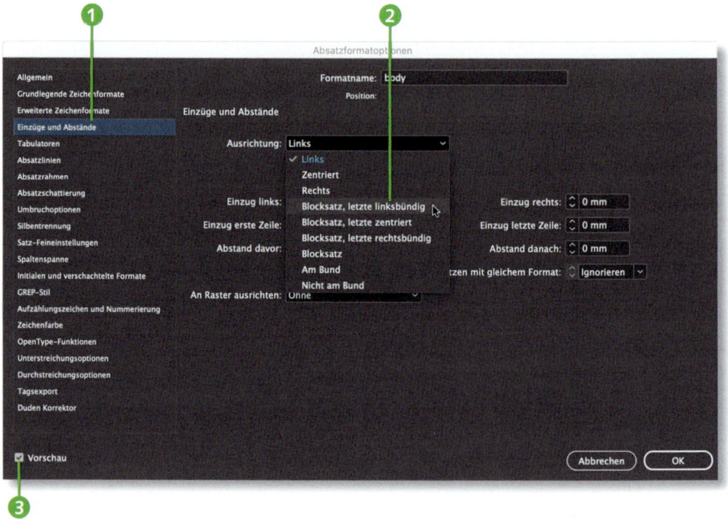

Abbildung 3.121 ▸
In den Absatzformatoptionen ändern wir die Ausrichtung von LINKS auf BLOCKSATZ, LETZTE LINKSBÜNDIG.

Wenn Sie die Option VORSCHAU ❸ aktivieren, sehen Sie die Änderung ❹❺ direkt im Dokumentfenster:

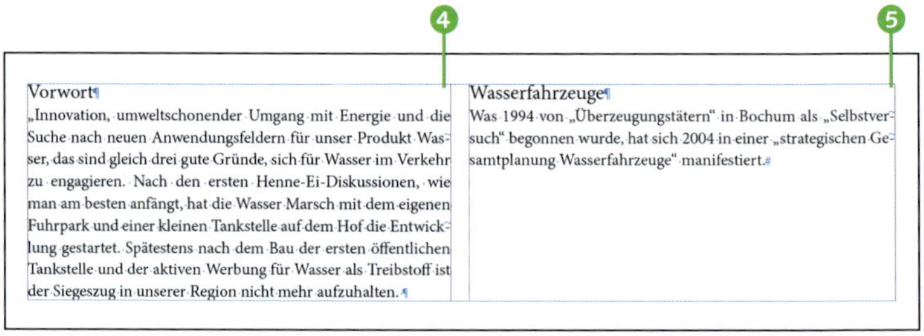

Abbildung 3.122 ▸
Beide Absätze, denen wir zuvor das Absatzformat »body« zugewiesen hatten, sind nun im Blocksatz gesetzt.

Beachten Sie, dass für die Anwendung von Änderungen am Absatzformat keinerlei Text markiert zu sein braucht: Die Änderungen werden einfach auf die Absätze angewendet, auf die das entsprechende Absatzformat im Vorfeld angewendet wurde.

6 Absatzformat »ueberschrift« anlegen

Bei der Anlage des zweiten Absatzformats »ueberschrift« gehen wir genauso vor wie beim Absatzformat »body«. Bei der nachträglichen Änderung wählen wir dann ein alternatives Vorgehen.

Wir formatieren wie gewohnt zunächst die komplette erste Überschrift. Dafür klicken wir dreimal in die Zeile mit »Vorwort«. Dadurch wird auch hier wieder die komplette Textzeile samt Absatzendezeichen markiert.

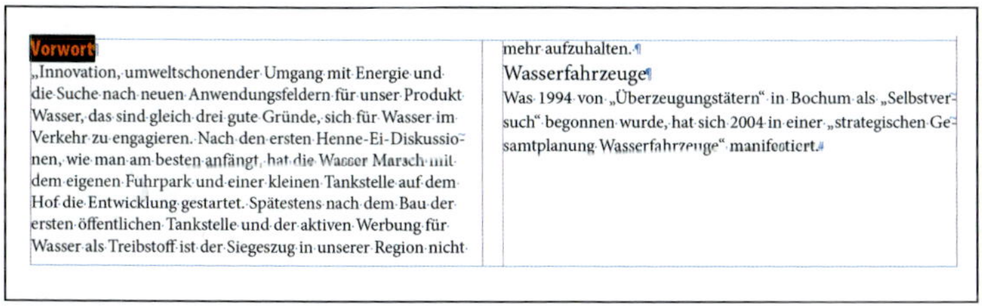

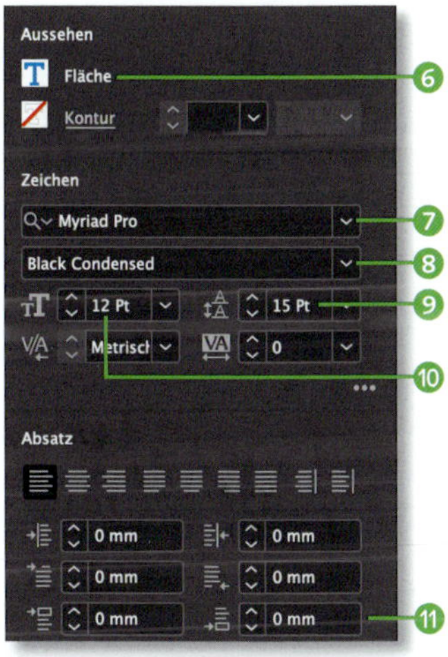

Abbildung 3.123 ▲►
Mit ein paar Klicks ist die Überschrift deutlich anders als der Fließtext formatiert.

Im Eigenschaften-Bedienfeld ändere ich die Schriftfarbe auf das voreingestellte Cyan ⑥, als Schrift wähle ich die Myriad Pro ⑦ in Bold Condensed ⑧. Den Schriftgrad definiere ich mit 12 pt ⑩, den Zeilenabstand mit 15 pt ⑨. Wohl wissend, dass ich sicher gleich noch einen Wert bei Abstand vor und Abstand nach ⑪ eingebe, lasse ich die voreingestellten 0 mm hier noch stehen.

Wie in Schritt 3 beschrieben, lasse ich InDesign diese Formatierungen mit einem Klick auf den Button Neues Format erstellen ⑫ in ein neues Absatzformat schreiben. Dieses nenne ich »ueberschrift«.

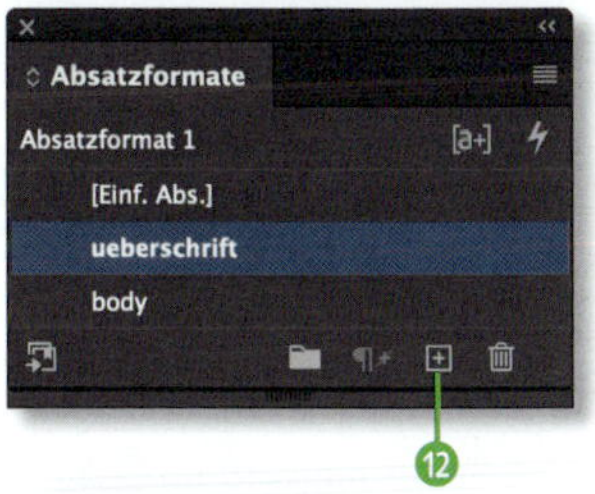

▲ **Abbildung 3.124**
Das neue Absatzformat mit den eben vorgenommenen Formatierungen ist auch schnell angelegt.

7 Absatzformat »ueberschrift« zuweisen

Mit einem Klick auf das neue Absatzformat weise ich dieses dem ersten Absatz zu. Anschließend klicke ich mit dem Textcursor in die Zeile mit »Wasserfahrzeuge« in der rechten Spalte und weise auch diesem Absatz das Absatzformat »ueberschrift« mit einem Klick darauf zu.

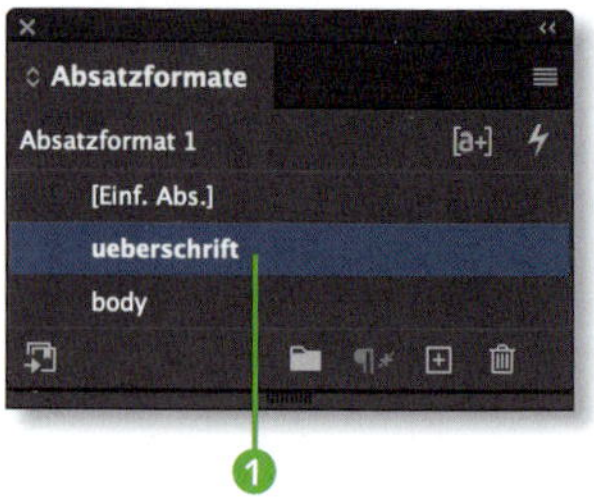

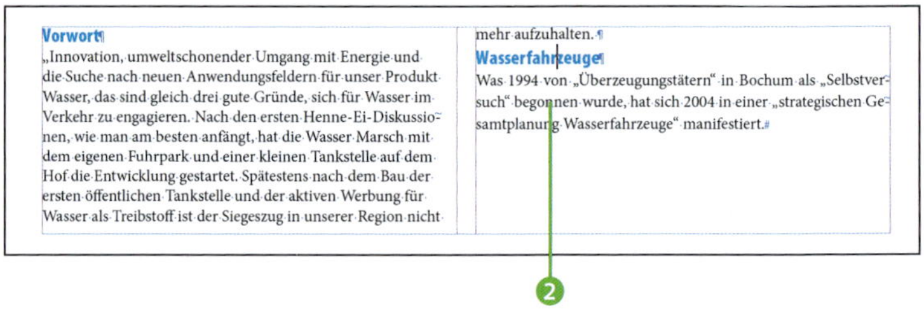

▲ Abbildung 3.125
Die zweite Überschrift ist jetzt auch mit dem Absatzformat »ueberschrift« formatiert.

Der Absatz »Wasserfahrzeuge« ❷ ist nun auch mit dem Absatzformat »ueberschrift« formatiert ❶. Jetzt sehe ich, dass die Überschrift zu nah an dem vorigen Absatz mit Fließtext steht.

8 Absatzformat »ueberschrift« ändern

Im Unterschied zu dem Vorgehen in Schritt 5, bei dem ich eine Änderung der Absatzformatierung innerhalb der Absatzformatoptionen durchgeführt habe, ändere ich jetzt die Formatierung zunächst etwa im Eigenschaften-Bedienfeld. In einem zweiten Schritt übernehme ich diese Änderung anschließend in das Absatzformat.

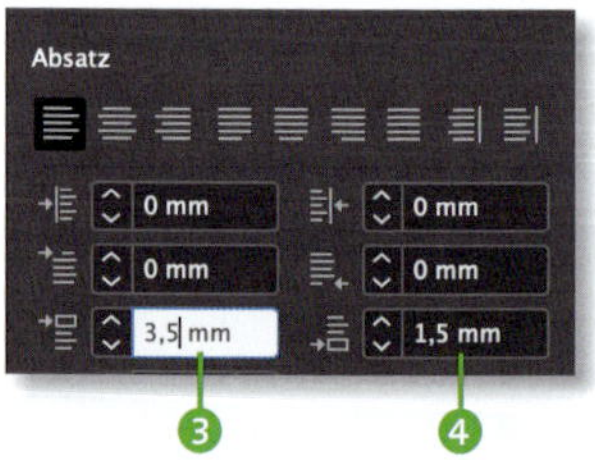

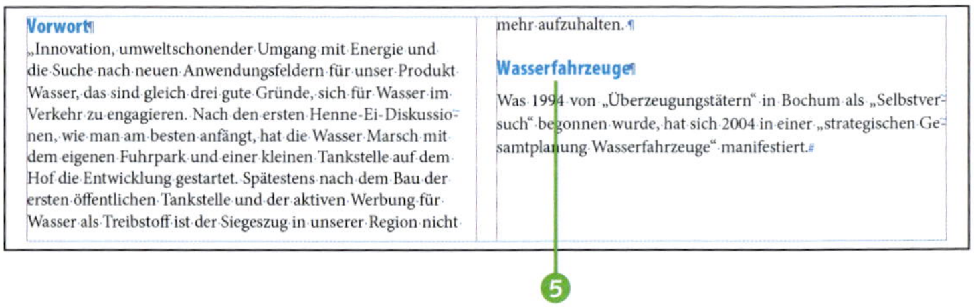

▲ Abbildung 3.126
Die Änderung wird im Eigenschaften-Bedienfeld durchgeführt und dann auf das Format übertragen.

Im Bereich Absatz des Eigenschaften-Bedienfelds gebe ich bei Abstand vor 3,5 mm ❸ und bei Abstand nach 1,5 mm ❹ ein: Der Absatz mit »Wasserfahrzeuge« rückt dadurch vom vorigen und vom folgenden Absatz ab ❺.

In dem Moment, in dem ich eine Formatänderung durchführe, zeigt das Absatzformat im Absatzformate- ❻ und im Eigenschaften-Bedienfeld ❼ ein Pluszeichen hinter dem Namen an:

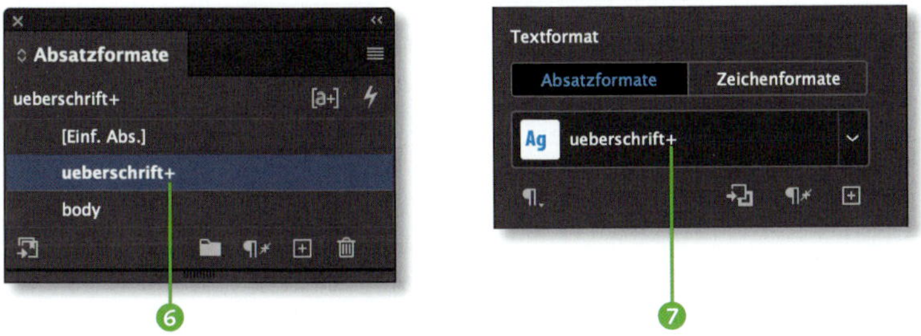

◀ **Abbildung 3.127**
Änderungen der Formatierung an Text, der schon mit einem Absatzformat versehen wurde, werden mit einem Pluszeichen gekennzeichnet.

Wenn Sie den Cursor über einem Format mit einer Formatabweichung stehen lassen, zeigt InDesign Ihnen die entsprechenden Abweichungen sogar an ❽:

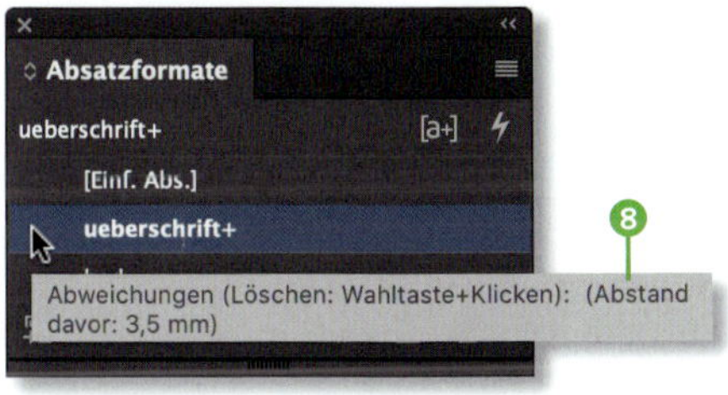

◀ **Abbildung 3.128**
InDesign gibt Auskunft über die Formatabweichungen.

Genau diese Änderungen möchte ich jetzt in das Absatzformat übernehmen. Den entsprechenden Befehl FORMAT NEU DEFINIEREN ❾ finde ich im Menü des ABSATZFORMATE-Bedienfelds bzw. im Kontextmenü, das ich mit einem Rechtsklick auf den Absatzformatnamen öffne:

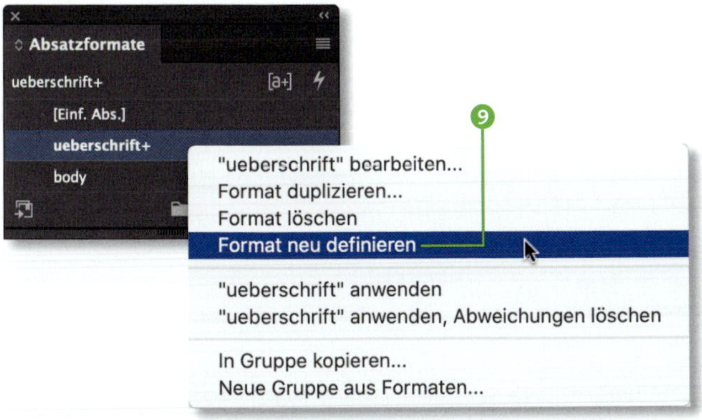

▲ **Abbildung 3.129**
FORMAT NEU DEFINIEREN ist meiner Meinung nach einer der hilfreichsten Befehle von InDesign.

Formatabweichungen

Ein fertig gestaltetes Dokument sollte keine Formatabweichungen enthalten. Behalten Sie also Ihre Formate im Auge und eliminieren Sie lokale Formatierungen.

Absatzformatgruppen

Sie können Absatzformate in Ordnern zusammenfassen. Erstellen Sie z. B. per Klick auf das Ordner-Symbol am unteren Bedienfeldrand eine Absatzformatgruppe für die Formate, die in einer Tabelle verwendet werden. Die Absatzformate können Sie per Drag & Drop einsortieren.

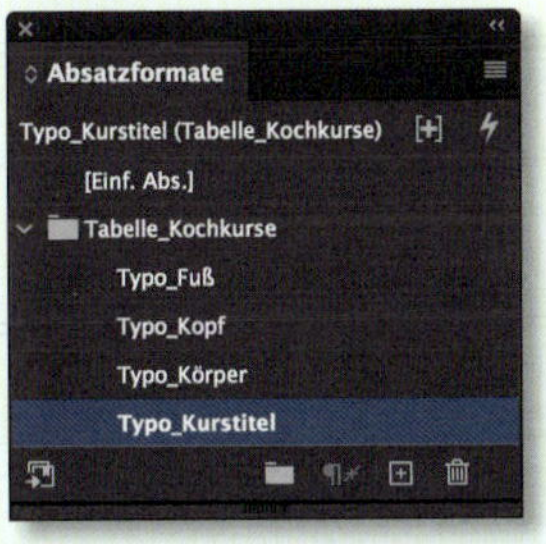

Durch die Anwahl dieses wichtigen Befehls sind die Abweichungen nun in das Absatzformat übertragen worden. Daher blendet InDesign auch das Pluszeichen hinter dem Absatzformatnamen wieder aus ①. Auch der erste Absatz, der schon mit dem Absatzformat belegt war, rückt durch die Änderung des Absatzformats vom folgenden Absatz ab ②.

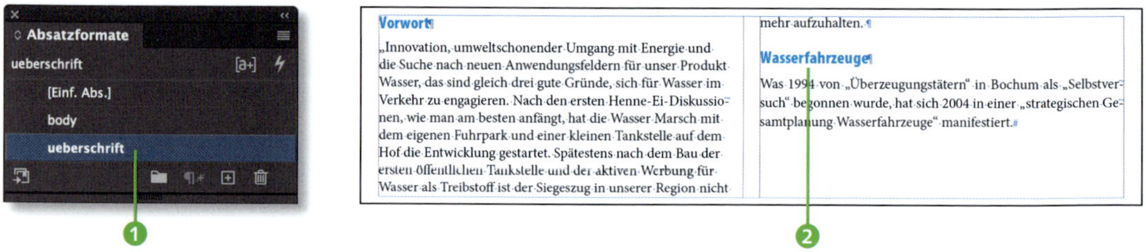

▲ **Abbildung 3.130**
Die zweite Überschrift ist jetzt auch mit dem Absatzformat »ueberschrift« formatiert.

Beachten Sie hier, dass der Absatz mit »Vorwort« nicht von der oberen Textrahmenkante abrückt – obwohl er nun mit denselben 3,5 mm bei ABSTAND VOR formatiert ist. Die Werte bei ABSTAND VOR und ABSTAND NACH beziehen sich nämlich niemals auf Textrahmenkanten, sondern ausschließlich auf den Abstand zum vorigen bzw. folgenden Absatz.

Keine Leerzeilen

Im Unterschied zu den Werten bei ABSTAND VOR bzw. ABSTAND NACH bleiben Leerzeilen, mit denen Sie versuchen, Abstände zu realisieren, auch bei Umbruchänderungen stehen. Verzichten Sie daher möglichst komplett auf Leerzeilen in Ihren Layouts.

9 Absatzformat »body« optimieren

In Abbildung 3.130 sehen Sie in der rechten Spalte des Screenshots, dass eine einzelne Zeile des Fließtextes oberhalb der Zwischenüberschrift »Wasserfahrzeuge« steht. Der typografische Begriff hierfür ist das unschöne Wort »Hurenkind«; es gilt als grober Satzfehler. Diesen können wir mittels einer Option des Absatzformats »body« umgehen.

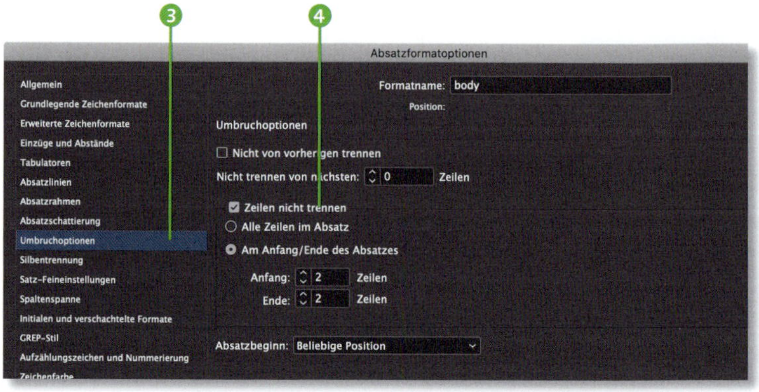

Abbildung 3.131 ▶
Mittels der Umbruchoptionen können wir grobe Satzfehler ausschließen.

Mit einem Doppelklick auf das Absatzformat »body« öffne ich mir die entsprechenden Optionen und wähle im linken Bereich UMBRUCHOPTIONEN ❸. Hier aktiviere ich die Option ZEILEN NICHT TRENNEN ❹. Der Wert 2 bei ANFANG und ENDE ZEILEN ist in Ordnung und sorgt nun dafür, dass mindestens zwei Zeilen eines Absatzes, dem ich das Absatzformat »body« zugewiesen haben, in einer Spalte stehen ❺.

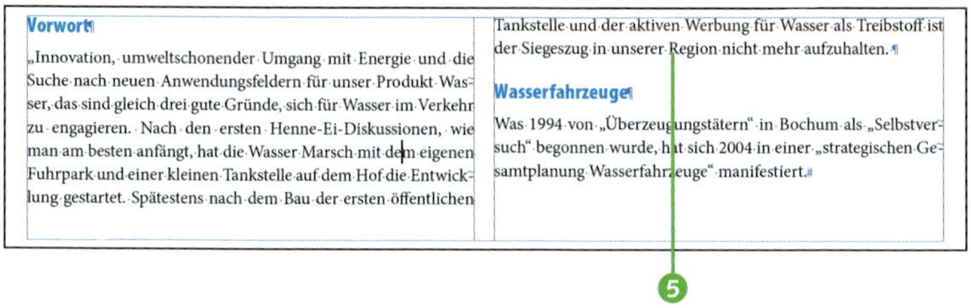

◂ **Abbildung 3.132**
Durch die Aktivierung der Option ZEILEN NICHT TRENNEN stehen nun immer mindestens zwei Zeilen des Fließtextes zusammen.

Nachdem Sie in diesem Workshop das Anlegen, Zuweisen und nachträgliche Ändern von Absatzformaten gelernt haben, schauen wir uns weitere interessante Absatzformatoptionen an.

Umbruchoptionen

Wir bleiben zunächst im Bereich UMBRUCHOPTIONEN. Mit der ersten Option NICHT VON VORHERIGEN TRENNEN ❽ können Sie Absätze an einen beliebigen vorigen Absatz »anheften«.

▾ **Abbildung 3.133**
Durch die Aktivierung der Option NICHT VON VORHERIGEN TRENNEN im Fließtext wird dieser mit der Zwischenüberschrift zusammengehalten.

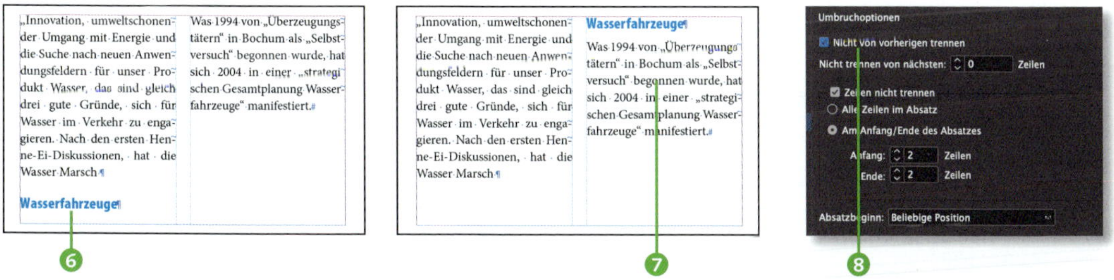

Damit Überschriften oder Zwischenüberschriften nicht allein am unteren Textrahmenrand stehen ❻, bietet sich die Aktivierung der Option NICHT VON VORHERIGEN TRENNEN des folgenden Absatzes, hier des Fließtextes ❼, an.

Zum selben Ergebnis führt auch die nächste Option NICHT TRENNEN VON NÄCHSTEN X ZEILEN: Aktivieren wir diese Option durch Eingabe etwa einer »2« bei ZEILEN – jetzt bei der Zwischenüberschrift –, wird diese mit dem folgenden Absatz zusammengehalten.

Absätze wie Zwischenüberschriften sollten nicht über Spalten hinweg getrennt werden ❸. Hier schafft die Aktivierung der Option ZEILEN NICHT TRENNEN ❷ Abhilfe ❹. In Schritt 9 des vorigen Workshops haben wir uns diese Option in Zusammenhang mit Fließtext angeschaut. Bei einer Zwischenüberschrift sollten Sie innerhalb der Umbruchoptionen die Option NICHT VON VORHERIGEN TRENNEN ❶ deaktiviert lassen.

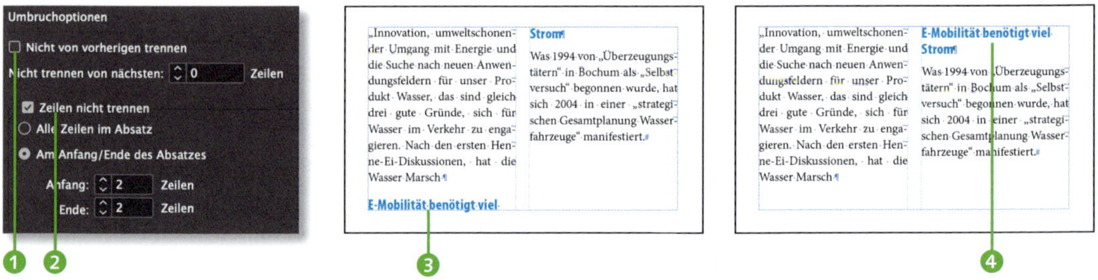

▼ Abbildung 3.134
Zwischenüberschriften lassen sich ganz einfach zusammenhalten.

Unten in den Umbruchoptionen finden Sie auch die Option ABSATZBEGINN. Hier können Sie definieren, wo ein Absatz stehen soll. Das ist für viele Anforderungen eine interessante Funktion. Hiermit können Sie beispielsweise einstellen, dass Kapitelanfänge ausschließlich auf rechten Seiten stehen dürfen. Oder dass in einem Programmheft Termine jeweils in einer neuen Spalte, im nächsten Textrahmen oder auf einer neue Seite stehen sollen.

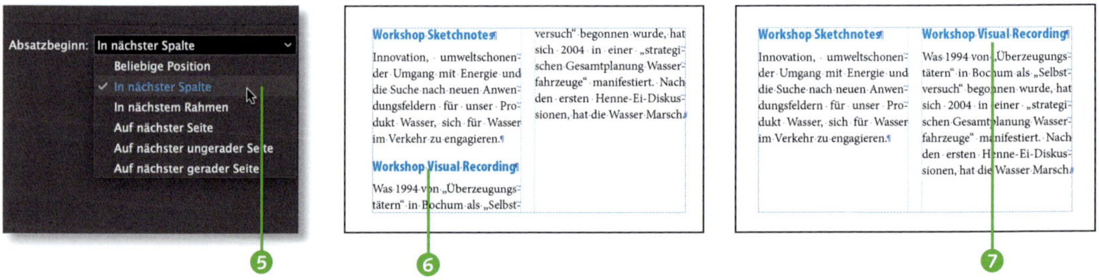

▼ Abbildung 3.135
Schauen Sie sich auf alle Fälle die Optionen bei ABSATZBEGINN an.

Statt die Zwischenüberschriften ❻ durch Drücken der `Enter`-Taste manuell in der jeweils nächsten Spalte beginnen zu lassen, habe ich hier im entsprechenden Absatzformat die Option IN NÄCHSTER SPALTE ❺ bei ABSATZBEGINN gewählt: Die Absätze springen dadurch automatisch in die nächste Spalte ❼. Die Optionen bei Absatzbeginn werden häufig übersehen und bieten doch enorme Funktionen.

Schauen wir uns im Folgenden weitere wichtige Einstellungen an, die Sie in den Absatzformatoptionen vornehmen können. Nachdem wir im vorigen Workshop zu den Umbruchoptionen gesprungen sind, gehen wir jetzt die wichtigsten Optionen der Reihe nach durch. Die Optionen, die Sie schon in Abschnitt 3.4, »Absätze«, weiter vorn kennengelernt haben, lasse ich hierbei allerdings aus.

Tastatur

Bei Absatzformaten, die Sie häufig manuell zuweisen müssen, vergeben Sie unter Allgemein unbedingt Tastaturbefehle.

▲ **Abbildung 3.136**
Die Standardwerte im Bereich Allgemein der Absatzformatoptionen.

Basiert auf

Interessant ist unter Allgemein auch das Pulldown-Menü Basiert auf. Beim standardmäßigen Anlegen eines Absatzformats ist hier [Kein Absatzformat] angewählt. Mit der Option Basiert auf können Sie Abhängigkeiten Ihrer Absatzformate realisieren: Sie brauchen etwa bei Überschriften nicht für jedes Absatzformat dieselbe Textfarbe (oder eine sonstige Formatierung) zu vergeben, sondern nur bei dem Absatzformat, auf dem die anderen aufbauen. Hier lassen sich einerseits alle Absatzformate des aktuellen Dokuments wählen, und andererseits vergibt InDesign bei der Anlage eines neuen Absatzformats hier selbstständig ein Absatzformat

Das schauen wir uns nun einmal an: In folgendem Beispiel ist am Druckergebnis praktisch nicht erkennbar, dass in der viertletzten Zeile ein neuer Absatz beginnt 8. Im Normalmodus und bei eingeblendeten verborgenen Zeichen sehen wir das Absatzendezeichen 9.

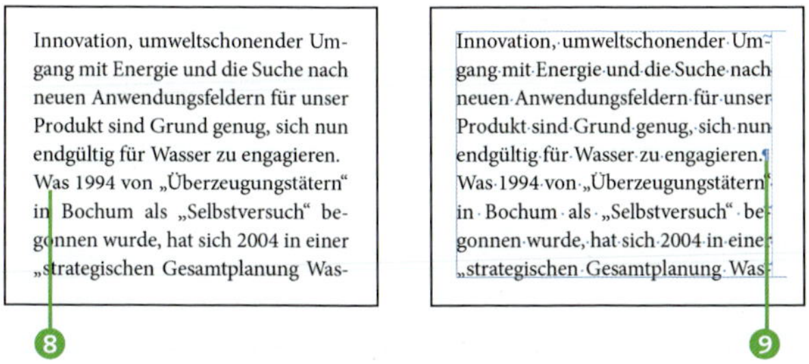

◀ **Abbildung 3.137**
Absatzanfänge sind gegebenenfalls nicht erkennbar.

Beide Absätze sind mit Absatzformat »body« formatiert. Um den Beginn eines Absatzes deutlich zu machen, möchte ich einen Einzug einsetzen. Dafür setze ich den Textcursor in den zweiten Absatz und ändere den EINZUG LINKS IN ERSTER ZEILE beispielsweise im EIGENSCHAFTEN-Bedienfeld auf 5 mm ①. Dadurch wird dieser Absatz eingezogen ②, und im selben Moment blendet InDesign das Pluszeichen ein ③.

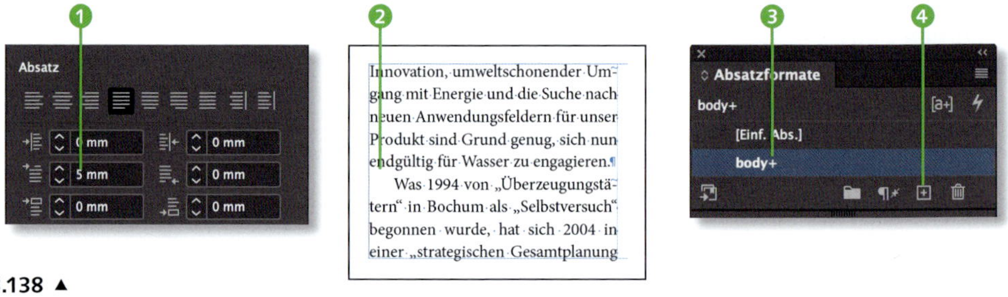

Abbildung 3.138 ▲
Ich ändere die Formatierung des zweiten Absatzes. Dieser ist auch mit dem Absatzformat »body« formatiert.

Durch Drücken des Buttons NEUES FORMAT ERSTELLEN ④ erstellt InDesign ein neues Absatzformat. Dieses weise ich dem Absatz, in dem sich noch der Cursor befindet und aus dem die Absatzformatierung übernommen wurde, mit einem Klick auf den Namen zu (siehe Abbildung 3.139). Diese manuelle Zuweisung ist leider immer nötig, da InDesign lediglich ein neues Format anlegt, es aber eben nicht automatisch auf den Absatz, aus dem die Formatierung stammt, anwendet.

Da der Absatz, den ich geändert habe, schon mit einem Absatzformat belegt war, passiert im Hintergrund nun etwas anderes als das, was wir bisher kennengelernt haben. InDesign stellt nämlich das ursprüngliche Absatzformat »body« unter BASIERT AUF ⑦ ein. Daher braucht InDesign in den Absatzformatoptionen nur noch die Abweichungen zu dem Basisformat »body« aufzunehmen ⑤.

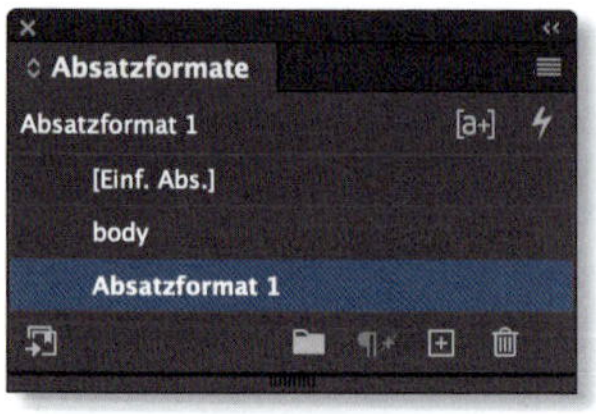

▲ Abbildung 3.139
Hier habe ich das neue Absatzformat angeklickt und damit dem Absatz, aus dem es die Formatierung bezogen hat, zugewiesen.

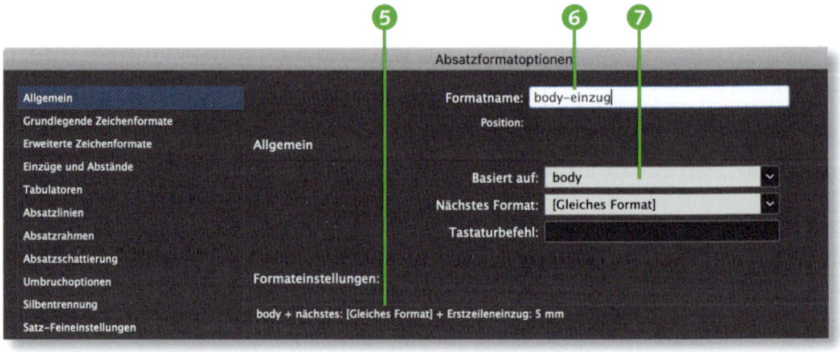

Abbildung 3.140 ▶
Die automatische Vergabe des Absatzformats »body« bei BASIERT AUF kann ich in den Absatzformatoptionen nachvollziehen.

Um die Absatzformatoptionen anzeigen zu lassen, habe ich mit einem Rechtsklick auf den automatisch vergebenen Namen »Absatzformat 1« das Kontextmenü geöffnet und hier den Befehl zum Bearbeiten des Absatzformats gewählt (alternativ: der Doppelklick auf den Formatnamen). Unter FORMATNAME habe ich einen sinnvolleren Namen vergeben ❻. Dadurch, dass das Absatzformat »body-einzug« auf »body« basiert, würde ich von nun an grundsätzliche Formatänderungen am Basisformat »body« vornehmen. Von hier aus würden sich diese Änderungen durch diese Eltern-Kind-Beziehung auf »body-einzug« weitervererben. Dieses Konzept ist nicht auf zwei Absatzformate beschränkt: Sie können diese Art Beziehung sozusagen auf beliebig viele Kinder und auch Generationen von Absatzformaten anwenden. So könnten Sie ein weiteres Absatzformat auf »body-einzug« basieren lassen.

Übersicht behalten

Leider zeigt InDesign die Verwandtschaftsbeziehungen zwischen Absatzformaten an keiner anderen Stelle an. Daher müssen Sie in den Absatzformatoptionen nachsehen, was bei BASIERT AUF eingetragen ist und dementsprechend entscheiden, an welchem Absatzformat Sie welche Änderungen vornehmen.

Nächstes Format

Wenn Sie Texte in InDesign verfassen oder wenn die Texte, die Sie in InDesign platzieren, oft nach demselben Schema aufgebaut sind, ist NÄCHSTES FORMAT eine interessante Funktion. Ein typischer Textablauf in einem Magazin könnte z. B. so aussehen: RUBRIK > ÜBERSCHRIFT > VORLAUFTEXT > ERSTER_ABSATZ_FLIESS_INITIALE > FLIESSTEXT_EINZUG. Das letzte Format FLIESSTEXT_EINZUG wiederholt sich bis zum Textende. Diese Reihenfolge lässt sich in den Absatzformaten mit NÄCHSTES FORMAT realisieren ❽. Dort wird aus dem Pulldown-Menü mit den bestehenden Absatzformaten das jeweils folgende Absatzformat gewählt ❾, z.B. würde das Absatzformat RUBRIK dann als NÄCHSTES FORMAT das Absatzformat ÜBERSCHRIFT erhalten:

Die Dateien zu dieser Funktion finden Sie in den Beispielmaterialien: »naechstes-format.indd«, »naechstes-format-text.doc«.

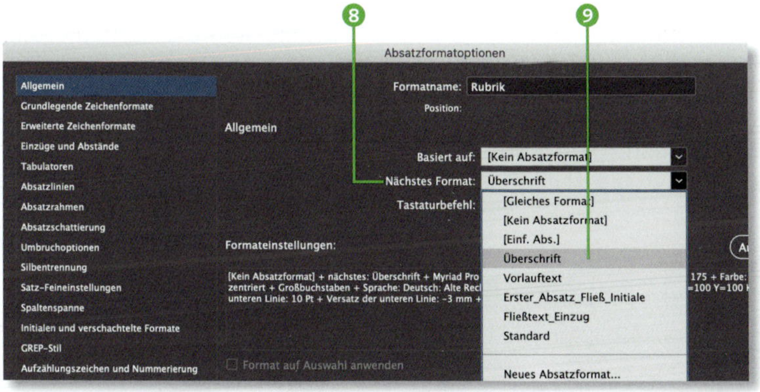

◀ **Abbildung 3.141**
Die Option NÄCHSTES FORMAT ist bei gleichförmigen Formatabläufen sinnvoll.

Texte schreiben

Wenn Sie selbst Texte in InDesign erfassen und in Absatzformaten die Funktion NÄCHSTES FORMAT verwenden, wechselt InDesign beim Drücken der [↵]-Taste z. B. direkt vom Absatzformat HEAD zu FLIESS_OHNE_EINZUG usw.

Diese Zuweisung bei NÄCHSTES FORMAT kann für die anderen Absatzformate mit den jeweiligen Folgeformaten ebenso definiert werden. Den Text in Abbildung 3.142 habe ich mit den oben genannten Absatzformaten formatiert – bei entsprechender Planung und Umsetzung der Absatzformate ist dann nur noch ein Klick für die komplette Formatierung nötig! Achten Sie auf die Initiale am Absatzbeginn ❶ und auf die Autorenkennung ❷ am Textende; beide Details sind in den Absatzformaten definiert und brauchen daher nicht separat markiert und formatiert zu werden, sondern werden bei der Anwendung der entsprechenden Absatzformate mit formatiert.

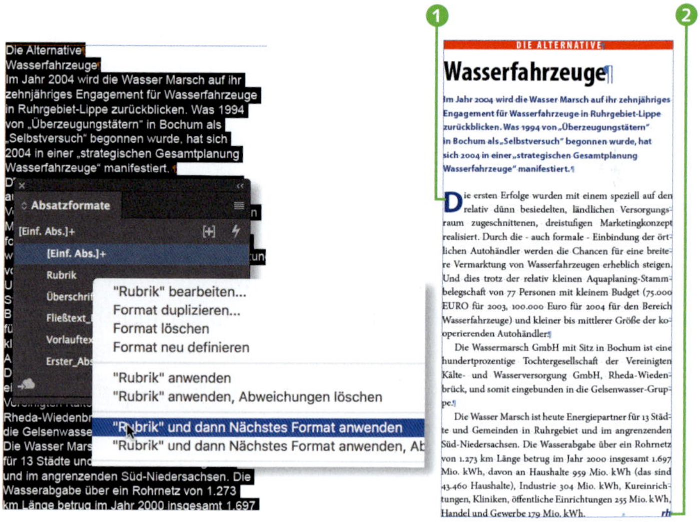

Abbildung 3.142 ▸
Der gesamte Text wurde mit einem Klick formatiert – dank Absatzformaten und der Funktion NÄCHSTES FORMAT.

Soll ein Text mit einer Abfolge von Absatzformaten formatiert werden, wird der Text mit dem Textwerkzeug nach dem Import komplett markiert. Mit einem Rechtsklick auf den Namen des Absatzformats im ABSATZ-Bedienfeld, mit dem die Formatierung beginnen soll, wird das Kontextmenü aufgerufen. Im Beispiel habe ich den Befehl "RUBRIK" UND DANN NÄCHSTES FORMAT ANWENDEN aufgerufen. Probieren Sie diese spannende Funktion anhand der Beispieldateien unbedingt einmal aus!

Verschachtelte Formate

Die Autorenkennung ❷ in der letzten Zeile des Textes von Abbildung 3.142 ist ein Beispiel für verschachtelte Formate. Diese können Teil eines Absatzformats sein und greifen ihrerseits auf Zeichenformate zurück. Wie Sie dem Beispiel entnehmen können, müssen für verschachtelte Formate Bedingungen angegeben werden. Im Screenshot sehen Sie, dass nur im letzten Absatz auf die letzten beiden Zeichen ein Zeichenformat angewendet wurde. Das liegt hier an der Bedingung »Text hinter einem Tabulatorzeichen«, mit der ich die Zuweisung eines Zeichenformats auf entsprechenden Text eingegrenzt habe.

▼ **Abbildung 3.143**
Mittels VERSCHACHTELTE FORMATE lassen sich Formatierungen weiter automatisieren.

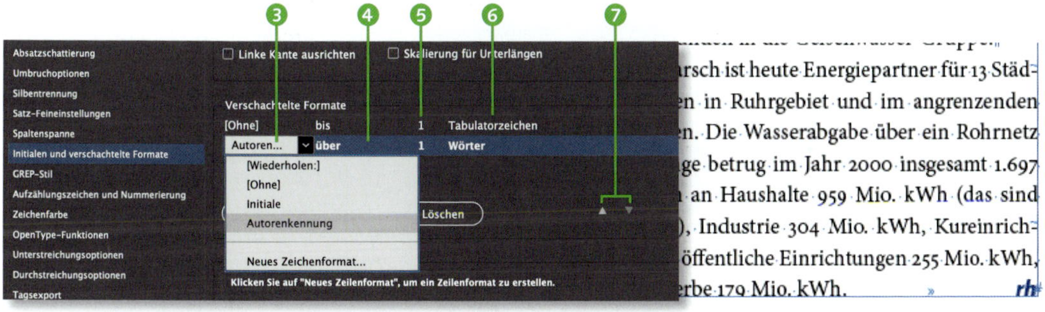

Per Pulldown-Menü können Sie aus den bisher angelegten Zeichenformaten wählen oder ein neues erstellen (3). Hier steht in der ersten Zeile [OHNE], weil im Beispiel gar kein Zeichenformat angewendet werden soll, bis die Bedingung TABULATORZEICHEN (6) eintritt. Dadurch wird der Text bis zum Tabulator nur mit den Absatzattributen versehen, die in den anderen Bereichen der ABSATZFORMATOPTIONEN definiert wurden.

Als Nächstes können Sie angeben, ob das unter (3) gewählte Format BIS oder ÜBER (4) auf die unter (6) definierte Bedingung angewendet werden soll. Denken Sie sich ein »einschließlich« statt des ÜBER. Bei einem Doppelpunkt etwa wird der Unterschied deutlich: Durch ein ÜBER wird die Formatierung den Doppelpunkt mit einschließen (siehe Abbildung 3.144).

Die Zahl (5) gibt die Anzahl der zu suchenden Instanzen an, bis zu denen das Zeichenformat angewendet werden soll (siehe Abbildung 3.145). Hier stellen Sie das zu suchende Zeichen (6) ein (das kann auch ein Wort, ein Absatzende etc. sein), bei dem die Formatierung endet. Das Pulldown-Menü stellt Ihnen wichtige Zeichen zur Verfügung, mit den Pfeilen (7) können Sie bei mehreren verschachtelten Formaten die Reihenfolge der Formatierung ändern.

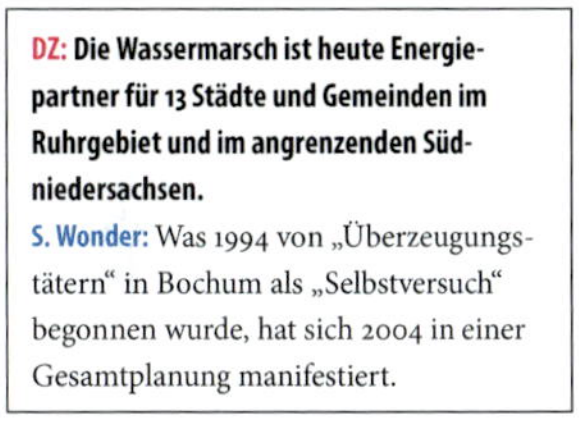

▲ **Abbildung 3.144**
Durch die Option ÜBER werden die Doppelpunkte mit formatiert.

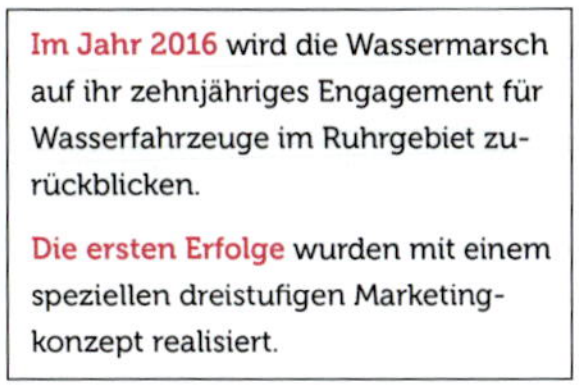

▲ **Abbildung 3.145**
Mittels verschachtelter Formate werden die ersten drei Wörter formatiert.

Funktionen im Absatzformate-Bedienfeld

Im ABSATZFORMATE-Bedienfeld finden sich weitere interessante Funktionen, die ich nicht unerwähnt lassen möchte.

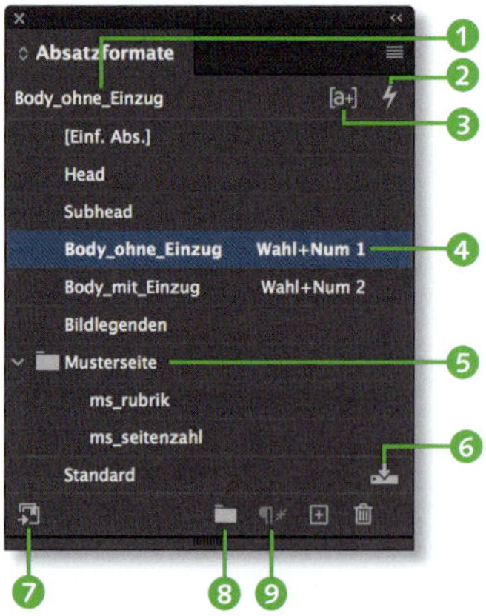

Abbildung 3.146 ▸
Das ABSATZFORMATE-Bedienfeld bietet weitere Funktionen, die Sie kennen sollten.

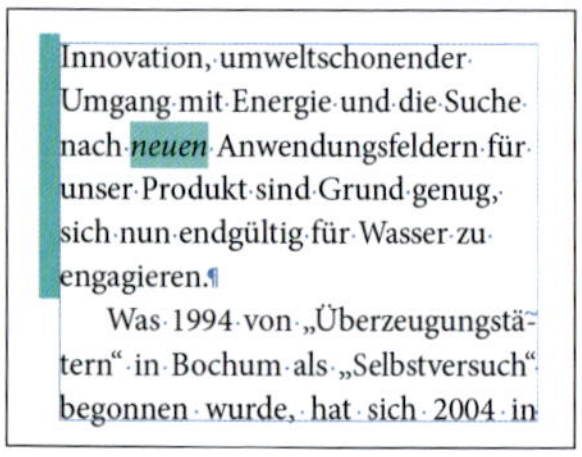

▲ Abbildung 3.147
Formatabweichungen können Sie sich im Layout anzeigen lassen.

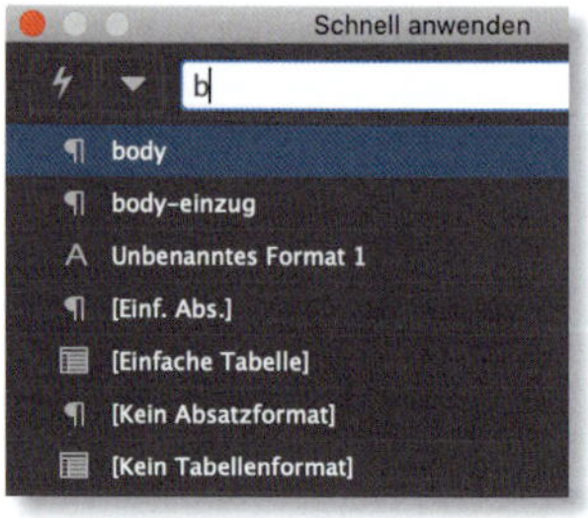

▲ Abbildung 3.148
Über die Funktion SCHNELL ANWENDEN können Sie nach Formatnamen suchen und diese direkt anwenden.

Oberhalb der eigentlichen Liste mit den Absatzformaten wird der Name des Absatzformats ❶ angezeigt, das auf den Absatz angewendet wurde, in dem sich der Cursor gerade befindet. Diese Angabe ist bei sehr umfangreichen Absatzformatlisten hilfreich.

Hier finden Sie rechts MARKIERUNG VON FORMATABWEICHUNGEN ❸. Den Button gibt es auch im ZEICHENFORMATE-Bedienfeld. Wenn Sie einen dieser Buttons aktivieren, werden Ihnen Abweichungen von den in Absatz- und Zeichenformaten definierten Formaten im Layout angezeigt. In Abbildung 3.147 sehen Sie die eingeblendeten Markierungen, die äußerst praktisch zum Aufspüren von sogenannten lokalen Formatierungen sind.

Ganz rechts befindet sich SCHNELL ANWENDEN ❷, das Sie ebenfalls im ZEICHENFORMATE-Bedienfeld finden. Bei sehr vielen Formaten können Sie hierüber ein Fenster aufrufen, über das Sie recht schnell ein bestimmtes Format anwählen können. Im Unterschied zu den diversen Formatbedienfeldern können Sie in diesem Fenster nach den Bezeichnungen suchen (siehe Abbildung 3.148). Noch komfortabler als über den Button können Sie dieses sehr praktische Fenster über Strg/⌘+↵ aufrufen.

Rechts neben den Absatzformatnamen werden die vergebenen Tastenkürzel ❹ angezeigt. Für umfangreiche Listen im ABSATZFORMATE-Bedienfeld bieten sich Formatgruppen ❺ zur Organisation an. Über den Button am unteren Bedienfeldrand können

Sie hierfür Ordner anlegen ❽. Wenn ein Festplatten-Symbol ❻ neben einem Absatzformat zu sehen ist, bedeutet dies, dass dieses Absatzformat beim Platzieren des Textes mit in das InDesign-Dokument importiert und nicht in InDesign angelegt wurde. Den Textimport und die Optionen, die Ihnen InDesign hierbei bietet, besprechen wir im nächsten Abschnitt.

Am unteren Rand des Bedienfeldes finden Sie den Button Ausgewähltes Format meiner aktuellen CC Library hinzufügen ❼. Mit dieser Funktion können Sie verschiedene Designelemente (wie Farben, Grafiken und diverse Formate) aus Ihren Layouts online speichern und haben anschließend von verschiedenen Dokumenten und programmübergreifend Zugriff auf diese Elemente. In Abschnitt 9.6, »CC Libraries«, schauen wir uns diese interessante Funktion noch genauer an. Mit dem Button Abweichungen in Auswahl löschen ❾ erledigen Sie genau dies: Sie entfernen unerwünschte lokale Formatierungen.

Auch im Menü des Absatzformate-Bedienfelds finden sich hilfreiche Funktionen. Hier sind insbesondere zwei Befehle erwähnenswert: Über Absatzformate laden können Sie Formate, die Sie schon in einem anderen Dokument angelegt haben, herüberholen. Nach Anwahl dieses Befehls wird zunächst ein Dateiwahldialog eingeblendet. Hier wählen Sie das Quelldokument, aus dem Sie Absatz- und/oder Zeichenformate übernehmen möchten. Anschließend können Sie unter Formate laden wählen, welche Formate Sie in das Zieldokument übernehmen möchten ❿.

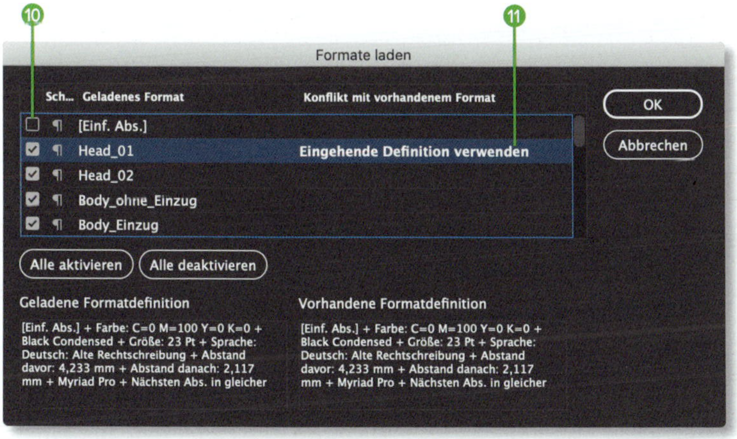

Schnell anwenden

Neben den diversen Formaten listet das Bedienfeld Schnell anwenden auch Menüeinträge auf. Was Sie angezeigt bekommen, können Sie über den Pfeil nach unten und über Kürzel vor dem Suchbegriff weiter eingrenzen. Das »a« in folgender Abbildung führt dazu, dass nur Absatzformate angezeigt werden.

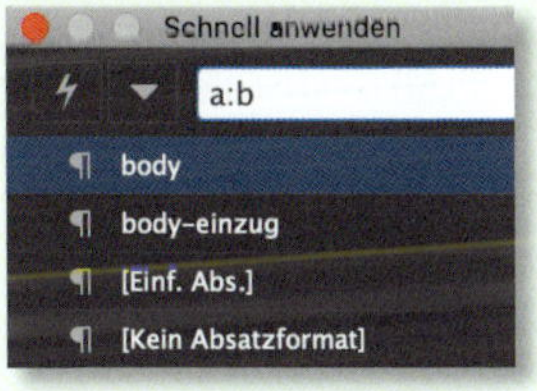

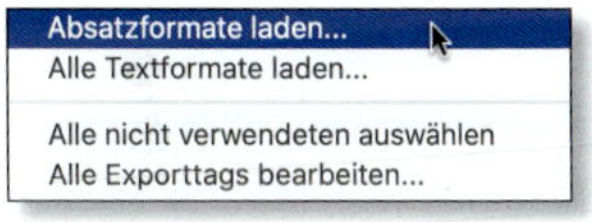

▲ **Abbildung 3.149**
Im Bedienfeldmenü finden sich weitere interessante Funktionen.

◀ **Abbildung 3.150**
Der Dialog Formate laden: Falls Sie ein Format laden, das es schon im Zieldokument gibt, können Sie wählen, ob das eingehende Format verwendet oder ein neues Format angelegt werden soll ⓫.

3.7 Importoptionen für Text

Temporär aktivieren

Durch Drücken der [⇧]-Taste können Sie sich die Importoptionen bei Bedarf anzeigen lassen, wenn Sie im Allgemeinen ohne Importoptionen arbeiten.

Beim Platzieren von Texten, die etwa in Microsoft Word erfasst wurden, haben Sie die Möglichkeit, die Art des Imports zu steuern. Aktivieren Sie hierfür beim Platzieren die Checkbox IMPORTOPTIONEN ANZEIGEN (1).

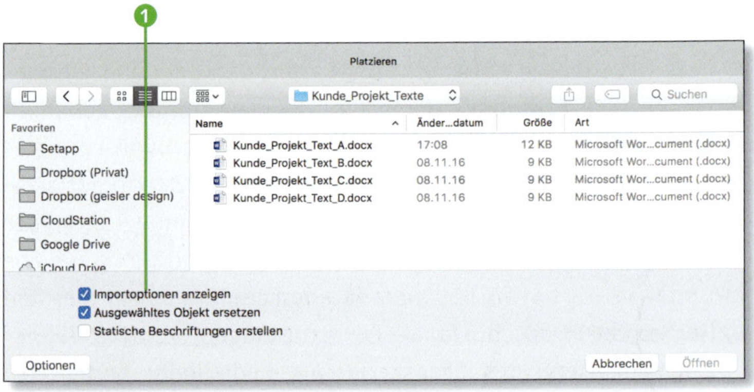

Abbildung 3.151 ▶
Im PLATZIEREN-Dialog können Sie IMPORTOPTIONEN ANZEIGEN aktivieren.

Da Textdateien in der Regel im DOCX-Format geliefert werden, beschränke ich mich im Folgenden auf die Microsoft-Word-Importoptionen.

Textdateien schließen

Die Textdatei sollte während des Importierens nicht im Ursprungsprogramm geöffnet sein, Sie erhalten sonst gegebenenfalls eine Warnmeldung wegen unzureichender Zugriffsrechte.

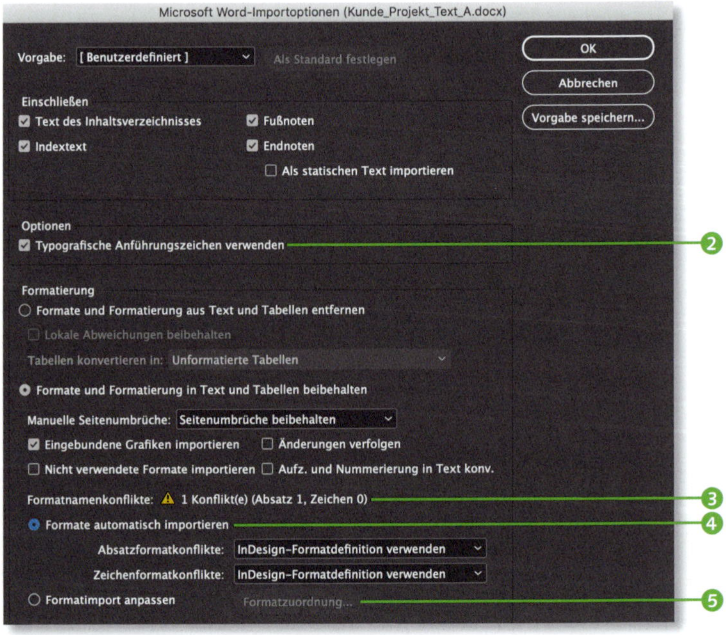

Abbildung 3.152 ▶
Den Import von Word-Dokumenten können Sie mittels umfangreicher Optionen steuern.

Die Checkbox Typografische Anführungszeichen verwenden ❷ können Sie eigentlich immer aktiviert lassen: Sie sorgt dafür, dass die geraden einfachen (') und geraden doppelten (") Zeichen für einfache und doppelte Anführungen durch die korrekten – (‚ ‘) und („ “) – ersetzt werden.

Der größte und wichtigste Bereich innerhalb der Text-Importoptionen betrifft den Umgang mit den Formatierungen, die in der Word-Datei verwendet wurden.

- **Formate und Formatierung aus Text und Tabellen entfernen:** Ist diese Option aktiviert, werden der Text und gegebenenfalls die Tabellen unformatiert importiert. Wenn hier Lokale Abweichungen beibehalten aktiviert ist, werden Zeichenformatierungen, die nicht mit Formaten realisiert wurden, beibehalten. Das kann erwünscht sein, um die Auszeichnungen wie schräg gestellte Wörter, die der Autor im Text vorgenommen hat, zu übernehmen. Durch Suchen/Ersetzen können Sie derartige Formatierungen später durch die passenden Zeichenformate ersetzen.
- **Formate und Formatierung in Text und Tabellen beibehalten:** Wenn diese Option aktiviert ist, bieten sich die weitreichendsten Steuermöglichkeiten für den Textimport. Dabei müssen Sie sich grundsätzlich entscheiden, was InDesign bei sogenannten Formatnamenkonflikten ❸ machen soll. Ein solcher Konflikt liegt vor, wenn eine Formatvorlage in Word denselben Namen hat wie ein Absatzformat in InDesign. Ein Problem muss das nicht sein: In einem Workflow, in dem Redakteure in Word mit denselben Namen von Formatvorlagen arbeiten wie Sie in InDesign, kann das sogar gewünscht sein (siehe auch Kasten »Word-Formate in InDesign erstellen«).

  Mit Hilfe der Pulldown-Menüs im Unterbereich Formate automatisch importieren ❹ können Sie für Absatz- und Zeichenformatkonflikte individuell festlegen, ob die Word-Formatvorlagen importiert oder stattdessen die vorhandenen InDesign-Formate verwendet werden sollen, was sicher meist gewünscht ist. Noch interessanter ist die letzte Option, Formatimport anpassen ❺. Mit einem Klick auf den Button Formatzuordnung wird das Fenster Formatzuordnung eingeblendet, in dem in zwei Spalten alle Absatz- und Zeichenformate der Word-Datei und des InDesign-Dokuments

Textdateiformate

Sie können neben DOCX-Dateien auch RTF- und TXT-Daten nach InDesign importieren.

Anführungszeichen

Leider hat die Einstellung bei Bearbeiten/InDesign • Voreinstellungen • Wörterbuch keine Auswirkung auf die umgewandelten Zeichen, Sie können beispielsweise keine Guillemets nach dem Import erwarten.

Vorgabe speichern

Speichern Sie stets Importoptionen samt Formatzuweisungen ab, wenn Sie häufig gleich formatierte Texte platzieren, damit Sie nicht jedes Mal von vorn anfangen müssen.

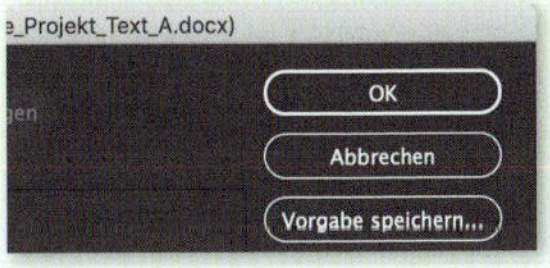

aufgelistet sind ❶. Den Word-Formaten können Sie so über Pulldown-Menüs die passenden InDesign-Formate der Layoutdatei zuordnen ❷.

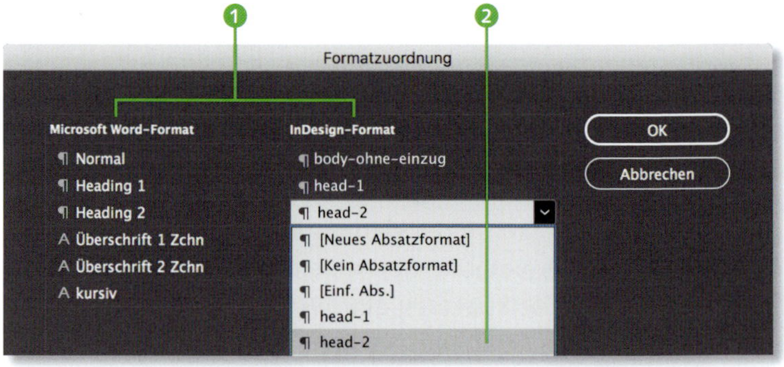

Abbildung 3.153 ▸ Wenn in Word sauber mit Formaten gearbeitet wurde, lassen sich diese mühelos Entsprechungen in InDesign zuweisen.

Wenn beim Erfassen des Textes in Word konsequent mit Formaten gearbeitet wurde, ermöglicht die Formatzuordnung einen flüssigen Workflow, bei dem Sie den Text kaum noch nachbearbeiten müssen. Noch eins: Lassen Sie sich nicht von den Namen der Microsoft-Word-Formate in der linken Spalte irritieren: Hier zeigt InDesign leider die englischen Namen der Standardformate an. Was in der deutschsprachigen Word-Version »Standard« heißt, wird hier als »Normal« angezeigt, »Überschrift 1« als »Heading 1« etc. Diese Funktion schauen wir uns gleich noch im Workshop an.

Schritt für Schritt
Word-Import mit anschließender Optimierung in InDesign

In diesem Workshop möchte ich Ihnen die grundsätzlichen Schritte für den Word-Import und Tipps für die nachfolgenden Optimierungen zeigen. Das Szenario hierfür sieht so aus, dass Sie ein InDesign-Dokument vorliegen haben, in dem Sie schon drei Absatzformate und ein Zeichenformat angelegt haben, weil Sie wissen, dass Sie diese für ein Periodikum wie einen Newsletter benötigen. Geliefert bekommen Sie allerdings Word-Dokumente, bei denen Formate für Absätze, aber nicht für Zeichen verwendet werden. Außerdem sind in den Word-Dokumenten Leerzeilen eingefügt, um Absätze voneinander abzurücken; ein weiteres Problem sind doppelte Leerzeichen.

Die Dateien für diesen Workshop finden Sie in den Beispielmaterialien: »word-standarddokument.docx«, »word-import.indd«.

1 Überblick über das Word-Dokument

Dieser Schritt ist nicht zwingend für den Import eines Textes nach InDesign nötig. Wenn Ihnen ein Textverarbeitungsprogramm wie Microsoft Word zur Verfügung steht, empfehle ich Ihnen diesen Schritt allerdings.

Öffnen Sie sich für einen ersten Überblick das Word-Dokument in einer Textverarbeitung. Aktivieren Sie im Register START ③ die Option FORMATIERUNGSZEICHEN EIN-/AUSBLENDEN ⑦. Diese Funktion entspricht der Option VERBORGENE ZEICHEN EINBLENDEN im Schriftmenü von InDesign: Uns werden nun die Leer- und Absatzendezeichen eingeblendet. Jetzt können wir direkt sehen, dass im Beispieldokument Leerzeilen zum Abrücken von Absätzen verwendet wurden ⑤. Welche Formatvorlage an der Cursorposition verwendet wurde, sehen Sie in der Gruppe FORMATVORLAGE ⑧. Bemerkenswert hilfreiche Funktionen finden Sie im Bereich FORMATVORLAGEN, den Sie sich am Mac über die entsprechende Schaltfläche, am PC über einen Button unten rechts in der Formatvorlagengruppe öffnen können.

▼ Abbildung 3.154
Vor dem Import von Texten lohnt sich ein schneller Blick darauf in einer Textverarbeitung.

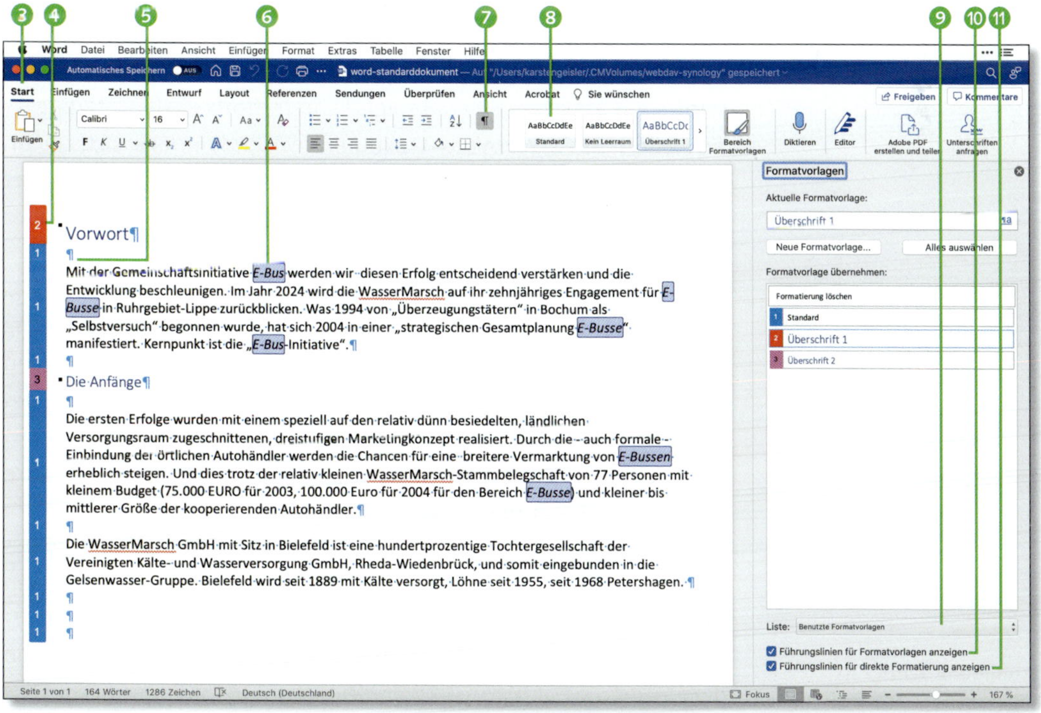

Wählen Sie hier im Menü LISTE die Option BENUTZTE FORMATVORLAGEN ❾ (unter Windows bei OPTIONEN), und aktivieren Sie FÜHRUNGSLINIEN FÜR FORMATVORLAGEN ANZEIGEN ❿ und FÜHRUNGSLINIEN FÜR DIREKTE FORMATIERUNG ANZEIGEN ⓫ (unter Windows zurzeit nicht möglich). Die farbigen Balken am linken Dokumentrand ❹ weisen nun auf die angewendeten Formatvorlagen hin. Markierungen im Text ❻ spiegeln die direkten Formatierungen wider. Damit sind Formatierungen gemeint, die nicht mit Formatvorlagen, sondern manuell durchgeführt wurden. In InDesign werden diese Formatierungen Abweichungen, abweichende bzw. lokale Formatierung genannt.

Nun können wir Maßnahmen definieren, die für die Textoptimierung während bzw. nach dem Import in InDesign anstehen:

- Zuweisung der Word-Absatzformate zu InDesign-Absatzformaten
- Zuweisung der direkten Formatierungen zu einem InDesign-Zeichenformat
- Löschen von Leerzeilen
- Löschen von überzähligen Leerzeichen
- Austausch von zu kurzen Strichen bei Gedankenstrichen durch Halbgeviertstriche

Schließen Sie das Word-Dokument, nachdem Sie sich einen Überblick verschafft haben, sonst erhalten Sie beim Import nach InDesign eventuell eine Fehlermeldung aufgrund fehlender Zugriffsrechte.

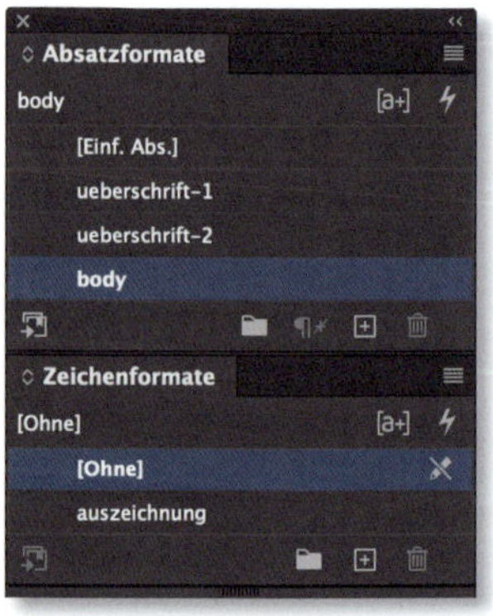

▲ **Abbildung 3.155**
In InDesign vorbereitete Formate für den Word-Import

2 Import des Word-Dokuments

Öffnen Sie das InDesign-Dokument »word-import.indd«. Wenn Sie sich das ABSATZ- und das ZEICHENFORMATE-Bedienfeld über FENSTER • FORMATE einblenden, sehen Sie die drei von mir vorbereiteten Absatzformate und ein Zeichenformat. Diese Formate werden wir direkt beim Import der Word-Datei anwenden.

Platzieren Sie den Textcursor im Textrahmen des noch leeren InDesign-Dokuments, und rufen Sie über das DATEI-Menü den PLATZIEREN-Befehl auf. Damit Ihnen die sehr nützlichen Microsoft-Word-Importoptionen überhaupt angezeigt werden, müssen Sie die Option IMPORTOPTIONEN ANZEIGEN unten im PLATZIEREN-Dialog aktivieren (siehe Abbildung 3.151).

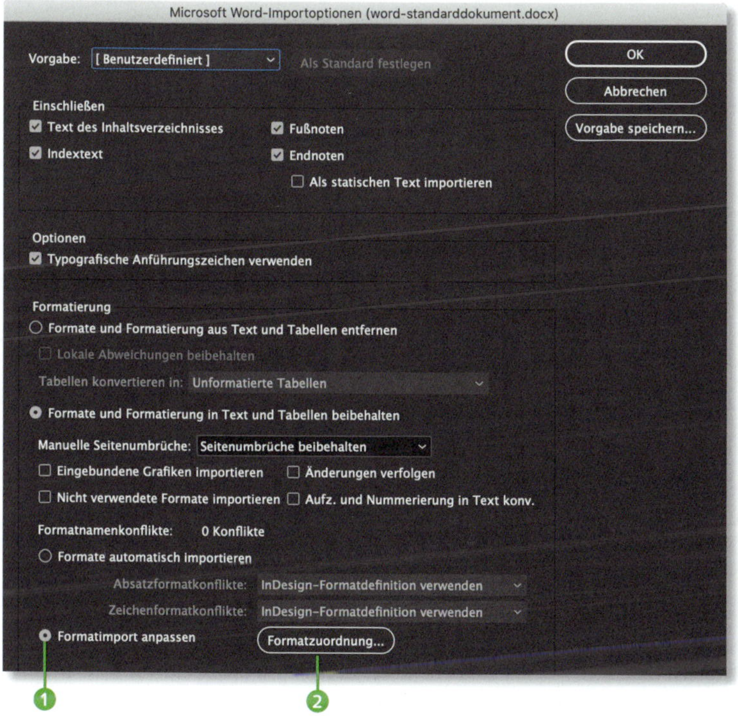

◂ Abbildung 3.156
Mit den entsprechenden Word-Importoptionen lassen wir die in Word angewendeten Absatzformate direkt beim Import den InDesign-Absatzformaten zuordnen.

Eingebundene Grafiken importieren

Diese Option ist allerhöchstens für eine Orientierung in einem längeren importierten Word-Dokument sinnvoll. Grafiken, die in Word platziert wurden, genügen nämlich in der Regel nicht den Anforderungen einer Printdatei, die Sie in InDesign anlegen.

Die wirklich wichtige Funktion innerhalb der Word-Importoptionen finden Sie ganz unten: FORMATIMPORT ANPASSEN ❶. Aktivieren Sie diese, und klicken Sie anschließend auf den Button FORMATZUORDNUNG ❷. In dem nun eingeblendeten Fenster weisen Sie den Formaten aus Word die Entsprechungen in InDesign zu:

Nicht verwendete Formate importieren

Auch diese Option dürfte nur ausnahmsweise sinnvoll sein.

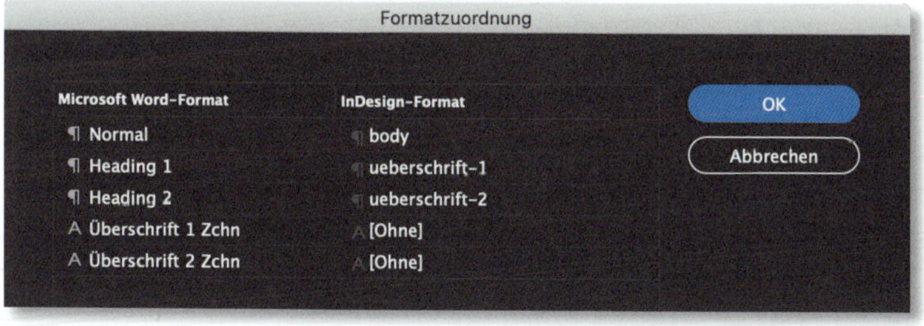

◂ Abbildung 3.157
Mit dieser Zuordnung erhalten wird das Word-Dokument sauber nach InDesign importiert.

Wie weiter oben erläutert: In der Spalte MICROSOFT WORD-FORMAT zeigt InDesign uns in diesem Dialog statt der deutschen Formatvorlagenbezeichnungen die englischen Namen an. Die beiden Zeichenformate »Überschrift 1 Zchn« bzw. »Überschrift 2 Zchn«

benötigen wir nicht, daher ordnen wir ihnen das Zeichenformat [Ohne] zu. Bestätigen Sie nach der Formatzuordnung die Dialogfenster FORMATZUORDNUNG und MICROSOFT WORD-IMPORTOPTIONEN mit OK. Anschließend sollte Ihr InDesign-Dokument in etwa wie folgt aussehen:

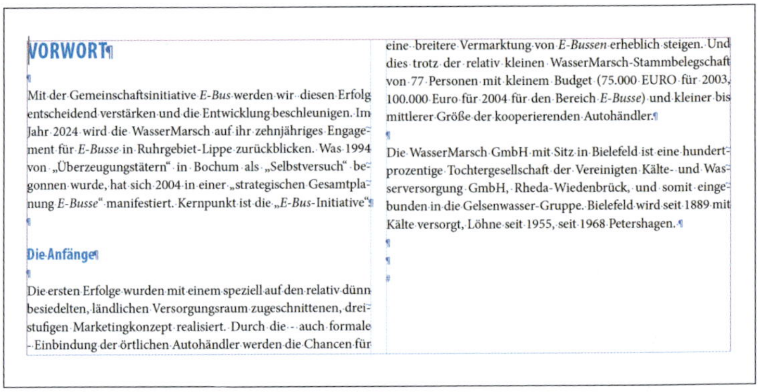
VORWORT

Mit der Gemeinschaftsinitiative *E-Bus* werden wir diesen Erfolg entscheidend verstärken und die Entwicklung beschleunigen. Im Jahr 2024 wird die WasserMarsch auf ihr zehnjähriges Engagement für *E-Busse* in Ruhrgebiet-Lippe zurückblicken. Was 1994 von „Überzeugungstätern“ in Bochum als „Selbstversuch“ begonnen wurde, hat sich 2004 in einer „strategischen Gesamtplanung *E-Busse*“ manifestiert. Kernpunkt ist die „*E-Bus*-Initiative“

Die Anfänge

Die ersten Erfolge wurden mit einem speziell auf den relativ dünn besiedelten, ländlichen Versorgungsraum zugeschnittenen, dreistufigen Marketingkonzept realisiert. Durch die – auch formale – Einbindung der örtlichen Autohändler werden die Chancen für eine breitere Vermarktung von *E-Bussen* erheblich steigen. Und dies trotz der relativ kleinen WasserMarsch-Stammbelegschaft von 77 Personen mit kleinem Budget (75.000 EURO für 2003, 100.000 Euro für 2004 für den Bereich *E-Busse*) und kleiner bis mittlerer Größe der kooperierenden Autohändler.

Die WasserMarsch GmbH mit Sitz in Bielefeld ist eine hundertprozentige Tochtergesellschaft der Vereinigten Kälte- und Wasserversorgung GmbH, Rheda-Wiedenbrück, und somit eingebunden in die Gelsenwasser-Gruppe. Bielefeld wird seit 1889 mit Kälte versorgt, Löhne seit 1955, seit 1968 Petershagen.

Abbildung 3.158 ►
Durch die Formatzuordnung ist der Text nach dem Import schon mal korrekt formatiert.

> **Suchkombinationen**
>
> Durch die Kombination von Suchoptionen können Sie sehr genau vorgeben, wonach InDesign suchen soll. So können Sie beispielsweise nach einem Wort suchen, das in einer bestimmten Schriftgröße formatiert wurde. Hierfür verwenden Sie das Eingabefeld SUCHEN NACH in Kombination mit FORMATEINSTELLUNGEN SUCHEN.

3 Lokale Formatierungen einem Zeichenformat zuweisen

Falls der Textcursor nicht mehr im Text positioniert ist, setzen Sie den Textcursor an den Anfang des Textes und rufen dann den Befehl SUCHEN/ERSETZEN über Strg/ctrl+F auf.

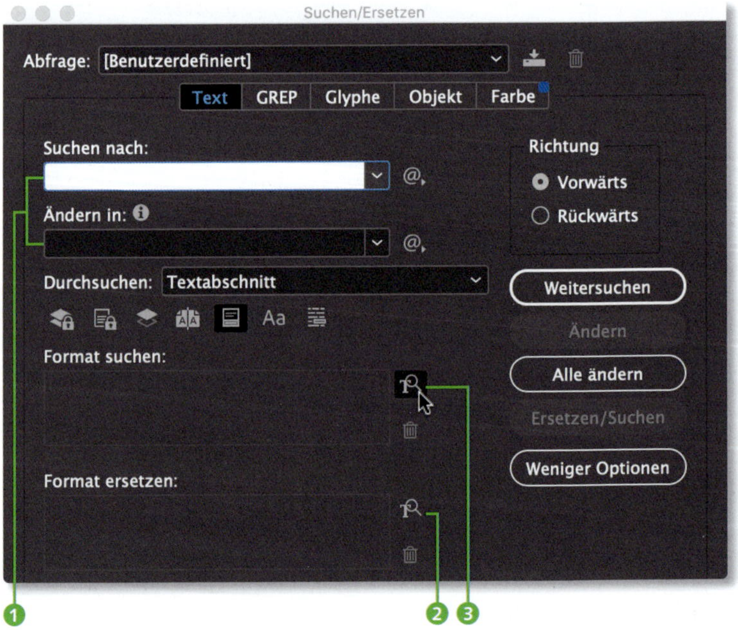

Abbildung 3.159 ►
Eine Funktion, die häufig übersehen wird: das Suchen und Ersetzen von Formatierungen

Ein Hinweis, bevor wir uns an den Austausch der lokalen Formatierungen durch ein Zeichenformat machen: In unserem Beispieldokument ändert sich die Formatierung durch die Zuweisung des Zeichenformats »auszeichnung« nicht. Dennoch empfehle ich Ihnen das hier gezeigte Vorgehen, denn durch die konsequente Verwendung von Absatz- und Zeichenformaten können Sie sicher sein, dass Sie mit »sauber« formatierten InDesign-Dokumenten arbeiten. Außerdem bleiben Sie durch die Verwendung von Zeichenformaten flexibel, falls Ihnen oder dem Kunden die Art der Auszeichnung nicht zusagen sollte. Sie brauchen dann nämlich nur das Zeichenformat zu ändern (siehe Abschnitt »Zeichenformate« weiter vorn).

Statt buchstäblich im Text zu suchen, werden wir eine Formatierung – nämlich die der lokalen Formatierungen – durch das Zeichenformat ersetzen. Dafür lassen wir die beiden Eingabefelder Suchen nach und Ändern in leer ①. Klicken Sie nun auf den Button Suchattribute eingeben ③ im Format suchen-Bereich.

Im Dialog Formateinstellungen suchen, der sich daraufhin öffnet, können Sie sehr detailliert vorgeben, nach welchen Formatierungen InDesign suchen soll. Für unser Beispiel reicht es, dass wir nach dem Schriftschnitt Italic suchen. Diese Vorgabe können Sie im Bereich Grundlegende Zeichenformate ④ unter Schriftschnitt ⑤ hinterlegen.

Suchbereich definieren

Abhängig von der Position des Textcursors und einer Textmarkierung können Sie im Suchen/Ersetzen-Fenster im Pulldown-Menü Durchsuchen bis zu fünf Alternativen wählen, wo genau InDesign nach den Suchvorgaben suchen soll.

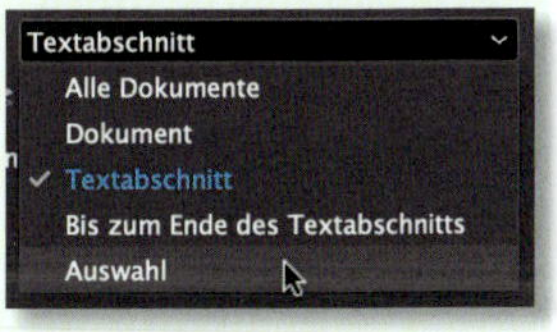

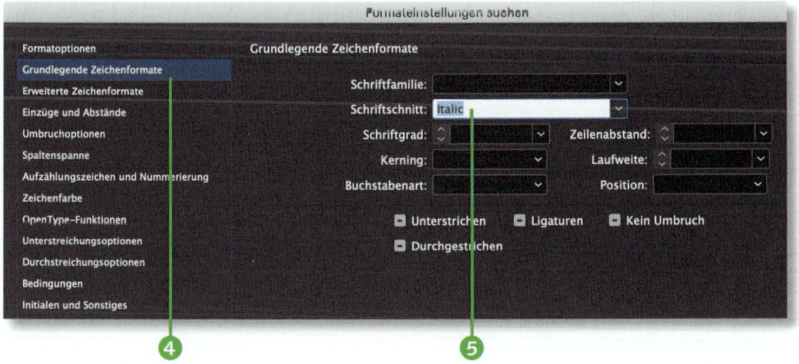

◂ **Abbildung 3.160**
Im Fenster Formateinstellungen suchen können Sie sehr detaillierte Suchvorgaben definieren.

Formatierung nachschauen

Die Formatierung, die Sie suchen lassen möchten, können Sie bei markiertem Text natürlich beispielsweise im Eigenschaften-Bedienfeld nachschauen.

Da das Schriftschnitt-Menü sehr lang sein kann, geben Sie hier einfach den zu suchenden Schriftschnitt ein. Bestätigen Sie anschließend diesen Dialog.

Klicken Sie im Suchen/Ersetzen-Dialog nun auf Suchattribute eingeben ② im Format ersetzen-Bereich.

Im Dialogfenster FORMATEINSTELLUNGEN ERSETZEN wählen Sie im Bereich FORMATOPTIONEN ❶ das schon angelegte Zeichenformat »auszeichnung« ❷, das Ihnen im Menü ZEICHENFORMAT angezeigt wird.

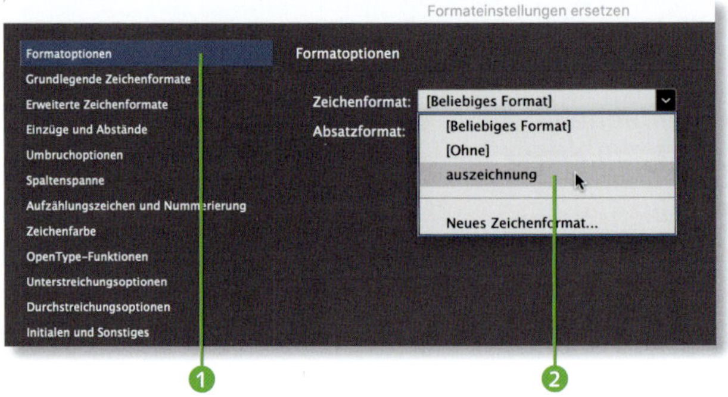

Abbildung 3.161 ▸
Im Fenster FORMATEINSTELLUNGEN ERSETZEN brauchen wir nur das gewünschte Zeichenformat anzuwählen.

Nach Bestätigung dieser Angabe sieht das SUCHEN/ERSETZEN-Fenster so aus:

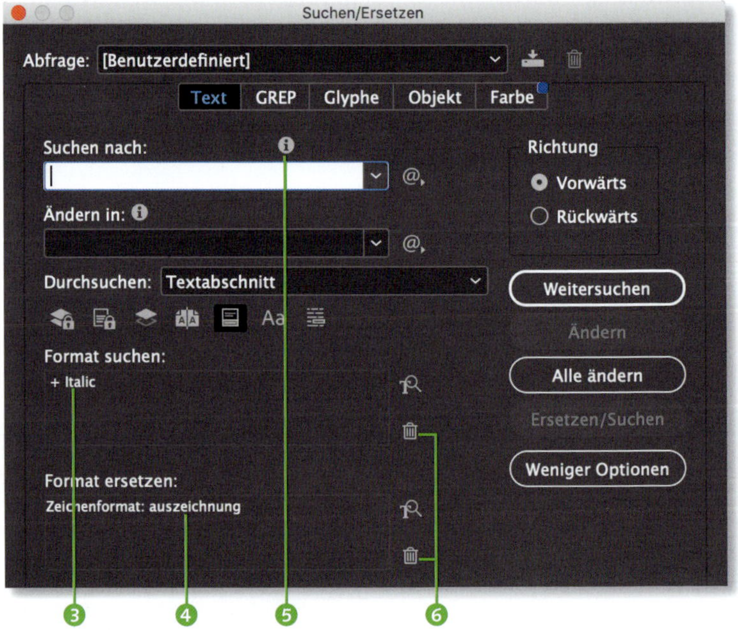

Abbildung 3.162 ▸
Im SUCHEN/ERSETZEN-Fenster werden nun die hinterlegten Formatierungen angezeigt.

Im Dialogfenster SUCHEN/ERSETZEN werden die Formate in den entsprechenden Bereichen angezeigt, die Sie zuvor definiert haben ❸❹. InDesign behält diese Formatierungen bei zukünftigen Suchen bei – auch wenn Sie nach Text suchen. Da das zu unerwarteten Ergebnissen führen kann und die Hinweise auf die Formatierungen nicht sonderlich prägnant sind, wird uns oberhalb des Eingabefeldes Suchen nach ein Hinweis auf die Formatierungen eingeblendet ❺. Behalten Sie diesen Bereich daher im Auge, nachdem Sie eine Suche mit Formatierungen durchgeführt haben. Diese Formatierungen löschen Sie bei Bedarf mit einem Klick auf die Mülleimer-Buttons ❻. Dies werden wir in Schritt 6 auch machen (müssen).

Mit einem Klick auf den Button Alle ändern wird das Zeichenformat »auszeichnung« auf die bisher lokalen Formatierungen angewendet. Da sich in unserem Beispiel die Typografie durch die Zuweisung des Zeichenformats nicht ändert, können wir in den Absatzformate- und Zeichenformate-Bedienfeldern nachsehen, ob InDesign die gewünschte Änderung vorgenommen hat. In folgender Abbildung sehen Sie den Cursor im Wort »E-Bus« ❼. Im linken Screenshot der Absatzformate- und Zeichenformate-Bedienfelder ❽ sehen Sie die Kennzeichnung vor der Zuweisung des »auszeichnung«-Zeichenformats: Das Pluszeichen hinter dem Absatzformat »body« weist die Textstelle, in dem der Cursor positioniert ist, als lokale Formatierung aus. Und im Zeichenformate-Bedienfeld sehen wir, dass hier noch das Zeichenformat [Ohne] in Verwendung ist.

Im rechten Screenshot – nach der Zuweisung des Zeichenformats durch Suchen/Ersetzen – sehen wir, dass das Zeichenformat »auszeichnung« angewendet wurde und dass das Absatzformat daher auch keine Formatabweichung mehr enthält ❾.

▼ Abbildung 3.163
An den Bedienfeldern Absatzformate und Zeichenformate rechts ist ersichtlich, dass InDesign die Zuweisung vorgenommen hat.

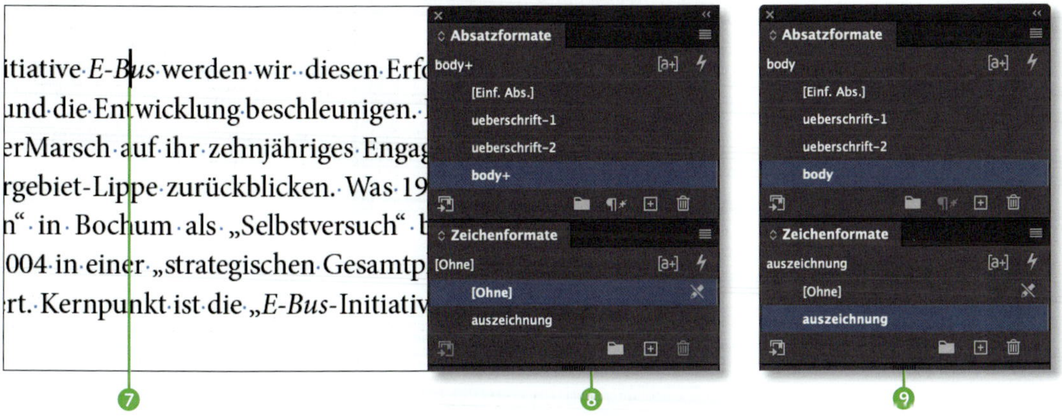

4 Löschen von Leerzeilen

Die nächsten beiden Aufgaben – das Löschen von Leerzeilen und doppelten Leerzeichen – sind schnell erledigt, weil entsprechende Vorgaben vorinstalliert sind. Öffnen Sie falls nötig erneut den SUCHEN/ERSETZEN-Dialog. Im ABFRAGE-Menü finden wir den Eintrag MEHRERE UMBRÜCHE IN EINZELNEN UMBRUCH ❶.

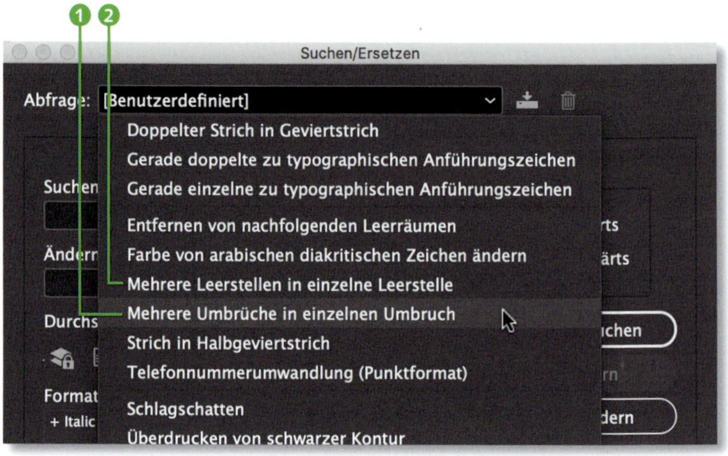

Abbildung 3.164 ▸ Im SUCHEN/ERSETZEN-Dialog sind eine Reihe von sehr nützlichen Abfragen vorinstalliert.

Die Metazeichen dieser Suche

~b ist das Metazeichen für einen Standardzeilenumbruch. ~b~b findet daher zwei dieser Umbrüche, die direkt aufeinander folgen. Das + bedeutet, dass der Suchbegriff davor ein- oder mehrmals vorkommen muss. \r ist ein Absatzende und hätte ebenso mit einem ~b umgesetzt werden können.

Nach Anwahl dieser Vorgabe sieht der SUCHEN/ERSETZEN-Dialog so aus:

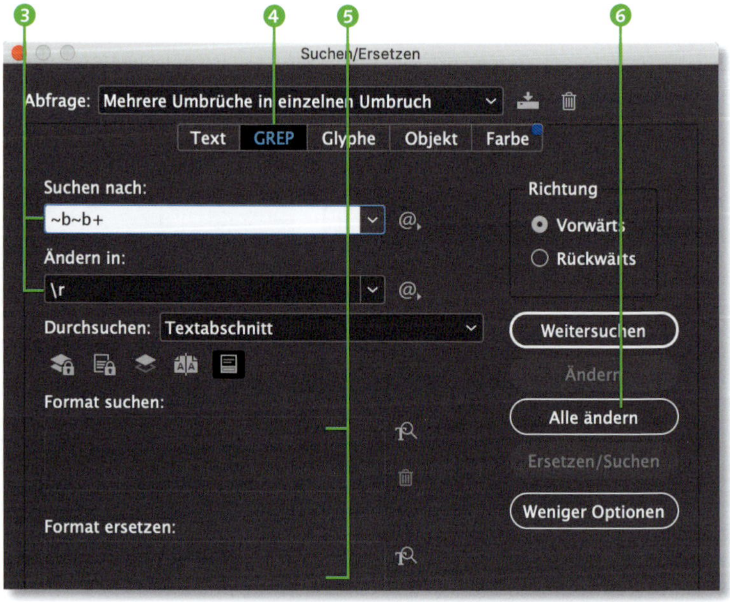

Abbildung 3.165 ▸ Durch die Wahl der voreingestellten Abfrage werden die Eingabefelder entsprechend ausgefüllt.

Die Art der Suche springt dann von TEXT zu GREP ❹ um, und in den Eingabefeldern SUCHEN NACH und ÄNDERN IN werden Kürzel eingetragen, die für das Löschen von Leerzeilen sorgen ❸. Der Wechsel von der Text- zur GREP-Suche führt auch dazu, dass die Formatierungen, die wir in der vorigen Textsuche hinterlegt haben, hier nicht mehr angezeigt werden ❺.

Durch einen Klick auf ALLE ÄNDERN ❻ löschen wir alle Leerzeilen.

GREP

Die spezielle Suchfunktion GREP haben Sie schon weiter vorn bei den GREP-Stilen kennengelernt. In Kapitel 8, »Praktische Hilfsmittel«, finden Sie weitergehende Informationen über dieses spannende Feature.

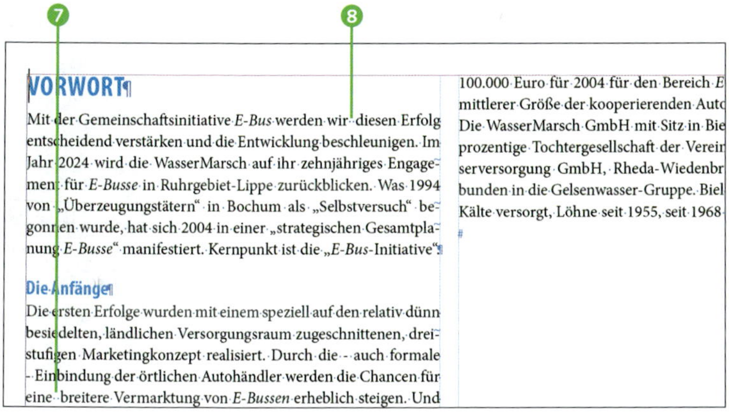

◂ **Abbildung 3.166**
Durch einen Klick sind alle Leerzeilen gelöscht worden.

5 Löschen von Leerzeichen

Als nächste Korrektur des platzierten Word-Textes löschen wir überzählige Leerzeichen ❼❽. Auch hierfür finden wir eine Vorgabe im ABFRAGE-Menü des SUCHEN/ERSETZEN-Dialogs ❷.

Das Konzept dieser Suche

Mit GREP lassen sich sogenannte Zeichenklassen suchen. Diese werden einfach in eckigen Klammern aufgelistet. In diesem Fall werden also ~m (Geviert), ~> (Halbgeviert) etc. gesucht. Mit den runden Klammern wird die Anzahl der Suchausdrücke angegeben: {2,} bedeutet mindestens zweimal.

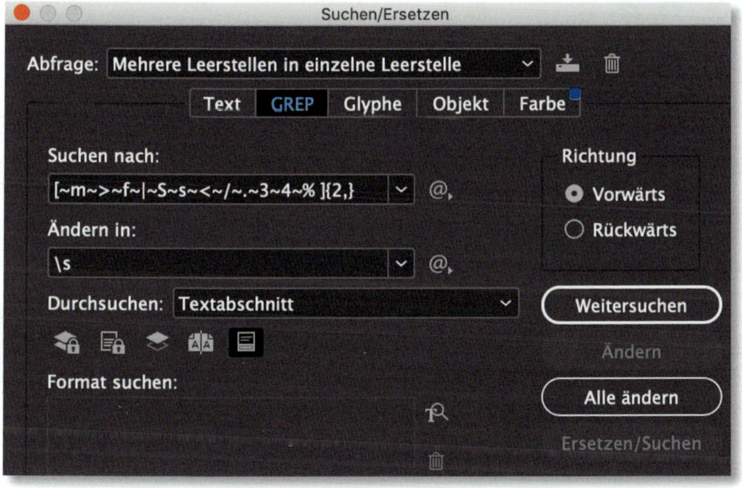

◂ **Abbildung 3.167**
Auch für das Löschen mehrfacher Leerzeichen ist eine Suche vorinstalliert.

Nach Bestätigung dieses Dialogs mit ALLE ÄNDERN werden die beiden Stellen, an denen zwei Leerzeichen hintereinanderstehen, korrigiert ❷❸.

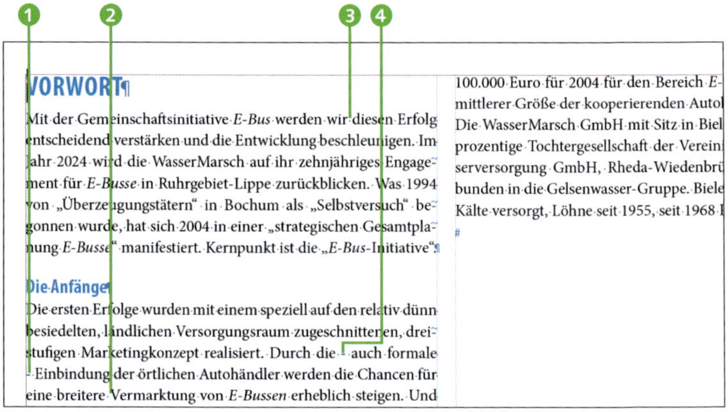

Abbildung 3.168 ▶
Auch doppelte Leerzeichen werden mit einem Klick gelöscht.

6 Korrektur von Gedankenstrichen

Für diesen Schritt wechseln wir von der GREP-Suche zurück zur Textsuche ❼. Da wir die nächste Suche weder auf eine bestimmte Formatierung beschränken noch eine bestimmte Formatierung zuweisen wollen, löschen wir die Suchattribute in den Bereichen FORMAT SUCHEN und FORMAT ERSETZEN ❽.

Gedankenstriche ❶ ❹ stehen praktisch immer hinter einem Leerzeichen, daher geben wir diese beiden Zeichen bei SUCHEN NACH ein ❺.

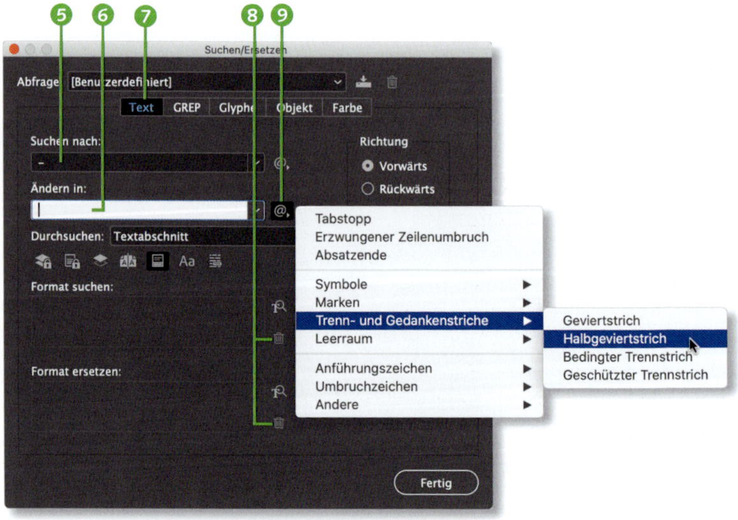

Abbildung 3.169 ▶
Leerzeichen werden in den Eingabefeldern leider nicht dargestellt.

Sie können die entsprechenden Zeichen (-) aus dem Text kopieren oder direkt bei SUCHEN NACH ❺ eingeben. In diesen Eingabefeldern stellt InDesign leider keine Leerzeichen dar. Bei ÄNDERN IN ❻ müssen Sie auf alle Fälle auch erst wieder ein Leerzeichen eingeben. Dadurch wird ein gefundenes Leerzeichen wieder durch ein Leerzeichen ersetzt (ansonsten würde es gelöscht werden). Hinter dem Leerzeichen können Sie über das Menü SONDERZEICHEN FÜR ERSETZUNG ❾ einen Halbgeviertstrich aufrufen, oder Sie geben diesen über [alt]+[0150]/[⌥]+[-] ein.

Anschließend sollten die Eingabefelder wie in Abbildung 3.169 aussehen. Mit ALLE ÄNDERN wird die Suche ausgeführt, und nun haben wir einen aufgeräumten, sauber formatierten Text in InDesign vor uns:

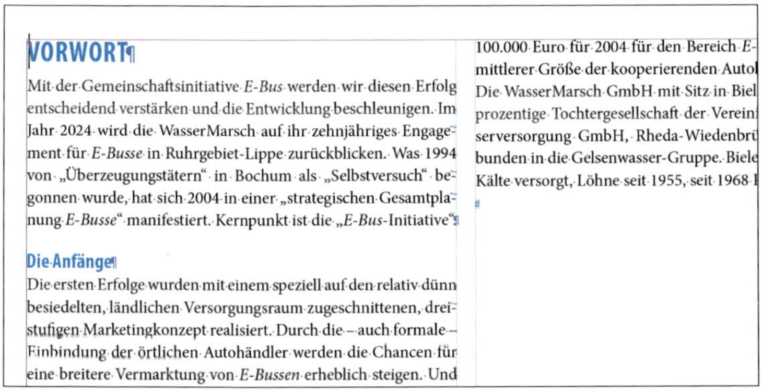

VORWORT¶

Mit·der·Gemeinschaftsinitiative·*E-Bus*·werden·wir·diesen·Erfolg entscheidend·verstärken·und·die·Entwicklung·beschleunigen.·Im Jahr·2024·wird·die·WasserMarsch·auf·ihr·zehnjähriges·Engagement·für·*E-Busse*·in·Ruhrgebiet-Lippe·zurückblicken.·Was·1994 von·„Überzeugungstätern“·in·Bochum·als·„Selbstversuch“·begonnen·wurde,·hat·sich·2004·in·einer·„strategischen·Gesamtplanung·*E-Busse*“·manifestiert.·Kernpunkt·ist·die·„*E-Bus*-Initiative“¶

Die·Anfänge¶

Die·ersten·Erfolge·wurden·mit·einem·speziell·auf·den·relativ·dünn besiedelten,·ländlichen·Versorgungsraum·zugeschnittenen,·dreistufigen·Marketingkonzept·realisiert.·Durch·die·–·auch·formale·– Einbindung·der·örtlichen·Autohändler·werden·die·Chancen·für eine·breitere·Vermarktung·von·*E-Bussen*·erheblich·steigen.·Und

100.000·Euro·für·2004·für·den·Bereich·*E-* mittlerer·Größe·der·kooperierenden·Autol Die·WasserMarsch·GmbH·mit·Sitz·in·Biel prozentige·Tochtergesellschaft·der·Verein serversorgung·GmbH,·Rheda-Wiedenbrü bunden·in·die·Gelsenwasser-Gruppe.·Biele Kälte·versorgt,·Löhne·seit·1955,·seit·1968·I #

◄ **Abbildung 3.170**
Die vorigen Schritte haben sich gelohnt: Mit solch einem aufgeräumten Text kann man in InDesign gut weiterarbeiten.

Wenn Ihnen die fünf Korrekturen dieses Workshops zu aufwendig erscheinen: Sie nach dem Import von Word-Dokumenten direkt zu vollziehen, lohnt sich auf alle Fälle. Denn neben der Sicherheit, die Sie durch konsequent verwendete Absatz- und Zeichenformate erlangen, können Sie nach dem Löschen von Leerzeilen und Leerzeichen und der Umwandlung der Gedankenstriche sicher sein, dass sich von nun an keine groben Umbruchänderungen mehr ergeben, eben weil Sie fehlerhafte Zeichen, die sich auch durch Breiten unterscheiden, schon ganz am Anfang aus dem Dokument getilgt haben. Und je umfangreicher Ihre Dokumente sind, desto mehr lohnen sich diese Korrekturen, die Sie etwa wie bei den mehrfachen Leerzeichen im Dokument meistens kaum wahrnehmen.

Wenn Sie mit vielen kleinen einzelnen Texten zu tun haben, kann es auch sinnvoll sein, diese erst zu platzieren und mittels der Durchsuchen-Option DOKUMENT zu korrigieren.

Abweichungen löschen

Trotz vorgenommener Formatzuweisungen in den Word-Importoptionen werden Texte nicht immer sofort erwartungsgemäß in InDesign formatiert: Das erkennen Sie am Pluszeichen hinter den Formatnamen ①. Um solche lokalen Formatierungen zu löschen, markieren Sie den betreffenden Text (das kann auch der gesamte Text einer Textverkettung sein) und klicken dann auf den Button ABWEICHUNGEN IN AUSWAHL LÖSCHEN ②. Eine Übersicht über alle Formatabweichungen können Sie sich mit einem Klick auf den entsprechenden Button ③ in Ihrem Layout anzeigen lassen.

Beim Textimport werden schnell einmal Word-Formate wie NORMAL »eingeschleppt«. Diese erkennen Sie am Festplatten-Symbol ④.

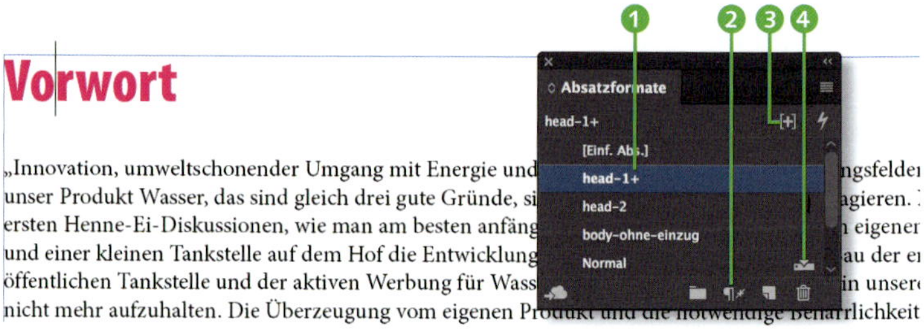

Abbildung 3.171 ▸
Vermeiden Sie das Pluszeichen (Formatabweichung) und das Festplatten-Symbol (importiertes Word-Format).

Wenn es schon ein passendes Format im InDesign-Dokument gibt, verschieben Sie ein solches Word-Format auf den Mülleimer. Es wird Ihnen dann ein Dialog angeboten, in dem Sie aus den bestehenden Formaten Ihres InDesign-Dokuments auswählen können: So können Sie nach InDesign geladene Word-Formatvorlagen durch Ihre Absatz- bzw. Zeichenformate ersetzen:

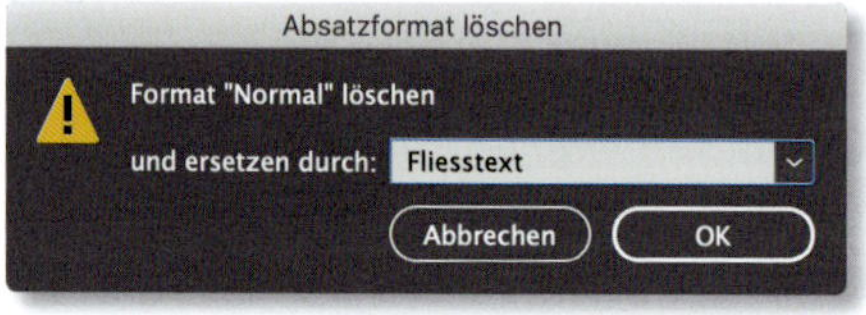

Abbildung 3.172 ▸
Durch das Löschen von Formaten können diese gegen vorhandene Formate ausgetauscht werden.

4

Bilder

Souverän mit Bildern layouten

- Welche Bildarten gibt es?
- Was ist ein Farbraum?
- Wie werden Bilder in ein Dokument eingefügt?
- Wie werden Bilder in Größe, Position und Ausschnitt geändert?
- Wie werden Bilder in einem Dokument verwaltet?

4 Bilder

Weitere Datenarten

In InDesign-Dokumente können neben Texten und Bildern sogar Filme und Audiodaten eingefügt werden.

Bevor wir uns anschauen, wie Sie Bilddaten in einem InDesign-Dokument platzieren und anschließend damit arbeiten, um ein Layout zu erstellen, beschäftigen wir uns in aller Kürze mit den verschiedenen Formaten und den Farbräumen, in denen ein Bild oder eine Grafik vorliegen kann.

4.1 Grundlagen Bildformate

Da das Arbeiten mit Bilddaten eine der zentralen Aufgaben eines Layoutprogramms ist, kann InDesign alle geläufigen Bilddaten verarbeiten:

▼ **Tabelle 4.1**
Die wichtigsten Grafikformate, die Sie im InDesign-Dokument platzieren können.

Dateiformat	Raster/Vektor	Besonderheiten	Typische Soft- und Hardware zum Erstellen, Bearbeiten
.png (Portable Network Graphic)	✓ / –	kann Transparenzen enthalten	Photoshop, Scanner
.jpg (Format entwickelt durch die Joint Photographic Experts Group)	✓ / –	Qualitätsstufe zur Verringerung der Dateigröße kann definiert werden	Photoshop, Scanner, Digitalkamera
.tif (Tagged Image File)	✓ / –		Photoshop, Scanner, Digitalkamera
.psd (Photoshop-Dokument)	✓ / (✓)	kann z. B. Ebenen enthalten	Photoshop
.eps (Encapsulated PostScript)	✓ / ✓	veraltetes Dateiformat	Photoshop, Illustrator
.pdf	✓ / ✓		Illustrator, InDesign, (Photoshop)
.ai	(✓) / ✓		Illustrator
.indd	✓ / ✓		InDesign

Die meisten Bilddaten können einem der beiden Bildformate zugeordnet werden: Entweder ist es eine pixel- *oder* eine vektorbasierte Datei. Tatsächlich können manche Bildformate (wie .psd, .ai oder .pdf) **Raster- und Vektordaten** enthalten. Bei .psd würde man im Allgemeinen dennoch von einer Rasterdatei, bei einer .ai-Datei von einer Vektordatei sprechen. In diesen Fällen habe ich in der Tabelle mit einer Übersicht über die wichtigsten Grafikformate die jeweils weniger gängige Grafikart in der Spalte Raster/Vektor in Klammern gesetzt.

Wie Sie der Tabelle 4.1 entnehmen können, ist es auch möglich, InDesign-Dokumente komplett mit Texten, Grafiken und mit mehreren Seiten in einem anderen InDesign-Dokument zu platzieren. Einige der Rasterdateiformate wie .png, .jpg und .eps können Sie auch aus einem InDesign-Dokument exportieren.

Bei Rastergrafiken spielt die Auflösung der jeweiligen Datei eine zentrale Rolle. InDesign unterscheidet hier konsequenterweise zwischen zwei Einheiten, die die Auflösung einer Datei widerspiegeln: **Original PPI und PPI effektiv**. Der für die Druckausgabe wichtige Wert ist PPI effektiv. Auf diesen kommen wir in Abschnitt 4.8, »Das Bedienfeld Verknüpfungen«, wieder zu sprechen.

Mit **lpi** werden die Abstände von Rasterpunkten, genau genommen ihrer Mittelpunkte, voneinander angegeben. Grafiken müssen für den professionellen Druck wie den Offset gerastert werden. Dabei werden die individuellen Farbwerte der Pixel in Anteile von Cyan, Magenta, Yellow und Schwarz umgerechnet. Und da im Vierfarbdruck eine Farbe nur gedruckt oder nicht gedruckt werden kann (und nicht etwa mit viel oder wenig Farbe bzw. halbtransparent), werden die ursprünglichen Farben aufgerastert. Hierbei entstehen die für den Offsetdruck typischen Punktraster, die man in der Regel mit bloßem Auge nicht wahrnimmt.

Die Einheit **dpi** wird immer mal wieder mit ppi gleichgesetzt – dabei haben beide kaum etwas gemeinsam: Während ppi eine Einheit einer Rastergrafik ist, wird mit dpi die Auflösung eines Ausgabegerätes wie eines Drucker oder Belichters angegeben. Das errechnete Raster (dessen Einheit lpi ist) wird durch einen Belichter auf eine Druckplatte ausgegeben. Mit welcher Auflösung ein Belichter (oder ein sonstiger Drucker) arbeitet, wird in lpi angegeben.

Photoshop: Auflösung

In Photoshop können Sie die Auflösung eines Bildes unter BILD • BILDGRÖSSE kontrollieren und anpassen. Dieser Wert wird in InDesign als Original PPI bezeichnet und wird Ihnen auch in der Bridge unter DATEIEIGENSCHAFTEN angezeigt.

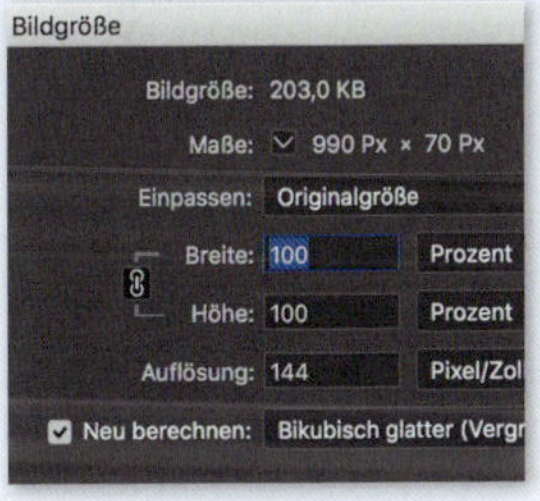

▲ **Abbildung 4.1**
Bei entsprechender Vergrößerung ist das für den Vierfarbdruck typische Raster zu sehen. Der Abstand der Mittelpunkte dieser Punkte wird in lpi angegeben.

Einheit	Verwendung	Anmerkungen
ppi (pixel per inch)	Auflösung einer Rastergrafik (aber auch von Displays); in Bezug auf Grafiken auch »Eingabeauflösung«	In InDesign wird zwischen dem unwichtigeren Wert Original PPI und dem entscheidenden Wert PPI effektiv unterschieden (Photoshop kennt sozusagen nur den Wert Original PPI).
lpi (lines per inch)	Rasterweite im Druck	Übliche Werte ≥ 150 lpi. Faustregel für PPI effektiv: 2-fache Rasterweite
dpi (dots per inch)	Ausgabeauflösung	Einheit für die Auflösung von Ausgabegeräten wie Drucker und Belichter. Wird fälschlicherweise häufig synonym mit ppi verwendet.

Tabelle 4.2 ▸
Die drei wichtigsten Einheiten, die im Umgang mit Grafikdaten wichtig sind

4.2 Bilder in ein Dokument einfügen

Grundsätzlich gilt, dass die Bilder, die Sie in einem InDesign-Dokument layouten möchten, entweder direkt auf Ihrer Festplatte liegen oder zumindest in Ihrem Netzwerk ständig verfügbar sein sollten: In InDesign werden die Bilddaten nämlich in der Regel nicht in die Arbeitsdatei eingebettet, sondern InDesign verwaltet nur die Links, also die Pfadinformationen zu den Bildern.

Wenn Sie nach dem Layouten die Bilder etwa umbenennen, in ein anderes Verzeichnis verschieben oder sich vom Netzwerkserver abmelden, sind die Bilder in Ihrem Dokument nicht mehr verfügbar. Sie werden zwar weiterhin im Layout angezeigt, die vollen Bildinformationen sind InDesign aber nicht mehr zugänglich. Sie bekommen auch direkt eine Fehlermeldung, wenn Sie dann versuchen, das Dokument zu drucken: InDesign warnt Sie vor den fehlenden Bildern. Sie können die Datei zwar weiterhin drucken, aber aufgrund der fehlenden Bilder werden diese nur mit einer Vorschauversion, das heißt mit geringer Auflösung, gedruckt.

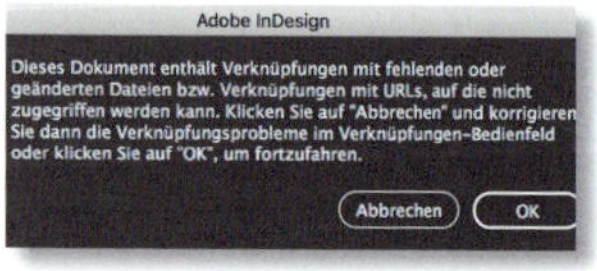

▴ **Abbildung 4.2**
Dokumente können trotz fehlender Bilddaten gedruckt werden – InDesign gibt dann eine Warnmeldung aus.

Sie können Bilder aber auch in ein InDesign-Dokument einbetten (das ist aber nur in seltenen Fällen sinnvoll). Wenn Sie ein Bild in Photoshop kopieren und über Bearbeiten • Einfügen in ein InDesign-Dokument einfügen, wird dieses Bild »eingebettet«. Einen entsprechenden Befehl finden Sie auch im Verknüpfungen-Fenster, das wir uns in Abschnitt 4.8 genauer ansehen. Das

Einbetten von Grafiken hat zwei gravierende Nachteile: Die Layoutdatei wird größer, und wenn Änderungen an einem Bild (wie Farbkorrekturen) anstehen, müssen Sie das eingebettete Bild erst extrahieren, um es bearbeiten zu können. Betten Sie daher Bilder nicht in Ihre Dokumente ein.

Sie können Bilder auf verschiedene Weise in ein InDesign-Dokument einfügen. Eine Möglichkeit haben Sie schon im Zusammenhang mit Texten kennengelernt: den Befehl PLATZIEREN. Ein weiteres Vorgehen, Bilder in ein Layout zu platzieren, bietet Ihnen das Programm Bridge, das ich Ihnen in Abschnitt 4.9, »Mit der Bridge arbeiten«, vorstelle.

Der Menübefehl »Platzieren«

Wie schon bei dem Platzieren von Text erwähnt, entscheiden Sie sich erst im PLATZIEREN-Dialog für die Dateiart, die Sie in ein Dokument einfügen möchten. Sie können einen beliebigen Rahmen markiert haben, bevor Sie DATEI • PLATZIEREN oder Strg/⌘+D wählen – notwendig ist dies nicht. Beide Vorgehensweisen haben ihre jeweiligen Vorzüge, die ich Ihnen im Folgenden vorstellen möchte.

Möglichst nichts markieren

Falls Sie sich nicht sicher sind, ob gerade ein Objekt im Layout markiert ist, sollten Sie die Tasten Strg/⌘+⇧+A für AUSWAHL AUFHEBEN betätigen (bzw. die Esc-Taste drücken, wenn das Textwerkzeug aktiv ist). Sonst laufen Sie Gefahr, dass das markierte Objekt oder der Objektinhalt durch den Import einfach ersetzt wird.

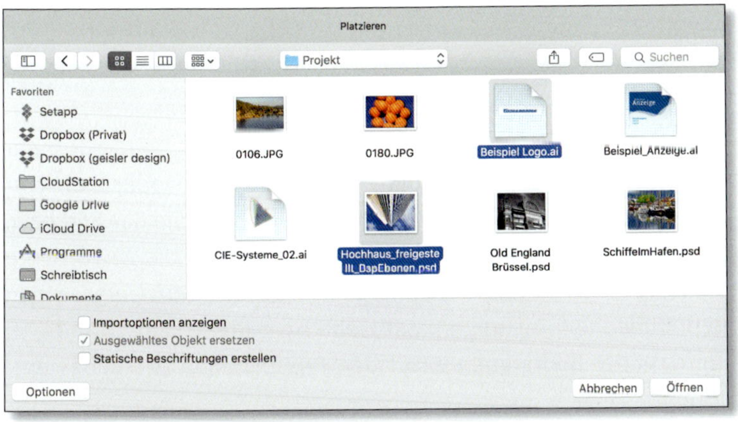

◂ **Abbildung 4.3**
Im PLATZIEREN-Dialog können Sie auch nicht zusammenhängende Dateien wählen.

InDesign ermöglicht es Ihnen, mehrere Dateien – diese können sogar unterschiedlicher Art sein – gleichzeitig zu platzieren. Dafür halten Sie bei geöffnetem PLATZIEREN-Dialog die ⇧-Taste gedrückt und markieren die erste und letzte Datei im Dialogfenster. Alle dazwischenliegenden Dateien werden automatisch ausgewählt. Wenn Sie stattdessen die [Strg]/[⌘]-Taste gedrückt halten, können Sie Dokumente auswählen, die im PLATZIEREN-Dialog nicht direkt untereinanderstehen. Daten, die Sie gleichzeitig platzieren möchten, müssen sich in demselben Verzeichnis befinden.

Nach Bestätigung Ihrer Auswahl mit ÖFFNEN ist statt des vorher aktivierten Werkzeugs das Symbol für geladene Grafik(en) zu sehen. Daneben sehen Sie eine Miniatur der Datei, die in Ihrer im PLATZIEREN-Dialog getroffenen Auswahl zuoberst stand. Eine eingeklammerte Zahl ❶ zeigt die Anzahl der geladenen Dateien. Sollten Sie sich für einen kompletten Abbruch des Platzierens entscheiden, wählen Sie einfach ein anderes Werkzeug, z. B. durch Drücken der Taste [V], damit wechseln Sie zum Auswahlwerkzeug. Die eben noch geladenen Bilder werden damit aus dem Zwischenspeicher entfernt.

▲ **Abbildung 4.4**
Die Anzahl der geladenen Dateien wird neben dem Symbol für geladene Grafiken angezeigt.

Wenn Sie mehrere Bilder geladen haben, können Sie die Reihenfolge, in der Sie die Grafiken auf die Seite platzieren möchten, durch das Drücken der Pfeiltasten [◄] und [►] festlegen. Möchten Sie ein einzelnes Bild von den geladenen löschen, drücken Sie die [Esc]-Taste.

Bilder können Sie beim Platzieren einzeln im Dokument platzieren, Sie können sie in ein Raster laden, das Sie beim Platzieren erstellen, oder Sie laden sie in Rahmen, die Sie zuvor erstellt haben.

Jedes Bild für sich platzieren

Bilder und Bildrahmen

Auch wenn nicht jeder Bildrahmen unbedingt zu erkennen ist, befindet sich eine Bilddatei in InDesign ausnahmslos in einem Rahmen. Das kann auch ein gezeichneter Pfad oder die Kontur einer Schrift sein.

Wenn Sie die Position und die Größe eines Bildes oder mehrerer Bilder beim Platzieren definieren möchten, laden Sie das Bild bzw. die Bilder in den Cursor, klicken dann damit auf die gewünschte Stelle des Layouts und ziehen direkt mit gedrücktem Cursor einen Bildrahmen auf. InDesign passt Höhe bzw. Breite selbstständig so an, dass der Bildrahmen exakt den Proportionen des Bildes entspricht.

Wenn Sie mehrere Bilder geladen haben, erscheint anschließend direkt wieder das Symbol für geladene Grafiken, und Sie können mit dem Platzieren des nächsten geladenen Bildes fortfahren. Der »intelligente Cursor« ❷ gibt Auskunft über den Skalierungsfaktor, mit dem Sie das ausgewählte Bild platzieren.

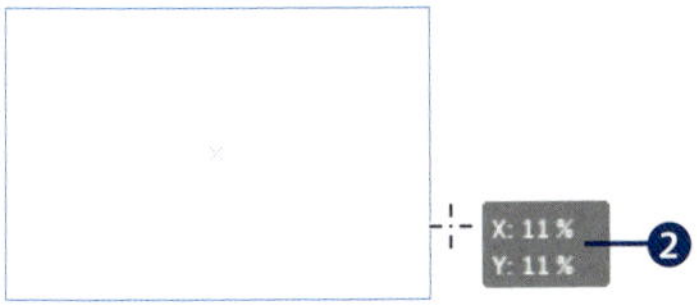

◂ **Abbildung 4.5**
Beim Platzieren von Bildern behält InDesign die Proportionen bei.

In folgendem Screenshot sehen Sie, dass ich gerade eben das erste von drei Bildern platziert habe, im Cursor warten noch zwei weitere Grafiken auf die Platzierung:

◂ **Abbildung 4.6**
Das erste von drei Bildern wurde mit einem exakt passenden Rahmen positioniert.

Geladene Bilder gleichzeitig platzieren

Wenn Sie mehrere geladene Bilder in einem Schwung auf Ihre Dokumentseite platzieren möchten (ohne zuvor Platzhalterrahmen erstellt zu haben), ziehen Sie ein Rechteck mit dem Cursor mit den geladenen Bilddaten auf und drücken dann eine der Pfeiltasten. Dadurch können Sie ein Raster erstellen, in das die geladenen Bilder platziert werden. Mit den ▲/▼-Tasten erhöhen bzw. verringern Sie die Anzahl der Zeilen im Raster, das Drücken der ◂/▸-Tasten ändert dementsprechend die Anzahl der Rasterspalten. Um den Abstand zwischen den Spalten und Zeilen gleichmäßig zu ändern, kommen die Tasten Bild▲/Bild▼ zum Einsatz.

Raster beim Aufziehen

Auch bei den Text- und Rahmenwerkzeugen können beim Aufziehen direkt Raster erstellt werden.

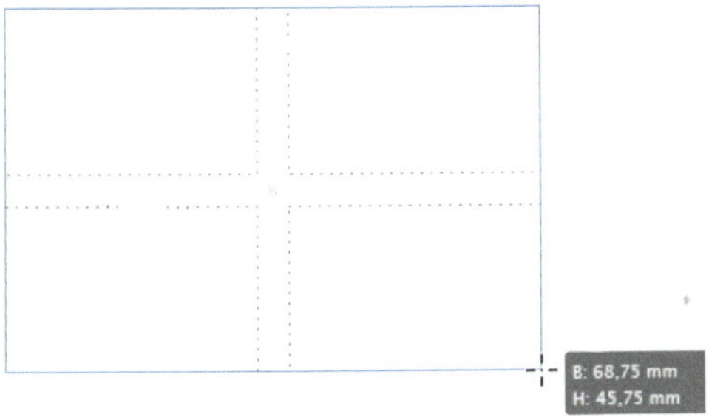

◂ **Abbildung 4.7**
Die Größe des Rasters definieren Sie durch Klicken und Ziehen mit der Maus.

Durch Lösen der Maustaste erstellt InDesign entsprechend dem erstellten Raster für die zu platzierenden Bilder Bildrahmen, in die die geladenen Bilder direkt hineingeladen werden. Die Bilder werden dabei so in die Rahmen eingepasst, dass sie vollständig sichtbar sind. Dadurch entstehen leere Bereiche seitlich bzw. ober- und unterhalb der Bilder zum jeweiligen Bildrahmen, weil es ein enormer Zufall wäre, dass Sie hier Bildrahmen erstellen, die exakt den Bildproportionen entsprechen. In Abbildung 4.8 sehen Sie, dass die Bilder alle kleiner als die automatisch erstellten Bildrahmen sind, die hier als blaue Rechtecke wiedergegeben werden.

Abbildung 4.8 ▸
Die vier geladenen Bilder werden innerhalb des eben definierten Rasters auf die Dokumentseite platziert.

Bilder in Rahmen platzieren

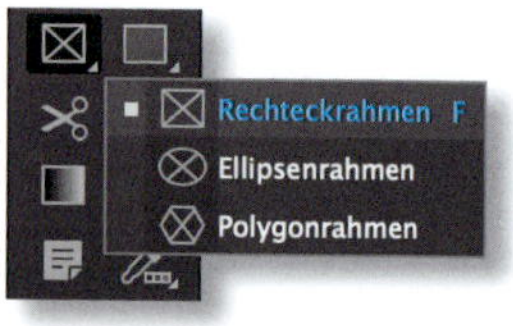

▴ Abbildung 4.9
Ihnen stehen drei Rahmenwerkzeuge zur Verfügung, die Sie zur Aufnahme von Grafiken einsetzen können.

Bei den eben vorgestellten Methoden wurden Bilder ohne vorher erstellte Rahmen auf eine Dokumentseite eingefügt. Sie können Bilder aber auch direkt in vorbereitete Bildrahmen laden. Welche der Vorgehensweisen Sie wählen, ist Ihnen überlassen – das Ergebnis ist bei allen Workflows dasselbe: Bilder sind im InDesign-Dokument innerhalb von Bildrahmen platziert. Für das Erstellen von Bildrahmen sind die Rahmenwerkzeuge vorgesehen, Sie können aber auch mit anderen Werkzeugen Objekte und Pfade vorbereiten, in die Sie dann Grafiken platzieren.

Im folgenden Beispiel habe ich zwei Rechteckrahmen – erkennbar durch das X im Rahmen – auf einer Dokumentseite erstellt. Die Rahmen brauchen für die Aufnahme von Grafiken nicht markiert zu sein:

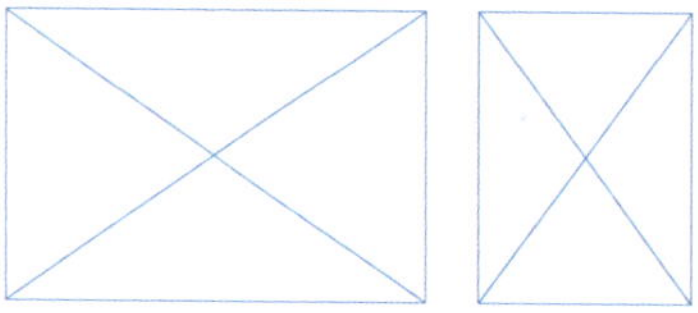

Abbildung 4.10 ▸
Diese beiden Rechteckrahmen sollen Bilder aufnehmen.

Anschließend habe ich den PLATZIEREN-Dialog aufgerufen und dort die gewünschten Bilder markiert, indem ich mit dem Symbol für geladene Grafiken ❶ diese Rahmen einfach angeklickt habe. Das jeweilige Bild wird direkt in den vorbereiteten Rahmen geladen. InDesign markiert Rahmen, die mit einem Inhalt gefüllt wurden, mit einem Ketten-Symbol (❷ und ❸).

◀ **Abbildung 4.11**
Mit wenigen Klicks sind die Rahmen mit Bildern befüllt worden.

Nachdem die gewünschten Bilder in die Rahmen geladen wurden, können sie weiterbearbeitet werden, z. B. durch das Anpassen des sichtbaren Ausschnitts. InDesign positioniert Bilder nämlich normalerweise zentriert und in voller Größe in zuvor erstellten Rahmen, so dass der Ausschnitt eigentlich nie der gewünschte ist. Das ist in Abbildung 4.11 beim zweiten Bild von rechts zu sehen.

In Abschnitt 4.4, »Rahmeneinpassungsoptionen«, lernen Sie, wie Sie Bildrahmen so vorbereiten können, dass Grafiken schon beim Laden einen Rahmen nach bestimmten Vorgaben ausfüllen.

Platzieren und Verknüpfen

Mit Bearbeiten • Platzieren und Verknüpfen und den Werkzeugen Inhaltsaufnahme und Inhaltsplatzierung können Sie ebenfalls Daten im Layout platzieren. Lesen Sie in Abschnitt 9.7, wie Sie damit arbeiten.

4.3 Bildrahmen

Bilder befinden sich in InDesign immer in einem Rahmen – dem Grafikrahmen. Häufig nimmt man diesen Rahmen nicht als solchen wahr, z. B. wenn Sie Bilder nach der Auswahl im Platzieren-Dialog nicht in vorher erstellte Rahmen, sondern durch Klicken und Ziehen auf der Dokumentseite platziert haben. Dadurch wird von InDesign ein Rahmen erstellt, der exakt der Größe des Bildes entspricht (siehe Abbildung 4.6). Bild und Grafikrahmen scheinen dann dasselbe zu sein. Wenn Sie hingegen eine Bilddatei z. B. in einen Rechteckrahmen laden, werden Sie häufig nur einen Ausschnitt des Bildes sehen. Dann ist der Bildrahmen offensichtlich: Hier fungiert der Bildrahmen sozusagen als Passepartout, durch das Sie auf das Bild sehen. Dieses Passepartout definiert durch seine Größe und Form den Ausschnitt des sichtbaren Bildbereichs.

Für die Bearbeitung von Bildern und ihrer Rahmen brauchen Sie eigentlich immer nur ein Werkzeug: das Auswahlwerkzeug.

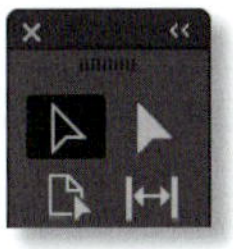

▲ **Abbildung 4.12**
Das Auswahlwerkzeug ist nicht zufällig das erste Tool in der Werkzeugleiste.

Damit können Sie sowohl die Position und die Proportionen eines Grafikrahmens als auch die Bildposition innerhalb eines Rahmens ändern. Bevor wir uns mit der Änderung des eigentlichen Bildes innerhalb seines Grafikrahmens beschäftigen, geht es zunächst um den Container, wie er im Englischen so treffend genannt wird, selbst.

Änderung der Rahmengröße

▲ **Abbildung 4.13**
An den Ankerpunkten des Begrenzungsrahmens kann der Bildrahmen in seiner Größe geändert werden – das Bild bleibt davon unberührt.

Sehen wir uns die grundsätzliche Vorgehensweise an einem Beispiel an. Neben der Größenänderung durch das Ziehen an einem der acht Anfasser (siehe Abbildung 4.13) bietet sich Ihnen auch die Möglichkeit, die Größe des Grafikrahmens über die Eingabe der entsprechenden Werte im Eigenschaften-Bedienfeld zu ändern. Lassen Sie sich im Bereich Transformieren durch einen Klick auf den Button mit den drei Punkten auch weitere Optionen einblenden.

Klären wir zunächst einmal den entscheidenden Unterschied zwischen einer Größenänderung und einer Skalierung. Bei der Änderung der Größe wird nur der Grafikrahmen in seinen Maßen geändert, der Inhalt bleibt dabei unverändert. Bei einer Skalierung hingegen werden Rahmen und Inhalt geändert.

In Abbildung 4.13 sehen Sie das Bild in einem Grafikrahmen, der das Bild an keiner Stelle beschneidet. Die Breite des Rahmens ist im Bedienfeld Transformieren bzw. im Eigenschaften-Bedienfeld ablesbar und beträgt im Beispiel 70 mm.

Abbildung 4.14 ▶
Der Ausgangs-Grafikrahmen hat eine Breite von 70 mm.

Sie können die Rahmenbreite freihändig mit dem Auswahlwerkzeug bestimmen, oder Sie tragen die gewünschte Breite im Eigenschaften-Bedienfeld ein. Für das folgende Beispiel habe ich die Rahmenbreite mit 35 mm ❶ definiert. Um Breite und Höhe eines

Rahmens unabhängig voneinander ändern zu können, deaktivieren Sie zuvor die entsprechende Option ❷.

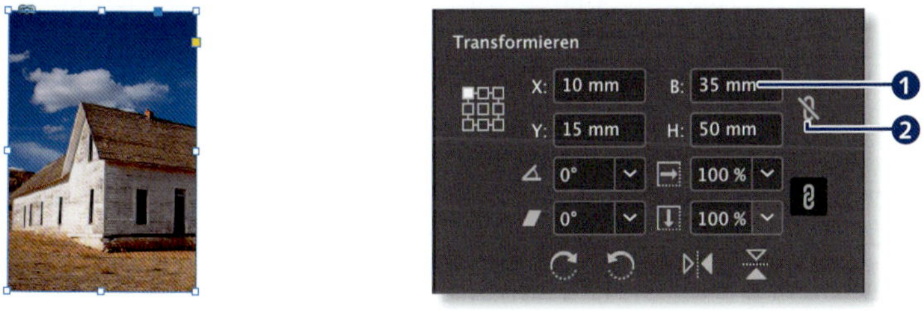

◀ **Abbildung 4.15**
Ich habe die Breite des Grafikrahmens halbiert.

Wenn Sie hingegen im unteren Bereich des Bedienfeldes bei X-SKALIERUNG ❸ »50 %« eintragen, wird der Rahmen samt Inhalt skaliert. Das Ergebnis ist wiederum abhängig von dem Status des Buttons PROPORTIONEN BEIM SKALIEREN BEIBEHALTEN ❹.

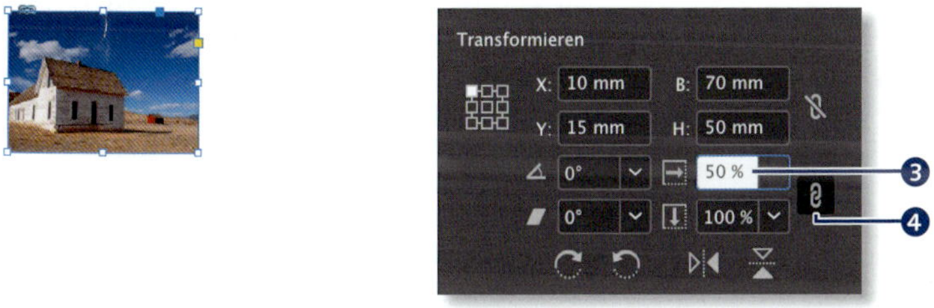

◀ **Abbildung 4.16**
Wird als Skalierungswert 50 % angewendet, halbiert sich die Breite auch auf 35 mm, dann aber samt Inhalt.

Wenn Sie den Button PROPORTIONEN BEIM SKALIEREN BEIBEHALTEN deaktivieren ❻, wird der gewählte Skalierungswert ❺ nur auf die x- oder y-Achse von Rahmen und Inhalt angewendet. Das Ergebnis ist ein verzerrtes Bild, was praktisch nie erwünscht ist.

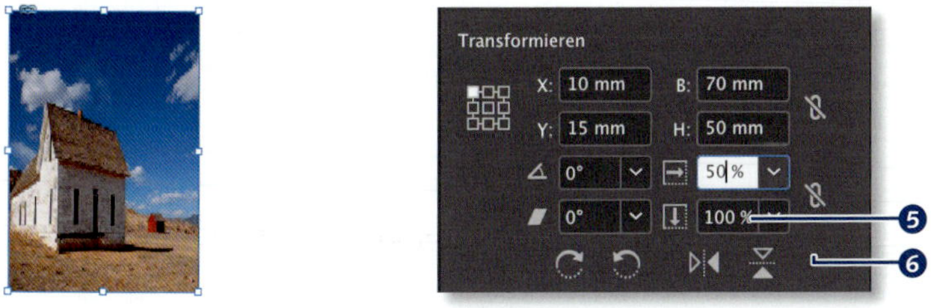

◀ **Abbildung 4.17**
Das Ergebnis der x-Skalierung: Das Foto ist mitskaliert und damit verzerrt worden.

Nach einer beliebigen Skalierung eines Rahmens steht im Eingabefeld übrigens wieder 100 %. InDesign nimmt also bei Rahmen immer die aktuelle Größe als 100 % an, die Änderung durch eine Skalierung wird folglich im Bedienfeld TRANSFORMIEREN nicht wiedergegeben und kann deshalb auch nicht durch Eingabe von »100%« wieder rückgängig gemacht werden.

Häufig werden Sie Bilder während des Layoutens nicht nach ihren Maßen, sondern nach der visuellen Kontrolle in der Größe anpassen wollen. Wählen Sie dafür das Auswahlwerkzeug, und klicken Sie mit gedrückten [Strg]/[⌘]+[⇧]-Tasten auf einen der acht Auswahlgriffe ❶. Dabei sorgt die [Strg]/[⌘]-Taste dafür, dass auch der Inhalt mit geändert wird, die [⇧]-Taste wahrt dabei die Bildproportionen. Wenn Sie nun an diesem Griff ziehen, vergrößern oder verkleinern Sie Rahmen samt Inhalt proportional. Im folgenden Beispiel sehen Sie die Spaltenhilfslinien ❷, an denen das Bild ausgerichtet wird. Außerdem geben die am Cursor eingeblendeten Bildmaße ❸ Auskunft über die aktuelle Bildgröße. Damit sind Bilder im Nu auf die richtige Größe gebracht.

▼ Abbildung 4.18
Mit dem passenden Tastaturbefehl werden Rahmen und Inhalt proportional skaliert.

Änderung des Bildausschnitts mit dem Inhaltsauswahlwerkzeug

> **Bilder kopieren**
> Für InDesign macht es einen Unterschied, ob Sie den Rahmen oder das Bild markiert haben, bevor Sie den Kopieren-Befehl ausführen. Entweder kopieren Sie nämlich den Rahmen samt Inhalt oder nur den Inhalt des Rahmens.

Wenn der Grafikrahmen kleiner als das Bild ist, verändert sich der sichtbare Bildausschnitt durch jede Änderung des Grafikrahmens mit. Wenn Sie das Bild innerhalb des bestehenden Rahmens verschieben möchten, um einen anderen Ausschnitt zu definieren, setzen Sie hier ein Feature in InDesign ein, das zwar »Werkzeug« in der Bezeichnung trägt, als einziges Tool jedoch nicht in der Werkzeugbox zu finden ist: das Inhaltsauswahlwerkzeug.

Wenn Sie das Auswahlwerkzeug ❹ über einem Bild positionieren, ändert der Cursor sein Aussehen ❻ minimal – ein kleines ausgefülltes Quadrat wird neben dem gewohnten schwarzen Pfeil sichtbar, und in der Bildmitte blenden sich zwei aufgehellte bzw. abgedunkelte Kreise ein ❺. Diese beiden Kreise werden von Adobe *Inhaltsauswahlwerkzeug* genannt. Wenn Sie mit dem schwarzen Pfeil auf einen freien Bereich des Bildes klicken, markieren Sie den Rahmen und nicht den Rahmeninhalt ❼. Den markierten Rahmen können Sie nun wie gewohnt an einem der acht Griffpunkte in seiner Größe und in seinen Proportionen ändern. Wird das Bild nicht an einer freien Stelle, sondern auf den eingeblendeten mittigen Kreisen markiert ❾, wird die eigentliche Grafik innerhalb des Rahmens markiert ❿, und der Cursor wird zur Hand. Die Grafik können Sie an ihren Griffpunkten in Größe und Proportionen verändern.

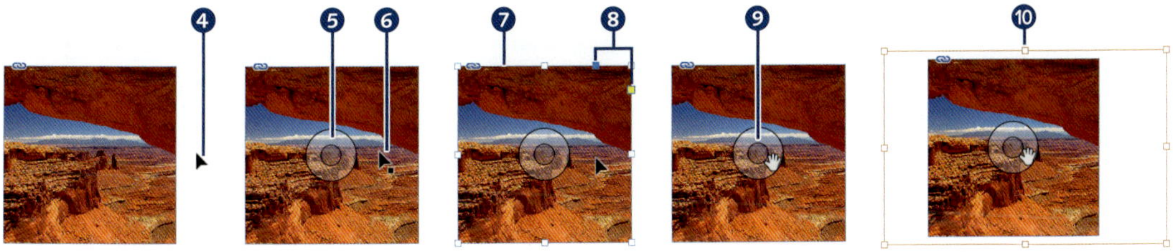

▼ **Abbildung 4.19**
Das Inhaltsauswahlwerkzeug erleichtert das Auswählen von Grafiken innerhalb ihrer Rahmen.

Das Konzept, nach dem sich eine Grafik immer in einem Rahmen befindet, ist vielleicht anfangs ungewohnt. Achten Sie daher darauf, ob Sie den Bildrahmen oder die Grafik darin markiert haben. InDesign zeigt markierte Bildrahmen bzw. markierte Grafiken unterschiedlich an. Wobei dieser Unterschied recht unauffällig ist: Ein markierter Rahmen verfügt neben den acht Ankerpunkten über zwei weitere Quadrate ❽. Mit dem oberen Quadrat können Sie den Grafikrahmen z.B. in einem Textrahmen verankern. Mit dem Quadrat an der rechten Rahmenkante können Sie die Art der Ecken steuern. Die Farbe des Grafikrahmens entspricht immer der Farbe der Ebene, auf der er sich befindet. Die Farbe der voreingestellten Ebene ist Blau, daher werden markierte Objekte (zumindest solange Sie nicht mit mehreren Ebenen arbeiten) immer blau gekennzeichnet. Auf Ebenen kommen wir in Abschnitt 8.5, »Ebenen«, zurück. Die Änderung der Eckenformen bespreche ich in Abschnitt 7.4, »Eckenoptionen«, im Detail.

Der Begrenzungsrahmen der eingefügten Grafik hat hingegen immer eine deutlich von der Ebenenfarbe abweichende Farbe. Im rechten Screenshot der Abbildung 4.19 sehen Sie ein Orangebraun (statt des Blaus beim markierten Rahmen). Außerdem sehen Sie hier, dass die Bildbereiche, die aufgrund der Rahmengröße im Layout nicht sichtbar sein sollen, hier auch ausgeblendet sind.

Ebenen

Ebenen werden dazu eingesetzt, Objekte zu organisieren und gegebenenfalls Effekte darauf anzuwenden.

Für das Festlegen von Bildausschnitten ist es hilfreich, sich die komplette Grafik anzeigen zu lassen, auch wenn der Grafikrahmen letztlich kleiner als die Grafik selbst ist. Aktivieren Sie hierfür den Inhalt eines Grafikrahmens mit dem Inhaltsauswahlwerkzeug ❶, und halten Sie die Maus für einen Moment an der Stelle gedrückt. Die vom Grafikrahmen beschnittenen Bildteile werden dann abgesoftet eingeblendet ❷. Der gewünschte Bildausschnitt kann nun bei visueller Kontrolle festgelegt werden ❸.

▾ Abbildung 4.20
Wenn Sie das Inhaltsauswahlwerkzeug einen Moment auf dem Bild gedrückt halten (Mitte und rechts), sehen Sie das gesamte Bild.

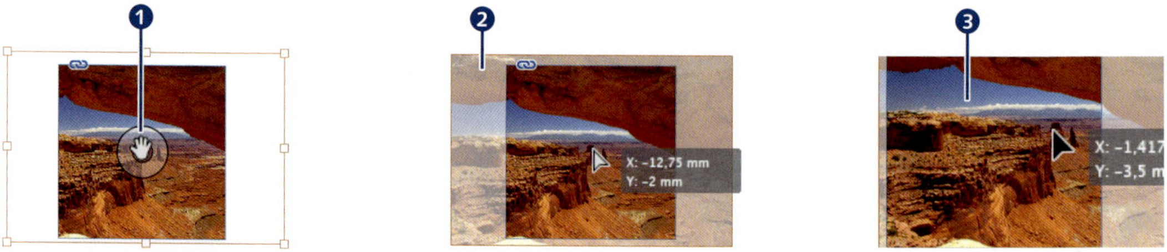

Schneller arbeiten

Zwischen der Bearbeitung des Rahmens und der Grafik können Sie auch durch Doppelklicken (außerhalb des Inhaltsauswahlwerkzeugs) hin- und herschalten. Sie können auch durch die [Esc]-Taste vom Rahmeninhalt zum Rahmen wechseln.

Wenn Sie möglichst viel von einer solchen Aufnahme im Layout sehen möchten, ohne den Grafikrahmen zu vergrößern, müssen Sie das Bild an den Grafikrahmen anpassen. Markieren Sie das Bild innerhalb des Grafikrahmens mit dem Inhaltsauswahlwerkzeug, halten Sie die [⇧]-Taste gedrückt – damit stellen Sie sicher, dass die Skalierung proportional erfolgt –, und ziehen Sie z. B. die obere rechte Ecke ❹ zum Bildrahmen, bis das Bild möglichst vollständig im Grafikrahmen sichtbar ist ❺. Die Bildposition innerhalb des Rahmens können Sie anschließend wie beschrieben ändern.

Abbildung 4.21 ▸
Nachdem das Bild in seinem Rahmen markiert wurde, kann es an einem der Griffpunkte skaliert werden.

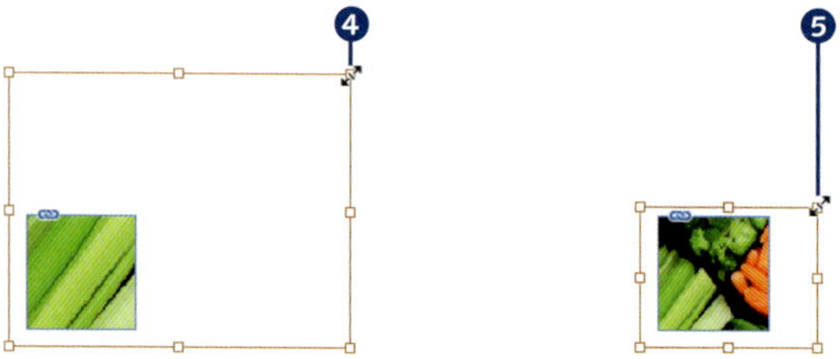

Eine weitere Möglichkeit, den Grafikrahmen an seinen Inhalt anzupassen, besteht darin, auf einen der mittleren Griffpunkte doppelzuklicken. Die jeweils gegenüberliegenden Seiten werden hierdurch an die Höhe bzw. Breite der Grafik angepasst.

Menübefehle

InDesign wäre nicht InDesign, wenn es für die eben beschriebenen Arbeitsschritte nicht noch eine weitere Vereinfachung in Form von Befehlen gäbe: Sie finden diese unter OBJEKT • ANPASSEN sowie im Kontextmenü, das mit einem Rechtsklick auf eine Grafik aufgerufen werden kann. Es stehen hier fünf Befehle zur Auswahl, mit denen Sie steuern können, wie InDesign mit dem Inhalt bzw. dem Rahmen verfahren soll.

Auch wenn die beiden wohl am häufigsten verwendeten Befehle RAHMEN PROPORTIONAL FÜLLEN Strg/⌘+⇧+alt+C und RAHMEN AN INHALT ANPASSEN Strg/⌘+alt+C nur über diese langen Tastenkombinationen aufzurufen sind, sollten Sie sie bald verinnerlichen.

- **Rahmen proportional füllen:** Durch diesen Befehl wird die gesamte Rahmenfläche für die Darstellung der Grafik ausgenutzt. Haben das Bild und der Grafikrahmen nicht dieselben Proportionen, werden Teile des Bildes beschnitten und sind somit nicht mehr sichtbar.
- **Inhalt proportional anpassen:** Das Bild wird mit Rücksicht auf seine Proportionen so in den Rahmen eingepasst, dass es vollständig zu sehen ist. Dabei bleiben, sofern Bild und Grafikrahmen nicht dieselben Proportionen aufweisen, rechts/links oder oben/unten Teile des Grafikrahmens ungenutzt – der Rahmen ist somit größer als sein Inhalt.
- **Rahmen an Inhalt anpassen:** InDesign vergrößert den Rahmen auf die dem Bild entsprechende Größe, so dass Bild und Grafikrahmen dieselbe Größe haben. Dieser Befehl kommt beispielsweise dann zum Einsatz, wenn ein Bild zunächst in einen Platzhalterrahmen geladen wurde und der Layouter zu einem späteren Zeitpunkt die Grafik vollständig platzieren möchte.
- **Inhalt an Rahmen anpassen:** Hierbei wird das Bild auf die Größe und die Proportionen des Rahmens gebracht, was fast ausnahmslos zur Verzerrung des Inhalts führt.
- **Inhalt zentrieren:** Die Größe von Rahmen und Inhalt bleibt hierbei unverändert, der Inhalt wird im Grafikrahmen vertikal und horizontal mittig ausgerichtet.
- **Inhaltssensitive Anpassung:** InDesign versucht mittels künstlicher Intelligenz und Machine Learning, das wichtigste Bildelement zu definieren, und passt den Ausschnitt daraufhin an.

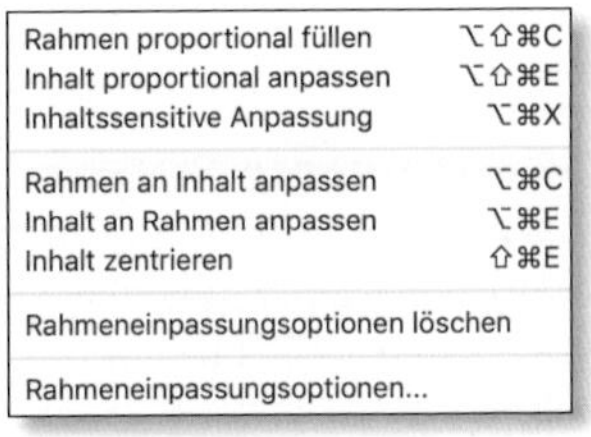

▲ **Abbildung 4.22**
Wenn Sie viel mit Bildern arbeiten, sind dies ein paar der wichtigsten InDesign-Befehle überhaupt.

▲ **Abbildung 4.23**
Wenn die Prozentwerte im Bereich TRANSFORMIEREN des EIGENSCHAFTEN-Bedienfelds nicht dieselben sind, haben Sie das Bild verzerrt.

4.4 Rahmeneinpassungsoptionen

Optionen öffnen

Die Rahmeneinpassungsoptionen können Sie auch über den Button OPTIONEN im EIGENSCHAFTEN-Bedienfeld öffnen.

Die Art, wie eine Grafik in einen Rahmen eingepasst werden soll, können Sie einem Rahmen auch als Attribut zuweisen. Und dieses Attribut kann wiederum eine Eigenschaft eines Objektformats werden.

Wenn das Bildmaterial, mit dem Sie am häufigsten arbeiten, nicht gerade Kunstwerke sind, bei denen sich das Beschneiden auf einen bloßen Ausschnitt verbietet, werden Sie die Abbildungen so in Rahmen einpassen wollen, dass sie zum einen proportional in den Rahmen eingefügt werden und zum anderen der Rahmen vollständig ausgefüllt wird. Dieses erreichen Sie, wenn Sie die betreffenden Grafikrahmen markieren und bei OBJEKT • ANPASSEN • RAHMENEINPASSUNGSOPTIONEN folgende Eingaben machen:

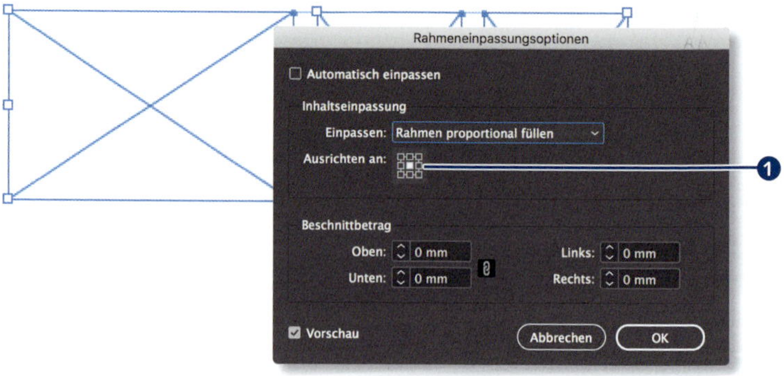

Abbildung 4.24 ▸
Hier weise ich drei Grafikrahmen gleichzeitig dieselben Rahmeneinpassungsoptionen zu.

Mit dem Bezugspunkt ❶ können Sie bestimmen, von wo aus InDesign das Bild in den Rahmen einpassen soll. Der voreingestellte Mittelpunkt ist eine gute Wahl, da der Bildfokus meist in der Mitte eines Fotos liegt. Die Option RAHMEN PROPORTIONAL FÜLLEN kennen Sie ja schon von den Anpassen-Befehlen.

Durch die gewählten Rahmeneinpassungsoptionen werden die Bilder nun mittig so in die Rahmen geladen, dass diese mit ihrer Höhe und/oder ihrer Breite die Rahmen komplett ausfüllen:

Abbildung 4.25 ▸
Durch die richtigen Rahmeneinpassungsoptionen werden die Bilder in möglichst großen Ausschnitten geladen.

In Abbildung 4.26 sehen Sie am Beispiel des mittleren Bildes aus der vorigen Abbildung, wie viel vom Foto durch den Grafikrahmen beschnitten wurde und dass InDesign das Foto wie gewünscht von der Mitte aus platziert hat.

◄ **Abbildung 4.26**
Mit einem gedrückt gehaltenen Klick mit dem Inhaltsauswahlwerkzeug wird das gesamte Bild sichtbar.

Dieses Einpassen wird übrigens nur beim tatsächlichen Platzieren eines Bildes angewendet. Soll sich ein platziertes Bild auch bei einer Größenänderung des Rahmens weiter an den Container anpassen, aktivieren Sie in den Rahmeneinpassungsoptionen AUTOMATISCH EINPASSEN ❷. Dieselbe Option finden Sie auch im EIGENSCHAFTEN-Bedienfeld ❸.

Inhaltssensitive Anpassung

Diese Rahmeneinpassungsoption lässt sich nicht in ein Objektformat übernehmen.

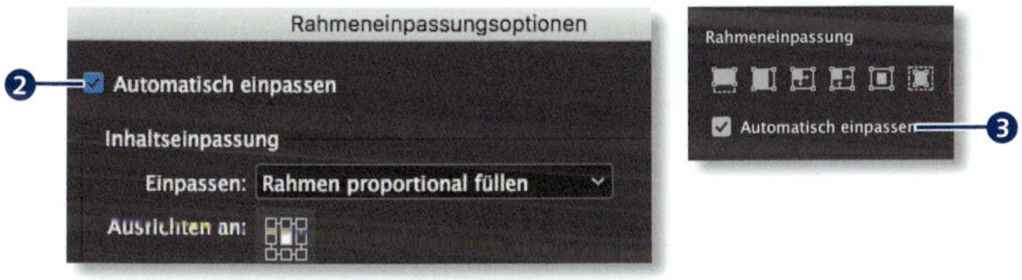

◄ **Abbildung 4.27**
Mit der Funktion AUTOMATISCH EINPASSEN können Sie Grafikrahmen zuweisen.

Möchten Sie die Rahmeneinpassung in ein Objektformat einfügen, finden Sie den entsprechenden Eintrag im Bereich GRUNDATTRIBUTE. Scrollen Sie etwas nach unten, um zu den Rahmeneinpassungsoptionen ❹ zu gelangen.

Optionen öffnen

Die Rahmeneinpassungsoptionen können Sie über den Button OPTIONEN im EIGENSCHAFTEN-Bedienfeld öffnen.

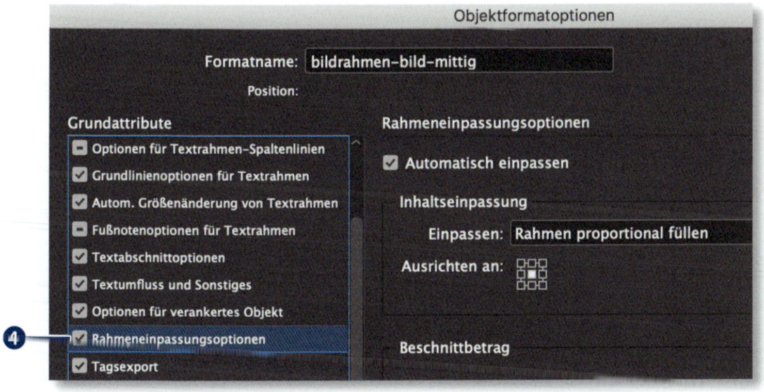

◄ **Abbildung 4.28**
Weisen Sie die praktischen Rahmeneinpassungsoptionen Objektformaten zu.

4.5 Bild transformieren

In InDesign können Sie Bilder auf verschiedene Weise ändern. Dabei haben Sie die Wahl zwischen der freihändigen und der präzisen numerischen Manipulation.

Drehen

Wenn Sie das Auswahlwerkzeug in die Nähe einer der Ecken bewegen, ändert sich die Cursorform in einen gebogenen Doppelpfeil ❶. Klicken Sie die Ecke an und Sie können den Rahmen beliebig drehen.

Abbildung 4.29 ▸
Der Cursor des Auswahlwerkzeugs wird zu einem Doppelpfeil, wenn Sie es an eine Ecke eines Rahmens bewegen.

Wenn Sie die Drehung des Rahmens samt Bild bzw. nur das Bild numerisch eingeben möchten, können Sie das Eigenschaften-Bedienfeld verwenden. Den so genannten Bezugspunkt ❷ können Sie mit einem Klick auf einen der neun Punkte festlegen. Bei einer Drehung fungiert der Bezugspunkt als Drehpunkt. Jeder dieser neun Punkte entspricht einem Griffpunkt des aktiven Rahmens bzw. seines Mittelpunktes. Der Grafikrahmen wurde im folgenden Beispiel mit dem Auswahlwerkzeug markiert und mit Hilfe des Transformieren-Bedienfeldes um 5° ❸ gegen den Uhrzeigersinn gedreht.

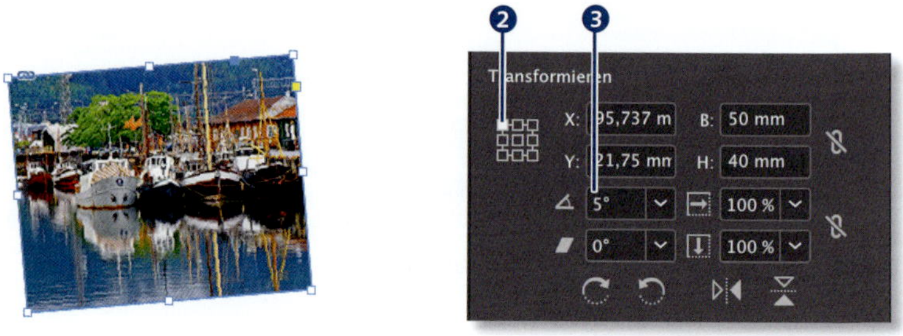

Abbildung 4.30 ▸
Der Rahmen wurde samt Inhalt um 5° um den linken oberen Griffpunkt gedreht.

Um ein Bild unabhängig vom Rahmen zu drehen, markieren Sie das Bild mit dem Inhaltsauswahlwerkzeug ❹. Im folgenden Beispiel habe ich das Bild unabhängig vom Rahmen um 5° im Uhrzeigersinn gedreht ❺.

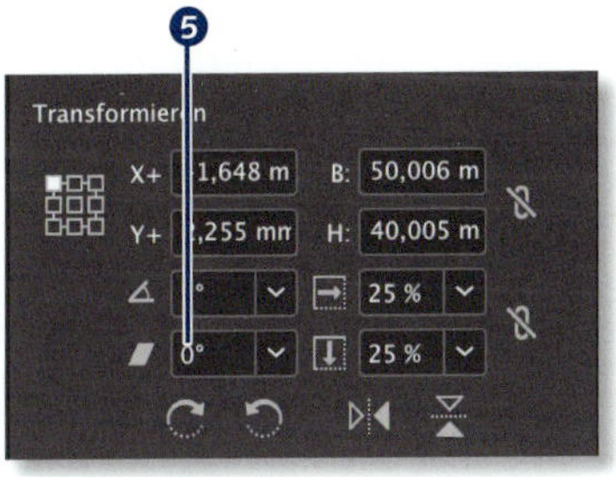

◂ **Abbildung 4.31**
Sie können das Bild auch innerhalb des Rahmens drehen.

Eine Drehung des Bildes ohne Rahmen ist beispielsweise erwünscht, wenn das Foto nicht lotrecht aufgenommen wurde: Die Vertikalen und Horizontalen sind dann etwas geneigt. Im Layout werden solche kleineren Bildkorrekturen auf die Schnelle in InDesign vorgenommen. Das Bild selbst wird erst später bei der Reinzeichnung in Photoshop korrigiert.

Im Transformieren-Bedienfeld finden Sie unter dem Drehwinkel-Eingabefeld noch das Eingabefeld für Scherwinkel (X-Achse). Hier können Sie den genauen Winkel für die Schrägstellung eingeben ❻. Ob Rahmen oder Bild markiert sind, hat hier genau dieselbe Bedeutung wie bei der Änderung des Drehwinkels.

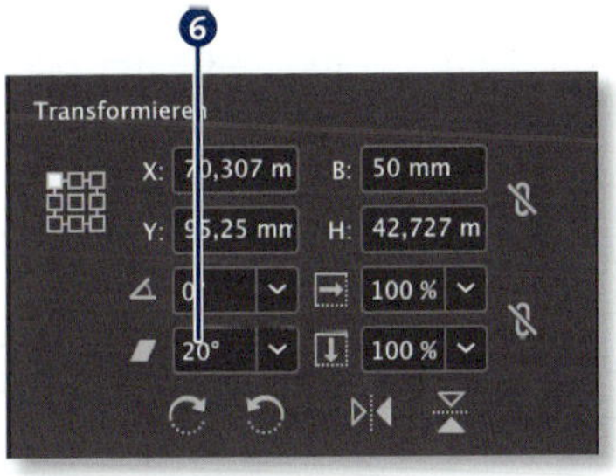

◂ **Abbildung 4.32**
Bei Rahmen mit Bildern ist das Scheren kaum sinnvoll.

Diese Art der Rahmenänderung macht mit Bildern, weil sie mit verzerrt werden, kaum Sinn. Diese Manipulation der Rahmenform kann aber gewünscht sein, wenn Sie einen Rahmen mit einer Flächenfarbe statt mit einem Bild füllen und den Rahmen dann schräg stellen. Als grafisches Gestaltungselement innerhalb eines Layouts sind solche Formen nicht unüblich.

Form des Bildrahmens ändern

Rechteck zu Kreis

Die Bildrahmenform können Sie beispielsweise von Rechteck zu Kreis konvertieren, indem Sie OBJEKT • FORM KONVERTIEREN wählen. Dort sind verschiedene Alternativen direkt anwählbar.

Wie Sie eben gesehen haben, ist für InDesign ein Bildrahmen ein Pfad, der unabhängig von seinem Inhalt geändert werden kann. Die Form des Bildrahmenpfades selbst kann mit dem Zeichenstift-Werkzeug bearbeitet werden.

Damit ein Grafikrahmen mit Pfadwerkzeugen bearbeitet werden kann, muss dieser zunächst markiert sein ❶. Im Beispiel habe ich dem Bildrahmen einen weiteren Pfadpunkt hinzugefügt ❷ und Grifflinien ❸ direkt aus dem neuen Pfadpunkt herausgezogen und in der Neigung geändert: Die neu hinzugefügte Kurve ❹ definiert nun den sichtbaren Teil des Bildes.

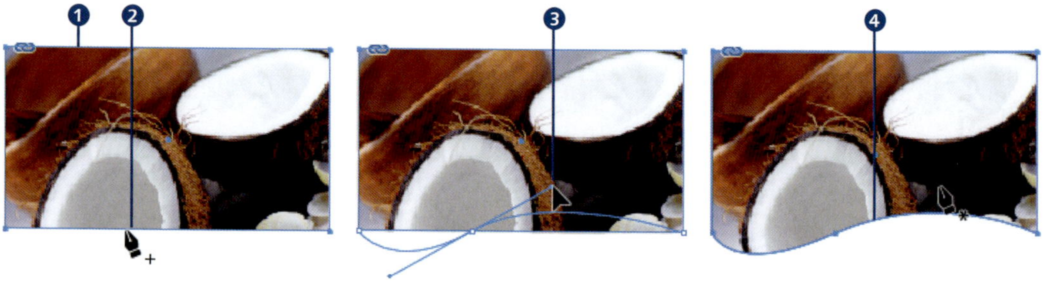

▲ **Abbildung 4.33**
Mit dem Zeichenstift-Werkzeug ändern Sie den Verlauf des Bildrahmenpfades.

Bild in Zeichnung

Sie können im Gegensatz zur eben gezeigten Methode auch zuerst eine beliebige Form mit einem der Zeichenwerkzeuge erstellen, um dann ein Bild mit einer der weiter vorn beschriebenen Techniken hineinzuladen.

Abbildung 4.34 ▶
Bilder können auch in beliebige gezeichnete Objekte platziert werden.

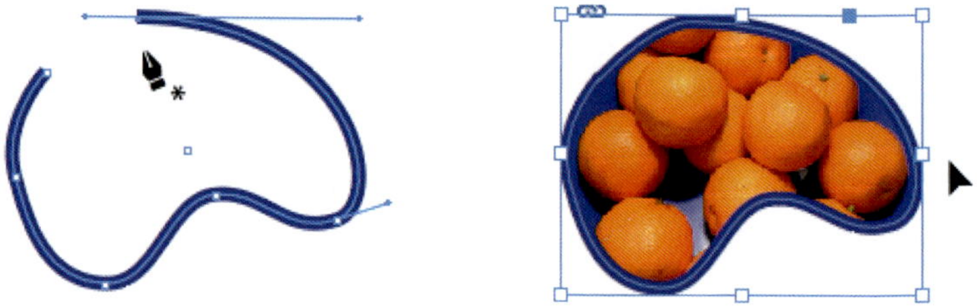

Mit dem Zeichenstift-Werkzeug lässt sich der Ausschnitt von Bildern durch die Manipulation des Bildrahmenpfades so präzise steuern. Nähere Infos zu Pfaden finden Sie in Kapitel 7, »Pfade und Objekte«.

Bild in Text

Um ein Bild als Füllung für einen Text anzuwenden, müssen Sie noch einen Zwischenschritt erledigen, nachdem Sie den entsprechenden Text eingegeben haben: Der Text muss in Pfade umgewandelt werden. Den dafür notwendigen Befehl finden Sie unter Schrift • In Pfade umwandeln. Durch die Umwandlung in Pfade liegt für InDesign danach kein Text mehr vor: Der Text ist dann mit dem Text-Werkzeug nicht mehr korrigierbar. Sobald der Text in Pfaden vorliegt, brauchen Sie nur noch das gewünschte Bild zu laden:

◀ **Abbildung 4.35**
Nach der Umwandlung in Pfade können Sie ein Bild einfügen.

4.6 Import von Bilddateien

Da die Importoptionen je nach Bildformat variieren, möchte ich gesondert auf die wichtigsten Bildformate PSD (Photoshop Document), AI (Adobe Illustrator) bzw. PDF (Portable Document Format) eingehen.

Andere Rastergrafik-Datenformate wie .tif, .png., .jpg und .gif können von InDesign problemlos dargestellt und ausgegeben werden. Für hochwertige Drucksachen werden aufgrund ihres geringen Farbumfangs nur ausnahmsweise GIFs eingesetzt. JPEGs neigen durch die Datenkompression zu Artefakten, die in der Darstellung in Browsern akzeptabel, im Druck aber unsauber und grob wirken. Da PSD-Daten über umfangreichere Optionen beim Import verfügen als etwa TIFF, gehe ich im Folgenden genauer auf PSD-Bilddaten ein.

PSD-Dateien importieren

Pfade, die in den Ursprungsprogrammen wie Photoshop und Illustrator erstellt werden, um schon dort die Sichtbarkeit von Bildbereichen zu regeln, werden *Beschneidungspfade* genannt und

Importoptionen

Die Importoptionen können Sie im PLATZIEREN-Dialog auch temporär durch Drücken der [⇧]-Taste aktivieren.

können in Layouts eine große Rolle spielen. Mit Hilfe von Beschneidungspfaden ist es beispielsweise möglich, Bildausschnitte über andere Objekte wie farbige Flächen oder auch andere Bilder zu legen, so dass diese durchscheinen. Mit Beschneidungspfaden kann außerdem gesteuert werden, wie Text um Bildausschnitte herumfließt.

Beschneidungspfade, die in Photoshop erstellt und mit der Datei gespeichert wurden, können in InDesign weiterbearbeitet werden. Um bei der Platzierung von Bilddaten überhaupt Zugriff auf die verschiedenen Features von Bilddaten zu haben, müssen Sie, wie vom Textimport bekannt, im PLATZIEREN-Dialog nur wieder die Checkbox IMPORTOPTIONEN ANZEIGEN ❶ anklicken.

Sie finden die Datei »hochhaus-ebenen.psd« in den Beispielmaterialien.

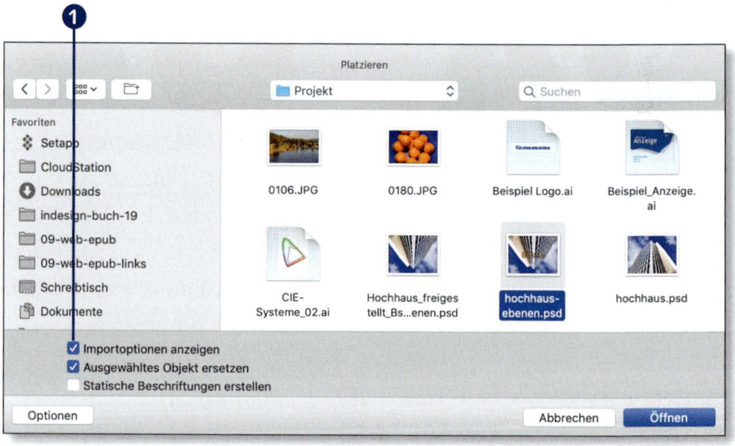

Abbildung 4.36 ▸ Analog zum Textimport können Sie sich auch bei Bildern Importoptionen anzeigen lassen.

Entsprechend den Funktionen, die im Photoshop-Dokument angewendet werden, sind diese im Import-Dialog anwählbar. Das Bild, an dem ich die verschiedenen Möglichkeiten demonstrieren möchte, beinhaltet vier Ebenen ❷ – die Bildebenen »Hochhaus_freigestellt«, »Himmel_nah«, »Himmel_horizont« und die zuoberst liegende Textebene »Börse«. Des Weiteren sind der Alpha-Kanal »Maske_Verlauf« ❸ und die drei Pfade »Glasfront«, »Steinfront« und »Hausfront« ❹ mit den verschiedenen Teilen des Gebäudes in der Datei angelegt. Sowohl der Alpha-Kanal als auch die verschiedenen Pfade sind dafür vorgesehen, genau definierte Bereiche des Bildes im InDesign-Layout später ein- bzw. ausblenden zu können. Für verschiedene Aufgaben im Layout benötigen Sie so nicht mehrere Bildvarianten.

Ebenenkompositionen

In Photoshop lassen sich in sogenannten Ebenenkompositionen verschiedene Bearbeitungsstadien in ein und dieselbe Datei speichern. Diese Ebenenkompositionen können in InDesign ebenfalls individuell ein- und ausgeblendet werden.

▲ **Abbildung 4.37**
Auf Photoshop-Funktionen wie Ebenen, Alpha-Kanäle und Beschneidungspfade haben Sie von InDesign aus Zugriff.

Bemerkenswert bei den zur Verfügung stehenden Bildoptionen ist, dass Sie die im Dialogfeld BILDIMPORTOPTIONEN getroffenen Entscheidungen in InDesign zu jedem späteren Zeitpunkt wieder ändern können – ohne dass Sie das Bild neu laden müssten.

Die BILDIMPORTOPTIONEN zum oben abgebildeten Bild sehen wie in folgendem Screenshot aus. Es gibt im Dialogfeld drei Bereiche, die Sie über die Buttons BILD, FARBE und EBENEN ❺ anwählen können.

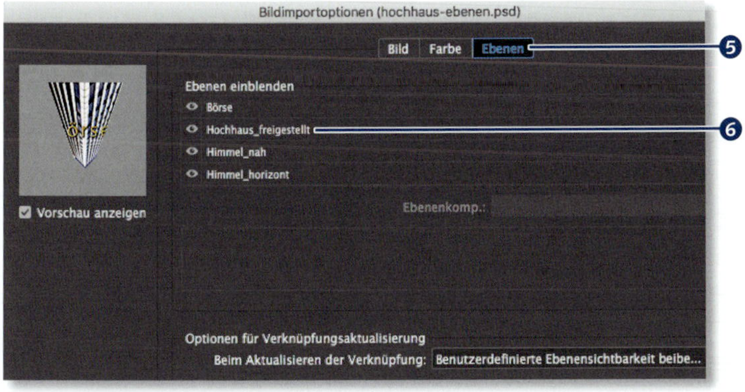

◀ **Abbildung 4.38**
In den BILDIMPORTOPTIONEN können Sie wichtige Photoshop-Features wie Ebenen auswählen.

Ebenen

Im Bereich EBENEN EINBLENDEN werden Ihnen die Ebenen des markierten Bildes angezeigt ❻. Einzelne Ebenen können Sie ausblenden, indem Sie auf das Auge neben dem betreffenden Ebenennamen klicken. Die Sichtbarkeit von Ebenen können Sie auch später noch am platzierten Bild im InDesign-Dokument modifizieren.

Im Unterbereich Optionen für Verknüpfungsaktualisierung können Sie zwischen den Optionen Benutzerdefinierte Ebenensichtbarkeit beibehalten und Ebenensichtbarkeit von Photoshop verwenden wählen. Mit diesen Optionen können Sie ganz einfach festlegen, ob eine Änderung an der Sichtbarkeit von Ebenen, die Sie in Photoshop vorgenommen haben, in InDesign übernommen werden soll oder nicht, wenn Sie das Bild in InDesign aktualisieren.

Farbe

Hier können Sie dem zu importierenden Bild ein Farbprofil zuweisen, und Sie können bestimmen, nach welchen Vorgaben InDesign die Datei im Dokument rendern, also darstellen soll. In Kapitel 6, »Farben und Effekte«, komme ich noch genauer darauf zurück.

Alpha-Kanäle/Masken

Im Unterschied zu Beschneidungspfaden, die immer harte Kanten erzeugen, können Sie mit Alpha-Kanälen weiche Übergänge erzielen. Alpha- oder (synonym) Maskenkanäle werden nämlich immer als Graustufenkanäle gespeichert und können somit bis zu 256 verschiedene Tonwerte/Transparenzstufen beinhalten.

Bild

In diesem Bereich legen Sie fest, ob ein Beschneidungspfad, der in Photoshop erstellt wurde, beim Import angewendet werden soll. Die hier getroffene Entscheidung können Sie später noch ändern. Ob Sie einen in Photoshop gespeicherten Alpha-Kanal anwenden möchten, sollten Sie jedoch schon beim Import entscheiden. Da eine Photoshop-Datei mehrere Alpha-Kanäle aufweisen kann, können Sie diese gegebenenfalls im Pulldown-Menü Alpha-Kanal anwählen:

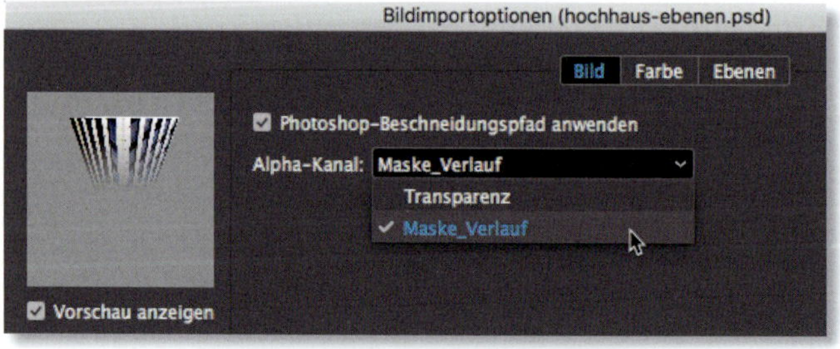

Abbildung 4.39 ▸ Im Import-Dialog können Sie den gewünschten Alpha-Kanal auswählen.

Sehen wir uns die verschiedenen Möglichkeiten der Photoshop-Ebenen, -Masken und -Pfade am Beispiel an. Das Bild ganz links ❶ ist das komplette Bild ohne angewendeten Alpha-Kanal oder

Beschneidungspfad. Im Bild ❷ habe ich in InDesign die Photoshop-Textebene ausgeblendet. Da die Gebäudefront freigestellt ist, können verschiedene Gebäudefront- und Himmelversionen, die ich im Photoshop-Dokument als Ebenen angelegt habe, beliebig ein- und ausgeblendet werden ❸ und ❹, um verschiedene Kombinationen im Layout durchzuspielen.

▲ **Abbildung 4.40**
Dasselbe Bild wird in InDesign durch das Ein- und Ausblenden von Bildebenen verschieden angezeigt.

Wenn Sie die Sichtbarkeit einzelner Ebenen anpassen möchten, nachdem Sie ein Bild in ein InDesign-Dokument platziert haben, rufen Sie über Objekt • Objektebenenoptionen das entsprechende Dialogfenster auf – alternativ können Sie dafür auch das Kontextmenü verwenden. Das Dialogfenster Objektebenenoptionen entspricht in seiner Funktion genau dem Bereich Ebenen im Import-Dialog: Hier können die einzelnen Ebenen ein- bzw. ausgeblendet werden.

In Abbildung 4.40 habe ich im linken Bild den Beschneidungspfad »Glasfront« angewendet, im mittleren Bild den Alpha-Kanal »Maske_Verlauf«, den ich als einfachen Schwarzweißverlauf angelegt habe. Im rechten Bild sind sowohl Alpha-Kanal als auch Beschneidungspfad aktiv.

Beachten Sie, dass Alpha-Kanal wie auch Beschneidungspfad das gesamte Bild maskieren, weshalb auch das Wort »Börse« mit beschnitten wird. Aktiviert – obgleich nicht unbedingt sichtbar – sind jeweils die drei Ebenen »Börse«, »Hochhaus_freigestellt« und »Himmel_nah«.

Alpha-Kanäle

Aktivieren Sie den gewünschten Alpha-Kanal beim Bildimport. Sie haben zwar auch nach dem Platzieren in InDesign Zugriff auf die Alpha-Kanäle, die Ergebnisse sehen aber gegebenenfalls anders aus.

◂ **Abbildung 4.41**
Hier sind drei weitere Varianten derselben Bilddatei zu sehen.

Photoshop-Features

Alpha-Kanäle und Beschneidungspfade spielen ihre eigentlichen Stärken in Kombination mit anderen Gestaltungselementen wie zusätzlichen Abbildungen oder farbigen Flächen aus. Interessant ist hierbei, dass Sie auf die verschiedenen Photoshop-Features von InDesign aus zugreifen können.

Alpha-Kanäle

Ein Alpha-Kanal wird in Photoshop – unabhängig vom Farbraum des jeweiligen Bildes – immer als zusätzlicher Graustufenkanal erstellt. Hierbei fungiert dieser Graustufenkanal als Maske: Schwarz steht für voll abdeckend, Weiß hingegen für völlig durchlässig. Die Graustufen sind gemäß ihrem individuellen Farbton mehr oder weniger deckend. Eine solche Maske kann in Photoshop mit Mal- und Zeichenwerkzeugen geändert werden. Genauso können auf den Alpha-Kanal Filter und diverse Korrekturmaßnahmen wie Gradationskurven angewendet werden.

In der nächsten Abbildung sind im Beispiel ganz links einfach zwei Bilder von Gebäuden in InDesign übereinandergelegt worden: Das Ergebnis sieht aus wie ein einfaches Composing in Photoshop.

Im zweiten Bild habe ich die Fläche des Grafikrahmens mit einem Blau gefüllt. Die Füllung wird entsprechend dem Alpha-Kanal auf alle maskierten, nicht sichtbaren Bildbereiche angewendet. Der Alpha-Kanal des Gebäudebildes (rechts) enthält ebenso scharfe Kanten wie weiche Übergänge.

▼ Abbildung 4.42
Hier ist zweimal dasselbe Bild mit einem Alpha-Kanal zu sehen, ganz rechts der Alpha-Kanal selbst in Photoshop.

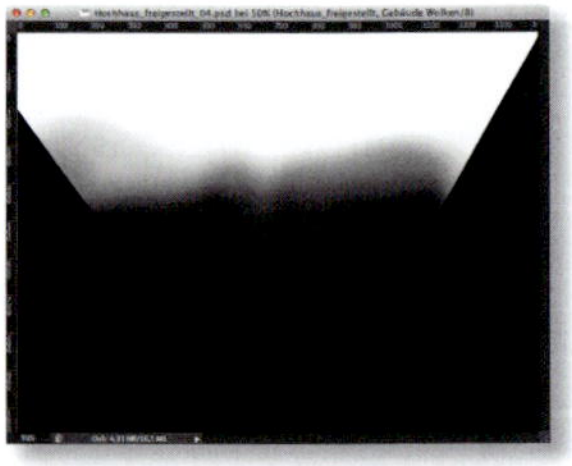

Beschneidungspfade

In Photoshop können Sie mehrere Pfade anlegen, von denen Sie einem den Sonderstatus des Beschneidungspfades zuweisen können. In den Bildimportoptionen können Sie zunächst nur entscheiden, ob der in Photoshop erstellte Beschneidungspfad angewendet werden soll. In InDesign können Sie nach dem Import aber auch jeden anderen in Photoshop erstellten Pfad als Beschneidungspfad wählen. Das betreffende Dialogfeld finden Sie unter OBJEKT • BESCHNEIDUNGSPFAD • OPTIONEN. Zunächst wählen Sie im Pulldown-Menü ART ❶ die Option PHOTOSHOP-PFAD. Unter PFAD ❷ kann der gewünschte Pfad als Beschneidungspfad ausgewählt werden.

◂ **Abbildung 4.43**
Im Dialogfeld BESCHNEIDUNGSPFAD von InDesign lässt sich auch ein anderer Pfad auswählen.

Als Beschneidungspfad habe ich jeweils den Pfad »Glasfront« ❸, »Steinfront« ❹ und »Hausfront« ❺ gewählt. Alles, was außerhalb eines Beschneidungspfades ist, wird dann ausgeblendet.

▾ **Abbildung 4.44**
Mit Hilfe von Beschneidungspfaden lassen sich mit demselben Bild verschiedene Varianten anlegen.

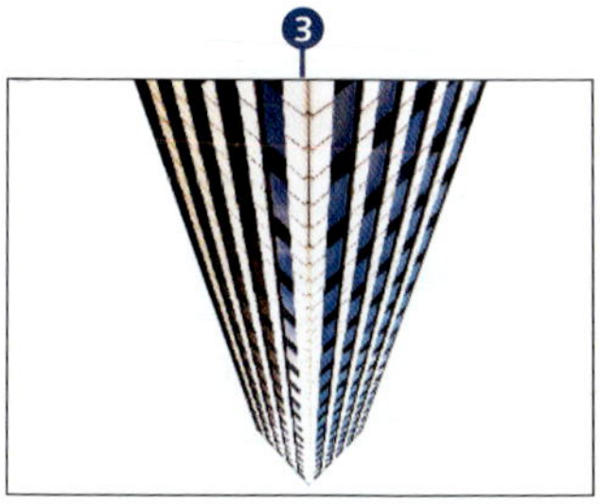

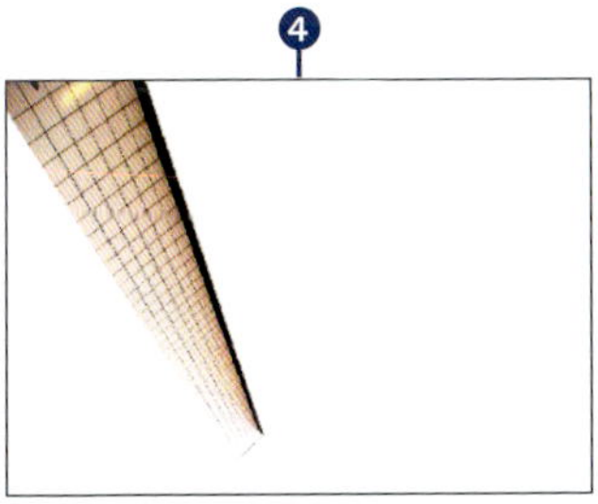

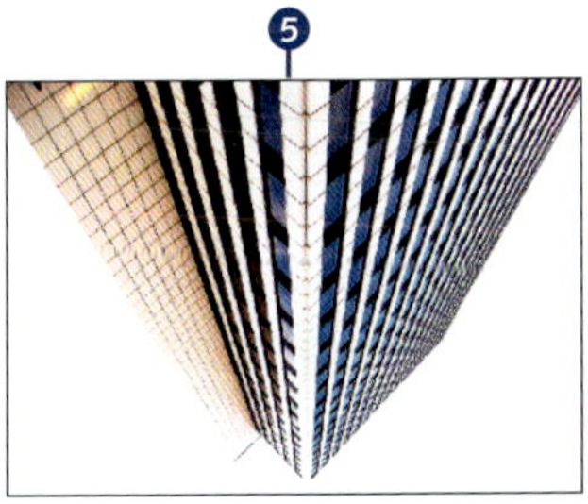

Mit Hilfe der Beschneidungspfade können sogar in InDesign auf die Schnelle Bildmontagen erstellt werden:

◂ **Abbildung 4.45**
Hier habe ich einfach dasselbe Bild mehrfach über ein anderes gelegt – in InDesign.

Bearbeiteter Pfad

Wenn Sie einen Pfad in InDesign bearbeiten, bleibt das ohne Auswirkungen auf die ursprüngliche Photoshop-Datei: Diese Änderung ist Teil Ihres InDesign-Dokuments.

Wenn Sie einen Beschneidungspfad in InDesign nachbearbeiten möchten, brauchen Sie nur mit dem Direktauswahl-Werkzeug auf den sichtbaren Bereich des Bildes zu klicken: Der in Photoshop erstellte Pfad wird dadurch in InDesign aktiviert und kann mit dem Direktauswahl-Werkzeug oder dem Zeichenstift-Werkzeug bearbeitet werden. Durch die Bearbeitung wird dieser Pfad übrigens Teil der InDesign-Datei: Im Dialogfeld BESCHNEIDUNGSPFAD wird dieser Pfad dann als »Vom Benutzer geänderter Pfad« bezeichnet.

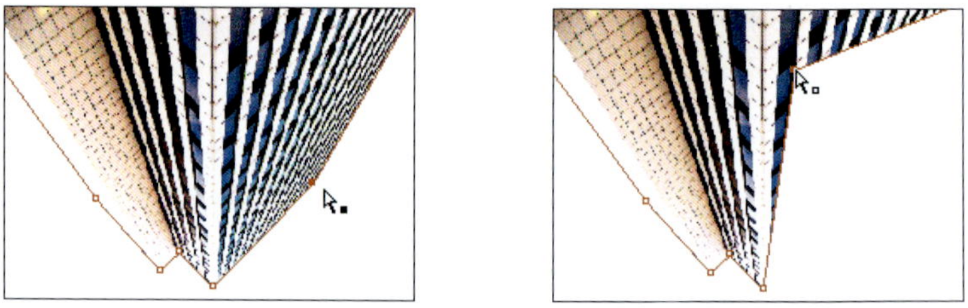

Abbildung 4.46 ▸
In InDesign können Beschneidungspfade wie jeder andere Pfad z. B. mit dem Direktauswahl-Werkzeug bearbeitet werden.

Der BESCHNEIDUNGSPFAD-Dialog hat noch eine weitere Funktion, die abhängig vom verwendeten Bildmaterial schnell zu recht guten Ergebnissen führt: KANTEN SUCHEN ❶. Mit folgenden Einstellungen wurde das Ausgangsbild ❷ in InDesign freigestellt.

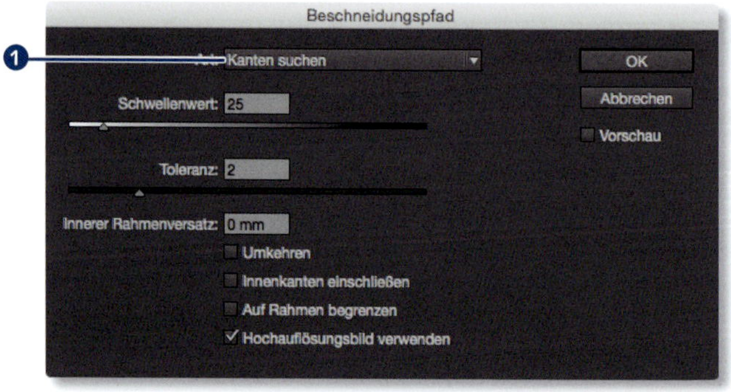

Abbildung 4.47 ▸
Mit KANTEN SUCHEN erstellt InDesign selbst Beschneidungspfade von Bildern.

Mit dem SCHWELLENWERT wird eingestellt, ab welcher Helligkeitsstufe das Bild ausgeblendet werden soll, die TOLERANZ bestimmt die Genauigkeit, mit der der Beschneidungspfad von InDesign erstellt wird. Niedrigere Werte ergeben mehr Ankerpunkte, höhere Werte haben weniger Punkte und einen glatteren Kurvenverlauf zur Folge. Da InDesign die Änderung bei aktiver Vorschau direkt darstellt, sieht man die konkreten Auswirkungen auf den Beschneidungspfad ❸ und kann experimentieren.

Nach dem Freistellen in InDesign hab ich den Bildrahmen für dieses Beispiel mit Blau gefüllt.

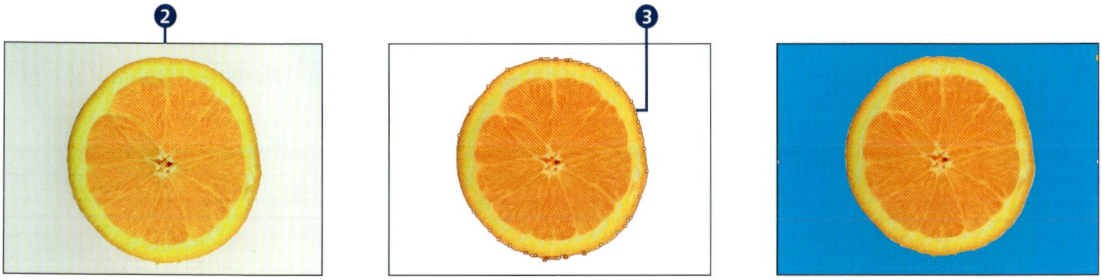

▲ **Abbildung 4.48**
Einfache Motive können in InDesign freigestellt werden, um z. B. den Hintergrund frei wählen zu können.

Die InDesign-interne Möglichkeit, Beschneidungspfade zu erstellen, funktioniert allerdings nur bei Fotos gut, bei denen sich Motiv und Hintergrund gut voneinander abheben.

Mehrseitige Dokumente

Enthält ein PDF, ein AI-Dokument oder ein PSD mehrere Zeichenflächen, können Sie im Import-Dialog genau angeben, welche der Seiten InDesign importieren soll. Standardmäßig wird immer die erste Seite importiert.

Um dieses an einem Beispiel zu demonstrieren, habe ich eine Illustrator-Datei angelegt, in der derselbe Entwurf einer Anzeige in drei Versionen vorliegt: in 4c (also farbig), in Schwarzweiß und in einer Version mit einer sogenannten Sonderfarbe. Zur Verdeutlichung habe ich den Anzeigendummy oben rechts mit dem jeweiligen Farbraum gekennzeichnet ❹. Die ersten beiden sind selbsterklärend, P 72 steht für Pantone 72, ein leuchtendes Blau. Wie in InDesign können Seiten in Illustrator mit Beschnittzugabe angelegt werden ❺.

◀ **Abbildung 4.49**
Ich habe dieselbe Anzeige in drei Farbräumen in einer Illustrator-Datei erstellt.

Abbildung 4.50 ▼
Die im Dialog ADOBE PDF SPEICHERN aktivierten Druckermarken werden an das Illustrator-PDF angehängt.

Wenn bei einem Illustrator-Dokument beim Speichern als PDF in der Rubrik MARKEN UND ANSCHNITT ❶ mindestens eine der möglichen Optionen SCHNITTMARKEN, PASSERMARKEN, FARBKONTROLLSTREIFEN oder SEITENINFORMATIONEN ❷ markiert ist, wird diese als zusätzliche Ebene sozusagen an das PDF angehängt.

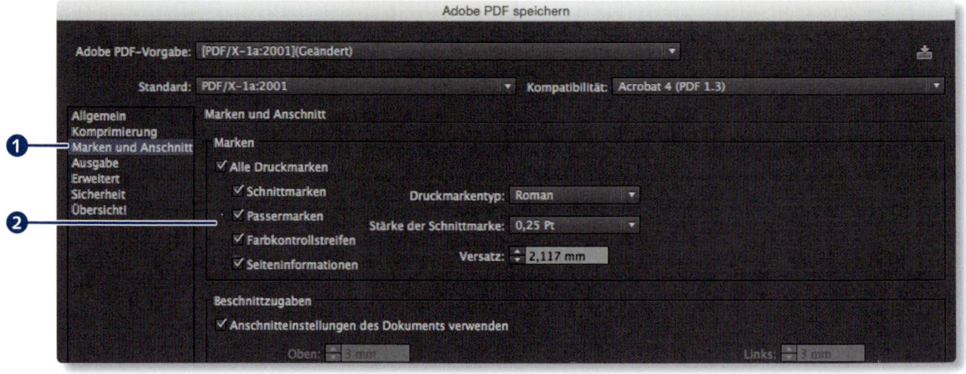

In InDesign können Sie diese Ebenen wie gewohnt ein- bzw. ausblenden. Interessant dabei: Falls Sie ein mit Schnittmarken o.Ä. aus Illustrator exportiertes PDF wieder in Illustrator öffnen, werden diese Zusatzinfos hier nicht angezeigt.

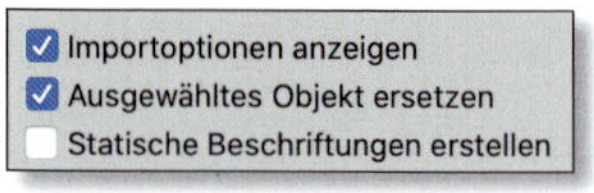

▲ Abbildung 4.51
Um Zugriff auf individuelle Seiten einer zu platzierenden Grafik zu erhalten, aktivieren Sie unten im PLATZIEREN-Dialog die Option IMPORTOPTIONEN ANZEIGEN.

Wenn Sie beim Platzieren von Daten Zugriff auf die individuellen Seiten und/oder auf Ebenen haben möchten, aktivieren Sie die Importoptionen unten im PLATZIEREN-Fenster (Abbildung 4.51). Im nun eingeblendeten Dialog können Sie den gewünschten Bereich wählen ❺. In der Vorschau ❸ ist die gewählte Seite ❹ des PDFs zu sehen. Im Pulldown-Menü BESCHNEIDEN AUF ❻ legen Sie fest, was InDesign beim Import berücksichtigen soll.

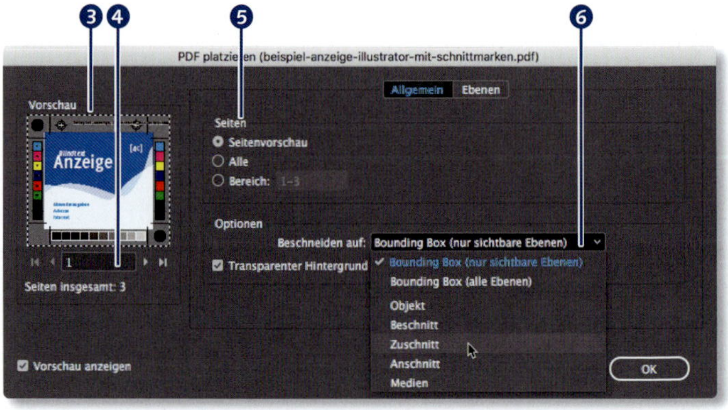

Abbildung 4.52 ▶
Im PDF PLATZIEREN-Dialog können Sie den Bereich wählen, der im InDesign-Dokument sichtbar sein soll.

Dieselbe Datei wurde mit diesen Optionen importiert: BOUNDING BOX (NUR SICHTBARE EBENEN) ❼, ANSCHNITT ❽ und ZUSCHNITT ❾.

▲ **Abbildung 4.53**
Je nach gewählter Importoption werden unterschiedliche Bereiche derselben Datei importiert.

Importierte Sonderfarben

Interessant beim Import von Dateien ist, dass die verwendete Sonderfarbe tatsächlich erst in das InDesign-Dokument mit importiert wird, wenn diese Farbe auch tatsächlich auf der importierten Seite des PDFs oder AI-Dokuments verwendet wurde. Die Verwendung von Sonderfarben hat zur Folge, dass neben den eventuell verwendeten vier Offsetfarben CMYK, für die jeweils eine sogenannte Platte für den Druck belichtet wird, noch eine fünfte Platte erstellt werden muss. Im Offsetdruck werden die Farben nämlich nacheinander in der Druckmaschine auf das Papier gedruckt. Und damit von Druckdaten, die in der Regel als PDF abgeliefert werden, auch alle nötigen Platten belichtet werden können, müssen die benötigten Sonderfarben in InDesign auch hinterlegt sein. Beim Import der Pantone-Version der Anzeige wird die importierte Sonderfarbe ❿ im Bedienfeld FARBFELDER angezeigt:

Platzieren von AIs und PDFs

Wie beim Bildformat PSD empfehle ich Ihnen, für das Einfügen von Illustrator-Zeichnungen und PDFs wieder DATEI • PLATZIEREN zu verwenden. Dabei wird ein Verweis, eine sogenannte Verknüpfung, zu dem Bild auf der Festplatte erstellt. InDesign erkennt dabei beispielsweise, wenn die Datei im Ursprungsprogramm geändert wurde.

◀ **Abbildung 4.54**
Das Bedienfeld FARBFELDER liefert zu den verschiedenen Farben die entsprechenden Informationen.

Vollton- und Prozessfarben

Mit Volltonfarben können Farben gedruckt werden, die durch die vier Prozessfarben nicht reproduzierbar sind. Da jede (!) zusätzliche Volltonfarbe zu einer zusätzlichen Farbplatte im Druck führt, muss mit höheren Produktionskosten gerechnet werden. Im Bereich der Geschäftsdrucksachen, bei denen z. B. ein Briefbogen ohnehin nur mit Schwarz und einer Volltonfarbe für ein Logo zum Einsatz kommt, bietet sich der Einsatz von Volltonfarben hingegen an.

Am rechten Rand des FARBFELDER-Bedienfeldes werden pro Farbfeld zwei quadratische Icons angezeigt, von denen das linke Auskunft über die Farbart gibt. Schwarz liegt als Prozessfarbe vor, die importierte Pantone-Farbe als Volltonfarbe . Volltonfarben lassen sich in InDesign in Prozessfarben umwandeln. Das heißt allerdings nicht, dass das Druckergebnis so aussieht, als sei es mit Sonderfarben gedruckt worden: InDesign rechnet bei der Konvertierung von Volltonfarben in Prozessfarben die Sonderfarbe in CMYK um und versucht dabei, möglichst nah an den eigentlichen Farbton der Sonderfarbe heranzukommen. In Abschnitt 6.4 werden wir uns noch genauer mit diesem Bedienfeld beschäftigen.

Arbeiten Sie des Öfteren mit Sonderfarben, sollten Sie die Anschaffung von Farbmustern, den Pantone- bzw. HKS-Fächern, in Erwägung ziehen. Die gedruckten Farben werden von Monitoren nämlich nur annäherungsweise wiedergegeben. Die genannten Farbmusterfächer sind zusammengeheftete Karten, auf denen je nach Ausgabe teilweise jeweils nur eine Farbe abgedruckt ist. Ein Fächer kann dabei mehrere Hundert verschiedene Sonderfarben beinhalten. Daher sind diese Fächer in der Herstellung extrem aufwendig, was sich in den recht hohen Preisen, die Sie für diese Fächer aufbringen müssen, niederschlägt.

Die Datei »firmenname.ai« steht in den Beispielmaterialien zur Verfügung.

Weißen Hintergrund unterdrücken

Manchmal sollen Logos in einer invertierten Version eingesetzt werden. Invertiert heißt hierbei, dass beispielsweise die Wortmarke, die normalerweise in Schwarz verwendet wird, in Weiß gesetzt werden soll. Das ist z. B. bei Broschüren der Fall, bei denen Farbflächen oder Fotos als Hintergrund für Logos eingesetzt werden. Für einen solchen Fall bietet sich folgendes Vorgehen an:

Zunächst wird die Zeichenfläche ❶ in Illustrator samt Wortmarke dupliziert ❷, die Wortmarke wird weiß eingefärbt. Im Unterschied zu InDesign können Sie in Illustrator als Farbe auch »Weiß« wählen ❸. Im Beispiel habe ich die Wortmarke in Pfade umgewandelt. Das ist bei Schriftzügen üblich, da dadurch bei der Weitergabe eines Logos sichergestellt wird, dass die verwendete Logo-Schrift auch tatsächlich benutzt wird. Die Logo-Schrift muss nämlich auch auf dem Rechner vorhanden sein, auf dem dieses Logo in ein Layout eingefügt wird – ansonsten greift InDesign

Logo, Bildmarke, Wortmarke

Ein Logo ist im allgemeinen Sprachgebrauch ein Zeichen, mit dem sich eine Firma präsentiert. Es kann ein reiner Schriftzug (die Wortmarke), ein Symbol (die Bildmarke) oder eine Kombination aus beiden sein.

bei der Ausgabe der Datei auf eine niedrig aufgelöste Vorschau zurück. Deshalb müssten – wenn die Schrift nicht in Pfade umgewandelt worden wäre – neben der AI-Datei auch die verwendeten Schriften weitergegeben werden, was aufgrund der Lizenzbestimmungen vieler Schriften problematisch wäre.

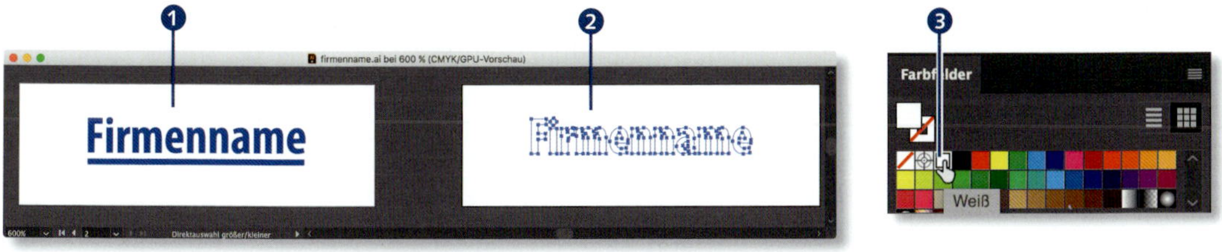

▼ **Abbildung 4.55**
In Illustrator kann im Gegensatz zu InDesign als Farbe Weiß gewählt werden.

Nach dem Abspeichern der Datei wird die zweite Seite auf einer farbigen Fläche in einem InDesign-Dokument platziert. Da die Zeichenfläche eines Illustrator-Dokuments von InDesign normalerweise als weiß angenommen wird, ist das Logo dann nicht sichtbar. Das ändern Sie durch die Aktivierung der Option TRANSPARENTER HINTERGRUND ❹ beim Import:

▼ **Abbildung 4.56**
Die richtige Einstellung entfernt den weißen Hintergrund beim Import nach InDesign.

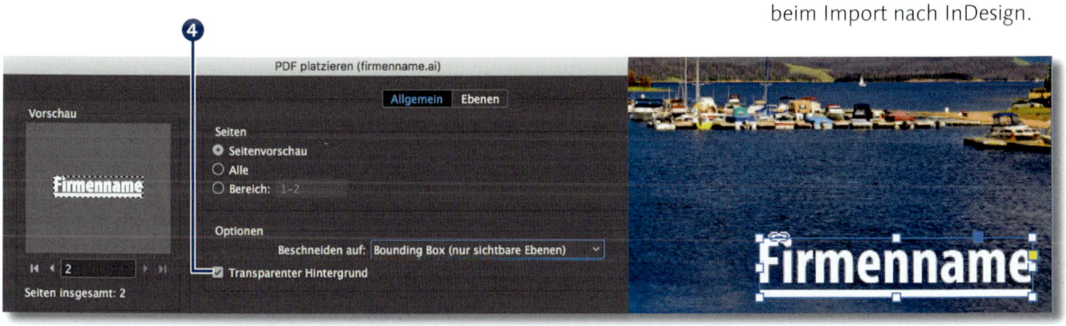

An dieser Abbildung können Sie gut erkennen, was die Option BESCHNEIDEN AUF • BOUNDING BOX (NUR SICHTBARE EBENEN) im PDF PLATZIEREN-Dialog bewirkt: InDesign erstellt einen Grafikrahmen, in den nur die Zeichenobjekte aus Illustrator eingepasst werden. Vergleichen Sie hierzu die Abbildung 4.55, dort ist die deutlich größere Fläche der Zeichenfläche zu erkennen – sie wird durch diese Importoption nicht berücksichtigt.

Achten Sie bei Abbildung 4.56 auf die Titelzeile: Obwohl ein AI-Dokument importiert wird, behandelt InDesign die Grafik als PDF.

4.7 Dynamische Beschriftungen

Bridge-Fenster

Über das Menü FENSTER lassen sich in der Bridge die benötigten Informationen einblenden.

Digitalkameras speichern eine Vielzahl von Informationen als sogenannte Exif-Daten automatisch in die Bilddateien. Diese Informationen lassen sich im Fenster METADATEN ❶ des zusätzlichen Creative-Cloud-Programms Bridge einsehen. Daten, die rechts mit einem Stift gekennzeichnet sind ❷, können Sie auch ändern. Diese Informationen können außer in der Bridge auch in Photoshop oder mit Free- bzw. Shareware-Programmen geändert werden.

▲ **Abbildung 4.57**
Die Bridge stellt Ihnen im Fenster METADATEN eine riesige Menge an Informationen zur Verfügung.

Diese Daten lassen sich in ein Layout einbinden, da InDesign hieraus beispielsweise Bildbeschreibungen oder Copyright-Hinweise generieren kann. Zunächst platzieren Sie wie gewohnt ein Bild. Bei markiertem Bild öffnen Sie über OBJEKT • BESCHRIFTUNGEN • BESCHRIFTUNG EINRICHTEN ein Dialogfenster. Neben den gewünschten METADATEN ❹, die in InDesign als Bildbeschriftung generiert werden sollen, können Sie hier etwa auch die AUSRICHTUNG ❸ und das ABSATZFORMAT ❺ angeben, mit dem die Beschriftung formatiert werden soll.

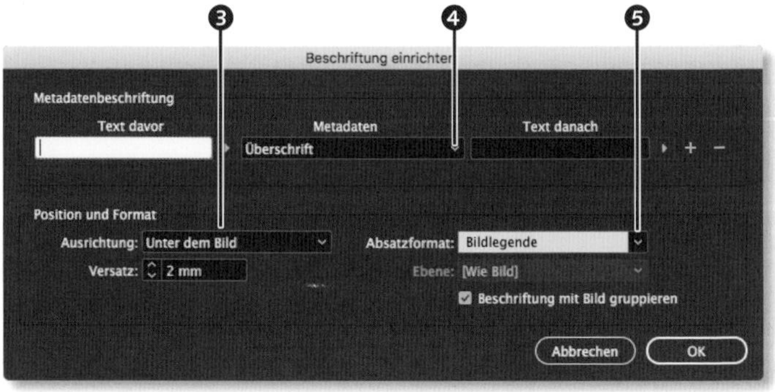

Abbildung 4.58 ▶
Im entsprechenden Dialog können die gewünschten Inhalte und die Formatierung der Beschriftung definiert werden.

Nach Bestätigung des Dialogs BESCHRIFTUNG EINRICHTEN wird OBJEKT • BESCHRIFTUNGEN • DYNAMISCHE bzw. STATISCHE BESCHRIFTUNG ERSTELLEN aufgerufen. Am einfachsten lässt sich dieser Befehl mit einem Rechtsklick auf das Bild über das Kontextmenü aufrufen. InDesign erstellt daraufhin einen Textrahmen in der Breite des Bildes mit den Metadaten, die im vorigen Schritt gewählt wurden ❻.

◂ **Abbildung 4.59**
Der von InDesign generierte Textrahmen mit der Bildbeschriftung wird in der Breite des Bildes angelegt.

Der Unterschied zwischen dynamischer und statischer Beschriftung besteht darin, dass beim dynamischen Text eine Verbindung zu den Metadaten des Bildes bestehen bleibt. Werden die entsprechenden Metadaten außerhalb von InDesign geändert, wird diese Änderung direkt im Layout übernommen. Nachteil der dynamischen Beschriftungen ist die Tatsache, dass der generierte Text von InDesign nicht umbrochen wird – er steht ausschließlich in einer Zeile und kann aus InDesign heraus nicht geändert werden. Bei statischer Beschriftung wird der Text ins Layout kopiert und kann beliebig umbrochen und verändert werden, wird aber bei einer Änderung außerhalb von InDesign nicht aktualisiert.

Social-Media-Posts

Dynamische Beschriftungen können Ihnen im Zusammenspiel mit alternativen Layouts beim Erstellen von Social-Media-Posts viel Zeit sparen, weil Sie etwa Copyright-Angaben nur ein Mal zu hinterlegen brauchen.

Bilder können auch mit mehreren Beschriftungen versehen werden. Im folgenden Beispiel in Abbildung 4.60 habe ich neben den Bildlegenden auch die Copyright-Angaben ❼ aus den Bildmetadaten generieren lassen.

◂ **Abbildung 4.60**
Bilder können sogar mehrere statische oder dynamische Beschriftungen erhalten.

4.8 Das Bedienfeld »Verknüpfungen«

Informationen

Einen Teil der Verknüpfungsinformationen können Sie auch im Bedienfeld INFORMATIONEN ablesen.

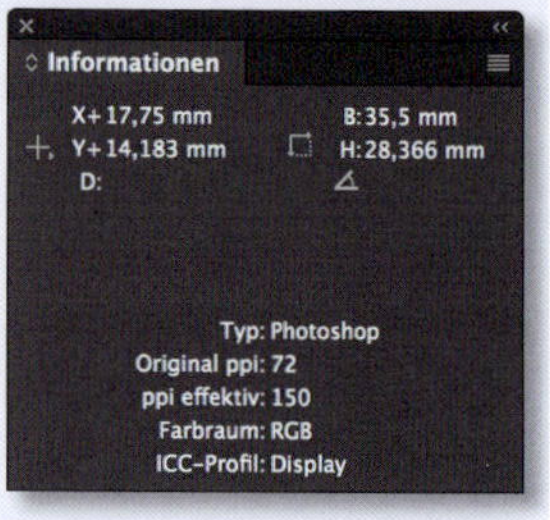

Größere Vorschau

Wenn Sie gerne größere Abbildungen in der Vorschau sehen möchten, können Sie in den Bedienfeldoptionen sowohl die Zeilengröße ändern als auch sich eine Vorschau in den Verknüpfungsinformationen anzeigen lassen.

In den vorangegangenen Abschnitten haben Sie u.a. erfahren, wie Sie Bilder in ein InDesign-Dokument importieren, Ausschnitte von Bildern Ihren Vorstellungen entsprechend anpassen und wie Sie Bilder automatisch beschriften lassen können. Jetzt brauchen wir nur noch das VERKNÜPFUNGEN-Bedienfeld zu besprechen. Es ist für die Verwaltung der diversen Verknüpfungen eines Dokuments zuständig.

Das Bedienfeld VERKNÜPFUNGEN, das Sie über das Menü FENSTER aufrufen können, enthält eine Übersicht über alle Dateien, die mit dem aktuellen InDesign-Dokument verknüpft oder in dieses eingebettet sind.

Standardansicht

Nach dem Öffnen des VERKNÜPFUNGEN-Bedienfeldes werden Ihnen die diversen Informationen zu den verlinkten Daten Ihres aktuellen Dokuments etwa wie folgt dargeboten:

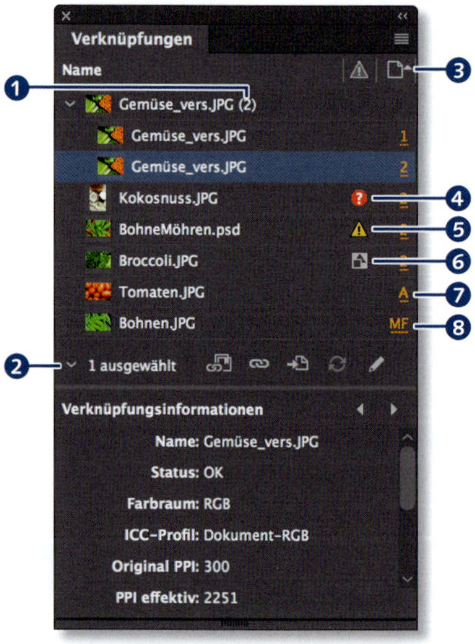

Abbildung 4.61 ▸
Das VERKNÜPFUNGEN-Bedienfeld bietet auf einen Blick die wichtigsten Informationen zu verknüpften Dateien.

Die Liste mit den Verknüpfungen des aktuellen Dokuments können Sie mit einem Klick auf einen der drei Spaltentitel NAME, STATUS und SEITE ❸ anders sortieren lassen. Hier sind die Verknüpfungen nach den Seiten sortiert, zu erkennen am kleinen Pfeil neben dem Seiten-Icon. Die Seitenzahlen in dieser Spalte sind als Links angelegt: Ein Klick auf einen Eintrag in der Seiten-Spalte führt dazu, dass die entsprechende Seite mit der Datei direkt im Dokumentfenster angezeigt wird. Wenn eine verknüpfte Datei auf einer Musterseite liegt, wird das dazugehörige Präfix angezeigt ❼. Liegt die Grafik auf der Montagefläche, steht hier MF ❽. Wenn eine Datei mehrfach in einem InDesign-Dokument platziert wurde, wird die Anzahl der Vorkommen in Klammern hinter dem Namen angezeigt ❶. Bei Bedarf können die einzelnen Instanzen angezeigt werden, indem der Pfeil angeklickt wird. Wenn eine Datei nicht mehr verfügbar ist, weil sie z. B. auf Betriebssystemebene in ein anderes Verzeichnis verschoben wurde oder der Name geändert wurde, warnt InDesign mit diesem Verknüpfung-fehlt-Symbol ❹. Das Warndreieck weist darauf hin, dass die platzierte Datei im Ursprungsprogramm geändert wurde und dass diese Änderung im InDesign-Dokument noch nicht aktualisiert wurde ❺. Eingebettete Dateien werden mit einem gesonderten Symbol gekennzeichnet ❻. Den unteren Bereich mit den Verknüpfungsinformationen können Sie bei Bedarf ausblenden ❷.

Warnung

Bilder, die nicht korrekt verknüpft sind, werden auch im Layout mit einem Warndreieck gekennzeichnet.

Mehrere auf einen Schlag

Wenn Sie alle Instanzen einer Datei mit einer anderen verknüpfen möchten, markieren Sie einfach den übergeordneten Eintrag ❶ und betätigen dann den Button ERNEUT VERKNÜPFEN ❿. Dasselbe gilt auch für VERKNÜPFUNG AKTUALISIEREN ⓬.

Funktionen des Bedienfeldes

Zur Verwaltung der Verknüpfungen stehen am unteren Bedienfeldrand fünf Buttons zur Verfügung:

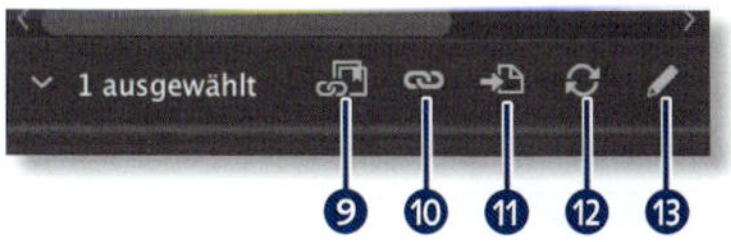

◂ **Abbildung 4.62**
Mit diesen fünf Buttons werden die Verknüpfungen verwaltet.

Das Cloud-Icon ❾ finden Sie in verschiedenen Bedienfeldern. Es ermöglicht Ihnen den programm- und geräteübergreifenden Austausch von Grafiken, Formaten u. Ä. Mit ERNEUT VERKNÜPFEN ❿ können Sie eine andere Datei als Verknüpfung wählen. GEHE ZU VERKNÜPFUNG ⓫ bewirkt dasselbe wie ein Klick auf den Seitenlink (s. o.). Mit VERKNÜPFUNG AKTUALISIEREN ⓬ aktualisieren Sie die markierte Datei, falls die platzierte Datei in InDesign nicht dem aktuellen Stand entspricht. Bei Betätigung des Buttons ORIGINAL BEARBEITEN ⓭ wird die Datei in dem Programm geöffnet, das im

Dateien aktualisieren

Mit gedrückter `alt`-Taste können Sie mit einem Klick auf ⓬ alle geänderten Daten im InDesign-Dokument aktualisieren.

Betriebssystem als Standard zur Bearbeitung des entsprechenden Dateiformats (PDF, JPG etc.) festgelegt wurde.

Statt der Buttons unterhalb der Auflistung oder der entsprechenden Befehle im Bedienfeldmenü können Sie auch den Bildnamen in der Liste anklicken und dann das Kontextmenü aufrufen. Dort sind dieselben Befehle nochmals hinterlegt. Zum Aktualisieren genügt ein Doppelklick in der Liste.

Bedienfeld anpassen

Wenn Ihnen die Informationen der Standardanzeige des VERKNÜPFUNGEN-Bedienfeldes nicht genügen, können Sie sich die angezeigten Spalten neu einrichten. Öffnen Sie hierfür die BEDIENFELDOPTIONEN, die Sie im Bedienfeldmenü finden. Zu den Standardspalten NAME ❶, STATUS ❷ und SEITE ❸ habe ich für den Screenshot in Abbildung 4.63 noch die Spalten PPI EFFEKTIV ❹, ORIGINAL PPI ❺ und SKALIEREN ❻ eingeblendet. Die Verknüpfungen habe ich nach STATUS sortiert.

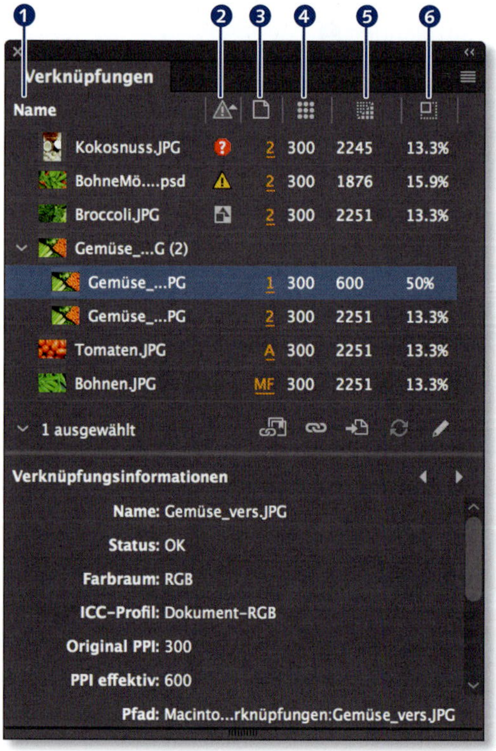

Abbildung 4.63 ▸
Die Spalten im VERKNÜPFUNGEN-Bedienfeld können individuell konfiguriert werden.

Achten Sie in Abbildung 4.63 bei dem markierten Bild auf den Zusammenhang zwischen den drei Größen ORIGINAL PPI, PPI EFFEKTIV und SKALIEREN: Das Bild hat eine tatsächliche Auflösung von 300ppi, die effektive Auflösung ist aber doppelt so hoch, nämlich 600ppi. Warum? Weil ich das Bild mit einem Skalierungsfaktor von 50% in seinem Bildrahmen platziert habe. Die Verkleinerung eines Bildes in InDesign auf die Hälfte führt also zur Verdopplung der Ausgabeauflösung – die beiden Werte sind umgekehrt proportional zueinander.

Sie können ja einmal die Überschlagsrechnung bei ein paar anderen Bildern aus Abbildung 4.63 machen ...

▲ **Abbildung 4.64**
Kopieren Sie Bilddaten per Kontextmenü in andere Verzeichnisse, werden die Verknüpfungen direkt aktualisiert.

Status-Spalte bereinigen

Für die Ausgabe einer InDesign-Datei auf einem Drucker oder als PDF sollten Sie auf alle Fälle die Status-Spalte des Bedienfeldes VERKNÜPFUNGEN im Vorfeld von allen Warnmeldungen bereinigen. InDesign gibt bei dem Versuch, ein Layout mit nicht aktualisierten oder nicht mehr vorhandenen Verknüpfungen z.B. auf einem Drucker auszugeben, ohnehin eine Warnung aus.

Es ist zwar grundsätzlich möglich, derartige Dateien auszugeben, InDesign verwendet dann aber für veraltete oder nicht mehr verfügbare Bilder grob aufgelöste Bilder, was im Druck sichtbar werden kann.

Um die Status-Spalte von den Warndreiecken zu bereinigen, müssen Sie die entsprechenden Bilder aktualisieren. Ebenso sollten Sie Bilder, die beispielsweise durch den Import einer Word-Datei mit in das InDesign-Dokument eingebettet wurden und dann nur eine effektive Auflösung von 72ppi aufweisen, mit einer höher aufgelösten Grafik verknüpfen.

Bevor es zu fehlenden Daten aufgrund nicht mehr erreichbarer Server o.Ä. kommt, sollten Sie die betreffenden Daten am besten im Vorfeld auf Ihren Rechner kopieren. Dies erreichen Sie durch den Befehl VERKNÜPFUNG(EN) KOPIEREN NACH, den Sie im Kontextmenü finden, das Sie mit einem Rechtsklick auf eine Datei innerhalb des Bedienfeldes aufrufen, oder Sie verpacken die Datei. Auf diese Funktion komme ich in Abschnitt 4.8 zurück.

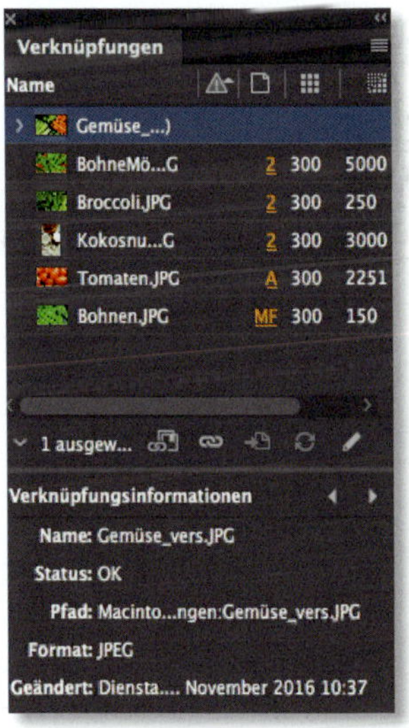

▲ **Abbildung 4.65**
Die Status-Spalte weist keinerlei Symbole mehr auf: eine Grundvoraussetzung für die Ausgabe.

4.9 Mit der Bridge arbeiten

▲ **Abbildung 4.66**
Die Bridge können Sie über das DATEI-Menü aufrufen.

Das eigenständige Programm steht allen Benutzern der kompletten Creative Cloud zur Verfügung und muss wie sonstige Programme separat installiert werden. Da es einige äußerst nützliche Features bereitstellt, die weit über die Funktionen der systemeigenen Dateimanager wie Windows-Explorer oder den Mac-Finder hinausgehen, empfehle ich Ihnen die Arbeit mit der Bridge.

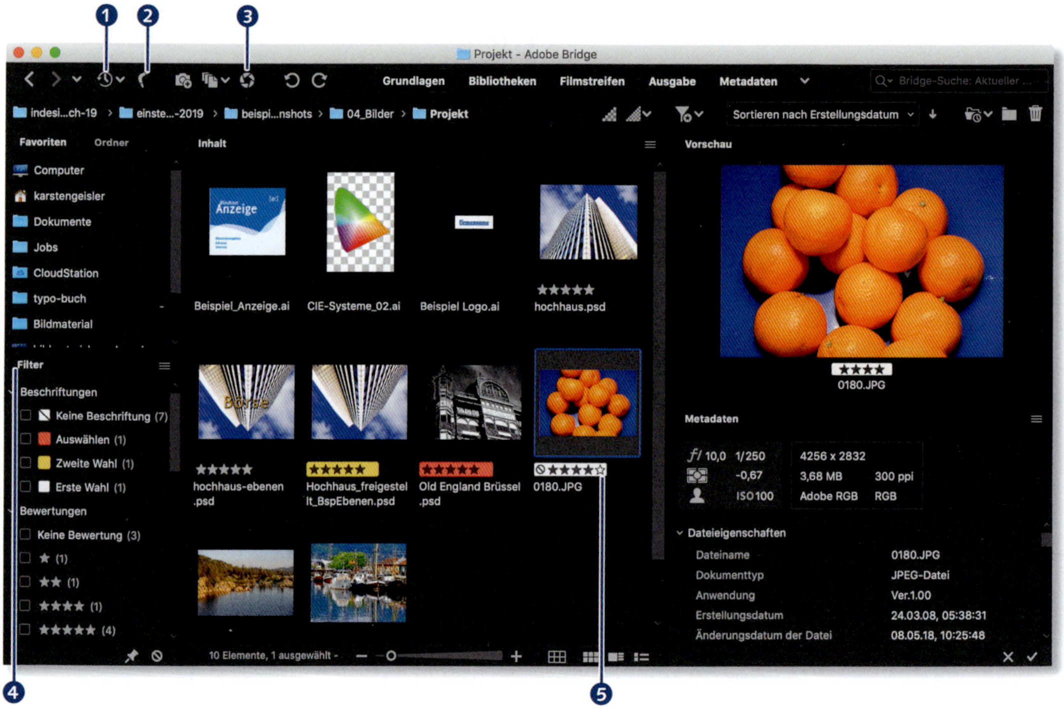

▲ **Abbildung 4.67**
Die Bridge ist ein mächtiges Programm zur Sichtung, Organisation und Bearbeitung von Daten.

Die zuletzt aufgerufenen Ordner können Sie sich in einem Pulldown-Menü ❶ anzeigen lassen, zu InDesign wechseln Sie mit einem Klick auf das Bumerang-Icon ❷. Besonders erwähnenswert ist Camera Raw ❸, dessen Oberfläche Sie mit dem Objektiv-Button aufrufen können. In Camera Raw sind grundlegende Bildoptimierungen mit wenigen Klicks erledigt. Dateien lassen sich beschriften und bewerten ❺, und Sie können die Dateien nach bestimmten Eigenschaften oder nach Dateityp filtern ❹. Eine in der Bridge markierte Grafikdatei können Sie über DATEI • PLATZIEREN • IN INDESIGN in ein InDesign-Dokument laden.

5

Tabellen

Informationen übersichtlich strukturieren

- Wie werden Tabellen erstellt?
- Wie werden Tabellendaten erfasst?
- Welche Zeilenarten kennt InDesign?
- Wie werden Tabellen formatiert?
- Wie werden Zellen- und Tabellenformate erstellt und angewendet?
- Wie kann ich Tabellendaten mit einer Layoutdatei verknüpfen?
- Wie kann ich Bilder in eine Tabelle einfügen?

5 Tabellen

InDesign ist kein Excel

Mit InDesigns Bordmitteln können Tabellen gestaltet werden – Berechnungen wie etwa die Addition einer Spalte kann die Layoutsoftware jedoch nicht durchführen. Für einzelne Aufgaben finden Sie im Netz Skripte, mit denen Sie InDesign nachrüsten können.

Wenn man sozusagen mit InDesign aufwächst, kann man sich nur schwer vorstellen, wie aufwendig der Tabellensatz noch vor wenigen Jahren war. Diese graue Vorzeit des Tabellensatzes ist zum Glück vorbei, da InDesign mit äußerst umfangreichen Werkzeugen und Konzepten aufwartet, die dem Layouter nicht mehr den Angstschweiß auf die Stirn treiben, wenn er hört, dass Tabellen zu setzen und zu gestalten sind.

5.1 Eine Tabelle anlegen

Wie Sie weiter vorn gesehen haben, können kleinere Auflistungen (Abschnitt 3.4, »Absätze«, und Abschnitt 3.5, »Tabulatoren«) mit Absatzformaten und Tabulatoren durchaus ein strukturiertes Aussehen erhalten. Wenn es jedoch um die Organisation großer, ähnlich strukturierter Informationsmengen geht, bei denen Sie z. B. farbige Flächen oder Linien als unterstützende Gestaltungsmittel einsetzen möchten, kommen Sie mit Tabulatoren und Absatzformaten schnell an die Grenze des Zumutbaren.

Tabellendaten können von verschiedenen Quellen in ein InDesign-Dokument importiert werden. Hier sind Office-Anwendungen wie MS Word, MS Excel und OpenOffice Calc zu nennen, in denen Tabellendaten meist angelegt und als Datei dem InDesign-Anwender zur Verfügung gestellt werden. Die für den Import von Tabellendaten notwendigen Schritte sehen wir uns später in diesem Kapitel an.

Zunächst schauen wir uns jedoch an, wie Sie eine Tabelle und die Tabelleninhalte in InDesign selbst anlegen können. An dieser Stelle sei aber schon einmal erwähnt, dass InDesign keinerlei tabellentypische Funktionen wie Berechnungen oder das Sortieren von Daten beherrscht: InDesign wird also bezüglich Tabellen »nur« für eine gestalterische Aufbereitung von tabellarisch angeordneten Informationen herangezogen.

Schritt für Schritt

Eine Tabelle in InDesign erstellen

Um die Grundlagen des Tabellenaufbaus zu verstehen, werden Sie im folgenden Workshop eine Tabelle in InDesign erstellen.

1 Tabelle einfügen

Im eigens für Tabellen reservierten Menü sehen wir uns den ersten Befehl TABELLE ERSTELLEN bzw. TABELLE EINFÜGEN an. Welchen dieser beiden Befehle Sie im Tabellenmenü sehen, hängt davon ab, ob Sie Ihr Textwerkzeug aktiviert haben und sich die Texteinfügemarke in einem Textrahmen befindet. Ist dies der Fall, erstellt InDesign an dieser Stelle direkt eine Tabelle, ansonsten wird von InDesign zunächst ein Textrahmen eingefügt, in dem dann die neue Tabelle erstellt wird: Tabellen befinden sich in InDesign nämlich ausnahmslos in Textrahmen.

Unabhängig vom Befehl erscheint folgendes Dialogfeld, in dem Sie den groben Aufbau der neuen Tabelle festlegen. Diese Optionen können Sie später beliebig wieder ändern.

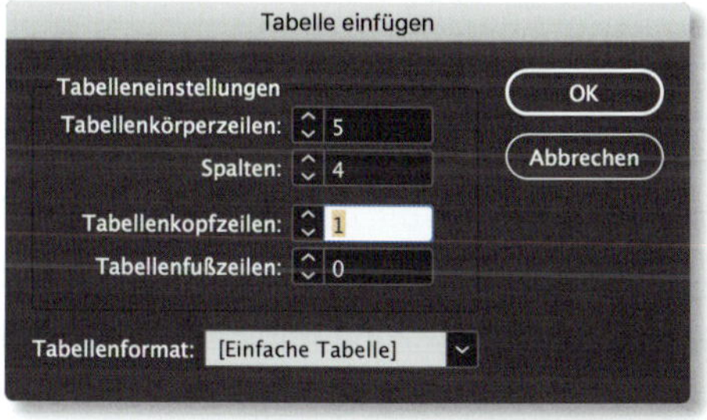

◂ **Abbildung 5.1**
Legen Sie in diesem Dialog die Anzahl der verschiedenen Zeilen und Spalten fest.

Mit TABELLENKÖRPERZEILEN sind die Tabellenzeilen gemeint, die die meisten Informationen aufnehmen werden und den größten Teil einer jeden Tabelle ausmachen. SPALTEN ist selbsterklärend, und mit TABELLENKOPFZEILEN werden die Zeilen am oberen Tabellenrand bezeichnet, die meist die Spaltenbezeichnungen aufnehmen. TABELLENFUSSZEILEN sind ihr Pendant am unteren Rand der Tabelle und könnten beispielsweise die Legende der Tabelle beinhalten.

Ganz unten im Dialogfeld sehen Sie das Pulldown-Menü TABELLENFORMAT, das schon einmal darauf hinweist, dass Sie gleich gestaltete Tabellen mit Hilfe von Formaten realisieren können.

Nach dem Bestätigen mit OK erstellt InDesign eine Tabelle gemäß den im Tabelle einfügen-Dialog gemachten Eingaben. Falls Sie die Tabelle in einen bestehenden Rahmen einfügen und das rote Übersatzzeichen erscheint, vergrößern Sie den Textrahmen so weit, dass die Tabelle ausreichend Platz hat.

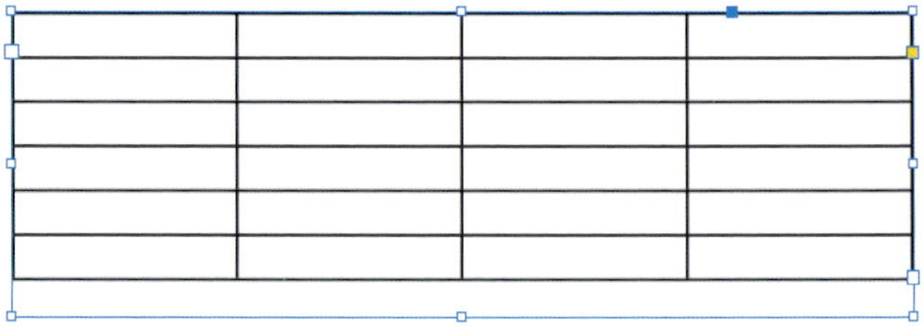

Abbildung 5.2 ▸
Die neue Tabelle wurde von InDesign angelegt.

Tabellen und ihre Inhalte werden mit Ausnahme von Bildern ausschließlich mit dem Textwerkzeug bearbeitet. Es übernimmt verschiedenste Funktionen, wodurch sich auch der Cursor ändert – es bleibt aber immer das Textwerkzeug, mit dem Sie Texte und Zahlen eingeben und ändern oder einzelne Zellen, Spalten oder Zeilen markieren. Selbst die Größenänderung einer kompletten Tabelle nehmen Sie mit dem Textwerkzeug vor.

Diese Datei finden Sie in den Beispielen unter dem Namen »tabelle-anfang.idml«.

2 Daten eingeben

In die neu angelegte Tabelle können Sie nun ganz bequem Daten eingeben: Dazu positionieren Sie einfach die Texteinfügemarke in die betreffende Zelle und geben den gewünschten Text ein. Passt ein Text nicht vollständig in eine Zelle, wird die gesamte Zeile automatisch auf die nötige Höhe vergrößert ①. Falls die Tabelle nun nicht mehr in den Textrahmen passt, vergrößern Sie ihn nach unten. Als Beispiel verwende ich hier das Kursangebot einer Kochschule.

Myriad

Als Schrift habe ich hier die Myriad Pro Regular verwendet. Die Schriftwahl steht hierbei aber nicht im Vordergrund, so dass Sie auch auf eine andere Schrift zurückgreifen können.

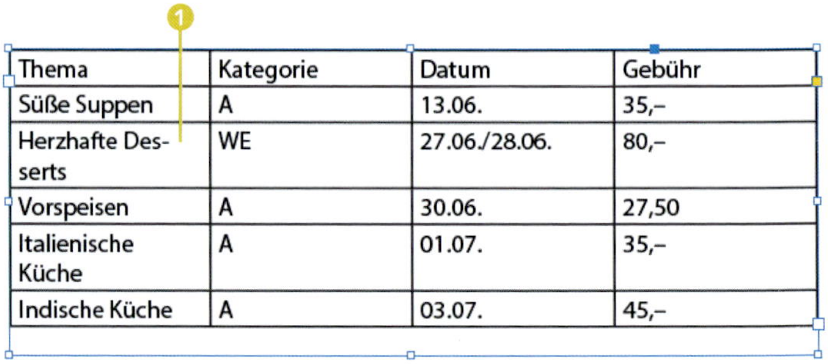

Thema	Kategorie	Datum	Gebühr
Süße Suppen	A	13.06.	35,–
Herzhafte Desserts	WE	27.06./28.06.	80,–
Vorspeisen	A	30.06.	27,50
Italienische Küche	A	01.07.	35,–
Indische Küche	A	03.07.	45,–

Abbildung 5.3 ▸
Reicht der Platz einer Zelle bei der Eingabe nicht, vergrößert InDesign einfach die Tabelle nach unten.

Machen Sie sich am besten tatsächlich die Mühe, und tippen Sie dieselben Infos für Ihr Beispiel ab. Versuchen Sie dabei, die Größe der Tabelle in etwa der abgebildeten Tabelle nachzuempfinden.

Bei der Eingabe von Daten in eine Tabelle können Sie am einfachsten mit der [⇥]-Taste innerhalb der Tabelle navigieren. Mit jedem Betätigen dieser Taste bewegen Sie sich eine Zelle weiter nach rechts bzw. in die nächste Zeile. Drücken Sie zusätzlich die [⇧]-Taste, sorgt dies für die entgegengesetzte Bewegungsrichtung. Befindet sich der Cursor in der letzten Zelle rechts unten, wird durch ein Drücken der [⇥]-Taste eine neue Zeile erstellt.

3 Spaltenbreite ändern

Als Nächstes soll die erste Spalte »Thema« so weit verbreitert werden, dass alle Themen einzeilig in ihre Tabellenzellen passen. Ein einfacher Klick mit dem Textwerkzeug auf die Spaltentrennlinie und anschließendes Ziehen ❷ verbreitern zwar die Themenspalte, die der Spalte hinzugefügte Breite wird auf diese Weise allerdings auch der gesamten Tabelle hinzugefügt ❸:

❷ ❸

Thema	Kategorie	Datum	Gebühr	
Süße Suppen	A	13.06.	35,–	
Herzhafte Desserts	WE	27.06./28.06.	80,–	
Vorspeisen	A	30.06.	27,50	
Italienische Küche	A	01.07.	35,–	
Indische Küche	A	03.07.	45,–	

◂ **Abbildung 5.4**
Die Tabelle wurde hier rechts über den Textrahmen vergrößert, was für InDesign kein Problem darstellt.

Möchten Sie wirklich nur die Breite einer Spalte ändern, halten Sie hierfür zusätzlich die [⇧]-Taste gedrückt, die Gesamtbreite der Tabelle bleibt dadurch erhalten.

Thema	Kategorie	Datum	Gebühr
Süße Suppen	A	13.06.	35,–
Herzhafte Desserts	WE	27.06./28.06.	80,–
Vorspeisen	A	30.06.	27,50
Italienische Küche	A	01.07.	35,–
Indische Küche	A	03.07.	45,–

◂ **Abbildung 5.5**
Mit gedrückter [⇧]-Taste bleibt beim Verändern der Spaltenbreite die Tabellenbreite unverändert.

Grundlinienraster

Text in Tabellen und Grundlinienraster vertragen sich nicht sonderlich gut: Der am Grundlinienraster ausgerichtete Text sorgt meist für zu große Zeilen in Tabellen. Markieren Sie dann den gesamten Tabellentext mit einem Klick auf die linke obere Ecke der Tabelle, und klicken Sie im ABSATZ-Bedienfeld auf die Option NICHT AN GRUNDLINIENRASTER AUSRICHTEN (Abschnitt 3.4 unter »Absatz-Eigenschaften«).

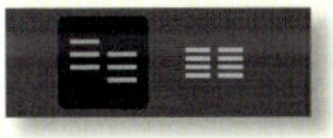

4 Mehrere Spaltenbreiten angleichen

Die drei Spalten »Kategorie«, »Datum« und »Gebühr« sehen durch ihre unterschiedlichen Breiten etwas ungeordnet aus. Schön wäre es doch, wenn alle drei Spalten die gleiche Breite hätten. Dafür müssen zunächst die drei Spalten markiert werden: Der Textcursor wird zu einem vertikalen Pfeil ①, wenn er genau oberhalb einer Spalte platziert wird. Ein anschließender Klick markiert dann die gesamte Spalte. Und um mehrere Spalten zu markieren, muss wieder die ⇧-Taste gedrückt werden:

Thema	Kategorie	Datum	Gebühr ①
Süße Suppen	A	13.06.	35,–
Herzhafte Desserts	WE	27.06./28.06.	180,–
Vorspeisen	A	30.06.	27,50
Italienische Küche	A	01.07.	35,–
Indische Küche	A	03.07.	45,–

Abbildung 5.6 ▸
Hier sorgt die ⇧-Taste dafür, dass mehrere Spalten aktiviert werden können.

Übersatztext-Infos

Auch Tabellen können Übersatztext aufweisen, er wird mit einem roten Punkt in der betreffenden Zelle gekennzeichnet. Das Informationen-Fenster zeigt Ihnen die Übersatzwerte der gesamten Tabelle an, die Sie markiert haben.

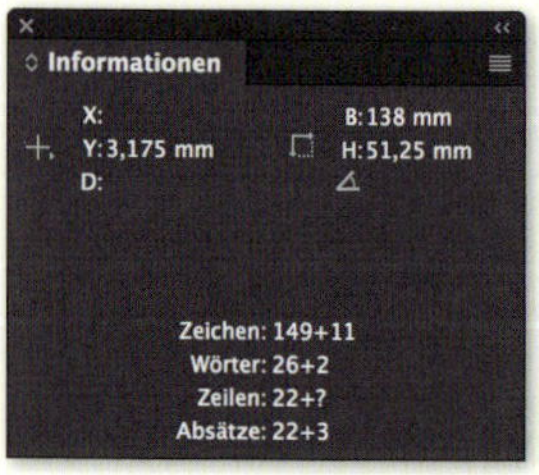

Die ⇧-Taste ist also eine der ersten Möglichkeiten, bei denen Sie ausprobieren sollten, wie sich die Funktionalität des Werkzeugs ändert. Was im Zusammenhang mit Tabellen nicht funktioniert, ist das Markieren von Spalten oder Zeilen, die nicht direkt neben- bzw. untereinanderstehen.

Nachdem nun die drei nebeneinanderliegenden Spalten markiert sind, können Sie das Kontextmenü mit einem Rechtsklick aufrufen. Dort finden Sie den Befehl Spalten gleichmässig verteilen. Wählen Sie diesen Befehl an.

Abbildung 5.7 ▸
Das Kontextmenü ist auch im Zusammenhang mit Tabellen äußerst nützlich.

Als Nächstes überarbeiten wir die Kopfzeile so, dass sie überhaupt als solche erkennbar ist, und richten dann die Datumsangaben und die Gebühren anders aus.

Thema	Kategorie	Datum	Gebühr
Süße Suppen	A	13.06.	35,–
Herzhafte Desserts	WE	27.06./28.06.	180,–
Vorspeisen	A	30.06.	27,50
Italienische Küche	A	01.07.	35,–
Indische Küche	A	03.07.	45,–

◂ Abbildung 5.8
Statt linksbündig sollen die Einträge z. T. zentriert ausgerichtet werden.

5 Zellenfarbe ändern

Kümmern wir uns zunächst um die Gestaltung der Kopfzeile. Um eine Zeile zu markieren, bewegen Sie den Cursor ganz nach links an die äußere Tabellenbegrenzung. Dort wird der Cursor zu einem horizontalen Pfeil ❷, der durch einen Klick auf den Tabellenrand die entsprechende Zeile vollständig markiert. Rufen Sie über Fenster • Farbe • Farbfelder das zugehörige Bedienfeld auf, und weisen Sie den Flächen eine Farbe Ihrer Wahl zu. Ich habe hier als Flächenfarbe ❸ für die Auswahl, in diesem Fall die Zellen der Kopfzeile, das Standardblau gewählt.

Farben zuweisen

Farben können Sie außer mit dem Bedienfeld Farbfelder ebenso über das Eigenschaften-Bedienfeld zuweisen.

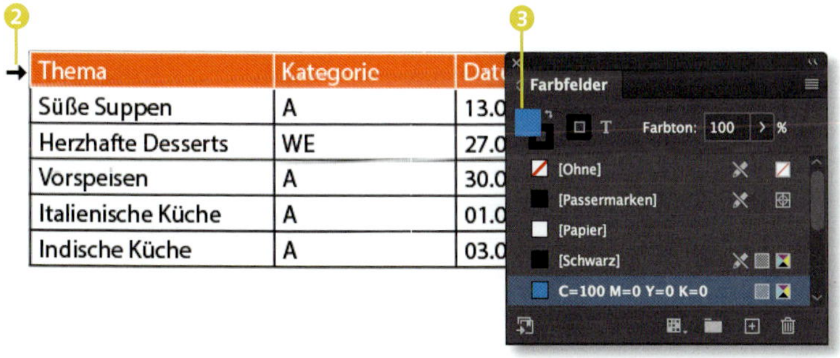

◂ Abbildung 5.9
Mit dem Bedienfeld Farbfelder wird den Zellenflächen eine andere Farbe zugewiesen.

6 Textfarbe ändern

Lassen Sie die Kopfzeile so lange markiert, bis Sie das Aussehen der Spaltenbezeichnungen angepasst haben. In Tabellen können Sie wie gewohnt die Schriftattribute über die Bedienfelder Zeichen und Absatz oder über das Steuerung-Bedienfeld ändern. Ich habe den Schnitt der Schrift von »Regular« in »Bold« geändert. Ändern Sie nun die Schriftfarbe, falls Ihnen der Helligkeitskontrast von Zellenfarbe und Schrift zu gering ist. Für die Änderung der

Flächenfarbe ❶ des Textes brauchen Sie im Bedienfeld Farbfelder nur den Button Formatierung wirkt sich auf Text aus ❷ anzuwählen und können daraufhin eine Farbe wählen. Ich habe mich für das Farbfeld [Papier] entschieden. Die nun weißen Texte heben sich nun besser vom Blau der Zellenflächen ab und werden dadurch wieder deutlicher lesbar.

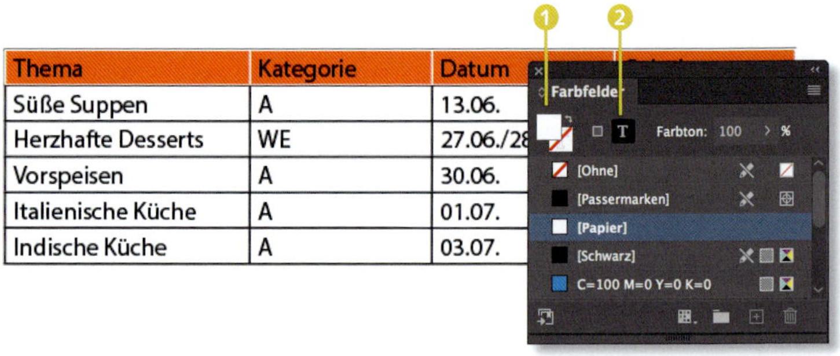

Abbildung 5.10 ▸ Über das Bedienfeld Farbfelder wird auch dem markierten Text eine andere Farbe zugewiesen.

7 Spaltenbezeichnungen ausrichten

Die drei Spalten »Kategorie«, »Datum« und »Gebühr« sollen zentriert über den Spalten stehen. Um die Spaltenbezeichnungen zu markieren, klicken Sie zunächst in das Wort »Kategorie« und betätigen dann die Esc-Taste.

Während der Tabellenbearbeitung wird durch das Drücken der Esc-Taste zwischen der Markierung des Zelleninhalts – hier der Text – und der Zelle selbst gewechselt. Dieser Tastaturbefehl ist bei der Arbeit an Tabellen äußerst empfehlenswert, da Sie sich hierdurch das Klicken in die Tabelle sparen und damit auch nicht aus Versehen die Spaltenbreiten oder Zeilenhöhen ändern. Möglich ist es aber ebenso, Tabellenbereiche durch Klicken und Ziehen zu markieren. Probieren Sie beide Techniken einfach bei der Arbeit an der Beispieltabelle einmal aus.

Thema	Kategorie	Datum	Gebühr
Süße Suppen	A	13.06.	35,–
Herzhafte Desserts	WE	27.06./28.06.	180,–
Vorspeisen	A	30.06.	27,50
Italienische Küche	A	01.07.	35,–
Indische Küche	A	03.07.	45,–

Abbildung 5.11 ▸ Die Esc-Taste schaltet zwischen der Text- und der Zellenauswahl um.

Um die benachbarten Spaltenüberschriften »Datum« und »Gebühr« ebenfalls zu markieren, brauchen Sie nur wieder die

[⇧]-Taste zu drücken. Mit dem Rechtspfeil [►] können Sie nun die nächsten beiden Zellen markieren. Im Bedienfeld ABSATZ können Sie dann die zentrierte Absatzausrichtung wählen. Für die folgende Abbildung habe ich die Markierung der drei Zellen aufgehoben:

Thema	Kategorie	Datum	Gebühr
Süße Suppen	A	13.06.	35,–
Herzhafte Desserts	WE	27.06./28.06.	180,–
Vorspeisen	A	30.06.	27,50
Italienische Küche	A	01.07.	35,–
Indische Küche	A	03.07.	45,–

◄ **Abbildung 5.12**
Die drei rechten Spaltentitel sind nun zentriert ausgerichtet.

8 Einträge der Spalte »Kategorie« ausrichten

Markieren Sie mit einer der eben beschriebenen Techniken die insgesamt zehn Zellen der Spalten »Kategorie« und »Datum«, und weisen Sie den Texten dann ebenfalls die Absatzausrichtung ZENTRIEREN zu:

Thema	Kategorie	Datum	Gebühr
Süße Suppen	A	13.06.	35,–
Herzhafte Desserts	WE	27.06./28.06.	180,–
Vorspeisen	A	30.06.	27,50
Italienische Küche	A	01.07.	35,–
Indische Küche	A	03.07.	45,–

◄ **Abbildung 5.13**
Hier sind die Einträge der Spalten »Kategorie« und »Datum« zentriert worden.

9 Einträge der Spalte »Gebühr« ausrichten

Achten Sie darauf, dass für die Absatzausrichtung der Einträge in der Spalte »Gebühr« nach wie vor die Option LINKSBÜNDIG AUSRICHTEN aktiv ist: Diese Spalte möchte ich nämlich mit Hilfe des TABULATOREN-Bedienfeldes ausrichten. Tabelleninhalte übernehmen die Ausrichtung durch das TABULATOREN-Bedienfeld nämlich nur dann, wenn ihrem Text die Absatzausrichtung LINKSBÜNDIG AUSRICHTEN zugewiesen wurde.

Markieren Sie nun die fünf Einträge der Spalte »Gebühr«. Über SCHRIFT • TABULATOREN rufen Sie das entsprechende Bedienfeld auf. In diesem Zusammenhang ist interessant, dass Sie im Gegensatz zur Arbeit in normalen Texten in Tabellen keine Tabulatoren setzen müssen, um Inhalte dennoch über das Bedienfeld TABULATOREN in ihrer Positionierung steuern zu können. Um die Kursdaten am Komma der Kursgebühr auszurichten, setzen Sie

Satzarten

Am schnellsten weisen Sie Absätzen die Satzarten linksbündig, rechtsbündig, zentriert und Blocksatz per Tastenkürzel zu:

[Strg]/[⌘]+[⇧]+[L]
[Strg]/[⌘]+[⇧]+[R]
[Strg]/[⌘]+[⇧]+[C]
[Strg]/[⌘]+[⇧]+[J]

einen Dezimal-Tabulator ① und geben im Feld AUSRICHTEN AN ein Komma ein ②. Die Position des Tabulators können Sie nach Augenmaß festlegen.

Wenn Sie beim Arbeiten mit dem TABULATOREN-Bedienfeld das Layout im Dokumentfenster verschieben, bleibt das Bedienfeld an der ursprünglichen Position stehen – ein Klick auf den Magnet-Button ③ positioniert es wieder über der aktuellen Markierung.

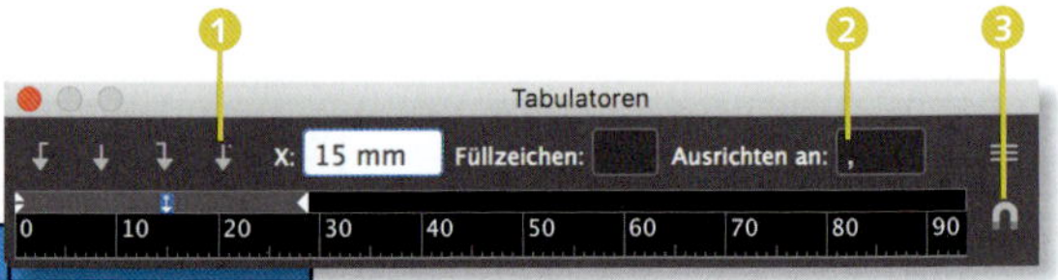

Thema	Kategorie	Datum	
Süße Suppen	A	13.06.	35,–
Herzhafte Desserts	WE	27.06./28.06.	180,–
Vorspeisen	A	30.06.	27,50
Italienische Küche	A	01.07.	35,–
Indische Küche	A	03.07.	45,–

▲ **Abbildung 5.14**
Mit dem Bedienfeld TABULATOREN lassen sich Einträge in Tabellen ausrichten.

Damit ist diese Tabelle fertiggestellt. Die Gestaltungsmöglichkeiten von InDesign sind hier zwar noch nicht ausgeschöpft – die Grundzüge des Tabellensatzes haben Sie jedoch schon kennengelernt.

Thema	Kategorie	Datum	Gebühr
Süße Suppen	A	13.06.	35,–
Herzhafte Desserts	WE	27.06./28.06.	180,–
Vorspeisen	A	30.06.	27,50
Italienische Küche	A	01.07.	35,–
Indische Küche	A	03.07.	45,–

Abbildung 5.15 ►
Wie so oft sieht man den Gestaltungsaufwand dem Endergebnis auf den ersten Blick nicht an.

Navigieren und markieren

Nun möchte ich noch kurz auf die verschiedenen Möglichkeiten der Navigation und des Markierens innerhalb einer Tabelle eingehen.

Ausnahmslos alle Änderungen werden mit dem Textwerkzeug vorgenommen, das sein Aussehen der möglichen Aktion innerhalb einer Tabelle anpasst: Nimmt der Cursor die Form eines Einfachpfeiles an, wird durch einen Klick die ganze Tabelle ④, eine Spalte ⑤ oder eine Zeile ⑥ markiert. Zeigt der Cursor die Form eines Doppelpfeiles, kann hiermit die Position einer Spaltentrennlinie ⑦ oder einer Zeilentrennlinie ⑧ innerhalb der Tabelle geändert werden. Wird mit dem Cursor an den äußeren Rändern gezogen, wird die Gesamthöhe ⑨ bzw. -breite ⑪ der Tabelle verändert. Durch die Änderung der Position der rechten unteren Ecke ⑩ wird die Tabelle in Breite und Höhe geändert.

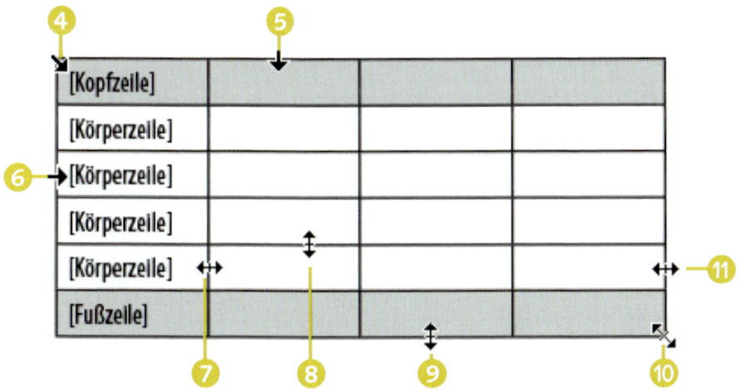

◂ **Abbildung 5.16**
Mit dem Textwerkzeug kann jede Tabellenlinie markiert und durch Ziehen verändert werden.

Wie weiter vorn erwähnt, führt das Drücken der [⇧]-Taste beim Markieren dazu, dass z. B. mehrere Zeilen markiert werden können. Dasselbe gilt natürlich auch für die Aktivierung von Zellen. Den Wechsel zwischen der Markierung der Zelle selbst und ihres Inhalts bewerkstelligen Sie am einfachsten durch das Drücken der [Esc]-Taste. Halten Sie beim Verschieben einer Spaltentrennlinie die [⇧]-Taste gedrückt, bleibt die ursprüngliche Tabellenbreite erhalten.

Anders als in normalen Textrahmen können Sie neben der Verwendung der vier Pfeiltasten auf Ihrer Tastatur auch die [⇥]-Taste einsetzen. Dabei springt die Texteinfügemarke zeilenweise eine Zelle weiter nach rechts. Halten Sie hierbei die [⇧]-Taste gedrückt, bewegt sich der Cursor nach links.

Wenn Sie viel mit Tabellen arbeiten, empfehle ich Ihnen außerdem die Kombination aus [⇧]- und Pfeiltasten: Damit werden die Zellen gleich markiert, in die Sie mit dem Cursor springen.

Tabelle skalieren

Eine Tabelle lässt sich proportional skalieren, indem Sie den entsprechenden Textrahmen markieren und in den Skalierungseingabefeldern des TRANSFORMIEREN-Bedienfeldes den gewünschten Wert eingeben.

5.2 Tabellen formatieren

Sie können Tabellen in vielfältiger Weise formatieren, da Sie Zugriff auf die einzelnen Konturen, die Zellflächen und die Textformatierung haben.

Tabellendaten als Text

Im Menü TABELLE finden Sie nach dem Eintrag TABELLE EINFÜGEN bzw. TABELLE ERSTELLEN die beiden Befehle TEXT IN TABELLE UMWANDELN und TABELLE IN TEXT UMWANDELN.

Vor allem der erste der beiden ist interessant: Wie eingangs erwähnt, werden Sie Tabellendaten meist als Excel-Dateien geliefert bekommen. Daneben ist es denkbar, dass Sie statt einer Excel-Arbeitsmappe ein Word- oder ein Textdokument erhalten, in dem die Tabellendaten durch Tabulatoren voneinander getrennt sind. In einem solchen Fall markieren Sie die Daten, die in InDesign als Tabelle gesetzt werden sollen, in Ihrer Textverarbeitung und fügen sie über `Strg`/`⌘`+`V` in InDesign ein. Wenn vorher nichts markiert war, erstellt InDesign einen neuen Standardtextrahmen, in den die Daten aus der Zwischenablage hineingeladen werden.

Die Kursdaten im folgenden Beispiel sind in Word als Text erfasst, die Anordnung in Spalten wurde mit Tabulatoren realisiert.

CSV

Zum Datenaustausch insbesondere von Datenbankinhalten werden auch CSV-Daten verwendet. CSV steht für *Comma Separated Values* – die Zelleninhalte sind dann durch Kommas getrennt.

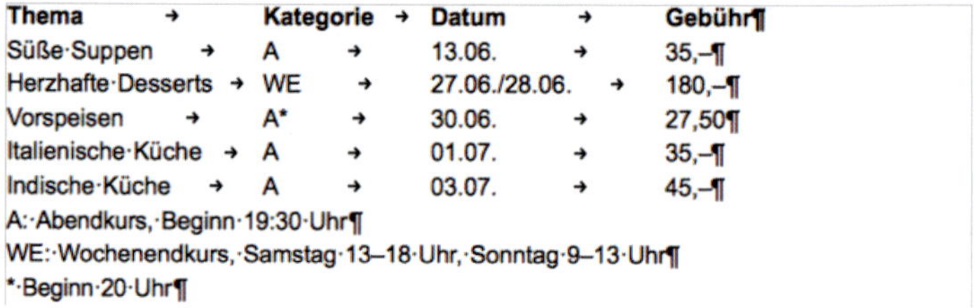

Abbildung 5.17 ▸
Diese tabellarischen Daten wurden in Word erfasst, die Spalten wurden hier mit Tabulatoren erstellt.

Nach dem Kopieren und Einsetzen von tabellarischen Daten hat man auch in InDesign reinen Text und keine Tabelle vor sich. Wie in der Word-Vorlage sind hier ebenso die Tabulatoren zur Bildung der Spalten zu sehen ❶ (wenn Sie sich die verborgenen Zeichen über das Schrift-Menü eingeblendet haben). Mit Ausnahme der letzten endet jede (Tabellen-)Zeile mit einem Absatzzeichen ❷.

Verborgene Zeichen

Blenden Sie sich zur besseren Übersicht der Tabellendaten immer mal wieder über das Schriftmenü die verborgenen Zeichen ein.

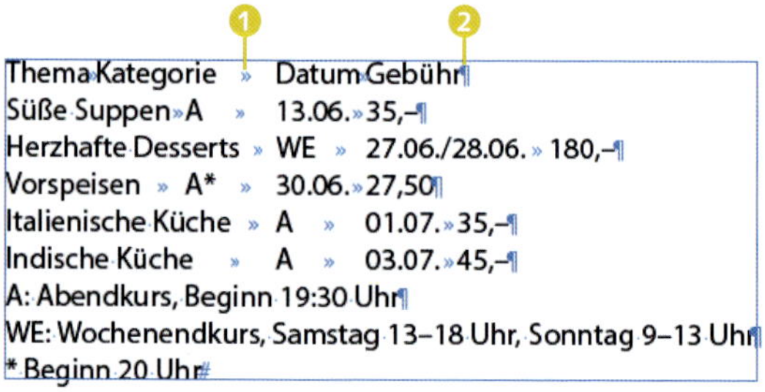

Abbildung 5.18 ▸
Dieses Zeichenchaos wird mit einem Klick in InDesign zu einer formatierbaren Tabelle.

Nachdem ein solcher Text in InDesign markiert wurde, kann der Befehl Tabelle • Text in Tabelle umwandeln angewählt werden. Es erscheint das Dialogfeld aus Abbildung 5.19, in dem angegeben werden kann, welche Zeichen InDesign als Spalten- und Zeilentrennzeichen annehmen soll. Bei kommaseparierten Textdateien, bei denen die Spalten mit Kommas gekennzeichnet sind, kann hier als Trennzeichen statt eines Tabulators/Tabstopps auch ein Komma gewählt werden. Für das obige Beispiel sind jedoch die Standardeinstellungen richtig.

Daten aus Datenbanken

Auch bei Daten, die aus Datenbanken exportiert werden, werden Spalten durch Tabstopps oder Kommas dargestellt. Für InDesign ist es somit unerheblich, von welchem Ursprungsprogramm die gelieferten Tabellendaten stammen.

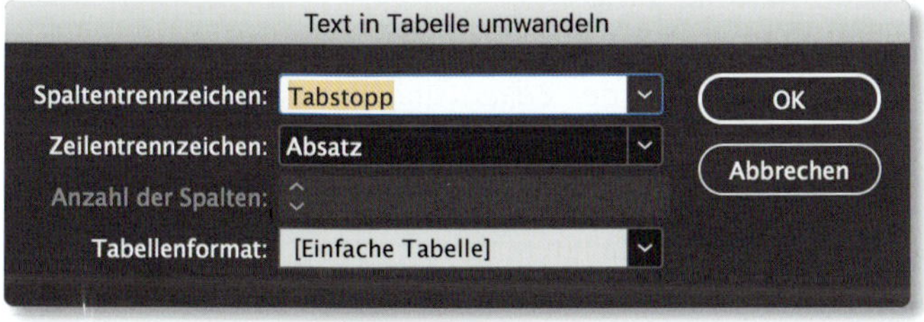

◄ **Abbildung 5.19**
Welche Trennzeichen zur Erstellung von Spalten und Zeilen verwendet werden sollen, wird hier festgelegt.

Nach Bestätigung des Dialogs mit OK wird der Text in eine Standardtabelle umgewandelt. Die Legende der Tabelle ist absatzweise in je eine Zelle gesetzt worden ❸.

Thema	Kategorie	Datum	Gebühr
Süße Suppen	A	13.06.	35,–
Herzhafte Desserts	WE	27.06./28.06.	180,–
Vorspeisen	A*	30.06.	27,50
Italienische Küche	A	01.07.	35,–
Indische Küche	A	03.07.	45,–
A: Abendkurs, Beginn 19:30 Uhr			
WE: Wochenendkurs, Samstag 13–18 Uhr, Sonntag 9–13 Uhr			
* Beginn 20 Uhr			

❸

◄ **Abbildung 5.20**
Der Text von Abbildung 5.17 wurde markiert und in eine Standardtabelle umgewandelt.

Zellen verbinden und teilen

Wenn Sie mehrere Zellen zu einer einzigen zusammenfassen möchten, markieren Sie zuerst die entsprechenden Zellen durch Klicken und Ziehen mit dem Textcursor und rufen dann Zellen verbinden z. B. über das Kontextmenü auf:

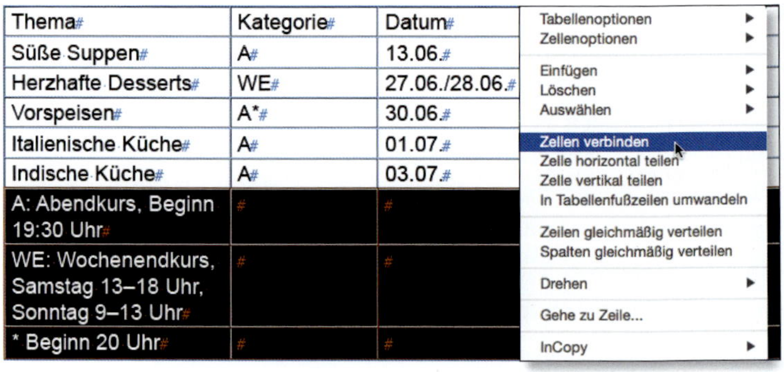

Abbildung 5.21 ▸
Im Kontextmenü finden Sie den Befehl ZELLEN VERBINDEN.

Die Anzahl und Position der Zellen sind dabei ebenso unerheblich wie die Frage, ob eine Zelle Text enthält. InDesign fügt alle markierten Zellen zusammen, wobei die Texte, die vor der Zellenverbindung in einzelnen Zellen platziert waren, in der neuen Zelle einfach durch Absatzzeichen 1 voneinander getrennt werden und im vorliegenden Fall in drei Zeilen untereinanderstehen:

Thema	Kategorie	Datum	Gebühr
Süße Suppen	A	13.06.	35,–
Herzhafte Desserts	WE	27.06./28.06.	180,–
Vorspeisen	A*	30.06.	27,50
Italienische Küche	A	01.07.	35,–
Indische Küche	A	03.07.	45,–
A: Abendkurs, Beginn 19:30 Uhr WE: Wochenendkurs, Samstag 13–18 Uhr, Sonntag 9–13 Uhr * Beginn 20 Uhr			

Abbildung 5.22 ▸
Die insgesamt zwölf Zellen der unteren drei Zeilen wurden zu einer einzigen Zeile verbunden.

▴ Abbildung 5.23
Die diversen Befehle zum Verbinden und Teilen von Zellen finden Sie auch im EIGENSCHAFTEN-Bedienfeld.

Mit dem Befehl ZELLVERBINDUNG AUFHEBEN im Menü TABELLE oder im STEUERUNG-Bedienfeld können Sie Zellen, die Sie vorher einmal verbunden haben, wieder auftrennen. Dieser Befehl sorgt zwar bzgl. der Zellenanzahl und -position für die Situation, die vorlag, bevor die Zellen verbunden wurden, die Texte werden durch diesen Befehl aber nicht wieder an ihrer ursprünglichen Stelle platziert. Das müssen Sie mit Copy & Paste erledigen.

Durch den Aufruf der Befehle ZELLE HORIZONTAL bzw. VERTIKAL TEILEN aus dem Kontextmenü oder im TABELLE-Menü werden bei genügendem Raum die markierte Zelle oder auch mehrere Zellen entsprechend aufgeteilt. Bei der horizontalen Teilung hat die neue Zelle immer die Höhe der Schriftgröße der Ursprungszelle zuzüglich der gegebenenfalls eingegebenen Versatzabstände. Ist der Platz hierfür nicht vorhanden, vergrößert InDesign die Tabelle nach unten hin.

Zeilenarten

InDesign unterscheidet zwischen drei verschiedenen Arten von Zeilen innerhalb einer Tabelle:

1. Den größten Anteil einer Tabelle haben die **Tabellenkörperzeilen** ❸. Sie nehmen die meisten Informationen auf.
2. Häufig werden die Tabellenspalten benannt (im Beispiel »Thema«, »Datum« etc.), dann liegt gegebenenfalls eine **Kopfzeile** ❷ vor (TABELLENKOPF). Tatsächlich muss nämlich einer Zeile dieses Attribut in InDesign erst zugewiesen werden.
3. Gleiches gilt für die **Fußzeile** ❹ (TABELLENFUSS).

Die entsprechenden Befehle können Sie über das Kontextmenü aufrufen (diese sehen Sie in Abbildung 5.21, hier zum Beispiel IN TABELLENFUSSZEILEN UMWANDELN).

Thema	Kategorie	Datum	Gebühr
Longdrinks	13.06.	A	35,–
Alkoholfreie Drinks	27.06./28.06	WE	80,–
Drinks mit Sahne	30.06.	A*	27,50
Karibische Drinks	01.07.	A	31,–
Fruchtige Longdrinks	03.07.	A	45,–
Alkoholfreie Drinks	19./20.08.	WE	80,–
A: Abendkurs, Beginn 19:30 Uhr WE: Wochenendkurs, Samstag 13–18 Uhr, Sonntag 9–13 Uhr * Beginn 20 Uhr			

❷ ❸ ❹

◂ **Abbildung 5.24**
Kopf- und Fußzeilen müssen in InDesign als solche – etwa über das Kontextmenü – definiert werden.

Dabei ist zu beachten, dass sich Kopfzeilen immer oberhalb der Tabellenkörperzeilen, Fußzeilen immer unterhalb der Tabellenkörperzeilen befinden müssen, ansonsten sind die entsprechenden Befehle zur Zuweisung dieser beiden Zeilenattribute im Menü TABELLE ohnehin nicht anwählbar.

Soll einer markierten Zeile das Attribut Kopf- bzw. Fußzeile zugewiesen werden, wird im Menü TABELLE das Untermenü ZEI-

▲ **Abbildung 5.25**
Unter Tabelle • Auswählen finden sich praktische Befehle samt Tastenkürzeln.

len umwandeln und dann der gewünschte Eintrag In Tabellenkopf, In Tabellenkörper oder In Tabellenfuss gewählt.

Kopf- und Fußzeilen können separat ausgewählt werden: Im Menü Tabelle finden Sie das Untermenü Auswählen, und hier können Sie nicht nur zwischen den naheliegenden Tabellenabschnitten wie Zelle, Zeile und Spalte wählen, sondern neben den Tabellenkörperzeilen auch die Tabellenkopfzeilen und die Tabellenfusszeilen. Diese Wahlmöglichkeiten sind natürlich besonders bei großen Tabellen sinnvoll, bei denen die direkte Markierung mit dem Textwerkeug umständlich ist.

Tabelle über mehrere Textrahmen verketten

Wenn Sie eine Tabelle setzen, die aufgrund ihrer Datenmenge nicht in einen einzigen Textrahmen passt, können Sie den Textrahmen mit weiteren Textrahmen verketten. Unter Tabelle • Tabellenoptionen • Tabelle einrichten können Sie definieren, ob InDesign die Kopf- und/oder Fußzeile im Folgerahmen wiederholen soll. Die entsprechenden Optionen ① finden Sie unter dem Reiter Tabellenkopf und -fuss ②.

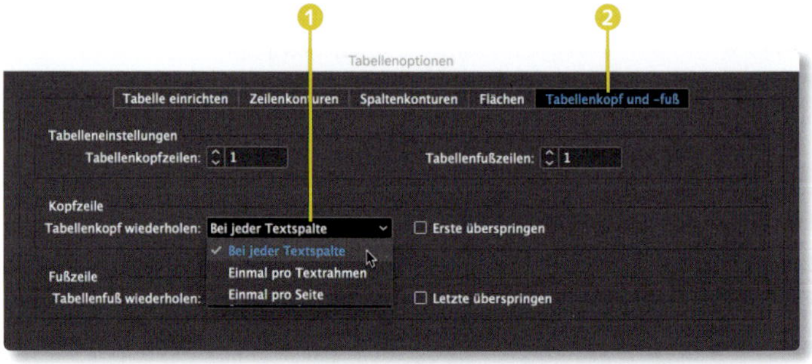

Abbildung 5.26 ►
Ob sich Tabellenkopf- und/oder -fußzeilen wiederholen, stellen Sie in den Tabellenoptionen ein.

In der folgenden Abbildung sehen Sie an der eingeblendeten Textverkettung, dass es sich um *eine* Tabelle handelt. Die Tabelle ist so eingerichtet, dass die Kopf- und Fußzeilen in allen folgenden Textrahmen wiederholt werden. Die einzelnen Textrahmen können weiter wie gewohnt in Position und Größe geändert werden.

Werden Änderungen am Text der Kopf- oder Fußzeile vorgenommen, ist dies nur im ersten Textrahmen möglich. Die Änderungen im ersten Textrahmen werden von den folgenden Textrahmen direkt übernommen.

Tabellen in Spalten

Tabellen können in mehrere Textrahmen genauso wie in mehrspaltige Textrahmen gesetzt werden.

Thema	Kategorie	Datum	Gebühr
Longdrinks	13.06.	A	35,–
Alkoholfreie Drinks	27.06./28.06	WE	80,–
Drinks mit Sahne	30.06.	A*	27,50
Karibische Drinks	01.07.	A	31,–
A: Abendkurs, Beginn 19:30 Uhr WE: Wochenendkurs, Samstag 13–18 Uhr, Sonntag 9–13 Uhr * Beginn 20 Uhr			

Thema	Kategorie	Datum	Gebühr
Fruchtige Longdrinks	03.07.	A	45,–
Alkoholfreie Drinks	19./20.08.	WE	80,–
A: Abendkurs, Beginn 19:30 Uhr WE: Wochenendkurs, Samstag 13–18 Uhr, Sonntag 9–13 Uhr * Beginn 20 Uhr			

▲ **Abbildung 5.27**
Tabellen können ihre Kopf- und Fußzeile im nächsten verketteten Textrahmen wiederholen.

Konturen und Flächen

Die Gestaltung von Flächen und Konturen von Tabellenzellen ist ein wichtiges Mittel, um Tabelleninhalte gut erfassbar zu machen.

Tabelle oder Daten?

Ob InDesign eine Tabelle als solche oder als Text nach dem Kopieren aus einem externen Programm in ein InDesign-Dokument einfügt, legen Sie unter INDESIGN/BEARBEITEN • VOREINSTELLUNGEN • ZWISCHENABLAGEOPTIONEN fest.

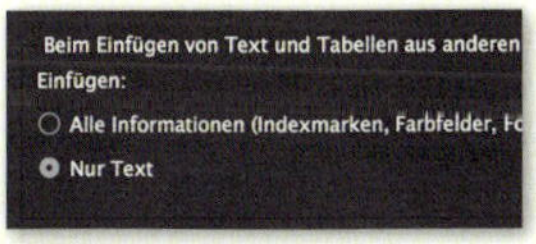

Schritt für Schritt

Eine Tabelle formatieren mit Konturen und Flächen

Für diese Anleitung werden wir mit einer in Word erstellten Tabelle starten, um diese in InDesign zu gestalten.

1 Tabellendaten einfügen

Kopieren Sie zunächst die Tabelle aus »tabelle-kontur-flaeche.doc« in ein InDesign-Dokument. Damit die Daten als Tabelle und nicht als Text eingefügt werden, muss die Option ALLE INFORMATIONEN in den Voreinstellungen aktiviert sein (siehe Kasten rechts).

Für die Legende fügen Sie der Tabelle unten eine Zeile hinzu. Markieren Sie hierfür eine der unteren Tabellenzellen, und rufen Sie mit einem Rechtsklick das Kontextmenü auf. Wählen Sie hier EINFÜGEN • ZEILE. Kopieren Sie in die erste Zelle der neuen Zeile die unteren drei Absätze aus dem Word-Dokument. Die Tabelle sollte in etwa wie in folgendem Screenshot aussehen:

Die Datei »tabelle-kontur-flaeche.doc« finden Sie in den Beispielmaterialien zum Buch.

Thema	Datum	Kategorie	Gebühr
Süße Suppen	13.06.	A	35,–
Herzhafte Desserts	27.06./28.06	WE	180,–
Vorspeisen	30.06.	A*	27,50
Italienische Küche	01.07.	A	31,–
Indische Küche	03.07.	A	45,–
A: Abendkurs, Beginn 19:30 Uhr WE: Wochenendkurs, Samstag 13–18 Uhr, Sonntag 9–13 Uhr * Beginn 20 Uhr			

◄ **Abbildung 5.28**
So sehen die eingefügten Tabellendaten und die Legende in InDesign aus.

2 Tabelle modifizieren

Editieren Sie die Tabelle mit folgenden Maßnahmen:

- Verbinden Sie die vier unteren Zellen zu einer einzigen Zelle (Abschnitt »Zellen verbinden und teilen« weiter vorn), und weisen Sie dieser z. B. über das Kontextmenü die Eigenschaft TABELLENFUSSZEILE zu.
- Dementsprechend erhält die obere Zeile das Attribut TABELLENKOPFZEILE.
- Der gesamten Tabelle weisen Sie mit dem Bedienfeld ZEICHEN eine Schrift und einen SCHRIFTGRAD Ihrer Wahl zu (ich habe die Myriad Pro Condensed in 12 Pt gewählt).
- Dem Kopfzeilentext können Sie einen anderen Schnitt zuweisen (ich habe Bold Condensed der Myriad Pro genommen).
- Die Kopfzeile erhält für die Flächen eine kräftige Farbe wie z. B. Blau (siehe Schritt 5, »Zellenfarbe ändern«, des Workshops »Eine Tabelle in InDesign erstellen« weiter vorn).
- Die Schriftfarbe der Kopfzeilentexte wird daraufhin gegebenenfalls angepasst (z. B. auf [PAPIER]).
- Die Einträge der Spalten »Datum« und »Kategorie« werden zentriert ausgerichtet.
- Die Spaltenbezeichnung von »Gebühr« wird ebenfalls zentriert, die Einträge darunter werden mit Hilfe eines Dezimal-Tabulators an einem Komma ausgerichtet.
- Falls die Texte nun zu nah an den Zellenkonturen stehen, vergrößern Sie den Abstand dazwischen einfach durch Erhöhung des Zellenversatzes. Die entsprechenden Eingabefelder finden Sie bei markierter Tabelle im STEUERUNG-Bedienfeld.

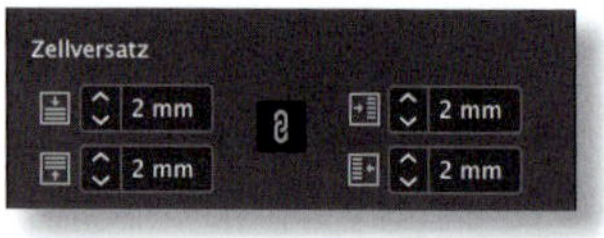

▲ **Abbildung 5.29**
Den Innenabstand vom Zelleninhalt zur -kontur können Sie im STEUERUNG-Bedienfeld definieren.

Nach diesen Änderungen sollte Ihre Tabelle nun etwa so aussehen:

Abbildung 5.30 ▶
Nach einigen grundlegenden Formatierungen sieht die Tabelle nun etwa so aus.

Thema	Datum	Kategorie	Gebühr
Süße Suppen	13.06.	A	35,–
Herzhafte Desserts	27.06./28.06	WE	180,–
Vorspeisen	30.06.	A*	27,50
Italienische Küche	01.07.	A	31,–
Indische Küche	03.07.	A	45,–
A: Abendkurs, Beginn 19:30 Uhr WE: Wochenendkurs, Samstag 13–18 Uhr, Sonntag 9–13 Uhr * Beginn 20 Uhr			

3 Rahmenkontur ändern

Für die Arbeit an Tabellen blenden Sie sich am besten das STEUERUNG-Bedienfeld über FENSTER • STEUERUNG ein: Hier erhalten Sie bezüglich Tabellen die mit Abstand beste Übersicht.

Um die Tabelle luftiger wirken zu lassen, entfernen wir zunächst den Rand um die Tabelle. Dafür markieren Sie die gesamte Tabelle, indem Sie mit dem Textwerkzeug auf die linke obere Ecke klicken. Achten Sie nun auf die Vorschau 3 im STEUERUNG-Bedienfeld:

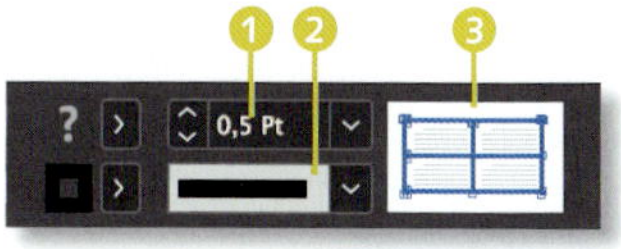

◂ **Abbildung 5.31**
In diesem Vorschaufeld 3 treffen Sie die Wahl, welche Linien geändert werden.

Dort sind gegebenenfalls alle Linien blau markiert. Beachten Sie, dass die äußeren Linien dieser Darstellung immer die äußeren Linien der jeweiligen Markierung und nicht unbedingt den Tabellenrahmen darstellen (das ist hier nur der Fall, weil wir die gesamte Tabelle markiert haben). Mit dem nebenstehenden Eingabefeld und dem Pulldown-Menü können Sie die Konturstärke 1 und die Konturart 2 für die in der Vorschau markierten Linien einstellen.

Da nur die äußere Tabellenkontur geändert werden soll, müssen Sie die innere horizontale und vertikale Linie in der Vorschau demarkieren. Dafür doppelklicken Sie auf eine der inneren Linien oder Sie rufen mit einem Rechtsklick das Kontextmenü innerhalb der Tabellenvorschau auf und wählen dort den passenden Befehl (siehe Abbildung 5.32). Wenn Sie nun die Linienstärke auf »0 Pt« herabsetzen, haben Sie Ihr Etappenziel erreicht. Als Nächstes entfernen wir die Spaltenkonturen und setzen die Zusatzinfos im Tabellenfuß in einem kleineren Schriftgrad.

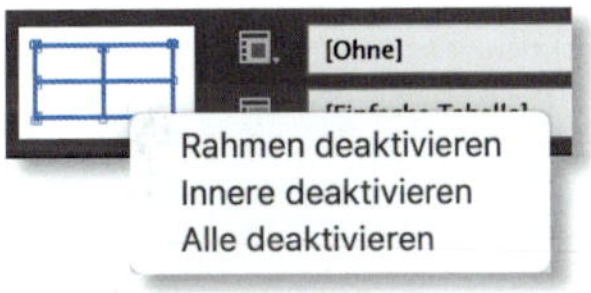

▴ **Abbildung 5.32**
Mit einem Rechtsklick auf die Tabellenvorschau können Sie ein hilfreiches Menü öffnen.

Thema	Datum	Kategorie	Gebühr
Süße Suppen	13.06.	A	35,–
Herzhafte Desserts	27.06./28.06	WE	180,–
Vorspeisen	30.06.	A*	27,50
Italienische Küche	01.07.	A	31,–
Indische Küche	03.07.	A	45,–

A: Abendkurs, Beginn 19:30 Uhr
WE: Wochenendkurs, Samstag 13–18 Uhr, Sonntag 9–13 Uhr
* Beginn 20 Uhr

◂ **Abbildung 5.33**
Durch das Fehlen der Umrandung wirkt die Tabelle offener.

4 Spaltenkontur ändern

Als Nächstes entfernen Sie die Spaltenkonturen. Die Tabelle ist dafür immer noch komplett aktiviert, und in der Vorschau demarkieren Sie die äußeren Konturen, indem Sie darauf doppelklicken. Anschließend markieren Sie mit einem Klick die mittlere vertikale Linie. Tragen Sie bei der Konturstärke wieder »0 Pt« ein.

Abbildung 5.34 ▸ Hier sind nur die vertikalen Linien zur Bearbeitung markiert.

Damit sind auch die Spaltentrennlinien nicht mehr sichtbar:

Thema	Datum	Kategorie	Gebühr
Süße Suppen	13.06.	A	35,–
Herzhafte Desserts	27.06./28.06	WE	180,–
Vorspeisen	30.06.	A*	27,50
Italienische Küche	01.07.	A	31,–
Indische Küche	03.07.	A	45,–

A: Abendkurs, Beginn 19:30 Uhr
WE: Wochenendkurs, Samstag 13–18 Uhr, Sonntag 9–13 Uhr
* Beginn 20 Uhr

Abbildung 5.35 ▸ Meist sind Spaltentrennlinien nicht nötig, da sich durch die Einträge in den Spalten ohnehin Kolumnen bilden.

5 Tabellenfuß ändern

Um die Informationen in der Tabellenfußzeile zurückhaltender zu gestalten, klicken Sie zunächst irgendwo in die Tabelle und rufen dann z. B. über das Kontextmenü Fusszeile bearbeiten bzw. Tabelle • Auswählen • Tabellenfusszeilen auf. Verringern Sie nun im Eigenschaften-Bedienfeld die Schriftgröße. Ich habe den Schriftgrad auf 9 Pt gesetzt, den Zeilenabstand habe ich bei 12 Pt belassen:

Thema	Datum	Kategorie	Gebühr
Süße Suppen	13.06.	A	35,–
Herzhafte Desserts	27.06./28.06	WE	180,–
Vorspeisen	30.06.	A*	27,50
Italienische Küche	01.07.	A	31,–
Indische Küche	03.07.	A	45,–

A: Abendkurs, Beginn 19:30 Uhr
WE: Wochenendkurs, Samstag 13–18 Uhr, Sonntag 9–13 Uhr
* Beginn 20 Uhr

Abbildung 5.36 ▸ Jetzt hat der Text der Tabellenfußzeile einen ihm angemessenen Schriftgrad.

6 Zeilentrennlinien modifizieren

Lassen Sie uns auch noch die verbleibenden Linien zwischen den Zeilen ändern. Dafür wählen Sie im Untermenü AUSWÄHLEN des Kontextmenüs oder des Menüs TABELLE den Eintrag TABELLENKÖRPERZEILEN. In der Vorschau im Bedienfeld STEUERUNG wählen Sie jetzt nur die mittlere Horizontale aus ②, alle anderen Linien müssen gegebenenfalls abgewählt werden:

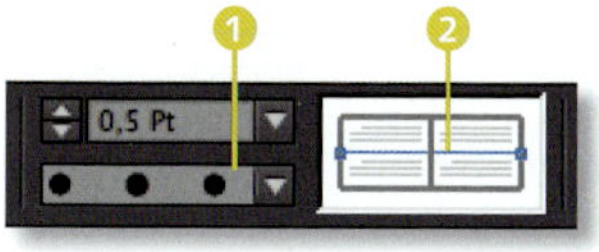

◂ **Abbildung 5.37**
So werden nur die Konturen zwischen den Zeilen aktiviert.

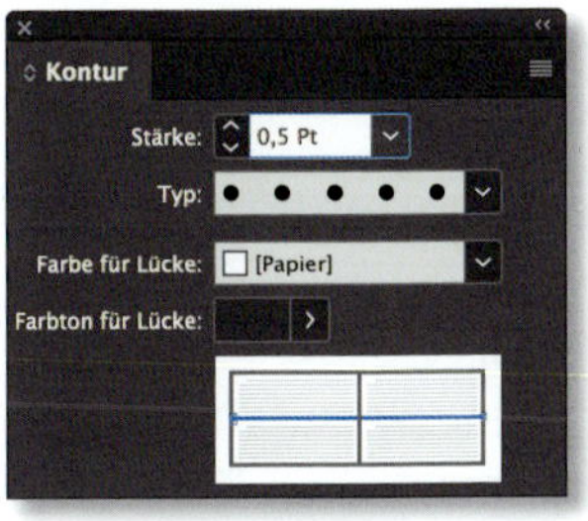

▴ **Abbildung 5.38**
Eine größere Darstellung der Vorschau finden Sie im Bedienfeld KONTUR oder wenn Sie auf das Kontur-Icon im EIGENSCHAFTEN-Bedienfeld klicken.

Stellen Sie dann die Linien Ihren Vorstellungen entsprechend ein. Ich habe die Linienstärke bei 0,5 Pt belassen und als Konturtyp ① GEPUNKTET gewählt:

Thema	Datum	Kategorie	Gebühr
Süße Suppen	13.06.	A	35,–
Herzhafte Desserts	27.06./28.06	WE	180,–
Vorspeisen	30.06.	A*	27,50
Italienische Küche	01.07.	A	31,–
Indische Küche	03.07.	A	45,–

A: Abendkurs, Beginn 19:30 Uhr
WE: Wochenendkurs, Samstag 13–18 Uhr, Sonntag 9–13 Uhr
* Beginn 20 Uhr

◂ **Abbildung 5.39**
Durch die gepunktete Linie wirkt die Tabelle nochmals offener.

Linien auswählen

Die Linien in der Vorschau reagieren auch auf Mehrfachklicks: Ein Dreifachklick markiert z. B. alle Linien bzw. hebt die Markierung auf.

5.3 Tabellenoptionen

Im Unterschied zu den STEUERUNG- und KONTUR-Bedienfeldern, in denen Sie die Konturen einer Auswahl innerhalb einer Tabelle modifizieren können, werden in den TABELLENOPTIONEN globale, also für die gesamte Tabelle geltende Einstellungen getroffen. Rufen Sie dafür TABELLE • TABELLENOPTIONEN auf.

Es öffnet sich der Dialog mit den Tabellenoptionen, eingeteilt in die fünf Bereiche TABELLE EINRICHTEN, ZEILENKONTUREN, SPALTENKONTUREN, FLÄCHEN und TABELLENKOPF UND -FUSS.

Tabelle einrichten

Unter Tabelle einrichten werden zunächst grundlegende Einstellungen für die gesamte Tabelle eingestellt. Hier können Sie die jeweilige Anzahl der drei verschiedenen Zeilenarten sowie die Anzahl der Spalten ändern.

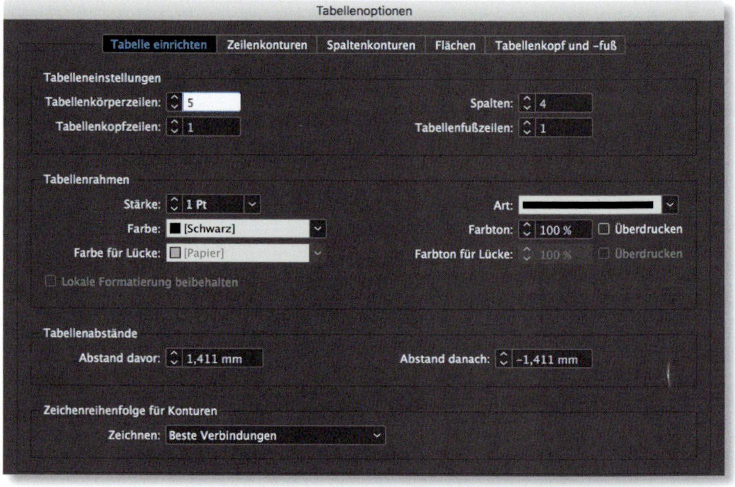

Abbildung 5.40 ▸
In der Kategorie Tabelle einrichten können Sie grundlegende Eigenschaften einstellen.

Die Editiermöglichkeiten im Abschnitt Tabellenrahmen erklären sich weitgehend selbst. Mit der Checkbox Lokale Formatierung beibehalten können Sie bestimmen, ob vorgenommene Änderungen am Aussehen des Tabellenrahmens mit Hilfe von Tabelle • Zellenoptionen von den Einstellungen in diesem Bereich überschrieben oder eben berücksichtigt werden sollen.

Ist die Tabelle innerhalb von Fließtext platziert, regeln die Eingaben bei Abstand davor und Abstand danach wie bei regulären Textabsätzen die Abstände ober- und unterhalb der Tabelle zum umgebenden Text. Legen Sie mit der Zeichenreihenfolge für Konturen fest, wie InDesign die Kreuzungspunkte von Rahmen-, Spalten- und Zeilenkonturen darstellen soll. Sie können zwischen folgenden Optionen wählen (siehe Abbildung 5.41):

1. Beste Verbindungen
2. Zeilenkonturen im Vordergrund
3. Spaltenkonturen im Vordergrund

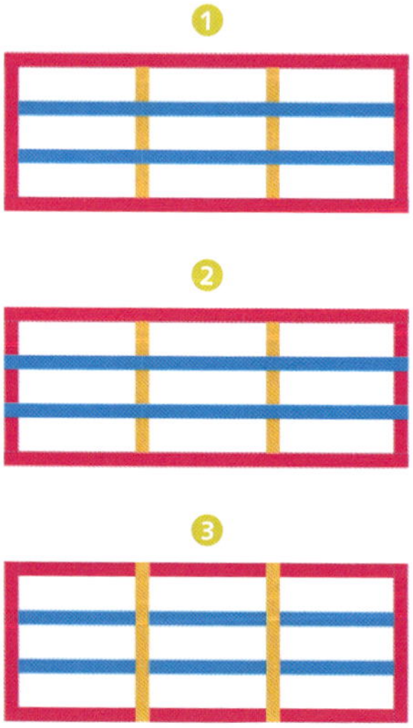

▴ **Abbildung 5.41**
Mit der Zeichenreihenfolge für Konturen legen Sie fest, welche Konturen vorn liegen.

Beste Verbindungen ist eine Option, bei der InDesign selbst die Lage der Konturen festlegt. Die vierte Option, InDesign

2.0-Kompatibilität, dürfte für die Praxis irrelevant sein, da diese Option bei einfachen Konturen zum selben Ergebnis wie Beste Verbindungen führt. Ein Unterschied ist nur bei Konturarten zu sehen, die sich, wie etwa die Variante Breit – Breit, aus mehreren Konturen zusammensetzen.

Flächen

Springen wir jetzt zum Register Flächen. Hier können Sie die Flächen einer Tabelle anpassen und so modifizieren, dass sich die Farben zeilenweise ändern. Damit alle Zeilen abwechselnd zur vorherigen anders formatiert werden, wählen Sie bei Abwechselndes Muster die Option Nach jeder Zeile ❹. Bei Farbe und Farbton ❻ können Sie die gewünschten Angaben machen, bei aktivierter Vorschau sehen Sie wie gewohnt Ihre Änderungen direkt in der Tabelle. Die Eingabe bei Erste ❺ bzw. Nächste Zeilen ❼ färbt im Beispiel die ungeraden Zeilen mit 70% Gelb, die geraden Zeilen mit 50% Gelb.

Weitere Einstellungen

Durch das Eintragen von Werten bei Tabellenkopfzeilen und -fusszeilen werden keine bestehenden Zeilen umgewandelt, sondern neue leere hinzugefügt. Wenn Sie mehr Tabellenkörperzeilen oder Spalten eintragen, als die aktuelle Tabelle hat, werden der Tabelle neue Zeilen unten und neue Spalten rechts hinzugefügt. Verringern Sie die bisherige Anzahl, werden Zeilen und Spalten gegebenenfalls samt Inhalt von unten bzw. rechts entfernt.

◂ **Abbildung 5.42**
In der Kategorie Flächen können Sie abwechselnde Muster für Zeilen festlegen.

Thema	Datum	Kategorie	Gebühr
Süße Suppen	13.06.	A	35,–
Herzhafte Desserts	27.06./28.06	WE	180,–
Vorspeisen	30.06.	A*	27,50
Italienische Küche	01.07.	A	31,–
Indische Küche	03.07.	A	45,–

A: Abendkurs, Beginn 19:30 Uhr
WE: Wochenendkurs, Samstag 13–18 Uhr, Sonntag 9–13 Uhr
* Beginn 20 Uhr

◂ **Abbildung 5.43**
Hier die Fortführung unserer Tabelle aus dem Workshop: Die wirkungsvollen wechselnden Zeilenfarben sind einfach erstellt.

Zeilenkonturen und Spaltenkonturen

Die Einstellungen in diesen beiden Bereichen bestimmen, wie Trennlinien zwischen Spalten und Zeilen gestaltet werden sollen. Den grundlegenden Wechsel der Konturen stellen Sie unter Abwechselndes Muster ein. Ohne bedeutet, dass keine Trennlinien gesetzt werden können. Die Einstellungen Alle zwei Zeilen und Alle drei Zeilen vergeben den ersten zwei/drei Zeilen die Kontur, die unter Erste eingestellt wurde, den nächsten Zeilen die Kontur, die unter Nächste eingestellt ist. Wie die Konturen aussehen, stellen Sie unter Abwechselnd ein, die Einstellungen sollten Ihnen von den Konturen bekannt sein.

Schauen wir uns die Tabelle aus Abbildung 5.43 an: Bei gepunkteten Zeilentrennlinien werden die eben zugewiesenen Zeilenfarben nicht auf die Zwischenräume angewendet, daher sind sie im Screenshot noch weiß. Um die störenden weißen Zwischenräume der Zeilenkonturen zu korrigieren, gibt es die Kategorie Zeilenkonturen. Wenn die Formatierung bei allen Zeilenkonturen gleich sein soll, tragen Sie bei Nächste Zeilen »0« ein (2). Dadurch wird die Kontur, die Sie bei Erste Zeilen definieren, bei allen Zeilen wiederholt. Um die weißen Lücken zu entfernen, fehlt jetzt nur noch eine kleine Änderung der Angaben bei Farbe für Lücke (1): Wählen Sie hier im Pulldown-Menü [Ohne], wodurch die Zellfarbe nun auch bei den Zwischenräumen der Punkte sichtbar wird.

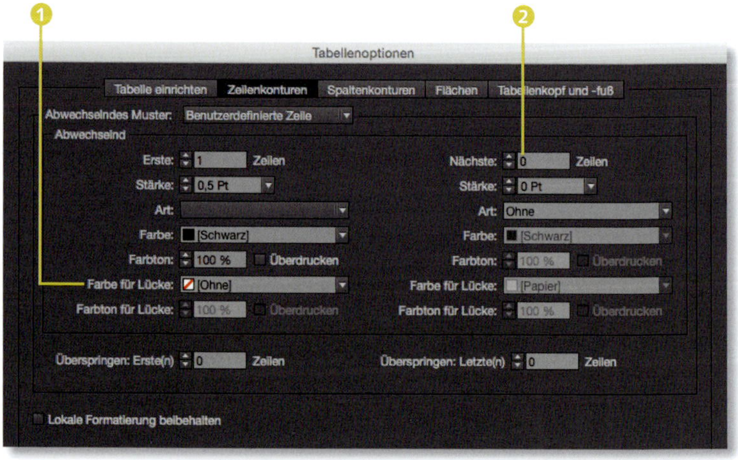

Abbildung 5.44 ▸
Im Bereich Zeilenkonturen werden die weißen Zwischenräume der gepunkteten Linien entfernt.

Die Beispieltabelle sieht schließlich so aus:

Thema	Datum	Kategorie	Gebühr
Süße Suppen	13.06.	A	35,–
Herzhafte Desserts	27.06./28.06	WE	180,–
Vorspeisen	30.06.	A*	27,50
Italienische Küche	01.07.	A	31,–
Indische Küche	03.07.	A	45,–

A: Abendkurs, Beginn 19:30 Uhr
WE: Wochenendkurs, Samstag 13–18 Uhr, Sonntag 9–13 Uhr
* Beginn 20 Uhr

◂ **Abbildung 5.45**
So sieht das lohnende Ergebnis der vorangegangenen Schritte aus.

Tabellenkopf und -fuß

Hier sind die Einstellungen zu der Anzahl der Tabellenkopf- und -fußzeilen zu finden.

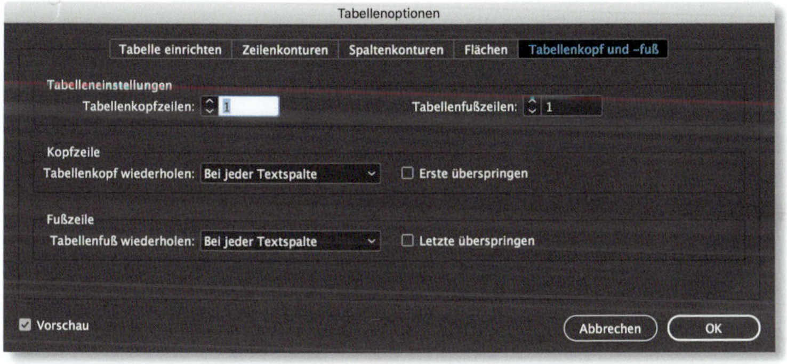

◂ **Abbildung 5.46**
Hier können Sie die Kopf- und Fußzeilen noch weiter editieren.

Für die Änderung der Werte für die jeweilige Zeilenart gilt dasselbe wie zuvor bei der Erläuterung der Kategorie TABELLE EINRICHTEN: Werden hier die Werte geändert, werden keine bestehenden Zeilen in einer Kopf- oder Fußzeile umgewandelt. Stattdessen werden der Tabelle den eingegebenen Werten entsprechend neue, leere Zeilen hinzugefügt.

Bei TABELLENKOPF bzw. -FUSS WIEDERHOLEN können Sie einstellen, an welchen Stellen die Kopf- und/oder Fußzeilen bei langen Tabellen, die in mehrere Spalten oder Textrahmen umbrochen werden, wiederholt werden sollen. Durch diese Optionen lassen sich große Tabellen ohne großen Aufwand über mehrere Spalten, Textrahmen oder auch Seiten realisieren. Bei unten stehendem Beispiel werden Kopf- und Fußzeilen in jeder Textspalte wiederholt. Beachten Sie hierbei, dass sich die Fläche der obersten Tabellenkörperzeile immer nach der Fläche in der untersten Zeile der vorangehenden Spalte richtet und nicht, wie man es vielleicht erwarten würde, dieselbe Farbe wie die erste Zeile in der ersten Spalte besitzt.

Thema	Datum
Süße Suppen	13.06.
Herzhafte Desserts	27.06.
Vorspeisen	30.06.
Italienische Küche	01.07.
Indische Küche	03.07.
Kalte Suppen	04.07.
Säfte	15.07.

alle Kurse beginnen um 19:30 Uhr

Thema	Datum
Salate	28.07.
Französische Küche	01.08.
Rohkost	19.08.
Kalte Suppen	13.06.
Vorspeisen	30.06.
Backen	01.09.
Indische Küche	03.09.

alle Kurse beginnen um 19:30 Uhr

Thema	Datum
Gemüsesuppen	04.09.
Säfte	15.09.
Rohkost	28.09.
Süßes	01.10.
Herzhafte Desserts	27.10.
Engl. Breakfast	19.10.

alle Kurse beginnen um 19:30 Uhr

Abbildung 5.47 ►
Die Zeilenmuster der vorangehenden Spalte werden in der nächsten Spalte fortgeführt.

Soll die erste Zeile einer Spalte immer gleich gefärbt sein, muss der Textrahmen des Beispiels so weit vergrößert oder verkleinert werden, bis eine gerade Zeilenanzahl in jedem Rahmen/jeder Spalte Platz findet:

Thema	Datum
Süße Suppen	13.06.
Herzhafte Desserts	27.06.
Vorspeisen	30.06.
Italienische Küche	01.07.
Indische Küche	03.07.
Kalte Suppen	04.07.
Säfte	15.07.
Salate	28.07.

alle Kurse beginnen um 19:30 Uhr

Thema	Datum
Französische Küche	01.08.
Rohkost	19.08.
Kalte Suppen	13.06.
Vorspeisen	30.06.
Backen	01.09.
Indische Küche	03.09.
Gemüsesuppen	04.09.
Säfte	15.09.

alle Kurse beginnen um 19:30 Uhr

Thema	Datum
Rohkost	28.09.
Süßes	01.10.
Herzhafte Desserts	27.10.
Engl. Breakfast	19.10.

alle Kurse beginnen um 19:30 Uhr

Abbildung 5.48 ►
Durch die gerade Zeilenzahl sehen die Zeilenmuster ruhiger aus.

5.4 Das Tabelle-Bedienfeld

Weitere Manipulationsmöglichkeiten einer Tabelle finden Sie außer in den TABELLENOPTIONEN im Bedienfeld TABELLE, das Sie unter FENSTER • SCHRIFT UND TABELLEN • TABELLE oder über [⇧]+[F9] aufrufen können. Wenn eine oder mehrere Zellen innerhalb einer Tabelle mit dem Textwerkeug markiert sind, finden Sie dieselben Eingabefelder und Buttons des Bedienfeldes TABELLE auch im STEUERUNG-Bedienfeld.

Tabellengröße

Leider gibt es keine Möglichkeit, die Gesamtbreite und -höhe einer Tabelle numerisch festzulegen.

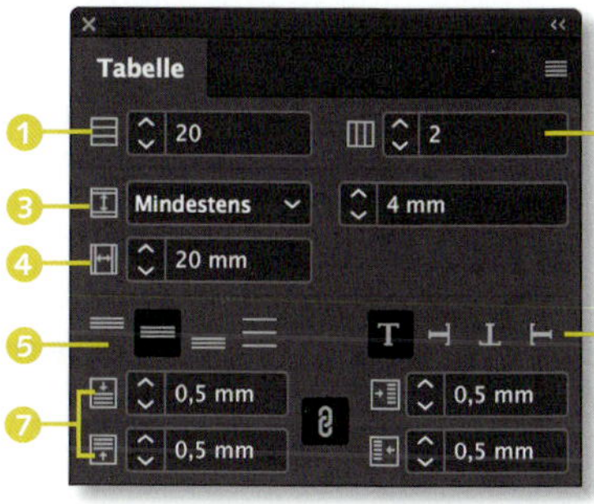

◂ **Abbildung 5.49**
Das Bedienfeld TABELLE bietet Zugriff auf wichtige Einstellungen wie beispielsweise den Zellenversatz ⑦.

Die beiden Eingabefelder ANZAHL DER ZEILEN ① bzw. SPALTEN ② haben dieselbe Funktion wie ihre Entsprechungen in den TABELLENOPTIONEN: Mit ihnen können Sie der markierten Tabelle Körperzeilen und Spalten hinzufügen. Kopf- und Fußzeilen bleiben von diesen Einstellungen hier unberührt. Verringern Sie die Anzahl der Zeilen und/oder Spalten über das Bedienfeld, gibt InDesign eine Warnmeldung aus, wenn die zu löschenden Bereiche Daten enthalten.

Mit der ZEILENHÖHE ③ können Sie diese im Eingabefeld festlegen. Dabei stehen Ihnen zwei Optionen zur Verfügung, die Sie über das Pulldown-Menü anwählen können: MINDESTENS und GENAU. Bei der Option MINDESTENS vergrößert InDesign die Zeilenhöhe entsprechend dem aktuellen Platzbedarf des Zeileninhalts. Ist GENAU gewählt, hat der hier eingegebene Wert Priorität vor den Inhalten, die gegebenenfalls aufgrund ihrer Größe verdrängt werden und zu Übersatz werden. Ein kleiner roter Punkt (siehe Abbildung 5.50) weist ähnlich wie das Übersatzsymbol bei Textrahmen auf diesen Umstand hin.

Im Feld SPALTENBREITE ④ kann die Breite der Spalten angegeben werden. Sie können mehrere Spalten markieren, um deren Werte gleichzeitig zu ändern. Die Funktionen dieser vier Buttons ⑤ weisen dem Zelleninhalt – das können auch Grafikrahmen sein – die Ausrichtung OBEN AUSRICHTEN, ZENTRIEREN, UNTEN AUSRICHTEN und BLOCKSATZ VERTIKAL zu. Durch die letzte Option werden die Inhalte auf die gesamte Zellenhöhe verteilt.

Mit Hilfe der vier Drehen-Buttons ⑥ können markierte Zelleninhalte gedreht werden (siehe Abbildung 5.51). Die Drehwinkel sind hierbei auf 0°, 90°, 180° und 270° festgelegt. Auch die Funktion der Eingabefelder für die Versatzarten ⑦ kennen Sie schon

▴ **Abbildung 5.50**
Wenn die Inhalte nicht in die Tabelle passen, wird dies mit roten Punkten gekennzeichnet.

Thema	Datum	Kategorie	Gebühr
Süße Suppen	13.06.	A	35,–
Herzhafte Desserts	27.06.	WE	80,–
Vorspeisen	30.06.	A*	27,50
Italienische Küche	01.07.	A	31,–
Indische Küche	03.07.	A	45,–

▲ **Abbildung 5.51**
Die Inhalte der Kopfzeile können in festgelegten Winkeln geneigt werden.

von den Textrahmenoptionen: Damit die Inhalte innerhalb einer Tabelle nicht an die Zeilen- und Spaltentrennlinien stoßen, können mit diesen Eingabefeldern die gewünschten Abstände zu den Zellbegrenzungen definiert werden.

5.5 Zeilen oder Spalten einfügen und verschieben

Wenn Sie die Informationen einer Tabelle nach dem Erstellen ändern möchten, können Sie dies durch Hinzufügen und Umorganisieren von Zeilen und Spalten ganz einfach erledigen.

Zeilen und Spalten

Durch die Eingabe höherer Werte bei Zeilen oder Spalten im Dialogfeld Tabellenoptionen, im Bedienfeld Tabelle oder Steuerung werden neue Zeilen immer unten und neue Spalten immer rechts der Tabelle hinzugefügt. Wenn Sie jedoch genauer steuern möchten, an welcher Stelle eine neue Zeile oder Spalte eingefügt werden soll, wählen Sie Einfügen im Menü Tabelle oder im Tabelle-Bedienfeldmenü. Im sich dann öffnenden Untermenü können Sie zwischen Zeile und Spalte wählen.

Die Position, an der InDesign z. B. die neue Spalte einfügen soll, bestimmen Sie einerseits durch die Position des Textcursors innerhalb der Tabelle und andererseits durch das Dialogfeld, in dem Sie wählen können, ob die neue(n) Spalte(n) links oder rechts der Einfügemarke erstellt werden soll(en). (Bei Zeilen können Sie dementsprechend wählen, ob Sie über oder unter der Einfügemarke positioniert werden.)

Ich möchte dies an einem Beispiel demonstrieren: In der folgenden Tabelle soll zwischen den Spalten »Thema« und »Kategorie« eine weitere Spalte »Datum« eingefügt werden.

Thema	Datum	Kategorie	Gebühr
Süße Suppen	13.06.	A	35,–
Herzhafte Desserts	27.06.	WE	80,–
Vorspeisen	30.06.	A*	27,50
Italienische Küche	01.07.	A	31,–
Indische Küche	03.07.	A	45,–

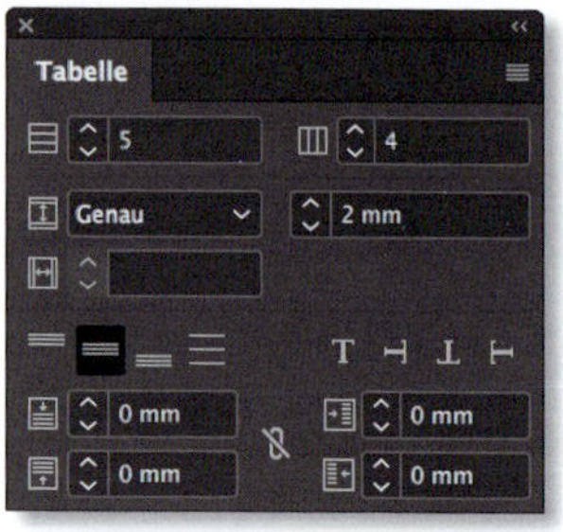

▲ **Abbildung 5.52**
Oben: Bei zu geringer Zellenhöhe und zu kleinem Zellenversatz stoßen die Inhalte aneinander.

Thema	Kategorie	Gebühr
Süße Suppen	A	35,–
Herzhafte Desserts	WE	80,–
Vorspeisen	A*	27,50
Italienische Küche	A	31,–
Indische Küche	A	45,–

Abbildung 5.53 ▶
In diese Tabelle soll noch eine Spalte zwischen »Thema« und »Kategorie« eingefügt werden.

Zunächst wird der Textcursor in die Spalte »Kategorie« gesetzt und anschließend der Eintrag SPALTE im EINFÜGEN-Untermenü des TABELLE-Bedienfeldes oder des Menüs TABELLE gewählt. Es öffnet sich folgendes Dialogfeld, in dem die gewünschte Spaltenanzahl und die Position angegeben werden:

Zeile einfügen

Zum Einfügen von Zeilen gehen Sie analog zum hier beschriebenen Verfahren vor.

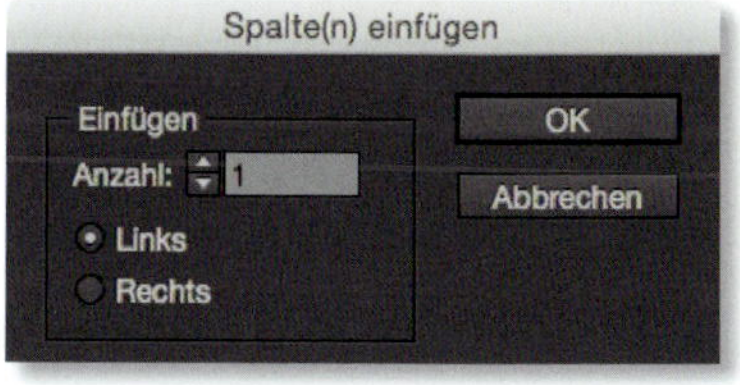

◂ **Abbildung 5.54**
Sie können im Dialogfeld SPALTE(N) EINFÜGEN angeben, wo die neue Spalte erstellt werden soll.

InDesign erstellt daraufhin eine leere Spalte in der Breite der Spalte, in der der Cursor positioniert war:

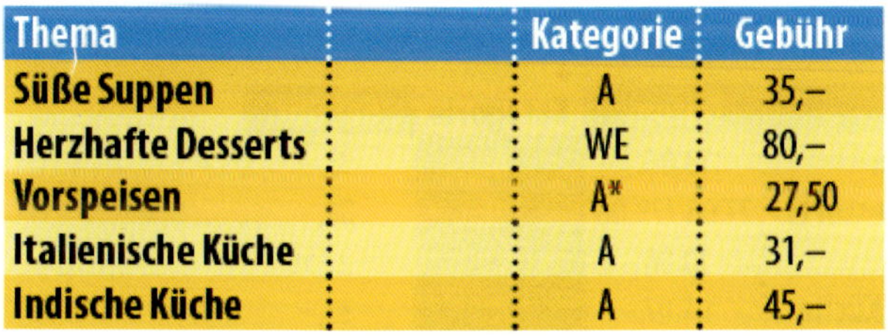

Thema		Kategorie	Gebühr
Süße Suppen		A	35,–
Herzhafte Desserts		WE	80,–
Vorspeisen		A*	27,50
Italienische Küche		A	31,–
Indische Küche		A	45,–

◂ **Abbildung 5.55**
Und schon ist innerhalb der Tabelle eine neue, leere Spalte von InDesign erstellt worden.

Nun müssen nur noch die Daten aus dem Ursprungsdokument (hier aus einer Word-Datei) kopiert und in die markierte Spalte in InDesign eingefügt werden.

Thema	Datum	Kategorie	Gebühr
Süße Suppen	13.06.	A	35,–
Herzhafte Desserts	27.06./28.06	WE	80,–
Vorspeisen	30.06.	A*	27,50
Italienische Küche	01.07.	A	31,–
Indische Küche	03.07.	A	45,–

▴ **Abbildung 5.56**
Die Daten wurden aus der Textverarbeitung kopiert und in die neue Spalte eingefügt.

Damit InDesign die Daten aus dem Zwischenspeicher auch als Text und nicht als neue Tabelle einfügt, muss die Option NUR TEXT in den Voreinstellungen aktiv sein (siehe Kasten »Tabelle oder Daten?« weiter vorn). Übrigens können Sie auch mehr Zeilen samt Inhalten kopieren, als in der neu angelegten Spalte vorgesehen sind. InDesign fügt die nötigen Tabellenzeilen automatisch hinzu.

Reihenfolge ändern

In folgender Tabelle sollen die Spalten »Datum« und »Kategorie« vertauscht werden.

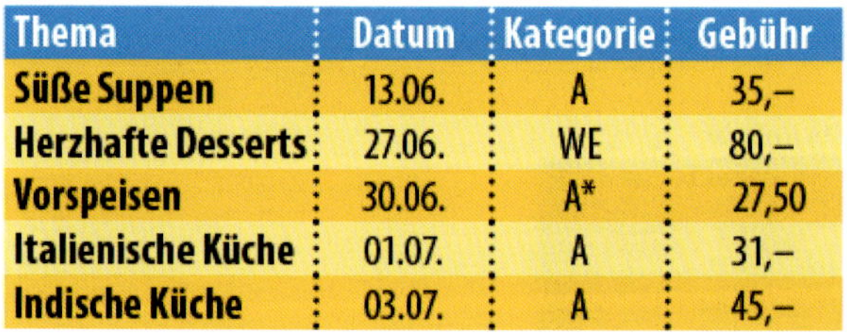

Thema	Datum	Kategorie	Gebühr
Süße Suppen	13.06.	A	35,–
Herzhafte Desserts	27.06.	WE	80,–
Vorspeisen	30.06.	A*	27,50
Italienische Küche	01.07.	A	31,–
Indische Küche	03.07.	A	45,–

Abbildung 5.57 ▸
Hier sollen die Spalten »Datum« und »Kategorie« vertauscht werden.

Durch einen Klick mit dem Textwerkeug oberhalb der Spalte wird zuerst die komplette Spalte markiert ❶, die verschoben werden soll.

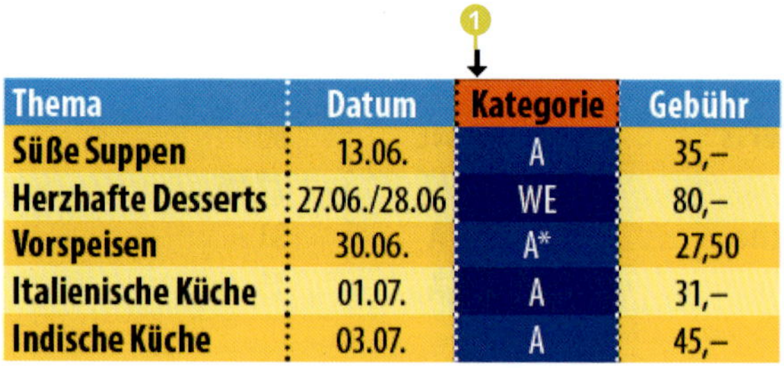

Thema	Datum	Kategorie	Gebühr
Süße Suppen	13.06.	A	35,–
Herzhafte Desserts	27.06./28.06	WE	80,–
Vorspeisen	30.06.	A*	27,50
Italienische Küche	01.07.	A	31,–
Indische Küche	03.07.	A	45,–

Abbildung 5.58 ▸
Erst wird die zu verschiebende Spalte komplett markiert.

Jetzt kann die Spalte »Kategorie« durch Ziehen und Loslassen ❸ an die neue Position verschoben werden. InDesign blendet an möglichen Stellen, an die die Spalte verschoben werden kann, einen Balken ein ❷.

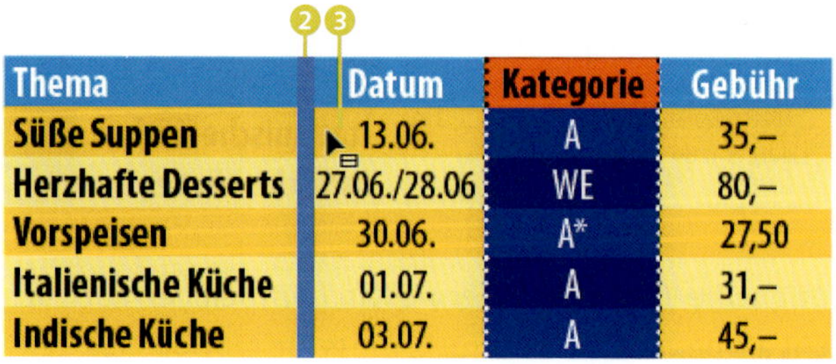

Thema	Datum	Kategorie	Gebühr
Süße Suppen	13.06.	A	35,–
Herzhafte Desserts	27.06./28.06	WE	80,–
Vorspeisen	30.06.	A*	27,50
Italienische Küche	01.07.	A	31,–
Indische Küche	03.07.	A	45,–

Abbildung 5.59 ▸
Per Drag & Drop wird die Auswahl an die neue Stelle verschoben.

Lassen Sie die gedrückte Maustaste an der gewünschten Stelle los, haben Sie eine neue Spaltenreihenfolge in Ihrer Tabelle.

Hier sehen Sie die Tabelle mit der geänderten Reihenfolge der Spalten.

Thema	Kategorie	Datum	Gebühr
Süße Suppen	A	13.06.	35,–
Herzhafte Desserts	WE	27.06.	80,–
Vorspeisen	A*	30.06.	27,50
Italienische Küche	A	01.07.	31,–
Indische Küche	A	03.07.	45,–

◂ **Abbildung 5.60**
Die Spalte »Kategorie« wurde vor die »Datum«-Spalte verschoben.

Die Vorgehensweise beim Vertauschen von Zeilen ist prinzipiell dieselbe wie beim Tausch von Spalten.

5.6 Tabellen- und Zellenformate

Bisher haben wir uns die Formatierungsmöglichkeiten einzelner Tabellen angesehen. Sie haben zwar auch schon die Möglichkeit kennengelernt, große Tabellen in mehrere Spalten oder Textrahmen zu umbrechen – aber auch dabei ging es letztlich um eine einzelne Tabelle. Stellen Sie sich nun vor, Sie stehen vor der Aufgabe, in einer Publikation mehrere Tabellen mit denselben Formatierungen zu setzen.

Als Beispiel soll hier noch einmal die Kochschule dienen: In einem Programmheft sollen Kurse nach Monaten kategorisiert gesetzt werden. Um die Formatierungen in solch einem Fall nicht zwölfmal kopieren und wieder einsetzen zu müssen, hat Adobe die Tabellen- und Zellenformate in InDesign implementiert.

Das Prinzip der Tabellen- und Zellenformate kennen Sie vom Grundsatz schon von den Absatz- und Zeichenformaten her. Sie werden auf den folgenden Seiten sehen, dass insbesondere die Zellenformate etwas anders als die Zeichenformate funktionieren. Und: Die Tabellenformate sind in einer Hinsicht noch komplexer als Absatzformate. Tabellenformate greifen nämlich auf Zellenformate zurück, die ihrerseits wiederum auf Absatzformate zugreifen. Es gibt bei Tabellenformaten somit eine Verschachtelungsebene mehr. Auf den nächsten Seiten werde ich Ihnen die Tabellen- und Zellenformate schrittweise erklären, so dass Sie anschließend entspannt Ihren nächsten Tabellen entgegensehen können.

Tabstopp in einer Zelle

Die Betätigung der [⇥]-Taste innerhalb einer Tabelle lässt die Texteinfügemarke in die nächste Zelle springen. Möchten Sie einen Tabstopp setzen, ist am Mac zusätzlich zur [⇥]-Taste das Drücken der [alt]-Taste notwendig. Am PC fügen Sie einen Tabulator über Schrift • Sonderzeichen einfügen • Andere ein.

Das Bedienfeld »Tabellenformate«

Sehen wir uns zunächst das Bedienfeld Tabellenformate an, das Sie wie die anderen Formatbedienfelder über Fenster • Formate • Tabellenformate aufrufen können. Die Liste enthält zunächst nur das vorgegebene Tabellenformat [Einfache Tabelle].

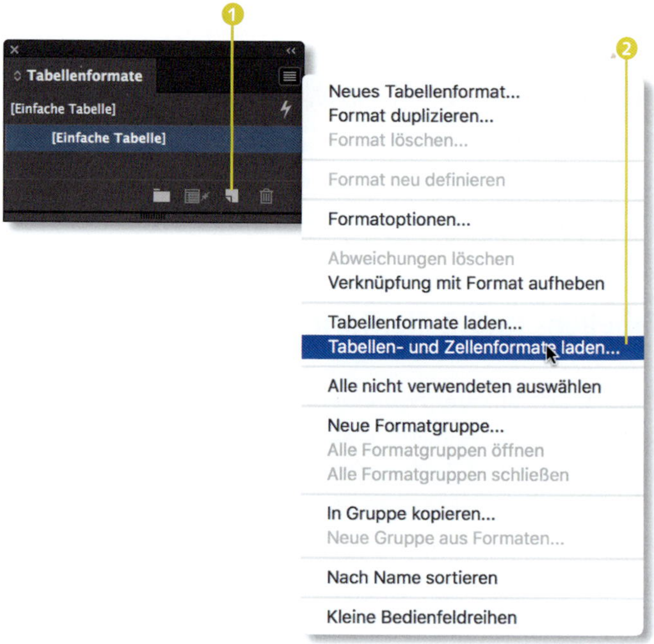

Abbildung 5.61 ▸
Die grundsätzliche Funktionsweise des Bedienfeldes Tabellenformate kennen Sie bereits.

Wie bei anderen Formatbedienfeldern können Sie auch bestehende Tabellenformate aus anderen Dokumenten in das aktuelle InDesign-Dokument laden ②. Wenn Sie in mehreren Dokumenten dieselben Formatierungen anwenden möchten, ist dieser nur im Bedienfeldmenü hinterlegte Befehl äußerst praktisch.

Wie gewohnt, können Sie mit Hilfe des Buttons Neues Format erstellen ① ein neues Tabellenformat anlegen. Mit einem Doppelklick auf das neue Format Tabellenformat 1 öffnet sich das Dialogfenster Tabellenformatoptionen, was Sie nach der Lektüre des Abschnitts 5.3, »Tabellenoptionen«, ebenfalls kaum überraschen dürfte. Im unteren Bereich sehen Sie den interessanten Bereich Zellenformate. Hier werden den verschiedenen Zeilen und Spalten die gewünschten Zellenformate zugewiesen. Bei einem neuen Tabellenformat wird hier bei den meisten Einträgen [Wie Tabellenkörperzeilen] angezeigt. Verschiedene Zellarten (wie Kopf-, Körper- und Fußzeilen) einer Tabelle würden durch Zuweisung dieses Tabellenformats somit gleich formatiert werden.

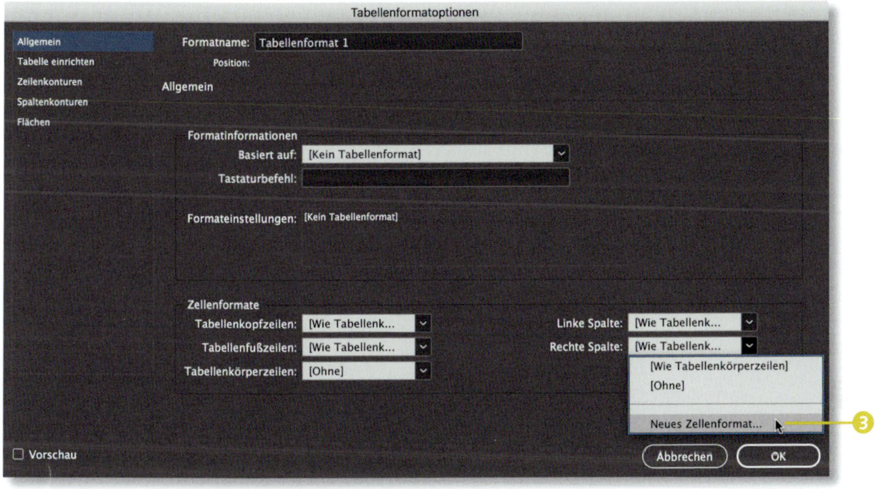

▲ **Abbildung 5.62**
Tabellenformate können auf Zellenformate zugreifen.

Ein Klick auf ein beliebiges Pulldown-Menü 3 zeigt die Zellenformate, die im aktuellen Dokument zur Verfügung stehen. Außerdem können Sie über dieses Menü auch den Eintrag NEUES ZELLENFORMAT wählen, um direkt ein neues Zellenformat anzulegen. Bei Betätigung dieses Befehls öffnet sich das Dialogfeld NEUES ZELLENFORMAT:

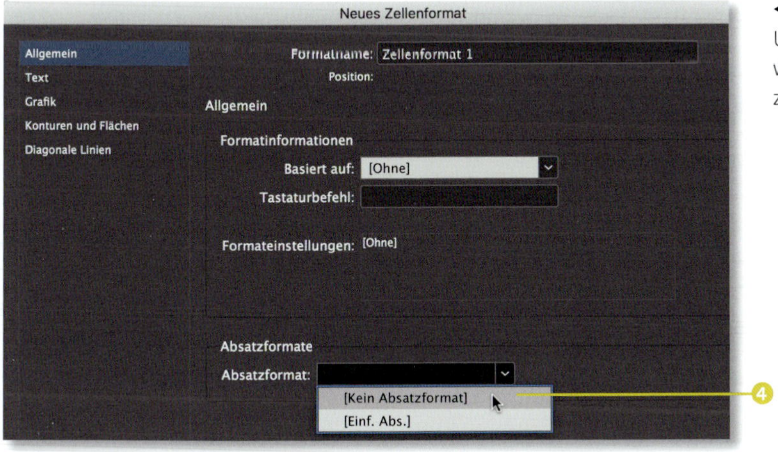

◄ **Abbildung 5.63**
Und Zellenformate können wiederum auf Absatzformate zugreifen.

Und hier können Sie wiederum einem Zellenformat ein Absatzformat 4 zuweisen. Damit ist die anfangs erwähnte dritte Verschachtelungsebene innerhalb der Tabellenformate erreicht. Genau wie bei den Absatz- und Zeichenformaten und den Objektformaten bleibt es Ihnen überlassen, ob Sie zuerst eine Tabelle formatieren und die verschiedenen Formate in einem zweiten Schritt diese Gestaltung übernehmen lassen oder ob Sie zuerst die Formate anlegen und diese anschließend auf eine Tabelle anwenden.

Schritt für Schritt
Eine Tabelle mit Formaten anlegen

Wie Sie im vorigen Abschnitt gesehen haben, ist das letzte Glied in der Kette Tabellenformat – Zellenformat – Absatzformat die Typografie. Wenn wir die Perspektive wechseln, stellen Absatzformate die Grundlage dar, auf der die Zellen- und schließlich die Tabellenformate aufbauen.

1 Definition der notwendigen Absatzformate

Die Beispieltabelle mit den Januarterminen einer Kochschule wurde vollständig formatiert und dient als Grundlage zur Erstellung eines mehrfach einsetzbaren Tabellenformats. Dieses Tabellenformat könnte so auf die anderen elf Tabellen des Kursprogramms angewendet werden.

Die vorbereitete Tabelle finden Sie im Dokument »tabellenformate-anfang.indd«.

Thema	Kategorie	Datum	Gebühr
Italienische Küche	A	14.01.	35,–
Frühstück	WE	17.01./18.01.	180,–
Vorspeisen	A*	21.01.	27,50
Süße Suppen	A	28.01.	31,–
Indische Küche	A	31.01.	45,–

A: Abendkurs, Beginn 19:30 Uhr
WE: Wochenendkurs, Samstag 13–18 Uhr, Sonntag 9–13 Uhr
* Beginn 20 Uhr

Abbildung 5.64 ▸
Die Formatierung dieser Tabelle soll in ein Tabellenformat überführt werden.

Lassen Sie uns zunächst klären, wie viele Absatzformate für die Tabelle notwendig sind. In der Kopfzeile ① sind zwei unterschiedliche Formatierungen zu sehen: links bei »Thema« die linksbündig ausgerichtete, bei den anderen drei Spaltenbeschreibungen die zentrierte Variante der weißen Schrift. Da wir im Tabellenformat später nur ein Absatzformat für die gesamte Kopfzeile anwenden können, müssen wir uns hier für ein Absatzformat entscheiden. Für die Kursthemen ❷ wird dieselbe Formatierung wie bei der dazugehörigen Spaltenüberschrift verwendet, dieses Mal lediglich mit Schwarz als Zeichenfarbe. Der Löwenanteil der Informationen ❸ wird im Schriftschnitt »Normal« gesetzt. Die Typografie der Fußzeile ❹ entspricht bis auf den geringeren Schriftgrad der der Einträge »Kategorie«, »Datum« und »Gebühr«. Somit ist die Anlage von vier Absatzformaten zur Erstellung eines Tabellenformats in unserem Beispiel sinnvoll.

Da die Formatierung der verschiedenen Tabelleninfos schon vorliegt, ist das Anlegen der vier Absatzformate schnell erledigt.

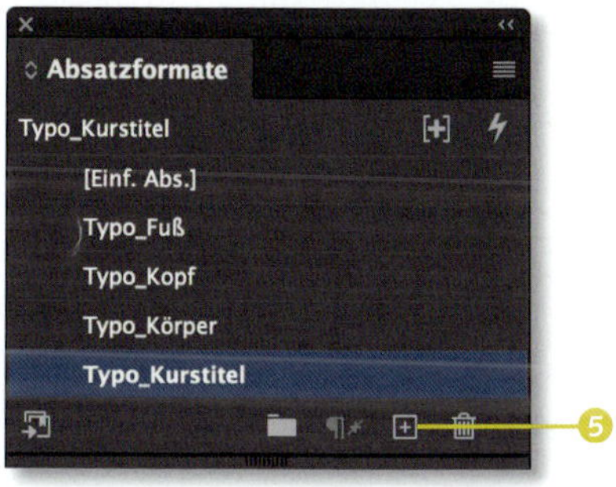

◂ **Abbildung 5.65**
Für die vier Zellenformate wurde je ein Absatzformat angelegt.

Beginnen Sie einfach mit der Kopfzeile, und setzen Sie den Textcursor in einen der drei rechten Spaltenköpfe »Kategorie«, »Datum« oder »Gebühr«. Da das neue Absatzformat immerhin für diese drei gelten kann, wähle ich dieses Vorgehen. Die Formatierung von »Thema« ist sozusagen nur eine Abweichung, und wir korrigieren dies im letzten Schritt dieses Workshops mit einer sogenannten lokalen Formatierung. Das bedeutet, dass wir diese Formatabweichung über ein Bedienfeld angeben, ohne ein Absatzformat dafür anzulegen. Betätigen Sie nun im Bedienfeld Absatzformate den Button Neues Format erstellen ❺. Dadurch legt InDesign das neue Format Absatzformat 1 an. Mit einem Doppelklick auf Absatzformat 1 öffnen sich die entsprechenden Absatzformatoptionen. Als Namen geben Sie »Typo_Kopf« ein. Da gleich auch noch Zellenformate angelegt werden, nehme ich »Typo« zur besseren Unterscheidbarkeit mit in die Namen der Absatzformate auf.

Für die verbleibenden drei Absatzformate gehen Sie genauso vor, so dass das Bedienfeld Absatzformate nun in etwa wie oben abgebildet aussieht.

Alphabetische Listen

Umfangreiche Listen z. B. im Absatzformate-Bedienfeld werden übersichtlicher, wenn Sie diese Nach Name sortieren. Den entsprechenden Befehl finden Sie in diversen Bedienfeldmenüs.

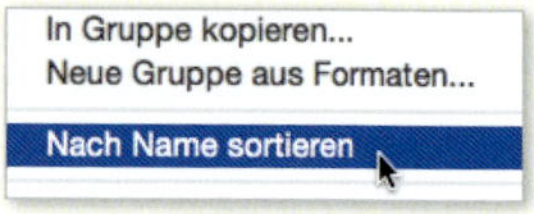

Beachten Sie, dass die vier Absatzformate bisher lediglich im Dokument angelegt wurden, sie sind aber noch keinem Text zugewiesen worden.

2 Anlage von Zellenformaten

Öffnen Sie zunächst das Bedienfeld Zellenformate über Fenster • Formate. Außer dem vorinstallierten [Ohne] ist hier noch kein Zellenformat angelegt. Positionieren Sie den Textcursor nun in eine der rechten Kopfzellen mit den zentrierten Spaltentiteln, und legen Sie ein neues Zellenformat an, indem Sie auf den Button mit dem Plus-Zeichen klicken. Mit einem Rechtsklick öffnen Sie die Zellenformatoptionen. Ändern Sie den Namen in »Zelle_Kopf« ❶, und bei Absatzformat wählen Sie das eben angelegte Format »Typo_Kopf« ❷.

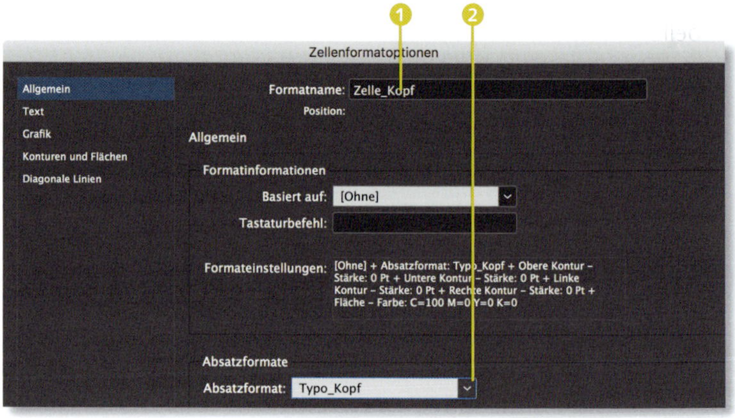

Abbildung 5.66 ▸
Absatzformate können Zellenformaten zugeteilt werden.

Diese Änderungen bestätigen Sie mit OK. Zur Anlage der drei Zellenformate für die Fußzeilen, Körperzellen und die linke Spalte mit den Kurstiteln wiederholen Sie die letzten Schritte. Achten Sie dabei darauf, dass Sie jedes Mal den Cursor in die entsprechende Zelle setzen, damit InDesign die bestehende Formatierung der Fläche und Kontur gleich in das neue Zellenformat mit übernimmt.

Die vorbereiteten Absatzformate ordnen Sie – wenig überraschend – folgendermaßen den Zellenformaten zu:

- Zellenformat »Zelle_Kurstitel«/Absatzformat »Typo_Kurstitel«
- Zellenformat »Zelle_Fuß«/Absatzformat »Typo_Fuß«
- Zellenformat »Zelle_Körper«/Absatzformat »Typo_Körper«

Damit sind die im vorigen Schritt erstellten Absatzformate in die Zellenformate eingebettet. Die Liste der Zellenformate umfasst nun die vier benötigten Formate:

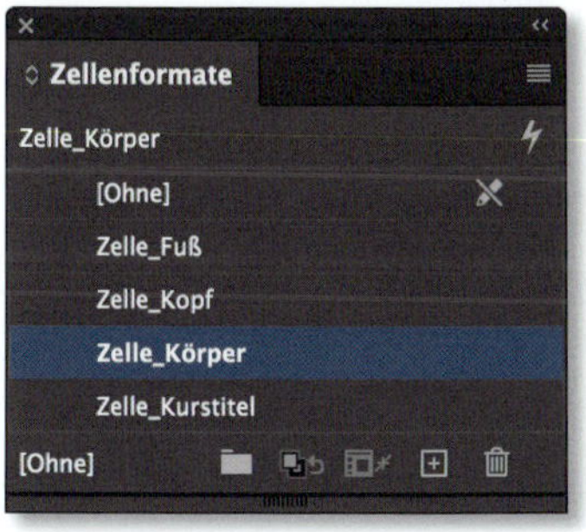

◂ **Abbildung 5.67**
Mit den vier Zellenformaten sind die entsprechenden Absatzformate verknüpft.

Diese müssen jetzt wiederum nur noch in ein Tabellenformat aufgenommen werden, damit die Gestaltung bei Bedarf auf mehrere Tabellen angewendet werden kann.

3 Anlage des Tabellenformats

Als Nächstes legen Sie das Tabellenformat an. Markieren Sie dafür die gesamte Tabelle mit dem Textwerkeug durch einen Klick auf die linke obere Ecke (siehe Abbildung 5.68).

Rufen Sie als Nächstes das Bedienfeld Tabellenformate über Fenster • Formate auf, und klicken Sie abermals auf Neues Format erstellen ❸.

▴ **Abbildung 5.68**
Mit einem Klick wird die formatierte Tabelle markiert.

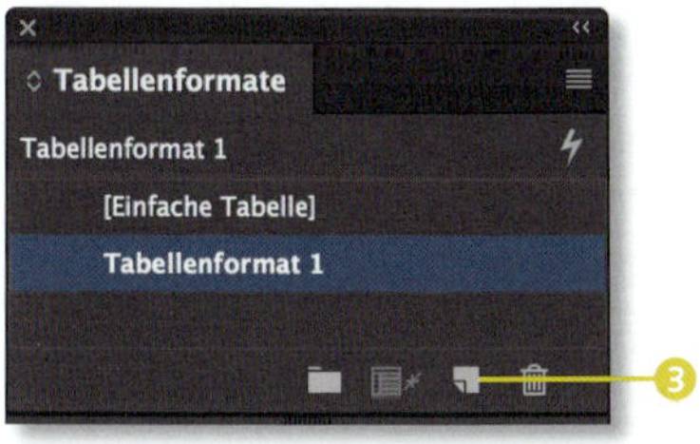

◂ **Abbildung 5.69**
Ein neues Tabellenformat, in dem die Zellen- und Absatzformate verwendet werden, wird angelegt.

Wie bei Absatzformaten und den Zellenformaten übernimmt InDesign auch bei der Anlage eines Tabellenformats allein dadurch, dass Sie vorher die Tabelle markieren, wichtige Tabellenattribute in das neue Tabellenformat. Öffnen Sie mit einem Rechtsklick das Kontextmenü, und wählen Sie "Tabellenformat 1" bearbeiten, um es in »Kochkurs« umzubenennen.

In den FORMATEINSTELLUNGEN ❶ sind die automatisch übernommenen Attribute aufgelistet.

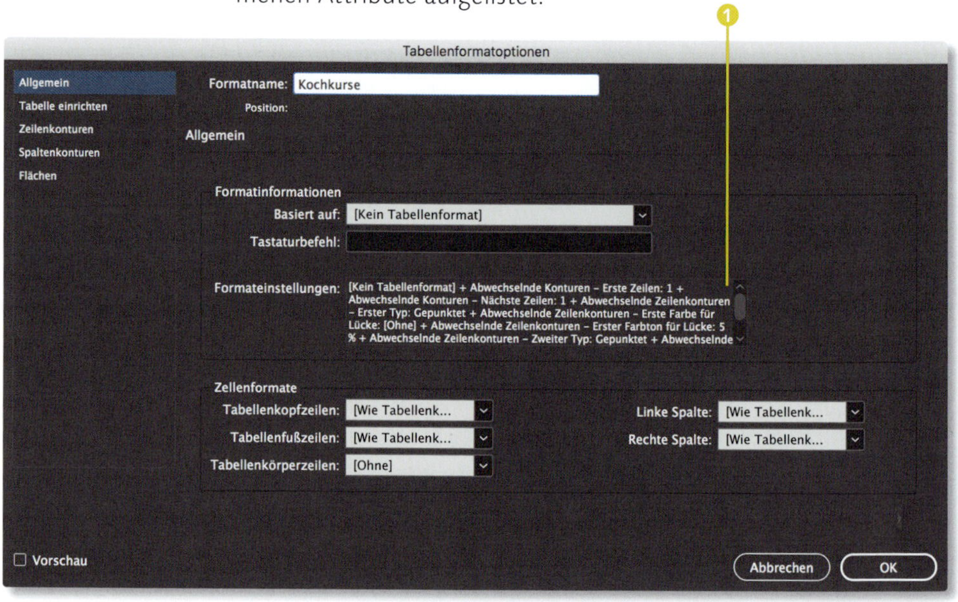

Abbildung 5.70 ▲
In den TABELLENFORMATOPTIONEN sind schon einige Formatierungen hinterlegt, die Zellenformate fehlen noch.

Verlassen Sie mit OK den Dialog, um eben zu überprüfen, welche Formatierungen InDesign tatsächlich im neuen Tabellenformat hinterlegt hat, ohne die Formateinstellungen durchlesen zu müssen. Dafür duplizieren Sie zunächst die bisherige Tabelle. Aktivieren Sie das Auswahlwerkzeug, markieren Sie damit die Tabelle, und ziehen Sie die Tabelle samt Textrahmen mit gedrückter alt+⇧-Taste nach unten. Dadurch erstellen Sie eine Kopie unterhalb der markierten Tabelle.

Entfernen Sie nun alle Formatierungen, die diese Tabellenkopie enthält. Markieren Sie die gesamte Tabelle mit einem Klick mit dem Textwerkeug auf die linke obere Ecke der Tabelle. Klicken Sie anschließend jeweils mit gedrückter alt-Taste im TABELLENFORMATE-Bedienfeld auf den Eintrag [EINFACHE TABELLE], im ZELLENFORMATE-Bedienfeld auf [OHNE] und im ABSATZFORMATE-Bedienfeld auf [EINF. ABS.].

Die kopierte Tabelle wird nun nur noch mit schwarzen 1-Pt-Konturen und ohne Zellenflächen dargestellt, alle Texte sind mit der Times formatiert ❷. Falls der Textrahmen und/oder die Tabelle selbst Übersatzwarnungen anzeigen, weil die Standardtextformatierung mehr Platz benötigt, vergrößern Sie den Textrahmen oder die entsprechende Tabellenspalte.

Weisen Sie nun der Tabelle das Tabellenformat KOCHKURS zu. Markieren Sie hierfür die Tabelle, oder setzen Sie den Textcursor in eine beliebige Zelle, und klicken Sie auf das gewünschte Tabellenformat ④ im TABELLENFORMATE-Bedienfeld: Es sind noch nicht alle Formatierungen im Tabellenformat enthalten ③.

▼ Abbildung 5.71
Im Tabellenformat »Kochkurs« sind noch nicht alle Formatierungen korrekt hinterlegt.

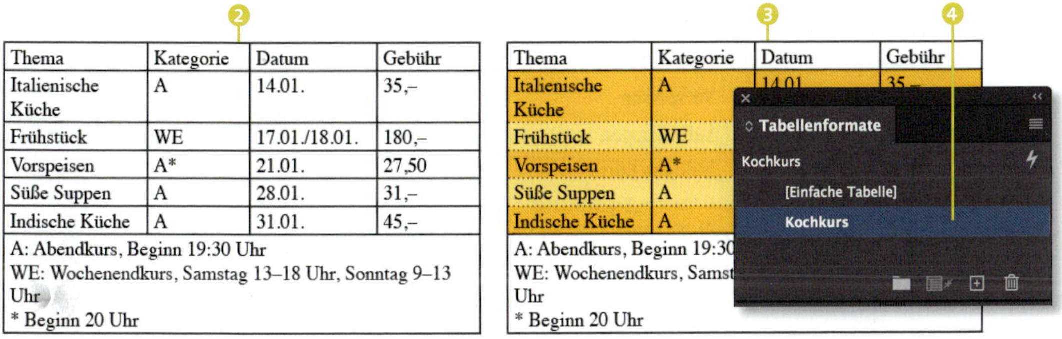

Öffnen Sie im TABELLENFORMATE-Bedienfeld mit einem Rechtsklick auf den Namen die TABELLENFORMATOPTIONEN von »Kochkurs«. Ändern Sie hier im Bereich ZELLENFORMATE ⑤ die Zuordnung, wo InDesign auf welche Zellenformate zugreifen soll. Bis auf RECHTE SPALTE werden alle Einstellungen geändert:

▼ Abbildung 5.72
In den TABELLENFORMATOPTIONEN werden die entsprechenden Zellenformate zugewiesen.

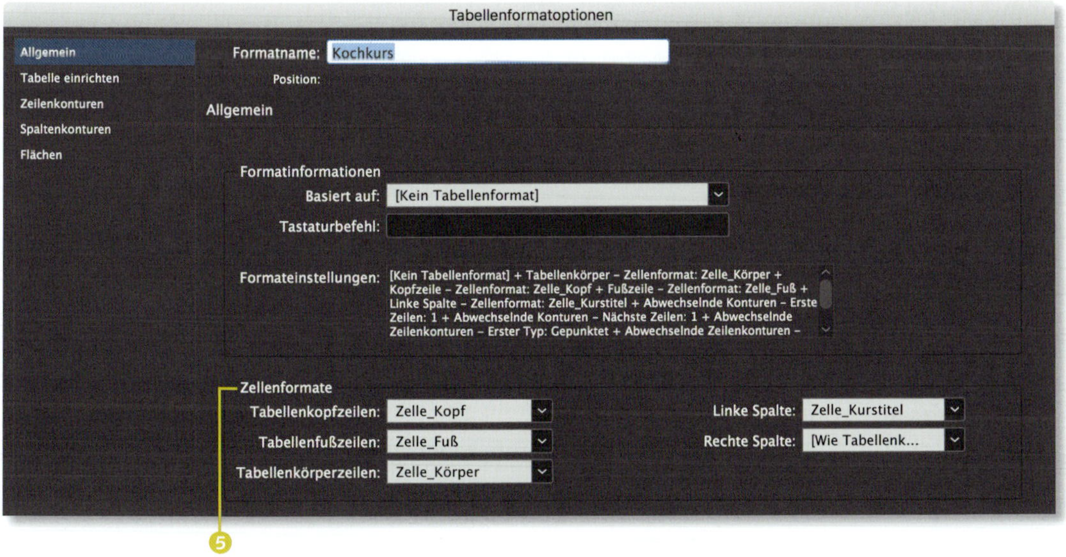

4 Lokale Formatierungen vornehmen

Das Ergebnis, das Sie schon mit aktiver Vorschau innerhalb der Tabellenformatoptionen begutachten können, entspricht bis auf die Satzart der Spaltenbeschriftung »Thema« ① der gewünschten Gestaltung.

Abbildung 5.73 ▸ Die Kopfzeile ist durch die Anwendung des Tabellenformats mit demselben Zellenformat formatiert.

Thema ①	Kategorie	Datum	Gebühr
Italienische Küche	A	14.01.	35,–
Frühstück	WE	17.01./18.01.	180,–
Vorspeisen	A*	21.01.	27,50
Süße Suppen	A	28.01.	31,–
Indische Küche	A	31.01.	45,–

A: Abendkurs, Beginn 19:30 Uhr
WE: Wochenendkurs, Samstag 13–18 Uhr, Sonntag 9–13 Uhr
* Beginn 20 Uhr

Da wir in den Tabellenformatoptionen »nur« den fünf Bereichen Tabellenkopfzeilen, -fußzeilen, -körperzeilen sowie linke und rechte Spalte Zellenformate und damit Absatzformate zuweisen können, müssen wir die Abweichung bei »Thema« als lokale Abweichung manuell korrigieren.

Mit dem Tabellenformat Kochkurs ließen sich – mit Ausnahme des »Thema«-Spaltenkopfes – nun die anderen elf Monatstabellen ohne Weiteres gleichförmig formatieren. Änderungen an einem der Absatz-/Zellenformate oder des Tabellenformats selbst lassen sich dann dokumentweit vornehmen.

Lokale Formatierung

Die Bedienfelder Zellenformate und Tabellenformate zeigen wie etwa das Absatzformate-Bedienfeld ein Pluszeichen hinter dem entsprechenden Eintrag an, wenn die konkrete Formatierung von der im Format hinterlegten abweicht. Mit dem Button Abweichungen in Auswahl löschen setzen Sie das Format zurück.

Beschränkungen von Tabellenformaten

Überraschenderweise können Sie keine Einstellungen etwa zu der Tabellenbreite oder -höhe, der Spaltenbreite ② oder der Zeilenhöhe ③ in einem Tabellenformat definieren. Daher müssen Sie diese Einstellungen bei gleichförmigen Tabellen jedes Mal im Steuerung- oder Tabelle-Bedienfeld erneut vornehmen.

Abbildung 5.74 ▸ Einige Tabelleneigenschaften lassen sich nicht per Tabellenformat definieren.

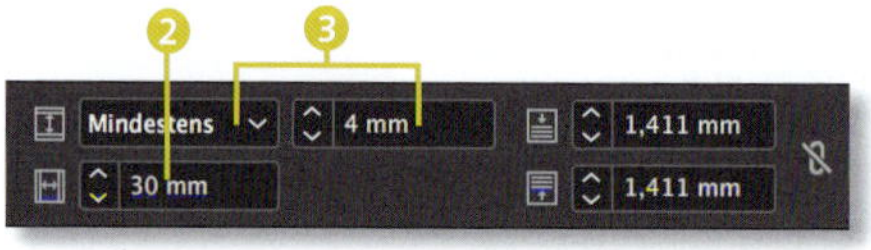

5.7 Tabellendaten aus Excel platzieren

Bisher haben Sie drei Möglichkeiten kennengelernt, wie Sie eine Tabelle mit Daten füllen können: durch das Eingeben der Daten mit der Tastatur direkt in InDesign, durch die Umwandlung von Text in eine Tabelle und durch das Kopieren und Einfügen von Daten aus dem Ursprungsprogramm in die InDesign-Tabelle.

Eine vierte wichtige Möglichkeit besteht darin, Tabellendaten aus anderen Dateien zu platzieren. Anders als beim Copy/Paste-Vorgehen brauchen die entsprechenden Tabellendateien dabei nicht geöffnet zu sein. Das Vorgehen kennen Sie vom Platzieren von Text- und Bilddaten. Genau wie bei Text- oder Bilddateien rufen Sie auch bei Tabellendaten über DATEI • PLATZIEREN den bekannten PLATZIEREN-Dialog auf. Konzentrieren wir uns auf den Import von Tabellendaten, die im XLS-Dateiformat vorliegen und somit in Excel oder einer anderen Tabellenanwendung erstellt wurden.

Dateien platzieren

Sie können Daten unterschiedlichster Art wie etwa Bilder, Texte, Tabellendaten und andere InDesign-Dokumente im PLATZIEREN-Dialog in einem Rutsch markieren. InDesign lädt alle Dokumente in den Cursor, mit dem Sie dann die Position festlegen, wohin InDesign die Daten im Layout platzieren soll.

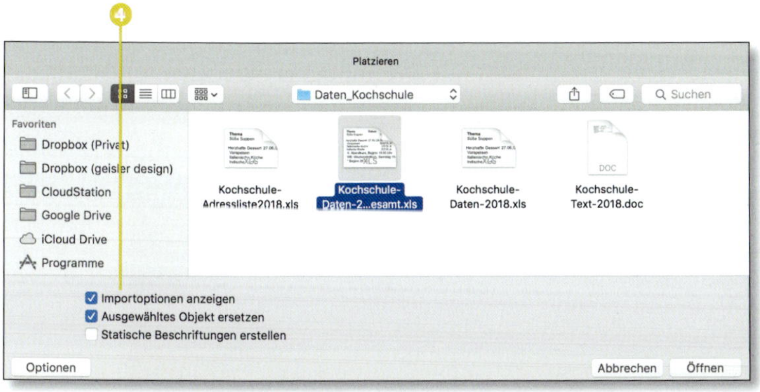

◄ **Abbildung 5.75**
Zur genaueren Steuerung, was Sie importieren möchten, aktivieren Sie auch bei Tabellen die Importoptionen 4.

Excel-Dateien liegen als sogenannte Arbeitsmappen vor, in denen mehrere Tabellen 5 angelegt sein können.

◄ **Abbildung 5.76**
Mit Hilfe der Importoptionen können Sie konkrete Tabellen einer Arbeitsmappe platzieren 5.

Damit Sie beim Platzieren solcher Daten auch die gewünschten Tabellen oder sogar nur bestimmte Bereiche einzelner Tabellen platzieren können, blenden Sie wie beim Bild- und Textimport mit der Aktivierung der Checkbox IMPORTOPTIONEN ANZEIGEN (siehe ④ in Abbildung 5.75) die entsprechenden Auswahlmöglichkeiten ein. Ein Klick auf den ÖFFNEN-Button blendet die MICROSOFT EXCEL-IMPORTOPTIONEN ein.

Im Beispiel habe ich das Excel-Dokument »Kochschule-Daten-2018-gesamt.xls« für den Import markiert. Die Tabellen mit den Daten der Kurse sind nach Monat auf separaten Blättern innerhalb dieses Dokuments angelegt (siehe Abbildung 5.76).

Optionen

In den Tabellenimportoptionen können Sie das gewünschte BLATT per Pulldown-Menü auswählen ②. InDesign registriert, in welchen Zellen der Excel-Datei Daten eingegeben sind, und zeigt den entsprechenden Bereich im ZELLBEREICH ③ an. Bei Bedarf können Sie den Bereich der bei BLATT gewählten Tabelle auch eingrenzen: Die Großbuchstaben stehen hierbei für die Spalten, die anschließenden Zahlen für die Zeilen. Im Beispiel würden also die Daten der ersten vier Spalten A, B, C, D und der ersten neun Zeilen bei Bestätigung des Dialogs mit OK importiert werden.

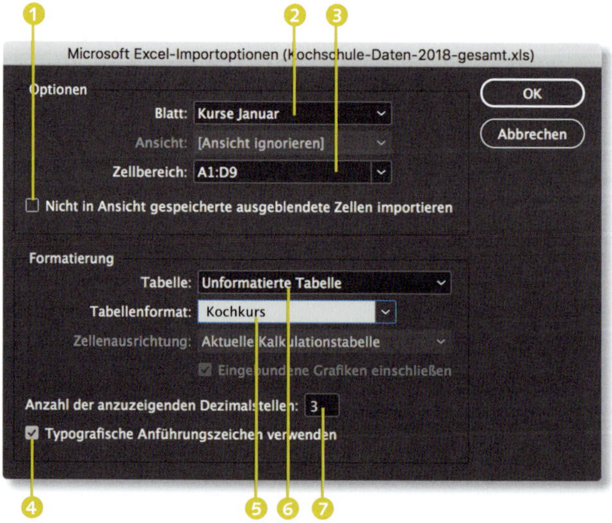

Abbildung 5.77 ▸ Auch bei Tabellen bieten die Importoptionen vielfältige Möglichkeiten der Steuerung, was wie importiert wird.

Da in Tabellendokumenten einzelne Zellen, die beispielsweise Zwischensummen enthalten, wahlweise ausgeblendet werden können, kann im IMPORT-Dialog festgelegt werden, ob diese Zellen mit importiert werden sollen ①. Somit können Sie Daten im Tabellendokument ausblenden, die gar nicht erst nach InDesign importiert werden sollen.

Formatierung

Im Bereich Formatierung des Dialogfeldes können Sie im Pulldown-Menü Tabelle ⑥ zwischen den Optionen Formatierte Tabelle, Unformatierte Tabelle, Unformatierter Text mit Tabulatortrennzeichen und Nur einmal formatiert wählen. Die beiden erstgenannten Optionen sind grundsätzlich selbsterklärend, allerdings können Sie nur mit aktivierter Option Unformatierte Tabelle das nächste Pulldown-Menü Tabellenformat anwählen.

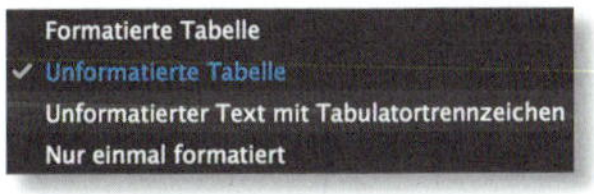

▲ **Abbildung 5.78**
Vier Optionen stehen zur Auswahl, wenn es um den Tabellenimport geht.

Die Option Unformatierter Text mit Tabulatortrennzeichen führt dazu, dass die Tabellendaten eben nicht als Tabelle, sondern als Text importiert werden. Durch die hierbei von InDesign eingefügten Tabulatortrennzeichen können die Inhalte nach dem Import mit Hilfe des Bedienfeldes Tabulatoren positioniert werden (und nicht als Tabelle). Ist die Option Nur einmal formatiert aktiv, versucht InDesign, für die platzierte Tabelle das Originalaussehen der Excel-Datei beizubehalten. Wenn Sie diese Tabelle in InDesign anschließend mit Tabellen-/Zellenformaten gestalten, berücksichtigt InDesign diese Änderungen bei einer Aktualisierung der verknüpften Tabelle. Lokale Formatierungen gehen bei einer Aktualisierung verloren. Das sehen wir uns im nächsten Abschnitt, »Verknüpfte Tabellen«, noch genauer an.

Bei Tabellenformat ⑤ können Sie das gewünschte Format aus der Liste der im aktuellen Dokument erstellten Tabellenformate wählen. Sie können also nicht nur bereits importierten Tabellen Formate zuweisen, sondern die Formatierung schon beim Import erledigen.

Mit der Anzahl der anzuzeigenden Dezimalstellen ⑦ können Sie festlegen, wie viele Zahlen hinter dem Komma bei Zahlen importiert werden sollen und dementsprechend von InDesign gerundet werden. Die letzte Importoption ④ ist standardmäßig aktiviert: Dann werden etwa Zollzeichen, die statt korrekter Zeichen in Excel verwendet wurden, beim Import nach InDesign in die korrekten Anführungszeichen umgewandelt.

5.8 Verknüpfte Tabellen

Formate

Wenn Sie mit verknüpften Tabellen arbeiten möchten/müssen, realisieren Sie die Tabellengestaltung weitestgehend mit Formaten. Lokale Formatierungen werden nämlich bei jeder Aktualisierung der Tabellendaten wieder überschrieben.

Es gibt noch eine weitere Möglichkeit, Tabellendaten in ein Layout einzufügen: Sie können Tabellen genau wie Bilddaten mit einem InDesign-Dokument verknüpfen. Dabei werden Änderungen an der Tabellendatei im Ursprungsprogramm an InDesign weitergegeben – das ist bei häufig zu aktualisierenden Daten interessant. Abhängig von der Menge der sich ändernden Daten könnten diese auch aus Excel herauskopiert und ins InDesign-Dokument eingefügt werden. Je nach Umfang der Änderungen an der Tabelle in Excel und der Tabellengröße ist Copy & Paste aber als zweite Wahl einzustufen.

Voreinstellungen anpassen

Um Tabellendaten mit einer InDesign-Datei zu verknüpfen, müssen Sie in den Programmvoreinstellungen eine kleine Änderung vornehmen, standardmäßig ist die Verknüpfung von Tabellendaten nämlich deaktiviert. Unter Bearbeiten/InDesign • Voreinstellungen finden Sie in den Kategorien links den Eintrag Dateihandhabung ①. Dort markieren Sie die Checkbox neben Beim Platzieren von Text- und Tabellendateien Verknüpfungen erstellen ②. Beachten Sie, dass diese Voreinstellungen dokument- und nicht programmweit gelten.

Abbildung 5.79 ▼
Um Tabellen zu verknüpfen, anstatt sie zu importieren, bedarf es der Änderung der Voreinstellungen.

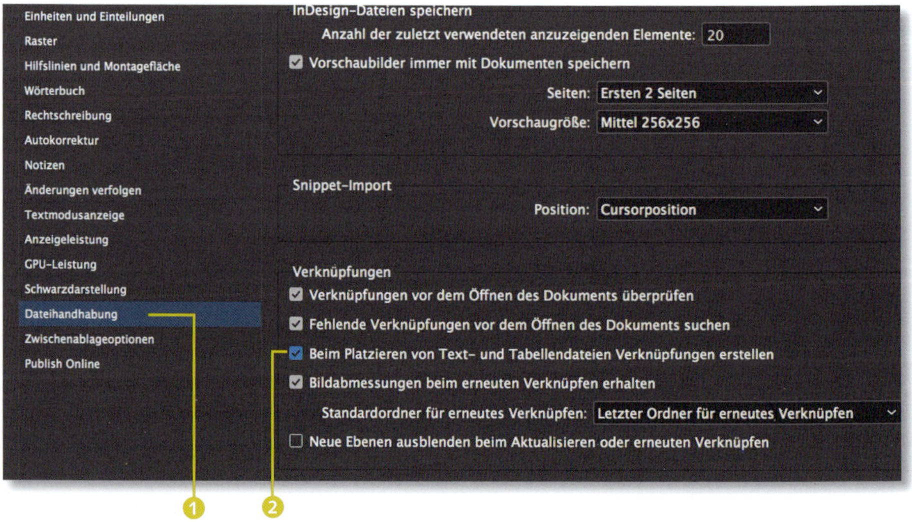

Nach der Aktivierung dieser Option werden Tabellendaten nicht mehr importiert, sondern verweisen durch die Verknüpfung auf die Tabellendatei auf Ihrer Festplatte, auf einem Wechselspeichermedium oder auf dem Server. Hier gilt natürlich dasselbe wie für Bilddaten: Verknüpfte Daten müssen für InDesign verfügbar sein. Das heißt, dass Sie weder den Namen noch den Speicherort einer Datei ändern sollten, die mit einer InDesign-Datei verknüpft wurde – andernfalls hat InDesign keine Chance, die Daten darzustellen. Ebenso müssen natürlich der Server bzw. die Speichermedien mit den Daten für InDesign gemountet sein.

Daten verknüpfen

In InDesign platzierte Text- und Tabellendaten können nicht im Nachhinein verknüpft werden. Sie müssen nach der Änderung der Voreinstellungen erneut importiert werden.

Sollen in einem InDesign-Dokument z. B. *nicht verknüpfte* Texte und *verknüpfte* Tabellen enthalten sein, müssen Sie die Voreinstellungen vor dem jeweiligen Platzieren der Daten umstellen.

Tabellendaten verknüpfen

Für das Platzieren ändert sich durch die geänderten Voreinstellungen nichts: Sie gehen wie gewohnt vor und nehmen die gewünschten Änderungen in den Importoptionen vor. Im Bedienfeld VERKNÜPFUNGEN werden die so verknüpften Tabellen aufgelistet. Hier sind wie bei Bildern z. B. der Dateiname, die Seite, auf der die Tabelle eingefügt wurde, und der Status der verknüpften Datei abzulesen:

◂ **Abbildung 5.80**
Mit dem VERKNÜPFUNGEN-Bedienfeld können Sie verknüpfte Excel-Dokumente wie Bilder verwalten.

Wird die verknüpfte Tabellendatei im Ursprungsprogramm geändert, wird dies vom Bedienfeld VERKNÜPFUNGEN genau wie bei geänderten Bilddaten umgehend registriert und mit einem gelben Warndreieck in der Statuszeile visualisiert. Und genau wie bei anderen Verknüpfungen können Sie die im Ursprungsprogramm geänderte Tabellendatei mit einem Doppelklick auf das Warndreieck hinter dem Namen oder mit dem VERKNÜPFUNG AKTUALISIEREN-Button 4 auf den neuesten Stand bringen. Dateien, die InDesign nicht mehr findet, können Sie ebenfalls aus dem VERKNÜPFUNGEN-Bedienfeld neu verknüpfen 3.

5.9 Bilder in Tabellen

Neben Text können Sie auch Bilder in Tabellenzellen platzieren. Klicken Sie dafür mit dem Textwerkeug in eine leere Tabellenzelle ①, und rufen Sie dann wie gewohnt den PLATZIEREN-Dialog auf. Nach Auswahl der entsprechenden Bilddatei wird das Bild an der Position des Textcursors eingefügt. Dadurch ist die Zelle zu einer Grafikzelle geworden, und die Grafik füllt die gesamte Zelle aus ②. Die acht Ankerpunkte entsprechen einerseits den von den Bildrahmen bekannten Ankerpunkten, andererseits definieren sie die Ausdehnung der Tabellenzelle. Die Positionierung der Grafiken innerhalb der Zelle funktioniert genau wie bei Grafikrahmen.

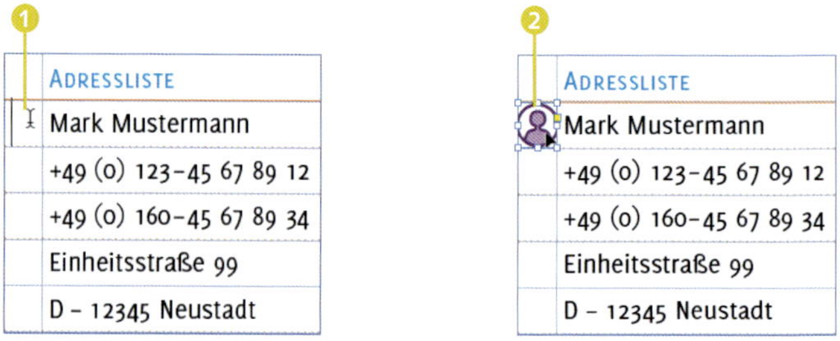

Abbildung 5.81 ►
Durch die Platzierung von Bildern innerhalb einer Tabelle werden Zellen zu Grafikzellen.

Wenn die Grafik nicht die gesamte Zelle ausfüllen soll, setzen Sie erst den Textcursor in die betreffende Zelle und rufen dann über TABELLE • ZELLENOPTIONEN • GRAFIK einen Dialog auf, in dem Sie z. B. den Zellversatz ③ definieren können. Dadurch rücken die Grafiken vom Zellenrand ab ④.

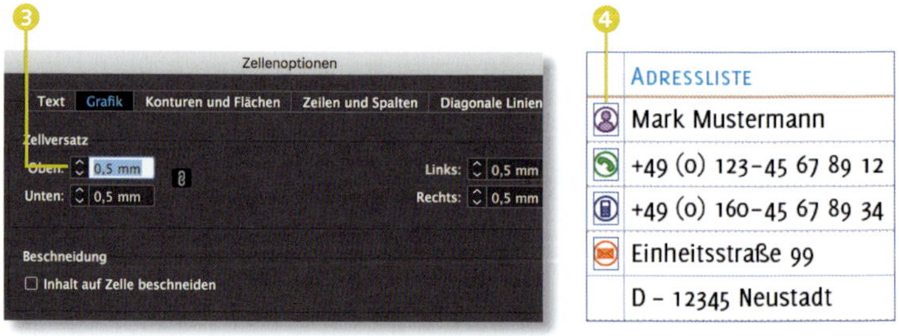

Abbildung 5.82 ►
Durch einen Zellversatz können Sie Grafiken vom Zellenrand abrücken.

Wie bei Text- und Bildrahmen gilt auch bei Tabellenzellen, dass sie entweder Text oder ein Bild enthalten können, beides gleichzeitig ist nicht möglich.

6

Farben und Effekte

Geben Sie Ihren Layouts das gewisse Etwas

- Welche Arten von Farben gibt es?
- Wie werden Farben angelegt und modifiziert?
- Was ist ein Verlauf, und wie wird er angewendet?
- Wie wende ich Farben auf Objekte an?
- Was ist Farbmanagement, und warum sollte ich damit arbeiten?
- Wie wende ich einen Effekt auf ein Objekt an?

6 Farben und Effekte

Die Anwendung von Farben ist bisher schon häufiger angesprochen worden, jetzt werden wir uns die Verwaltung von Farben genauer ansehen. Sie können Farben in InDesign auf verschiedene Arten erstellen, sei es über das FARBFELDER-Bedienfeld, den FARBWÄHLER oder das FARBE-Bedienfeld.

6.1 Farbräume

Da es verschiedene Farbräume gibt und diese an verschiedenen Stellen in InDesign zum Tragen kommen, beginnen wir unser Farbkapitel mit einem kurzen theoretischen Überblick.

RGB

▲ **Abbildung 6.1**
Die drei Lichtfarben Rot, Grün und Blau addieren sich über hellere Mischfarben bis zu Weiß.

Farben im RGB-Farbraum werden durch die drei Farben Rot, Grün und Blau beschrieben. Einer der Vorteile dieses Farbraums ist seine Größe: Mit ihm lassen sich extrem viele Farben darstellen. Die Mischfarben dieses Farbraums addieren sich zu jeweils helleren Mischfarben wie Gelb, Cyan und Magenta (Farben, die die Grundfarben von CMYK darstellen).

Dieses Prinzip der Mischung können Sie sich vergegenwärtigen, wenn Sie sich vorstellen, wie in einem dunklen Raum (wie etwa einem Konzertsaal oder im Theater) mit verschiedenfarbigen Scheinwerfern ein weißes Objekt angestrahlt wird. Wird beispielsweise nur ein roter Strahler verwendet, erscheint das Objekt rot. Kommt Grün als Lichtfarbe hinzu, erscheint das Objekt gelb, und werden alle drei Grundfarben von RGB eingesetzt, sehen wir das Objekt in Weiß.

Da in der Umschreibung der beiden wichtigsten Farbsysteme RGB und CMYK Weiß als Referenz zugrunde liegt, wird RGB auch additives Farbsystem bezeichnet, da sich die Farben bis zu Weiß aufaddieren. Die wichtigsten Prinzipien von RGB lassen sich wie folgt zusammenfassen:

- Die Ausgangsfarbe ist Schwarz (auf die mit Strahlern geleuchtet wird, oder Bereiche eines Displays, die nicht leuchten).
- Die Farben strahlen selbst (wie bei Bühnenleuchten oder Displays).
- Die Mischfarben sind heller als die Ausgangsfarben.
- Die Mischfarben von Farbpaaren aus Rot, Grün und Blau ergeben die drei Grundfarben von CMYK.
- Die Mischung aus den drei Farben ergibt bei höchster Leuchtintensität Weiß.
- Die Farbwerte der einzelnen Kanäle können Werte zwischen 0 und 255 annehmen.

Neutrale Farbwerte

Neutrale Farben (damit sind Farben ohne Farbstich gemeint) haben in RGB immer dreimal denselben Wert:

- 0,0,0 = Schwarz
- 255,255,255 = Weiß
- 127,127,127 (oder ein beliebiges anderes Triplet) = neutrales Grau.

CMYK

Mit RGB gehört CMYK zu den mit Abstand wichtigsten Farbräumen. Bei Druckprojekten kommt ausnahmslos dieser Farbraum zum Einsatz. Bei CMYK verhält es sich in mehrfacher Hinsicht exakt umgekehrt wie bei RGB:

- Die Ausgangsfarbe ist Weiß, da die Farben immer gedruckt werden, meist auf weißes Papier. Da hierdurch der Anteil von weißer Fläche immer geringer wird, wird CMYK auch als subtraktives Farbsystem bezeichnet.
- Die Farben benötigen zwingend eine Lichtquelle, die sie beleuchtet, sonst sind diese Körperfarben nicht sichtbar.
- Die Mischfarben aus Cyan, Magenta und Yellow sind immer dunkler als die Ausgangsfarben.
- Die Mischfarben von Farbpaaren aus Cyan, Magenta und Yellow ergeben die Grundfarben von RGB: Rot, Grün und Blau.
- Die Mischung aus den drei Grundfarben ergibt – theoretisch – Schwarz. In der Praxis ist das Ergebnis aber ein schmutziges Braunschwarz, weshalb im Druck als vierte Farbe Schwarz hinzukommt. Diese wird im Englischen als Keycolor bezeichnet und sorgt für Kontraste und Tiefe in Abbildungen (daher das K in CMYK).
- Die Farbwerte der einzelnen Kanäle können Werte zwischen 0 und 100% annehmen.

▲ **Abbildung 6.2**
Die Körperfarben Cyan, Magenta und Yellow ergeben immer dunklere Mischfarben bis zu einem schmutzigen Braunschwarz.

▲ **Abbildung 6.3**
Ein Bild (oder eine Farbe), das im Lab-Modus vorliegt, wird mittels drei Kanälen beschrieben: L für Helligkeit/Luminanz, a für die Farben von Blau nach Gelb, b für die Farben von Grün nach Violett.

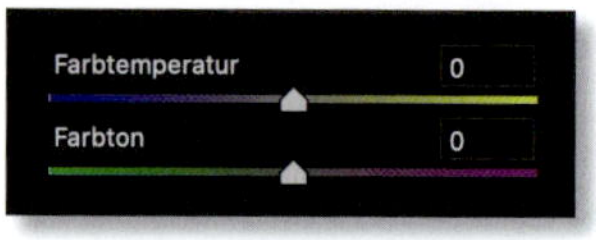

▲ **Abbildung 6.4**
RGB-Bilder lassen sich beispielsweise in Camera Raw, einem wichtigen Modul des Programms Adobe Bridge, mit Hilfe von Schiebereglern sehr intuitiv korrigieren, die den a- und b-Kanälen der Lab-Version entsprechen.

Lab

Dieser Farbraum enthält alle wahrnehmbaren Farben und ist damit noch einmal größer als RGB. Darüber hinaus ist Lab geräteunabhängig. Aus diesen beiden Gründen ist Lab der Standardfarbraum, um Farben auf unterschiedlichen Geräten wie auch zwischen unterschiedlichen Programmen auszutauschen. InDesign und Photoshop beispielsweise verwenden Lab zur internen Farbverwaltung.

Wie bei den anderen Farbräumen ist Lab die Abkürzung für die drei verwendeten Kanäle. Das L steht für englisch Lightness, es gibt somit einen reinen Helligkeitskanal (der Ähnlichkeit mit einer Graustufenversion eines Bildes hat; siehe Abbildung 6.3). Dieser Kanal kann Werte zwischen 0 und 100 annehmen. Die a- und b-Kanäle definieren Abstufungen von Grün nach Rot bzw. von Blau nach Gelb und bewegen sich auf einer Werteskala zwischen –128 und +127.

Neben dem enormen Farbumfang und der Geräteunabhängigkeit liegt ein weiterer Vorteil von Lab darin, dass die a- und b-Kanäle der menschlichen Farbwahrnehmung entsprechen. Daher lassen sich beispielsweise Farbstiche in Lab-Bildern wesentlich einfacher entfernen als in RGB- oder CMYK-Bildern.

HSB

In diesem Farbraum werden Farben durch die drei Werte Hue, Saturation und Brightness beschrieben.

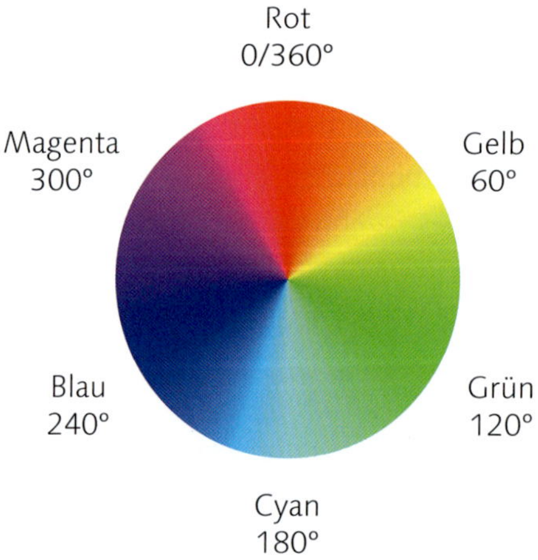

Abbildung 6.5 ▶
Farbwerte werden bei HSB auf Grundlage eines Farbkreises mit Gradzahlen beschrieben.

Hue (der Farbwert) wird mit einer Gradzahl angegeben. Grundlage hierfür ist ein Farbkreis, der alle Farbwerte enthält und dessen Nullwert bei Rot liegt. Der Farbkreis selbst wird in InDesign nicht angezeigt. Stattdessen wird in Bedienfeldern wie FARBE oder FARBWÄHLER, auf die ich gleich noch genauer eingehe, ein Farbbalken gezeigt, der den äußeren Rand des Farbkreises wiedergibt. Dabei entspricht der linke ❶ bzw. untere Rand ❷ dem obersten Punkt des Farbkreises. Daher ist hier Rot zu sehen. Der weitere Verlauf dieser Farbbalken entspricht den Farbwerten des Farbkreises im Uhrzeigersinn.

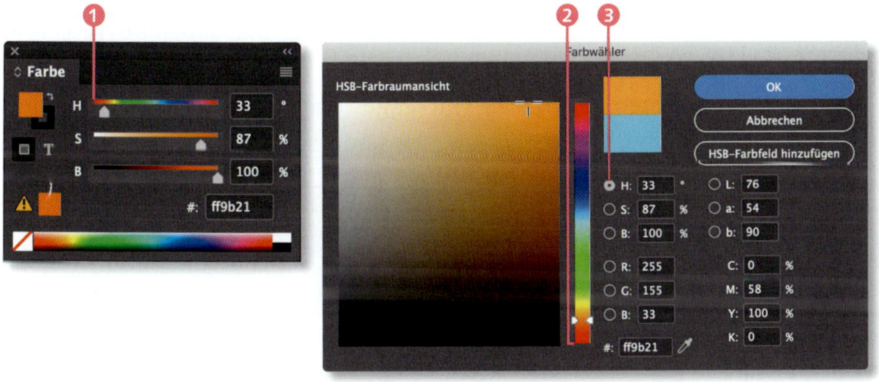

▲ **Abbildung 6.6**
Statt des Farbkreises werden uns in InDesign Farbbalken angezeigt, die dem Rand des Farbkreises entsprechen.

Mit Saturation, der Sättigung, wird angegeben, wie leuchtend oder intensiv eine Farbe wirkt. Bei einer Sättigung von 100% ist das Maximum an Sättigung einer Farbe erreicht. Je geringer dieser Wert ist, desto mehr nähert sich die Farbe Weiß an. Während im FARBE-Bedienfeld dieser Wert mit einem Schieberegler definiert wird, definiert im Farbwähler die horizontale Position die Sättigung.

Mit dem dritten Wert Brightness wird der Anteil von Schwarz einer Farbe angegeben. Die deutsche Entsprechung von Brightness ist eigentlich Helligkeit, wobei Helligkeit bei HSB nicht wirklich den Sachverhalt trifft. Daher wird für den dritten Wert teilweise der treffendere Begriff Dunkelwert verwendet. Im Farbwähler können Sie den Dunkelwert über die vertikale Position des Cursors definieren.

Damit Sie alle Sättigungs- und alle Dunkelwertabstufungen eines Farbwerts sehen, markieren Sie das »H« ❸ im Bereich der vier Farbsysteme.

6.2 Das Bedienfeld »Farbe«

Das Bedienfeld FARBE ist eine Möglichkeit, Farben und Farbtöne zu definieren und zuzuweisen. Es wird Photoshop- und Illustrator-Anwendern hinlänglich bekannt vorkommen. Es ist im Menü FENSTER • FARBE hinterlegt, der Tastenbefehl lautet [F6]. Den Formatierungsbereich ❶ ist von der Werkzeugleiste hinlänglich bekannt.

Im unteren Bereich des Bedienfeldes FARBE können Sie Farben aus einer digitalen Farbpalette wählen oder über die Regler Ihren Vorstellungen entsprechend zusammenmischen. Es werden die vier Farbräume CMYK, RGB, HSB und Lab unterstützt und bei Bedarf über das Bedienfeldmenü gewählt. Im Bedienfeld stehen Ihnen unabhängig vom gewählten Farbmodus immer die drei Farboptionen KEINE ❷, WEISS und SCHWARZ ❸ zur Verfügung.

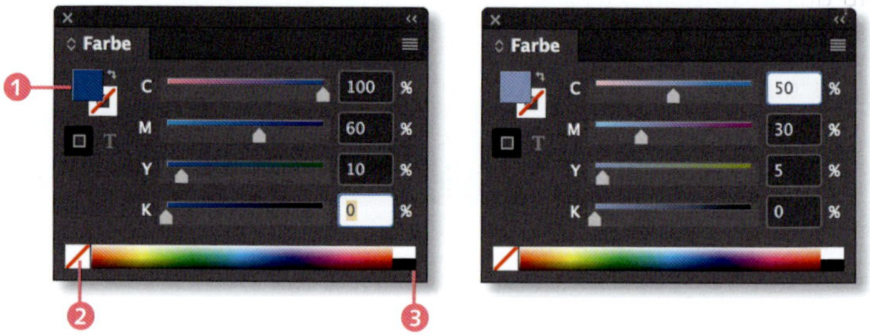

Abbildung 6.7 ▶
Die Farbe der rechten Abbildung habe ich durch Verstellen der Regler bei gedrückter [⇧]-Taste erzielt.

Wenn Sie eine neu gemischte Farbe häufiger verwenden möchten, speichern Sie sie als ein sogenanntes Farbfeld ab. Diese Funktion und das entsprechende Bedienfeld besprechen wir im übernächsten Abschnitt. Den Befehl DEN FARBFELDERN HINZUFÜGEN finden Sie im Bedienfeldmenü (siehe Abbildung 6.7). Beim Mischen einer neuen Farbe ist die Funktion der [⇧]-Taste praktisch, durch sie bleibt das Mischungsverhältnis einer Farbe beim Verschieben eines Reglers erhalten. Dadurch können Sie hier Farbtonvarianten einer Farbe erstellen.

Farbfeldoptionen

Mit einem Doppelklick auf einen Farbfeldnamen im FARBFELDER-Bedienfeld öffnen sich die Farbfeldoptionen.

6.3 Der Farbwähler

Farben lassen sich außerdem über einen weiteren Dialog wählen, der in ähnlicher Form auch von Illustrator und Photoshop bekannt ist. Dieser Farbwähler-Dialog wird eingeblendet, wenn Sie auf das Flächen- oder Kontur-Symbol des Formatierungsbereichs der Werkzeugleiste doppelklicken. Der Vorteil des Farbwählers gegenüber dem Farbe-Bedienfeld besteht darin, dass die Fläche, auf der Sie mit einem Klick eine Farbe definieren können, wesentlich größer ist.

Mit dem Radiobutton ❽ legen Sie fest, welchen Farbanteil Sie mit dem Schieberegler ❾ ändern möchten. Den verwendeten Farbraum ändern Sie durch einen Klick in eines der Eingabefelder. Hierdurch ändert sich auch die Buttonbeschriftung ❼. Für den Druck sollten Sie jedoch unbedingt bei CMYK bleiben. Es stehen Ihnen außerdem RGB, Lab, HSB und die Eingabe von Hex-Werten zur Verfügung.

In einem zweigeteilten Farbfeld wird unten die zuletzt verwendete Farbe ❺, darüber die aktuelle Farbe ❻ angezeigt, die innerhalb des Dialogfeldes definiert wird.

Wenn Sie den Dialog mit OK statt mit CMYK-Farbfeld hinzufügen bestätigen, wird die definierte Farbe auf das gegebenenfalls zuvor aktivierte Objekt angewendet, ohne dass diese Farbe im Bedienfeld Farbfelder hinterlegt wird. Mit dem Fadenkreuz ❹ können Sie die gewünschte Farbe direkt wählen.

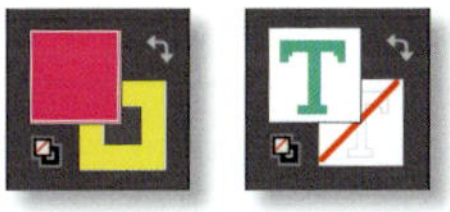

▲ **Abbildung 6.8**
Mit einem Doppelklick auf das Flächen- oder Kontur-Symbol wird der Farbwähler geöffnet.

Hex-Wert

Der Hexadezimal-Code gibt Farben im RGB-Farbraum nach einem bestimmten System wieder: Dabei wird eine Farbe durch drei aufeinanderfolgende Hexadezimalzahlen dargestellt: die Farbe Magenta (255,0, 255) wäre zum Beispiel #FF00FF. Der Hex-Wert wird besonders im Webdesign verwendet.

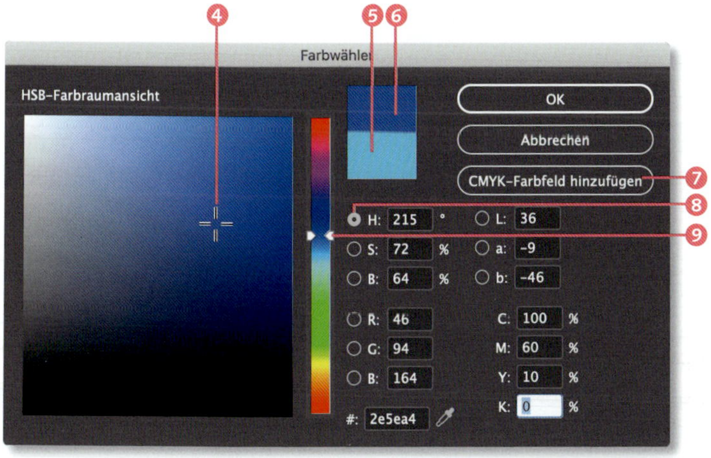

◀ **Abbildung 6.9**
Im Farbwähler-Dialog können neue Farben definiert und gleich als Farbfeld hinterlegt werden.

Ob Sie Farben mit dem Bedienfeld Farbe oder über den Farbwähler erstellen, ist vollkommen Ihnen überlassen, da das Ergebnis der gewählten Farbe vom Vorgehen unabhängig ist.

6.4 Das Bedienfeld »Farbfelder«

Da die Farbfelder zu den wichtigsten Bedienfeldern gehören, lässt sich das Bedienfeld mit einem Ein-Tasten-Befehl einblenden: F5, zu finden ist es ansonsten unter FENSTER • FARBE.

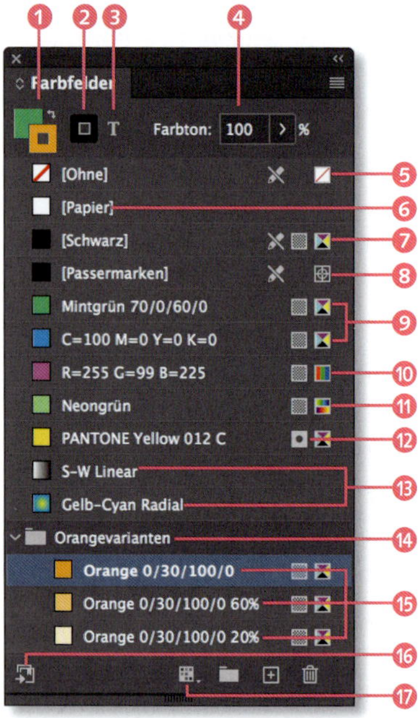

Abbildung 6.10 ▸
Das FARBFELDER-Bedienfeld bietet übersichtlichen Zugriff auf Farb-, Farbton- und Verlaufsfelder.

Ein Überblick über das Bedienfeld

Ob Sie die Fläche oder die Kontur eines markierten Objekts formatieren, legen Sie mit diesen Buttons ❶ fest. Ein Klick auf das entsprechende Symbol holt dieses in den Vordergrund. Einfacher wechseln Sie zwischen Fläche und Kontur mit der Taste X, dabei darf sich der Textcursor natürlich nicht im Text befinden. Mit dem kleinen Pfeil oben rechts am FLÄCHEN/KONTUR-Button vertauschen Sie die Formatierung von Fläche und Kontur.

Bei Textrahmen ist neben dem normalen Rahmen-Button ❷ auch noch der Text-Button ❸ anwählbar, mit dem Sie entscheiden, ob sich die Farbänderung auf den Container – den Textrahmen – oder auf die Schrift auswirken soll. Wenn Sie hier Text ⓳ anwählen, ändern sich auch die Symbole für Fläche und Kontur in »T« ⓲.

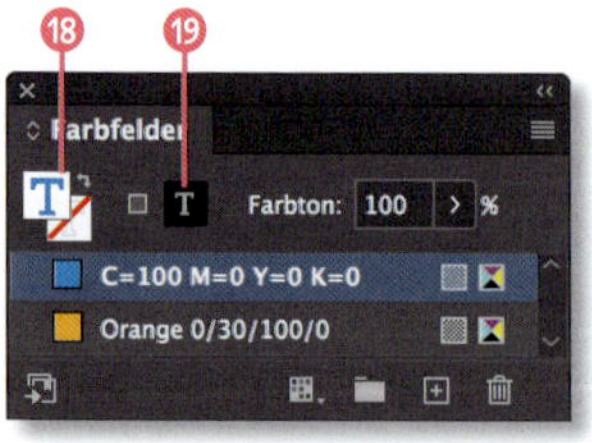

▲ Abbildung 6.11
Wenn bei aktivem Textrahmen der Textbutton markiert ist, ändern sich die Flächen- und Kontur-Symbole mit.

Mit dem Wert bei Farbton ❹ wird angegeben, mit welcher Intensität/Sättigung die gewählte Farbe angewendet werden soll.

Das oberste Farbfeld [Ohne] ❺ entfernt gegebenenfalls eine Farbe von einer Fläche oder Kontur. Es kann mit dem Tastaturbefehl # oder / auf dem Nummernblock direkt angewählt werden. Wird einer Fläche das Farbfeld [Papier] ❻ zugewiesen, führt dies dazu, dass andere Objekte, die von diesem papierfarbenen Objekt überlappt werden, an den verdeckten Stellen nicht ausgegeben werden (siehe Abbildung 6.12). Die Farbfelder [Schwarz] ❼ und [Passermarken] ❽ können weder bearbeitet noch gelöscht werden.

Sie können Farbfelder mit selbst gewählten Bezeichnungen versehen ❾ oder die voreingestellte Benennung, die den jeweiligen Farbanteilen entspricht, verwenden. Außer den Farben des CMYK-Farbraums können Sie auch Farben des RGB-Farbraums ❿ und des eher unüblichen Lab-Farbraums anlegen ⓫ (weitere Informationen zu diesen Farbräumen finden Sie in Abschnitt 4.1, »Grundlagen Bildformate«). Neben den Farbfeldern, die auf Prozessfarben basieren oder als solche gedruckt werden, können Sie auch Volltonfarben in Farbfeldern hinterlegen ⓬. Im Farbfelder-Bedienfeld können auch Verläufe ⓭ erstellt werden, die wir uns in Abschnitt 6.5, »Der Verlauf«, näher ansehen.

Sie können Farben in Ordnern ⓮ organisieren. Ich habe hier Farbtonfelder ⓯ abgelegt: In einem Farbtonfeld wird eine andere Intensität desjenigen Farbfeldes hinterlegt, auf dem sie basieren.

Wie bei einigen anderen Bedienfeldern können Sie auch im Farbfelder-Bedienfeld Elemente des jeweiligen Bedienfeldes in Ihre CC Library speichern ⓰. Dadurch haben Sie von anderen Dokumenten wie auch von anderen Programmen Zugriff auf dieselben Farbfelder. Mit dem Pulldown-Menü ganz unten ⓱ können Sie filtern, welche Farbarten angezeigt werden.

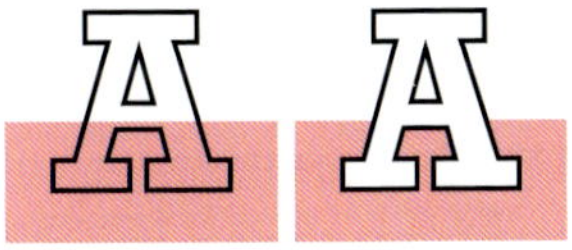

▲ **Abbildung 6.12**
Auf die Fläche des linken A habe ich das Farbfeld [Ohne], bei der rechten Version das Farbfeld [Papier] angewendet.

Passermarken

Passermarken dienen beim Offsetdruck dem Justieren der Druckmaschinen. An ihnen ist ablesbar, ob die verschiedenen Farben standgenau übereinandergedruckt werden. Das Farbfeld [Passermarken] fasst dementsprechend immer alle Farben zusammen, für die im Offsetdruck einzelne Druckplatten benötigt werden, weshalb Sie dieses Farbfeld keinen Objekten zuweisen sollten.

Farbfelder anlegen

Der Vorteil von Farbfeldern liegt darin, dass Sie Farben dokumentweit verwalten können. Eine Farbe, die Sie in einem Layout an verschiedenen Stellen eingesetzt haben, können Sie bei Bedarf über das Farbfelder-Bedienfeld schnell ändern. Die Änderung wirkt sich dann automatisch auf alle Objekte aus, die Sie zuvor mit diesem Farbfeld formatiert haben.

Um aus dem Bedienfeld heraus ein neues Farbfeld anzulegen, können Sie die von anderen Bedienfeldern bekannten Methoden wählen:

- Sie klicken am unteren Bedienfeldrand auf den Plus-Button.
- Sie wählen im Bedienfeldmenü den entsprechenden Eintrag.
- Sie duplizieren vorhandene Einträge, indem Sie das gewünschte Farbfeld auf den Plus-Button ziehen.

Neues Farbfeld

Um ein neues Farbfeld anlegen zu können, rufen Sie im Bedienfeldmenü des FARBFELDER-Bedienfelds den Befehls NEUES FARBFELD auf. Es erscheint der dazugehörige Dialog. Schneller geht es, wenn Sie im FARBFELDER-Bedienfeld den Plus-Button NEUES FARBFELD mit gedrückter alt-Taste anklicken.

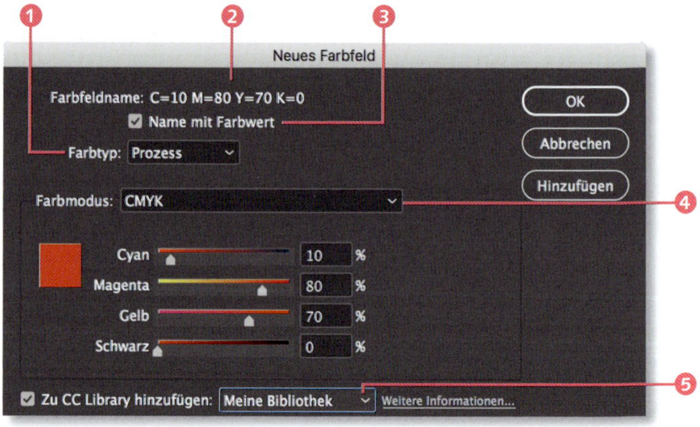

Abbildung 6.13 ▸ Farben lassen sich mit dem Dialog NEUES FARBFELD präzise steuern.

Wenn Sie die Checkbox NAME MIT FARBWERT ❸ markiert haben, übernimmt InDesign die aktuellen Farbwerte als FARBFELDNAME, dieser ist manuell dann nicht zu ändern. Werden die Farbwerte im unteren Bereich durch das Verschieben der Regler an den Farbbalken geändert, spiegeln sich diese Änderungen direkt im Farbfeldnamen wider. Leider sind die so abgeleiteten Farbnamen wie im Beispiel »C=10 M=80 Y=70 K=0« ❷ schlecht zu lesen. Alternativ können Sie die Checkbox NAME MIT FARBWERT demarkieren.

Dann können Sie selbst Farbnamen vergeben, wobei Sie hier die aktuellen Farbwerte zusätzlich eintragen können.

Bei Farbtyp ❶ können Sie zwischen Prozess und Vollton wählen. Diese beiden Farbtypen wurden in Abschnitt 4.6 unter »Importierte Sonderfarben« schon besprochen. Hier sollte bei Print-Projekten in der Regel Prozess stehen; wenn Sie bewusst mit einer Sonderfarbe arbeiten, wählen Sie hier Vollton. Mehr dazu im nächsten Abschnitt. Normalerweise steht die Art der Ausgabe eines Layouts von Beginn an fest und wird meist CMYK sein, da die allermeisten Drucksachen im Offset gedruckt werden und Offsetdruck gleichbedeutend mit CMYK ist (eventuell mit einer zusätzlichen Sonderfarbe).

Neben den geläufigen Farbräumen CMYK und RGB steht Ihnen bei Farbmodus ❹ noch der Lab-Farbraum zur Verfügung, der im Zusammenhang mit Photoshop interessant ist, in InDesign aber keine nennenswerte Rolle spielt. Klappen Sie das Pulldown-Menü auf, sehen Sie hier eine umfangreiche Liste der installierten Sonderfarben-Bibliotheken (siehe Abbildung 6.14), aus der Sie die gewünschte Farbpalette für eine Volltonfarbe wählen können.

Wenn Sie eine Farbe in einem anderen Adobe-Programm verwenden möchten, das die Creative-Cloud-Bibliotheken unterstützt, fügen Sie sie mit der entsprechenden Option ❺ einer Ihrer Bibliotheken hinzu. Eine Übersicht über in Bibliotheken gespeicherte Objekte finden Sie unter Fenster • CC Libraries.

Sonderfall Sonderfarbe

Um ein Farbfeld mit einer Sonderfarbe anzulegen, wählen Sie wie oben beschrieben bei Farbtyp Vollton ❶ (Abbildung 6.15) und bei Farbmodus ❷ die Sonderfarbpalette, die beim Druck zum Einsatz kommen soll, beispielsweise Pantone + Solid coated. Nun erscheint statt der vier Farbbalken bei CMYK eine Auswahlliste der gerade gewählten Pantone-Farbpalette, da der Sinn von Sonderfarben gerade darin liegt, dass sie auf fertige Farbtöne zugreifen und diese eben nicht selbst mischen. Oberhalb dieser Liste ist ein Eingabefeld, in das Sie die Farbnummer der gewünschten Farbe eingeben können ❸. Das setzt voraus, dass Sie sich im Vorfeld entweder anhand eines Pantone-Fächers für eine konkrete

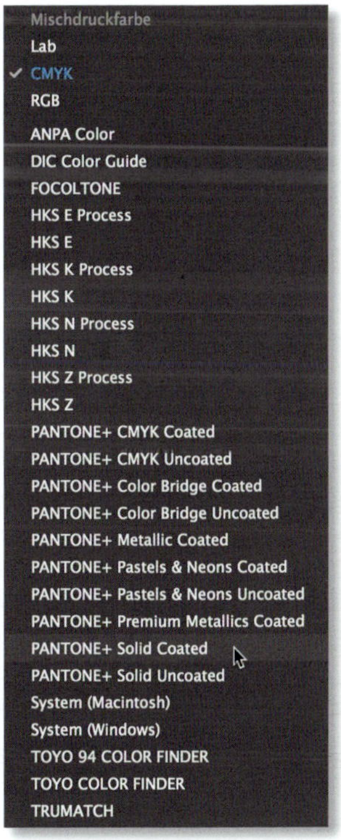

▲ **Abbildung 6.14**
Bei der Programminstallation wurden schon zahlreiche Sonderfarben-Bibliotheken mit installiert.

Farbe entschieden haben oder dass Ihnen vom Kunden z. B. als Hausfarbe der Firma eine bestimmte Farbe einer Farbskala mitgeteilt wurde.

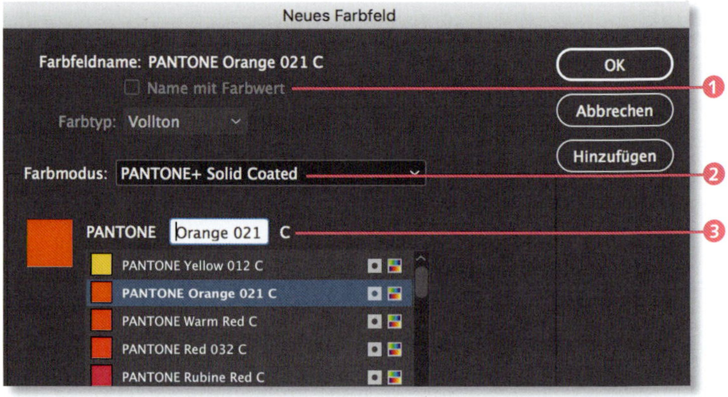

Abbildung 6.15 ▶
Bei Volltonfarben wird der Farbfeldname automatisch durch die Wahl der konkreten Farbe vergeben.

InDesign kann Volltonfarben auch zu CMYK-Farben umrechnen. Ändern Sie bei FARBMODUS eine Volltonfarbe zu CMYK, und InDesign wandelt die bisherige Sonderfarbe automatisch in CMYK um:

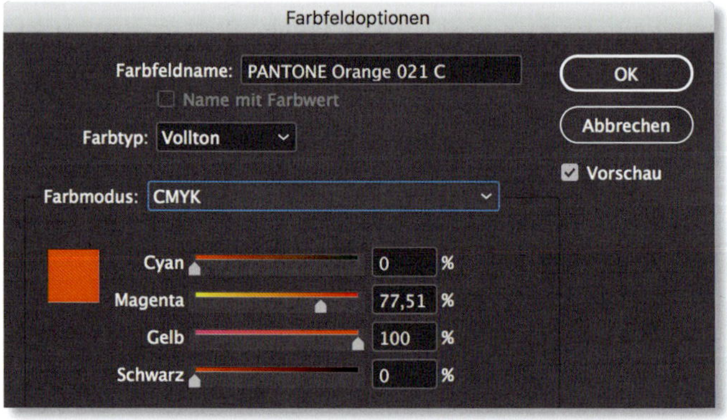

Abbildung 6.16 ▶
Wird eine Volltonfarbe in eine Prozessfarbe umgewandelt, ändert sich der Farbton möglicherweise drastisch.

Bei der Umwandlung von Pantone zu CMYK hat InDesign den kompletten Pantone-Namen im Farbfeldnamen übernommen, der nun aber nach Bedarf überschrieben werden kann. Beachten Sie, dass für InDesign trotz des FARBMODUS CMYK immer noch eine Volltonfarbe vorliegt und für diese Farbe eine zusätzliche Platte belichtet werden würde. Um dies zu vermeiden, wählen Sie auch bei FARBTYP statt VOLLTON die Option PROZESS.

Farbfelder austauschen

Neben der weiter vorn angesprochenen Möglichkeit, beim Erstellen eines Farbfeldes dieses direkt in einer CC-Bibliothek abzulegen, gibt es noch weitere Alternativen zum Farbaustausch über Dateien und Programme hinweg. Eine Möglichkeit, eine Farbe von einem in ein anderes Dokument zu übernehmen, besteht darin, ein eingefärbtes Objekt aus einem Dokument zu kopieren und in ein zweites Dokument einzufügen. War die betreffende Farbe im Ursprungsdokument als Farbfeld hinterlegt, wird dieses auch mit in das Zieldokument importiert.

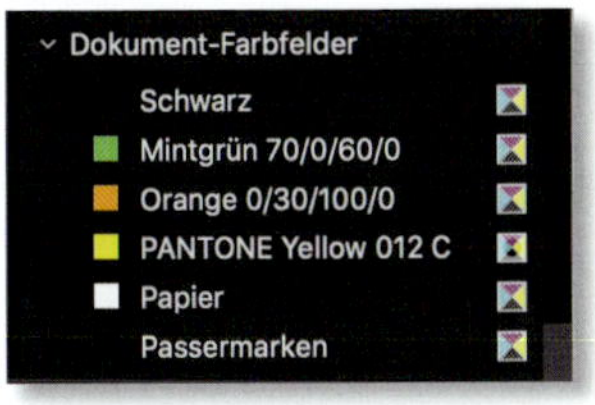

▲ **Abbildung 6.17**
Die Bridge informiert über FENSTER • METADATEN-FENSTER über die verwendeten Farbfelder eines Dokuments.

Sollen alle Farbfelder samt Farbtonfeldern und Verlaufsfeldern eines Dokuments in ein anderes übernommen werden, rufen Sie in dem Dokument, in das Sie die Farbfelder importieren möchten, den Befehl FARBFELDER LADEN im Bedienfeldmenü auf. Daraufhin öffnet sich ein Dialog, in dem die Datei mit den gewünschten Farbfeldern angewählt werden kann.

Eine dritte Möglichkeit für den Austausch von Farbfeldern besteht darin, einzelne Farbfelder mit gedrückter Strg/⌘-Taste im FARBFELDER-Bedienfeld zu markieren (4 und 5) und anschließend im Bedienfeldmenü den Befehl FARBFELDER SPEICHERN anzuwählen. Hierbei können keine Farbton- oder Verlaufsfelder gespeichert werden. Die beim Speichern der Farbfelder erstellte Datei mit der Endung .ase (Adobe Swatch Exchange) kann nicht nur von anderen InDesign-Dokumenten, sondern auch von Programmen wie Illustrator und Photoshop geladen werden.

▼ **Abbildung 6.18**
Farbfelder werden über das FARBFELDER-Bedienfeldmenü als ASE-Datei gespeichert bzw. geladen.

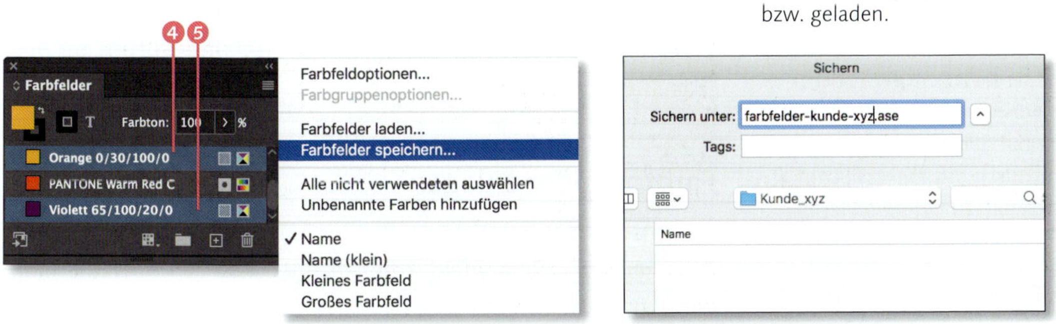

In Illustrator und Photoshop laden Sie ASE-Bibliotheken über das Menü des jeweiligen FARBFELDER-Bedienfeldes. Diese sind von da an als gewöhnliche Farbfelder verfügbar.

Farbfelder löschen und ersetzen

Möchten Sie ein einzelnes Farbfeld löschen, ziehen Sie das entsprechende Farbfeld auf den FARBFELD LÖSCHEN-Button mit dem Mülleimer am unteren Bedienfeldrand oder klicken diesen Button an. Ist die betreffende Farbe an keiner Stelle des Dokuments eingesetzt worden, löscht InDesign diese Farbe, ohne eine Warnung auszugeben.

Beim Löschen einer Farbe, die im Dokument verwendet wird, erscheint hingegen folgender Warndialog, in dem Sie sich entscheiden müssen, welche Ersatzfarbe InDesign stattdessen verwenden soll:

Abbildung 6.19 ► Beim Löschen von verwendeten Farben können diese auch durch andere ersetzt werden.

Im Pulldown-Menü DEFINIERTES FARBFELD finden Sie alle Farbfelder, die im Bedienfeld hinterlegt sind. Durch diese Funktion können Sie somit auch Farben komplett miteinander austauschen.

Eine sehr praktische Funktion zum Löschen von Farbfeldern ist im Bedienfeldmenü abgelegt. Dort finden Sie den Befehl ALLE NICHT VERWENDETEN AUSWÄHLEN. Dieser Befehl markiert bei Aktivierung alle Farbfelder, die nicht (mehr) im aktuellen InDesign-Dokument verwendet werden. Diese Farben können Sie anschließend mit einem Klick auf den FARBFELD LÖSCHEN-Button aus dem Dokument entfernen.

Farbtonfelder anlegen

Die Intensität (oder Sättigung) einer beliebigen Farbe können Sie im FARBFELDER-Bedienfeld stufenlos über den Farbtonwähler oder direkt über die Eingabe eines konkreten Wertes steuern. Dabei ist mit 100% die Vollfläche, mit 0% kein Farbauftrag gemeint. Diese Werte haben keinen Einfluss auf die Transparenz eines Elementes: Elemente, die mit geringerer Sättigung einer Farbe formatiert wurden, lassen darunter liegende Elemente nicht durchscheinen.

RGB-Farben-Import

Da Office-Programme wie Word und Excel eher RGB- als Prozessfarben verwenden, werden beim Platzieren von Text- und Tabellendaten schnell auch RGB-Farben importiert. Nach dem Import sind diese als Farbfelder aufgeführt und können gelöscht, ersetzt oder umgewandelt werden.

Offsetdruck

Beim Offsetdruck gibt es nur zwei Möglichkeiten des Farbauftrags: Farbe oder keine Farbe. In der Vergrößerung wird erkennbar, dass der Eindruck von helleren Flächen durch kleinere Rasterpunkte erreicht wird und dass diese sich erst bei der Wahrnehmung durch das menschliche Auge zu einem helleren Ton mischen. Unten sind die Raster einer Vollfläche (also 100%), von 60% und 20% abgebildet.

Wenn Sie häufiger mit denselben Abstufungen einer Farbe arbeiten, z. B. 60% und 10% eines bestimmten Orangetons, macht es Sinn, diese Farbvarianten im FARBFELDER-Bedienfeld als Farbtonfelder zu hinterlegen. Dafür markieren Sie das Farbfeld, von dem Sie ein Farbtonfeld erzeugen möchten, und wählen dann im Bedienfeldmenü den Eintrag NEUES FARBTONFELD. Darauf öffnet sich ein Dialogfeld, in dem Sie lediglich den FARBTON ❷ einstellen können:

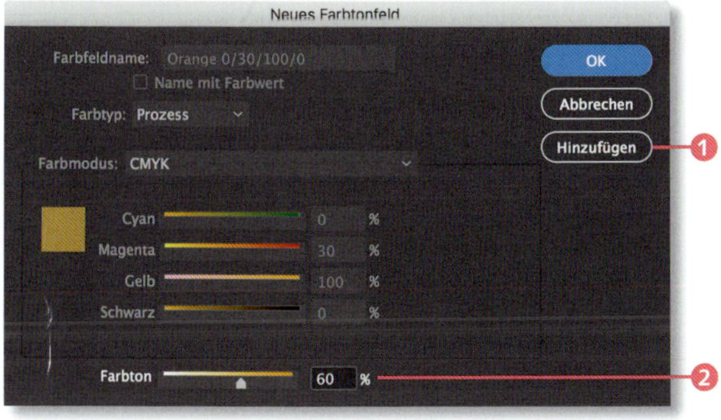

◂ **Abbildung 6.20**
Bei der Anlage eines Farbtonfeldes kann lediglich der FARBTON eingegeben werden.

Wenn Sie mehrere Farbtonfelder anlegen möchten, die alle auf einer Farbe beruhen, klicken Sie auf HINZUFÜGEN ❶. Dadurch wird ebenfalls ein neues Farbtonfeld hinterlegt, und Sie können mit der Eingabe eines Wertes für das nächste Farbtonfeld fortfahren.

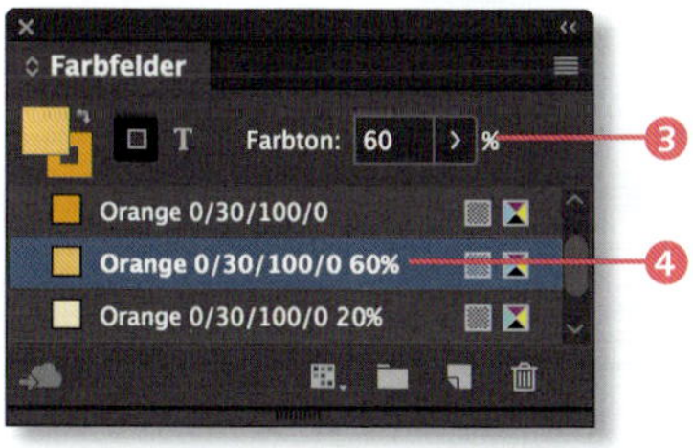

◂ **Abbildung 6.21**
Farbtonfelder werden mit dem entsprechenden Prozentwert hinter dem Namen gekennzeichnet.

Im Unterschied zu Farbfeldern kann der Farbton ❸ von Farbtonfeldern nicht im FARBFELDER-Bedienfeld geändert werden. Der angezeigte Farbton entspricht bei Farbtonfeldern immer ihrem definierten Wert ❹. Da die Farbtonfelder auf einem Farbfeld beruhen, ändern sich die Farbtonfelder, sobald Sie das Basisfarbfeld modifizieren.

6.5 Der Verlauf

Neben Flächen, Linien und Texten, denen Sie genau eine Farbe zuweisen können, eröffnet Ihnen der Einsatz von Verläufen weitere Gestaltungsmöglichkeiten.

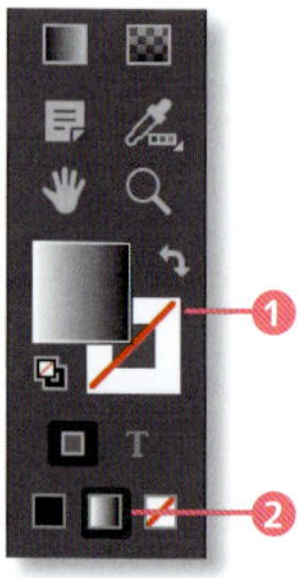

▲ **Abbildung 6.22**
Mit einem Klick auf den VERLAUF ANWENDEN-Button ❷ können Sie Verläufe auf Konturen oder Flächen anwenden.

▲ **Abbildung 6.23**
Verläufe können unabhängig voneinander auf Fläche und Kontur angewendet werden.

Einen Verlauf erstellen

Um der Fläche (oder einer Kontur) eines Objektes einen Verlauf zuzuweisen, aktivieren Sie zunächst im Formatierungsbereich etwa der Werkzeugleiste die entsprechende Option ❶. Mit einem Klick auf den VERLAUF ANWENDEN-Button ❷ können Sie anschließend einen Verlauf zuweisen. Durch dieses Vorgehen wird nun ein Verlauf von Weiß nach Schwarz über die gesamte Fläche (oder die gesamte Kontur) angewendet.

Den Verlauf können Sie mittels der ausklappbaren FLÄCHE-Optionen im EIGENSCHAFTEN-Bedienfeld (oder über FENSTER • FARBE • VERLAUF) definieren. Klicken Sie hierfür auf das Fläche-Icon ❽ und in den Optionen dann auf den Button VERLAUF ❸.

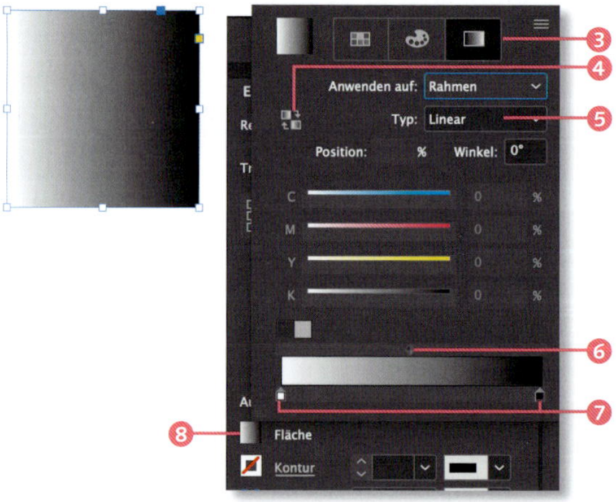

Abbildung 6.24 ►
Verläufe lassen sich recht detailliert über die entsprechenden FLÄCHE-Optionen des EIGENSCHAFTEN-Bedienfelds einstellen.

▲ **Abbildung 6.25**
InDesign beherrscht lineare und radiale Verläufe.

Die Richtung des Verlaufs lässt sich mit einem Klick auf den Button VERLAUF UMKEHREN ❹ umdrehen. Statt eines linearen Verlaufs können Sie auch einen radialen Verlauf wählen ❺. Beim Standardverlauf sehen Sie unter der Verlaufsvorschau zwei Farbregler ❼, mit ihnen sind die beiden Verlaufsfarben Weiß und Schwarz definiert. Oberhalb der Vorschau sehen Sie einen Mittelpunktregler ❻. Dieser definiert die Stelle im Verlauf, an dem die beiden Farben, zwischen denen er steht, jeweils mit 50% vertreten sind. Diese Mittelpunktregler befinden sich genau auf der Mitte der Strecke zwischen den jeweiligen Farben und können wie die Farbregler verschoben werden. Die Mittelpunktregler können allerdings nicht beliebig nah an die Farbregler bewegt werden.

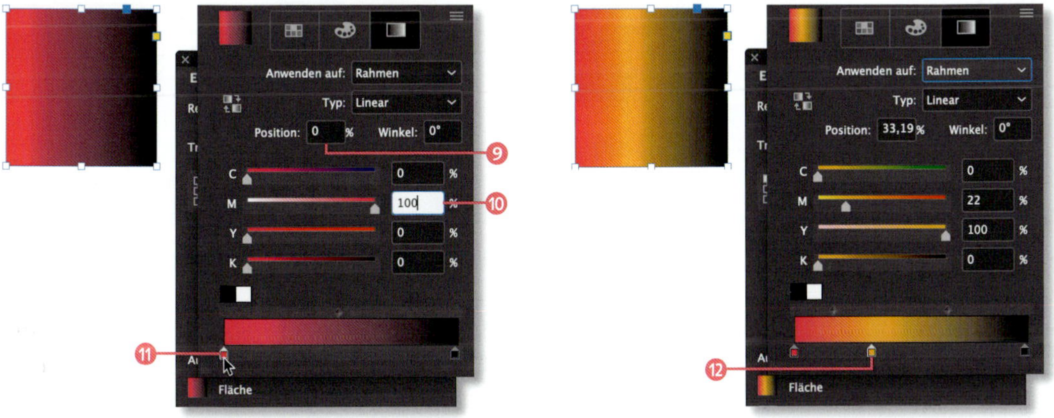

▲ **Abbildung 6.26**
Farben eines Verlaufs lassen sich nach dem Anklicken des betreffenden Farbreglers definieren.

Um nun das Weiß und Schwarz des Standardverlaufs zu ändern, klicken Sie auf den jeweiligen Farbregler ⓫ und stellen die gewünschte Farbe über die Schieberegler ein ❿. Als Farbsysteme stehen Ihnen CMYK, RGB, HSB und Lab zur Verfügung, die Sie über das Bedienfeldmenü wählen können (Abbildung 6.27). Die Position der Farbregler legen Sie entweder durch Ziehen des Farbreglers oder durch die Eingabe eines numerischen Wertes bei Position ❾ fest. Alle Änderungen am Verlauf werden direkt auf das markierte Objekt angewendet.

Weitere Farbregler erstellen Sie mit einem Klick auf den leeren Bereich unterhalb der Vorschau ⓬. Die Farbe eines neuen Farbreglers lässt sich anschließend direkt modifizieren.

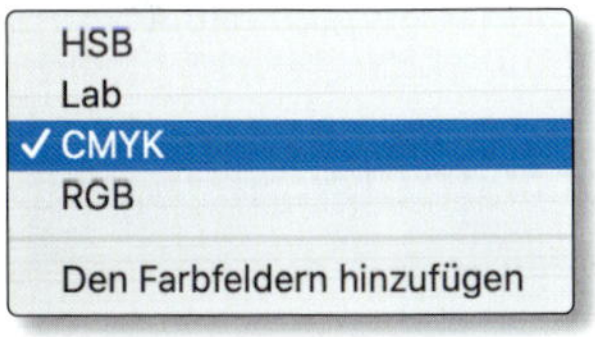

▲ **Abbildung 6.27**
Wenn Sie einen der Farbregler aktiviert haben, können Sie das Farbsystem wählen, mit dem Sie arbeiten möchten.

Mit dem Verlaufsfarbfeld-Werkzeug arbeiten

Um die Position und den Winkel des Verlaufs genauer zu steuern, wählen Sie das Verlaufsfarbfeld-Werkzeug, das Sie wie in Photoshop und Illustrator auch über die Taste G (für engl. gradient) wählen können. Mit einem ersten Klick definieren Sie den Startpunkt des Verlaufs. Ziehen Sie anschließend mit gedrückter Maustaste in die gewünschte Richtung und über die gewünschte Länge. Erst durch das Lösen der Maustaste definieren Sie den Endpunkt des Verlaufs.

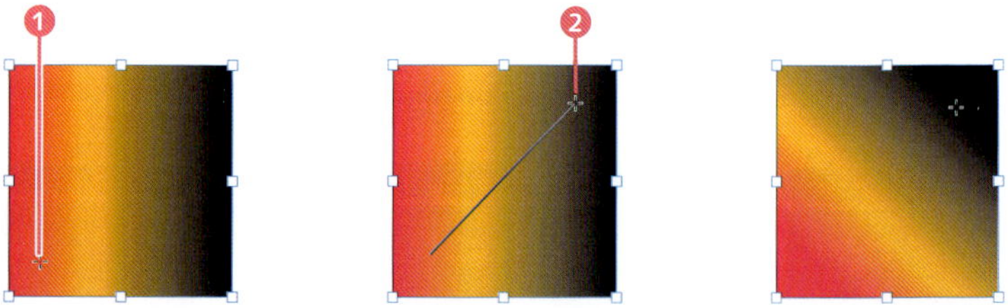

Abbildung 6.28 ▸
Mit zwei Klicks legen Sie die Position, den Winkel und die Länge des Verlaufs fest.

Hierbei entspricht der Anfangspunkt ❶ des Verlaufs dem linken Punkt des Verlaufsbalkens im Verlaufsfeld, der Endpunkt ❷ wird dementsprechend durch das rechte Ende des Verlaufsbalkens dargestellt.

Wird das Verlaufsfarbfeld-Werkzeug wie im Beispiel nur über einen Teil des markierten Objekts gezogen, werden die außerhalb des definierten Verlaufs liegenden Objektbereiche in der Anfangs- und Endfarbe eingefärbt. Der Anfangs- und Endpunkt eines Verlaufs kann ebenso gut außerhalb eines Objekts liegen. Dementsprechend sehen Sie dann auch nur einen Teil des verwendeten Verlaufsmusters.

Sie können auch mehreren Objekten gleichzeitig dasselbe Verlaufsfeld zuweisen, indem Sie die Objekte markieren und dann das gewünschte Verlaufsfeld anwählen. Um mehreren Objekten einen Verlauf mit demselben Start- und Endpunkt zuzuweisen, werden zunächst wieder die Objekte markiert. Mit dem Verlaufsfarbfeld-Tool können Sie dann genau wie bei einzelnen Objekten den Anfangs- und Endpunkt des Verlaufs durch Klicken und Ziehen definieren. In folgender Abbildung habe ich den radialen Verlauf vom Inneren der Pfeile nach außen gezogen.

Bug oder Feature?

Radiale Verläufe, die einem hochformatigen Rechteck zugewiesen werden, sehen ellipsenförmig aus. Bei querformatigen Rechtecken zeichnet InDesign hingegen kreisrunde Verläufe. In den Beispielen unten wurde derselbe Verlauf auf beide Rahmen angewendet.

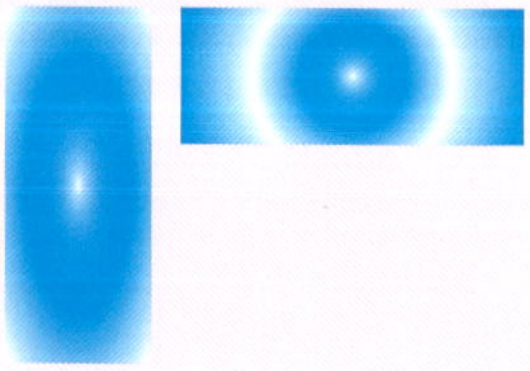

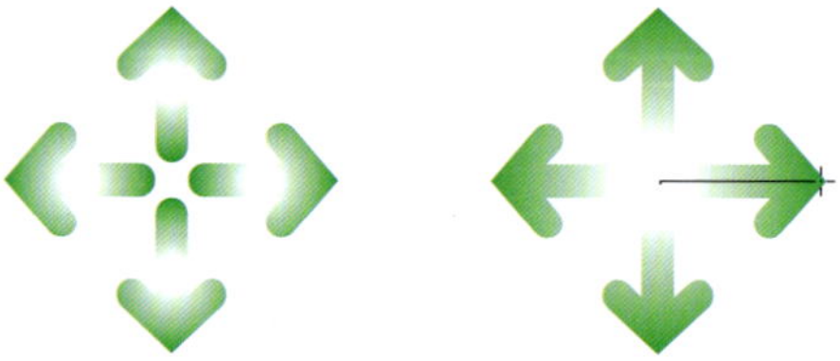

Abbildung 6.29 ▸
Verläufe können auch auf mehrere Objekte gleichzeitig angewendet werden.

Verlaufsfelder anlegen

Für den wiederholten Einsatz desselben Verlaufs können Sie einen erstellten Verlauf als Verlaufsfeld anlegen. Wie von anderen Bedienfeldern her bekannt, können Sie zunächst einen Verlauf erstellen und diesen mit einem Klick auf den Button NEUES FARBFELD Ihren Farbfeldern hinzufügen. Oder Sie rufen mit dem Befehl NEUES VERLAUFSFELD im Bedienfeldmenü einen Dialog auf, in dem Sie den Verlauf definieren können.

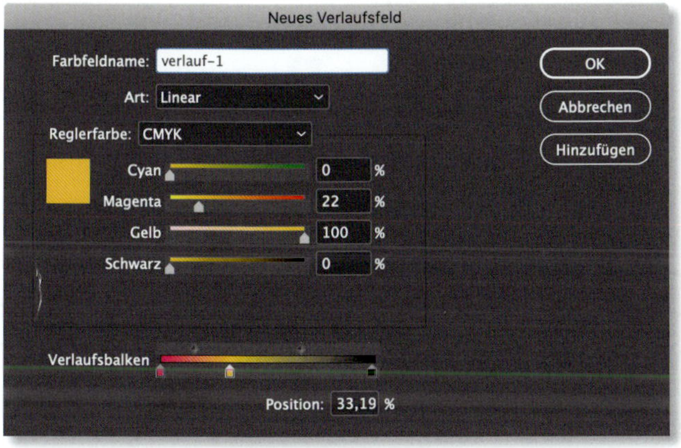

◂ **Abbildung 6.30**
Die Optionen des Fensters NEUES VERLAUFSFELD entsprechen weitgehend den Verlaufsoptionen des EIGENSCHAFTEN-Fensters.

▴ **Abbildung 6.31**
Im Fenster NEUES FARBFELD können Sie auch Farbfelder für die Farbregler einsetzen.

Die Optionen für das Erstellen oder Ändern von Verlaufsfeldern entsprechen weitgehend den Einstellmöglichkeiten, die Ihnen über das EIGENSCHAFTEN-Bedienfeld zur Verfugung stehen. Es gibt jedoch ein interessantes Detail, das Ihnen nur in diesem Fenster zur Verfügung steht: Neben CMYK, RGB, HSB und Lab können Sie einem Farbregler hier auch ein zuvor definiertes Farbfeld zuweisen. Wenn Sie ein Farbfeld innerhalb eines Verlaufsfelds verwendet haben, wirkt sich eine nachträgliche Änderung an diesem Farbfeld auch auf den Verlauf aus.

Nachdem Sie ein Verlaufsfeld erstellt haben, steht es Ihnen direkt im FARBFELDER-Bedienfeld und den AUSSEHEN-Optionen des EIGENSCHAFTEN-Bedienfelds zur Verfügung.

Die beiden grundsätzlichen Prinzipien der Farbfelder gelten genauso auch für Verlaufsfelder: Sie können Verlaufsfelder auf beliebig viele Objekte anwenden, und wenn Sie im Nachgang das Verlaufsfeld modifizieren, wirkt sich diese Änderung auf alle Elemente aus, die Sie hiermit formatiert hatten.

Verläufe ändern sich mit

Wenn Sie ein Objekt mit einem Verlauf formatiert haben, ändert sich die Länge des Verlaufs mit, wenn Sie die Proportionen des Objektes ändern.

Um einem Objekt ein Verlaufsfeld zuzuweisen, markieren Sie es und wählen das Verlaufsfeld aus der Liste im FARBFELDER-Bedienfeld oder über die Fläche- bzw. Konturoptionen im EIGENSCHAFTEN-Bedienfeld. Die Steuerung über Position, Winkel und Länge des Verlaufs können Sie anschließend mit dem Verlaufsfeld-Werkzeug anpassen.

6.6 Farbdesigns erstellen

Mit dem Werkzeug FARBEINSTELLUNG können Sie sogenannte Farbdesigns erstellen und diese bei Bedarf in Ihre CC Library speichern, um über Dokumente und Programme hinweg Zugriff darauf zu haben.

Ein Farbdesign ist eine Gruppe von bis zu fünf Farben, die Sie per Klick mit dem Farbeinstellung-Werkzeug aus einem beliebigen Objekt aufnehmen können. Das kann z. B. ein Rahmen mit einer Kontur- und Flächenfarbe sein, aber ebenso gut eine platzierte Grafik. Das Farbeinstellung-Werkzeug arbeitet auch über mehrere Dokumente hinweg.

Wenn Sie dieses Tool aktivieren, ändert sich der Cursor ❶, und InDesign blendet einen kräftigen Rahmen um das Objekt ein, über dem sich Ihr Cursor befindet. Durch einen Klick auf ein farbiges Objekt oder Bild wird ein kleines Fenster eingeblendet, das Ihnen mehrere Optionen bereitstellt.

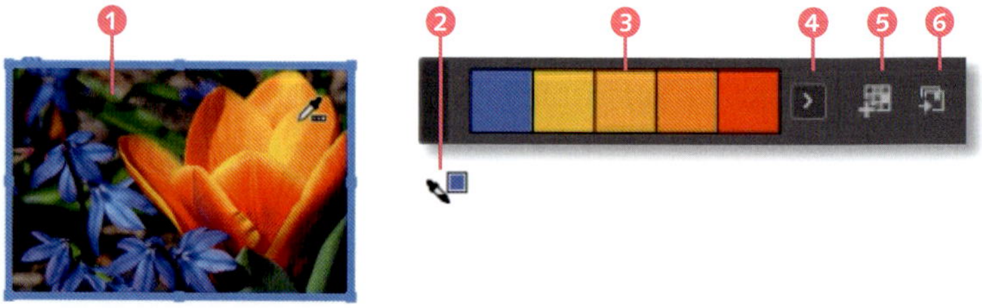

Abbildung 6.32 ▸
Mit dem Farbeinstellung-Tool nehmen Sie Farben aus Fotos auf und wenden sie auf andere Objekte an.

Nach der Farbaufnahme sehen Sie als Cursor die gefüllte Pipette ❷, mit der Sie die geladene Farbe direkt auf Konturen oder Flächen anderer Objekte anwenden können. Mit den Pfeiltasten können Sie auch eine der anderen Farben des aktuellen Farbdesigns ❸ wählen. InDesign erstellt für Sie automatisch Varianten des Farbdesigns, bei Bedarf können Sie die Vorschläge unter dem kleinen

Rechtspfeil ❹ anschauen. Wenn Sie die Farben Ihren Farbfeldern hinzufügen möchten, erledigen Sie dies mit einem Klick auf den Button mit dem Plus ❺. InDesign erstellt daraufhin für die neue Farbgruppe einen neuen Ordner im Farbfelder-Bedienfeld. Halten Sie beim Hinzufügen die [alt]-Taste gedrückt, werden den Farbfeldern nicht alle fünf Farben hinzugefügt, sondern nur die markierte Farbe wird ergänzt. Wenn Sie das Farbdesign in anderen Adobe-Programmen verwenden möchten, benutzen Sie hierfür den entsprechenden Button ❻. Damit wird die Farbgruppe Ihrer CC Library hinzugefügt.

Übrigens können Sie keinen Einfluss darauf nehmen, wie InDesign eine Farbgruppe aus einem Bild extrahiert. Die konkrete Stelle, an der Sie ein Bild mit dem Farbeinstellung-Tool anklicken, spielt bei der Berechnung eines Farbdesigns keine Rolle, die Wahl des sichtbaren Ausschnitts des Bildes dagegen schon.

Wesentlich umfangreichere Funktionen zur Aufnahme von Farben aus einem beliebigen Bild finden Sie auf *color.adobe.com*. Auf dieser Website können Sie auch eigene Bilder hochladen, und im Unterschied zu den Möglichkeiten von InDesign können Sie hier die Punkte selbst bestimmen, von denen Sie Farbwerte übernehmen möchten. Hier können Sie auch Farbpaletten nach unterschiedlichsten Vorgaben generieren lassen. Die so erstellten Farbgruppen können Sie sich anschließend direkt aus der Webapp in Ihre Adobe Creative Cloud speichern. Melden Sie sich hierfür in der Webapp mit Ihrem Adobe-Account an.

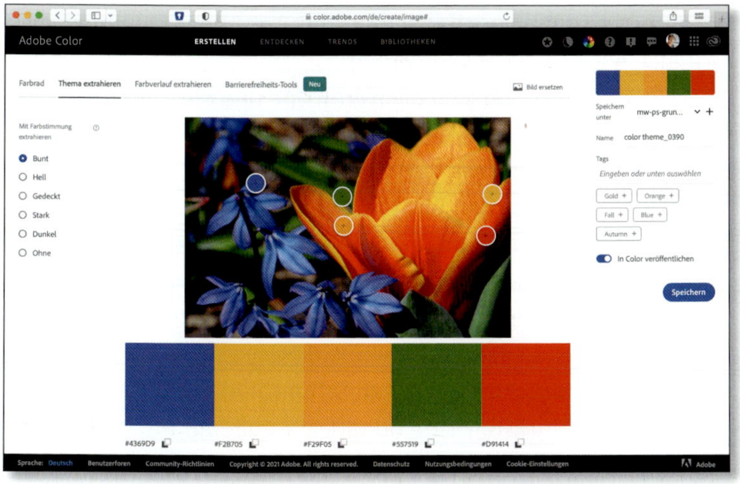

Farben leeren

Drücken Sie die [Esc]-Taste, um das aktuelle Farbdesign aus dem Farbeinstellung-Werkzeug zu löschen. Mit gedrückter [alt]-Taste können Sie auch direkt neue Farben z. B. aus einem anderen Bild erstellen lassen.

6.7 Farbmanagement

ICC

Dem 1993 gegründeten International Color Consortium, dem die ICC-Profile ihre Namen verdanken, gehört eine Vielzahl Hard- und Softwarehersteller an. Dazu gehören etwa Apple, Canon, Heidelberger Druckmaschinen, Hewlett Packard, Xerox und selbstverständlich Adobe. Das Ziel dieses Zusammenschlusses ist die plattform-, software- und hardwareunabhängige Vereinheitlichung von Farbmanagement.

Für viele Anwender ist das Thema »Farbmanagement« ein Buch mit sieben Siegeln und wird aufgrund der vermeintlichen Komplexität gerne »außen vor« gelassen. Tatsache ist: In dem Moment, in dem Sie ein Dokument in InDesign anlegen, ist Farbmanagement im Spiel – Sie stehen also in Wirklichkeit gar nicht vor der Wahl, ob Sie sich mit Farbmanagement beschäftigen oder nicht. Und so möchte ich Ihnen auf den nächsten Seiten das grundlegende Konzept verständlich machen und Ihnen konkrete Anleitungen geben, wie Sie für sich Farbmanagement anwenden können.

Was ist Farbmanagement?

Mit Farbmanagement sind Maßnahmen gemeint, die dafür sorgen sollen, eine möglichst gleichbleibende Farbwiedergabe im gesamten digitalen/analogen Workflow zu gewährleisten. Die zentrale Technologie in diesem Zusammenhang sind sogenannte ICC-Profile. Mit Hilfe dieser Profile können die individuellen Farbräume der diversen Ein- und Ausgabegeräte ineinander umgerechnet werden, um so eine weitestgehende Farbkonstanz innerhalb des Produktionsprozesses zu gewährleisten.

Als Dreh- und Angelpunkt für diese Umrechnungen kommt der größte Farbraum zum Einsatz: Lab (siehe Abschnitt 6.1, »Farbräume«). Eben weil in Lab alle wahrnehmbaren Farben beschrieben werden können, bietet sich dieser Farbraum – obwohl er ansonsten in InDesign eher selten zum Praxiseinsatz kommt – als Grundlage für Farbmanagement an.

Da Farbräume unterschiedlich groß sind und die Ausgabegeräte, auf denen Farben wiedergegeben werden, sehr unterschiedliche Ausgabebedingungen mit sich bringen, ist es schlichtweg unmöglich, z. B. alle Lab-Farben im Offsetdruck wiederzugeben. Ebenso ist es nicht möglich, etwa alle RGB-Farben auf einem Tintenstrahldrucker oder im Zeitungsdruck mit derselben Strahlkraft wie am Monitor auszugeben.

Folgende Schemazeichnung soll diesen Zusammenhang verdeutlichen. In dieser sogenannten Schuhsohle sind die reinen Farben mit ihrer stärksten Leuchtkraft am äußeren Rand zu sehen und nehmen in ihrer Leuchtintensität, ihrer Farbreinheit, ab. Zu

Schwarz abgedunkelte Farben sind in dieser Illustration nicht berücksichtigt.

Die größte Fläche mit der durchgezogenen Kontur beinhaltet alle sichtbaren Farben – das ist somit der Lab-Farbraum ①. Das gestrichelte Dreieck ② fasst RGB-Farben zusammen, und das gepunktete Fünfeck ③ stellt die CMYK-Farben dar.

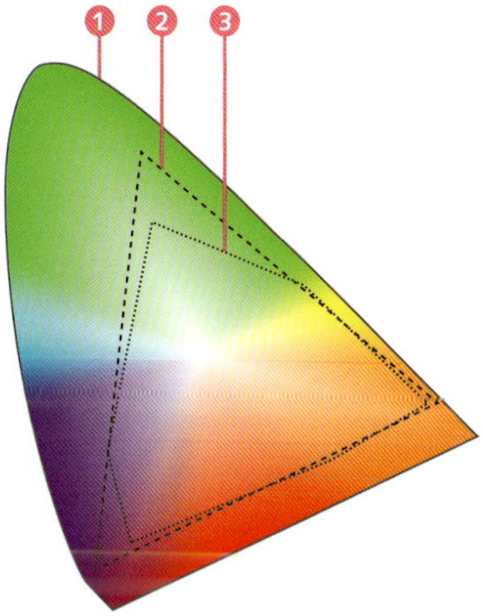

◂ **Abbildung 6.34**
Hier sind die Verhältnisse der verschiedenen Farbräume zueinander wiedergegeben.

Verallgemeinernd zusammengefasst ist der RGB-Farbraum lediglich eine Teilmenge vom Lab-Raum, und der noch kleinere CMYK-Farbraum ist wiederum eine Teilmenge des RGB-Farbraums.

Verschiedene RGB- und CMYK-Farbräume

Nun könnten Sie sich fragen, weshalb man nicht z.B. einfach immer im kleinsten Farbraum arbeitet. Dann gäbe es ja keinen Bedarf an der Umrechnung von einem in das andere Farbprofil. Das hat mehrere Gründe: Digitale Bilddaten werden von einer Kamera beispielsweise in RGB und nicht in CMYK geliefert. Dasselbe gilt für Scanner. Und wenn Sie nun ein PDF für den Monitor erstellen, weil das PDF etwa im Intranet eines Kunden zur Verfügung gestellt wird, würden Sie durch den kleinen CMYK-Farbraum die Möglichkeit verschenken, beispielsweise leuchtendes Himmelblau darzustellen. Layouts, die für mobile Endgeräte erstellt werden, würden durch die Verwendung von CMYK ebenfalls nur Nachteile erfahren.

Schwarzaufbau

Werden RGB-Bilder in den CMYK-Farbraum umgewandelt, entscheidet das verwendete Farbprofil, in welchem Mischungsverhältnis der vier Druckfarben dunkle Bildbereiche wiedergegeben werden.

Wenn Layouts jedoch gedruckt werden, egal ob auf einem Tinten- oder Laserdrucker, einem Proofgerät oder auf einer Offsetmaschine, findet an einer Stelle unweigerlich die Umwandlung der Farben in den CMYK-Farbraum statt, weil immer mit CMYK gedruckt werden muss.

Da es nicht nur je ein Kamera-, Scanner- und Monitormodell usw. gibt, können diese Geräte jeweils andere Farben darstellen: Sie arbeiten mit verschieden großen RGB-Farbräumen.

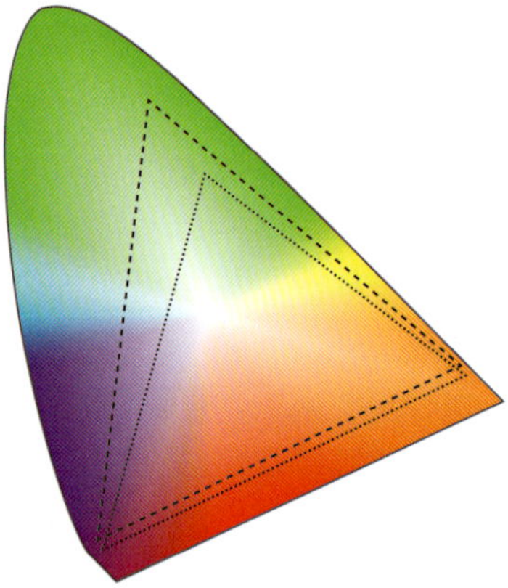

Abbildung 6.35 ▸ Verschiedene Ein- und Ausgabegeräte verwenden nicht unbedingt denselben RGB-Farbraum (hier als verschiedene Dreiecke dargestellt).

Und natürlich gibt es unzählige Bedruckmaterialien – denken Sie nur an die unterschiedlichen Farbdarstellungen eines Kunstkataloges und einer Tageszeitung. Das hochweiße, glänzende Papier des Kataloges kann einen weitaus größeren Bereich von Farben wiedergeben als das poröse, gräuliche Zeitungspapier. Diese Farbräume, sowohl die der Eingabegeräte wie Kameras und Scanner als auch die der Ausgabegeräte wie Monitore und die des Druckmediums, können in Farbprofilen gespeichert werden.

Vier Farbprofilarten

Farbprofile werden in vier Klassen zusammengefasst:

- Monitore
- Eingabe (Digitalkamera, Scanner)
- Ausgabe (Tintenstrahldrucker, Digital-, Offsetdruckmaschinen)
- Verknüpfung (Konvertierung für ähnliche Ausgabebedingungen)

Farbprofile

Farbprofile sind praktisch Tabellen, die zwei Daten einander zuordnen. Einer der beiden Werte ist der geräteunabhängige Lab-Wert. Dieser ist der absolute Farbwert, weil er im Gegensatz zu seinem jeweiligen RGB- oder CMYK-Pendant immer gleich bleibt.

Sehen wir uns das anhand eines Beispiels an. Eine Digitalkamera »sieht« ein strahlendes Neonblau. Diese Farbe wird zunächst als Labwert gespeichert, etwa als 80/–55/–17. Da die Kamera aber

Bilder in RGB weitergibt, wird das Blau dem RGB-Wert 0/255/255 zugewiesen. Genau für diese Farbzuordnung, bei der es häufig um die Umrechnung eines größeren in einen kleineren Farbraum geht, kommt das Farbprofil der Kamera zum Einsatz. Es fungiert hierbei als sogenanntes Eingabeprofil.

Wird das Bild nun am Monitor geöffnet, der ein Farbprofil besitzt, sieht die Color Engine des Rechners im Farbprofil des Monitors nach, was beim Lab-Wert 80/–55/–17 für ein RGB-Wert steht. Dieser kann vom RGB-Wert der Kamera abweichen, der Farbeindruck sollte aber dem Bild der Kamera weitestgehend entsprechen.

Soll dasselbe Bild nun gedruckt werden, sorgt das Farbmanagement wieder dafür, dass die eigentliche Farbe, nämlich Lab 80/–55/–17, auch im Druck möglichst passend dargestellt wird. Im entsprechenden Farbprofil z. B. für den Offsetdruck auf Bilderdruckpapier stehen dann als CMYK-Werte 54/0/24/0. Soll das Bild auf Zeitungspapier gedruckt werden, wird ein passendes Zielprofil gewählt, und dem Blau werden nun die CMYK-Werte 46/0/6/0 zugewiesen. Hier gilt dasselbe wie bei den RGB-Farben: Die konkrete Zusammensetzung der Druckfarben variiert, dies aber im Hinblick darauf, dass der Farbeindruck möglichst derselbe wie in allen anderen Ausgabesituationen sein soll.

Somit ist der Lab-Wert bei allen Profilen für das Aussehen der eigentlichen Farbe zuständig, die verschiedenen RGB- und CMYK-Werte für die möglichst akkurate Wiedergabe auf dem jeweiligen Ausgabemedium. Dass die Farbwirkung vom Ausgabegerät oder -medium abhängig ist, muss dabei berücksichtigt werden.

Standardfarbprofile

Für viele Anforderungen reichen die folgenden Profile aus.

Für RGB:

- eciRGB v2
- Adobe-RGB
- sRGB

Für CMYK:

- ISO Coated v2
- ISO Coated v2 300%
- ISO Uncoated.

Arbeitsfarbräume

Neben dem Fotografieren und Einscannen von Bildmaterial gibt es noch einen weiteren Bereich, bei dem Farbmanagement sofort zum Tragen kommt: Alle Daten, die Sie in einem DTP-Programm erstellen, greifen auf Farbprofile zurück. Photoshop-Daten sind immer mit einem RGB- oder einem CMYK-Profil erstellt. Auch in Illustrator wird über den Dokumentfarbmodus geregelt, ob Sie in RGB oder CMYK arbeiten. InDesign-Dokumente können hingegen RGB- und CMYK-Bilddaten gleichzeitig enthalten.

Farbprofile für Zeitungen

Für verschiedene Druckmedien können Sie auf die beschriebene Weise verschiedene Presets anlegen. Das entsprechende Farbprofil für Zeitungen finden Sie auf *wan-ifra.org*.

Arbeitsfarbräume

Bilddaten, denen keine Profile zugewiesen wurden, werden die Profile der Arbeitsfarbräume zugewiesen. Dasselbe gilt für alle im Dokument angelegten Farben.

In den sogenannten Arbeitsfarbräumen ist in InDesign definiert, welche Profile dann zum Einsatz kommen. Die entsprechenden Einstellungen finden Sie in InDesign unter BEARBEITEN • FARBEINSTELLUNGEN.

Nehmen Sie hier nur dann Änderungen vor, wenn Sie kein Photoshop benutzen. Andernfalls werden nämlich die entscheidenden Farbeinstellungen im Bildbearbeitungsprogramm vorgenommen. Diese können anschließend über das Programm Bridge CC synchronisiert werden. Der Vollständigkeit halber zeige ich Ihnen zunächst das Vorgehen, wie Sie Einstellungen vornehmen, falls Photoshop nicht Teil Ihres Creative-Cloud-Abos sein sollte.

DTP-Programme

Weil Farbmanagement alle DTP-Programme betrifft, schließen Sie vor einer Änderung am Farbmanagement alle darin geöffneten Dokumente.

Farbmanagement in InDesign

Öffnen Sie über BEARBEITEN • FARBEINSTELLUNGEN das entsprechende Fenster. Im Bereich ARBEITSFARBRÄUME ist jeweils ein Pulldown-Menü für RGB und CMYK zu sehen. Als CMYK-Arbeitsfarbraum wählen Sie das Preset EUROPA, DRUCKVORSTUFE 3 ❶, falls hier etwas anderes voreingestellt sein sollte.

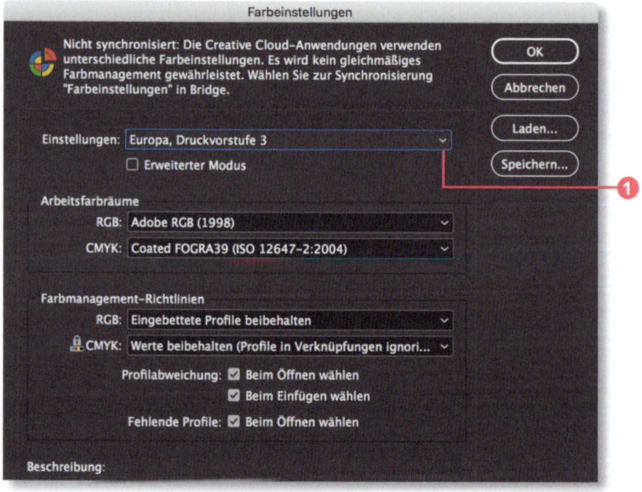

Abbildung 6.36 ▸ Ändern Sie gegebenenfalls die amerikanischen Farbeinstellungen.

Um Farbprofile zu verwenden, die genauer auf den europäischen Markt abgestimmt sind, sollten Sie weitere Farbprofile installieren. Rufen Sie im Browser *http://www.eci.org/de/downloads* auf, und laden Sie die Pakete zu CMYK und RGB herunter. Obwohl hier neuere Versionen angeboten werden (PSO), empfiehlt es sich, die immer noch gängigen »alten« Profile zu verwenden.

- Für den RGB-Farbraum ist es ECIRGB_V2.ICC und
- für CMYK ISOCOATED_V2_ECI.ICC.

Mit diesen beiden Farbprofilen dürften Sie bei den allermeisten Layout- und Druckjobs gut bedient sein. Wie Sie dem Namen entnehmen können, ist das CMYK-Profil für gestrichenes Papier optimiert, für andere Papiere sollten Sie die passenden Profile installieren. Am Mac geben Sie den Installationspfad *[Festplatte]/Library/Application Support/Adobe/Color/Profiles/Recommended* ein. Unter Windows 10 installieren Sie die Farbprofile mit einem Doppelklick.

Wählen Sie die neu installierten Farbprofile unter ARBEITSFARBRÄUME. Übernehmen Sie die anderen Optionen aus Abbildung 6.36, und speichern Sie diese Farbeinstellungen unter dem Namen *ecirgbv2-isocoated-v2*.

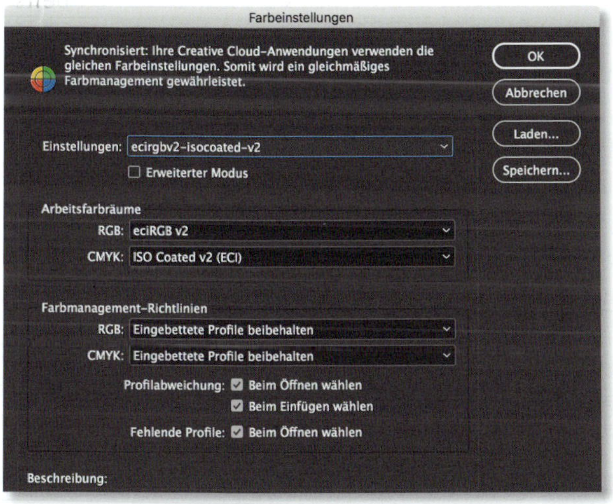

◂ **Abbildung 6.37**
Legen Sie ein passenderes Preset als das von Adobe vorgeschlagene an.

Alle Einstellungen gelten ab dem Moment, in dem sie aktiviert werden. Alle Dokumente, die nach der Umstellung der Farbeinstellungen angelegt werden, verwenden nun die gewählten Arbeitsfarbräume. In InDesign erstellte Grafiken greifen ebenfalls auf die gewählten Farbprofile zurück. Da diese Einstellungen programmweit und nicht dokumentweit gelten, sollten Sie die Einstellungen pro Job ändern, wenn sich die jeweiligen Druckbedingungen deutlich unterscheiden.

Farbmanagement-Richtlinien

Schauen wir uns genauer an, was die Farbmanagement-Richtlinien, die Sie eben als Farbeinstellung abgespeichert haben, für die weitere Arbeit mit InDesign-Dokumenten bedeuten.

Abbildung 6.38 ▸
Bei Farbprofilabweichungen werden Ihnen von InDesign von nun an Warnungen eingeblendet.

Profile ändern

Dokumenten können Sie bei geänderten Ausgabeanforderungen auch über BEARBEITEN • PROFILE ZUWEISEN das jeweils gewünschte Profil zuweisen.

Wenn Sie Bilder für Ihre Layouts geliefert bekommen, die über Farbprofile verfügen, sollten diese auch in InDesign angewendet werden. Diese Vorgabe stellen Sie mit der Option EINGEBETTETE PROFILE BEIBEHALTEN ❶ ein.

Da in InDesign-Daten sowohl RGB- als auch CMYK-Elemente vorkommen können (neben platzierten Bildern sind das auch in InDesign erstellte grafische Objekte wie Linien und Flächen), erhalten Sie beim Öffnen bestehender InDesign-Dokumente auch zwei Aufforderungen, in denen Sie entscheiden können, wie InDesign mit Abweichungen umgehen soll. Im oberen Bereich ist das jeweilige RGB- bzw. CMYK-Profil des zu öffnenden Dokuments zu sehen (❸ und ❻). Wenn Sie dem Dokument Ihre aktuellen Farbeinstellungen zuweisen möchten ❹ und ❼, markieren Sie die Option DOKUMENT AN DIE AKTUELLEN FARBEINSTELLUNGEN ANPASSEN (❷ und ❺).

Abbildung 6.39 ▾
Weisen Sie beim Öffnen von Dokumenten bei Bedarf Ihre aktuellen Farbprofile für RGB und CMYK zu.

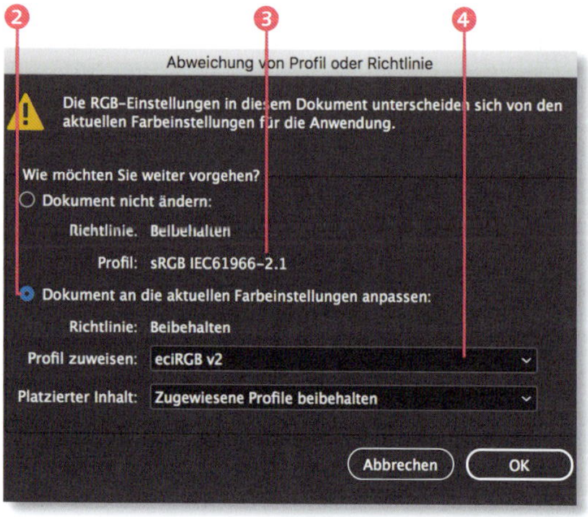

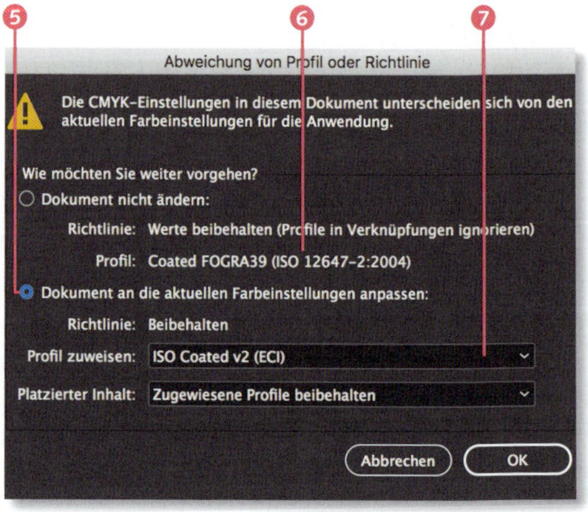

Diese Warnmeldungen werden Sie sicher eher selten zu sehen bekommen – zumindest, wenn Sie praktisch nur mit selbst erstellten InDesign-Daten zu tun haben. Denn in der Regel steht ja bereits zu Beginn eines Layouts fest, auf welchem Papier und mit welchem Druckverfahren Ihre Datei gedruckt werden soll, und daher sollten Sie das Farbmanagement auch nicht während des Layouts umstellen. Um etwa eine Zeitungsanzeige für den Magazindruck umzuwandeln, könnten Sie so die passenden Farbprofile Ihrem InDesign-Dokument zuweisen.

Farbeinstellungen synchronisieren

Damit alle DTP-Programme (InDesign, Illustrator und Photoshop) der Creative Cloud dieselben Farbprofile beim Öffnen, Bearbeiten und Speichern verwenden, sollten Sie Ihre Farbeinstellungen mit Hilfe der Bridge synchronisieren. Wählen Sie im BEARBEITEN-Menü der Bridge die FARBEINSTELLUNGEN aus. Hier können Sie nun die in InDesign erstellten Farbeinstellungen aktivieren 9.

Abweichungen

Bestehende Daten verursachen mit den entsprechenden Farbeinstellungen auch in Photoshop und Illustrator Warnmeldungen, wenn die Programme beim Öffnen einer Datei Abweichungen von den in der Bridge aktivierten Farbprofilen feststellen.

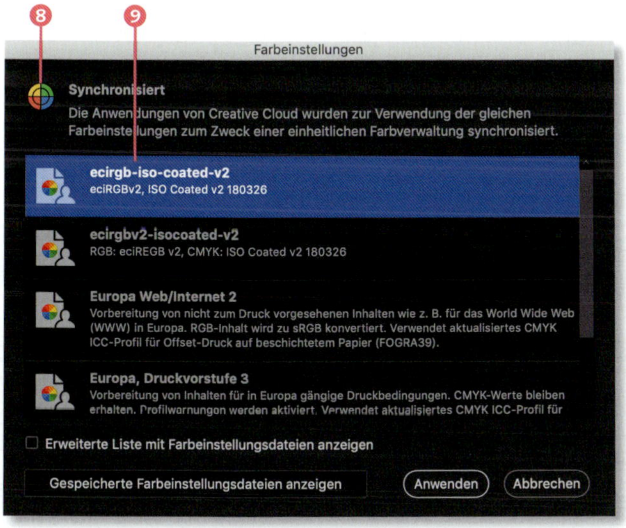

◂ **Abbildung 6.40**
Mit der Bridge lassen sich alle Creative-Cloud-Programme mit denselben Farbeinstellungen synchronisieren.

Wenn Sie in einem CC-Programm andere Farbeinstellungen aktiviert haben, zerfällt das Passkreuz 8 in zwei Teile und symbolisiert damit, dass das Farbmanagement zwischen den Anwendungen der Creative Cloud nicht mehr synchronisiert ist. Dementsprechend ist mit unterschiedlichen Ausgabeergebnissen zu rechnen.

Nicht synchronisiert

Sind in einem der CC-Programme die Farbeinstellungen geändert worden, erkennen dies die anderen Programme. Im jeweiligen Farbeinstellungen-Dialog sehen Sie dann das Symbol für nicht synchronisierte Anwendungen.

Gesamtfarbauftrag

Technisch ist es in der Regel nicht möglich, beliebig viel Farbe auf Papier zu drucken. Der Maximalfarbauftrag im 4C-Druck liegt nicht bei 400%, denn dann würden die vier Farben vollflächig übereinander gedruckt werden. Im Offsetdruck sind maximal 330% üblich, im Zeitungsdruck eher 240%.

Falls Sie mit verschiedenen Farbeinstellungen arbeiten, weil Sie einmal für gestrichenes Papier und dann wieder für Zeitungsdruck arbeiten, sollten Sie die Programme immer den Anforderungen entsprechend synchron halten.

Alternative ICC-Profile

Bevor Sie ein neues InDesign-Dokument anlegen, sollten Sie sich zunächst Gedanken über die Anforderungen machen. Mit welchem Verfahren wird es gedruckt? Dabei wird vermutlich fast immer die Wahl auf Offset- bzw. gegebenenfalls Digitaldruck fallen. Wenn nun auch schon die Druckerei feststeht, versuchen Sie in Erfahrung zu bringen, welches Farbprofil dort erwartet wird. Häufig finden Sie diese Information auf den jeweiligen Webseiten.

Neben dem gängigen ISOcoated_v2_eci.icc-Profil kann auch das neuere ISOcoated_v2_300_eci.icc erwünscht sein. Hierbei ist der Gesamtfarbauftrag auf 300% beschränkt, beim normalen ISOcoated-Profil liegt der Gesamtfarbauftrag bei 330%. Diese Werte schauen wir uns in Abschnitt 11.10 unter »Das Bedienfeld Separationsvorschau« noch genauer an.

Werden Ihnen zusätzlich auch Farbsets gestellt, haben diese die Dateiendung .csf (Color Setting File). Lassen Sie sich von der Bridge das Verzeichnis auf Ihrem Rechner anzeigen, in das diese Dateien abgelegt werden. Rufen Sie in der Bridge über Bearbeiten • Farbeinstellungen das Dialogfenster auf, und aktivieren Sie unten links den Button Gespeicherte Farbeinstellungsdateien anzeigen ❶.

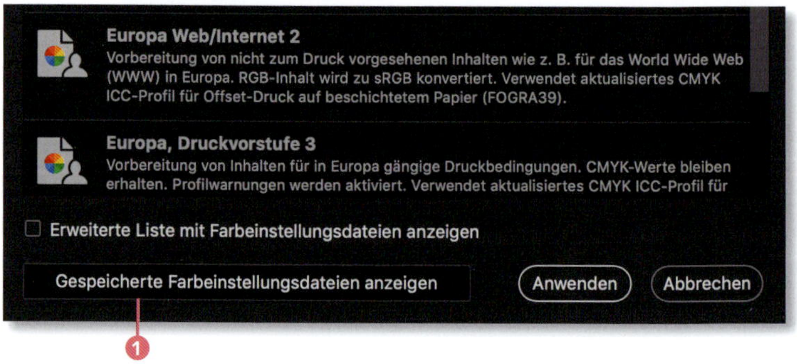

Abbildung 6.41 ▸ Aus der Bridge können Sie sich das Verzeichnis anzeigen lassen, in das die .csf-Daten gespeichert werden.

6.8 Effekte

Die Flächen oder Konturen von Objekten und Texten sind immer deckend, wenn ihnen eine Farbe zugewiesen wurde. Wie Sie weiter vorn gesehen haben, gilt dies auch für Farben mit einem Tonwert von 0%. Um bei Objekten die unter ihnen liegenden Objekte auf vielfältige Weise durchscheinen zu lassen oder um Objekten Effekte wie einen Schlagschatten hinzuzufügen, ist in InDesign das Bedienfeld EFFEKTE implementiert. Sie finden es direkt im FENSTER-Menü.

In Bezug auf Text unterliegt die Anwendung gewissen Grenzen. So lassen sich immer nur ganze Textrahmen mit denselben Effekten versehen: Es ist beispielsweise nicht möglich, einer Headline einen anderen Effekt zuzuweisen als dem Fließtext, wenn beide im selben Textrahmen stehen. Aus diesem Grund sind Effekte auch nicht in den Absatzformaten zu finden. Sie können aber in Objektformaten abgespeichert werden, da diese, wie der Name schon sagt, auf Objekte wie eben Textrahmen oder Pfade und nicht auf einzelne Textabschnitte oder Zeichen angewendet werden können.

Grundlegende Konzepte

Photoshop- und Illustrator-Usern werden die Konzepte der Füllmethoden, Ebenen- bzw. Grafikstile bekannt vorkommen, denn die Umsetzung der Effekte in InDesign ist stark an die anderen DTP-Anwendungen angelehnt. So ändern zugewiesene Effekte oder Füllmethoden beispielsweise nicht die Bearbeitbarkeit von Text.

Das Bedienfeld »Effekte«

Mit Hilfe des Bedienfeldes EFFEKTE, das wir uns gleich im Detail ansehen werden, können Sie dem Objekt insgesamt, der Fläche ❷, der Kontur ❸ und dem Text ❹ eines Objekts verschiedene Effekte zuweisen.

◂ **Abbildung 6.42**
Das Objekt – der Textrahmen – selbst und der Text haben verschiedene Schlagschatten.

Für Abbildung 6.42 auf der vorigen Seite habe ich die folgenden Einstellungen im Fenster Effekte vorgenommen.

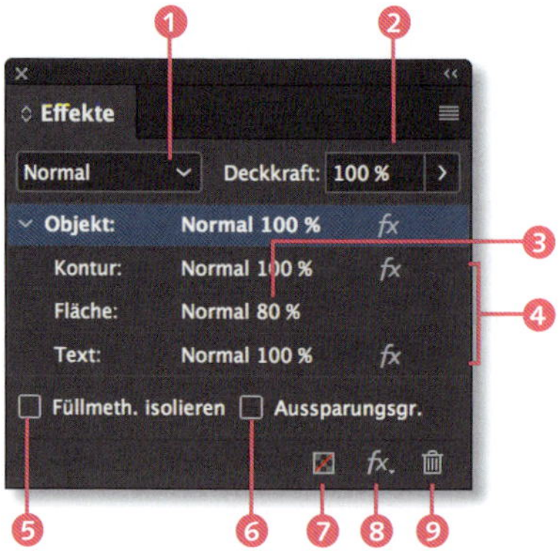

Abbildung 6.43 ▸
Effekte werden hier definiert und zugewiesen.

▴ Abbildung 6.44
Der Füllmodus Multiplizieren demonstriert die subtraktiven CMY-Farben.

▴ Abbildung 6.45
Der Füllmodus Negativ multiplizieren demonstriert die additiven RGB-Farben.

In dem Pulldown-Menü der Füllmethoden ❶ stehen Ihnen sechzehn Varianten zur Verfügung. Mit ihnen können Sie einstellen, auf welche Weise das Objekt, die Kontur, die Fläche oder der Text in das darunterliegende Objekt bzw. das Papierweiß übergeblendet wird. Daher werden diese Effekte auch als Transparenzeffekte bezeichnet.

Mit der Deckkraft ❷ wird die Transparenz des markierten Objekts gesteuert. »100%« bedeutet hierbei vollständig deckend, und unter dem markierten Objekt befindliche Objekte werden verdeckt, »0%« führt zur vollständigen Transparenz des markierten Objekts bzw. seines Teilbereichs. Für das Beispiel habe ich die Fläche auf 80% gestellt ❸.

Das fx ❹ (englisch ausgesprochen: »eff-ex« für »effects«) zeigt im Bedienfeld an, dass auf das betreffende Objekt ein Effekt angewendet wurde. Bei markierter Checkbox Füllmethode isolieren ❺ wirken sich die angewendeten Transparenzeffekte nur auf die zu einer Gruppe zusammengefassten Objekte und nicht auf die gegebenenfalls unter ihnen liegenden Objekte aus. Im Gegensatz dazu wird durch die Aktivierung von Aussparungsgruppe ❻ eine Füllmethode eben nicht auf die Objekte der Gruppe, sondern auf den Hintergrund angewendet. Die Gruppenobjekte werden hierbei ausgespart. In Bezug auf diese beiden Füllmethoden sind mit »Gruppe« gleichzeitig markierte Objekte gemeint. Diese müssen nicht, wie in Abschnitt 7.6 unter »Objekte gruppieren«, gezeigt, gruppiert sein.

Sollen alle Transparenzeffekte von einem Objekt entfernt werden, reicht ein Klick auf diesen Button ❼. Hinter dem FX-Button ❽ verbirgt sich ein Menü, über das Sie die verschiedenen Effekte anwählen, aktivieren und beliebig modifizieren können. Der bekannte Mülleimer ❾ entfernt bei Bedarf Effekte, die Sie auf das gesamte Objekt oder auf einen Teil davon angewendet haben.

Schauen wir uns alle Füllmethoden an, mit denen Sie festlegen, wie die Farben des markierten Objekts mit darunter liegenden Objekten und deren Farben verrechnet werden.

▲ **Abbildung 6.46**
Auch das Eigenschaften-Bedienfeld bietet Zugriff auf Effekte und Transparenzen.

Die Füllmethoden

Die Füllmethoden ❶ lassen sich am besten an einem Beispiel verdeutlichen. Einige Effekte unterscheiden sich untereinander hauptsächlich in der Intensität, nicht in der Art des Effekts. Einige der möglichen Effekte werden Sie vermutlich in InDesign nie anwenden. Im Folgenden bezeichne ich die Farbe des unteren Objekts als *Grundfarbe*, die des oberen Objekts als *Angleichungsfarbe*. Das Ergebnis der Überblendung führt zur *Ergebnisfarbe*.

1. Normal ist die Standardeinstellung; das untere Objekt wird verdeckt, es gibt keine Ergebnisfarbe.
2. Bei Multiplizieren ist die Ergebnisfarbe immer dunkler, eine Überblendung mit Schwarz bleibt schwarz. Dieser Effekt ähnelt dem Zeichnen mit Filzstiften oder Markern, bei dem sich die Farben überlagern.
3. Die Füllmethode Negativ multiplizieren liefert das entgegengesetzte Ergebnis: Das Ergebnis ist immer heller, Weiß setzt sich durch – ähnlich wie zwei Spotlights, Diaprojektoren oder Beamer, die dieselbe Stelle anstrahlen.
4. Beim Ineinanderkopieren entscheidet die Grundfarbe darüber, ob die Farben multipliziert oder negativ multipliziert werden.
5. Die Füllmethode Weiches Licht imitiert die Beleuchtung mit diffusem Licht. Dabei sorgen helle Bereiche für eine Aufhellung des unteren Objekts, dunkle Bildbereiche dunkeln es dementsprechend ab.
6. Hartes Licht imitiert Scheinwerferlicht. Der Effekt ist ausgeprägter als bei Weiches Licht.
7. Farbig abwedeln führt zur Aufhellung der Grundfarbe.

▲ **Abbildung 6.47**
Füllmethoden 1 bis 7

▲ **Abbildung 6.48**
Füllmethoden 8 bis 16

8. Farbig nachbelichten hat das Gegenteil zur Folge: Die Grundfarbe wird abgedunkelt. (Wie Farbig abwedeln ahmt dieser Füllmodus eine Technik nach, die in der Dunkelkammer angewandt wurde.)
9. Beim Abdunkeln wird die jeweils dunklere der beiden Farben zur Ergebnisfarbe. Am Beispielbild ist dies gut am Graukeil zu erkennen.
10. Wird die Füllmethode Aufhellen angewendet, setzt sich die jeweils hellere Farbe von Hinter- bzw. Vordergrund als Ergebnisfarbe durch.
11. Bei Differenz wird die hellere Farbe von der jeweils anderen abgezogen.
12. Ausschluss führt zu einem ähnlichen Ergebnis wie Differenz, der Kontrast ist hierbei jedoch geringer.
13. Die Option Farbton nimmt für die Ergebnisfarbe die Helligkeit und die Sättigung des Hintergrundbildes an, als Farbton kommt die Farbe des Vordergrundes zum Einsatz.
14. Bei der Füllmethode Sättigung werden die Helligkeit und der Farbton des Hintergrundes und die Sättigung des Vordergrundes zur Berechnung der Ergebnisfarbe herangezogen.
15. Durch die Füllmethode Farbe können beispielsweise Graustufenbilder eingefärbt werden, da die Helligkeit des Hintergrundes mit der Sättigung und dem Farbton des Vordergrundes verrechnet werden.
16. Mit Luminanz wird das Gegenteil von Farbe erreicht, hierbei werden zur Berechnung der Ergebnisfarbe der Farbton und die Sättigung der Grundfarbe mit der Helligkeit (Luminanz) der Angleichungsfarbe herangezogen.

Die letzten sechs Füllmethoden sollten Sie wegen zu erwartender Probleme nicht mit Volltonfarben anwenden.

Die verschiedenen Füllmethoden erschließen sich einem nicht allein durchs Lesen: Experimentieren Sie mit den verschiedenen Füllmethoden, damit Sie ein Gefühl für die möglichen Effekte bekommen, die sich damit erzielen lassen. Neben dem Modus Normal, kombiniert mit unterschiedlicher Deckkraft, kommen am häufigsten die Füllmethoden Multiplizieren und Negativ multiplizieren in InDesign zum Einsatz. Füllmethoden können nicht kombiniert werden.

Effekte zuweisen

Mit einem Klick auf Objekt, Kontur, Fläche oder Text ❶ legen Sie im Effekte-Bedienfeld das Ziel fest, auf das ein Effekt angewendet werden soll. Über den fx-Button ❷ am unteren Bedienfeldrand können Sie die neun möglichen Effekte aufrufen. Nach Wahl eines Effekts öffnet sich der Effekte-Dialog, in dem Sie den entsprechenden Effekt einstellen können. Die Optionen des Schlagschatteneffekts möchte ich stellvertretend für die anderen Effekte erläutern.

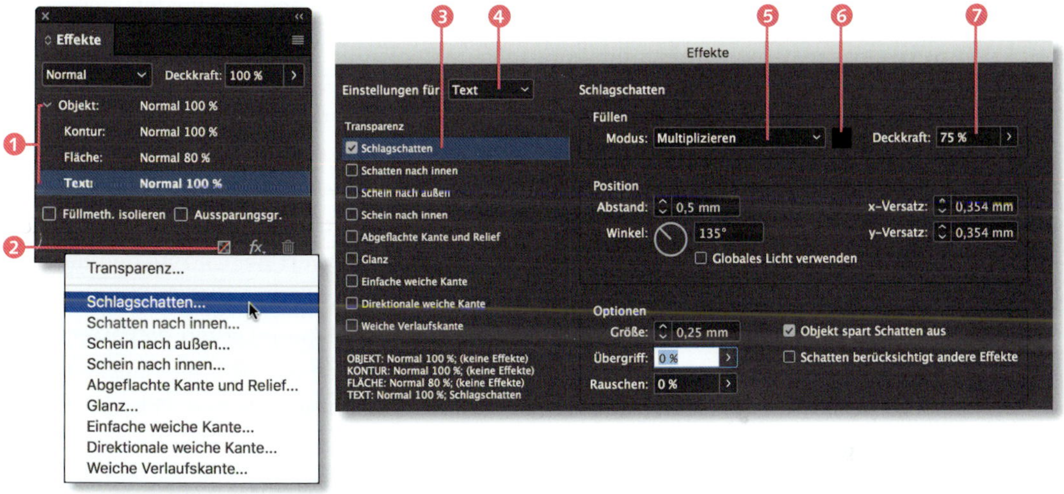

▼ **Abbildung 6.49**
Im linken Bereich können Sie mit einem Klick auf den Begriff die gewünschten Effekte aktivieren ❸. Im rechten Bereich werden die Optionen des markierten Effekts eingeblendet.

Im Pulldown-Menü Einstellungen für ❹ können Sie wie im Bedienfeld definieren, ob die Effekteinstellungen für das gesamte Objekt, die Kontur, die Fläche oder den Text gelten sollen. Sie können an dieser Stelle auch eine andere Wahl als im Bedienfeld treffen. Hierüber ist es möglich, dem Objekt insgesamt bestimmte Effekte zuzuweisen und beispielsweise auf den Text einen anderen Effekt anzuwenden. Beim Füllmodus ❺ stehen die eben vorgestellten Optionen zur Auswahl.

Ein Klick auf den Farbe-Button ❻ öffnet einen Dialog, in dem eines der im Dokument angelegten Farbfelder angewählt werden kann. Mit der Deckkraft ❼ steuern Sie, wie transparent die gewählte Farbe die unteren Objekte überlagern soll. Eine Deckkraft von 100% hat dieselbe Wirkung wie der Füllmodus Normal. Die Farbe des Effekts überdeckt dann das unter ihr positionierte Objekt vollständig.

Text und Effekte

Um einem Text einen Effekt zuzuweisen, muss der Textrahmen, nicht der Text selbst markiert sein.

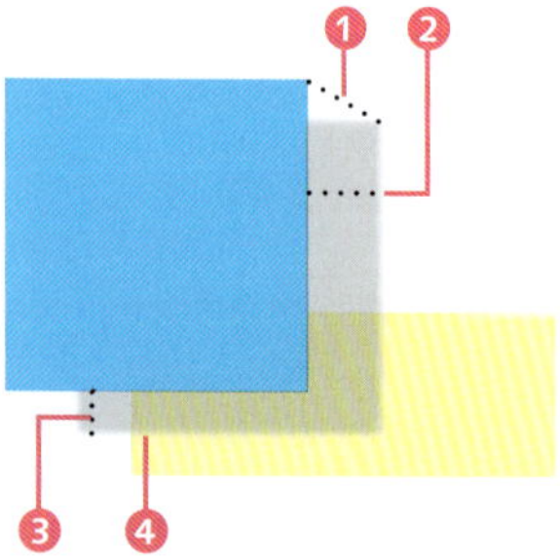

▲ **Abbildung 6.50**
Das Ergebnis von angewendeten Effekten lässt sich präzise steuern.

▲ **Abbildung 6.51**
Auf dieses Quadrat habe ich einen Schlagschatten mit der Größe »0 mm« angewendet.

▲ **Abbildung 6.52**
Der weiße Text wäre ohne den harten Schlagschatten nur schlecht lesbar.

Im Bereich Position können Sie einstellen, wo sich der Schlagschatten in Bezug auf das markierte Objekt befinden soll. Die möglichen Eingaben hier stehen in Wechselwirkung zueinander. Der Abstand bestimmt die absolute Entfernung des Schattens zum Objekt. Bei rechteckigen Formen ist dieser Wert z.B. am Abstand zwischen den Ecken des Objekts und dem Schatten sichtbar ❶. Mit Winkel können Sie die Richtung der virtuellen Lichtquelle einstellen. Mit diesem Wert steht der x-Versatz ❷ und y-Versatz ❸ im direkten Zusammenhang. Ändern Sie hier einen der drei Werte, passen sich die anderen beiden diesem an. Wenn Sie die Checkbox Globales Licht verwenden aktivieren, können Sie mehrere Effekte und mehrere Objekte, bei denen diese Option ebenfalls aktiviert wurde, miteinander synchronisieren. Den Winkel brauchen Sie dann nur einmal einzugeben. Diese Option steht für die Effekte Schlagschatten, Schatten nach innen und Abgeflachte Kante und Relief zur Verfügung.

Im Bereich Optionen regelt der Wert bei Grösse den Bereich, in dem der Schlagschatten weichgezeichnet wird ❹. Je kleiner der Wert, desto härter wird die Kante von InDesign dargestellt. Auf das Quadrat in Abbildung 6.50 habe ich »0,5 mm« angewendet. Durch den Wert »0 mm« wird wie in Abbildung 6.51 keine Weichzeichnung vorgenommen.

Harte Schlagschatten können Texte auf unruhigen Abbildungen lesbarer machen (siehe Abbildung 6.52).

Als weitere Effekte stehen Schatten nach innen ❺, Schein nach aussen ❻, Schein nach innen ❼, Abgeflachte Kante und Relief ❽, Glanz ❾, Einfache weiche Kante ❿, Direktionale weiche Kante ⓫ und Weiche Verlaufskante ⓬ zur Verfügung.

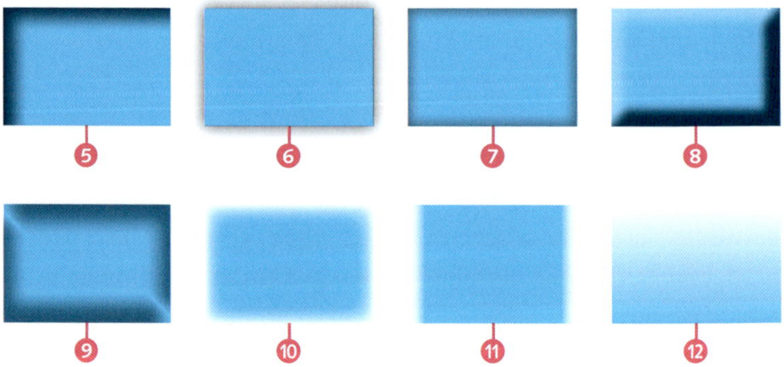

Abbildung 6.53 ▶
Neben dem Effekt Schlagschatten können Sie acht weitere Effekte einsetzen.

Kopieren von Effekten

Effekte, die auf ein Objekt angewendet wurden, können Sie auf verschiedene Weise auf andere Objekte übertragen. Das Objekt, von dem die Effekteinstellungen kopiert werden sollen, muss aktiv sein ⑬. Das FX-Symbol können Sie dann aus dem EFFEKTE-Bedienfeld auf das nächste Objekt ziehen ⑭, die Effekte werden direkt angewendet ⑮. Effekte, die z. B. nur auf die Fläche angewendet wurden, können ebenso ausgetauscht werden.

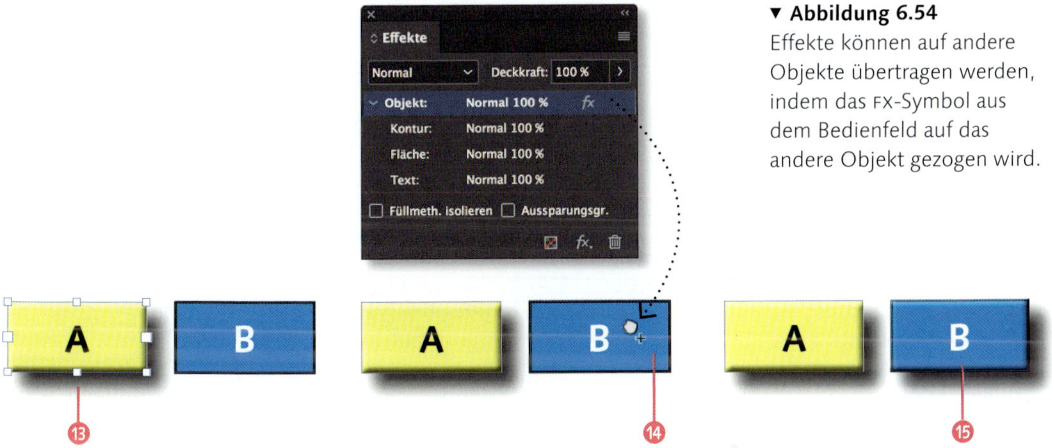

▼ **Abbildung 6.54**
Effekte können auf andere Objekte übertragen werden, indem das FX-Symbol aus dem Bedienfeld auf das andere Objekt gezogen wird.

Achten Sie bei dem Beispiel darauf, dass wirklich nur die Effekte der Flächen- und Konturfarbe übertragen werden und nicht die Formatierung des Textes oder der Fläche.

Effekte können ebenfalls mit dem Pipette-Werkzeug auf mehrere Objekte übertragen werden. Mit einem Doppelklick auf das Werkzeug öffnen Sie die PIPETTE-OPTIONEN. Dort lässt sich einstellen, dass beispielsweise alle Objekteinstellungen mit Ausnahme der Objekttransparenz aufgenommen werden sollen.

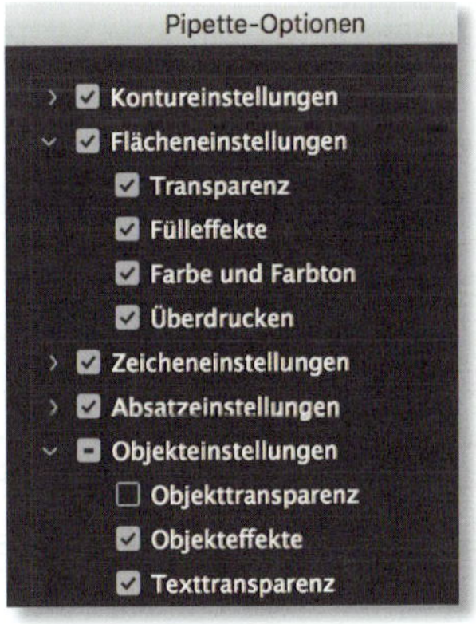

▲ **Abbildung 6.55**
Bei diesen Einstellungen werden mit der Pipette Objekteffekte kopiert, die Objekttransparenz bleibt davon unberührt.

Objektformate und Effekte

Wenn Sie bestimmte Effekte mehrmals in einem Dokument verwenden möchten, sollten Sie die gewünschten Einstellungen in einem Objektformat definieren. Objektformate lernen Sie noch genauer in Abschnitt 9.4 kennen. Wenn Sie ein Objekt mit bestimmten Effekten versehen haben, öffnen Sie über FENSTER • FORMATE die OBJEKTFORMATE. Wenn Sie dort ein neues Objektformat angelegt haben, können Sie sich die Objektformatoptionen anzeigen lassen. Dort sehen Sie links einen Bereich, in dem Sie dieselben Optionen wie im EFFEKTE-Bedienfeld finden ❶. Das Feintuning ❷ des markierten Effekts im großen rechten Bereich ist Ihnen ebenso bekannt.

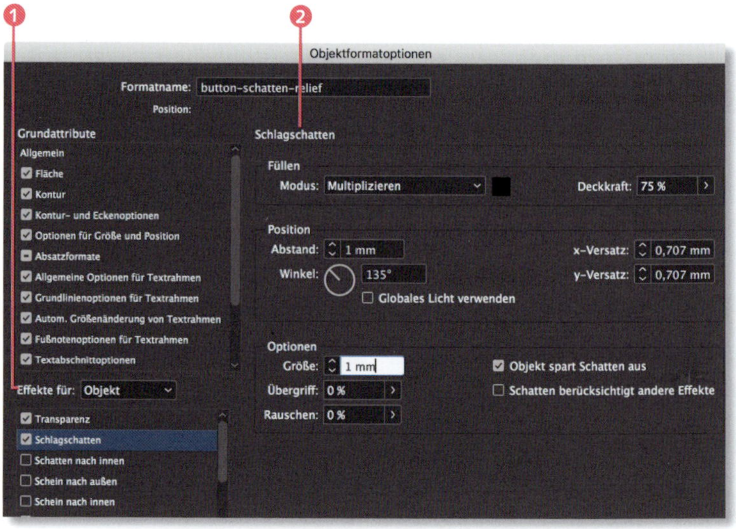

Abbildung 6.56 ▸
Verwenden Sie Objektformate, wenn Sie dieselben Effekte mehrfach anwenden möchten.

Effekte bei Gruppierungen

Effekte, die die Transparenz von Objekten betreffen, sind davon abhängig, ob die Deckkraft der Objekte zuerst geändert wurde und die Objekte dann gruppiert wurden ❸ oder ob die Objekte erst zu einer Gruppe zusammengefasst wurden und anschließend die Deckkraft geändert wurde. Im zweiten Fall wird die Gruppe nämlich als ein Objekt behandelt ❹ und verhält sich damit wie eine Aussparungsgruppe. Durch die Option FÜLLMETHODE ISOLIEREN, die Sie auch im EFFEKTE-Bedienfeld finden, wird der Effekt nur auf die zuvor gewählten Objekte angewendet, aber nicht auf den Hintergrund ❺.

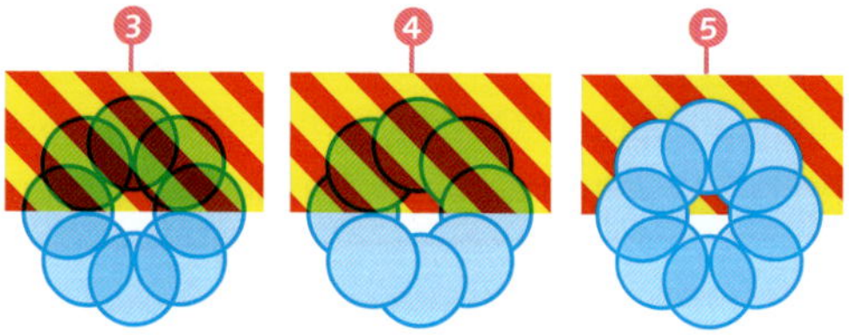

Abbildung 6.57 ▸
Die Reihenfolge, wann gruppiert wird, entscheidet über das Aussehen. Alle Kreise sind mit der Füllmethode MULTIPLIZIEREN versehen.

7 Pfade und Objekte

Die Grundlagen der Illustration

- Was sind Pfade?
- Wie werden Pfade erstellt und bearbeitet?
- Wie kann ich Text auf Pfaden erstellen?
- Wie kann ich Objekte auswählen und ausrichten?

7 Pfade und Objekte

In den vorangegangenen Kapiteln spielten Pfade und Objekte zwischendurch immer mal wieder eine Rolle, aber es lohnt sich, dass wir uns nun detaillierter mit der Erstellung und Bearbeitung von Pfaden und Objekten beschäftigen. Auch wenn InDesign kein spezialisiertes Illustrationsprogramm wie etwa Illustrator ist – die Möglichkeiten, Pfade zu erstellen und weiterzubearbeiten, sind auch bei InDesign beachtlich.

7.1 Grundlagen

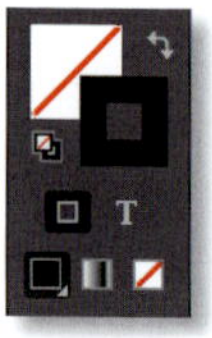

▲ **Abbildung 7.1**
Die Standardeinstellung weist neuen Pfaden als Fläche »keine«, als Konturfarbe Schwarz zu.

Richtiges Tool

Bei der Arbeit mit Pfaden und Objekten ist die Wahl des richtigen Tools essenziell: Auswahlwerkzeug für »das Grobe«, Direktauswahl-Werkzeug für »das Feine«.

Ein Pfad ist zunächst einmal eine Linie, die z. B. mit einem der Zeichenwerkzeuge wie Zeichenstift, Buntstift oder Linienzeichner-Werkzeug erstellt werden kann. Einem solchen Pfad können über die Toolbox oder das Bedienfeld Farbfelder die beiden wichtigsten Attribute zugewiesen werden: eine *Konturfarbe* und eine *Flächenfarbe*. Wenn Sie einem Pfad keine der beiden Farben zuweisen, wird er in der Ausgabe nicht berücksichtigt. Einen solchen Pfad können Sie weiterhin bearbeiten: Im Bildschirmmodus Normal werden auch solche praktisch unsichtbaren Pfade dargestellt, zumindest, wenn sie markiert sind.

Sehen wir uns den einfachsten aller möglichen Pfade einmal an: Der gerade Pfad im Beispiel unten hat eine schwarze Kontur in der Stärke 0,5 Pt und ist links nicht markiert, in der Mitte mit dem Auswahlwerkzeug und rechts mit dem Direktauswahl-Werkzeug markiert.

Abbildung 7.2 ▶
Hier sehen Sie denselben Pfad in drei verschiedenen Zuständen.

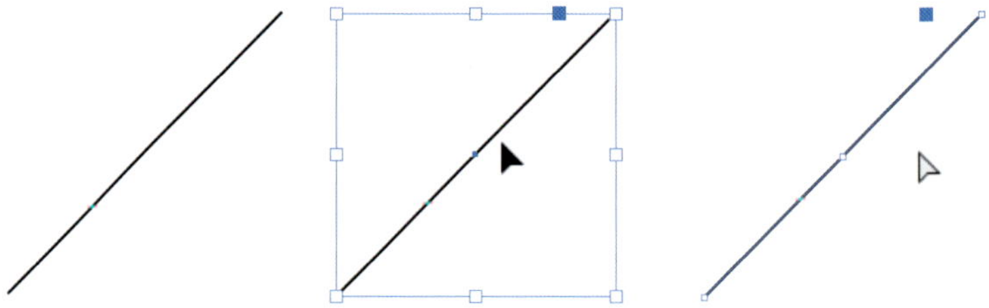

Begrenzungsrahmen

Wird ein beliebiges Objekt mit dem Auswahlwerkzeug markiert, wird von InDesign immer ein sogenannter Begrenzungsrahmen um das eigentliche Objekt dargestellt. Unter die Bezeichnung »Objekt« fällt in InDesign jedes druckbare Element. Zu Objekten zählen somit importierte Grafiken, Tabellen, Textrahmen und eben Pfade.

Ein Begrenzungsrahmen, der ein Objekt umschließt, hat immer eine rechteckige Form und gibt in seinen Ausmaßen die Größe des Objekts an. Ein solcher Rahmen hat an seinen vier Ecken und auf den vier Seitenmitten Auswahlgriffe, die mit dem Auswahlwerkzeug angeklickt und gezogen werden können ❷. Durch diese Aktion verändern Sie immer die Proportionen des markierten Objekts ❸.

Grafikrahmen

Bei Rahmen, die Grafiken enthalten, führt eine Veränderung der Proportionen eines Begrenzungsrahmens immer zu einer Veränderung des sichtbaren Ausschnitts der betreffenden Grafik.

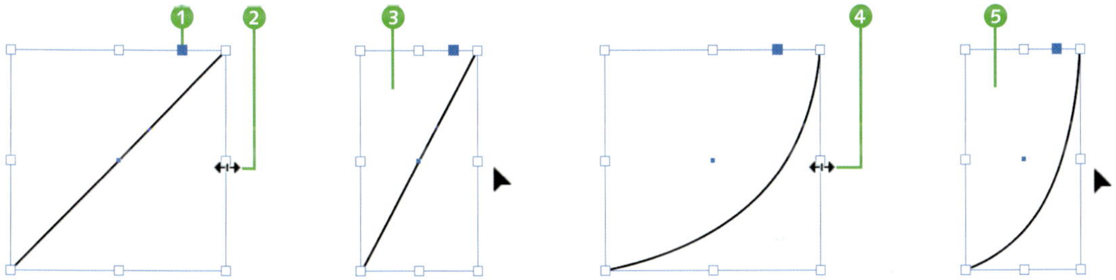

▲ **Abbildung 7.3**
Ziehen Sie an einem mittleren Griffpunkt, verändern Sie die Proportionen.

Bei gekrümmten Pfaden ❹ wird die Form durch dieselbe Aktion gestaucht ❺.

Soll das markierte Objekt in der Größe geändert werden und dabei seine Proportionen beibehalten, klicken Sie einen der Auswahlpunkte mit dem Auswahlwerkzeug an und halten gleichzeitig die [⇧]-Taste gedrückt. Dadurch wird die Bewegungsrichtung bei der Größenänderung auf den 45°-Winkel bzw. ein Vielfaches davon beschränkt.

Markierte Objekte haben an der oberen Kante rechts noch die sogenannte Verknüpfungsmarke ❶. Mit dieser können Objekte im Text verankert werden. Diese Funktion schauen wir uns im Detail in Kapitel 9, »Lange Dokumente«, an.

Objektmittelpunkte

Um eine möglichst große Übersichtlichkeit zu erreichen, verzichte ich in den folgenden Beispielen auf die Darstellung des Objektmittelpunkts und des blauen Quadrats zum Verankern.

Pfadelemente

Wenn Sie einen Pfad mit dem Direktauswahl-Werkzeug markieren, werden die unterschiedlichen Elemente, aus denen ein Pfad besteht, sichtbar und sind damit weiter editierbar.

Endpunkte

Im folgenden Beispiel sind die beiden Endpunkte sichtbar, den oberen habe ich mit dem Direktauswahl-Werkzeug markiert ❶, er kann nun unabhängig vom unteren verschoben werden ❷.

Abbildung 7.4 ▸
Endpunkte können vom Direktauswahl-Werkzeug markiert und dann verschoben werden.

Ankerpunkte

Neben den Endpunkten gibt es noch eine zweite Punktart: den Ankerpunkt. Er kommt in zwei Varianten vor: als Eckpunkt ❸ und als Übergangspunkt ❹.

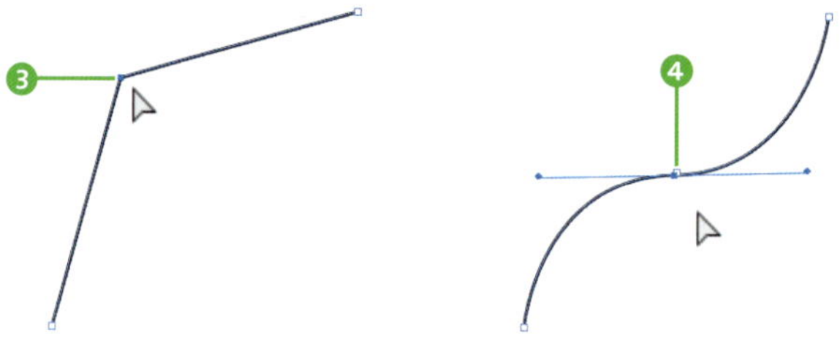

Abbildung 7.5 ▸
Ein Ankerpunkt ist entweder Eckpunkt (links) oder Übergangspunkt (rechts).

Eckpunkte liegen immer dann vor, wenn die Linie ihre Richtung abrupt ändert. Übergangspunkte hingegen verbinden immer geschwungene Pfadteile miteinander und sorgen dabei für weiche Übergänge.

Pfadpunkte können mit dem Direktauswahl-Werkzeug einzeln oder zu mehreren markiert und dann in ihrer Lage geändert werden. Auch dadurch verändert sich der Verlauf der Linie.

Pfadsegmente

Die Teile eines Pfades, die jeweils zwischen zwei Ankerpunkten liegen, werden *Pfadsegmente* genannt. Bei geschwungenen Pfaden können die Pfadsegmente direkt mit dem Direktauswahl-Werkzeug markiert und verschoben werden. Solange nicht auch die benachbarten Ankerpunkte markiert sind, ändert sich hierdurch nur die Krümmung des betreffenden Pfadsegments.

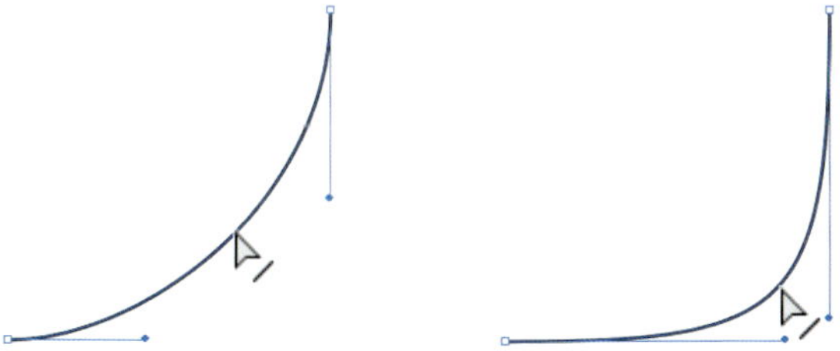

◂ **Abbildung 7.6**
Bei gekrümmten Pfaden können Sie einzelne Pfadsegmente anklicken und verschieben.

Ein einfacher Pfad besteht also immer aus zwei Endpunkten, die durch mindestens ein Pfadsegment verbunden sind.

Grifflinien und -punkte

Pfade können in ihrem Kurvenverlauf durch die Grifflinien ❻, die mit dem Direktauswahl-Werkzeug an den Griffpunkten ❺ angeklickt werden können, präzise verändert werden.

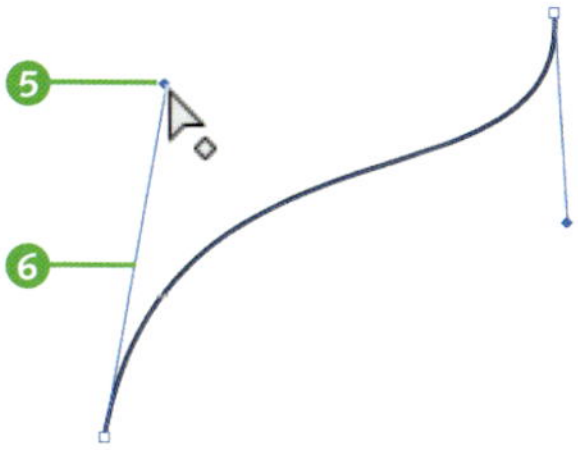

◂ **Abbildung 7.7**
Mit Hilfe von Grifflinien steuern Sie den Kurvenverlauf von Pfaden.

Grifflinien sind Teil aller Übergangspunkte und gegebenenfalls auch von Eck- und Endpunkten. Diese Hilfslinien sind nur sichtbar, wenn ein Pfad, ein Pfadsegment oder ein Ankerpunkt aktiviert ist.

Pfadarten

In InDesign wird zwischen drei Arten von Pfaden unterschieden: geöffneter Pfad, geschlossener Pfad und verknüpfter Pfad.

Offener Pfad

Alle bisher gezeigten Beispiele dieses Kapitels sind offene Pfade: Sie verfügen alle über zwei Endpunkte. Offene Pfade können sich auch selbst überlappen, so dass beispielsweise schleifenförmige

Feintunung von Pfaden

Die Bearbeitung von Details an Pfaden wird immer mit dem Direktauswahl-Werkzeug oder dem Zeichenstift-Werkzeug und seinen Varianten durchgeführt.

Linienverläufe möglich sind. Die Endpunkte markieren dabei aber immer noch den Anfang bzw. das Ende eines Pfades, der trotz der Überlappung immer noch ein offener Pfad ist.

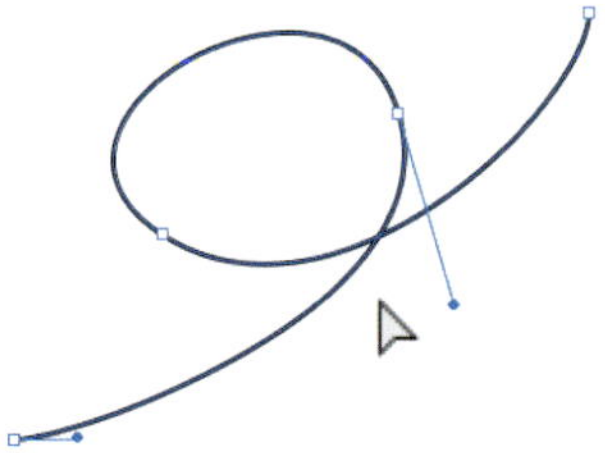

Abbildung 7.8 ▸
Pfade können sich selbst schneiden.

Geschlossener Pfad

Hat ein Pfad keine Endpunkte, ist es ein geschlossener Pfad. Im folgenden Beispiel sind die vier Übergangspunkte, die Grifflinien des markierten Ankerpunktes und die der nächstliegenden Ankerpunkte zu sehen. InDesign zeigt nicht nur die Grifflinien des markierten Ankerpunktes an, sondern alle, die den Kurvenverlauf des Pfadsegments definieren.

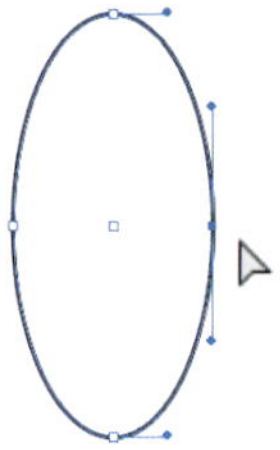

◂ **Abbildung 7.9**
Ein geschlossener Pfad hat keine Endpunkte.

Verschiedene Bezeichnungen

In Illustrator werden verknüpfte Pfade als zusammengesetzte Pfade bezeichnet.

Geschlossene Pfade haben Sie übrigens schon in den Kapiteln zu Texten und Bildern kennengelernt: Jeder Text- und Bildrahmen ist für InDesign auch ein Pfad. Das heißt für Sie, dass Sie die unterschiedlichen Rahmen genauso weiterbearbeiten können wie selbst erstellte Pfade, die Sie vielleicht mit einem der Zeichenwerkzeuge erzeugt haben.

▴ **Abbildung 7.10**
In verknüpfte Pfade können Sie Bilder einfügen oder ihnen auch Verläufe zuweisen.

Verknüpfter Pfad

Ein verknüpfter Pfad besteht immer aus mindestens zwei geschlossenen Pfaden, die über den Befehl Objekt • Pfade • Verknüpften Pfad erstellen zusammengefügt wurden. Durch diese Aktion wird beispielsweise erreicht, dass man durch eine Form hindurchsehen kann.

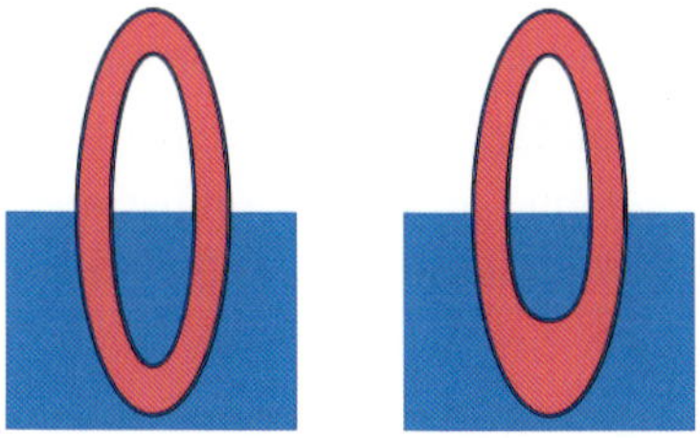

◂ **Abbildung 7.11**
Durch verknüpfte Pfade können Sie hindurchsehen.

Beide Pfade und ihre Pfadelemente lassen sich nach der Verknüpfung weiterhin einzeln bearbeiten.

7.2 Pfade zeichnen und bearbeiten

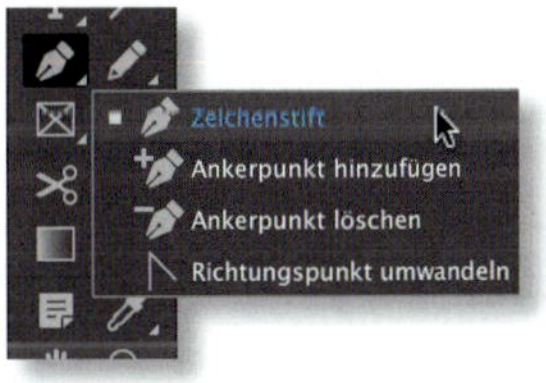

▴ **Abbildung 7.12**
Zunächst werden Sie das Zeichenstift-Werkzeug einsetzen.

Jetzt haben Sie schon einiges zu Pfaden gelesen und gesehen – nun soll es in die Praxis gehen. Zunächst werden Sie lernen, wie Sie einfache Formen mit dem Zeichenstift-Werkzeug erstellen. Nach den Erläuterungen zu geraden Liniensegmenten und verknüpften Pfaden kommen wir zu gekrümmten Pfaden und zu solchen, die sowohl gerade als auch geschwungene Segmente enthalten.

Grundsätzlich können Sie zum Zeichnen von Pfaden auch das intuitivere Buntstift-Werkzeug verwenden, es lässt sich aber nicht so präzise handhaben wie das Zeichenstift-Werkzeug, weshalb ich mich hier auf Letzteres beschränke.

Zeichnen gerader Pfadsegmente

Mit dem Zeichenstift-Werkzeug werden durch einfaches Klicken nacheinander Ankerpunkte an die gewünschten Stellen gesetzt. Wichtig ist hierbei, dass Sie wirklich nur klicken und die Maustaste direkt nach dem Setzen des End- bzw. Eckpunktes wieder loslassen, sonst erstellen Sie einen Übergangspunkt, der weiche Übergänge zwischen Pfadsegmenten formt.

◂ **Abbildung 7.13**
Um gerade Pfadsegmente zu erstellen, dürfen Sie mit der Zeichenfeder nur klicken (und nicht ziehen).

▲ **Abbildung 7.14**
Das Zeichenstift-Werkzeug kann auch Pfade weiterzeichnen, die nicht aktiviert sind.

Sie können Pfade zu jedem beliebigen späteren Zeitpunkt weiterzeichnen. Positionieren Sie hierfür einfach den Zeichenstift auf einem der Endpunkte des bestehenden Pfades. Dieser muss noch nicht einmal aktiviert sein: Bei der Positionierung des Zeichnen-Werkzeugs registriert InDesign auch bei demarkierten Pfaden, dass ein Endpunkt unter dem Cursor liegt. Neben dem Zeichenfeder-Icon blendet InDesign dann eine kleine schräge Linie ❶ ein, und mit einem Klick auf den Endpunkt wird der offene Pfad aktiviert. Sie können den Pfad dann genauso weiterzeichnen, wie wenn Sie hier ohne Unterbrechung gezeichnet hätten.

Zeichnen gekrümmter Pfade mit Übergangspunkten

Das Zeichnen von Krümmungen unterscheidet sich in einem wesentlichen Punkt vom Zeichnen gerader Pfadsegmente: Nachdem Sie einen Ankerpunkt gesetzt haben, lassen Sie die Maustaste gedrückt und ziehen in die gewünschte Richtung. Dadurch werden Grifflinien aus dem gerade gesetzten Ankerpunkt gezogen, und bei gedrückter Maustaste definieren Sie die Länge und den Winkel der Grifflinien:

▼ **Abbildung 7.15**
Für die geschlängelte Linie müssen drei Ankerpunkte gesetzt werden.

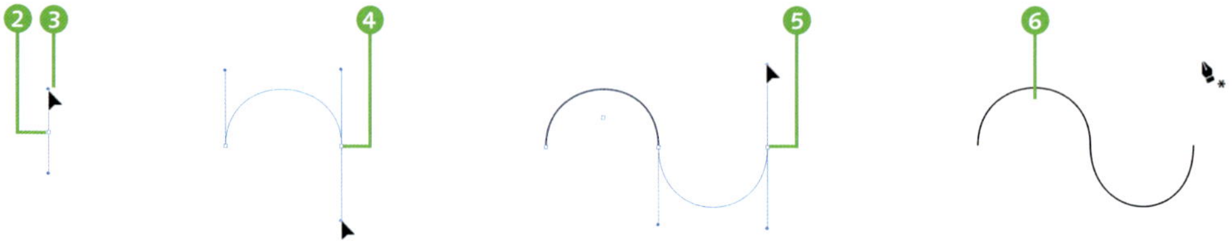

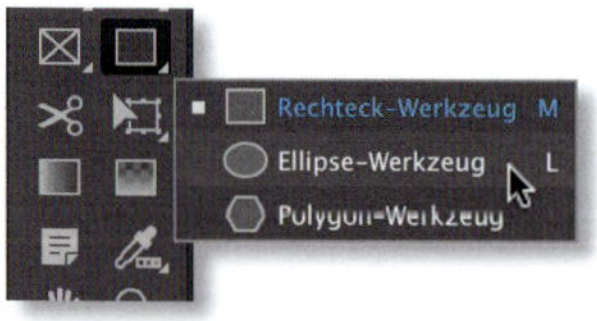

▲ **Abbildung 7.16**
Bedenken Sie, dass Ihnen für Grundformen die Form-Werkzeuge zur Verfügung stehen.

Hier habe ich mit dem Zeichenstift einen Ankerpunkt ❷ gesetzt und mit gedrückter Maus die Grifflinien aus dem Ankerpunkt auf die gewünschte Länge und mit dem gewünschten Winkel gezogen ❸ (dabei ändert der Zeichenstift-Cursor sein Aussehen). Dann habe ich die Maus losgelassen und anschließend den nächsten Ankerpunkt gesetzt ❹. Wieder habe ich die Grifflinie bis auf die gewünschte Länge herausgezogen. Die Vorgehensweise ist beim dritten Ankerpunkt dieselbe ❺. Die rechte Abbildung zeigt den fertigen, demarkierten Pfad, wie er gedruckt werden würde ❻. An den Abbildungen ist gut zu erkennen, dass die Grifflinien immer paarweise aus den Ankerpunkten gezogen werden und dass diese immer gleich lang sind.

Übrigens ist es überraschenderweise vergleichsweise schwierig, mit dem Zeichenstift etwa ein Kreissegment wie einen Viertelkreis zu zeichnen. Auch symmetrische Pfade sind schwieriger zu erstellen, als man meinen sollte. Für beide Anforderungen gibt es aber in InDesign Abhilfe. Für einen Viertelkreis könnten Sie zunächst auch erst einen kompletten Kreis mit dem Ellipse-Werkzeug zeichnen. Im zweiten Schritt schneiden Sie mit dem Werkzeug SCHERE einfach das benötigte Teilstück heraus. Und für symmetrische Zeichnungen erstellen Sie erst die eine Hälfte und spiegeln diese mit Hilfe des STEUERUNG-Bedienfeldes. Überlegen Sie also stets vor dem Zeichnen, ob Sie alles mit der Zeichenfeder neu erstellen müssen.

▲ **Abbildung 7.17**
Pfade lassen sich auch mit der Schere und dem Transformieren-Werkzeug bearbeiten.

Zeichnen gekrümmter Pfade mit Eckpunkten

Als dritte Möglichkeit, wie Punkte Segmente eines Pfades verbinden können, schauen wir uns die Kombination von Eckpunkt und gekrümmten Segmenten an.

◂ **Abbildung 7.18**
Der Ankerpunkt in der Mitte ist ein Eckpunkt.

Obwohl die beiden Pfadsegmente zu beiden Seiten des Ankerpunktes in der Mitte gekrümmt sind, liegt hier in Abbildung 7.18 ein Eckpunkt vor, da der Pfad an dieser Stelle abrupt seine Richtung ändert.

Wie ein Pfad wie der oben gezeigte in einem Arbeitsschritt gezeichnet werden kann, sehen wir uns in einer Sequenz an, die Sie in InDesign nachvollziehen sollten. Die ersten beiden Punkte werden genauso angelegt wie bei dem vorangegangenen Beispiel:

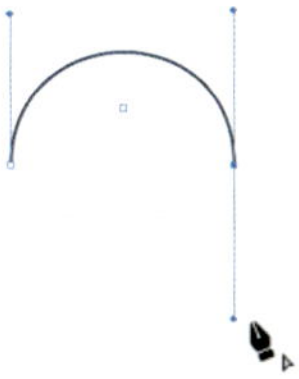

◂ **Abbildung 7.19**
Die ersten beiden Punkte werden genau wie im vorangegangenen Beispiel angelegt.

Ankerpunkte ändern

Wenn Sie während des Zeichnens den aktuellen Ankerpunkt verschieben möchten, drücken Sie einfach die Leertaste: Sie können dann den aktiven Ankerpunkt an der Grifflinie verschieben.

Um nun den Pfad nach oben, in entgegengesetzter Richtung weiterzuzeichnen, müssen Sie das Richtungspunkt-umwandeln-Werkzeug aktivieren. Am einfachsten erreichen Sie dies, indem Sie durch das Drücken der alt-Taste vom Zeichenstift-Werkzeug temporär zum Richtungspunkt-umwandeln-Werkzeug wechseln. Beim Wechsel zu diesem Werkzeug über die Werkzeugleiste oder durch Drücken des Tastaturbefehls ⇧+C würde nämlich der letzte Ankerpunkt deaktiviert, und Sie müssten diesen zum Weiterzeichnen erst wieder mit dem Zeichenstift-Werkzeug anklicken.

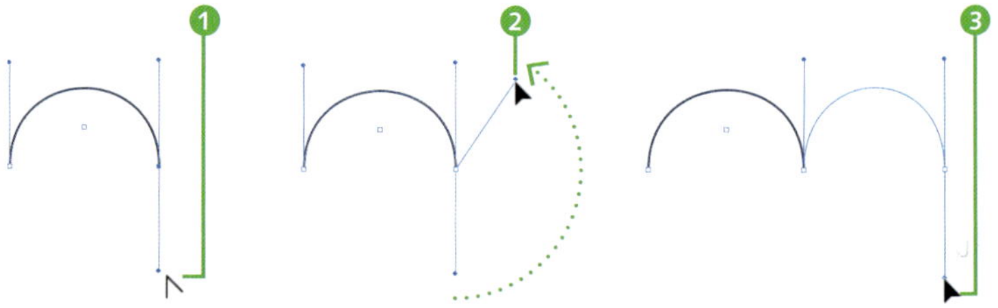

Abbildung 7.20 ▸
Durch einen Klick mit dem Richtungspunkt-umwandeln-Werkzeug wird hier ein Übergangspunkt zum Eckpunkt.

Eingeschränkte Bewegungsfreiheit

Die ⇧-Taste führt beim Bewegen einer Grifflinie dazu, dass die Bewegungsmöglichkeiten auf das Vielfache von 45°-Winkeln eingeschränkt sind.

Das Richtungspunkt-umwandeln-Werkzeug erkennen Sie, solange mit ihm kein Griffpunkt markiert ist, an dem offenen Pfeil ❶. Nach dem Klick auf den Griffpunkt können Sie die dazugehörige Grifflinie unabhängig von ihrem Pendant bewegen ❷. Nachdem Sie die Grifflinie bis zur gewünschten Länge und mit dem gewünschten Winkel gezogen haben, zeichnen Sie mit dem Zeichenstift wie gewohnt weiter ❸.

Pfade bearbeiten

Häufig gelingt es einem nicht auf Anhieb, die gewünschte Form zu erstellen: Das Zeichenstift-Werkzeug ist zwar ein äußerst präzise einsetzbares Tool, nur ist es anfangs nicht sonderlich intuitiv zu bedienen. Hier müssen Sie durchaus etwas Einarbeitungszeit einplanen – aber gerade bei dem Zeichenstift lohnt sich die Beschäftigung damit, da er auch in anderen wichtigen Programmen von Adobe und anderen Anbietern an ganz zentralen Stellen vorkommt (z. B. bei der Erstellung von Beschneidungspfaden in Photoshop). Im Folgenden lernen Sie weitere Techniken zur Bearbeitung von Pfaden kennen.

Pfeiltasten justieren

Unter Bearbeiten/InDesign • Voreinstellungen im Bereich Einheiten und Einteilungen können Sie die Schrittweite der Pfeiltasten ändern.

Direktauswahl-Werkzeug

Sehen wir uns zunächst die Verwendungsmöglichkeiten des Direktauswahl-Werkzeugs an. Wie Sie wissen, lassen sich mit diesem Werkzeug einzelne Ankerpunkte markieren, und diese können dann in der Position verändert werden. Um mehrere Ankerpunkte zu markieren, die nicht direkt nebeneinanderliegen, halten Sie die ⇧-Taste gedrückt. Zum Verschieben der Ankerpunkte können Sie auch die Pfeiltasten einsetzen. Die Schrittweite der Pfeiltasten können Sie in den Voreinstellungen Ihren Bedürfnissen entsprechend anpassen (siehe Kasten).

Bei mehreren Ankerpunkten, die hingegen nebeneinanderliegen, ziehen Sie einfach ein Rechteck mit dem Direktauswahl-Cursor auf ❹, und alle Ankerpunkte, die bei dieser Aktion überstrichen werden, sind daraufhin markiert (❺ und ❻). Diese Auswahltechnik lässt sich übrigens mit der Auswahl einzelner Punkte mit Hilfe der ⇧-Taste beliebig kombinieren.

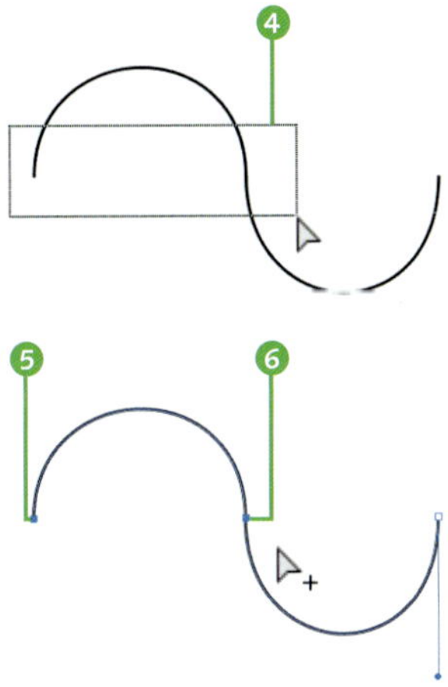

▲ **Abbildung 7.21**
Mit dem Direktauswahl-Werkzeug können Sie Auswahlrechtecke auch über Ankerpunkte aufziehen.

Richtungspunkt-umwandeln-Werkzeug

Mit diesem Tool können Sie Punkte nicht nur beim Zeichnen, sondern auch danach in ihr jeweiliges Gegenteil umwandeln: Durch einen Klick mit diesem Werkzeug auf die Grifflinie ❽ eines markierten Übergangspunktes ❼ wird der Punkt zu einem Eckpunkt, und die Grifflinie lässt sich individuell bewegen ❾.

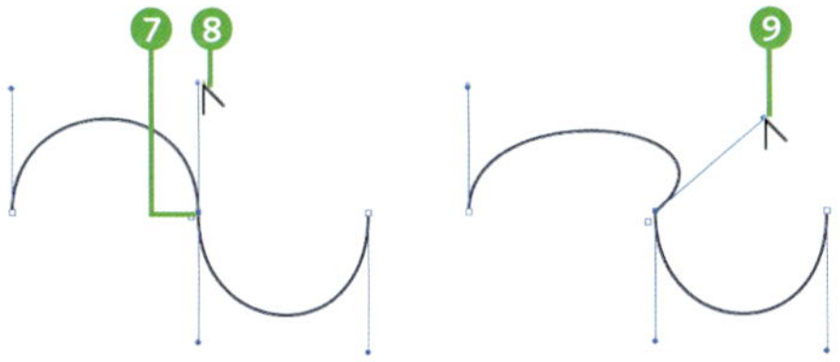

◄ **Abbildung 7.22**
Mit einem Klick auf einen Griffpunkt mit dem Richtungspunkt-umwandeln-Werkzeug lässt sich jede Grifflinie separat bearbeiten.

Einen Eckpunkt ❿ wandeln Sie in einen Übergangspunkt um, indem Sie mit dem Richtungspunkt-umwandeln-Werkzeug Grifflinien aus dem betreffenden Ankerpunkt herausziehen ⓫.

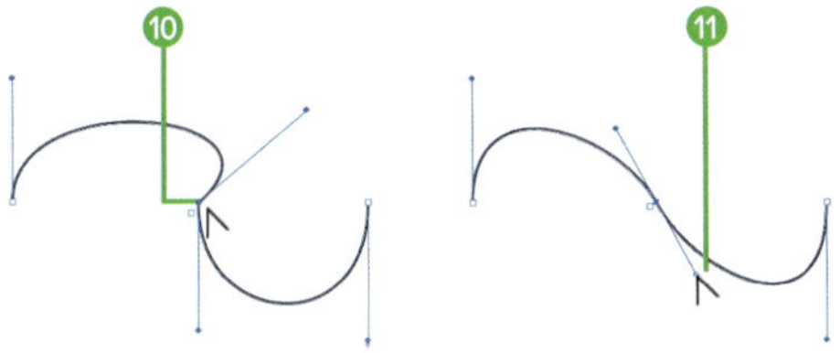

◄ **Abbildung 7.23**
Ebenso lassen sich Eckpunkte auch wieder in Übergangspunkte umwandeln.

7.3 Das Bedienfeld »Pathfinder«

▲ **Abbildung 7.24**
Das Bedienfeld Pathfinder

Dieses Bedienfeld mit dem eigentümlichen Namen – im deutschsprachigen Raum dürfen wir wohl froh sein, dass das Bedienfeld nicht mit »Pfadfinder« übersetzt wurde – bietet viele wichtige Pfadfunktionen, manche davon sind allerdings auch eher exotischer Natur. Wenn Sie die anderen beiden großen DTP-Programme Illustrator und Photoshop von Adobe kennen, finden Sie hier bekannte Funktionen.

Sie können das Bedienfeld über Fenster • Objekt und Layout aufrufen. Die Befehle, die hier als Buttons hinterlegt sind, finden Sie auch noch einmal im Menü Objekt in den vier Untermenüs Pfade, Pathfinder, Form konvertieren und Punkt konvertieren. Im Folgenden möchte ich Ihnen die wichtigsten Funktionen vorstellen.

Bereich Pfade

▲ **Abbildung 7.25**
Der Bereich Pfade

Der Bereich Pfade beherbergt vier Befehle, die von unterschiedlicher Bedeutung für die Praxis sind.

Pfad zusammenfügen

Mit dem Button Pfad verbinden können Sie zwei offene Pfade zu einem offenen Pfad kombinieren. Dadurch werden die beiden Pfade an jeweils einem Endpunkt miteinander verbunden. Das Ergebnis dieses Befehls ist dabei davon abhängig, ob Sie die beiden Pfade zuvor mit dem Auswahl- oder dem Direktauswahl-Werkzeug markieren.

Abbildung 7.26 ▶
Die beiden rechten Formen sind Ergebnisse desselben Befehls – nach unterschiedlicher Markierung.

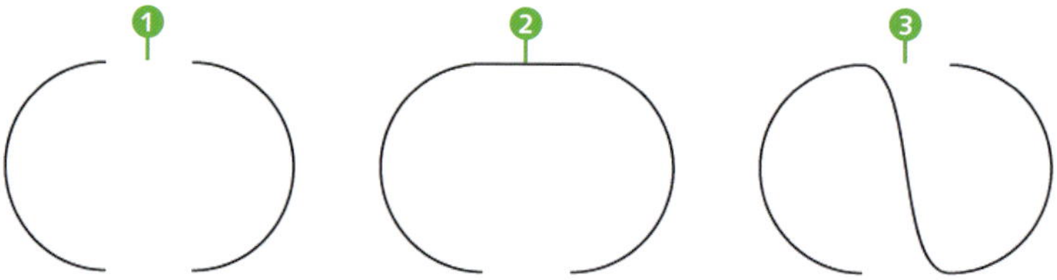

Bevor ich den Befehl Pfad verbinden auf die beiden offenen Pfade ❶ angewendet habe, habe ich die Pfade zunächst mit dem Auswahlwerkzeug markiert. Das Ergebnis ❷ sieht anders aus, als wenn ich die gegenüberliegenden Endpunkte mit dem Direktauswahl-Werkzeug markiert und dann PFAD VERBINDEN angewendet hätte ❸: Das Ergebnis lässt sich also besser mit dem Direktauswahl-Werkzeug steuern.

Pfade verbinden
Eckpunkte verschiedener Pfade lassen sich auch mit dem Zeichenstift-Werkzeug verbinden.

Pfad öffnen

Einen geschlossenen Pfad können Sie mit dem Befehl PFAD ÖFFNEN an einem Ankerpunkt öffnen. Da sich nicht – z. B. durch das Markieren eines Ankerpunktes mit dem Direktauswahl-Werkzeug – steuern lässt, an welchem Ankerpunkt der Pfad geöffnet wird, führt dieser Befehl zu eher zufälligen Ergebnissen.

Mit der Schere aus der Werkzeugleiste können Sie im Gegensatz zu diesem Button einfach durch Anklicken der gewünschten Stelle den Pfad öffnen. Der Pfad braucht dafür nicht aktiviert zu sein. Die Schere fügt dem Pfad an der Schnittstelle zwei neue Endpunkte hinzu, die dann wie gewohnt beispielsweise mit dem Direktauswahl-Werkzeug bearbeitet werden können.

Pfad schließen

Wenn Sie einen offenen Pfad schließen möchten, klicken Sie auf den Button . Vorhandene Grifflinien werden beim Schließen eines Pfades berücksichtigt.

Die beiden Pfade aus dem Beispiel der Abbildung 7.26 sehen nach Ausführung dieses Befehls so aus:

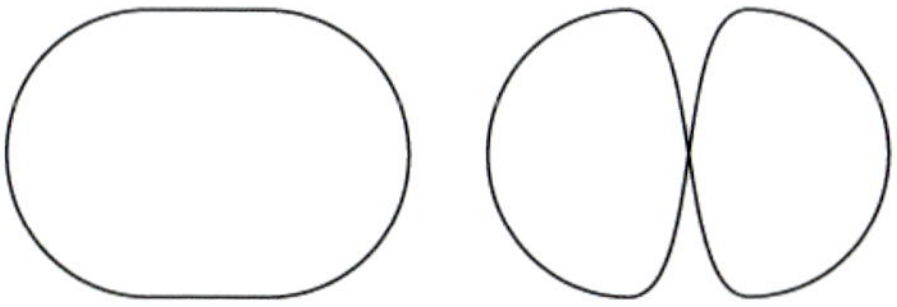

◂ **Abbildung 7.27**
Diese beiden Formen sind aus den Pfaden von Abbildung 7.26 durch den Befehl PFAD SCHLIESSEN entstanden.

Pfad umkehren

Grundsätzlich haben alle Pfade für InDesign immer eine Richtung. Für den Anwender ist diese Pfadrichtung allerdings nur in Ausnahmefällen von Bedeutung. Offensichtlich wird die Richtungsänderung beispielsweise bei Pfaden mit Pfeilspitzen und -enden:

◂ **Abbildung 7.28**
Hier ist zweimal derselbe Pfad zu sehen: Er unterscheidet sich nur in der Richtung.

Bereich Pathfinder

▲ **Abbildung 7.29**
Natürlich finden Sie im PATHFINDER-Bedienfeld die eigentlichen Pathfinder-Befehle.

Im Bedienfeld PATHFINDER finden Sie auch einen gleichlautenden Bereich. Diesen gibt es bei aktivierten Pfaden auch im EIGENSCHAFTEN-Bedienfeld. Mit diesen eigentlich einfachen Funktionen können Sie aus elementaren Formen komplexere Pfade erstellen.

Zur Demonstration der fünf Funktionen kommen folgende zwei Pfade zum Einsatz. Achten Sie hierbei insbesondere auf die Flächen- und Konturstile und die Stapelreihenfolge der beiden Objekte.

Abbildung 7.30 ▸
Die Pathfinder-Aktionen werden auf diese Pfade angewendet.

Addieren

Mit der Betätigung dieses Buttons werden einfach die beiden aktivierten Pfade zu einem Pfad zusammengefasst. Dabei gehen die sich überlappenden Pfadbereiche verloren, der neue Pfad erhält die Kontur- und Flächenattribute des vorderen Objekts.

Abbildung 7.31 ▸
Die beiden Pfade wurden addiert.

Subtrahieren

Durch diesen Befehl wird das vordere vom hinteren Objekt abgezogen, das seine Flächenfarbe und seine ursprüngliche Kontur beibehält.

Abbildung 7.32 ▸
Der vordere Kreispfad wurde durch Subtrahieren aus der hinteren Form ausgestanzt.

Schnittmenge bilden

Der mittlere Button lässt von den beiden markierten Pfaden nur die Schnittmenge stehen.

Abbildung 7.33 ▸
Der Befehlsname sagt alles.

Überlappung ausschließen

Die Funktion dieses Befehls ähnelt der von Objekt • Pfade • Verknüpften Pfad erstellen. Bei Überlappung ausschließen ❶ wird im Gegensatz zu Verknüpften Pfad erstellen ❷ jedoch das vordere Objekt als Referenz herangezogen.

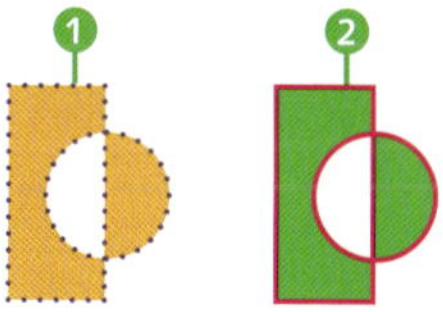

◂ **Abbildung 7.34**
Die beiden Pfade werden auf zwei Arten zu einem verknüpften Pfad kombiniert.

Interessant ist in diesem Zusammenhang der Befehl Objekt • Pfade • Verknüpften Pfad lösen. Dieser Befehl bewirkt bei Pfaden, die mit Überlappung ausschliessen verknüpft wurden, dass anschließend zwei neue Pfade vorliegen, die dann immer noch die Flächen- und Konturformatierung des vorderen Objekts aufweisen:

◂ **Abbildung 7.35**
Durch den Befehl Überlappung ausschliessen werden tatsächlich zwei unabhängige Pfade erstellt.

Wird dieser Befehl auf eine Pfadkombination angewendet, die durch Verknüpften Pfad erstellen erstellt wurde, werden einfach die beiden ursprünglichen Pfadformen wiederhergestellt. Die Formatierung bleibt die des hinteren Objekts:

◂ **Abbildung 7.36**
Der Befehl Verknüpften Pfad erstellen kann rückgängig gemacht werden.

Hinteres Objekt abziehen

Dieser Befehl entspricht in seiner Funktion dem Befehl Subtrahieren, nur dass hier eben das hintere vom vorderen Objekt subtrahiert wird:

◂ **Abbildung 7.37**
Hier hat das hinten liegende Rechteck als Stanze fungiert.

Alle Pfadaktionen des Bereichs PATHFINDER können auch auf mehrere Pfade gleichzeitig angewendet werden. Im folgenden Beispiel habe ich den Befehl SUBTRAHIEREN auf die drei einzelnen Pfade ❶ angewendet ❷.

Abbildung 7.38 ▸
Pathfinder-Funktionen können auch auf mehr als zwei Objekte angewendet werden.

Funktionen »Form konvertieren«

In diesem Bereich des Bedienfeldes PATHFINDER finden Sie neun Buttons, mit denen Sie einen beliebigen Pfad in eine andere Form konvertieren können.

Abbildung 7.39 ▸
Die Icons spiegeln ihre jeweiligen Funktionen gut wider.

Die anderen Buttons

Ich beschränke mich hier auf zwei Befehle, da die anderen Buttons analog zu diesen beiden Beispielen funktionieren. Probieren Sie diese einfach aus!

InDesign wendet zwei verschiedene Verfahren beim Konvertieren einer Form an: Wird beispielsweise auf ein Rechteck der Befehl ABGERUNDETES RECHTECK ❸ angewendet, weist InDesign diesem Rechteck sozusagen die abgerundeten Ecken als Effekt zu. Die abgerundeten Ecken werden also nicht durch zusätzliche Ankerpunkte erstellt, und die Ecken sind dadurch nicht Teil des Pfades geworden: Die ursprüngliche Form des Rechtecks bleibt hierbei erhalten. Daher können die Ecken auch nicht mit dem Direktauswahl- oder dem Zeichenstift-Werkzeug nachbearbeitet werden. Die Ecken können Sie aber gemeinsam oder individuell modifizieren, weitere Informationen finden Sie im nächsten Abschnitt 7.4, »Eckenoptionen«.

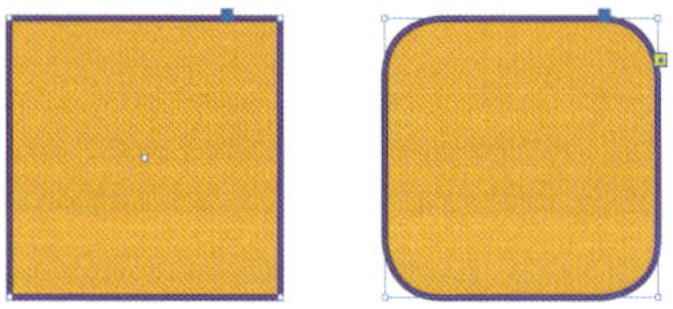

Abbildung 7.40 ▸
Die abgerundeten Ecken sind nicht Teil des Pfades.

Wenn Sie hingegen auf ein Rechteck den Befehl DREIECK ❹ anwenden, ändert sich der Pfad selbst: Es werden hierbei neue Ankerpunkte gesetzt oder bestehende gelöscht.

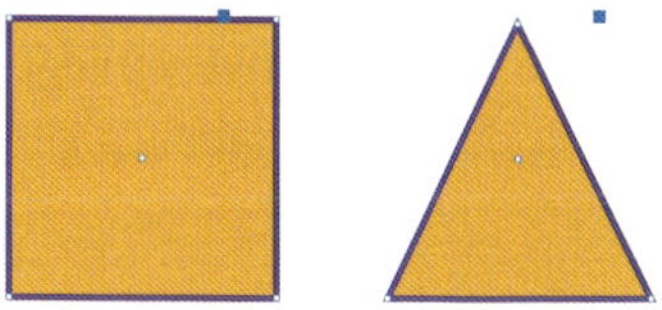

◂ **Abbildung 7.41**
Durch den Befehl DREIECK ändert sich die Pfadform selbst.

Die diversen Konvertierungsbefehle verwenden übrigens immer den zuletzt eingestellten Wert der betreffenden Funktion. So könnten Sie mit einem Doppelklick auf das Polygon-Werkzeug in der Werkzeugleiste die gewünschte Sternform angeben, und bei der nächsten Konvertierung eines Pfades in ein Polygon durch einen Klick auf den betreffenden Button des Pathfinders greift InDesign auf diese Voreinstellung zurück.

Linien zu Rahmen

Mit den Funktionen FORM KONVERTIEREN können auch einfache Linien in Rahmen umgewandelt werden.

Funktionen »Punkt konvertieren«

Die verbleibenden vier Buttons ändern die Art eines oder mehrerer markierter Ankerpunkte. Die Änderung von Ankerpunkten können Sie wie weiter vorn beschrieben mit dem Richtungspunkt-umwandeln-Werkzeug bewerkstelligen, die Funktionen im PATHFINDER- bzw. im EIGENSCHAFTEN-Bedienfeld bieten aber noch weitergehende Optionen, die eine genauere Steuerung beim Umwandeln ermöglichen.

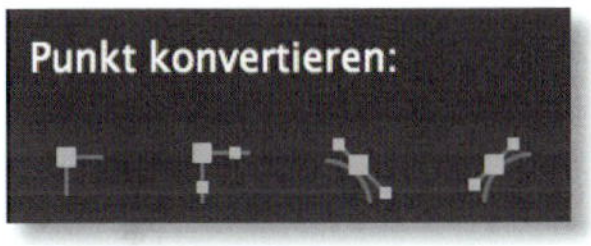

▴ **Abbildung 7.42**
Hiermit kann die Art eines Punktes geändert werden.

Einfacher Eckpunkt

Der erste Button ändert den markierten Übergangspunkt ❺ in einen einfachen Eckpunkt. Dieser weist keine Grifflinien mehr auf ❻:

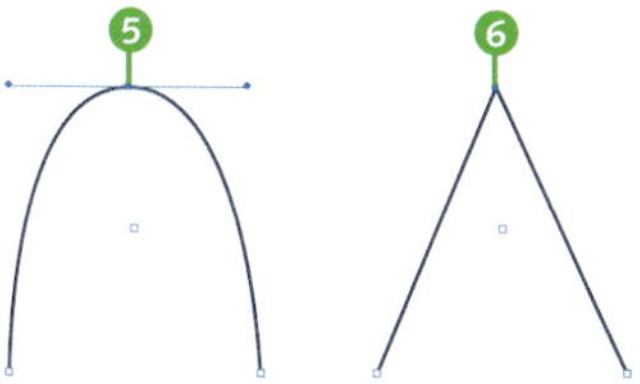

◂ **Abbildung 7.43**
Ein Übergangspunkt wird in einen Eckpunkt ohne Grifflinien umgewandelt.

Eckpunkt

Durch den Button Eckpunkt wird ebenfalls ein Übergangspunkt in einen Eckpunkt umgewandelt, dieses Mal behält der Eckpunkt jedoch Grifflinien, wodurch die ursprüngliche Form des Pfades erhalten bleibt ①. Dass hier nun ein Eckpunkt vorliegt, wird erst durch die weitere Bearbeitung der jetzt unabhängigen Grifflinien sichtbar ②.

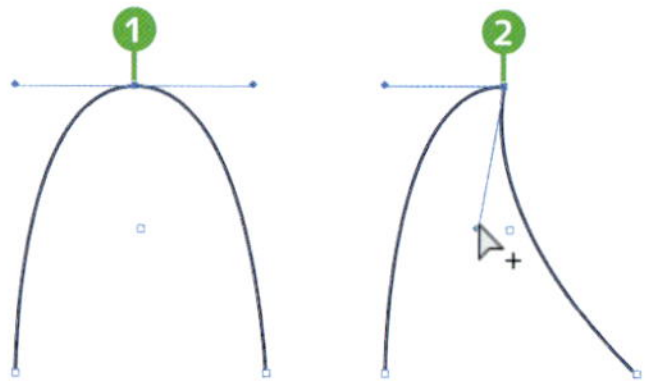

Abbildung 7.44 ▸ Hier behält der Punkt seine Grifflinien auch nach der Umwandlung in einen Eckpunkt.

Kurvenpunkt

Wie bei den Eckpunkten gibt es auch für Kurvenpunkte zwei Buttons. Durch Drücken des Buttons Kurvenpunkt wird eine Ecke ③ in eine Kurve umgewandelt. Die Grifflinien verlaufen nun in einer Linie und sind unterschiedlich lang ④. Dadurch versucht InDesign, die ursprüngliche Form in etwa beizubehalten.

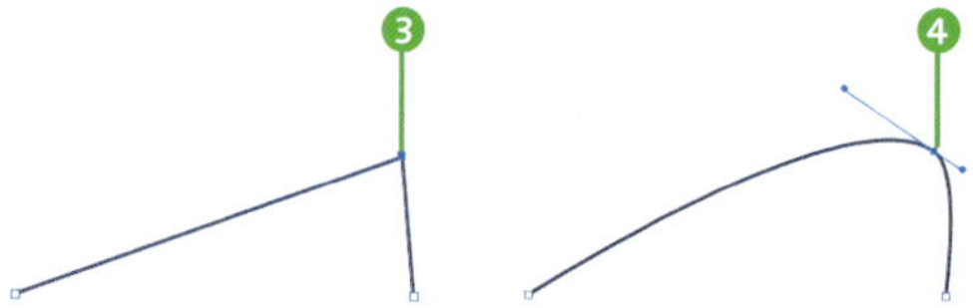

Abbildung 7.45 ▸ Die Funktion Kurvenpunkt erzeugt unterschiedlich lange Grifflinien.

Symmetrischer Kurvenpunkt

Derselbe Ausgangspfad ③ erhält durch Aktivierung des letzten Buttons im Bedienfeld Pathfinder einen etwas anderen Kurvenverlauf. Der Button Symmetrischer Kurvenpunkt erstellt immer gleich lange Grifflinien, weshalb die Kurve ⑤ hier bauchiger ausfällt.

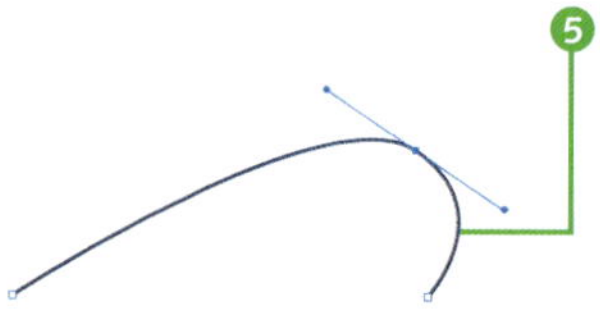

Abbildung 7.46 ▸ Die Funktion Symmetrischer Kurvenpunkt erzeugt gleich lange Grifflinien.

7.4 Eckenoptionen

Einem Rechteck können Sie nicht nur durch den entsprechenden Button im PATHFINDER-Bedienfeld abgerundete Ecken zuweisen. Im Menü OBJEKT können Sie die ECKENOPTIONEN aufrufen, um die Formatierung der Ecken weiter zu steuern:

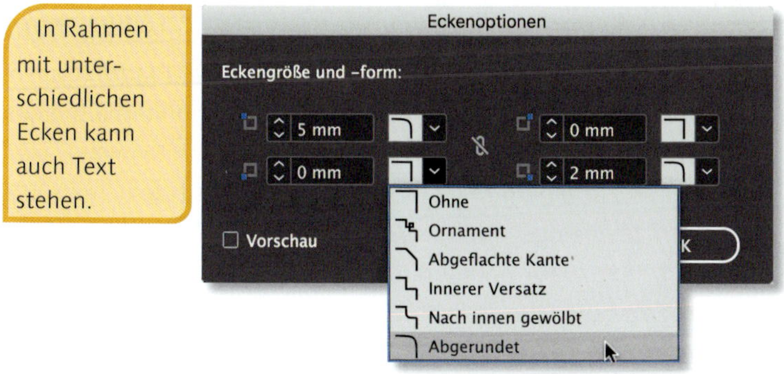

◂ **Abbildung 7.47**
Über die ECKENOPTIONEN sind einem Textrahmen verschiedene Eckenradien und -formen zugewiesen worden.

In den vier Eingabefeldern können Sie für jede Ecke den gewünschten Eckenradius eingeben. Und aus dem Pulldown-Menü daneben lässt sich außerdem für jede Ecke eine individuelle Form auswählen.

Die Ecken können auch direkt am Rahmen geändert werden. Dazu klicken Sie das gelbe Quadrat an der rechten Seite ❻ mit dem Auswahlwerkzeug an. Daraufhin erscheinen vier gelbe Rauten an den Ecken des Rahmens ❼. Durch Ziehen einer Raute wird der Radius für alle Ecken gleichzeitig geändert ❽. Möchten Sie eine Ecke individuell ändern, drücken Sie zusätzlich die ⇧-Taste.

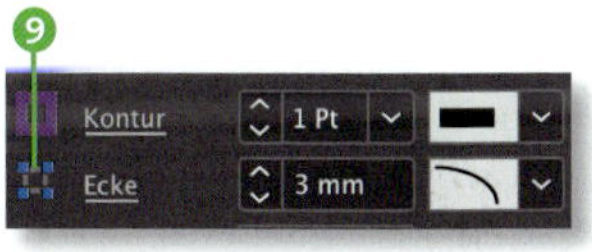

▴ **Abbildung 7.48**
Das EIGENSCHAFTEN-Bedienfeld bietet auch Eckenoptionen.

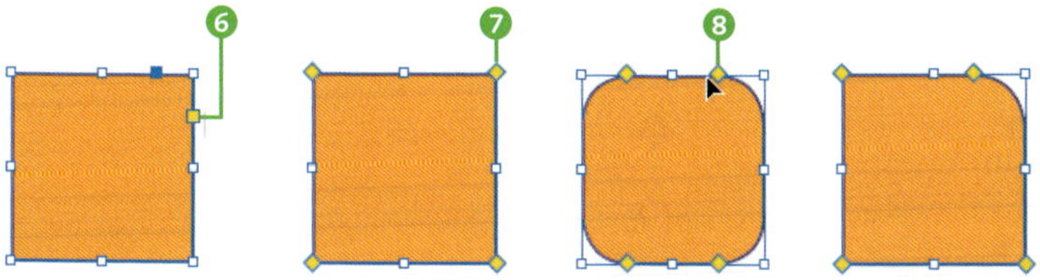

◂ **Abbildung 7.49**
Die Ecken können Sie auch einfach mit dem Auswahlwerkzeug ändern.

Bei aktivem Auswahlwerkzeug können Sie die ECKENOPTIONEN auch im STEUERUNG-Bedienfeld für alle Ecken einstellen. Sehr schnell können Sie die ECKENOPTIONEN eines markierten Objekts aufrufen, indem Sie mit gedrückter alt-Taste auf das entsprechende Icon ❾ im STEUERUNG-Bedienfeld klicken.

7.5 Text auf Pfad

Wenn Sie Text einer bestimmten Form anpassen möchten, bietet InDesign die Möglichkeit, Text auf einem Pfad zu positionieren. Der Text kann auf einem Pfad immer nur einzeilig sein. Passt die Textmenge nicht auf den Pfad, entsteht wie bei Textrahmen Übersatz. Die Form des Pfades kann unabhängig vom Text mit den beschriebenen Techniken weiterbearbeitet werden. Die Techniken der Textbearbeitung unterscheiden sich bei Pfadtext allerdings in einigen Details von der Textmanipulation innerhalb eines Textrahmens.

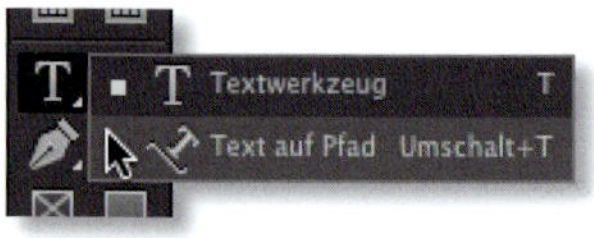

▲ **Abbildung 7.50**
Für die Eingabe von Text auf Pfaden ist ein eigenes Tool vorgesehen.

Text kann auf einem markierten Pfad direkt mit dem Text-auf-Pfad-Werkzeug eingegeben werden. Neben den bekannten Möglichkeiten, Text zu formatieren, bietet InDesign mit drei speziellen Pfadtext-Symbolen zusätzliche Elemente an, den Text zu positionieren: die Anfangsklammer ❶, die Mittelpunktklammer ❷ und die Endklammer ❸.

Abbildung 7.51 ▶
Pfadtexte können mit Hilfe dieser drei Linien auf dem Pfad verschoben werden.

Die Anfangs- und die Endklammer definieren den Bereich, in dem Text auf dem Pfad stehen kann. Mit der Mittelpunktklammer kann der Pfadtext mitsamt den beiden äußeren Klammern verschoben werden. Beachten Sie, dass diese drei Klammern nicht mit einem der Textwerkzeuge verschoben werden, sondern mit dem Auswahlwerkzeug. Das Auswahlwerkzeug blendet kleine Symbole ein, wenn sich der Cursor in der Nähe einer Klammer befindet:

Abbildung 7.52 ▶
Zur Demonstration habe ich drei Symbole für die Klammern in eine Abbildung montiert.

Beim Auswählen der gewünschten Klammer achten Sie darauf, dass Sie nicht die Quadrate an der Anfangs- oder Endklammer anklicken: Dies sind genau wie bei Textrahmen der Texteingang ❹ und der Textausgang ❺. Mit ihnen lassen sich auch mehrere Pfadtexte verketten.

Reicht der Platz eines Pfades für den eingegebenen Text nicht aus, sehen Sie am Textausgang das Übersatzzeichen ❻. Sie können den Pfad einfach durch Verschieben der Griffpunkte verlängern, oder Sie erstellen einen zweiten Pfad, auf dem der Text weiterlaufen soll. Mit einem Klick mit dem Text-auf-Pfad-Werkzeug auf den nächsten Pfad definieren Sie, dass Sie Text auf dem Pfad einfügen möchten. Der Übersatztext wird mit einem Klick auf den Textausgang des ersten Pfades ❻ in den Cursor geladen und kann nun mit einem weiteren Klick auf den zweiten Pfad gesetzt werden.

▼ Abbildung 7.53
Ähnlich wie Textrahmen können auch Pfade mit Texten miteinander verkettet werden.

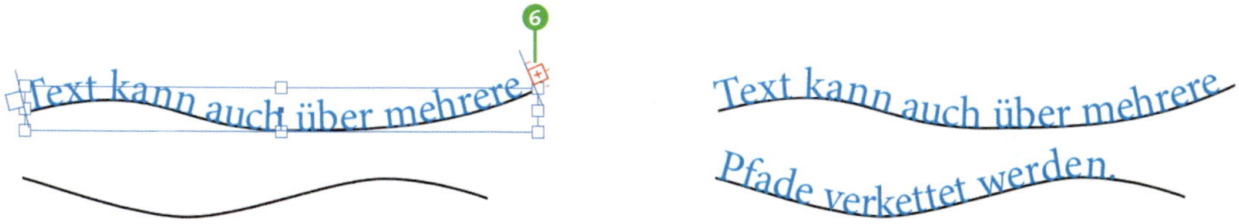

Schritt für Schritt

Text auf Kreispfaden

In diesem Workshop erstellen wir den Pfadtext nebenstehender Wortmarke, dabei kommen mehrere Pfade zum Einsatz.

1 Kreis erstellen

Zeichnen Sie mit dem Ellipse-Werkzeug einen Kreis, indem Sie mit dem Ellipse-Werkzeug einfach auf eine freie Stelle klicken und in dem Dialog, der daraufhin eingeblendet wird, die gewünschte Größe eingeben. Ich arbeite mit einem Kreis, der einen Durchmesser von 25 mm hat.

Falls Ihr Kreispfad eine Flächenfarbe und/oder eine Konturfarbe hat, ändern Sie dies, indem Sie in der Werkzeugleiste erst das Flächen- ❼ bzw. Kontur-Symbol ❽ anklicken und dann jeweils den Button KEINE ANWENDEN ❾ anklicken.

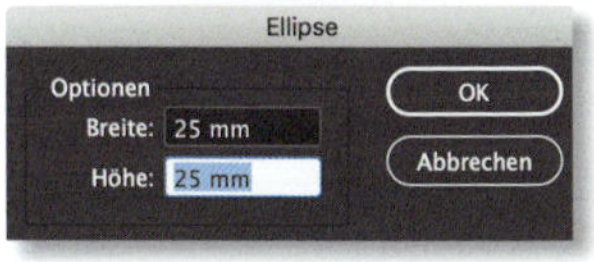

▲ Abbildung 7.54
Wenn Sie mit dem Ellipse-Tool einfach klicken, können Sie die gewünschten Maße direkt angeben.

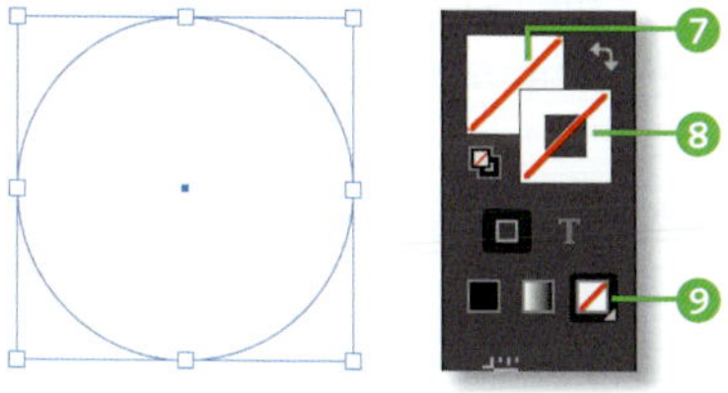

◄ Abbildung 7.55
Weil der Pfad selbst nicht sichtbar sein soll, erhält er weder eine Flächen- noch eine Konturfarbe.

2 Text oben eingeben

Wählen Sie nun das Text-auf-Pfad-Werkzeug, und klicken Sie damit in den oberen Bereich auf den Pfad. An dieser Stelle erscheint direkt die blinkende Texteinfügemarke ①. Geben Sie »Ich bin sie gelaufen« ein. Als Schrift verwende ich hier die Myriad Pro Bold Condensed in 14 Pt.

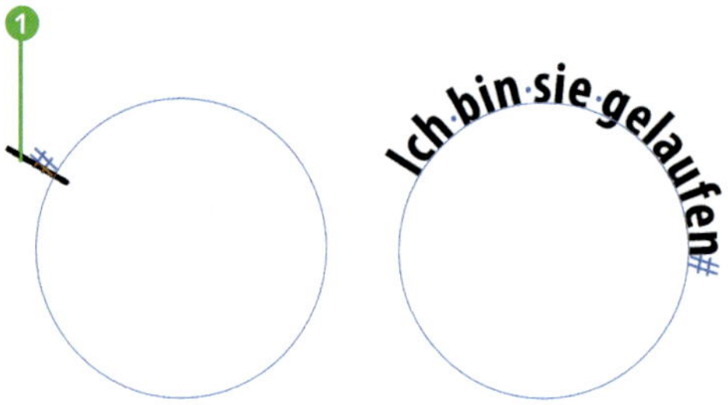

Abbildung 7.56 ▸
Nachdem Sie den Textcursor auf dem Pfad positioniert haben, können Sie direkt losschreiben.

Extras aus-/einblenden

Da wir in diesem Workshop keine Objekte verankern (Abschnitt 9.5, »Verankerte Objekte«), habe ich die Steuermarken für verankertes Objekt über Ansicht • Extras ausgeblendet. Wie immer blende ich mir die Verborgenen Zeichen über das Schrift-Menü ein.

3 Text anpassen und formatieren

Ändern Sie im Absatz- oder Steuerung-Bedienfeld die Satzart auf Zentrieren. Das Ergebnis sieht ziemlich zufällig aus – korrigieren Sie den Stand des Textes, indem Sie die Mittelpunktklammer ② mit dem Auswahlwerkzeug nach oben an die höchste Stelle schieben. Achten Sie dabei darauf, dass die Mittelpunktklammer ③ weiterhin nach außen zeigt, sonst kippt InDesign den Text nach innen.

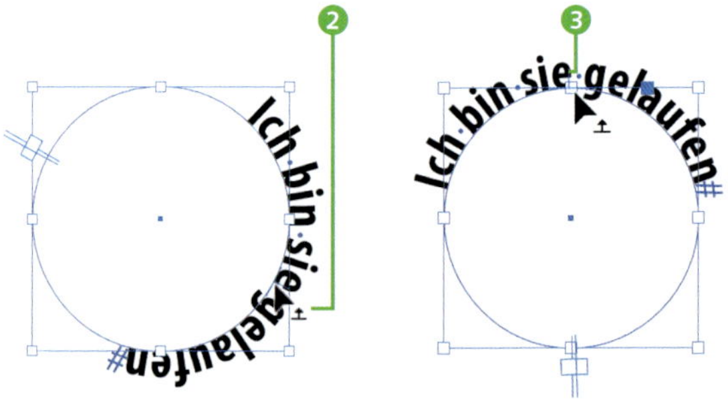

Abbildung 7.57 ▸
An dem Häkchen in der Mitte des Textes wird der Text nach oben in die Mitte geschoben.

Wie Sie sehen können, dreht InDesign die Anfangs- und Endklammer beim Verschieben der Mittelpunktklammer mit.

4 Pfad für den unteren Text erstellen

Der Text, der im unteren Teil stehen soll (im Beispiel »Köln–Jülich«), kann nicht auf demselben Pfad eingegeben werden, da er dann auf dem Kopf stehen würde: Wir müssen hierfür einen zweiten Pfad erstellen. Übrigens kann auch das Schere-Werkzeug nicht den bestehenden Pfad mit dem Text teilen, da es grundsätzlich nicht bei Pfaden mit Text anwendbar ist.

Da der zweite Pfad dieselbe Größe und dieselbe Position wie der erste Kreispfad haben soll, kopieren wir einfach den ersten Pfad und fügen ihn mit BEARBEITEN • AN ORIGINALPOSITION EINFÜGEN an genau derselben Stelle wieder ein. Diesen ungeheuer wichtigen Befehl sollten Sie sich möglichst mit dem Tastaturbefehl Strg/⌘+alt+⇧+V merken. Jetzt liegen zwei exakte Kopien millimetergenau übereinander, was zur Folge hat, dass dies nicht zu erkennen ist.

Sie werden später in diesem Kapitel noch Techniken kennenlernen, mit denen Sie übereinanderliegende Objekte genau markieren können.

Text auf Pfad ändern

Wenn Sie Text auf einem Pfad eingegeben haben, werden alle weiteren Textänderungen mit dem normalen Text-Werkzeug realisiert. Formatierungen nehmen Sie wie gewohnt mit Hilfe der Bedienfelder ZEICHEN, ABSATZ oder STEUERUNG vor.

5 Text unten bearbeiten

Als Nächstes verschieben Sie den Text des oberen Pfades nach unten: Klicken Sie mit dem Auswahlwerkzeug die Mittelpunktklammer im oberen Text an, und ziehen Sie diese auf dem Pfad nach unten auf die gegenüberliegende Seite. Um den Text am Pfad zu spiegeln, damit er nicht über Kopf steht, ziehen Sie die Mittelpunktklammer dabei nach innen ❹. Anschließend ersetzen Sie noch den unteren Text ❺.

Bis-Strich

Ich verwende im Beispiel den Halbgeviertstrich als Bis-Strich (auch Streckenstrich, siehe Abschnitt 3.3, »Zeichen«).

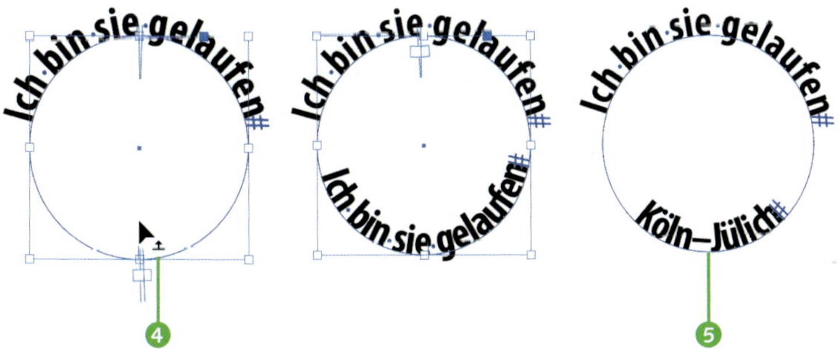

◂ **Abbildung 7.58**
Der Text der standgerechten Kopie wird an der Mittelpunktklammer nach unten geschoben und am Pfad gespiegelt.

6 Pfadtexte angleichen

Die beiden Texte passen noch nicht zusammen, da der obere außerhalb, der untere Text aber innerhalb des Kreises steht. Zur Korrektur markieren Sie beide Pfade, indem Sie mit dem Auswahlwerkzeug ein Auswahlrechteck aufziehen, das beide Kreise berühren muss ❶. Weil beide Objekte genau übereinanderliegen, ist kaum zu erkennen, dass wir zwei Pfade aktiviert haben ❷.

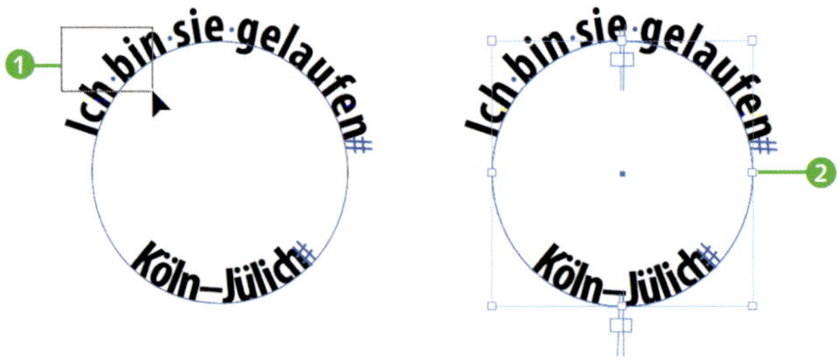

Abbildung 7.59 ▸
Beide Pfadtexte werden zur weiteren Modifikation mit dem Auswahlwerkzeug markiert.

Die einzelnen Texte könnten Sie zwar mittels Grundlinienversatz über den Pfad verschieben, einfacher lässt es sich aber über die PFADTEXTOPTIONEN bewerkstelligen. Dieses Dialogfeld rufen Sie über SCHRIFT • PFADTEXT auf. Im Pulldown-Menü EFFEKT ist REGENBOGEN markiert. Wählen Sie im Pulldown-Menü AUSRICHTEN den Eintrag ZENTRIEREN ❸. Mit dieser Einstellung sind nun beide Texte mit ihrer Schriftgröße mittig an ihren Pfaden ausgerichtet und fügen sich dadurch optisch zu einem Kreis:

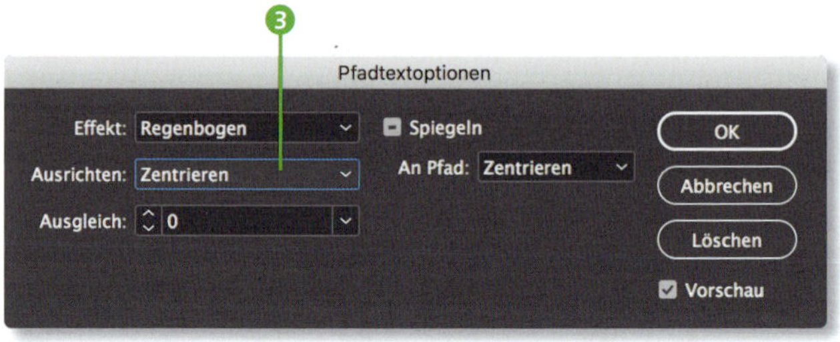

▲ Abbildung 7.60
Auch zu Pfadtexten gibt es ein Dialogfeld – für unsere Wortmarke ist das Menü AUSRICHTEN von Interesse.

7 Mittleren Textrahmen erstellen

Ziehen Sie einen separaten Textrahmen auf, und geben Sie in 33 Pt den Text »42 km« ein ❹. Im Beispiel belasse ich es beim normalen Leerzeichen – im Regelfall wäre hier ja ein Leerzeichen mit einer Achtelgeviertbreite angezeigt (siehe Abschnitt 3.3 unter »Spezielle Zeichen«). Da sich der optische Abstand zwischen Zahl und Einheit aber im weiteren Verlauf durch den Einsatz einer Kontur und eines Schlagschattens ohnehin noch deutlich verringert, bleibe ich hier beim Standardleerzeichen. Verkleinern Sie den Textrahmen, um das Handling nicht unnötig zu erschweren. Sie erreichen dies bequem durch den Befehl RAHMEN AN INHALT ANPASSEN im Kontextmenü. Mit den Pfeiltasten auf der Tastatur ist der aktive Textrahmen schnell an die passende Stelle gerückt. Falls Ihnen die voreingestellte Schrittweite der Pfeiltasten nicht zusagt, können Sie diese in den Voreinstellungen im Bereich EINHEITEN UND EINTEILUNGEN anpassen. Die Voreinstellungen finden Sie am Mac im INDESIGN-, unter Windows im BEARBEITEN-Menü. Ich arbeite in der Regel mit einer Schrittweite von 0,1 mm.

Kleine Textrahmen

Der Befehl RAHMEN AN INHALT ANPASSEN, den Sie in Zusammenhang mit Bildern schon kennengelernt haben, ist auch bei Textrahmen ein hilfreicher »Timesaver«.

◂ **Abbildung 7.61**
Der Text in der Mitte wird hinzugefügt.

8 Texte formatieren

Markieren Sie beide Pfadtexte und den Textrahmen mit dem Auswahlwerkzeug ❺. Im Bereich AUSSEHEN des EIGENSCHAFTEN-Bedienfeldes entscheiden Sie mit einem Klick auf den jeweiligen Button für FLÄCHE ❼ oder KONTUR ❻, was Sie umformatieren möchten. Damit Sie statt der Pfade bzw. des Textrahmens die Texte formatieren, wählen Sie unter ANWENDEN AUF die Option TEXT ❽. Die Formatierungsmodi RAHMEN/KONTUR und TEXT können Sie auch durch J wechseln. Weisen Sie den Texten als Flächenfarbe [PAPIER] und für die Kontur das voreingestellte Rot zu.

◂ **Abbildung 7.62**
Die Texte können gleichzeitig formatiert werden.

Zugriff auf Effekte

Auf die Effekte haben Sie auch über den FX-Button ❶ im Bereich AUSSEHEN innerhalb des EIGENSCHAFTEN-Bedienfeldes Zugriff.

9 Konturstärke modifizieren

Setzen Sie die Kontur von »42 km« auf 3 Pt, die Konturen der beiden Pfadtexte erhalten die Stärke 2 Pt. Markieren Sie hierfür die gewünschten Objekte, und geben Sie den neuen Wert im EIGENSCHAFTEN-Bedienfeld ein ❷.

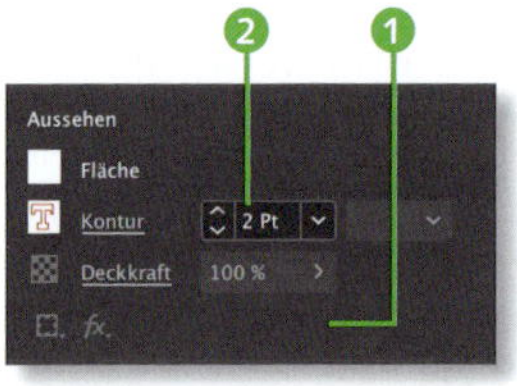

Abbildung 7.63 ▸
Die Konturen der Texte werden angezogen.

10 Zeichenabstand erhöhen

Durch die starken Konturen wirken die Zeichen etwas zu eng, dies können Sie bei Pfadtext mit dem Bedienfeld PFADTEXTOPTIONEN regulieren. Markieren Sie die beiden Pfadtexte, und rufen Sie dann das Bedienfeld PFADTEXTOPTIONEN über SCHRIFT • PFADTEXT auf. Geben Sie bei AUSGLEICH »-2« ein.

▾ **Abbildung 7.64**
Durch negative Werte bei AUSGLEICH wird der Zeichenabstand auf einem gekrümmten Pfad erhöht.

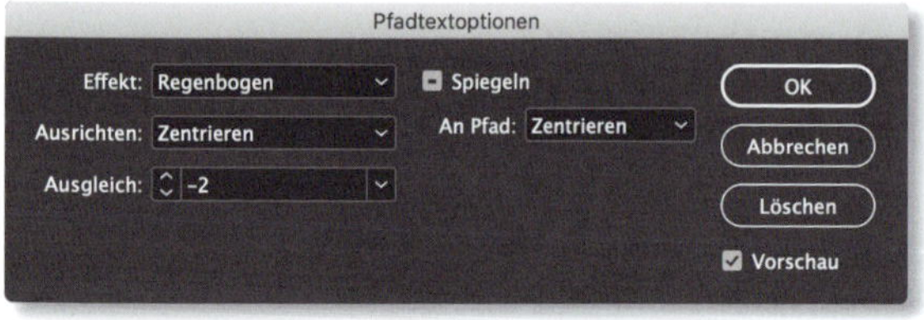

11 Schlagschatten hinzufügen

Einen Schlagschatten können Sie beliebigen Objekten über das Menü OBJEKT • EFFEKTE • SCHLAGSCHATTEN oder über das EIGENSCHAFTEN-Bedienfeld hinzufügen. Meine Einstellungen und das Endergebnis sehen Sie hier:

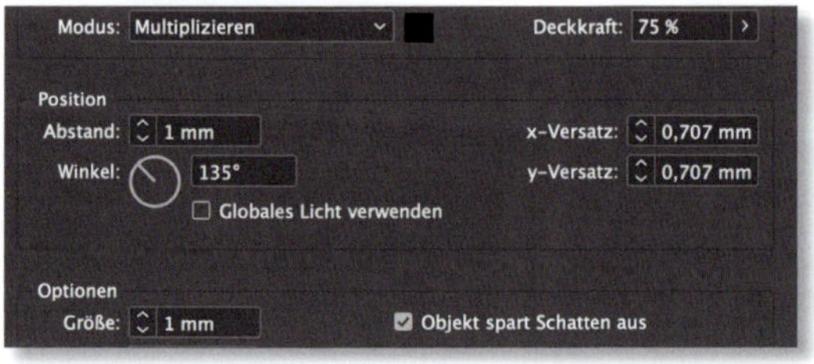

Abbildung 7.65 ▴▸
Diese Einstellungen führen zu dem gewünschten leichten Schlagschatten.

7.6 Arbeiten mit Objekten

Auf den vorangegangenen Seiten haben Sie gesehen, wie Objekte mit dem Auswahlwerkzeug und Pfadsegmente oder Ankerpunkte mit dem Direktauswahl-Werkzeug ausgewählt werden können. Sehen wir uns nun noch weitere wichtige Techniken an, die die Manipulation von Objekten betreffen.

Werkzeughinweise

Um schnell einmal die verschiedenen Funktionen und die Zusatztasten und deren Bedeutung von einzelnen InDesign-Werkzeugen nachzuschauen, öffnen Sie die WERKZEUGHINWEISE über FENSTER • HILFSPROGRAMME.

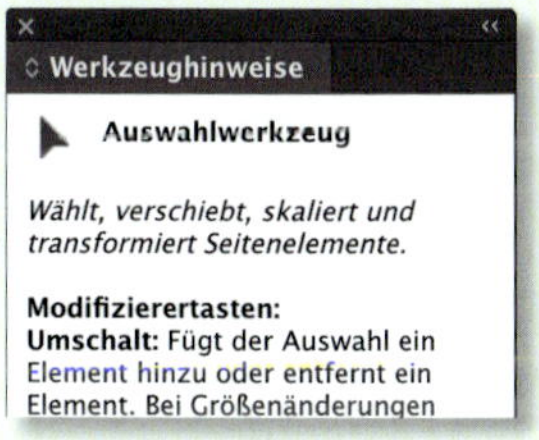

Objekte auswählen

Für die Aktivierung von Objekten ist das wichtigste Werkzeug zuständig: das Auswahlwerkzeug. Sie wählen es mit einem Klick in der Werkzeugleiste aus, drücken das Tastenkürzel [V] oder aktivieren es temporär durch Drücken der [Strg]/[⌘]-Taste.

Ein einzelnes Objekt aktivieren Sie durch einfaches Klicken ❸. Mit gedrückter [⇧]-Taste können Sie andere Objekte der Auswahl hinzufügen ❹. Mehrere nebeneinanderliegende Objekte können Sie gleichzeitig aktivieren, indem Sie ein Auswahlrechteck um die gewünschten Objekte aufziehen ❺. Dabei reicht es, dass das Auswahlrechteck die Objekte lediglich berührt ❻.

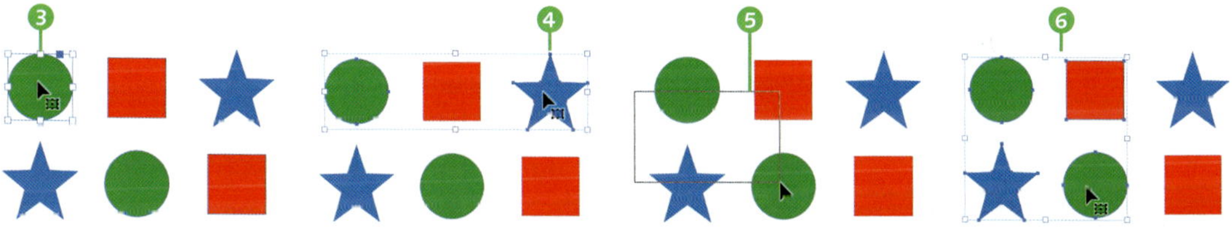

▲ **Abbildung 7.66**
Mehrere Objekte können auf mehrere Arten mit dem Auswahlwerkzeug aktiviert werden.

Wenn Sie einzelne Objekte markieren möchten, die sich teilweise oder ganz verdecken, weil sie übereinanderliegen, halten Sie die [Strg]/[⌘]-Taste beim Klicken gedrückt. Dadurch können Sie sich im Objcktstapel immer weiter nach unten durchklicken. Jedes Objekt, das Sie dabei im Stapel treffen, wird wie gewohnt markiert:

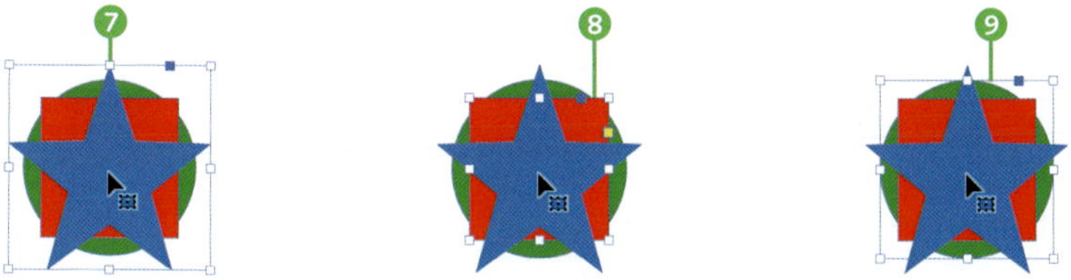

◀ **Abbildung 7.67**
Mit dem Auswahlwerkzeug und gedrückter [Strg]/[⌘]-Taste können Sie sich durch ganze Objektstapel klicken.

Auswahl ändern

Eine Auswahl können Sie mit den verschiedenen Techniken erweitern: Neue Objekte fügen Sie mit gedrückter [⇧]-Taste der bestehenden Auswahl hinzu. Oft ist es einfacher, zunächst eine zu große Auswahl zu treffen, um dann einzelne Objekte wieder von der Auswahl abzuziehen. Klicken Sie hierfür die betreffenden Objekte mit gedrückter [⇧]-Taste an.

Durch den ersten Klick wird der obere Stern ❼ in Abbildung 7.67, durch den zweiten Klick das mittlere Quadrat ❽ und durch den dritten Klick der untere Kreis markiert ❾. Der Cursor braucht dafür nicht bewegt zu werden.

Bei dieser Auswahlmethode ist übrigens entscheidend, ob das Objekt an der Stelle, die angeklickt wird, eine Füllung hat oder nicht – es ist also nicht die Größe des Begrenzungsrahmens für die Markierung ausschlaggebend, sondern die Form und Füllung des Objekts. Der Stern im Beispiel würde also nicht mit ausgewählt werden, wenn das Auswahlwerkzeug nicht auf die tatsächliche Sternfläche klicken würde.

Objekte ausrichten

Häufig sollen Gestaltungselemente wie Textrahmen, Grafikrahmen, Flächen oder Linien in einer ganz bestimmten Weise zueinander angeordnet werden.

Intelligente Hilfslinien

In vielen Fällen reichen schon die Hinweise, die die intelligenten Hilfslinien bereitstellen, wenn Sie ein Objekt in die Nähe von anderen Objekten positionieren. Einstellungen bezüglich der intelligenten Hilfslinien können Sie in den Voreinstellungen im Bereich HILFSLINIEN UND MONTAGEFLÄCHE vornehmen.

So zeigt InDesign durch das Einblenden von Hilfslinien, dass sich Objekte beispielsweise mittig nebeneinander befinden ❶. Auch bei gleichen Abständen zwischen mehreren Objekten wird dies angezeigt ❷.

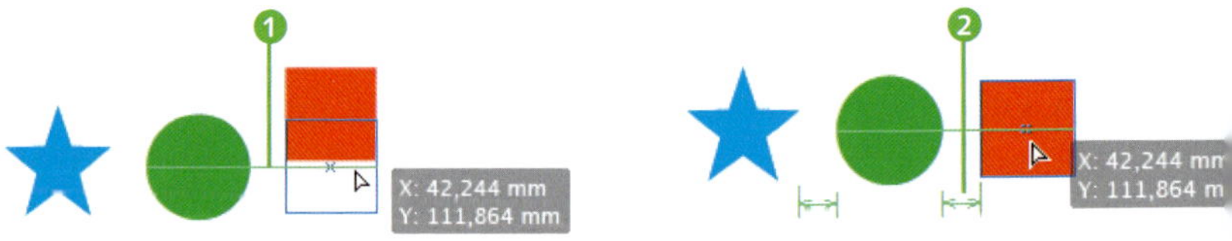

Abbildung 7.68 ▸ Oft reichen schon die intelligenten Hilfslinien, um Objekte aneinander auszurichten.

Wenn Sie mehrere Objekte gleichzeitig nach bestimmten Kriterien ausrichten möchten, reichen die intelligenten Hilfslinien oft nicht mehr aus.

Ausrichten-Funktionen

Wenn Sie ein Objekt oder mehrere Objekte markiert haben, blendet sich im EIGENSCHAFTEN-Bedienfeld der Bereich AUSRICHTEN ein.

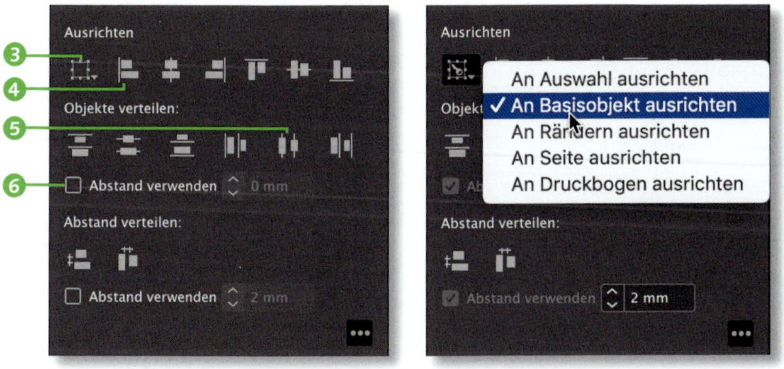

◂ **Abbildung 7.69**
Über die Ausrichten-Funktionen können Sie gut steuern, woran eine Auswahl ausgerichtet werden soll.

▴ **Abbildung 7.70**
So sieht die Ausgangssituation für die folgenden Beispiele der AUSRICHTEN-Befehle aus.

Wenn Sie mit einem Klick auf den Button mit den drei Punkten unten rechts weitere Optionen einblenden, sehen Sie die Unterbereiche OBJEKTE VERTEILEN und ABSTAND VERTEILEN. Das Konzept der Ausrichten-Funktionen möchte ich beispielhaft an drei dieser Funktionen erläutern.

Durch die Betätigung einer der im Bereich OBJEKTE AUSRICHTEN hinterlegten Funktionen werden die markierten Objekte aneinander ausgerichtet: Der Befehl LINKE KANTEN AUSRICHTEN ❹ führt dann auch erwartungsgemäß dazu, dass die Objekte ungeachtet ihrer sonstigen Eigenschaften wie Breite oder Position an der linken Seite des am weitesten links positionierten Objekts (im Beispiel der Stern) ausgerichtet werden ❼. Wenn im Pulldown-Menü (Abbildung 7.69 rechts) statt der voreingestellten Option AN AUSWAHL AUSRICHTEN nun AN RÄNDERN AUSRICHTEN gewählt wird, werden die Objekte dementsprechend am linken Rand zur Seite ausgerichtet ❽. Wenn Sie AN SEITE AUSRICHTEN wählen, werden die aktivierten Objekte bis zur Formatkante versetzt ❾.

▾ **Abbildung 7.71**
Entsprechend der gewählten Option werden die Objekte aneinander oder z. B. am Rand der Seite ausgerichtet.

Eine weitere praktische Option ist An Basisobjekt ausrichten. Dabei richtet InDesign die aktiven Objekte an einem Referenzobjekt aus. Um ein Basisobjekt zu definieren, klicken Sie in der zuvor erstellten Auswahl ein zweites Mal auf eines der aktivierten Objekte ⑩. Wenn Sie dann auf einen der Ausrichten-Buttons klicken, werden alle Objekte der Auswahl an dem Referenzobjekt ausgerichtet ⑪.

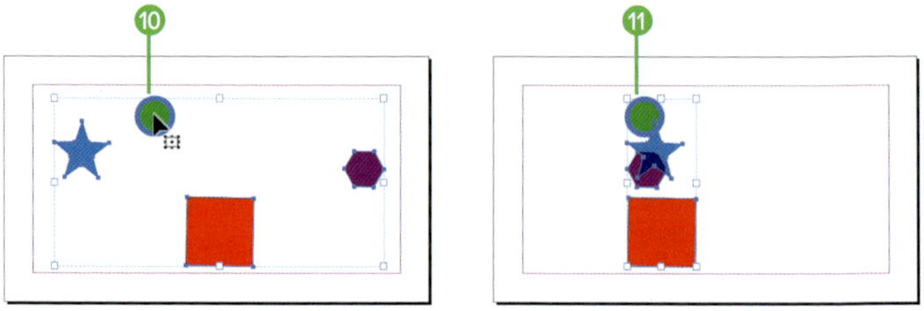

Abbildung 7.72 ▸
Mit einem weiteren Klick bestimmen Sie das Basisobjekt, an dem die anderen Objekte ausgerichtet werden.

Wählen Sie einen der praktischen Befehle des Bereichs Objekte verteilen an, werden die Objekte zwischen denjenigen Objekten verteilt, die sich am weitesten außen befinden. Hierbei entscheidet die Auswahl im Pulldown-Menü darüber, ob diese äußeren Objekte an ihrer ursprünglichen Position bleiben (das ist bei der Option An Auswahl ausrichten der Fall) oder ob diese Objekte mit jeweils einer Kante ihres Begrenzungsrahmens bis an die jeweiligen Ränder verschoben werden (das ist bei der Option An Rändern ausrichten der Fall).

In den folgenden drei Screenshots sind die Ergebnisse des Befehls Um horizontale Mittelachse verteilen (⑤ auf Abbildung 7.69) zu sehen, und zwar einmal ⑫ mit der aktivierten Option An Auswahl ausrichten (③ Abbildung 7.69) und im zweiten Fall ⑬ mit der Option An Rändern ausrichten (④ aus Abbildung 7.69) Für den dritten Screenshot ⑭ habe ich die Option Abstand verwenden (⑥ aus Abbildung 7.69) aktiviert. Die Objekte habe ich mit einem Abstand von 10 mm an ihren Mitten ausgerichtet ⑤.

▾ Abbildung 7.73
Die Befehle des Bereichs Objekte verteilen sind vielseitig und haben großen praktischen Nutzen.

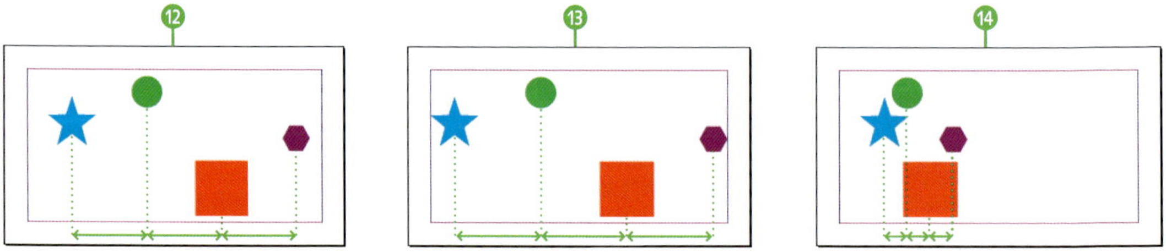

Die beiden Buttons im Bereich ABSTAND VERTEILEN führen bei den aktiven Objekten dazu, dass die Objekte, die sich zwischen den beiden äußeren (bezogen auf die horizontalen oder vertikalen Abstände) befinden, gleichmäßig verteilt werden, so dass alle Objekte denselben Abstand zueinander haben.

Links sehen Sie das Ergebnis von ZWISCHENRAUM HORIZONTAL VERTEILEN bei aktivierter Option AN AUSWAHL AUSRICHTEN, rechts ist die Situation bei aktivierter Option AN RÄNDERN AUSRICHTEN zu sehen.

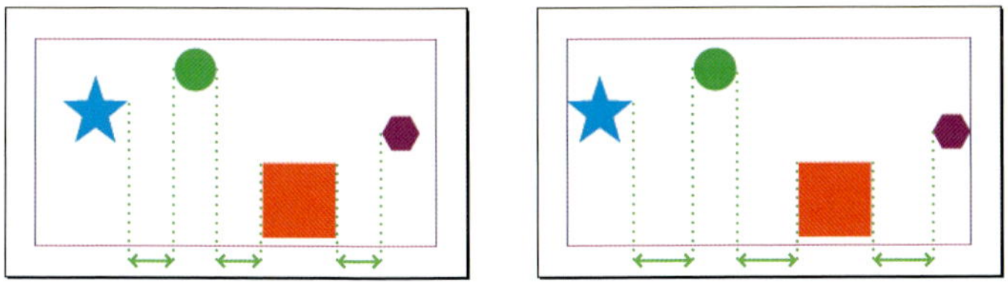

◂ **Abbildung 7.74**
Bei den VERTEILEN-Befehlen führt das Ergebnis immer zu gleichen Abständen zwischen den Objekten.

Wie bei den Funktionen von OBJEKTE VERTEILEN können Sie hier ebenfalls konkrete Abstände angeben, die InDesign beim Verteilen der Objekte erreichen soll.

Objekte gruppieren

Eine wichtige Maßnahme im Umgang mit Objekten ist das Gruppieren. Objekte, die gruppiert wurden, können beispielsweise bezüglich Position, Größe und Drehwinkel wie *ein* Objekt behandelt werden. Objekte in Gruppen ändern ihre individuellen Attribute durch die Gruppierung nicht, es können ohne Weiteres auch verschiedene Objektarten wie Text-, Grafikrahmen und Zeichenobjekte in einer Gruppe zusammengefasst werden. Gruppen können sogar mit anderen Gruppen zu einer größeren Gruppe organisiert werden.

Um Objekte zu gruppieren, wählen Sie nach der Aktivierung der gewünschten Objekte den Befehl OBJEKT • GRUPPIEREN, oder Sie verwenden den Tastaturbefehl [Strg]/[⌘]+[G]. Markierte Gruppen sind – genauso wie bei einem einzelnen Objekt – durch einen Begrenzungsrahmen gekennzeichnet. Gruppen können über Objekt • GRUPPIERUNG AUFHEBEN oder den Tastaturbefehl [Strg]/[⌘]+[⇧]+[G] wieder aufgelöst werden und verhalten sich wieder genauso wie vor der Gruppierung.

Für das folgende Beispiel habe ich die vier Objekte gruppiert ❶, mit dem Auswahlwerkzeug verschoben ❷, gedreht und durch Ziehen an der unteren rechten Ecke bei gedrückter [⇧]-Taste proportional vergrößert ❸.

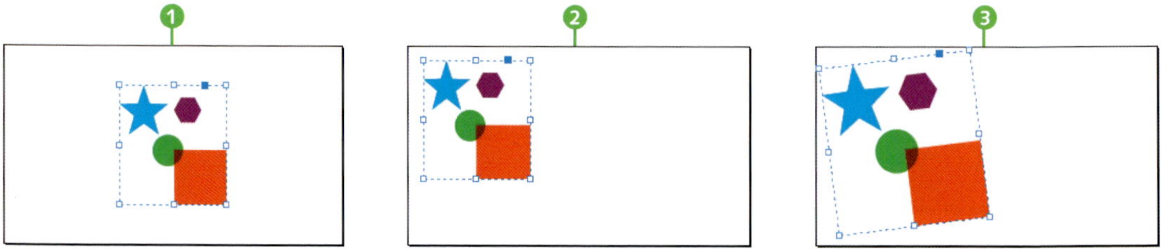

▲ **Abbildung 7.75**
Sollen mehrere Objekte ihre relative Position zueinander behalten, bietet sich die Gruppierung an.

Objekte, die sich in einer Gruppe befinden, können mit einem Doppelklick aktiviert und individuell bearbeitet werden ❹. Durch Drücken der [Esc]-Taste wird die Markierung des einzelnen Objekts aufgehoben, und die gesamte übergeordnete Gruppe ❺ ist wieder aktiviert.

Abbildung 7.76 ▶
Einzelne Objekte können in einer Gruppe ausgewählt und weiter editiert werden.

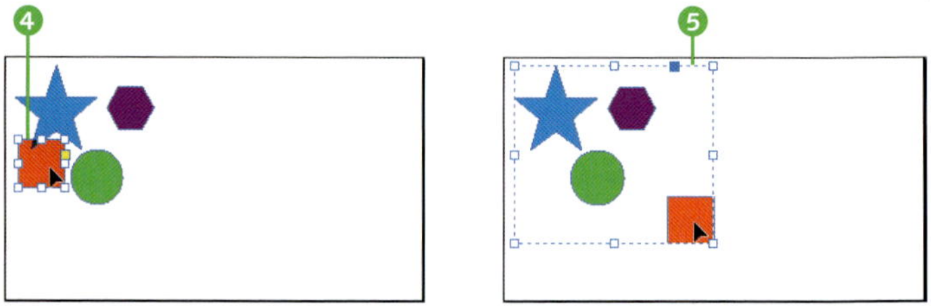

Objekte duplizieren

Objekte können auf verschiedene Weise vervielfältigt werden. Die naheliegendste ist gleichzeitig die ungenaueste Methode: Nachdem Sie das betreffende Objekt markiert haben, laden Sie es über Bearbeiten • Kopieren in den Zwischenspeicher und setzen es daraufhin mit Bearbeiten • Einfügen wieder ein. Hierbei erstellt InDesign eine Kopie und setzt diese auf die Mitte des sichtbaren Bereichs einer Dokumentseite.

Nach dem Kopieren kann ein Duplikat aber auch mit Bearbeiten • An Originalposition einfügen entweder genau über dem Original eingefügt werden, wie Sie es im Workshop mit der »42 km«-Wortmarke gesehen haben, oder Sie wechseln zu einer anderen Seite und fügen dort die Kopie standgerecht ein.

Standgerechtes Einfügen

Das standgerechte Einfügen von Objekten mit dem Befehl An Originalposition einfügen funktioniert auch bei Objekten, die Sie über Bearbeiten • Ausschneiden ausgeschnitten haben.

Des Weiteren können Sie auch einfach das Originalobjekt mit dem Auswahlwerkzeug markieren und mit gedrückter [alt]-Taste an eine andere Position auf der Seite ziehen – hierdurch wird ebenfalls eine Kopie erzeugt.

Im Menü Bearbeiten finden Sie dann auch noch die Befehle Duplizieren und Duplizieren und versetzt einfügen. Während Sie beim ersten der beiden Befehle keine besonderen Steuerungsmöglichkeiten haben, außer dass sich InDesign die Einstellungen vom letzten Duplizieren merkt und diese erneut anwendet, öffnet sich durch Duplizieren und versetzt einfügen das folgende Dialogfeld, in dem Sie die gewünschten Eingaben machen können:

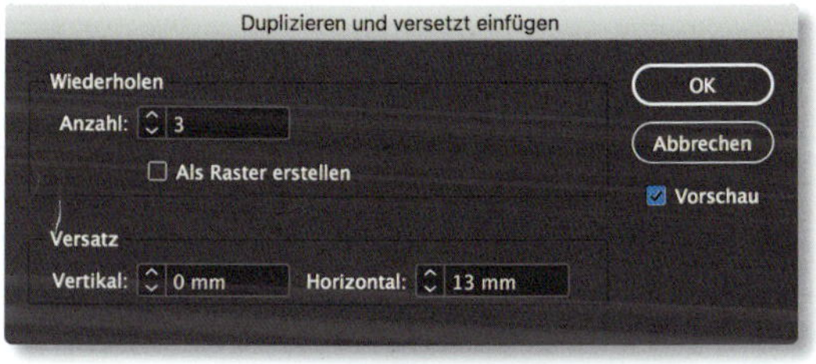

◂ **Abbildung 7.77**
Wenn Sie viele Duplikate in einem bestimmten Abstand brauchen: Über dieses Dialogfeld sind die Kopien im Handumdrehen erstellt.

Objekt sperren

Wenn Sie einzelne Objekte oder Gruppen zeitweise von einer weiteren Bearbeitung ausnehmen möchten, können Sie diese mit dem Befehl Objekt • Sperren auf der Dokumentseite festsetzen. Bei Gruppen wird durch diesen Befehl immer die gesamte Gruppierung gesperrt.

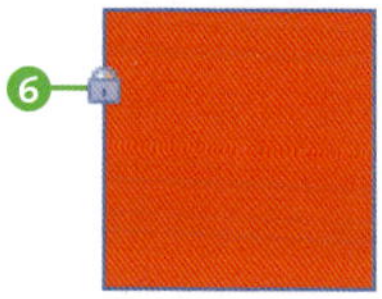

◂ **Abbildung 7.78**
Gesperrte Objekte können nicht bearbeitet werden und sind erkennbar am abgeschlossenen Schloss.

Objekte, die gesperrt wurden, werden mit einem Schloss 6 gekennzeichnet und sind dann nicht mehr aktivierbar. Ein Klick auf das Schloss entsperrt das Objekt und ermöglicht eine weitere Bearbeitung. Sind mehrere Objekte auf einer Seite oder einem Druckbogen gesperrt worden, können Sie diese mit Objekt • Alles auf Druckbogen entsperren lösen.

Ebenen

Objekte und ganze Ebenen können Sie auch im Bedienfeld Ebenen sperren und lösen (siehe Abschnitt 8.5, »Ebenen«).

7.7 QR-Code

QR-Code

Die Bezeichnung für diese meist schwarzweißen, quadratischen Kästchenmuster leitet sich von »quick response« (engl. für »schnelle Antwort«) ab.

Dieses spezielle Objekt verdient zum Abschluss des Kapitels noch unsere Aufmerksamkeit. QR-Codes, die Sie von InDesign generieren lassen, sind eine eigenständige Art von Objekt, die sich in mancher Hinsicht wie eine Grafik verhält, dabei aber keine gewöhnliche Grafik ist. InDesign erstellt um jeden neuen QR-Code einen Grafikrahmen, in dem der Code wie bei anderen Grafikdaten frei verschiebbar ist. Sie können auch erst einen Rahmen z. B. mit dem Rechteckrahmen-Werkzeug erstellen, in dem der neue Code erstellt wird.

In beiden Fällen rufen Sie über OBJEKT • QR-CODE GENERIEREN ein Fenster auf, in dem Sie die gewünschten Informationen und Formatierungen eingeben und ändern können. Neben der automatisch aktiven Option NUR TEXT können Sie vier weitere Inhalte im QR-Code hinterlegen ❶.

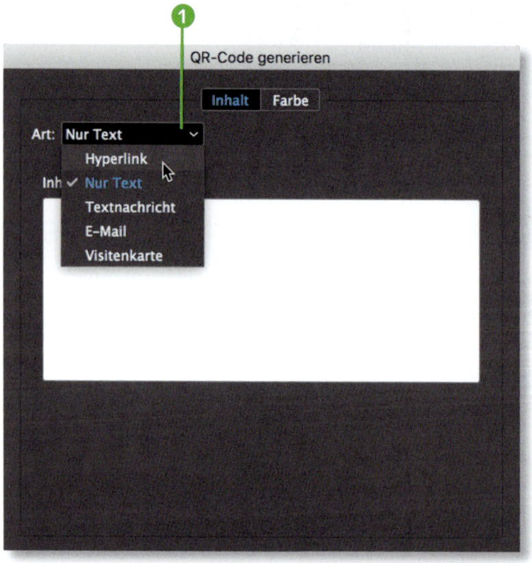

Abbildung 7.79 ▸
Sie können fünf verschiedene Inhalte als QR-Code generieren.

Im Unterschied zu anderen QR-Code-Generatoren können Sie die Inhalte eines bereits erstellten QR-Codes jederzeit wieder ändern. Rufen Sie hierfür einfach per Kontextmenü den Befehl QR-CODE BEARBEITEN auf. Sie gelangen dann wieder zu oben abgebildetem Fenster, nur die Titelzeile ist anders benannt. Nun können Sie nicht nur den Inhalt des Codes ändern, auch die Art lässt sich so erneut festlegen.

Die Farbe des Codes legen Sie fest, indem Sie auf den Reiter FARBE ❷ klicken und eines der zuvor im aktiven Dokument definierten Farbfelder wählen. Mit der hier gewählten Farbe wird der Code selbst gefärbt ❸.

◂ **Abbildung 7.80**
Die Farbe des Codes kann wie sein Inhalt auch später modifiziert werden.

Falls Sie auch den Hintergrund eines QR-Codes einfärben möchten, können Sie dies wie von anderen Rahmenobjekten gewohnt erledigen. Grundsätzlich sollten Sie beim Erstellen von QR-Codes auf einen möglichst hohen Kontrast von Code zu Hintergrund achten.

InDesign blendet Ihnen per QuickInfo die jeweiligen Infos ein, die als QR-Code generiert wurden ❺, wenn Sie den Cursor über einem Code stehen lassen. Dabei ist es unerheblich, welches Werkzeug gerade aktiv ist. Trotz des eingeblendeten Inhaltsauswahlwerkzeugs ❹ liegt bei QR-Codes weder eine verknüpfte noch eine eingebettete Grafik vor, weshalb QR-Codes auch nicht im VERKNÜPFUNGEN-Bedienfeld zu finden sind.

URL-Shortener

Die Komplexität eines QR-Codes ist abhängig von der Informationsmenge, die erfasst wird. So kann es sich lohnen, lange Webadressen bei einem Dienst wie *t1p.de* oder *tinyurl.de* zu kürzen und diese Kurz-URL im QR-Code zu verwenden, damit QR-Scanner das Muster besser erfassen können.

◂ **Abbildung 7.81**
InDesign blendet die im Code hinterlegten Informationen ein, wenn der Cursor über einem QR-Code steht.

8

Praktische Hilfsmittel

Die Lotsen von InDesign

- Wofür werden Lineale in InDesign verwendet?
- Was sind Hilfslinien, und wie werden sie erstellt?
- Was sind intelligente Hilfslinien?
- Was ist ein Grundlinienraster?
- Wie kann ich einen Satzspiegel konstruieren?
- Was sind Ebenen, und wie kann ich damit Objekte organisieren?
- Wie kann ich die mächtige GREP-Suche selbst einsetzen?

8 Praktische Hilfsmittel

Mittlerweile haben Sie eine Reihe wichtiger und zeitsparender Funktionen von InDesign kennengelernt. Diese Tools nutzen das Konzept von der zentralen Verwaltung aus, damit Sie dieselben Attribute wie Farbe, Zeichen- und Absatzformate sowie Layoutentscheidungen etwa bezüglich Rändern und Spalten nicht immer wieder eingeben müssen. In diesem Kapitel werde ich Ihnen weitere Hilfsmittel vorstellen, die das Gestalten in InDesign spürbar effizienter werden lassen.

8.1 Lineale

▲ **Abbildung 8.1**
Lineale können Sie wie einige andere Hilfsmittel auch über die Werkzeugleiste einblenden.

Als Vorbereitung zu den Hilfslinien beschäftigen wir uns mit den Linealen. Sie werden über ANSICHT • LINEALE EINBLENDEN, das Menü ANZEIGEOPTIONEN der Anwendungsleiste oder durch Strg/⌘+R (»R« für engl. »ruler«) eingeblendet. Sie sind nicht Teil des Layouts und werden somit bei der Ausgabe nicht berücksichtigt. Die Position des horizontalen und vertikalen Lineals ist immer am oberen bzw. linken Rand des Dokumentfensters. Die Einheit der Lineale lässt sich über das Kontextmenü ändern, das sich durch einen Rechtsklick auf ein Lineal öffnet.

Abbildung 8.2 ▶
Wichtige Linealeinstellungen können Sie direkt im Kontextmenü der Lineale vornehmen.

Die Linealeinheiten können für beide Lineale unterschiedlich angegeben werden. Die Einheiten, die für die Lineale gelten, werden auch für die Objektangaben im Eigenschaften-, Steuerung- und Transformieren-Bedienfeld angewendet.

Im Lineal-Kontextmenü können Sie auch festlegen, ob sich das horizontale Lineal über den gesamten Druckbogen erstrecken soll ❶, ob jede Seite ein eigenes Lineal haben soll (❷ und ❸) oder ob sich das Lineal vom Bund ❹ aus nach links und rechts ausdehnen soll.

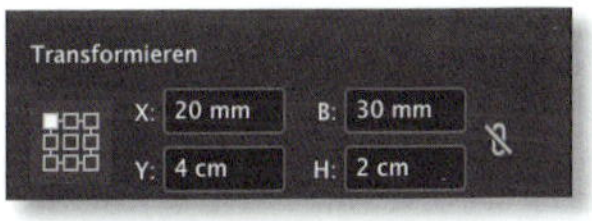

▲ **Abbildung 8.3**
Unterschiedliche Linealeinheiten werden von den Objektangaben in den Bedienfeldern übernommen.

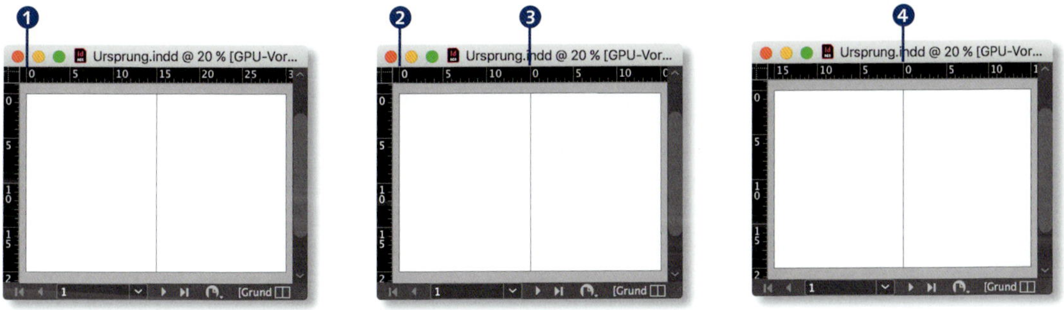

▲ **Abbildung 8.4**
Die Ausrichtung der Lineale können Sie je nach Bedarf ändern.

Alle Positionierungsmaße von Objekten werden vom Linealursprung aus angegeben. Dieser befindet sich bei neuen Dokumenten immer in der linken oberen Ecke eines Druckbogens. Möchten Sie diesen Ursprung an eine andere Stelle verschieben, müssen Sie eine der Optionen Lineal pro Seite oder Lineal pro Druckbogen wählen. Das Fadenkreuz links oben ❺ symbolisiert den Linealursprung und kann frei auf der Seite positioniert werden ❻. Die neue Position des Ursprungs (❼ und ❽) ändert sich für alle Seiten des Dokuments und kann mit einem Doppelklick auf das Fadenkreuz ❺ in der linken oberen Ecke des Druckbogens zurückgesetzt werden.

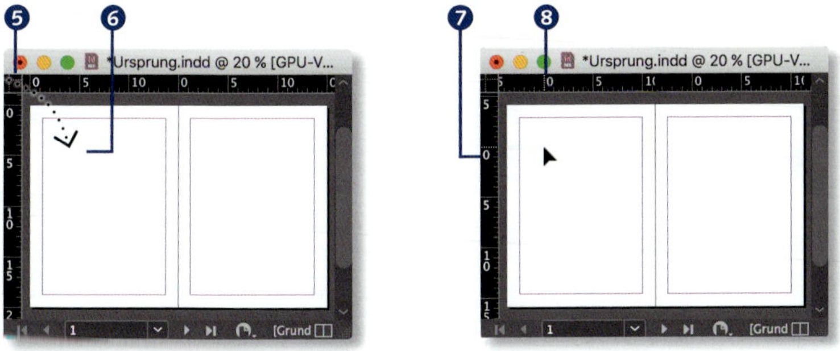

◂ **Abbildung 8.5**
Hier lege ich den neuen Ursprung der Lineale fest.

8.2 Hilfslinien

Hilfslinien ausdrucken

Hilfslinien werden nur ausgegeben, wenn Sie im Drucken-Dialog die entsprechende Checkbox markiert haben.

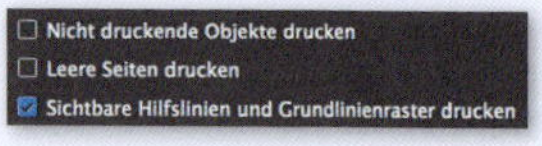

Eines der wichtigsten Hilfsmittel in DTP-Programmen sind Hilfslinien, die vom Anwender frei positioniert werden können, um an ihnen Objekte auszurichten. Hinsichtlich der Positionierung ähneln Hilfslinien Pfaden, aber im Gegensatz zu Pfaden können Sie einer Hilfslinie z.B. keine Konturstärke oder Flächenfarbe zuweisen. Hilfslinien können auch nicht in ihrer Form geändert werden, sie sind immer gerade und vertikal oder horizontal ausgerichtet.

Hilfslinien auf Musterseiten

Wenn Sie Hilfslinien auf mehreren Seiten benötigen, legen Sie die Linien auf den entsprechenden Musterseiten an.

Hilfslinien aus dem Lineal auf die Seite ziehen

Hilfslinien können am einfachsten erstellt werden, indem sie aus dem Lineal gezogen und an beliebiger Stelle der Dokument- oder Musterseite positioniert werden. Dabei entscheidet die Stelle, an der die Hilfslinie losgelassen wird, darüber, ob die Hilfslinie auf dem gesamten Druckbogen oder nur auf einer Seite positioniert wird. Eine Seitenhilfslinie wird erstellt, wenn die neue Hilfslinie auf der Seite selbst losgelassen wird ❶. Um eine sogenannte Druckbogenhilfslinie zu erstellen, wird die Hilfslinie auf der Montagefläche ❷ losgelassen.

Zwei Hilfslinien erstellen

Ziehen Sie mit gedrückter [Strg]/[⌘]-Taste aus dem Ursprungssymbol oben links den Cursor auf die Seite, werden ein horizontales und ein vertikales Lineal erstellt.

Die Positionierung können Sie auf die aktuelle Linealeinheit beschränken, indem Sie beim Ziehen einer Linie aus dem Lineal die [⇧]-Taste drücken. Die Hilfslinie rastet dadurch in der gewählten Linealeinheit ein.

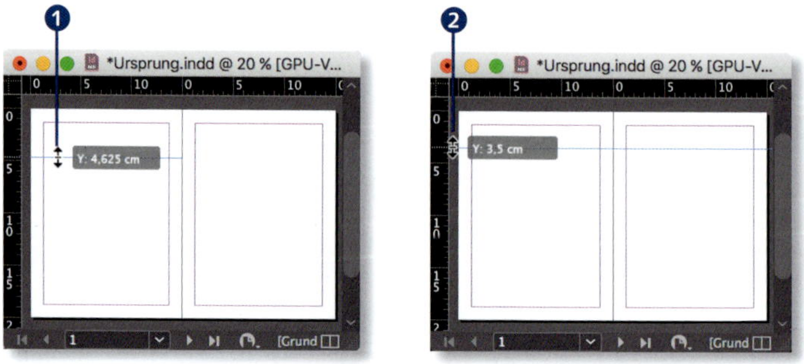

Abbildung 8.6 ▸ Hilfslinien können für eine Seite oder einen ganzen Druckbogen erzeugt werden.

Hilfslinien können beliebig auf der Seite verschoben werden. Mit einem der Auswahl-Tools können Sie eine Hilfslinie wie gewohnt markieren und wie ein gewöhnliches Objekt an die gewünschte

Stelle der Seite schieben. Soll die Hilfslinie an einer konkreten Stelle positioniert werden, können Sie dies durch die Eingabe des entsprechenden numerischen Wertes bei der X- bzw. Y-Position erreichen (siehe Abbildung 8.7).

Die Auswahl mehrerer Hilfslinien ist, wie von anderen Objekten bekannt, mit gedrückter ⇧-Taste möglich. Soll eine Hilfslinie gelöscht werden, wird sie zurück auf ein Lineal gezogen oder mit BEARBEITEN • LÖSCHEN von der Seite entfernt. Sollen alle Hilfslinien einer Seite bzw. eines Druckbogens gelöscht werden, rufen Sie den Befehl ALLE HILFSLINIEN AUF DRUCKBOGEN LÖSCHEN im Kontextmenü der Lineale auf.

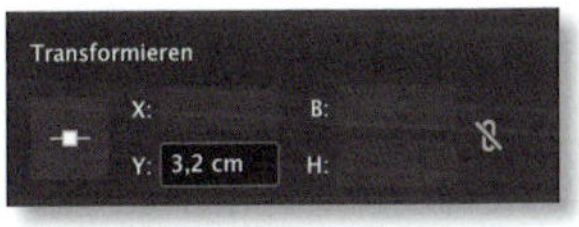

▲ **Abbildung 8.7**
Im EIGENSCHAFTEN-Bedienfeld können Sie für Hilfslinien den X- oder den Y-Wert eingeben.

Hilfslinien sperren

Damit Hilfslinien nicht aus Versehen markiert und verschoben werden, können Sie Hilfslinien festsetzen. Den entsprechenden Befehl finden Sie unter ANSICHT • RASTER UND HILFSLINIEN • HILFSLINIEN SPERREN. Über das Kontextmenü, das Sie sich mit einem Rechtsklick auf eine leere Stelle Ihres Dokuments einblenden lassen können, haben Sie noch schnelleren Zugriff auf alle Funktionen, die die verschiedenen Hilfslinien betreffen.

Direkte Aktivierung

Hilfslinien werden bei dem Befehl BEARBEITEN • ALLES AUSWÄHLEN nicht mit berücksichtigt, wenn sich schon andere Objekte auf der Seite befinden, und müssen dann extra markiert werden.

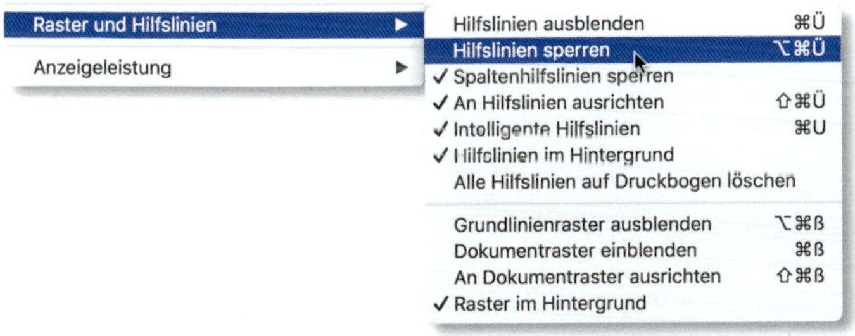

◂ **Abbildung 8.8**
Einen besonders schnellen Zugriff auf die zahlreichen Hilfslinienoptionen bietet Ihnen das Kontextmenü.

Um dieses Kontextmenü aufzurufen, das übrigens über zwei Befehle mehr als sein Pendant im ANSICHT-Menü verfügt, darf allerdings kein Objekt markiert sein. Um eventuell aktive Objekte zu demarkieren, drücken Sie den Tastaturbefehl Strg/⌘+⇧+A für AUSWAHL AUFHEBEN im BEARBEITEN-Menü.

Durch den Befehl HILFSLINIEN SPERREN werden alle erstellten Hilfslinien vor einer Bearbeitung so lange geschützt, bis der genannte Befehl erneut ausgeführt und dadurch das Häkchen vor dem Befehl im Menü entfernt wird.

Hilfslinien per Doppelklick

Mit einem Doppelklick auf ein Lineal wird an der entsprechenden Stelle ebenfalls eine Hilfslinie erstellt.

Ausrichtungsbereich

Ab welcher Entfernung von einer Hilfslinie diese ein Objekt anziehen soll, können Sie unter Bearbeiten/InDesign • Voreinstellungen im Bereich Hilfslinien und Montagefläche einstellen.

Beachten Sie beim Umgang mit Hilfslinien, dass Objekte nur dann an Hilfslinien ausgerichtet werden können, wenn die Hilfslinien auf »sichtbar« gestellt sind und die Option An Hilfslinien ausrichten aktiviert wurde. Der gewählte Bildschirmmodus hat hingegen keinen Einfluss auf das Verhalten der Hilfslinien.

Hilfslinien automatisch erstellen

Wenn Sie Hilfslinien automatisch und in Abhängigkeit vom Seitenformat oder vom erstellten Satzspiegel erstellen möchten, rufen Sie hierfür im Layout-Menü den Eintrag Hilfslinien erstellen auf. Analog zu den Angaben bei Spalten, die Sie bereits aus dem Dialog Neues Dokument kennen, können hier auch Zeilen mit den dazugehörigen Abständen, die hier mit Ränder bezeichnet sind, erstellt werden. Von großer Bedeutung sind hier die Optionen. Sie haben die Wahl, ob sich die neuen Hilfslinien am Satzspiegel, also an den aktuellen Rändern ❹, oder an der gesamten Seite orientieren sollen ❸. Die jeweiligen Ergebnisse fallen gegebenenfalls deutlich anders aus. In den abgebildeten Beispielen wurde einmal Ränder ❶ und einmal Seite ❷ als Anpassungsoption gewählt, die anderen Einstellungen entsprachen dem unten abgebildeten Screenshot.

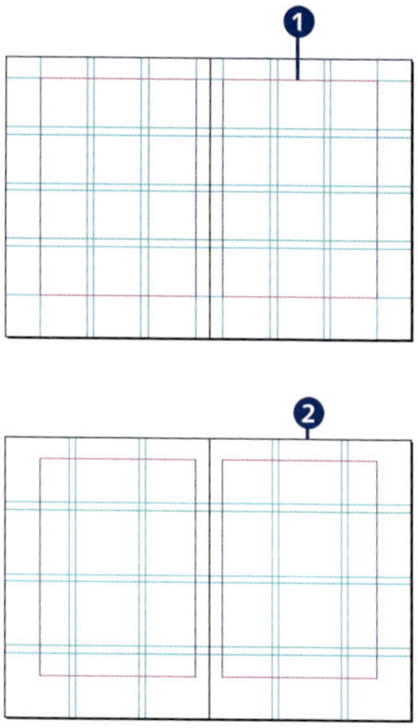

▲ **Abbildung 8.9**
Mit Ausnahme der Ränder-/Seite-Anpassung habe ich die Hilfslinien bei beiden Versionen mit denselben Einstellungen erstellt.

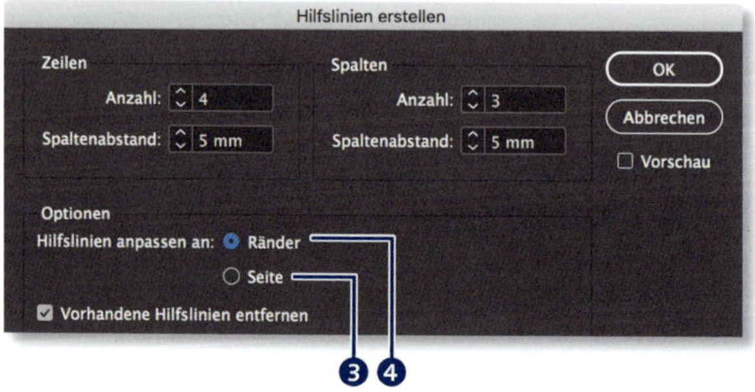

Wenn Sie eventuell vorher erstellte Hilfslinien entfernen möchten, brauchen Sie nur die entsprechende Checkbox zu markieren.

Mit Hilfe des Hilfslinien erstellen-Dialogs lässt sich der Satzspiegel, der durch die Ränder und Spalten der Seiten definiert wird, weiter in sogenannte Rasterzellen oder -felder aufteilen. Das Layouten mit solchen Rastersystemen gewährleistet ein durchgängiges, wiedererkennbares Layout, da die erstellten Felder für Bilder und die Positionierung von Textrahmen verwendet werden. Somit gibt es abhängig von der Anzahl der Rasterfelder eine überschaubare Menge möglicher Bildrahmenformate. Aus diesem Grund kann man zügig in solche Gestaltungsraster hineinarbeiten. Diese Art der Gestaltung wird *Rastertypografie* genannt und ist innerhalb der Typografie eines der zentralen Themen.

Intelligente Hilfslinien

InDesign blendet die intelligenten Hilfslinien nur bei Bedarf ein und führt Vergleiche zu Objekten in der Nähe durch.

Wird ein Objekt in der Nähe eines anderen positioniert, blendet InDesign kurzzeitig die intelligenten Hilfslinien ein, die anzeigen, dass das aktive Objekt mit dem benachbarten Objekt an einer Kante oder an der Objektmitte ausgerichtet ist oder über dieselbe Breite, dieselbe Höhe oder denselben Drehwinkel verfügt. Genauso zeigen die intelligenten Hilfslinien an, wenn ein Objekt in der vertikalen und/oder horizontalen Seitenmitte platziert ist.

Im Beispiel unten ist das aktive Rechteck an der Oberkante ❺ des großen Rechtecks links ausgerichtet. Die intelligenten Hilfslinien blenden hier auch einen Hinweis ❻ ein, dass der Abstand zwischen den drei Objekten gleich ist.

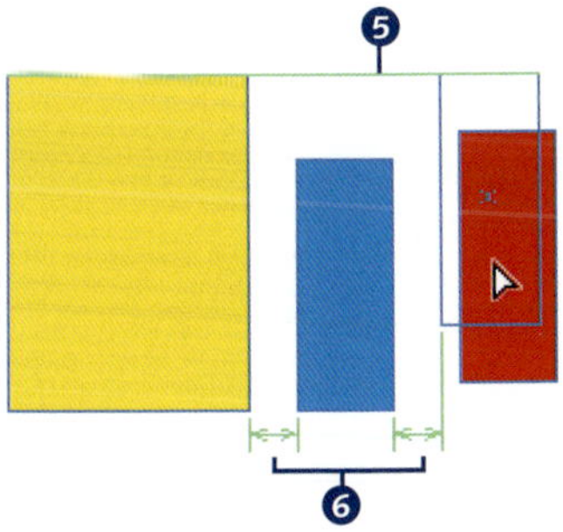

◂ **Abbildung 8.10**
Die intelligenten Hilfslinien haben enormes Potenzial für zeitsparendes Arbeiten.

Einzelne Kategorien können Sie in den Voreinstellungen unter Bearbeiten/InDesign • Voreinstellungen im Bereich Hilfslinien und Montagefläche ausschalten. Des Weiteren können Sie dort auch die Farbe der intelligenten Hilfslinien ändern, sollte Ihnen das vordefinierte Grün nicht zusagen.

8.3 Grundlinienraster

Textrahmenoptionen

Für Textrahmen (Objekt • Textrahmenoptionen) lassen sich individuelle Grundlinienraster anlegen.

Am Grundlinienraster, das aus einer Vielzahl von horizontalen Hilfslinien besteht, können Sie Texte und Bilder ausrichten. Eingeblendet wird es über Ansicht • Raster und Hilfslinien • Grundlinienraster einblenden und ist wie die anderen Hilfslinien nur im Bildschirmmodus Normal sichtbar. Im Folgenden meine ich mit Grundlinienraster immer das Raster, das für ein komplettes Dokument erstellt und angewendet wird. Für Textrahmen können nämlich noch individuelle Grundlinienoptionen im gleichlautenden Register des Bedienfeldes Objekt • Textrahmenoptionen definiert werden.

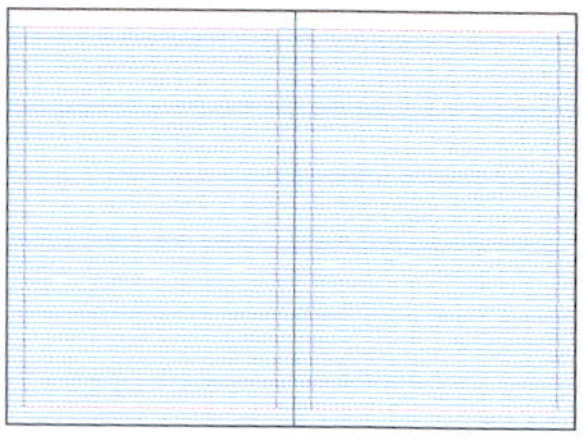

▲ **Abbildung 8.11**
Das Grundlinienraster überzieht alle Seiten bzw. Druckbögen mit horizontalen Hilfslinien.

Der große Vorteil eines Grundlinienrasters liegt in der enormen Steigerung der Effizienz. Arbeitet man ohne Grundlinienraster, führt dies zwangsläufig zu Texten und Bildern, die nicht aneinander ausgerichtet sind und somit eine unsaubere Anmutung haben ❶. Wird der gesamte Fließtext am Grundlinienraster ausgerichtet, steht er dokumentweit auf denselben Linien ❷ und verspringt selbst bei eventuell eingefügten Abständen z. B. nach Überschriften nicht. Diese sogenannte Registerhaltigkeit stellt auch sicher, dass Texte, die auf doppelseitig bedruckten Seiten stehen, nicht versetzt durch das Papier hindurchscheinen.

▲ **Abbildung 8.12**
Im Unterschied zur linken Version ist der rechte Text komplett am Grundlinienraster ausgerichtet.

Im Beispiel ❷ habe ich den gesamten Text und das Bild am Grundlinienraster ausgerichtet. Dadurch bringt man sehr schnell und ohne ständiges Nachmessen und Justieren – im wahrsten Sinne des Wortes – eine Linie ins Layout.

Jedes InDesign-Dokument hat ein Grundlinienraster. Dem Text muss nur das Absatzattribut An Grundlinienraster ausrichten zugewiesen werden, was natürlich möglichst über die Absatzformate realisiert werden sollte. Für kürzere Texte oder während der Layoutkonzeption kann auch der entsprechende Button im Absatz- oder Steuerung-Bedienfeld eingesetzt werden.

Beachten Sie bei der Ausrichtung von Text am Grundlinienraster, dass der aktuelle Zeilenabstand gleich oder kleiner dem Abstand des Grundlinienrasters sein sollte. Wenn der Zeilenabstand jedoch größer als der des Grundlinienrasters ist, überspringt InDesign mindestens eine Zeile.

Die Eigenschaften eines Grundlinienrasters sind Teil der Voreinstellungen. Sie finden diese unter Bearbeiten/InDesign • Voreinstellungen im Bereich Raster.

▲ **Abbildung 8.13**
Mit dem rechten Button werden Absätze im Steuerung-Bedienfeld am Grundlinienraster ausgerichtet.

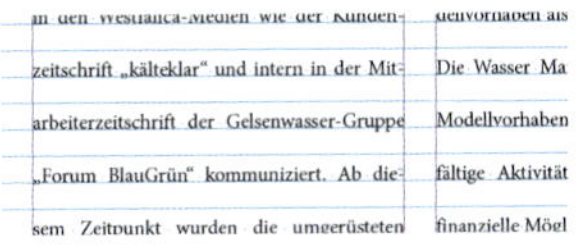

▲ **Abbildung 8.14**
Wenn der Zeilenabstand des Textes größer als der des Grundlinienrasters ist, wird immer mindestens eine Zeile übersprungen.

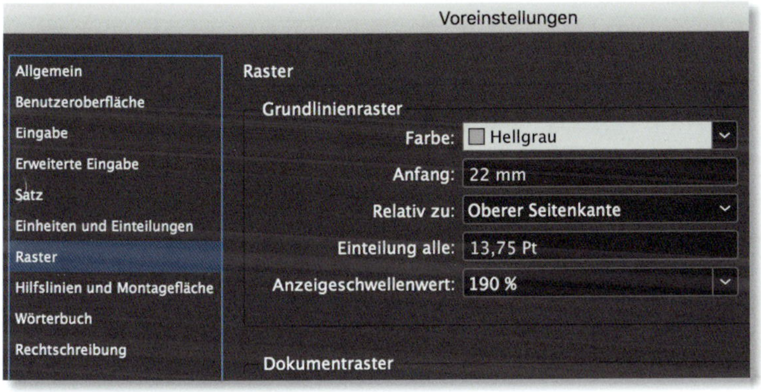

◄ **Abbildung 8.15**
Grundlinienraster werden für das aktuelle Dokument in den Voreinstellungen eingestellt.

Mit welcher Farbe die Linien des Grundlinienrasters dargestellt werden sollen, können Sie mit dem Pulldown-Menü ändern. Bei Anfang wird der Abstand von oben eingetragen, an dem die erste Linie des Grundlinienrasters positioniert werden soll. Ob sich diese erste Linie relativ zu Oberer Formatkante oder zum Oberen Textrand verhält, den Sie über Layout • Ränder und Spalten eingestellt haben, definieren Sie über die beiden möglichen Optionen bei Relativ. Da bei der Option Oberen Textrand das Grundlinienraster nur im Bereich des Satzspiegels dargestellt wird, vergibt man sich hierdurch die Möglichkeit, Elemente wie Seitenzahl oder lebende Kolumnentitel auch am Grundlinienraster auszurichten. Bei Einteilung alle sollte gegebenenfalls der Zeilenabstand stehen, der schon beim Fließtext verwendet wird. Der Anzeigeschwellenwert bestimmt, ab welcher Zoomstufe das Grundlinienraster eingeblendet wird. Dass man das Grundlinienraster tatsächlich sieht, ist vor allem bei Detailarbeiten sinnvoll,

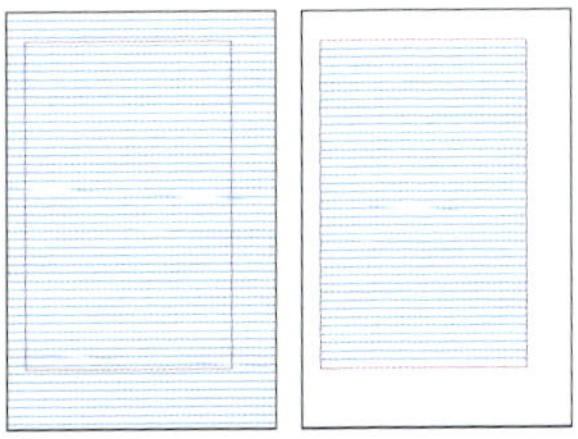

▲ **Abbildung 8.16**
Links bezieht sich die erste Linie auf die obere Seitenkante, rechts auf den oberen Seitenrand.

Raster im Hintergrund

Ob Raster vor oder hinter Objekten dargestellt werden, können Sie mit dem entsprechenden Befehl z. B. im Kontextmenü regeln.

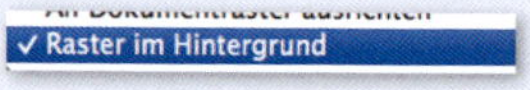

z. B. beim Festlegen von Bildrahmengrößen. Und da diese in der Regel eher bei größeren Zoomstufen vorgenommen werden, können Sie hier den gewünschten Prozentwert eingeben, ab dem das Raster eingeblendet wird. Ein Wert von 200 %, den ich sehr praktisch finde, führt dazu, dass bei allen Vergrößerungsstufen bis 199 % das Grundlinienraster nicht zu sehen ist. Daran ändert auch der Bildschirmmodus NORMAL und die Ansichtsoption GRUNDLINIENRASTER EINBLENDEN nichts. Praktisch an dem 200 %-Anzeigeschwellenwert ist, dass Sie sich das Layout mit [Strg]/[⌘]+[2] in dieser Vergrößerung anzeigen lassen können.

Abbildung 8.17 ▸
Bei einem Anzeigeschwellenwert von z. B. 200 % wird das Grundlinienraster bei geringeren Zoomstufen ❶ ausgeblendet.

Schritt für Schritt
Satzspiegel konstruieren und Grundlinienraster definieren

In diesem Workshop möchte ich Ihnen zeigen, wie Sie einen Satzspiegel mit harmonischen Proportionen konstruieren können und wie Sie es erreichen, dass sich Satzspiegel und Grundlinienraster aufeinander beziehen.

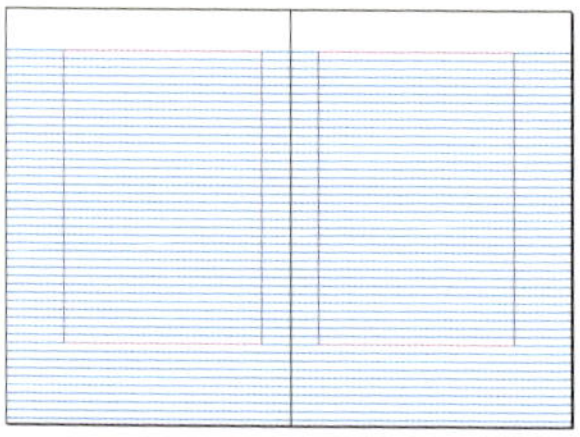

▲ **Abbildung 8.18**
Das Ziel ist ein Satzspiegel mit harmonischen Proportionen und passendem Grundlinienraster.

1 Dokument anlegen

Legen Sie ein doppelseitiges Dokument im Format DIN A5 mit primärem Textrahmen an. Alle Vorgaben bezüglich Rändern und Spalten können Sie übernehmen.

Vor allem in der Buchtypografie wird ein spezielles Konstruktionsprinzip beim Erstellen eines Satzspiegels angewendet, das zu einem angenehmen Verhältnis von bedruckter und unbedruckter Fläche führt. Dieses Konstruktionsprinzip ist ebenso simpel, wie es zu überzeugenden Ergebnissen führt. Damit sich die bedruckten Flächen einer Doppelseite aufeinander beziehen und nicht als unabhängige Flächen wahrgenommen werden und damit außerdem der Satzspiegel optisch nicht nach unten fällt, werden Satzspiegel häufig so angelegt, dass die Ränder in folgender Reihenfolge in ihrer Größe zunehmen: innen (Bundsteg) ❷, oben (Kopfsteg) ❸, außen (Außensteg) ❹, unten (Fußsteg) ❺.

Öffnen Sie nun die Musterseite »A-Musterseite« mit einem Doppelklick auf das entsprechende Symbol im Bedienfeld Seiten. Damit Sie die komplette Doppelseite sehen können, passen Sie die Doppelseite gegebenenfalls über Ansicht • Druckbogen in Fenster einpassen in Ihr Dokumentfenster ein:

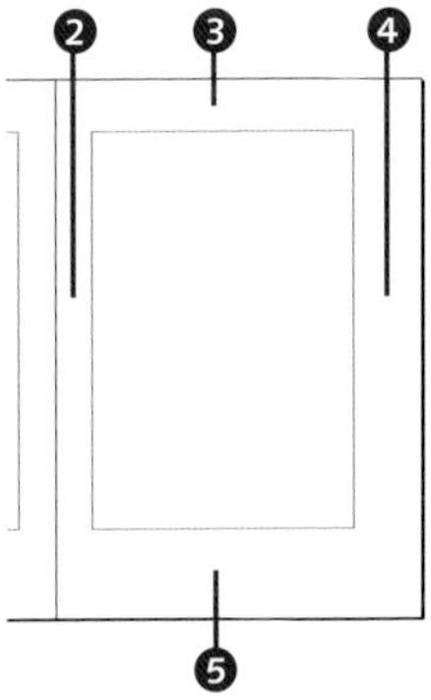

▲ **Abbildung 8.19**
Die Stege nehmen im Uhrzeigersinn vom Bundsteg ausgehend in ihrer Größe zu.

◀ **Abbildung 8.20**
Der Standardsatzspiegel wirkt durch seine symmetrischen Ränder unharmonisch.

2 Zeichnen von zwei diagonalen Linien

Aktivieren Sie nun das Linienzeichner-Werkzeug, und zeichnen Sie zunächst eine Diagonale von links unten über die Doppelseite nach rechts oben. Dafür klicken Sie auf die untere linke Ecke der Doppelseite, halten die Maus gedrückt und ziehen damit zur gegenüberliegenden Ecke rechts oben. Die intelligenten Hilfslinien helfen auch hier bei der exakten Zeichnung.

▲ **Abbildung 8.21**
Zeichnen Sie mit dem Linienzeichner-Werkzeug zwei Diagonalen zur Orientierung.

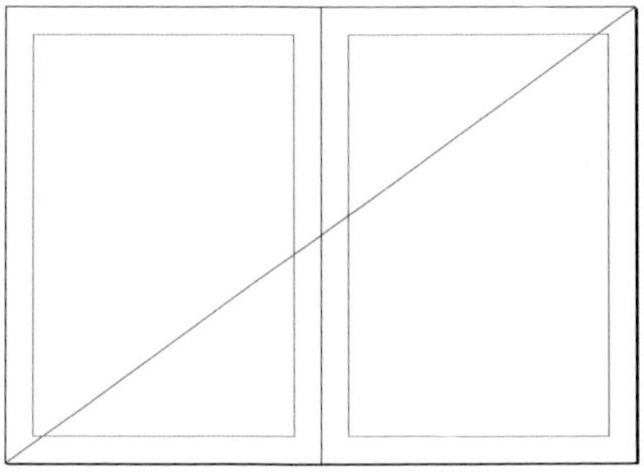

◀ **Abbildung 8.22**
Die erste Linie wird über die gesamte Doppelseite gezeichnet.

Zeichnen Sie nun ebenfalls mit dem Linienzeichner-Tool die zweite Diagonale, dieses Mal auf der rechten Seite von links oben nach rechts unten:

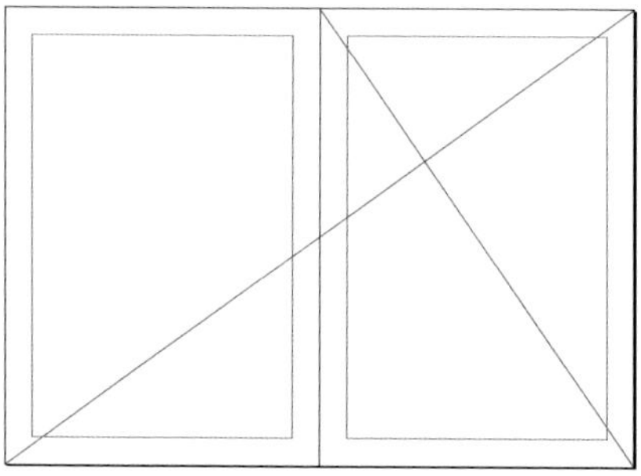

Abbildung 8.23 ▸
Die beiden gezeichneten Linien dienen beim Erstellen des Satzspiegels zur Orientierung.

Die beiden erstellten Linien sind alles, was zur Konstruktion eines ausgeglichenen Satzspiegels erforderlich ist. Der Satzspiegel ergibt sich aus drei Kreuzungspunkten mit den beiden Diagonalen. Aus der Festlegung des ersten Punktes bei ❶ ergeben sich zwangsläufig die beiden anderen (❷ und ❸). Das klingt komplizierter, als es ist, Sie werden diesen Zusammenhang beim nächsten Schritt des Workshops nachvollziehen können.

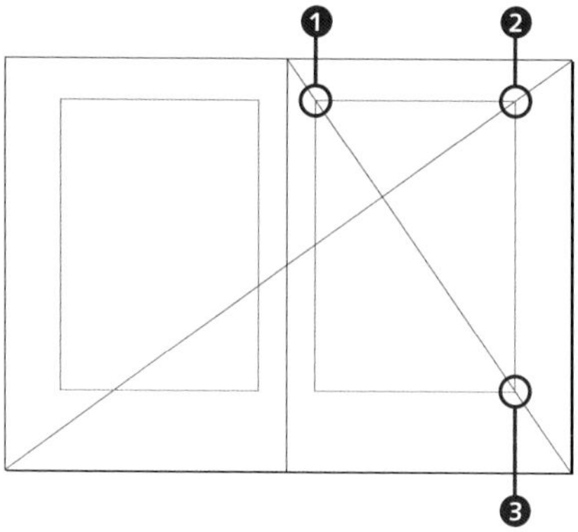

Abbildung 8.24 ▸
Durch die drei Kreuzungspunkte mit den Diagonalen wird der Satzspiegel definiert.

Interessant hierbei ist, dass Sie die Größe des Satzspiegels beliebig wählen können, das Größenverhältnis der vier Stege zueinander bleibt dabei immer gleich und folgt damit auch dem bereits erläuterten erstrebenswerten Rhythmus. Die Wahl der Satzspiegelgröße richtet sich im Allgemeinen nach dem gewählten Seitenformat und den Inhalten, die gelayoutet werden sollen.

Weitere Konstruktionen

Neben der hier gezeigten Satzspiegelkonstruktion ist beispielsweise der Villardsche Kanon zu nennen, bei dem zwei weitere Linien zum Einsatz kommen. Ein weiteres interessantes Konzept ist die 9er-Teilung.

3 Bundsteg definieren

Wir beginnen mit der Definition des Randes, der am Ende den kleinsten Wert haben wird: dem Bundsteg. Um den Satzspiegel zu ändern, rufen Sie den Dialog Ränder und Spalten im Layout-

Menü auf. Aktivieren Sie VORSCHAU ❼, und lösen Sie gegebenenfalls das Verkettungssymbol ❺, damit Sie die Ränder unabhängig voneinander einstellen können. Aktivieren Sie die Option LAYOUT ANPASSEN ❹. Durch Aktivierung dieser Option passt sich der primäre Textrahmen den Änderungen an Rändern und Spalten an. Dabei ist es unerheblich, ob Sie den Satzspiegel wie hier ohne Inhalte ändern oder ob Sie schon bearbeitete Inhalte ändern. Vergrößern Sie anschließend den Wert bei INNEN ❻ auf »15 mm«, damit der Bundsteg großzügiger ausfällt und damit wir die voreingestellten Kommazahlen loswerden.

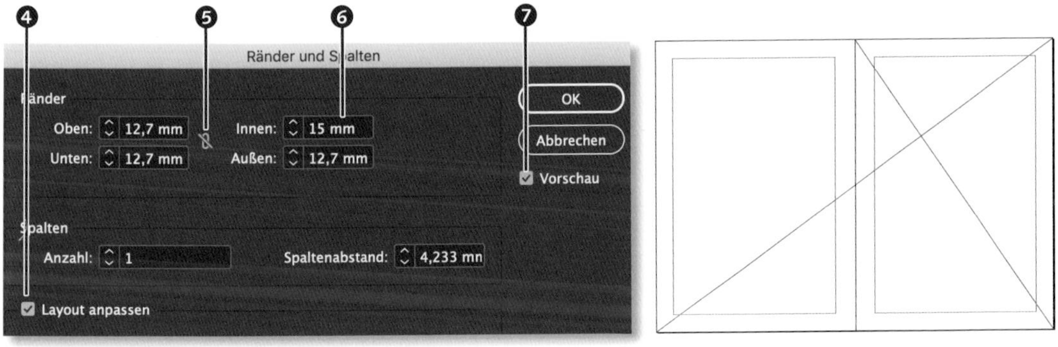

▲ **Abbildung 8.25**
Wir legen den Bundsteg fest, indem wir den Wert bei INNEN auf »15 mm« setzen.

4 Kopfsteg definieren

Vergrößern Sie den Wert bei OBEN ❽ so weit, bis die obere linke Ecke mit der kurzen Diagonale zusammenfällt ❾. Das ist in unserem Beispiel bei »21 mm« der Fall.

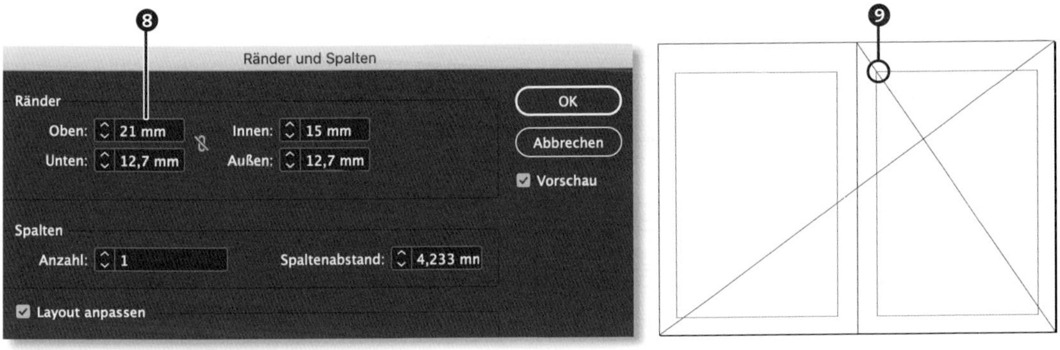

▲ **Abbildung 8.26**
Durch »21 mm« bei OBEN liegt die obere linke Ecke auf der kurzen Diagonale.

5 Außensteg definieren

Um als Nächstes den Außensteg festzulegen, gehen Sie genauso vor. Erhöhen Sie den Wert bei AUSSEN, bis die rechte obere Ecke mit der langen Diagonale übereinstimmt ❷. Ich bin hierbei auf 30 mm ❶ gekommen.

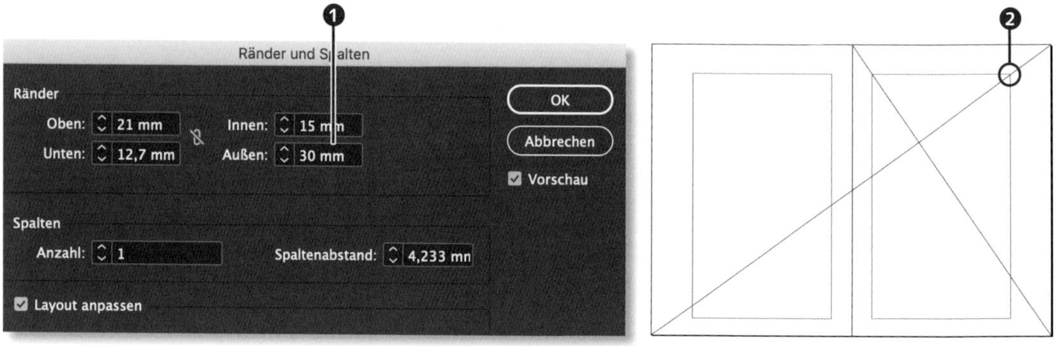

▲ **Abbildung 8.27**
Als Nächstes wird der Außensteg geändert.

6 Fußsteg definieren

Nun brauchen Sie nur noch den Fußsteg zu verbreitern, bis auch die rechte untere Ecke mit der kurzen Diagonale übereinstimmt ❹. Erhöhen Sie dafür den Wert bei UNTEN ❸. Ich komme dabei auf 42 mm. Damit ist der Satzspiegel fürs Erste fertiggestellt – bestätigen Sie Ihre Eingaben mit OK. Sobald das Grundlinienraster eingerichtet ist, müssen wir nämlich noch nachkorrigieren.

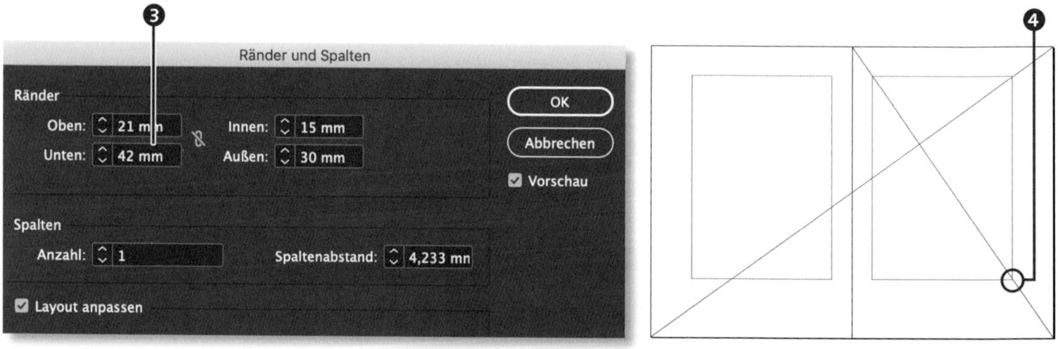

▲ **Abbildung 8.28**
Nachdem auch der Fußsteg geändert wurde, ist der Satzspiegel fertiggestellt.

Übrigens hätten Sie bei der Anlage des Satzspiegels auch mit der Änderung des Kopfsteges oder eines anderen beliebigen Randes beginnen können. Wie Sie bei dieser Satzspiegelkonstruktion gesehen haben, hängt hierbei jeder Rand mit den jeweils anderen Rändern eng zusammen. Wird der Wert eines Randes geändert, müssen alle anderen daraufhin angepasst werden.

Für das noch einzurichtende Grundlinienraster brauchen Sie die beiden Diagonalen nicht mehr: Löschen Sie sie einfach.

7 Grundlinienraster einrichten

Blenden Sie nun das Grundlinienraster über ANSICHT • RASTER UND HILFSLINIEN • GRUNDLINIENRASTER EINBLENDEN ein. Das Grundlinienraster fällt weder oben ❺ noch unten ❻ mit dem Satzspiegel zusammen.

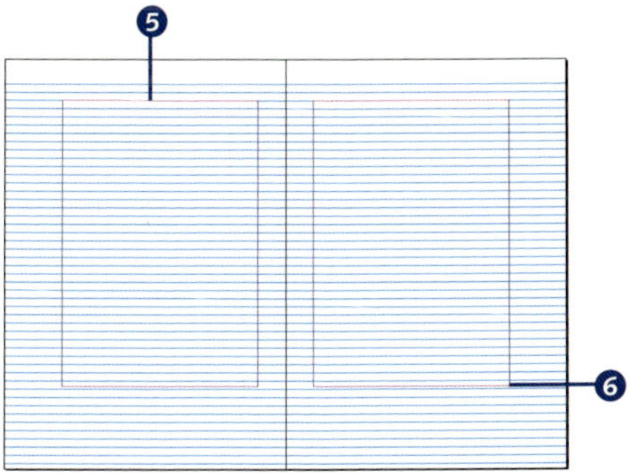

◂ **Abbildung 8.29**
Das Grundlinienraster verspringt zum Satzspiegel.

Damit das Grundlinienraster bündig bei der oberen Satzspiegelkante beginnt, brauchen wir als Beginn des Grundlinienrasters nur denselben Wert wie beim Kopfsteg zu hinterlegen.

Rufen Sie über BEARBEITEN/INDESIGN • VOREINSTELLUNGEN • RASTER die gewünschte Kategorie der Voreinstellungen auf, und tragen Sie dort bei ANFANG ❼ den Wert ein, den Sie in Schritt 4 bei OBEN eingegeben haben.

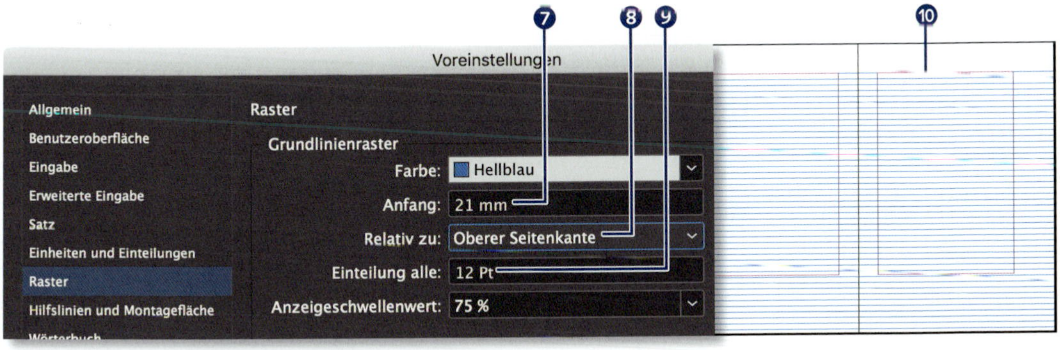

▴ **Abbildung 8.30**
Entspricht der Wert des Kopfsteges dem Anfang des Grundlinienrasters, beginnen beide an derselben Position.

Lassen Sie die Option OBERER SEITENKANTE bei RELATIV ZU ❽ aktiviert. Wenn Sie nun die getroffenen Änderungen an den Voreinstellungen mit OK bestätigen und damit den Dialog verlassen, sehen Sie, wie Satzspiegel und Grundlinienraster nun exakt an derselben Position beginnen ❿. Am unteren Rand hingegen passen Grundlinienraster und Satzspiegel noch nicht genau aufeinander.

Schneller Werte ändern

Am einfachsten ändern Sie numerische Werte, indem Sie die Pfeiltasten auf der Tastatur verwenden. Durch das Drücken der [⇧]-Taste werden die Werte in glatten 10er-Sprüngen geändert.

Vorschau aktualisieren

Drücken Sie nach der Eingabe von Werten in Dialogfenstern die [⇥]-Taste, damit InDesign die Änderung in der Vorschau aktualisiert.

8 Fußsteg anpassen

Hier stellt sich die Frage, ob das Grundlinienraster dem Satzspiegel oder der Satzspiegel dem Raster angepasst werden soll. Ich empfehle Ihnen, den Satzspiegel dem Raster anzupassen. Außerdem müssen Sie, damit Sie mit einem konkreten Wert für den Zeilenabstand arbeiten können, zunächst die Fließtextschrift und den Schriftgrad festlegen. Dafür sollten Sie Ausdrucke mit verschiedenen Schriften, Größen und Abständen im bisher erstellten Satzspiegel machen, da eine Beurteilung von Größen am Monitor äußerst schwerfällt.

Lassen Sie uns in unserem Workshop aber davon ausgehen, dass die 12 Pt, die in den Voreinstellungen bei EINTEILUNG ALLE (❾ in Abbildung 8.30) voreingestellt sind, für das Layout funktionieren. Ansonsten müsste hier natürlich der passende Zeilenabstand für die gewählte Schrift und den gewählten Schriftgrad eingetragen werden.

▲ **Abbildung 8.31**
Mit dem Messwerkzeug können Sie den Abstand von der Grundlinie zum Seitenrand in Erfahrung bringen.

Um nun den Satzspiegel an das Grundlinienraster anzupassen, vergrößern Sie den Fußsteg mit dem Zoomwerkzeug so weit, dass Sie den unteren Bereich der Seite gut sehen können. Wählen Sie nun das Messwerkzeug, und klicken Sie auf die Grundlinie, an der der Satzspiegel unten enden soll ❶. Ziehen Sie das Werkzeug nun bei gedrückter [⇧]-Taste bis an den unteren Seitenrand ❷. Das INFORMATIONEN-Fenster wird automatisch eingeblendet; hier können Sie die Länge der eben mit dem Messwerkzeug markierten Strecke ablesen ❸.

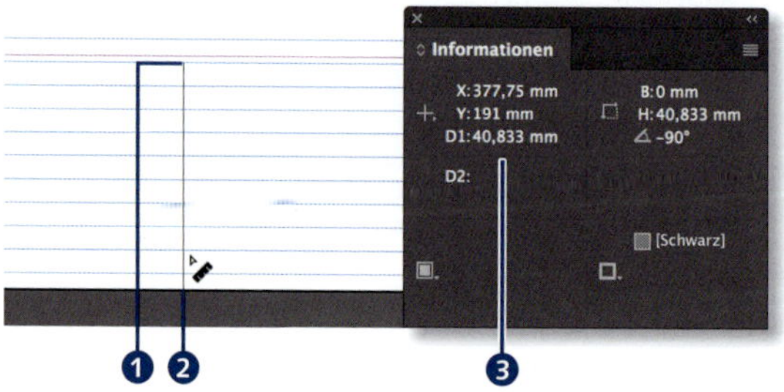

Abbildung 8.32 ▸
Das Messwerkzeug liefert in Kombination mit dem INFORMATIONEN-Bedienfeld die gewünschte Information.

Der abgelesene Wert muss jetzt nur noch für den Fußsteg eingesetzt werden. Dafür rufen Sie noch einmal das Dialogfeld RÄN-

Der und Spalten im Menü Layout auf und tragen den Wert bei Unten ein ❹. Verlassen Sie das Dialogfeld mit OK. Satzspiegel und Grundlinienraster stimmen nun überein:

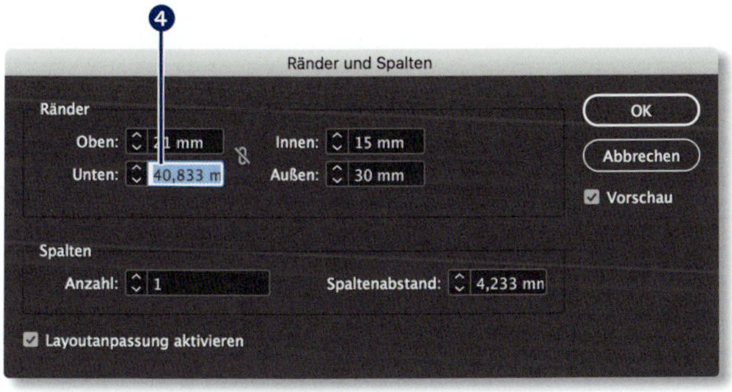

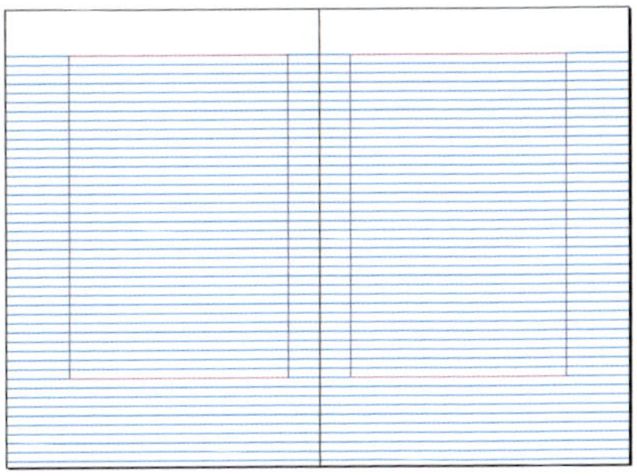

▲ **Abbildung 8.33**
Nachdem bei Unten der zuvor ermittelte Wert eingetragen wurde, stimmen Satzspiegel und Grundlinienraster überein.

Der in diesem Workshop erstellte Satzspiegel stellt nur eine von vielen Möglichkeiten dar. Ebenso sind mehrere Techniken im Umgang mit dem Grundlinienraster denkbar. So könnte das Grundlinienraster auch schon oberhalb des Satzspiegels beginnen, damit dort platzierte Kolumnentitel ebenfalls am Grundlinienraster ausgerichtet werden können.

Ein weiterer Ansatz ist auch der Einsatz von mm statt pt beim Grundlinienraster. Die Arbeit mit Millimetern bietet den Vorteil, dass Sie den Abstand des Grundlinienrasters auch etwa bei Spaltenabständen oder Einzügen verwenden können, da diese Werte immer in Millimeter angegeben werden.

Absatzformate und Grundlinienraster

Dass sich Texte am Grundlinienraster orientieren, ist eine Eigenschaft, die Sie einem Text zuweisen. Es ist keine Eigenschaft des Grundlinienrasters an sich – immerhin hat jedes InDesign-Dokument ja ein Grundlinienraster, die Texte orientieren sich entsprechend der Voreinstellung nur nicht daran.

Der Einsatz eines Grundlinienrasters bietet sich insbesondere für längere Projekte an und dann auch für praktisch alle Textsorten wie Fließtext, Zwischenüberschriften, Headlines, Bildlegenden. Um ein Absatzformat zu modifizieren, rufen Sie wie gewohnt die Absatzformatoptionen mit einem Rechtsklick auf den Namen des Absatzformats im Absatzformate-Bedienfeld auf.

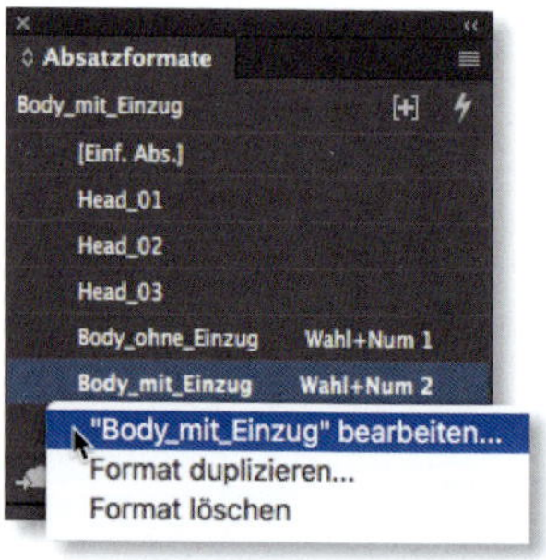

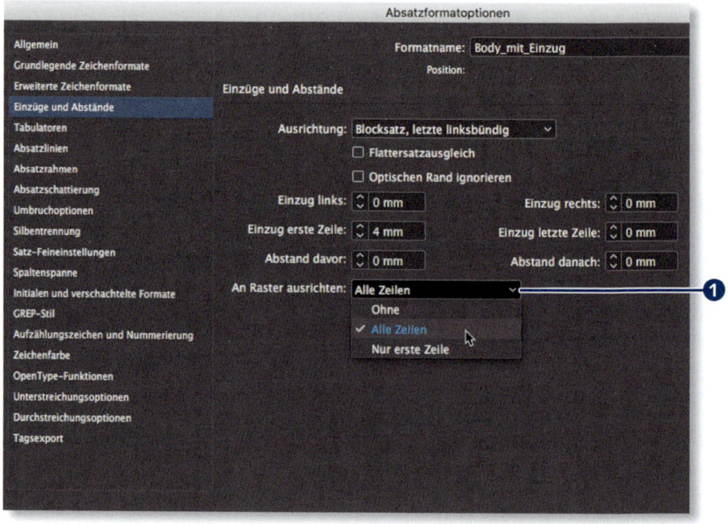

Abbildung 8.34 ▲▶
Mit einem Rechtsklick auf den Formatnamen können Sie die ABSATZFORMATOPTIONEN öffnen.

Im Bereich EINZÜGE UND ABSTÄNDE finden Sie bei AN RASTER AUSRICHTEN ein Pulldown-Menü ❶. Hier sind die drei Optionen OHNE, ALLE ZEILEN und NUR ERSTE ZEILE verfügbar.

Die Option OHNE ist selbsterklärend. Beachten Sie bei der Option ALLE ZEILEN, dass sich diese Einstellung nicht auf alle Zeilen des Dokuments bezieht, sondern nur auf die Texte, die mit dem gerade bearbeiteten Absatzformat formatiert werden. Die dritte Option NUR ERSTE ZEILE bietet sich beispielsweise bei Überschriften an, die aufgrund ihres größeren Schriftgrades auch nach einem größeren Zeilenabstand verlangen ❷.

Um nun nicht den doppelten Zeilenabstand des Fließtextes zu verwenden ❸, wird nur die erste Zeile am Grundlinienraster ausgerichtet ❹. Wenn Sie wie im Screenshot unten z. B. den 1,5-fachen Zeilenabstand des Grundlinienrasters für eine Zwischenüberschrift wählen, ist auch jede dritte Zeile wieder mit dem Fließtext auf einer Linie.

▼ Abbildung 8.35
Mit der Option NUR ERSTE ZEILE kann der Anfang eines Absatzes mit größerem Zeilenabstand am Grundlinienraster ausgerichtet werden.

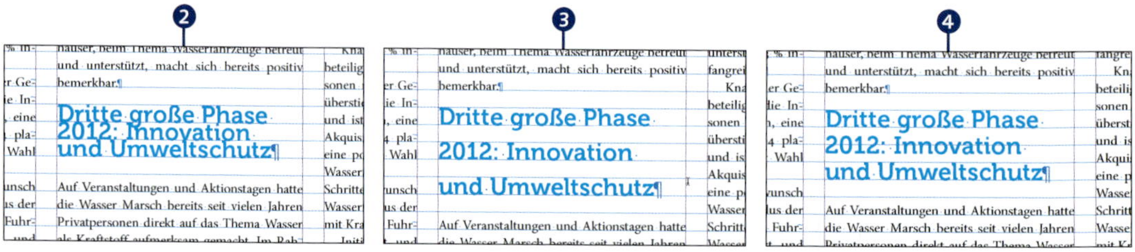

8.4 Dokumentraster

InDesign bietet neben dem Grundlinienraster mit dem Dokumentraster noch ein zweites Raster. Im Unterschied zum Grundlinienraster ist das Dokumentraster ausschließlich zum Ausrichten von Objekten vorgesehen. Während das Grundlinienraster wie die Lineatur eines Schreibheftes wirkt, erinnert das Dokumentraster an das Kästchenmuster von Rechenpapier. Eingeblendet wird es über ANSICHT • RASTER UND HILFSLINIEN • DOKUMENTRASTER EINBLENDEN. Sollen Objekte am Dokumentraster ausgerichtet werden, wird dieses Feature im selben Untermenü über AN DOKUMENTRASTER AUSRICHTEN aktiviert.

In den Voreinstellungen unter RASTER ❺ können Sie die horizontale und vertikale Einteilung ändern. Wenn Sie bei RASTERLINIE ALLE ❻ die Maße Ihres Dokumentseitenformats angeben, können Sie mit der Eingabe bei UNTERBEREICHE die Seiten weiter unterteilen. Für die Einrichtung einer Aufteilung wie bei Millimeterpapier geben Sie unter HORIZONTAL und VERTIKAL bei RASTERLINIE ALLE 10 mm bzw. bei UNTERBEREICHE ebenfalls 10 ein.

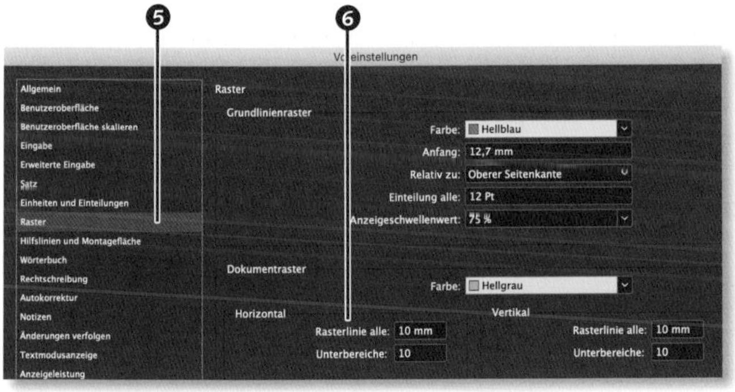

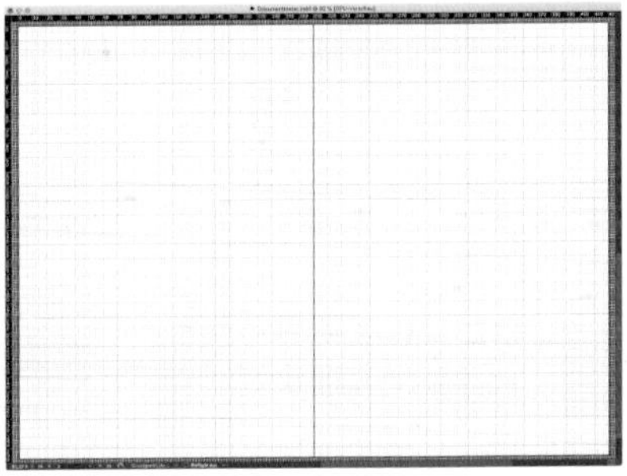

▼ **Abbildung 8.36**
Das Dokumentraster überzieht die Dokumentseiten bei entsprechenden Vorgaben mit einem Rechenpapier.

8.5 Ebenen

Neben Hilfslinien und dem Grundlinienraster sind Ebenen ein weiteres wichtiges Hilfsmittel. Objekte liegen zunächst einmal immer entsprechend der Reihenfolge, in der sie erstellt wurden, übereinander. Mit Hilfe von Ebenen können Sie Objekte genauer organisieren und in der gesamten Stapelreihenfolge ändern. Zur Verwaltung von Ebenen, die übrigens immer dokumentweit gelten, rufen Sie das entsprechende Bedienfeld über Fenster • Ebenen oder mit F7 auf.

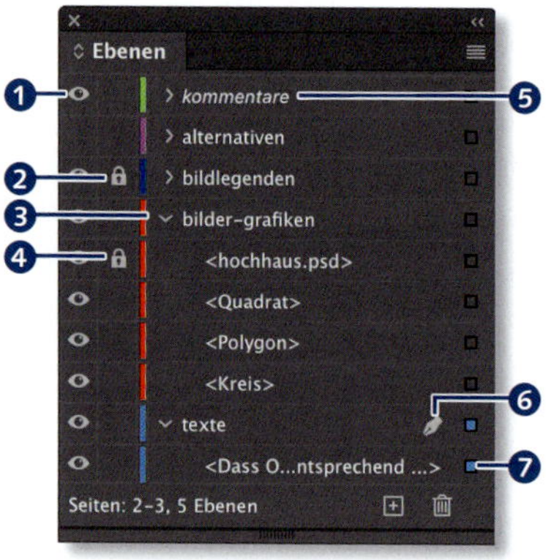

Abbildung 8.37 ▸
Das Ebenen-Bedienfeld bietet enormes Potenzial für die Objektorganisation.

Das Auge ❶ signalisiert, dass die entsprechende Ebene und alle auf ihr abgelegten Objekte sichtbar sind. Ist die Sichtbarkeit mit einem Klick auf das Augen-Symbol ausgeschaltet worden, ist das entsprechende Feld leer. In der zweiten Spalte können Sie mit einem Klick auf ein leeres Feld das Schloss-Symbol aufrufen. Dieses signalisiert, dass diese Ebene ❷ oder das Objekt ❹ momentan nicht bearbeitet werden kann. Einzelne Objekte und Objektgruppen können im Ebenen-Bedienfeld eingeblendet werden, indem die Ebene am kleinen Dreieck ❸ aufgeklappt wird. Die nun sichtbaren Ebenenelemente werden von InDesign automatisch benannt und repräsentieren ihre Stapelreihenfolge innerhalb der aufgeklappten Ebene. Ebenen mit kursiven Namen ❺ werden beim Druck nicht mit ausgegeben. Die Zeichenfeder ❻ kennzeichnet die sogenannte Zielebene: Sie ist markiert und kann bearbeitet werden. Neue Objekte werden automatisch auf der Zielebene erstellt. Ist ein Objekt markiert, wird dies durch ein kleines Quadrat ❼ in der jeweiligen Ebenenfarbe kenntlich gemacht.

Ebene kopieren

Wenn Sie eine Ebene komplett mit allen auf ihr befindlichen Objekten kopieren möchten, ziehen Sie die gewünschte Ebene einfach auf den Button Neue Ebene erstellen.

Ebenen beim Einfügen erhalten

Diese Option finden Sie im Bedienfeldmenü. Ebenen beim Einfügen erhalten ist standardmäßig deaktiviert, was zur Folge hat, dass Objekte, die von anderen Seiten oder Dokumenten kopiert oder ausgeschnitten wurden, beim Einsetzen allesamt auf der derzeit aktiven Ebene eingefügt werden. Ist diese Option aktiviert, werden die Objekte auf ihren ursprünglichen Ebenen eingesetzt.

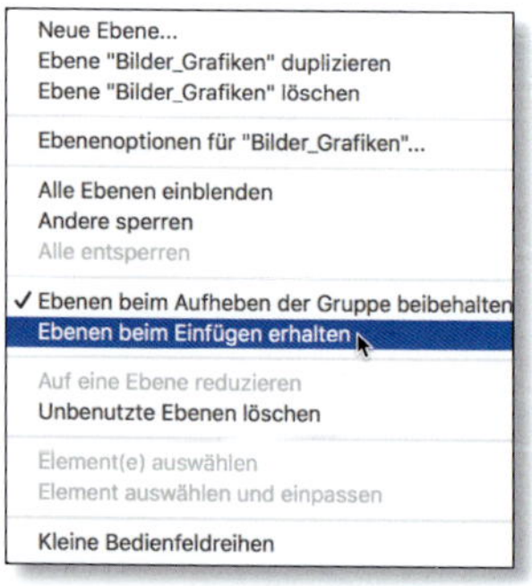

▴ **Abbildung 8.38**
Auch bei den Ebenen lohnt sich ein Blick ins Bedienfeldmenü.

Stapelreihenfolge

Objekte werden mit Hilfe von Ebenen auf zweierlei Weise gestapelt. Zum einen gibt es pro Ebene eine Stapelreihenfolge, zum anderen können die Ebenen als Einheit in der Ebenenreihenfolge geändert werden.

Um einen Einstieg in das Konzept von Ebenen zu finden, stellen Sie sich die Objekte auf einer Ebene wie Klarsichtfolien vor. Deren Stapelreihenfolge wird zunächst von InDesign durch die Reihenfolge bestimmt, in der die einzelnen Objekte erstellt wurden. Als Bild für die Ebenen dienen Klarsichthüllen, in denen Sie die Folien ablegen können. Die Klarsichthüllen (Ebenen) mit den Klarsichtfolien (Objekten) lassen sich wiederum beliebig stapeln.

Jedes InDesign-Dokument hat von vornherein eine Ebene. Sofern keine weiteren Ebenen angelegt werden, befinden sich alle Objekte auf dieser Ebene. Im folgenden Beispiel sind drei Objekte ❽ auf der Bilder_Grafiken genannten und rot gefärbten Ebene ❾ angelegt worden. Der Stern soll nun zwischen Quadrat und Kreis verschoben werden. Dafür wird einfach das Objekt, das im Ebenen-Bedienfeld mit <Polygon> gekennzeichnet ist, im Bedienfeld angefasst ❿ und unter das Objekt <Quadrat> gezogen ⓬. Im Layout wird das Ergebnis angezeigt ⓫.

Objekte auf Musterseiten

Eine Sonderstellung in Bezug auf die Stapelreihenfolge von Objekten nehmen Objekte ein, die Sie auf der Musterseite erstellen. Diese liegen auf Dokumentseiten immer unter anderen Objekten, die zwar auf derselben Ebene, aber auf der Dokumentseite angelegt wurden.

Ebenenoptionen

Mit einem Doppelklick auf den Ebenennamen öffnen Sie die Ebenenoptionen.

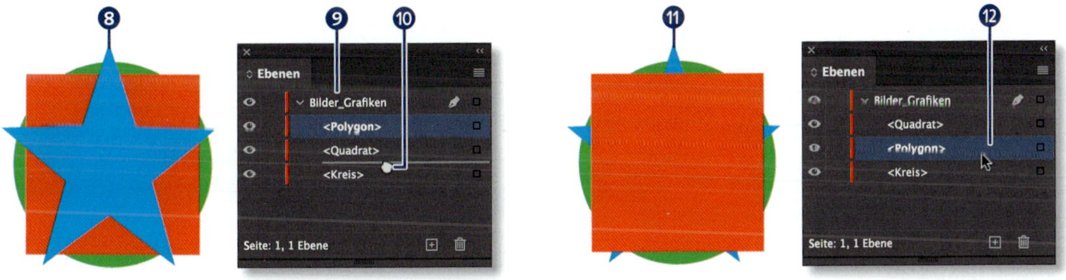

▲ **Abbildung 8.39**
Die drei Objekte werden innerhalb einer Ebene in eine andere Stapelreihenfolge gebracht.

Bei der gezeigten Vorgehensweise wurde der Stern im Layout nicht markiert und konnte dennoch verschoben werden.

Von der Anzahl und Komplexität der im Layout verwendeten Objekte ist es abhängig, ob die Objektauswahl mit dem Auswahlwerkzeug oder im Ebenen-Bedienfeld vorgenommen wird. Wie beim Auswahl-Tool können Sie auch im Ebenen-Bedienfeld mehrere Objekte durch Halten der ⇧-Taste markieren. So angewählte Objekte können anschließend gemeinsam auf der Seite verschoben werden.

Durch einen Klick auf den Button NEUE EBENE ERSTELLEN am unteren Bedienfeldrand können Sie weitere Ebenen anlegen, auf die Sie z. B. Elemente verschieben können. Hierzu wird zunächst das Objekt im EBENEN-Bedienfeld markiert und statt wie im vorangegangenen Beispiel innerhalb derselben Ebene auf eine andere Ebene ❶ gezogen. Im Beispiel liegt der Kreis nun auf der separaten Ebene EBENE 2 über der Ebene BILDER_GRAFIKEN ❷.

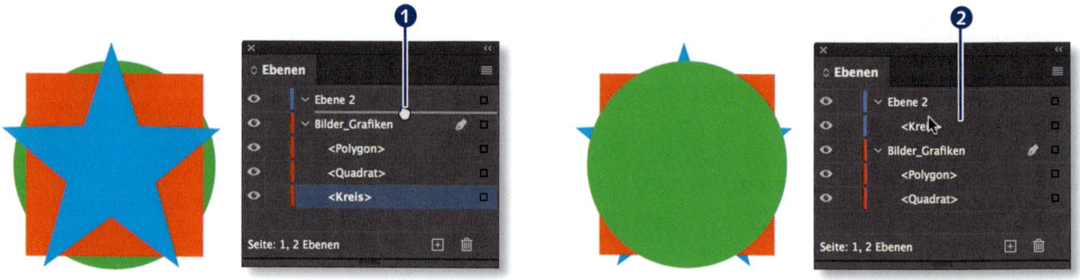

▼ Abbildung 8.40
Hier verschiebe ich den Kreis auf eine andere Ebene.

Beim Verschieben von Objekten zwischen Ebenen ❸ können Sie eine Kopie des Objekts auf der Zielebene erstellen ❹, wenn Sie dabei die `alt`-Taste drücken.

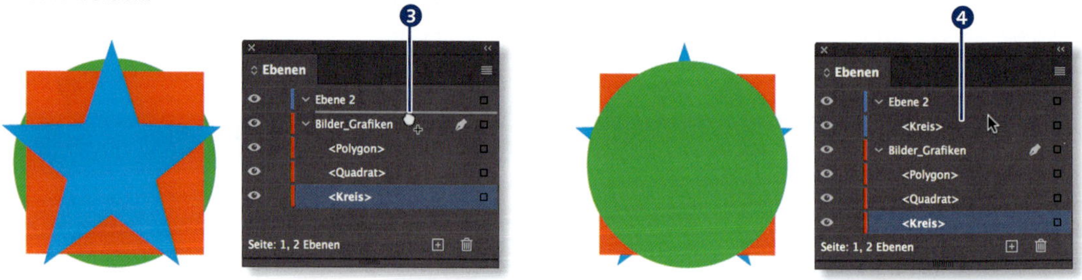

▼ Abbildung 8.41
Beim Verschieben zwischen Ebenen können direkt Kopien erstellt werden.

Um die Reihenfolge der Ebenen zu ändern, wird hierfür die Ebene im Bedienfeld angeklickt ❺ und an die gewünschte Stelle gezogen. Alle Objekte dieser Ebene werden dabei mit verschoben ❻.

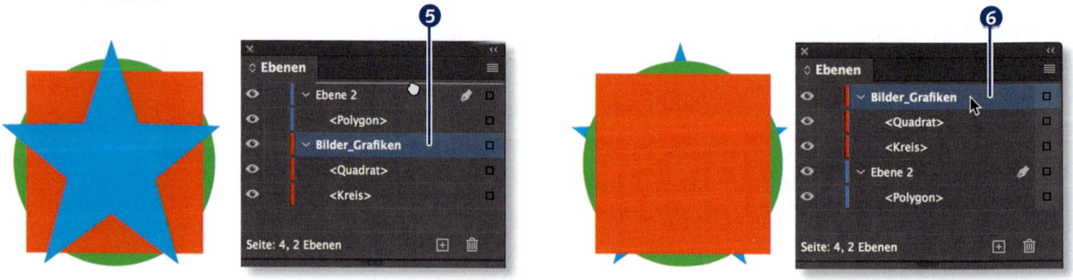

▼ Abbildung 8.42
Sie können auch komplette Ebenen mitsamt ihren Objekten verschieben.

Ebenenoptionen

Um einer Ebene spezifische Eigenschaften zuzuweisen, rufen Sie die EBENENOPTIONEN entweder über das Bedienfeldmenü oder durch einen Doppelklick auf ihren Namen auf.

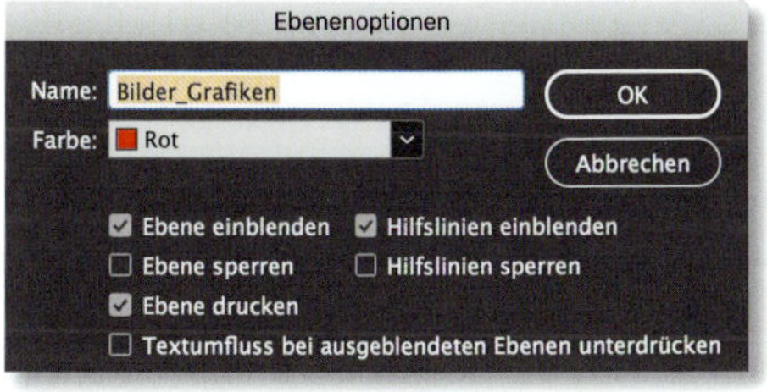

◂ **Abbildung 8.43**
Die EBENENOPTIONEN lassen sich über das Bedienfeldmenü oder per Doppelklick öffnen.

Hilfslinien-Ebene

Durch eine separate Hilfslinien-Ebene haben Sie noch größere Kontrolle über Hilfslinien.

Vergeben Sie hier aussagekräftige Namen. InDesign legt für jede neue Ebene automatisch eine andere Farbe fest; möchten Sie diese ändern, können Sie bei FARBE aus einer vordefinierten Liste wählen. Begrenzungsrahmen aller Objekte einer Ebene werden in der jeweiligen Ebenenfarbe dargestellt. Ob eine Ebene mit ihren Objekten sichtbar ist, können Sie mit der Checkbox EBENE EINBLENDEN steuern. Dies hat denselben Effekt wie die Aktivierung/Deaktivierung der Sichtbarkeit im Bedienfeld (siehe Abbildung 8.43). Selbiges gilt für die Option EBENE SPERREN. Ist die Ebene sichtbar, steht als besondere Option EBENE DRUCKEN zur Verfügung. Mit dieser Ebenenoption sind Sie beispielsweise in der Lage, eine alternative Gestaltung in einem InDesign-Dokument anzulegen. Welche Version beim Druck ausgegeben wird, lässt sich dann über die EBENENOPTIONEN regeln. Ebenso können Sie mit dieser Option eine Ebene für Kommentare oder Korrekturanweisungen anlegen, die für Sie als Layouter sichtbar sind, aber beim Ausdruck nicht berücksichtigt werden. Ebenen, bei denen diese Option deaktiviert wurde, werden im EBENEN-Bedienfeld in kursiver Schrift angezeigt. Auch die Option TEXTUMFLUSS BEI AUSGEBLENDETEN EBENEN UNTERDRÜCKEN ist für die Entwicklung von Layoutalternativen interessant. Wir kommen gleich noch darauf zurück.

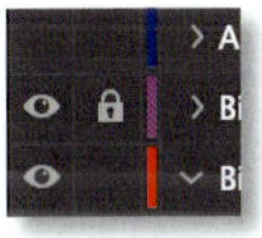

▴ **Abbildung 8.44**
Der Ebenenstatus bezüglich der Eigenschaften »sichtbar« und »gesperrt« wird auch im Bedienfeld wiedergegeben und ist auch dort einstellbar.

Hilfslinien werden immer auf der aktuell markierten Ebene erstellt, und da die Option HILFSLINIEN EINBLENDEN bei neuen Ebenen aktiv ist, werden auch alle Hilfslinien angezeigt. Sollen spezielle Hilfslinien nur für besondere Layoutaufgaben sichtbar sein, lässt sich dies mit dieser Option realisieren. Erstellte Hilfs-

Andere ausblenden/sperren

Möchten Sie alle Ebenen bis auf die aktuell markierte Ebene ausblenden oder sperren, klicken Sie mit gedrückter `alt`-Taste auf das jeweilige Feld neben dem Ebenennamen, der weiter zugänglich bleiben soll.

linien können Sie dokumentweit sperren, indem Sie beispielsweise die Option Hilfslinien sperren unter Ansicht • Raster und Hilfslinien aktivieren. Über die Option Hilfslinien sperren im Ebenenoptionen-Dialog können Sie Hilfslinien ebenenweise sperren.

8.6 GREP-Suche

> **GREP**
> GREP steht für **g**lobal **r**egular **e**xpression **p**rint (engl. für »globale Suche und Ausgabe regulärer Ausdrücke«) und ist eine Funktionalität, die in vielen Programmierumfeldern zu finden ist. In InDesign beginnen übliche Metazeichen mit \. Die InDesign-spezifischen Metazeichen wie das für Halbgeviertstrich beginnen mit ~.

Mit GREP lässt sich statt nach buchstäblichen Zeichen und Wörtern nach sogenannten regulären Ausdrücken suchen. Das sind Zeichenkombinationen, die bestimmte Zeichenmuster beschreiben. So steht der Ausdruck \d in der GREP-Suche eben nicht für diese beiden Zeichen, sondern für eine beliebige Ziffer. \d ist ein sogenanntes Metazeichen, von denen es im GREP-Umfeld eine ganze Reihe gibt. Diese beginnen häufig mit dem Backslash (\) oder mit der Tilde (~). Aber keine Sorge: Sie brauchen sich diese zunächst kryptisch wirkenden Zeichenkombinationen nicht zu merken, weil InDesign die wichtigsten Metazeichen in Menüs zur Verfügung stellt. Weiter hinten finden Sie eine Tabelle mit einer kleinen Übersicht von Metazeichen, die Sie sicherlich immer wieder einsetzen werden.

Warum aber sollten man mit \d nach einer beliebigen Ziffer suchen wollen? Etwa, um alle Divise, die als Bis-Strich zwischen Seiten- oder Jahreszahlen im Text verwendet wurden, durch einen Halbgeviertstrich zu ersetzen. In Abbildung 8.45 sehen Sie in den ersten drei Zeilen genau diese Situation: Statt des korrekten Halbgeviertstrichs sind Divise gesetzt worden. Ein Divis als Bindestrich in der letzte Zeile ist hingegen vollkommen in Ordnung.

Kapitel 1-2
S. 356-370
Von 1970-1975
Müller-Thurgau

▲ **Abbildung 8.45**
Mit GREP können Sie eine Suche so formulieren, dass nur die Divise gefunden werden, die zwischen beliebigen Ziffern stehen.

Mit der gewöhnlichen (buchstäblichen) Textsuche können Sie den Austausch des Divises durch den Halbgeviertstrich nicht bewerkstelligen: Sie könnten nur alle Divise im Text suchen und müssten dann alle Fundstellen händisch durchgehen und jedes Mal entscheiden, ob das Zeichen ausgetauscht werden soll. Und nach allen möglichen Ziffernkombinationen wie 0-1, 0-2, 0-3 etc. zu suchen, scheidet aufgrund der Vielzahl von Kombinationen von vornherein aus: Sie müssten 90 Suchläufe machen.

Mit GREP hingegen können Sie eine Anweisung schreiben, die Folgendes ausführen soll: »Finde nur die Divise, die zwischen beliebigen Ziffern stehen«. Schauen wir uns an, wie Sie sich dieser Anforderung kleinschrittig annähern können.

Die GREP-Sprache

Anfangs erscheint GREP sehr seltsam, eben weil wir gewohnt sind, dass ein d für ein d steht. Sehen Sie GREP wie eine Sprache, deren Metazeichen sie wie Vokabeln (kennen)lernen. Wenn Sie sich auf die GREP-Sprache einlassen, eröffnen sich hierdurch wie durch jede Sprache völlig neue und teils überraschende Möglichkeiten.

Bis-Striche zwischen Ziffern setzen

Nach Aufruf des Dialogs SUCHEN/ERSETZEN über das BEARBEITEN-Menü oder über [Strg]/[⌘]+[F] wählen wir den Reiter GREP ❶. Die Oberfläche sieht fast genauso aus wie bei der Textsuche. Aber mit einem Klick auf den Button SONDERZEICHEN FÜR DIE SUCHE ❷ können wir das umfangreiche Menü mit den hinterlegten überraschend praktikablen Suchbegriffen aufrufen. Im Untermenü PLATZHALTER finden wir auch den Eintrag BELIEBIGE ZIFFER ❸.

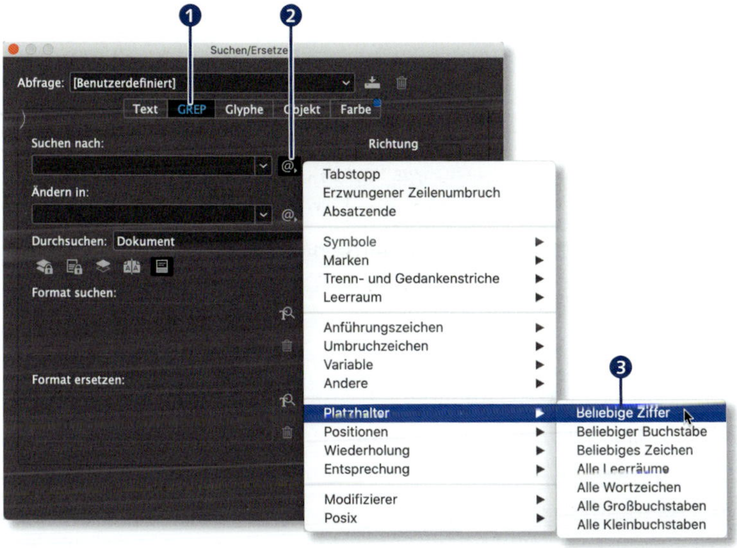

◂ **Abbildung 8.46**
Über das Menü SONDERZEICHEN FÜR DIE SUCHE finden wir zahlreiche extrem nützliche Suchbegriffe.

Nach Anwahl von BELIEBIGE ZIFFER wird das entsprechende Metazeichen \d in das Feld SUCHEN NACH eingetragen ❹. Hinter diesen Ausdruck gebe ich einfach ein Divis über die Tastatur ein und rufe anschließend noch einmal über den Eintrag BELIEBIGE ZIFFER das SONDERZEICHEN FÜR SUCHE auf ❺.

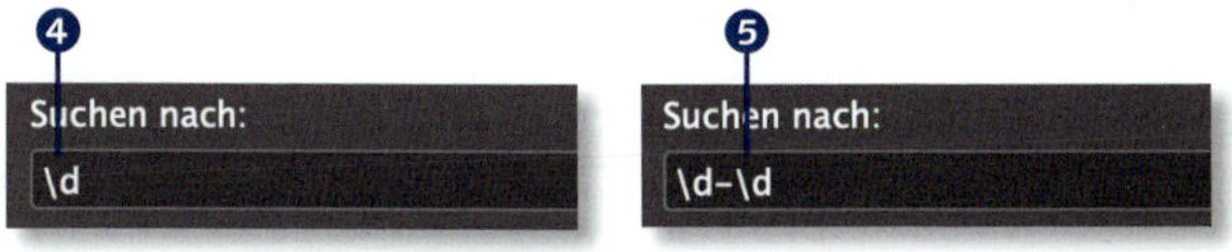

◂ **Abbildung 8.47**
Der GREP-Ausdruck ist schnell erstellt.

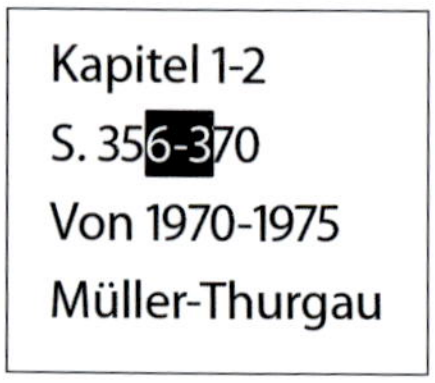

▲ **Abbildung 8.48**
Durch wiederholtes Klicken des Weitersuchen-Buttons im Suchfenster – hier ist das zweite Mal zu sehen – überprüfe ich den bisherigen GREP-Ausdruck.

Den bisherigen Ausdruck `\d-\d` teste ich (Abbildung 8.48), indem ich den Weitersuchen-Button im Suchen/Ersetzen-Dialog betätige. Wie erwartet findet die GREP-Suche genau die drei Stellen, an denen ein Divis zwischen Ziffern steht – und lässt das Divis bei Müller-Thurgau aus.

Die nächste Teilaufgabe besteht darin, einen passenden Begriff für Ändern in zu bestimmen. Beachten Sie, dass wir durch `\d-\d` drei Zeichen finden. Daher können wir nicht einfach den Halbgeviertstrich bei Ändern in einfügen. Das würde zum Löschen der beiden Ziffern vor und nach dem Halbgeviertstrich führen.

Gruppierungen

Wir müssen dieselben Ziffern, die bei Suchen nach gefunden wurden, bei Ändern in wieder einfügen. Das geht nicht mit denselben Zeichen \d – stehen diese nämlich bei Ändern in, werden diese als buchstäbliche Zeichen behandelt und nicht als Metazeichen. Aber GREP ist ein extrem mächtiges Tool, daher ist für diese Art Anforderung gesorgt: Wir setzen Gruppierungen ein. Gruppierungen werden im Suchausdruck einfach in runde Klammern gesetzt. Der Zweck von Gruppierungen ist genau der, den wir hier benötigen: Gruppierungen können bei Ändern in wieder eingesetzt werden.

Einsatz von Gruppierungen

Der eigentliche Einsatzzweck von Gruppierungen liegt im Umordnen von Fundstellen. Damit lassen sich beispielsweise Vor- und Nachnamen in Adresslisten tauschen.

Wir setzen die beiden Metazeichen für beliebige Ziffern jeweils in runde Klammern (Abbildung 8.49). Die Suchergebnisse bleiben durch das Hinzufügen von Gruppierungen exakt dieselben, aber wir können die gefundenen Texte nun im Feld Ändern in wiederverwenden. Die entsprechenden Kürzel hierfür finden Sie im Menü Sonderzeichen für Ersetzen, das uns direkt neben dem Eingabefeld Ändern in angeboten wird ❷. Für die Referenzen auf die beiden Gruppierungen rufen wir gleich das Untermenü Fundstelle auf und wählen dort die 1. bzw. 2. Fundstelle. Referenzen auf die Gruppierungen werden mit einem führenden $-Zeichen geschrieben, gefolgt von der Stelle, an der die Gruppe bei Suchen nach steht. In unserem Beispiel entspricht `$1` dem Inhalt des ersten `(\d)` und `$2` dem Inhalt des zweiten `(\d)`.

▲ **Abbildung 8.49**
Durch die Gruppierungen können wir bei Ändern in wieder auf die Suchergebnisse zugreifen.

Im Eingabefeld Ändern in fügen wir zunächst die 1. Fundstelle ein (`$1`) und rufen dann über das Untermenü Trenn- und Gedankenstriche ❸ den Halbgeviertstrich (~=) auf. Der bisherige Code sieht nun so aus: `$1~=` (❶).

Um auch die zweite Ziffer wieder einzufügen, rufen wir wieder über das Untermenü FUNDSTELLE die 2. Fundstelle auf ❹.

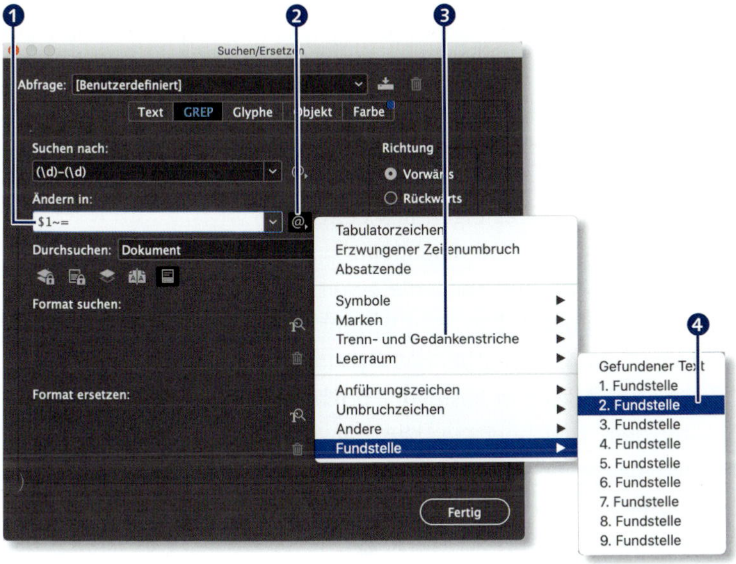

◀ **Abbildung 8.50**
Über das Menü SONDERZEICHEN FÜR ERSETZEN können wir auf die Fundstellen der Suche zugreifen.

Nicht zu viel finden

Versuchen Sie, beim Erstellen von GREP-Suchen diese so einzugrenzen, dass nicht zu viel als Suchergebnis zählt, z. B. Halbgeviertstrich zwischen Ziffern oder Ziffer direkt nach einem »m«.

Der komplette Ausdruck bei ÄNDERN IN lautet damit: `$1~=$2`. In Kombination mit dem Suchausdruck `(\d)-(\d)` erledigt er genau das, was wir wollen: Alle Divise zwischen Ziffern werden durch einen Halbgeviertstrich ausgetauscht, alle anderen Divise bleiben von dieser GREP-Suche ausgenommen (Abbildung 8.51).

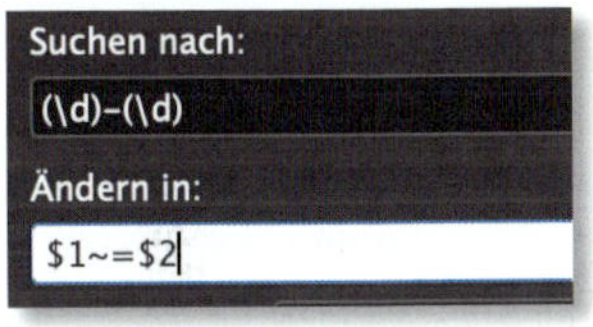

Kapitel 1–2
S. 356–370
Von 1970–1975
Müller-Thurgau

▲ **Abbildung 8.51**
Die obigen Ausdrücke bei SUCHEN NACH und ÄNDERN IN führen zum gewünschten Ergebnis.

Lookbehind/Lookahead

Der obige Suchbegriff `(\d)-(\d)` ist korrekt und tut auch, was er soll. Allerdings ist das Einfügen der gefundenen Ziffern unten bei ÄNDERN IN umständlich und für das Ergebnis nicht wirklich nötig. Wir können dieselben Suchergebnisse mit etwas eleganterem Code erzielen, indem wir je ein *Lookbehind* und ein *Lookahead* einsetzen. Hiermit können Sie Bedingungen erstellen, ohne dass diese in den Suchergebnissen weiterverwendet werden. Unsere Anforderung »Finde das Divis, vor und hinter dem eine beliebige Ziffer steht« bleibt dieselbe, nur der Code ist effektiver.

Wenn Sie im Flyout-Menü bei SUCHEN NACH den Menüpunkt ENTSPRECHUNG aufrufen, haben Sie Zugriff auf die positiven und negativen Lookbehinds bzw. Lookaheads. Durch Aufruf des Eintrags POSITIVES LOOKBEHIND fügt InDesign folgende Zeichenfolge bei SUCHEN NACH ein: `(?<=)`. Das sieht kompliziert aus, aber: Wir brauchen uns diese Codeschnipsel ja gar nicht zu merken, es reicht, wenn wir wissen, wo wir sie finden. Hinter das Gleichheitszeichen kommt der Suchbegriff, nach dem das Lookbehind Ausschau hält. In unserem Fall ist das das Metazeichen für eine Ziffer `\d`. Damit ist das positive Lookbehind komplett: `(?<=\d)`. Dies ist der GREP-Ausdruck für die Bedingung: »Vor dem eigentlichen Suchbegriff muss irgendeine Ziffer stehen.« Dem folgt der Suchausdruck, um den es eigentlich geht – das Divis. Es kann einfach eingetippt werden. Der Suchbegriff sieht damit so aus: `(?<=\d)-`.

behind/ahead

Die Begriffe *behind* (dt.: »zurück«) und *ahead* (dt.: »nach vorn«) beziehen sich auf die Leserichtung. Mit Lookbehind können Sie eine Bedingung angeben, die *vor* dem eigentlichen Suchbegriff stehen soll: Vom Suchbegriff aus gesehen ist es zurückgeschaut. Beim Lookahead ist es genau andersherum.

Jetzt müssen wir noch die zweite Bedingung als GREP-Ausdruck zusammenstellen. Hier kommt das positive Lookahead zum Einsatz. Es wird auch über das Flyout-Menü eingefügt und hat die Form `(?=)`. Wie beim positiven Lookbehind muss auch hier wieder hinter dem Gleichheitszeichen der Suchbegriff für diese Bedingung eingegeben werden. In unserem Fall ist es noch einmal das Metazeichen für eine beliebige Ziffer, so dass der komplette Suchausdruck `(?<=\d)-(?=\d)` lautet ❶.

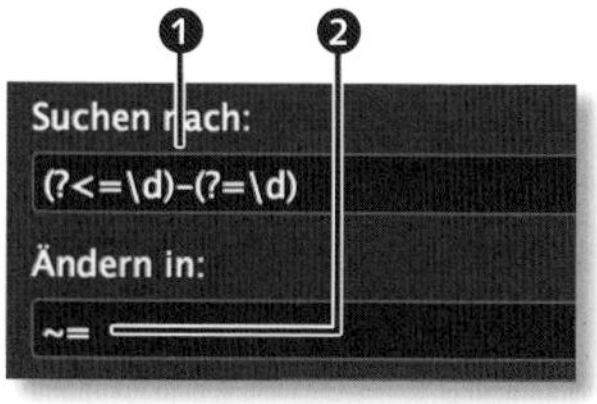

▲ **Abbildung 8.52**
Diese GREP-Suche liefert dasselbe Ergebnis, ist aber eleganter als die vorherige Lösung.

Bei ÄNDERN IN steht wieder das Metazeichen `~=` für Halbgeviertstrich ❷. Damit ist die GREP-Suche komplett und führt zum selben Ergebnis wie in Abbildung 8.51 oben.

Ziffern per GREP-Suche Zeichenformat zuweisen

Mit einem positiven Lookbehind können Sie auch die hochgestellten Ziffern von m², m³, cm², cm³ usw. finden und ihnen beispielsweise ein Zeichenformat zuweisen, das die OpenType-Funktion der hochgestellten Ziffern auf die jeweiligen Ziffern anwendet. Die Bedingung für diese Ziffern lässt sich folgendermaßen umschreiben: Finde beliebige Ziffern, die direkt auf ein »m« folgen. Damit ist ausgeschlossen, dass auch Ziffern als Suchergebnis gezählt werden, die nach einem Leerzeichen oder einem anderen Zeichen stehen – wie im Beispiel Abbildung 8.53 die Uhrzeit.

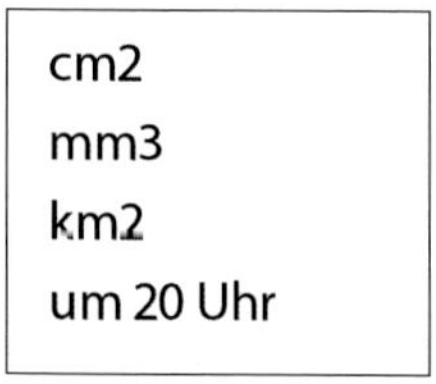

▲ **Abbildung 8.53**
Wir suchen einen GREP-Ausdruck, der Ziffern findet, die direkt auf ein »m« folgen.

Für diese Anforderung benötigen wir nur ein positives Lookbehind `(?<=)`, in das wir das »m« als Bedingung hinter das =-Zeichen einfügen: `(?<=m)`. Das Zeichen, das wir eigentlich suchen, ist eine beliebige Ziffer `\d`. Beides hintereinander geschrieben ist genau der Suchbegriff ❸, der uns ans Ziel bringt.

Da wir keine Textänderung vornehmen möchten, bleibt das Feld Ändern in ❹ leer. Stattdessen rufen wir über den Button Änderungsattribute einfügen ❻ das Zeichenformat auf, das wir den Suchergebnissen zuweisen möchten. Ich habe im Vorfeld ein entsprechendes Zeichenformat »OpenType_Hochgestellt« angelegt und habe dieses für den Screenshot schon ausgewählt ❺.

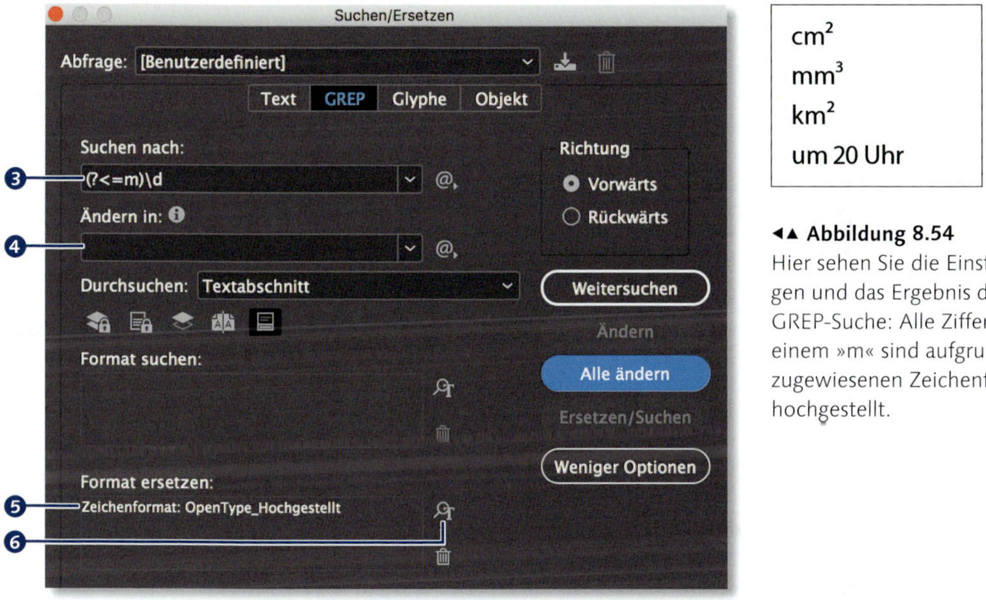

◄▲ **Abbildung 8.54**
Hier sehen Sie die Einstellungen und das Ergebnis der GREP-Suche: Alle Ziffern nach einem »m« sind aufgrund des zugewiesenen Zeichenformats hochgestellt.

Es gibt noch einen eleganteren Weg, ein Zeichenformat per GREP zuzuweisen. Hinterlegen Sie denselben GREP-Ausdruck als GREP-Stil in einem Absatzformat. Dann sucht InDesign im Hintergrund nach dem GREP-Ausdruck und weist den entsprechenden Textstellen das gewünschte Zeichenformat automatisch zu (weitere Informationen hierzu finden Sie in Abschnitt 3.4 unter »GREP-Stile«).

Weil es anfangs immer wieder zu Unsicherheiten führt, wann Sie Zeichen tauschen (wie im vorigen Beispiel mit dem Halbgeviertstrich) und wann Sie die Formatierung von Textteilen wie in diesem Beispiel ändern: Machen Sie sich im Vorfeld klar, was Sie vorhaben. Wenn Sie beispielsweise die Anführungszeichen „" durch »« austauschen möchten, müssen Sie hierfür die Zeichen wirklich austauschen, mit einer Umformatierung lässt sich diese Anforderung nicht umsetzen.

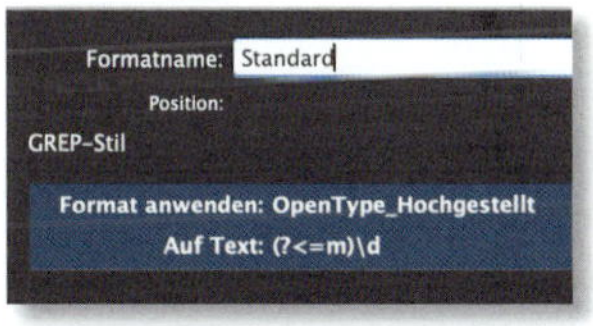

▲ **Abbildung 8.55**
Sie können GREP-Suchen auch in Absatzformaten als GREP-Stil hinterlegen.

Bestimmte Varianten finden

RAD
RADLAGER
RÄDER
FAHRRAD
FAHRRÄDER
Rat
Ruder

▲ **Abbildung 8.56**
Alle Wörter, die »Rad« oder »Räder« enthalten, sollen mittels GREP gefunden werden.

Wenn Sie in einem Text die unterschiedlichsten Varianten eines Wortes wie »Rad« finden möchten, um diesem ein Zeichenformat zuzuweisen, lässt sich auch das mit GREP bewerkstelligen. Wenn Sie eine überschaubare Menge an Wörtern finden möchten, können Sie diese einfach hintereinander in das Feld SUCHEN NACH eingeben ❶. Als Trennzeichen kommt hier der senkrechte Strich (engl. pipe) Alt Gr+>/⌥+7 zum Einsatz ❷. Er steht einfach für »oder«.

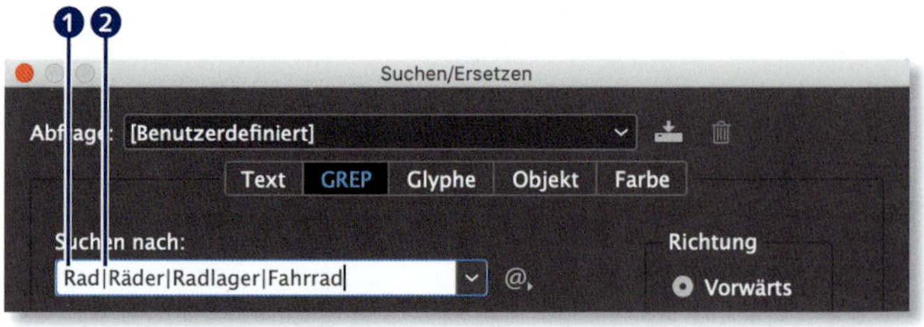

Abbildung 8.57 ►
Wortvarianten können Sie einfach, getrennt durch die Pipe, eingeben.

Wenn Sie allerdings wirklich alle Varianten des Wortes »Rad« finden möchten, kommen Sie durch dieses Vorgehen schnell an die Grenzen der Praktikabilität.

Nähern wir uns in kleinen Schritten an den Suchbegriff an, der wirklich alle Varianten von »Rad« findet und gleichzeitig Wörter wie »Rat« und »Ruder« unberücksichtigt lässt. Wir beginnen mit dem Wortstamm »Rad« und arbeiten uns von da aus weiter vor. Um neben »Rad« auch ein Wort wie »Radlager« zu finden, hängen wir im Feld SUCHEN NACH an das Rad noch `\w` ❹. Das ist das Metazeichen für Wortzeichen und beinhaltet alle Buchstaben, Ziffern und den Unterstrich. Sie finden dieses Zeichen über das Menü SONDERZEICHEN FÜR SUCHE über PLATZHALTER • ALLE WORTZEICHEN.

Wir benötigen nun noch einen Quantifizierer; damit ist die Angabe gemeint, wie oft ein Suchbegriff gefunden werden soll. Damit nach wie vor »Rad« und nicht nur längere Worte gefunden werden, wählen wir SONDERZEICHEN FÜR SUCHE • WIEDERHOLUNG • NULL ODER MEHRERE MALE. InDesign fügt das Metazeichen * ein ❺. Der bisherige Suchbegriff findet somit »Rad« und alle Wörter wie »Radlager«, die ganz einfach länger sind.

GREP-Suchen speichern

Ausdrücke der GREP-Suche werden schnell komplex, und sind wegen der Metazeichen häufig schlecht lesbar und lassen sich nur schlecht merken. Speichern Sie GREP-Suchen über einen Klick auf ❸ deshalb unbedingt unter aussagekräftigen Namen ab.

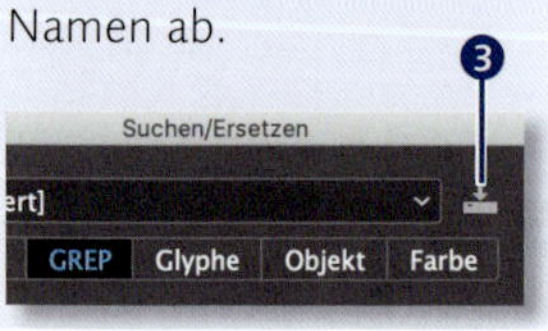

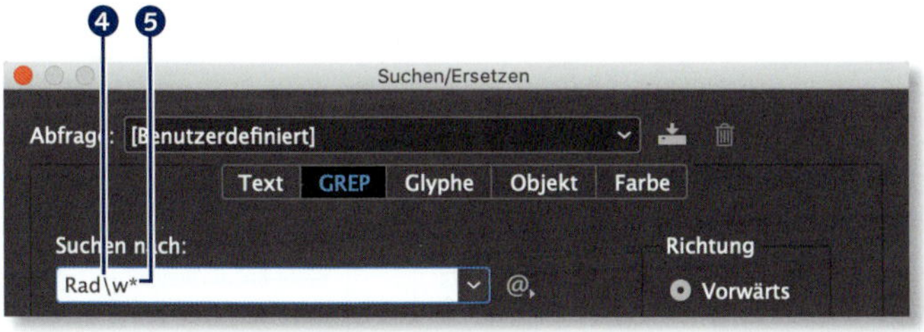

◂ **Abbildung 8.58**
Hiermit werden Wörter wie »Rad« und »Radlager« gefunden.

Um nun auch »Räder« zu finden, verwenden wir eine sogenannte Zeichenklasse. Zeichenklassen sind Zeichengruppen, die in eckigen Klammern geschrieben werden. Wenn sie ohne einen Quantifizierer geschrieben werden, endet die Suche, wenn eines der Zeichen einer Zeichenklasse gefunden wurde. In unserem Fall benötigen wir nur die beiden Alternativen »a« und »ä« ❻:

◂ **Abbildung 8.59**
Durch die Zeichenklasse [aä] wird nun auch »Räder« gefunden.

Jetzt benötigen wir nur noch GREP-Ausdrücke, die auch Zeichen vor »Rad« und »Rädern« u. Ä. finden. Zunächst erstellen wir eine weitere Zeichenklasse ❽, um auch das kleingeschriebene »r« etwa in Fahrrad zu finden. Wir setzen noch mal ein `\w*` ❼ vor den bisherigen Ausdruck, um auch Wortteile wie »Fahr« zu finden. Damit lautet der komplette Ausdruck: `\w*[Rr][aä]d\w*`.

◂ **Abbildung 8.60**
Dieser Suchausdruck findet alle Varianten von »Rad«.

Reihenfolge von Suchergebnissen ändern

Mit Hilfe von Gruppierungen, die Sie schon aus dem Beispiel, bei dem Divise durch Halbgeviertstriche ausgetauscht werden, kennen, können ganz einfach Nachname und Vorname vertauscht werden, das Komma nach den Nachnamen wird dabei gelöscht:

Abbildung 8.61 ▸
Mit dieser GREP-Suche werden Vor- und Nachnamen getauscht.

Die Vor- und Nachnamen können aus beliebig vielen Wortzeichen `\w` und einem Bindestrich `-` gebildet werden. Da wir nicht wissen, aus wie vielen Zeichen die Namen bestehen, setzen wir als Quantifizierer wieder `*` ❶ ein. Die Zeichen der Zeichengruppe dürfen also zwischen null Mal und beliebig oft vorkommen. Das erste `([-\w]*)` steht für den Vornamen, das zweite, in dem auch ein Leerzeichen vorkommen kann, für den Nachnamen `([ -\w]*)`. Und bei Ändern in ❷ wird die ursprüngliche Reihenfolge der beiden Fundstellen einfach getauscht.

Suchmuster	Metazeichen
beliebige Ziffer	`\d`
beliebiges Zeichen	`.`
beliebiges Wortzeichen	`\w`
beliebiger Leerraum	`\s`
null oder einmal	`?`
null oder mehrere Male	`*`
einmal oder mehrere Male	`+`
Zeichengruppe	`[]`
oder	`|`
Absatzbeginn	`^`

▲ **Tabelle 8.1**
Hier finden Sie wichtige Metazeichen für den Einsatz bei der GREP-Suche (und den GREP-Stilen).

Groß-/Kleinschreibung

Viele Metazeichen kommen groß- und kleingeschrieben vor: `\s` (beliebiger Leerraum), `\S` (alle Zeichen, die kein Leerraum sind) usw.

8.7 Anzeigeleistung

Sie können in InDesign die Genauigkeit steuern, mit der Ihre Layouts am Monitor angezeigt werden. Zur Änderung der Anzeigeleistung wählen Sie über Ansicht • Anzeigeleistung die gewünschte der drei möglichen Optionen aus:

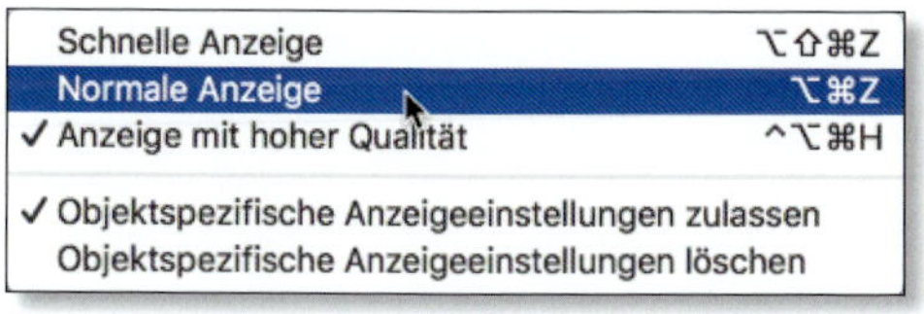

◂ **Abbildung 8.62**
Dieses Menü ist für die dokumentweite Einstellung der Darstellung zuständig.

Ich empfehle Ihnen auch hier, sich die Tastaturbefehle zumindest der beiden am häufigsten verwendeten Optionen Normale Anzeige (Strg/⌘+alt+Z) und Anzeige mit hoher Qualität (Strg+alt+H bzw. ctrl+alt+⌘+H) einzuprägen, denn üblicherweise wechselt man beim Arbeiten in InDesign häufig den Fokus von der Positionierung von Bildern zur Arbeit an Texten, wofür sich unterschiedliche Anzeigequalitäten anbieten.

Ausgabeauflösung

Die jeweilige Wahl der Anzeigeleistung hat keinen Einfluss auf die Ausgabe z. B. auf einem Drucker oder als PDF.

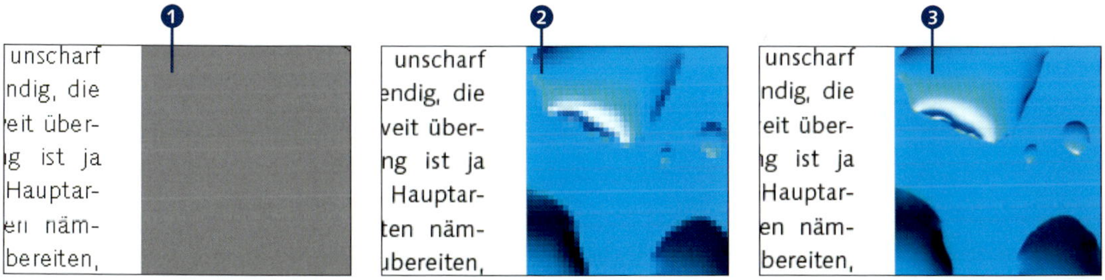

▴ **Abbildung 8.63**
Die drei Ansichtsmodi stellen Bilder (und Text) unterschiedlich dar.

Durch die Option Schnelle Anzeige ❶ werden Grafiken als graue Flächen wiedergegeben. Schrift wird ohne Kantenglättung und dadurch deutlich gepixelt dargestellt. Zum Layouten und zur Arbeit an Text ist die Option Normale Anzeige ❷ praktisch: Grafiken werden mit einer niedrigen Auflösung dargestellt, Schrift wird geglättet. Mit dieser Anzeige lässt es sich zügig arbeiten, da der Bildschirmaufbau rasch vonstattengeht. Zum genauen Positionieren von Bildern ist sie jedoch zu grob. Dafür wählen Sie Anzeige mit hoher Qualität ❸. Die Anzeige von bildlastigen Dokumenten kann sich hierdurch z. B. beim Seitenwechsel spürbar verlangsamen.

9

Lange Dokumente

Umfangreiche Projekte entspannt managen

- Wofür bietet sich die Buch-Funktion an?
- Wie kann ich Designelemente immer wieder verwenden?
- Wie kann ich Objekte im Text verankern?
- Wie lege ich Querverweise, ein Inhaltsverzeichnis oder einen Index an?

9 Lange Dokumente

InDesign bringt eine Reihe von äußerst praktischen Funktionen mit, die Ihnen das Gestalten von langen Dokumenten erleichtern. Manche Funktionen mögen auch bei nicht so umfangreichen Projekten sinnvoll sein, andere – wie etwa die Buch-Funktion – sind tatsächlich ausschließlich bei komplexen Projekten sinnvoll.

9.1 Buch-Funktion

Der Einsatz der Buch-Funktion bietet sich insbesondere bei Projekten an, die die folgenden zwei Kriterien erfüllen:

- Die Satzprojekte sind umfangreich, sie umfassen etwa 80 Seiten und mehr.
- Es gibt eine Unterteilung in inhaltlich und gegebenenfalls auch gestalterisch getrennte Kapitel.

Reihenfolge ändern
Die Reihenfolge der Dokumente innerhalb eines Buchs kann anschließend durch Drag und Drop beliebig geändert werden. Ebenso können weitere Dokumente hinzugefügt oder bestehende ersetzt bzw. geloscht werden. Die entsprechenden Funktionen finden Sie im Buch-Bedienfeld.

Die Stärke der Buch-Funktion liegt genau darin, dass eine Buch-Datei, die Sie über Datei • Neu • Buch anlegen, auf einzelne, unabhängige Layoutdateien zugreift. Dieser modulare Ansatz bietet insbesondere drei Vorteile:

- Die Kapitel können individuell bearbeitet werden, das kann sogar auch im Team erfolgen. So lassen sich Kapitel verschiedenen Layoutern zuweisen – weil eben nicht an einer einzigen großen Datei gearbeitet wird, sondern an mehreren kleineren.
- Durch die Aufteilung in einzelne, weitgehend voneinander unabhängige InDesign-Dateien kann beispielsweise die Kapitelreihenfolge im Laufe des Projekts einfach getauscht werden. Diese Anforderung kommt die bei Romanen praktisch nie vor, bei Magazinen kann sich die Reihenfolge von Beiträgen im Laufe der Arbeit aber schon mal ändern.
- Das Handling von übersichtlichen InDesign-Dateien ist aufgrund ihres begrenzten Umfanges einfacher als wenn man alle Seiten in einem langen Dokument vor sich hätte.

Ein Buch anlegen

Über Datei • Neu • Buch legen Sie eine Buch-Datei an, die automatisch die Dateiendung .indb (InDesignBuch) erhält. Bei der Anlage einer Buch-Datei können Sie keinerlei Vorgaben eingeben, Sie können einzig und allein einen Dateinamen vergeben.

Nach der Anlage einer Buch-Datei wird diese direkt in InDesign angezeigt – als ein eigenes, leeres Fenster, das darauf wartet, mit bestehenden InDesign-Dokumenten gefüllt zu werden.

▲ **Abbildung 9.1**
Mit einer Buch-Datei im indb-Format verwalten Sie Layoutdateien, die im Standardformat indd vorliegen.

◄ **Abbildung 9.2**
Die leere Buch-Datei wird als Nächstes mit Layouts befüllt.

Wie Sie in Abbildung 9.2 sehen, ist nur der Button Dokumente hinzufügen (1) verwendbar. Beachten Sie, dass eine Buch-Datei die InDesign-Dateien, die Sie hinzufügen, nur verwaltet. Dieses Prinzip kennen Sie von verknüpften Bildern (siehe Abschnitt 4.8, »Das Bedienfeld Verknüpfungen«): Die Links zu den Bilddaten werden von einem InDesign-Dokument, in das sie platziert wurden, nur organisiert, sie werden nicht Teil des InDesign-Dokumentes (außer Sie betten Bilddaten ein).

Weder bei Bilddaten noch bei InDesign-Dateien ist im Dateimanager bzw. im Finder erkennbar, ob Grafikdateien in einem Layout platziert bzw. InDesign-Dateien in einem Buch verwendet werden. Daher achten Sie unbedingt darauf, dass Sie InDesign-Dokumente, die in einem Buch verwendet werden, nicht bearbeiten, ohne das Buch zuvor geöffnet zu haben. Während InDesign in solch einem Fall zwar noch recht großzügig agiert, verbietet sich das Umbenennen, Verschieben oder Löschen von Daten aus denselben Gründen wie bei Grafiken, die Sie in einem Layout verwendet haben. Die Warn-Icons, die dann eingeblendet werden, kennen Sie vom Verknüpfungen-Bedienfeld.

Für den nächsten Screenshot habe ich mehrere InDesign-Dateien der Buch-Datei »magazin« hinzugefügt.

Dateien eines Buchs öffnen

Öffnen Sie InDesign-Dateien, die Sie in einem Buch zusammengefasst haben, nur noch aus der Buch-Datei heraus (und nicht über den Dateimanager bzw. den Finder oder über Datei • Zuletzt verwendete Datei öffnen).

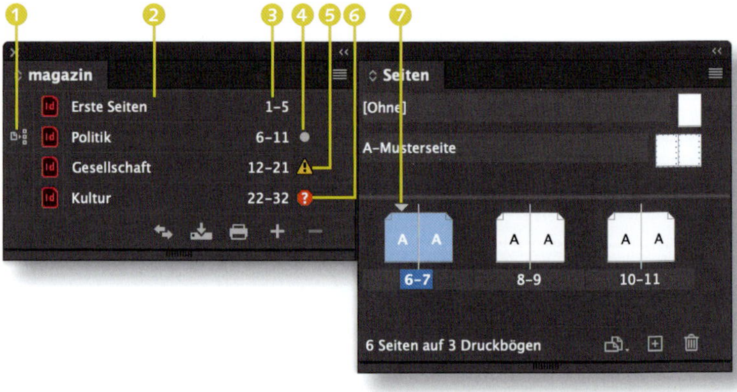

Abbildung 9.3 ▸
Der Buch-Datei habe ich vier InDesign-Dateien hinzugefügt. Rechts sehen Sie die Seiten der geöffneten Datei »magazin-politik«.

Die einzelnen Dateien eines Buches werden in einer tabellenartigen Liste dargestellt ❷. In der ersten Spalte ist immer ein Dokument mit einem Icon als GIBT DIE FORMATQUELLE AN gekennzeichnet ❶. Mit dieser Funktion werden wir uns später noch beschäftigen.

Rechts neben den Dokumentnamen sehen Sie die Seitenzahlen des jeweiligen Dokuments ❸. Interessant ist vor allem die letzte Spalte: Ist sie frei, ist das Dokument dieser Zeile nicht geöffnet. Ein Punkt ❹ signalisiert, dass das Dokument geöffnet ist, ein Warndreieck ❺ weist auf eine Änderung in, die am Dokument vorgenommen wurde, ohne dass die Buch-Datei geöffnet war. Wenn das Fragezeichen eingeblendet wird ❻, findet InDesign die entsprechende Datei nicht. Dafür reicht schon die Umbenennung der Datei aus, aber natürlich sehen Sie dieses Symbol auch, wenn die Datei in ein anderes Verzeichnis verschoben wurde, das Verzeichnis aus sonstigen Gründen nicht erreichbar ist (etwa weil der Dateiserver offline oder der USB-Stick nicht verfügbar ist) oder die Datei gar gelöscht wurde.

Im SEITEN-Bedienfeld ist immer die erste Dokumentseite mit einem kleinen nach unten weisenden Pfeil versehen ❼. Dieser Pfeil markiert einen sogenannten Abschnittsbeginn: Jedes InDesign-Dokument besteht somit aus mindestens einem Abschnitt.

Mit einem Rechtsklick auf eine Dokumentseite im SEITEN-Bedienfeld können Sie im Kontextmenü den Befehl NUMMERIERUNGS- UND ABSCHNITTSOPTIONEN öffnen und bei Bedarf einen weiteren Abschnitt im InDesign-Dokument an dieser Seite beginnen lassen und weitere Optionen ändern.

Seitenzählung

Eine zentrale Funktion der Buch-Funktion ist die Nummerierung von Seiten (und beliebigen Listen wie etwa einer nummerierten Kapitelliste) über Dokumentgrenzen hinweg. Die Seitenzählung über die im Buch zusammengestellten Dokumente erledigt InDesign ohne weiteres Zutun. Für das Beispiel in Abbildung 9.3 habe ich einfach einzelne Dokumente erstellt und diese in einem Buch zusammengefasst. Die Dokumente haben im Beispiel verschiedene Seitenumfänge.

Die Seitenzählung innerhalb eines Buches ist unabhängig davon, ob Sie überhaupt eine Seitenzahl (siehe Abschnitt 2.5, »Musterseiten«) auf den zusammengefassten Dateien angelegt haben: Wie bei einzelnen Dokumenten auch hat InDesign immer eine interne Seitenzählung. Wenn Sie jedoch – was die Regel sein dürfte – automatische Seitenzahlen auf den Musterseiten der verschiedenen Dokumente einer Buch-Datei angelegt haben, sind die Seitenzahlen auf den Dokumentseiten zu sehen.

Dateinamen

Im Kontext der Buch-Funktion verwende ich hier Dokumentnamen wie »Kultur« und »Politik«. Dokumentnamen können nämlich als sogenannte Textvariablen beispielsweise in den Kolumnentitel eingefügt werden (siehe Abschnitt 9.2, »Textvariablen«).

Die InDesign-Dateien, die Sie einem Buch hinzugefügt haben, können Sie ganz einfach per Drag und Drop in der Reihenfolge ändern. Die Seitenabfolge wird von InDesign automatisch angepasst. Für den folgenden Screenshot habe ich das Dokument »Kultur« im Buch-Bedienfeld von der vierten an die zweite Stelle gezogen. Die Seitenzahlen aktualisiert InDesign automatisch:

◂ Abbildung 9.4
InDesign aktualisiert die Seitenzahlen automatisch, wenn Sie die Reihenfolge der Dokumente durch Ziehen und Loslassen ändern.

In Abbildung 9.3 fangen die drei Dokumente ab »Politik« auf linken Seiten an. Durch das Verschieben von »Kultur«, das eine ungerade Seitenzahl hat, fangen die folgenden Dokumente in Abbildung 9.4 auf rechten Seiten an, weil InDesign Dokumente immer lückenlos aneinander anfügt. Derartige Eingriffe in den Seitenablauf müssen daher wohl überlegt sein.

Ich habe das Dokument »Kultur« um eine Seite verlängert, »Gesellschaft« dafür um eine Seite verkürzt, damit die Dokumente ab Seite 6 wieder auf linken Seiten beginnen:

Abbildung 9.5 ▶
Damit die Dokumente ab Seite 6 wieder links beginnen, habe ich die Seitenumfänge von einzelnen Dokumenten geändert.

Nummerierungs- und Abschnittsoptionen

Wie Sie in Abbildung 9.3 gesehen haben, beginnt jedes InDesign-Dokument mit einem sogenannten Abschnitt. Ein Abschnitt wird im SEITEN-Bedienfeld mit einem kleinen nach unten weisenden Pfeil oberhalb der betreffenden Seite gekennzeichnet ①. Schauen wir uns an, wie InDesign diese Abschnitte verwaltet und welche Optionen uns diesbezüglich noch zur Verfügung stehen.

Für Abbildung 9.6 habe ich im SEITEN-Bedienfeld mit einem Rechtsklick auf die erste Seite des Dokuments »Politik« geklickt und im Kontextmenü den Befehl NUMMERIERUNGS- UND ABSCHNITTSOPTIONEN angewählt. Im sich nun öffnenden Fenster ist zu sehen, dass die Option AUTOMATISCHE SEITENNUMMERIERUNG vorausgewählt ist ③.

Typisch für Buch-Projekte

Die Nummerierungs- und Abschnittsoptionen stehen Ihnen auch bei normalen InDesign-Dokumenten zur Verfügung – die Funktion der Kapitelnummerierung ergibt aber nur im Buchkontext Sinn.

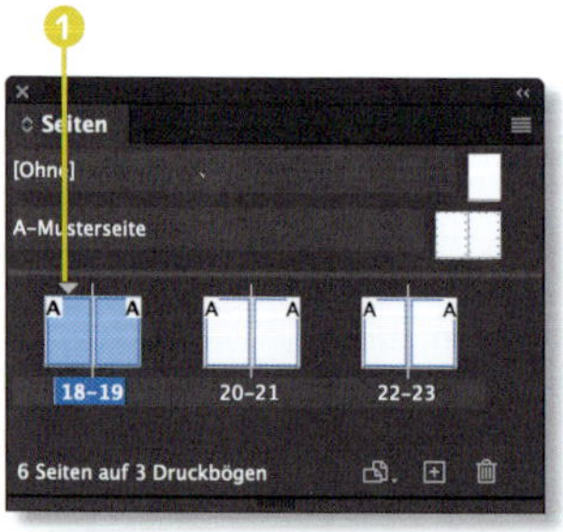

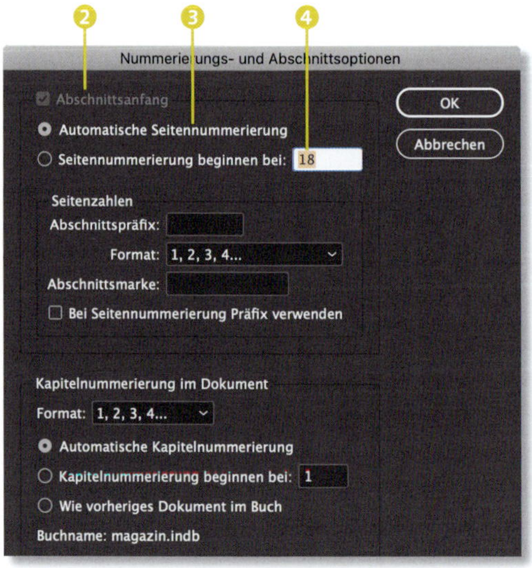

Abbildung 9.6 ▲▶
In den Nummerierungs- und Abschnittsoptionen sind einige wichtige Einstellungen zu finden.

Da ich das Kontextmenü mit einem Rechtsklick auf die erste Seite aufgerufen habe, ist die Option ABSCHNITTSANFANG ausgegraut ②, da die erste Seite immer ein Abschnittsanfang ist. Weil Sie einem Dokument aber weitere Abschnittsanfänge hinzufügen können, findet sich diese Option hier.

Sie sehen im Fenster NUMMERIERUNGS- UND ABSCHNITTSOPTIONEN auch die Möglichkeit, die Seitennummerierung eines Dokuments selbst festzulegen ④. Im Kontext der Buch-Funktion werden Sie allerdings von dieser Option eher keinen Gebrauch machen, weil ja die Buch-Funktion gerade die automatische Seitenzählung über mehrere Dokumente für uns erledigt.

Sie finden hier auch noch Optionen für Abschnitte und Kapitel, diese schauen wir uns zuerst an.

Kapitelnummerierung

Im Unterschied zu Abschnitten kann ein Dokument immer nur eine Kapitelnummer haben. Diese können Sie automatisch von InDesign vergeben lassen oder selbst festlegen. Bei der voreingestellten automatischen Kapitelnummerierung entspricht die Kapitelnummer der Position des jeweiligen Dokuments im BUCH-Bedienfeld. Da meist – wie auch im Beispiel in Abbildung 9.5 – dem eigentlichen Inhalt eine Reihe Seiten vorgelagert ist (wie etwa das Inhaltsverzeichnis), hat das eigentlich erste Kapitel nach der InDesign-Kapitelnummerierung die Nummer zwei.

Abschnitte und Kapitel

Diese Funktionen sind optional (und auch bei Dokumenten, die Sie nicht zu einem Buch zusammengefasst haben, verfügbar), bei langen Dokumenten ist gerade die Kapitelfunktion oft sehr nützlich.

Um diese Nummerierung zu ändern, mache ich im ersten Dokument des Beispiel-Buchs (»magazin-kultur«), das redaktionellen Inhalt enthalten soll, im SEITEN-Bedienfeld einen Rechtsklick auf die erste Seite. Im Kontextmenü rufe ich den Befehl NUMMERIERUNGS- UND ABSCHNITTSOPTIONEN auf und wähle hier die Option KAPITELNUMMERIERUNG BEGINNEN BEI und gebe eine »1« im Eingabefeld ein ⑤.

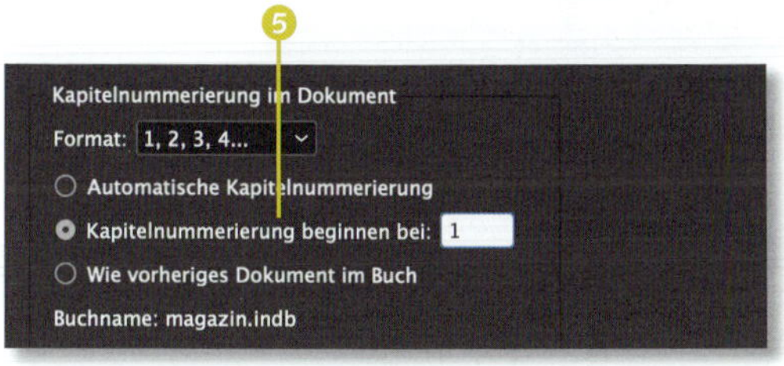

◄ **Abbildung 9.7**
Den Start der Kapitelnummerierung im Dokument »magazin-kultur« stelle ich händisch ein.

Kapitelnummern in diesem Buch

Auf den linken Seiten dieses Buches sehen Sie die Funktion der Kapitelnummer im Einsatz.

Schritt für Schritt

Kapitelnummerierung über Musterseiten anlegen

Um die Kapitelnummerierung nun in Dokumenten auch einzusetzen, bieten sich Musterseiten an.

1 Musterseite organisieren

Zunächst benenne ich die Musterseite »A-Musterseite« ① des Dokumentes »Kultur« über MUSTERSEITENOPTIONEN FÜR »A-MUSTERSEITE« ② aus dem Kontextmenü in »B-Rubriken« um.

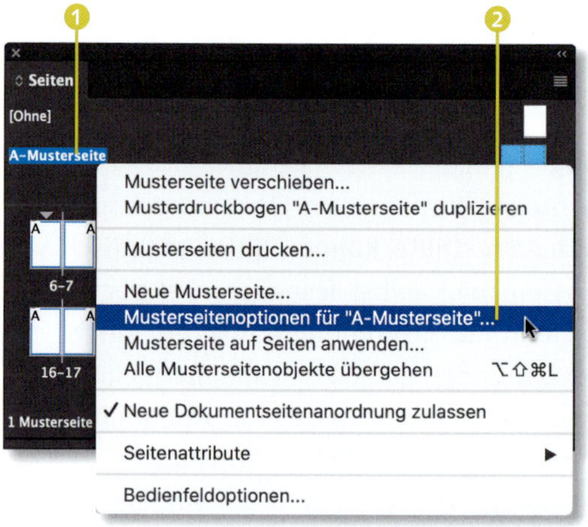

Abbildung 9.8 ▸
Im Kontextmenü lassen sich die Optionen für die Musterseite anpassen.

Im folgenden Dialog gebe ich die gewünschten Änderungen bei Präfix ③ und Name ④ ein.

Abbildung 9.9 ▸
Zur besseren Übersicht benenne ich die bisherige A-Musterseite in »B-Rubriken« um.

2 Kapitelnummer erstellen

Nachdem ich der Musterseite einen informativeren Namen gegeben habe, öffne ich die »B-Rubrik«-Musterseite im SEITEN-Bedienfeld per Doppelklick. Am unteren Bildschirmrand wird mir die aktuelle Seite auch angezeigt ⑤. Über dem Satzspiegel mit dem primären Textrahmen erstelle ich einen neuen Textrahmen. In diesem soll linksbündig die Kapitelnummer stehen:

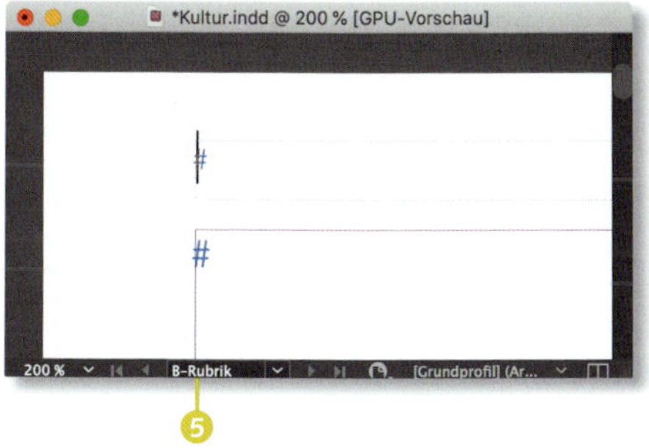

◂ **Abbildung 9.10**
Im Kolumnentitel fehlt noch die Kapitelnummer.

Die Kapitelnummer ist eine sogenannte Textvariable. Diese füge ich über das entsprechende Untermenü im Schriftmenü hinzu:

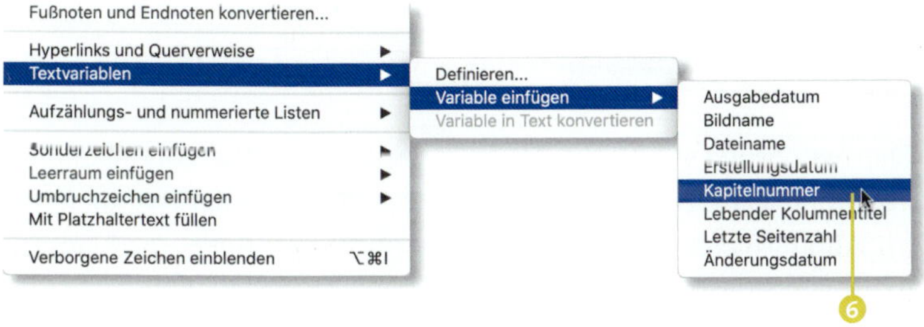

◂ **Abbildung 9.11**
Im Schriftmenü finden Sie die Textvariablen, darunter ist auch die Kapitelnummer aufgelistet.

Nach Anwahl des Befehls KAPITELNUMMER 6 wird diese an der Cursorposition eingefügt 7.

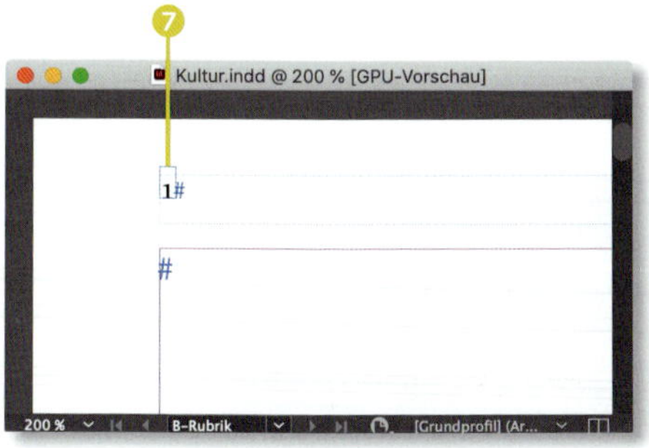

◂ **Abbildung 9.12**
Textvariablen sind bei eingeblendeten verborgenen Zeichen an einem Rahmen zu erkennen.

Bei eingeblendeten verborgenen Zeichen wird sichtbar, dass die Kapitelnummer eben kein normaler Text, sondern eine Textvariable ist: Sie wird in einem kleinen Rahmen dargestellt und ist nur als Rahmen markierbar, das heißt, die dynamisch generierte Zahl darin ist nicht markierbar.

3 Gestaltung auf andere Kapitel übertragen

Um die Gestaltung des Kolumnentitels samt der Kapitelnummerierung auf die anderen beiden Dokumente innerhalb der Buch-Datei zu übertragen, verwende ich die Synchronisierungsfunktion der Buch-Funktion.

Zunächst definiere ich mit einem Klick auf die erste Spalte innerhalb des Buch-Bedienfelds neben »Kultur« dieses Dokument als Ursprungsdatei zur Synchronisierung (1). InDesign nennt diese Datei »Formatquelle«.

Abbildung 9.13 ▸
Die Datei »Kultur« lege ich mit einem Klick als sogenannte Formatquelle fest.

Die Synchronisation von Musterseiten ist in der Voreinstellung von Buch-Dateien zu Recht deaktiviert, denn sie darf wirklich nur im Anfangsstadium beim Arbeiten mit einem Buch zum Einsatz kommen – und sollte nach der erfolgten Synchronisation auf alle Fälle wieder deaktiviert werden.

Um die Synchronisation von Musterseiten temporär zu aktivieren, rufe ich das Menü innerhalb des Buch-Bedienfelds auf, wähle hier Synchronisierungsoptionen und setze das Häkchen bei der Option Musterseiten (2).

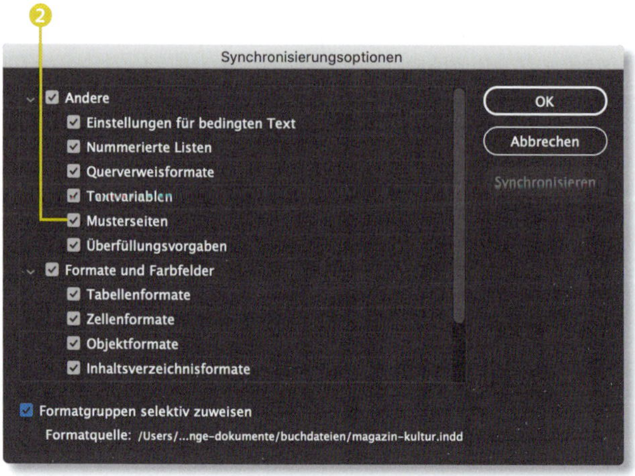

Abbildung 9.14 ▸
Neben Musterseiten können Sie eine ganze Reihe an Funktionen und Formaten über verschiedene Dokumente hinweg synchronisieren.

Da das Dokument »Erste Seiten« die Musterseite »B-Rubriken« nicht benötigt, möchte ich die Synchronisation auf die beiden Dokumente »Politik« und »Gesellschaft« beschränken. Dafür markiere ich diese beiden Dokumente im Buch-Bedienfeld mit gedrückter [Strg]/[⌘]-Taste ③. Über das Bedienfeldmenü des Buch-Bedienfelds rufe ich den Befehl Ausgewählte Dokumente synchronisieren ④ auf.

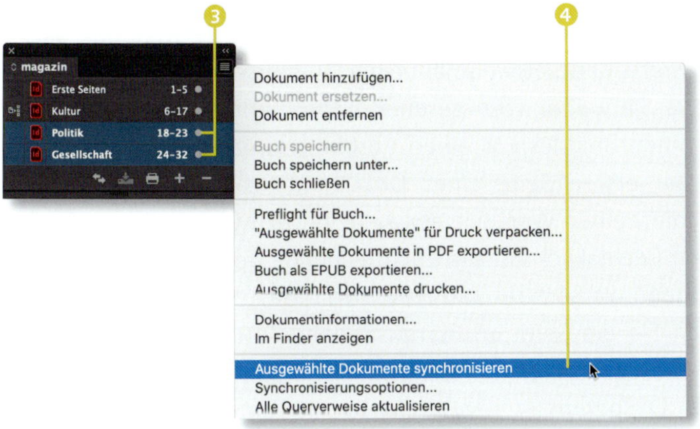

◂ **Abbildung 9.15**
Ich synchronisiere nur die ausgewählten Dokumente.

Anschließend findet sich die Musterseite »B-Rubrik« wie erwartet in den beiden synchronisierten Dokumenten ⑤. Der folgende Screenshot zeigt das Seiten-Bedienfeld des sechsseitigen Dokuments »Politik«.

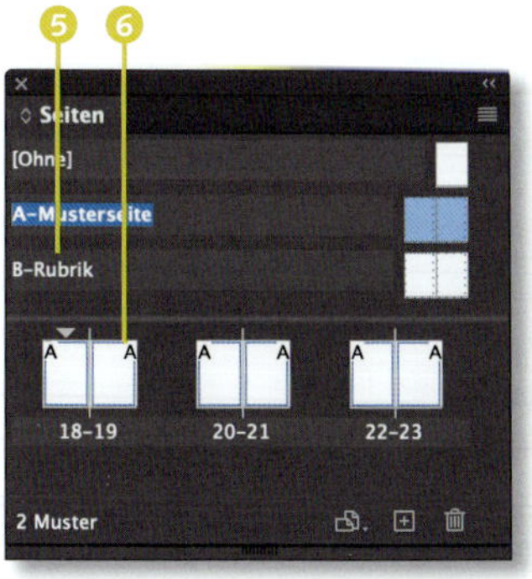

◂ **Abbildung 9.16**
Die Musterseite »B-Rubrik« ist durch die Synchronisierung jetzt auch in den anderen beiden Dokumenten verfügbar.

Die synchronisierte Musterseite kann ich jetzt noch auf die Dokumentseiten anwenden. Hierfür markiere ich die betreffenden Dokumentseiten ⑥ mit gedrückter [⇧]-Taste und wähle im Menü des Seiten-Bedienfelds den Befehl Musterseite auf Seiten anwenden. Im daraufhin eingeblendeten Dialog lässt sich die

Musterseite »B-Rubrik« auswählen (siehe Abschnitt 2.5, »Musterseiten«).

Abschnittsoptionen

Im Unterschied zur Kapitelnummerierung können Sie einem InDesign-Dokument mehrere Abschnitte hinzufügen. Um Abschnitte zu verwenden, sind immer zwei Schritte notwendig: die Zuweisung eines Abschnitts zu einer Seite und die Verwendung dieses Abschnitts beispielsweise auf einer Musterseite.

Abschnitte in diesem Buch

Auf den rechten Seiten dieses Buches sehen Sie im Kolumnentitel die sogenannte Abschnittsmarke. Aktuell sind wir in Abschnitt 9.1.

Wie Sie weiter vorn gesehen haben, enthält jedes InDesign-Dokument mindestens einen Abschnittsanfang, dieser ist immer auf der ersten Seite eines Dokuments zu finden. Um einem Abschnitt einen Wert wie etwa »10.1« zuzuweisen, öffnen Sie mit einem Rechtsklick auf die entsprechende Seite (1) über das Kontextmenü die SEITEN- UND ABSCHNITTSOPTIONEN. Alternativ markieren Sie die Seite im SEITEN-Bedienfeld und rufen denselben Befehl im Bedienfeldmenü auf.

Im Dialogfenster geben Sie bei ABSCHNITTSMARKE den gewünschten Wert ein (3). Wie schon erwähnt, ist die erste Dokumentseite immer ein Abschnittsanfang, daher ist die entsprechende Option hier nicht verfügbar (2).

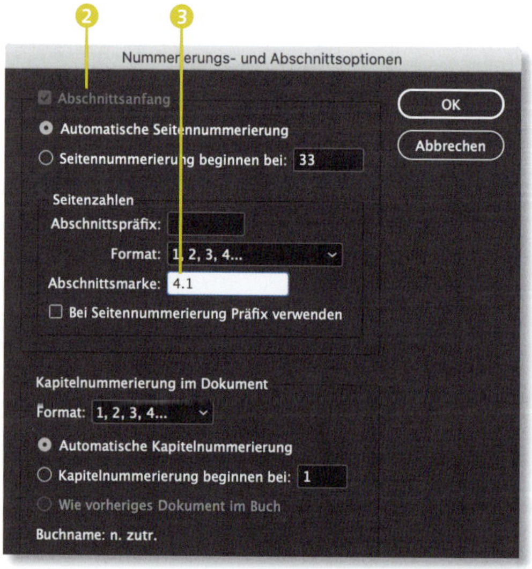

Abbildung 9.17 ▲▶
Abschnittsmarken müssen Sie händisch einpflegen.

Um einer anderen Seite eine Abschnittsmarke zuzuweisen, wiederholen Sie die eben beschriebenen Schritte.

Ich lege die Seite 36 zur Demonstration auch noch als Abschnittsmarke fest ⑤. Hier ist dann auch die Option ABSCHNITTSANFANG verfügbar ④. Anschließend ist bei der betreffenden Seite auch der kleine Pfeil ⑥ im SEITEN-Bedienfeld zu sehen.

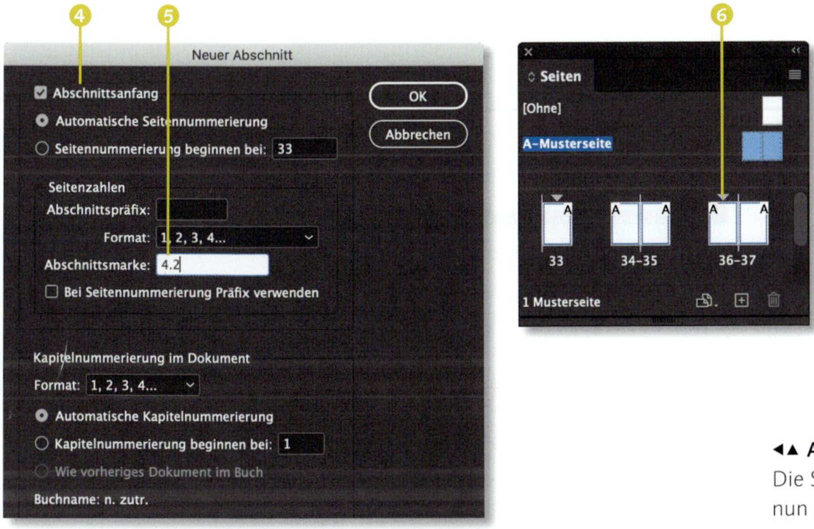

◄▲ Abbildung 9.18
Die Seiten 33 und 36 sind nun Abschnittsanfänge.

Um die Abschnittsmarken im Layout einzusetzen, füge ich sie beispielsweise auf einer Musterseite ein. Mit einem Doppelklick auf A-MUSTERSEITE im SEITEN-Bedienfeld öffne ich diese ⑨. Über SCHRIFT • SONDERZEICHEN EINFÜGEN • MARKEN • ABSCHNITTSMARKE ⑦ füge ich sie an der gewünschten Stellen ein ⑧.

▼ Abbildung 9.19
Ich füge die Abschnittsmarke auf einer Musterseite ein.

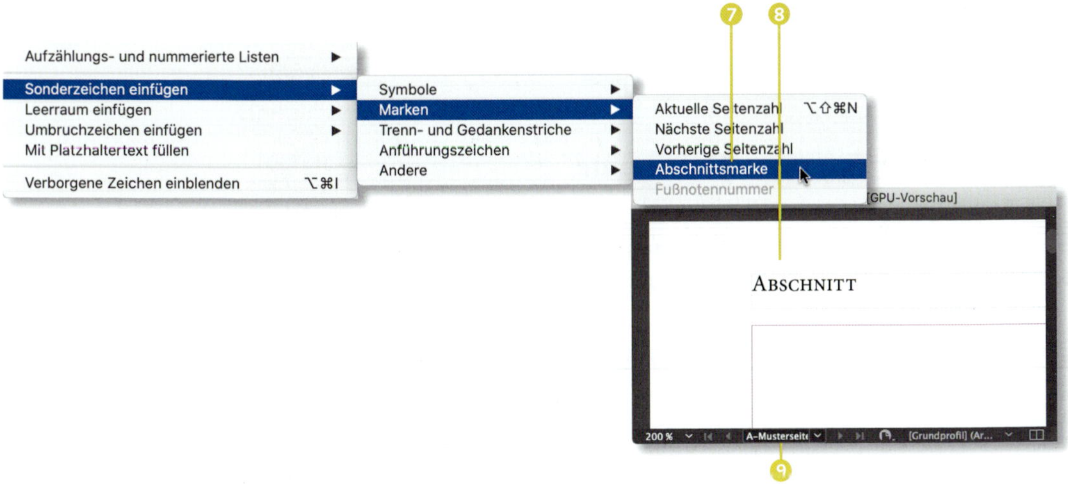

Für den folgenden Screenshot habe ich die Seite 38 aufgerufen ❷, auf der oben dann die Abschnittsmarke zu sehen ist ❶.

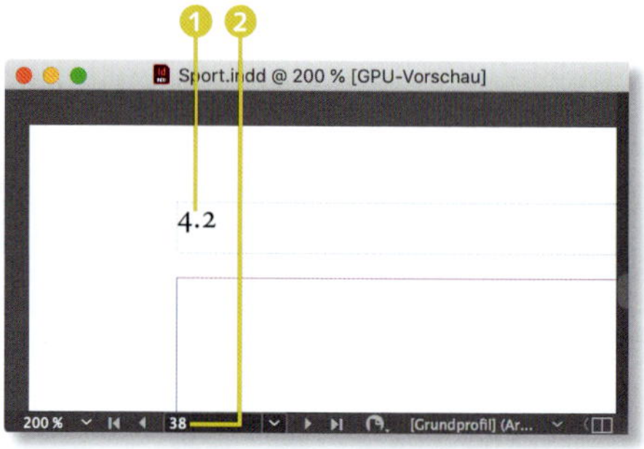

Abbildung 9.20 ▸
Die Abschnittsmarke, die ich auf der Musterseite eingefügt habe, wird auf einer Dokumentseite angezeigt.

Die Abschnittsmarken unterliegen leider einer Reihe von Beschränkungen. So lässt sich etwa die Kapitelnummerierung nicht als Teil der Abschnittsmarke definieren. Und bei einer Änderung des Seitenumfangs eines Abschnitts müssen die folgenden Abschnittsanfänge händisch angepasst werden, weil sich ein Absatzanfang ja nicht aus dem Inhalt einer Seite generiert.

9.2 Textvariablen

Eine besondere Textvariable haben Sie im vorigen Abschnitt schon kennengelernt: die Kapitelnummerierung. Es gibt noch weitere Textvariablen, die Sie in Ihren Layouts verwenden können. Mit den Textvariablen DATEINAME und LEBENDER KOLUMNENTITEL möchte ich Ihnen zwei besonders interessante Anwendungsbeispiele zeigen.

Dateiname

Den Namen des Dokuments, das Sie bearbeiten, können Sie einfach über das Untermenü von SCHRIFT • TEXTVARIABLEN • VARIABLE EINFÜGEN an der gewünschten Stelle im Layout oder einer Musterseite einfügen. Dabei greift InDesign auf den eigentlichen Dateinamen (ohne Dateiendung) zu ❸.

Für das folgende Beispiel habe ich einen neuen Textrahmen auf der Musterseite erstellt und den Dateinamen (der auch Leerzeichen enthalten kann) wie eben beschrieben eingefügt ❹.

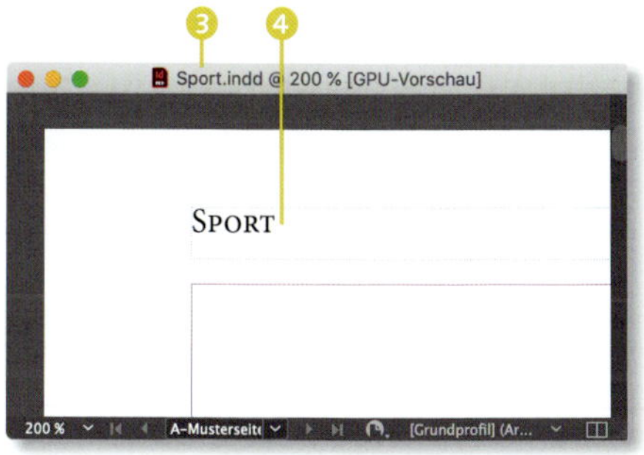

◀ **Abbildung 9.21**
Den Dateinamen habe ich als Textvariable auf der Musterseite eingefügt.

Lebender Kolumnentitel

Mit dieser Textvariablen können Sie Textinhalte, die Sie beispielsweise im Layout als Überschriften formatiert haben, automatisiert anzeigen lassen. Wie andere Textvariablen fügen Sie den lebenden Kolumnentitel über SCHRIFT • TEXTVARIABLEN • VARIABLE EINFÜGEN ein. Auch hierfür bietet sich die Positionierung auf einer Musterseite an. In dem gewählten Textrahmen steht dann in spitzen Klammern der Platzhalter »Lebender Kolumnentitel« ⑤. Die Gestaltung des Textes kann wie gewohnt erfolgen. Diese Textvariablen können Sie weiter bearbeiten oder gänzlich neu anlegen ⑥. Im entsprechenden Dialog können Sie im Menü FORMAT ⑦ aus den bisher angelegten Absatzformaten das gewünschte wählen oder ein neues erstellen. Unter VERWENDEN ⑧ können Sie wählen, ob der Inhalt der ersten ⑨ oder letzten ⑩ Überschrift einer Seite in der Kopfzeile dargestellt werden soll ⑪. Hierfür ist der konsequente Einsatz von Absatzformaten Voraussetzung.

▲ **Abbildung 9.22**
Eine Textvariable wird auf der Musterseite eingefügt und kann wie gewohnt gestaltet werden.

▼ **Abbildung 9.23**
Die letzte Überschrift einer Seite des Absatzformats HEAD_01 wird in die Kopfzeile übernommen.

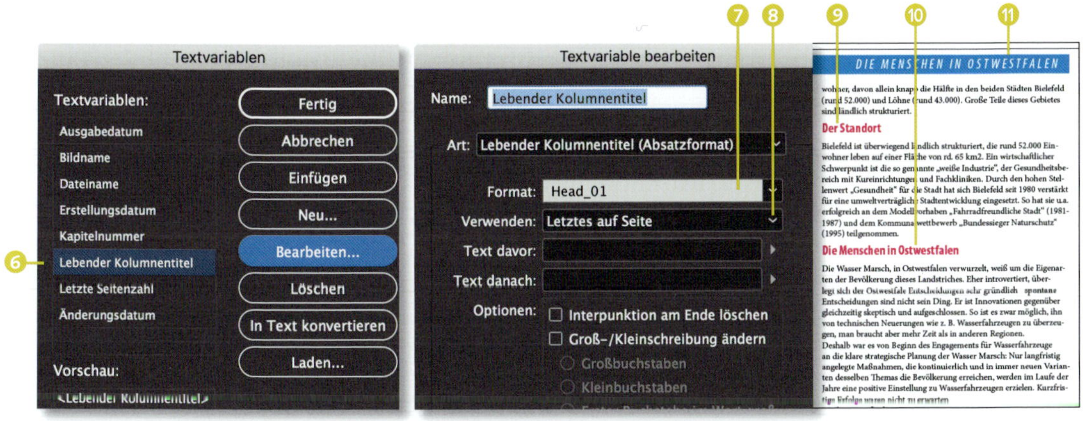

9.3 Textumfluss

▲ **Abbildung 9.24**
Auf dieser Seite werden der kleine Textrahmen in der Mitte und das Bild vom Mengentext umflossen.

Grafikrahmen – aber auch Textrahmen – sollen in Layouts häufig den Fließtext verdrängen, von dem sie umgeben sind. Im nebenstehenden Beispiel sind zwei dieser Situationen zu sehen: der Textblock auf dem Spaltenzwischenraum und das Bild, das den Fließtext nach oben und unten wegdrückt. Im Fachjargon wird dies *Umfließen* genannt.

Textumfluss für einzelne Objekte steuern

Damit ein Text- oder Grafikrahmen anderen Text dazu bringt, ihn zu umfließen, rufen Sie über FENSTER • TEXTUMFLUSS oder [Strg]/[⌘]+[alt]+[W] das dafür nötige Bedienfeld auf und nehmen dort die entsprechenden Einstellungen vor. Der gewöhnungsbedürftige Name sollte Sie nicht dazu verleiten, dieses Fenster zu unterschätzen.

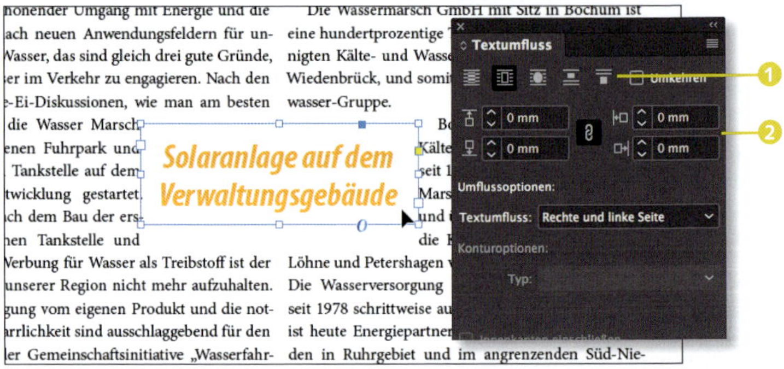

Abbildung 9.25 ▶
Der Rahmen mit dem eingeklinkten Text verdrängt den umliegenden Fließtext.

Die wichtigsten Einstellungen werden im oberen Bereich des Bedienfelds vorgenommen, der untere Teil mit den Optionen spielt vor allem beim Textumfluss um Bilder eine Rolle. Darauf komme ich später zurück.

Oben bestimmen Sie mit Hilfe der fünf Buttons (1), wie das markierte Objekt umflossen werden soll. Die Icons geben gut wieder, was die Buttons bewirken (v. l. n. r.):

- **Ohne Textumfluss:** Der erste Button schaltet den Textumfluss für das markierte Objekt aus; das würde für das Beispiel in Abbildung 9.25 bedeuten, dass sich beide Textrahmen nicht gegenseitig beeinflussen und übereinanderliegen.

- **Umfließen der Bounding Box:** Der zweite Button, der auch im Screenshot aktiviert wurde, ist auch der am häufigsten angewendete: Er sorgt dafür, dass der Rahmen auf allen Seiten den Text verdrängt.
- **Umfließen der Objektform:** Button Nummer drei ist bei freigestellten Bildern sinnvoll: Durch ihn fließt der Text nicht um den Grafikrahmen, sondern um das freigestellte Bild.
- **Objekt überspringen:** Der vierte Button verdrängt den Text vollständig zur linken und rechten Seite, dadurch bleibt der Text nur ober- und unterhalb des markierten Rahmens stehen.
- **In nächste Spalte springen:** Der letzte Button verdrängt den Text unterhalb des Rahmens bis in die nächste Spalte.

▲ **Abbildung 9.26**
Bei aktiver Option Umfliessen der Objektform vollzieht InDesign die Grafikform nach.

In den vier Eingabefeldern ❷ kann der Offset, also der Abstand zwischen Rahmen und Text, eingegeben werden. Im Beispiel in Abbildung 9.25 ist hier überall »0 mm« eingetragen, dadurch läuft der Text bis direkt an den Rahmen heran.

Damit der Fließtext oben und unten jeweils einen Abstand von einer Leerzeile zum Bild hat, habe ich für das Bild in Abbildung 9.27 für beide Richtungen den Wert »5 mm« eingegeben. In der Abbildung ist zu erkennen, dass diese Abstände zu zusätzlichen Pfaden ❸ führen. Diese Pfade können bei Bedarf wie andere Pfade mit dem Direktauswahl-Tool und dem Zeichenstift-Werkzeug weiterbearbeitet werden.

◂ **Abbildung 9.27**
Dem Grafikrahmen wurde je 5 mm Abstand nach oben und unten zugewiesen.

Damit die Bildlegende ❹, die in einem eigenen Textrahmen auf dem Bild positioniert wurde, nicht auch vom Bild verdrängt wird, gibt es zwei alternative Techniken. Zum einen können Sie in den Textrahmenoptionen des Textrahmens mit der Bildunterschrift festlegen, dass keinerlei Textumfluss angewendet werden soll. Dafür rufen Sie über OBJEKT • TEXTRAHMENOPTIONEN das bekannte Bedienfeld auf. Dort markieren Sie die Checkbox TEXTUMFLUSS IGNORIEREN ①. Damit wird dieser eine Textrahmen von den Textumflusseinstellungen anderer Rahmen ausgenommen.

Wie Sie dem folgenden Screenshot auch entnehmen können, habe ich dem Textrahmen der Bildlegende für alle Seiten einen ABSTAND ZUM RAHMEN von »5 mm« zugewiesen. Dadurch brauche ich den Textrahmen nicht an einer zusätzlichen Hilfslinie auszurichten oder das TRANSFORMIEREN- oder STEUERUNG-Bedienfeld zu Hilfe zu nehmen, um die Bildlegende in einem Abstand von 5 mm vom Bildrahmen zu positionieren. Des Weiteren habe ich hier bei AUSRICHTEN die Option UNTEN gewählt, dadurch ist gewährleistet, dass sich der Text am unteren Versatz ausrichtet.

Abbildung 9.28 ▸
Durch das Aktivieren von TEXTUMFLUSS IGNORIEREN können Rahmen vom Textumfluss anderer Rahmen ausgenommen werden.

Textumfluss nach Stapelreihenfolge festlegen

Sie können das Textumflussverhalten von Textrahmen zu anderen Textrahmen auch programmweit festlegen:

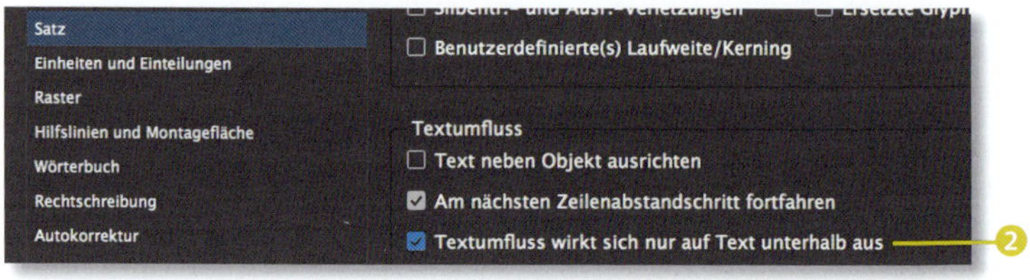

Abbildung 9.29 ▸
In den VOREINSTELLUNGEN können Sie das Verhalten des Textumflusses programmweit ändern.

Dafür rufen Sie BEARBEITEN/INDESIGN • VOREINSTELLUNGEN auf, und im Bereich SATZ markieren Sie die Option TEXTUMFLUSS WIRKT SICH NUR AUF TEXT UNTERHALB AUS ❷. Wenn diese Option aktiviert ist, verdrängen Rahmen ❹ nur dann Text, wenn dieser unterhalb ❺ des Rahmens liegt. Liegt ein Textrahmen wie der Bildlegenden-Textrahmen ❸ in Abbildung 9.27 oberhalb des verdrängenden Rahmens, bleibt dieser Rahmen davon unberührt.

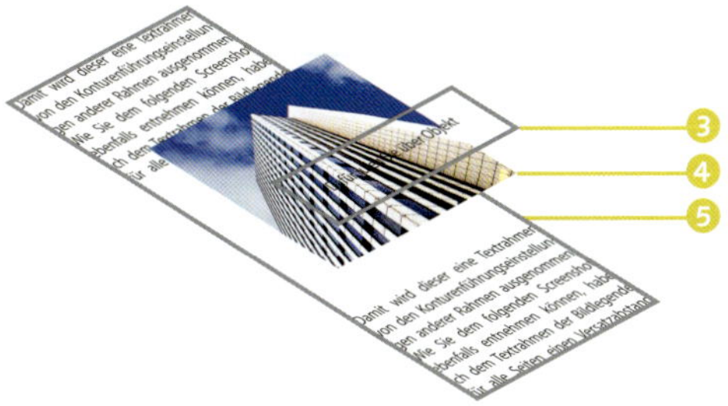

◂ **Abbildung 9.30**
Texte werden nur noch verdrängt, wenn sie unterhalb von Objekten liegen, denen ein Textumfluss zugewiesen wurde.

Mit welcher Methode für den Textumfluss Sie besser zurechtkommen, müssen Sie durch Ausprobieren in Erfahrung bringen.

Pfad von InDesign erstellen lassen

Bei Bildern, die schon in Photoshop freigestellt wurden oder die sich ohnehin gut von ihrem Hintergrund abheben, kann InDesign einen Pfad für den Textumfluss erstellen. Dafür klicken Sie bei markiertem Grafikrahmen den Button UMFLIESSEN DER OBJEKTFORM ❻ an. Bei den KONTUROPTIONEN, die Sie über das Bedienfeldmenü einblenden können, wählen Sie KANTEN SUCHEN ❼. Damit InDesign hier zu akzeptablen Ergebnissen kommt, sollte das Motiv möglichst auf weißem Hintergrund stehen.

◂ **Abbildung 9.31**
Alles Weiße wird von InDesign zum Erstellen eines Pfades zum Textumfluss herangezogen.

Photoshop-Pfad und Textumfluss

Zum Abschluss des Themas »Textumfluss« möchte ich noch auf das Zusammenspiel von in Photoshop erstellten Pfaden und der Option TEXTUMFLUSS in InDesign eingehen. Im nebenstehenden Layoutbeispiel sehen Sie das schon bekannte Hochhausbild. Hier orientiert sich der Text an der Hauskontur. Damit InDesign einen Pfad als Bezug für den Textumfluss heranzieht, markieren Sie zunächst das Bild und aktivieren dann im TEXTUMFLUSS-Bedienfeld den Button UMFLIESSEN DER OBJEKTFORM ❶. Unter KONTUROPTIONEN • TYP wählen Sie die Option PHOTOSHOP-PFAD ❹. Daraufhin kann der gewünschte PFAD ❺ der Photoshop-Datei ausgewählt werden. InDesign erstellt auf Grundlage des Photoshop-Pfades einen neuen Pfad ❸, der den Text im eingegebenen Abstand ❷ zum Bildmotiv hält.

▲ **Abbildung 9.32**
InDesign kann in Photoshop erstellte Beschneidungspfade als Bezugsgröße für Textumflusspfade verwenden.

Abbildung 9.33 ▶
Hier sehen Sie die Einstellungen, mit denen ich obiges Layout realisiert habe.

Sollten Sie einen so von InDesign erstellten Pfad weiterbearbeiten wollen, weil der Text noch nicht in gewünschter Weise um das Bild fließt, verwenden Sie zur Änderung des Pfadverlaufs das Direktauswahl-Werkzeug und/oder den Zeichenstift. Mit dem Direktauswahl-Werkzeug können Sie einzelne Griffpunkte und Pfadsegmente modifizieren, für das Hinzufügen neuer Griffpunkte und die präzise Steuerung von Kurvenverläufen kommt der Zeichenstift zum Einsatz. In Kapitel 7 beschäftigen wir uns ausführlich mit dem Zeichnen und Ändern von Pfaden.

Die Option KANTEN SUCHEN hätte bei dem Hochhausbild keine Aussicht auf Erfolg: Das Motiv hebt sich zu wenig vom Wolkenhimmel ab, deshalb ist bei solchen Motiven die Erstellung von Beschneidungspfaden in Photoshop sinnvoll, die dann in InDesign Verwendung finden.

▲ **Abbildung 9.34**
Bei kontrastarmen oder unruhigen Hintergründen wird die Funktion KANTEN SUCHEN zu keinem Ergebnis kommen.

9.4 Objektformate

Neben den Absatz-, Zeichen-, Tabellen- und Zellenformaten sowie Musterseiten sind Objektformate ein weiteres äußerst nützliches Feature, das uns eine Menge sich wiederholender Arbeitsschritte abnimmt. Wie die anderen genannten Arbeitserleichterungen greifen auch die Objektformate das Konzept der zentralen Verwaltung wiederkehrender Gestaltungselemente auf. In Objektformaten können Sie sehr weitreichende Einstellungen nicht nur bezüglich des Aussehens treffen – in Objektformaten können Sie auch das Verhalten von Textrahmen steuern. So können Sie etwa festlegen, dass sich die Größe des Textrahmens in der Höhe ändern soll, wenn sich die Textmenge ändert. Oder Sie steuern, wie InDesign Bilder in Rahmen laden soll, und Sie können hier festlegen, ob und wie Rahmen von Text umflossen werden sollen.

Das Bedienfeld OBJEKTFORMATE finden Sie im Menü FENSTER • FORMATE, der Tastaturbefehl dafür lautet Strg/⌘+F7. Das enorme Potenzial der Objektformate wird durch das Bedienfeld beim ersten Öffnen so gar nicht deutlich: Es wird nur eine Liste mit drei vordefinierten Objektformaten gezeigt. Die konsistente Benutzeroberfläche macht es einem schön einfach, sich in noch nicht bekannte Bedienfelder einzuarbeiten. Was Sie dem Bedienfeld schon entnehmen können, ist die Tatsache, dass über Objektformate Grafik- und Textrahmen verwaltet werden können.

Formatierung satt

Mit Objektformaten lassen sich komplexe Formatierungen wie die unten gezeigte beliebig oft in Dokumenten anwenden.

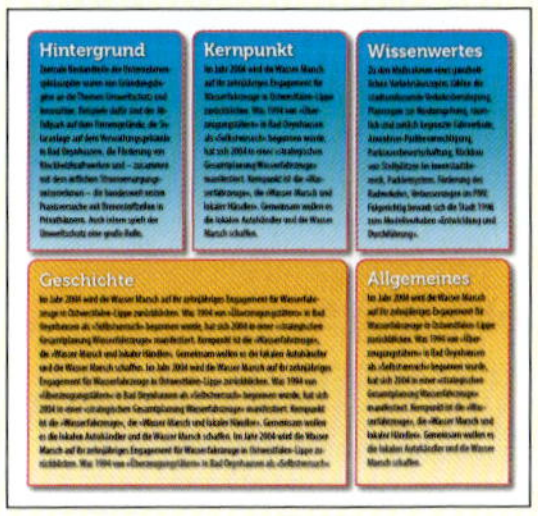

◂ **Abbildung 9.35**
Zunächst zeigt das Bedienfeld OBJEKTFORMATE nur eine unspektakuläre Liste. Die Bedienelemente wie Bedienfeldmenü, SCHNELL ANWENDEN und den Plus-Button unten mit dem dazugehörigen Mülleimer kennen Sie ja schon.

Um ein neues Objektformat anzulegen, können Sie entweder genau wie z. B. bei den Absatzformaten erst einen Rahmen formatieren und dann über den Plus-Button ein neues Format erstellen, das alle Attribute des Rahmens widerspiegelt. Sie können aber auch alle Rahmenattribute sozusagen von null an in den OBJEKTFORMATOPTIONEN definieren. Es ist eine Frage der Arbeitsweise, ich empfehle Ihnen jedoch die erste Variante, weil die Möglichkeiten in den OBJEKTFORMATOPTIONEN anfangs vielleicht eher abschreckend wirken, anstatt zu inspirieren:

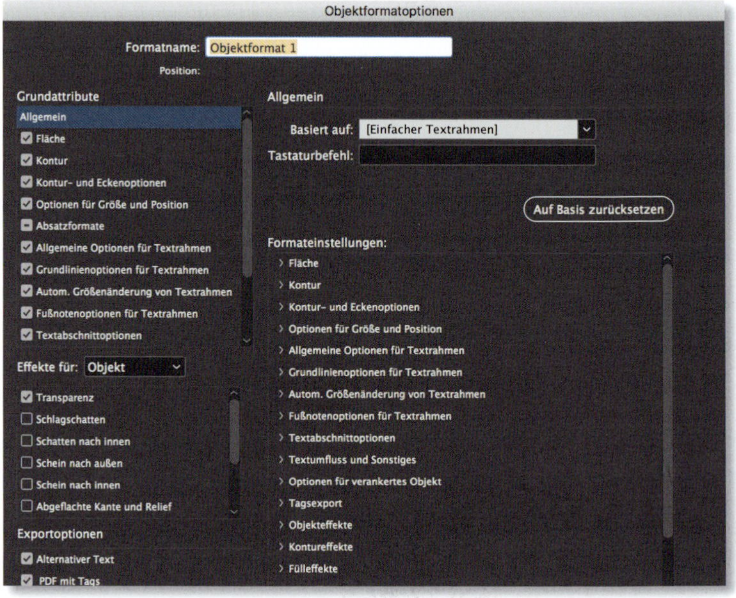

Abbildung 9.36 ▸
In den OBJEKTFORMATOPTIONEN kann so ziemlich alles an Objektattributen hinterlegt werden, um dieselbe Formatierung mehrfach anzuwenden.

Schritt für Schritt
Bildrahmen-Objektformat erstellen

Wir wollen in diesem Beispiel einen Bildrahmen als Objektformat anlegen. Zuerst wird ein Rahmen erstellt und modifiziert, und im zweiten Schritt werden diese Rahmenattribute in einem Objektformat hinterlegt. Als Beispiel dient hier das Layout aus Abbildung 9.32.

1 Bild platzieren

Erstellen Sie ein zweispaltiges Dokument, und füllen Sie beide Spalten mit Text. Platzieren Sie anschließend eine Bilddatei in die rechte Spalte. Denken Sie daran, vor dem Platzieren von Bildern oder Text über BEARBEITEN • AUSWAHL AUFHEBEN alles zu demarkieren. Die passende Bildgröße definieren Sie mit dem geladenen Bild im Cursor durch Klicken und direktes Ziehen. Ziehen Sie das Bild, bis es die Breite der rechten Textspalte aufweist (siehe Abbildung 9.37).

Für dieses Beispiel können Sie auch die beiden Dateien »objektformat-bildrahmen-anfang.indd« und »hochhaus-objektformat.psd« verwenden.

2 Textumfluss zuweisen

Während das Bild markiert ist, rufen Sie im Menü Fenster das Bedienfeld Textumfluss auf. Dort betätigen Sie den zweiten Button von links: Umfliessen der Bounding Box ❶. Alle Einstellungen gleichsetzen ❷ sollte deaktiviert sein. Geben Sie dann bei Versatz oben bzw. Versatz unten den ungefähren Wert des Zeilenabstands des Fließtextes ein. Dadurch erstellt InDesign die Textumflusspfade oben und unten am Bildrahmen, wodurch der Text einen angemessenen Abstand zum Bild einnimmt.

◂ **Abbildung 9.37**
Die Anlage eines neuen Objektformats funktioniert genauso wie bei Absatzformaten.

3 Objektformat erstellen

Öffnen Sie das Bedienfeld Objektformate im Menü Fenster. Wenn, wie in diesem Fall, einem Objekt kein Objektformat explizit zugewiesen wurde, ist das Format [Ohne] markiert. Und da Sie schon den Textumfluss modifiziert haben, weist uns InDesign wie bei den Absatz- und Zeichenformaten mit einem Plus ❸ auf die Abweichungen von der ursprünglichen Formatierung hin, die im Format [Ohne] hinterlegt ist.

Diese Formatierung soll nun in einem neuen Objektformat hinterlegt werden, was genauso wie bei den verwandten Bedienfeldern funktioniert: Klicken Sie auf den Button Neues Format erstellen ❹. Damit erstellt InDesign das gewünschte Objektformat mit dem Namen Objektformat. Klicken Sie dieses neue Format an, um dem Bildrahmen dieses Format auch zuzuweisen. Wie z.B. von den Absatzformaten her gewohnt, öffnen Sie mit einem Rechtsklick das Kontextmenü, um hier den Befehl zum Bearbeiten der Objektformatoptionen anzuwählen. Es öffnet sich das enorm umfangreiche Fenster mit den Objektformatoptionen. Oben, neben Formatname, können Sie einen aussagekräf-

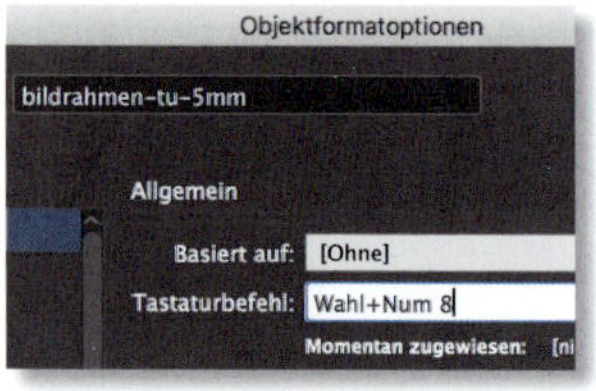

▲ **Abbildung 9.38**
Im Bereich Allgemein können Sie einen Tastaturbefehl für das Objektformat definieren.

tigeren Namen ① als Objektformat 1 vergeben. Und wenn Sie schon überzeugter Anwender von Tastaturbefehlen sind, können Sie auch gleich einen Shortcut vergeben.

Wählen Sie im linken Auswahlmenü Grundattribute ② den Bereich Textumfluss und Sonstiges ③. Sie werden dann in etwa Folgendes sehen:

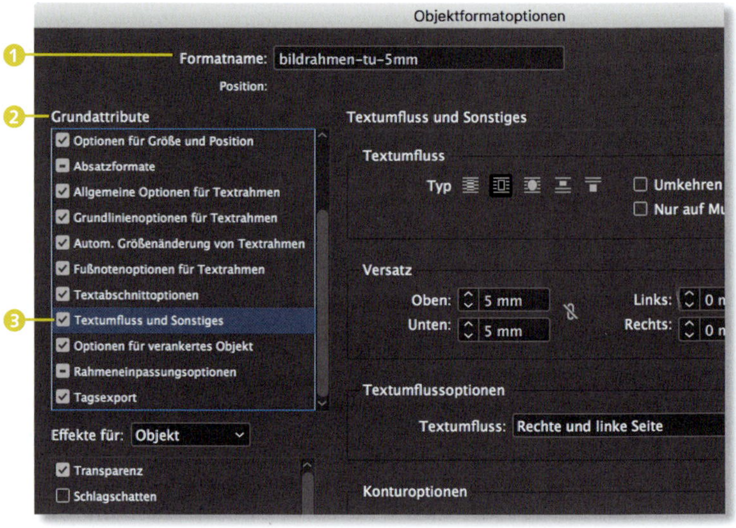

Abbildung 9.39 ▶
Das Objektformat hat die Textumflusseinstellungen des markierten Bildrahmens übernommen.

Bei Textumfluss ist der richtige Button aktiv, bei Versatz sind die im Schritt 2 zugewiesenen Werte übernommen worden. Lassen Sie sich vom anderen Layout der Objektformatoptionen nicht irritieren: Hier sind dieselben Eigenschaften des Textumfluss-Bedienfelds zu finden.

Mit den Häkchen im Auswahlmenü Grundattribute links können Sie im Bedarfsfall auswählen, welche Attribute in einem Objektformat aktiv sein sollen und damit auf Objekte angewendet werden sollen. Wenn beispielsweise nur die Textumflusseigenschaften durch dieses Objektformat auf Rahmen angewendet werden sollen, können Sie die anderen Grundattribute deaktivieren. Ansonsten würden diese Abweichungen gegebenenfalls im Bedienfeld mit einem Pluszeichen für lokale Formatierungen bedacht.

Um die Funktionsweise der Objektformate auszuprobieren, laden Sie weitere Bilder in das Dokument und wenden das eben erstellte Objektformat auf diese an. Ändern Sie anschließend einfach einmal ein paar Attribute wie die Textumflusseigenschaften, und Sie werden sehen, wie alle Bildrahmen, auf die Sie dieses Objektformat angewendet haben, umformatiert werden.

Wenn Sie der nächsten Anleitung auch noch folgen möchten, können Sie Ihr InDesign-Dokument abspeichern und gleich damit weiterarbeiten.

Schritt für Schritt

Objektformat für Textrahmen der Bildlegenden erstellen

In diesem Workshop sehen wir uns an, wie uns die Objektformate beim Layouten den Umgang mit Text erleichtern können. Wenn Sie eine gespeicherte Version des vorigen Workshops haben, können Sie damit weiterarbeiten, ebenso können Sie die Datei »objektformat-bildlegende-anfang.indd« laden.

Die Beispieldatei für diesen Workshop ist »objektformat-bildlegende-anfang.indd«.

Stellen Sie sicher, dass in den Voreinstellungen die Option Textumfluss wirkt sich nur auf Text unterhalb aus nicht markiert ist. Sie finden diese Option in Bearbeiten/InDesign • Voreinstellungen • Satz.

1 Textrahmen erstellen

Ziehen Sie einen Textrahmen über die gesamte Breite des Hochhausbildes auf, und weisen Sie ihm über Objekt • Textrahmenoptionen einen Abstand zum Rahmen ❹ von »5 mm« zu. Ebenso definieren Sie die Textausrichtung mit Unten ❺, den Textumfluss schalten Sie über die Checkbox Textumfluss ignorieren ❻ aus.

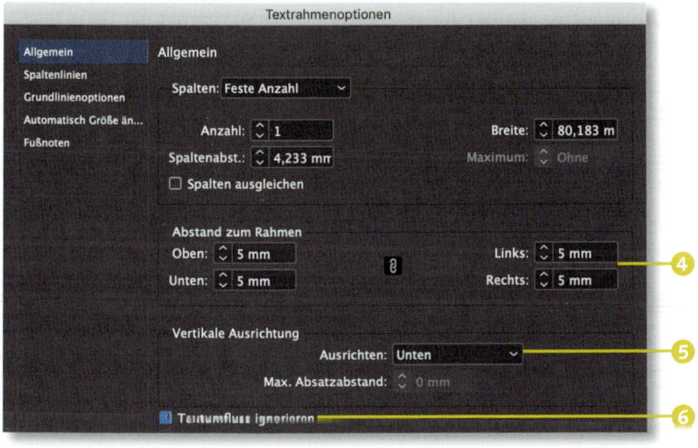

◂ **Abbildung 9.40**
Mit der Aktivierung der Option Textumfluss ignorieren können Sie Text auf solchen Objekten positionieren, die den Text ansonsten verdrängen würden.

2 Text einfügen und formatieren

In den eben erstellten Textrahmen fügen Sie einen beliebigen Text ein und formatieren ihn nach Ihren Vorstellungen. Ich habe die Bildlegende mit »Myriad Pro«, »Bold Condensed«, 12/16 Pt formatiert, die Schriftfarbe ist [Papier]. Aus diesen Absatzattributen erstellen Sie ein Absatzformat und nennen es »bildlegende-weiss«.

3 Objektformat erstellen

Nachdem der Textrahmen formatiert und ein Absatzformat angelegt wurde, kann nun ein Objektformat mit ebendiesen Formatierungen erstellt werden. Markieren Sie zunächst den Textrahmen, und öffnen Sie dann das Bedienfeld Objektformate, dort klicken Sie auf Neues Format erstellen. Die Optionen zum gerade erstellten Format öffnen Sie per Rechtsklick und benennen es z. B. in »textrahmen-bildlegende-weiss« um. Weisen Sie das neue Objektformat dem bestehenden Textrahmen mit der Bildlegende zu. Wenn Sie in den Grundattributen die Absatzformate ① anwählen und aktivieren, sehen Sie in etwa Folgendes:

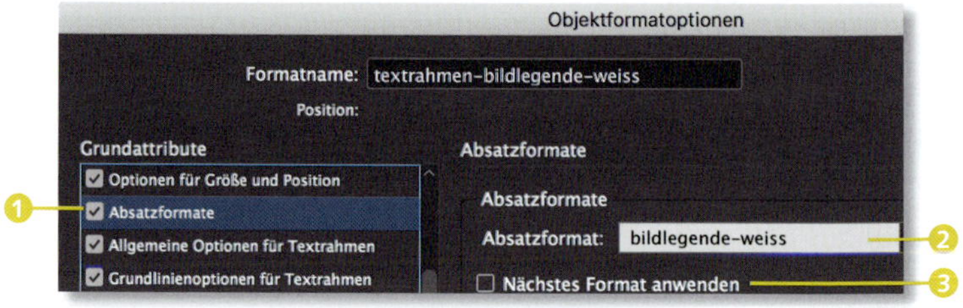

Abbildung 9.41 ▸ Sie können Textrahmen über Objektformate bestimmte Absatzformate zuweisen.

Unter Absatzformat ist das in Schritt 2 angelegte Format »bildlegende-weiss« ② ausgewählt. Somit können Sie innerhalb einer Datei für verschiedene Textarten die notwendigen Textrahmen mit den passenden Objektformaten anlegen, der dort hineinplatzierte Text wird dann gleich richtig formatiert.

Noch eine kurze Bemerkung zur Option Nächstes Format anwenden ③. In Abschnitt 3.6 unter »Nächstes Format«, haben Sie die Absatzfunktion kennengelernt. Wird diese Option in den Objektformatoptionen aktiviert, fungiert das hier gewählte Absatzformat als erstes Format eines Textrahmens. Anschließend wendet InDesign das Format an, das in den Absatzformatoptionen bei Nächstes Format definiert wurde usw.

Werkzeuge und Objektformate

Zum Abschluss des Themas »Objektformate« kommen noch einmal die Werkzeuge ins Spiel. Die Rahmenwerkzeuge sind dafür konzipiert, Grafiken aufzunehmen. Den »normalen« Pendants wie Rechteck- und Ellipse-Werkzeug können Sie Objektformate zuweisen – diese werden anschließend direkt von den genannten Werkzeugen erstellt. Bei dem Rechteckrahmen-Werkzeug beispielsweise funktioniert dies nicht: Objekte, die mit einem der Rahmenwerkzeuge erstellt werden, haben zunächst nie eine Flächen- oder Konturfarbe. Bei den Rahmenwerkzeugen müssen Sie immer erst einen Rahmen erstellen und im zweiten Schritt diesem das gewünschte Objektformat zuweisen.

Um beispielsweise dem Rechteck-Werkzeug das Objektformat BILDRAHMEN BILD MITTIG zuzuweisen, darf kein Objekt markiert sein. Dies erreichen Sie z. B. mit BEARBEITEN • AUSWAHL AUFHEBEN bzw. über Strg/⌘+⇧+A. Aktivieren Sie anschließend das Rechteck-Werkzeug ④, und klicken Sie damit im Bedienfeld OBJEKTFORMATE auf das gewünschte Objektformat ⑥. Von da an zeichnen Sie Objekte ⑦, die die im gewählten Objektformat hinterlegten Attribute aufweisen ⑤. Im Formatierungsbereich der Werkzeugleiste werden Verläufe immer ungeachtet ihrer tatsächlichen Ausrichtung von links nach rechts dargestellt, und wie im Screenshot von Abbildung 9.42 zu sehen ist, können in Objektformaten Verläufe samt Winkel definiert werden.

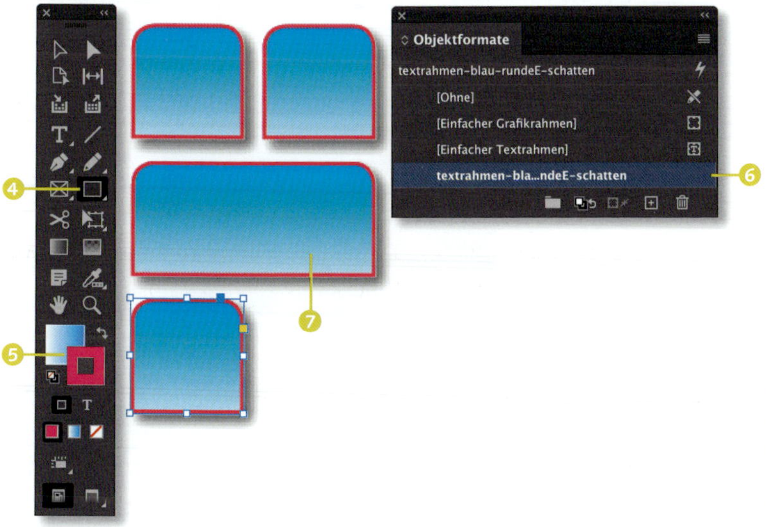

◂ **Abbildung 9.42**
Mit dem Rechteck-Werkzeug können Sie Objekte zeichnen, die direkt mit einem Objektformat formatiert sind!

9.5 Verankerte Objekte

In InDesign können Sie beliebige Objekte wie Grafiken, Textrahmen und Objektgruppen im Text verankern. Hierdurch ist gewährleistet, dass die verankerten Objekte immer an der richtigen Stelle des Fließtextes stehen, selbst wenn sich der Umbruch des Fließtextes ändert. Dabei können Sie auch steuern, ob das verankerte Objekt im oder neben dem Fließtext platziert sein soll. In InDesign werden diese Optionen im Zusammenhang mit Verankerungen »Eingebunden«, »Über Zeile« bzw. »Benutzerdefiniert« genannt.

Eingebunden

Objekte , die direkt im Fließtext stehen (wie die Werkzeug-Screenshots in diesem Buch), werden mit der Option EINGEBUNDEN im Text verankert. Bereiten Sie hierfür das entsprechende Objekt in der gewünschten Größe vor, schneiden Sie es aus und fügen Sie es an der Textstelle am Textcursor wieder ein. Ein so verankertes Objekt nimmt im Text genau die Größe des Objekts ein, weitere Einstellungen etwa über einen Textfluss sind nicht unbedingt nötig. Bei Bedarf können Sie diese aber durchaus verwenden.

Über die Verankerungsoptionen können Sie weitere Einstellungen vornehmen. Hierfür klicken Sie mit dem Auswahlwerkzeug und gedrückter `alt`-Taste auf das Steuerelement für verankertes Objekt ①, wie Adobe den Verankerungsbutton an einem Objekt nennt, oder Sie rufen das Kontextmenü mit einem Rechtsklick auf.

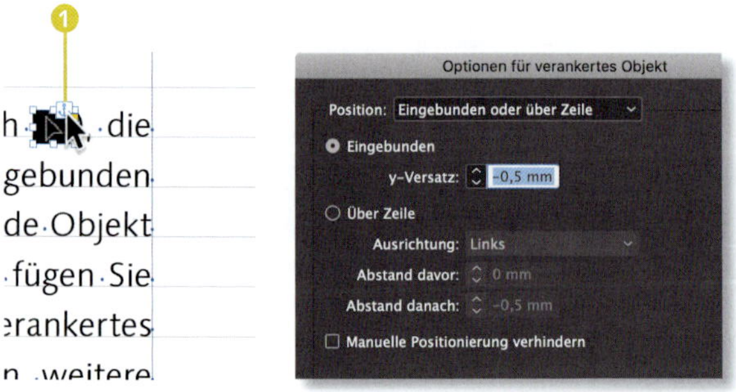

Abbildung 9.43 ▸ Mittels diverser Optionen können Sie die Position von verankerten Objekten steuern.

Am Screenshot in Abbildung 9.43 sehen Sie die Auswirkungen des negativen Versatzes auf der y-Achse: Das verankerte Objekt wird hierdurch von der Schriftlinie um den eingetragenen Wert nach unten verschoben.

Über Zeile

Ein Objekt, das Sie mit dieser Option in einem Text verankern, nimmt immer die komplette/n Zeile/n über der Zeile ein, in der das Objekt verankert ist. Die Textstelle, an der ein Objekt verankert wurde, erkennen Sie am Yen-Zeichen ②. Dieses wird Ihnen bei eingeblendeten verborgenen Zeichen im Bildschirmmodus Normal angezeigt. Nachdem ich den Bildrahmen für das Beispiel in Abbildung 9.43 im Text verankert hatte, habe ich ihn manuell so weit nach oben geschoben, bis er auf der nächsten Grundlinie stand. Nach dem Verankern im Modus Über Zeile steht das betreffende Objekt nämlich direkt am Text.

Durch das Verschieben des Bildrahmens nach oben ändert sich der Wert bei Abstand danach ③ in den Optionen des verankerten Objekts. Die Optionswerte können Sie hier natürlich auch manuell eingeben. Mit der Option Manuelle Positionierung verhindern ④ wird das verankerte Objekt in Relation zur Verankerung festgesetzt und kann nicht mehr versehentlich in der Position geändert werden.

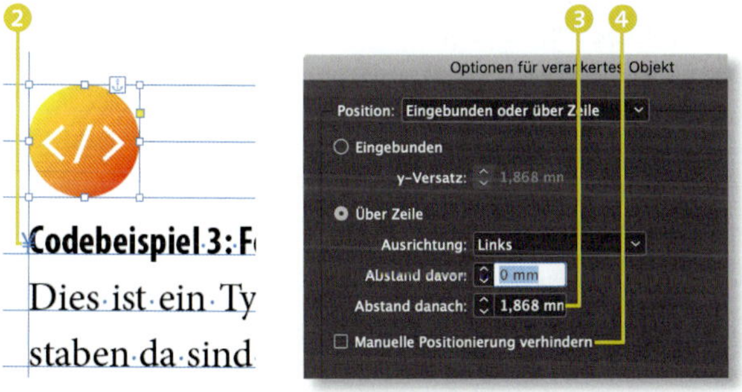

◂ **Abbildung 9.44**
Bei der Verankerungsoption Über Zeile steht das verankerte Objekt immer direkt oberhalb der Textstelle, an der es verankert wurde, und nimmt die gesamte Zeile ein.

Benutzerdefiniert

In diesem Buch sehen Sie neben den eingebundenen auch benutzerdefinierte verankerte Objekte: die farbigen Kästen mit Informationen, die weiter auf einzelne Aspekte des Fließtextes eingehen. Damit diese Texte bei der entsprechenden Textstelle des Fließtextes stehenbleiben, wenn sich beispielsweise durch eine Aktualisierung des Fließtextes der Umbruch ändert, sind auch diese Textrahmen im Fließtext verankert und bewegen sich dadurch mit, wenn der Haupttext sich verschiebt.

Marginalien

Zusatzinformationen, die Details oder Hintergrundinformationen zum Haupttext liefern, werden *Marginalien* genannt und stehen häufig wie hier in eigenen Spalten, den Marginalspalten.

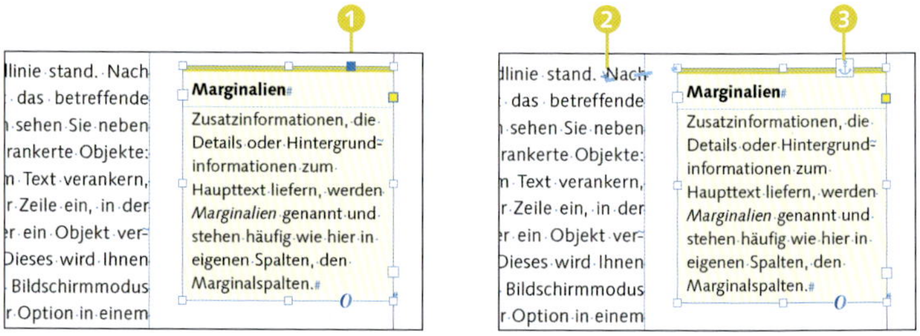

Abbildung 9.45 ▸
Objekte können einfach per Drag & Drop in einem Text verankert werden und fließen dann mit dem Text mit.

Um ein bereits im Dokument stehendes Objekt in einem Text zu verankern, ziehen Sie das Verankerungsquadrat ❶ mit dem Auswahl- oder Direktauswahl-Werkzeug an die gewünschte Stelle im Text ❷. Das Quadrat wird dann wie bei der Verankerungsoption Über Zeile als Anker dargestellt ❸.

Bei dieser Verankerungsoption haben Sie noch weitere Möglichkeiten, die Positionierung des verankerten Objektes zu steuern.

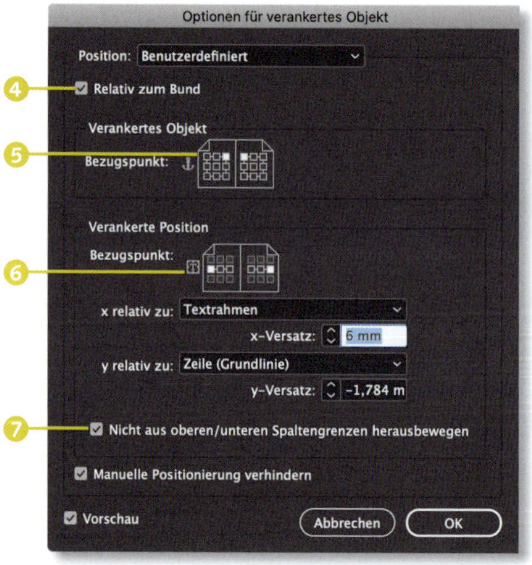

Abbildung 9.46 ▸
Einstellungen, die ich für die Marginalien dieses Buchs vorgenommen habe.

In Abbildung 9.46 sehen Sie die Einstellungen der Marginalien dieses Buches. Wenn Sie mit einem Satzspiegel arbeiten, der wie üblich am Bund gespiegelt ist, können Sie durch Aktivierung der Option Relativ zum Bund ❹ sicherstellen, dass die betreffenden Objekte sich relativ zum Bund verhalten und dadurch auch am Bund gespiegelt werden. Durch diese Option und die Wahl der äußeren Bezugspunkte im Bereich Verankerte Position ❻ stehen die Marginalien immer außen auf der Doppelseite. Ich verwende hier als Bezugspunkt die obere Ecke eines Textrahmens, die jeweils zum Bund ausgerichtet ist ⑤. Als Wert bei x-VERSATZ sehen Sie hier »6mm«, das ist der Abstand der Marginalien zum Fließtext.

Als weitere sehr hilfreiche Option finden Sie unten NICHT AUS OBEREN/UNTEREN SPALTENGRENZEN HERAUSBEWEGEN ⑦. Durch Aktivierung dieser Option bleiben die so verankerten Objekte immer innerhalb des Satzspiegels, auch wenn die Textstelle, an der das Objekt verankert ist, so nah am oberen oder unteren Satzspiegelrand steht ⑧, dass das verankerte Objekt eigentlich über den Satzspiegel hinausragen würde:

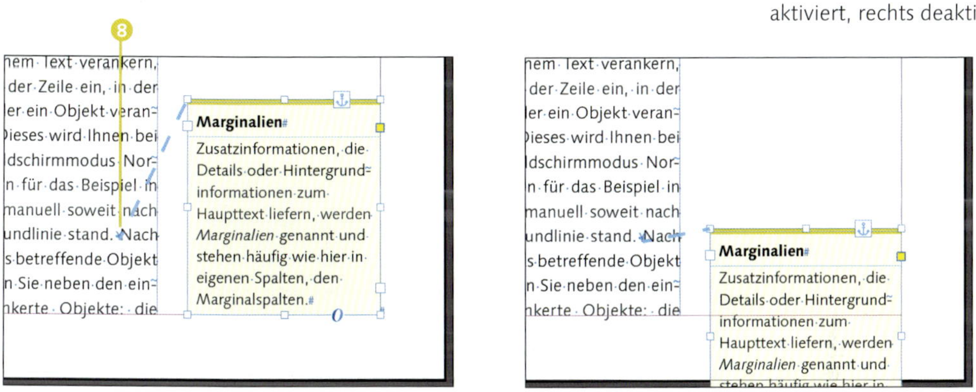

▼ **Abbildung 9.47**
Links ist die Option NICHT AUS OBEREN/UNTEREN SPALTENGRENZEN HERAUSBEWEGEN aktiviert, rechts deaktiviert.

In den Pulldown-Menüs bei X RELATIV ZU bzw. Y RELATIV ZU finden Sie noch einige Optionen, mit denen Sie die Elemente einer Seite bzw. eines Textes weiter definieren können. Durch die Ausrichtung am Seitenrand verankerter Objekte lassen sich diese beispielsweise an feststehenden Positionen halten.

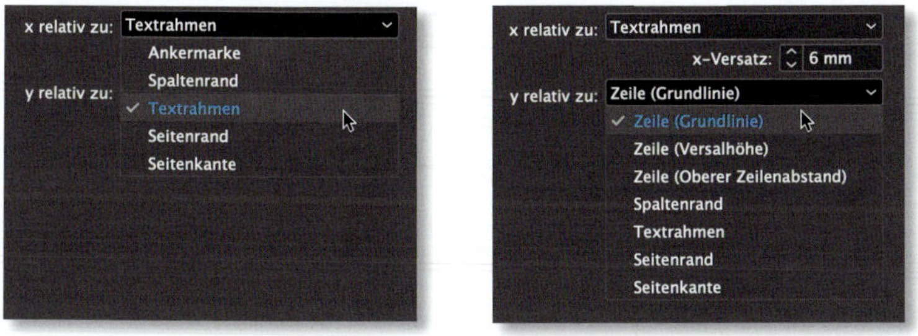

◄ **Abbildung 9.48**
Für besondere Anforderungen können Sie den Stand verankerter Objekte über die Optionen bei X RELATIV ZU bzw. Y RELATIV ZU steuern.

9.6 CC Libraries

Mit den CC Libraries (früher auch Bibliotheken) können Sie eine Vielzahl von Designelementen wie Farben, Grafiken, Absatz- und Zeichenformaten speichern, um sie unbegrenzt wiederzuverwenden. Besonders interessant hierbei: Elemente, die Sie hier abgespeichert haben, können Sie auch in anderen Programmen der Creative Cloud verwenden, denn die in den CC Libraries abgelegten Daten werden auf Adobe-Servern gespeichert, so dass Sie auch von verschiedenen Rechnern aus auf dieselben Elemente Zugriff haben. Ähnlich wie bei anderen Cloud-Anbietern wie etwa Dropbox können Sie darüber hinaus auch Kollegen Zugang zu diesen Daten gewähren, so dass Ihnen mit den CC Libraries für die Arbeit in Teams ein zentraler Ort zur Verteilung derselben Designelemente zur Verfügung steht. Dieses spannende Feature finden Sie direkt im FENSTER-Menü.

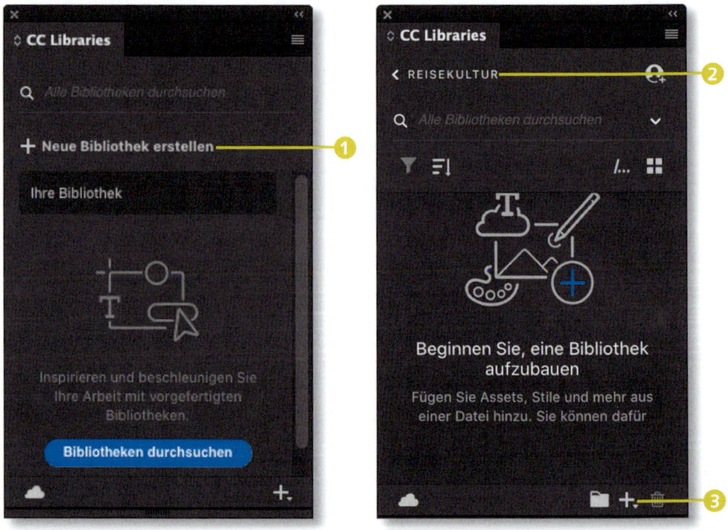

Abbildung 9.49 ▸
In CC Libraries können Sie verschiedene Designelemente zur Wiederverwendung in anderen Dokumenten und Programmen speichern.

Beim ersten Aufruf der CC Libraries ist das Bedienfeld leer (Abbildung 9.49 links). Um direkt von Beginn an Ordnung zu halten, erstellen Sie sich einfach mit einem Klick auf die entsprechende Schaltfläche **1** eine neue Bibliothek. Legen Sie sich am besten kunden- oder projektweise Bibliotheken an. Hier habe ich eine Bibliothek »reisekultur« angelegt. Diese wird direkt im Bedienfeld geöffnet **2** und kann direkt gefüllt werden **3**.

Sie können einer Bibliothek Elemente auf drei Wegen hinzufügen:

- In Bedienfeldern wie Absatz-, Zeichenformaten, Verknüpfungen und Farbfeldern sehen Sie unten den Button zum Hinzufügen eines markierten Elements ❹ des jeweiligen Bedienfelds zu Ihrer aktiven Bibliothek ❺.

◂ **Abbildung 9.50**
In einigen Bedienfeldern wie den Farbfeldern finden Sie unten links einen Button, mit dem Sie das im Bedienfeld markierte Element Ihrer Bibliothek hinzufügen können.

- Außerdem können Sie Elemente wie Grafiken und Textrahmen einfach in eine Bibliothek ziehen.
- Als dritte Möglichkeit steht Ihnen ein Menü zur Verfügung, das Ihnen durch Klicken des Plus-Buttons ❼ angezeigt wird. Die angezeigten Menüeinträge variieren entsprechend dem Objekt, das Sie im Layout markiert haben. Wenn Sie eine Grafik im Layout markiert haben, wird Ihnen in diesem Menü neben der Option Grafik auch Aus Bild extrahieren ❻ angeboten.

Objekt-Menü

Statt über das CC Libraries-Bedienfeld können Sie auch Aus Bild extrahieren samt den drei Befehlen Farbdesign, Formen und Schrift über das Objekt-Menü aufrufen.

◂ **Abbildung 9.51**
Aus Grafiken können Sie weitere Designelemente wie Farbpaletten, Formen und Schriften extrahieren.

Wenn Sie diesen Menüeintrag wählen, wird ein recht umfangreicher Dialog eingeblendet, in dem Sie wählen können, ob Sie ein

Farbdesign ①, Formen ② oder eine Schrift ③ aus der Grafik entnehmen möchten.

Im Bereich Farbdesigns können Sie im Unterschied zu dem Werkzeug Farbeinstellung (Abschnitt 6.6, »Farbdesigns erstellen«) die Punkte, die als Referenz für die Farben verwendet werden, verschieben ④. Im Menü Farbstimmung werden Ihnen verschiedene Vorgaben ⑤ angeboten, nach denen die Farbpalette zusammengestellt wird. Mit einem Klick auf den Button unten rechts können Sie alles In CC-Bibliothek speichern.

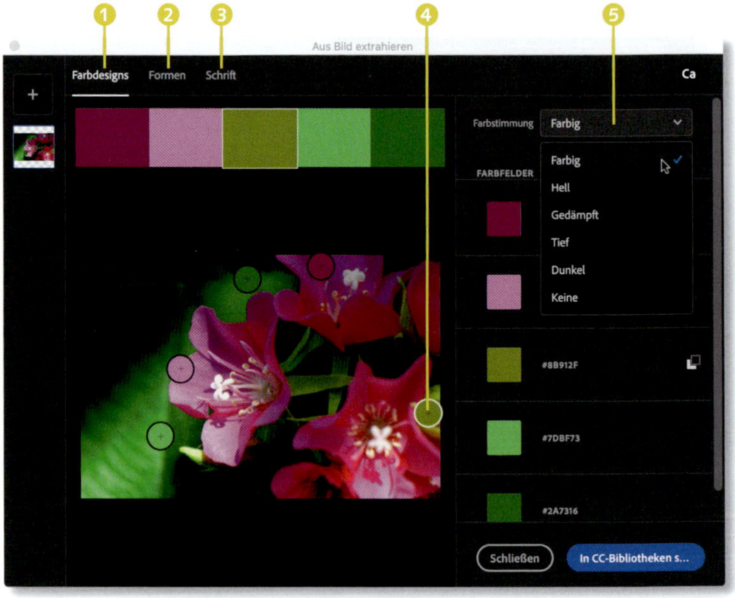

Abbildung 9.52 ▸
In einigen Bedienfeldern wie den Farbfeldern finden Sie unten rechts einen Button, mit dem Sie das im Bedienfeld markierte Element Ihrer Bibliothek hinzufügen können.

Diese und weitere Funktionen stehen Ihnen übrigens auch bei der Arbeit mit Photoshop zur Verfügung. Außerdem bietet Adobe für Mobilgeräte das kostenlose und sehr funktionsreiche Programm Capture App an, das noch weiterreichende Funktionen bietet und das Sie auch mit Ihren CC Libraries verknüpfen können. Hierdurch sind die CC Libraries nicht nur die Schnittstelle zwischen verschiedenen Dokumenten und DTP-Programmen, sondern auch eine interessante Schnittstelle zu Mobilgeräten.

Für die folgende Abbildung habe ich der zuvor erstellten Bibliothek »reisekultur« ein Absatzformat, ein Zeichenformat, ein Farbfeld und eine Grafik hinzugefügt. Umfangreiche Bibliotheken lassen sich durch Gruppieren der Element übersichtlich halten.

Organisation

Bibliotheken können Sie sich auch in der Creative Cloud App und in der Bridge anzeigen lassen und bearbeiten.

Hierfür können Sie am unteren Bedienfeldrand das Ordnersymbol 7 anklicken oder Sie wählen im Menü des Bedienfelds den Befehl Gruppen für „[Bibliotheksname]" automatisch erstellen. Um zur Übersicht Ihrer Bibliotheken zu gelangen, klicken Sie oben auf den Linkspfeil Zurück zu Bibliotheken 6.

Teamwork

Wenn Sie im Team arbeiten und Zugriff auf dieselben Designelemente benötigen, schauen Sie sich die Funktion Personen einladen an.

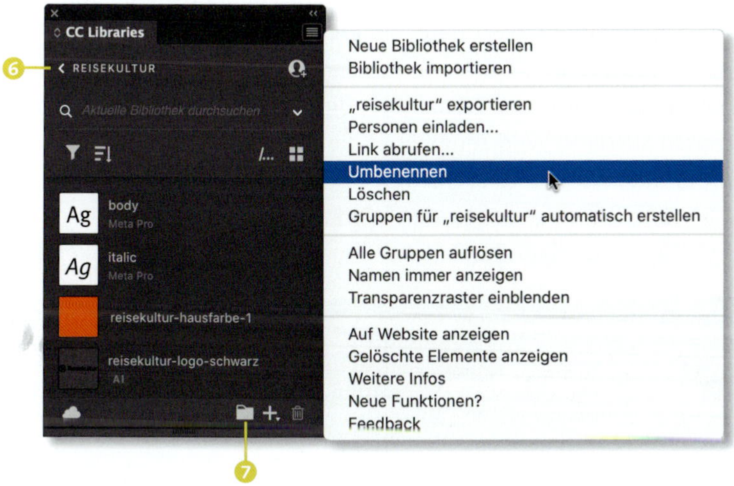

◄ **Abbildung 9.53**
Elemente in Ihren CC Libraries lassen sich beispielsweise nach Projekten zusammenfassen

Diese Designelemente, die Sie einer Bibliothek hinzugefügt haben, können Sie von nun an in verschiedenen Dokumenten in InDesign, Illustrator und Photoshop verwenden. Durch den Einsatz von Formaten und Farbfeldern einer Bibliothek werden diese dem aktuellen Dokument hinzugefügt. Sie sind anschließend aber nicht mehr mit den Elementen Ihrer Bibliothek verknüpft.

Das ist bei Grafiken anders: Wenn Sie eine Grafik aus einer Bibliothek in ein InDesign-Dokument ziehen, bleibt dieses mit der Bibliothek verbunden. Dies wird in der Statusspalte des Verknüpfungen-Bedienfelds mit einem Lesezeichen-Icon 8 signalisiert. Wenn Sie eine solche Grafik ändern, werden alle (!) Instanzen in Dokumenten, die auf diese Grafik zugreifen, mit geändert.

Element standgerecht einfügen

Wenn Sie ein Element aus InDesign in eine CC Library einfügen, wird die ursprüngliche Position auf der Seite mit gesichert. Ziehen Sie ein solches Element mit gedrückter `alt`-Taste auf eine Seite, springt das Element an seine ursprüngliche Position.

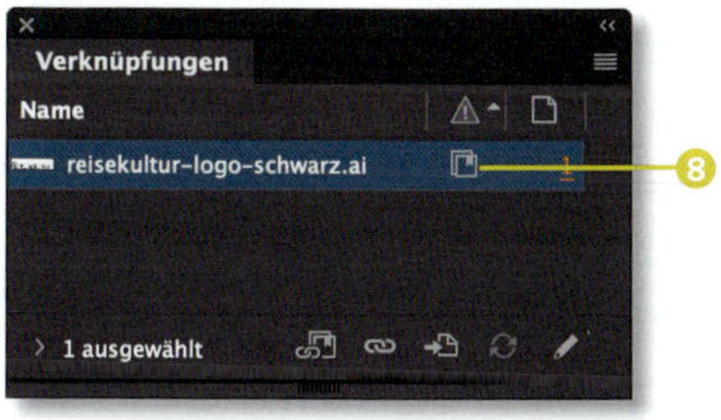

◄ **Abbildung 9.54**
Dateien, die aus Bibliotheken verknüpft sind, werden im Verknüpfungen-Bedienfeld mit einem Lesezeichen gekennzeichnet.

9.7 Inhaltsaufnahme- und Inhaltsplatzierung-Werkzeug

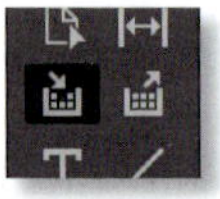

▲ **Abbildung 9.55**
Zum Kopieren und Einsetzen beliebiger Objekte sind diese beiden Werkzeuge vorgesehen.

Diese beiden Werkzeuge arbeiten immer zusammen und sind wie die CC Libraries dafür gedacht, Elemente mehrmals zu verwenden. Im Unterschied zu den CC Libraries können Sie die mit dem Inhaltsaufnahme-Werkzeug aufgenommenen Objekte jedoch nicht abspeichern. Der Vorteil dieser Werkzeuge ist die sehr einfache Verwendung von Elementen, die Sie zuvor ausgewählt haben. Rufen Sie diese Werkzeuge über die Werkzeugleiste, die Taste [B] oder über Bearbeiten • Platzieren und Verknüpfen auf.

Wenn Sie eines der beiden Werkzeuge das erste Mal aufrufen, wird auch der dann noch leere »Inhaltsüberträger« eingeblendet.

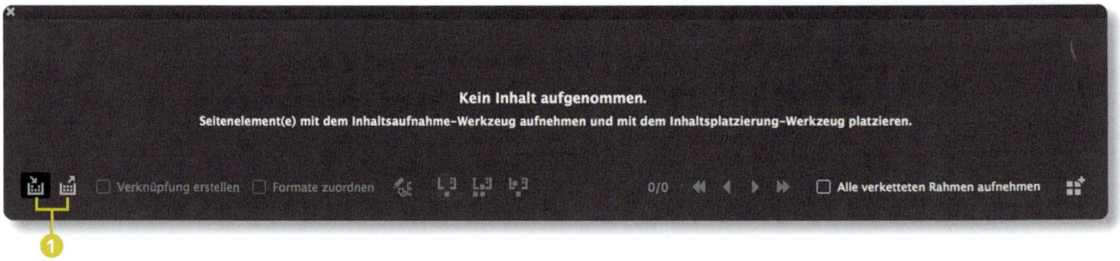

▲ **Abbildung 9.56**
Der Inhaltsüberträger öffnet sich mit der Anwahl eines der beiden Werkzeuge automatisch.

Dieses Fenster dient als Zwischenspeicher zur Aufnahme und Weitergabe von Objekten. Das aktive Werkzeug ist im Fenster unten links (1) wie auch in der Werkzeugleiste markiert.

Um dem Überträger Objekte hinzuzufügen, markieren Sie einfach die gewünschten Objekte mit dem Inhaltsaufnahme-Werkzeug. Sobald Sie dieses Tool über ein Objekt positionieren, blendet InDesign um das jeweilige Objekt oder die Objektgruppe einen kräftigen Rahmen ein. Durch einen Klick auf das Objekt oder die Gruppe wird es in den Überträger aufgenommen. Alternativ können Sie auch mehrere Objekte gleichzeitig aufnehmen, indem Sie mit dem Inhaltsaufnahme-Werkzeug genauso wie mit dem Auswahlwerkzeug einfach ein Auswahlrechteck um die gewünschten Objekte ziehen. Die Anzahl der Objekte im Inhaltsüberträger wird Ihnen sowohl im Überträger als auch im Cursor angezeigt (siehe Abbildung 9.57). Aufgenommene Daten können Sie über Dokumente hinweg verwenden, und sie bleiben bei Bedarf bis zum Beenden von InDesign im Überträger verfügbar. Es gibt keine

▲ **Abbildung 9.57**
Die Anzahl an Elementen werden Ihnen auch am Cursor angezeigt.

Objekte löschen

Durch Drücken der [Esc]-Taste löschen Sie das aktivierte Objekt aus dem Überträger.

Möglichkeit, die im Überträger gesammelten Designelemente zu sichern.

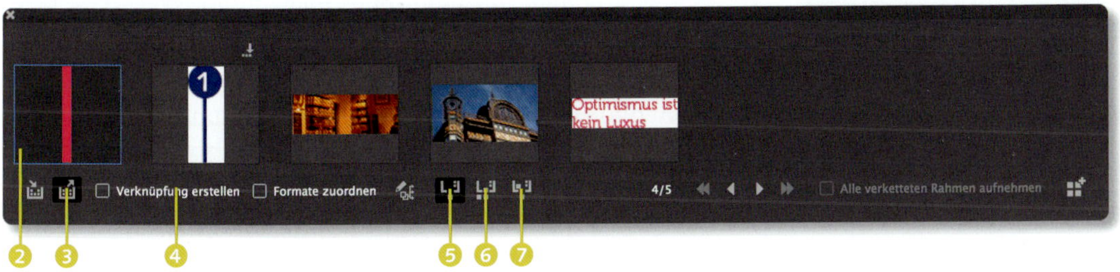

▲ **Abbildung 9.58**
Hier habe ich den Inhaltsüberträger mit Grafiken, Bildern und einem Textrahmen gefüllt.

Wenn Sie den Inhaltsüberträger mit den Objekten befüllt haben, die Sie an anderer Stelle im selben Layout oder in einem anderen Dokument platzieren möchten, wechseln Sie zu der betreffenden Seite und wählen nun das Inhaltsplatzierung-Werkzeug ❸, z. B. durch Drücken der [B]-Taste.

Nun können Sie wie bei mehreren geladenen Bildern mit Hilfe der [◄]/[►]-Tasten durch die Objekte des Überträgers navigieren. Über drei Buttons können Sie steuern, wie InDesign nach dem Platzieren eines Objekts aus dem Überträger eigentlich verfahren soll:

- Wenn Sie das betreffende Objekt nur einmal platzieren möchten, wählen Sie den linken Button ❺: Nach der Platzierung wird das aktive Objekt ❷ direkt aus dem Überträger gelöscht, und das nächste Objekt wird in das Inhaltsplatzierung-Werkzeug geladen und kann platziert werden. Bei der ersten Verwendung des Inhaltsaufnahme-Werkzeugs ist diese Option aktiviert.
- Der zweite Button ❻ sorgt dafür, dass das aktive Objekt nach der Platzierung im Überträger verbleibt und angewählt bleibt. Dadurch können Sie sehr schnell dasselbe Objekt mehrfach in einem Dokument platzieren.
- Wenn Sie Objekte des Überträgers der Reihe nach im Dokument platzieren möchten, aktivieren Sie den rechten Button ❼. Die platzierten Objekte verbleiben auch hierbei im Überträger.

Varianten

Sie können durch die Funktion Verknüpfung erstellen schnell Varianten von z. B. Titelseiten oder Grafiken für Social Media erstellen, ohne Textänderungen immer wieder auf allen Seiten händisch nachhalten zu müssen.

Falls Sie z. B. einen Textrahmen mit demselben Inhalt mehrfach in einem oder auch in verschiedenen Dokumenten benötigen, können Sie Textrahmen beim Einfügen aus dem Inhaltsüberträger so miteinander verknüpfen, dass Sie Textkorrekturen nur noch am

▲ **Abbildung 9.59**
Änderungen am Ursprungstext lassen sich bei verknüpften Texten wie Grafiken aktualisieren.

ursprünglichen Textrahmen durchführen müssen. Bei aktivierter Option Verknüpfung erstellen 4 in Abbildung 9.58 platzieren Sie den Textrahmen mit dem Inhaltsplatzierung-Werkzeug etwa auf Varianten eines Coverentwurfs, Anzeigenalternativen oder auf verschiedenen Seitenformaten für die Ausgaben von Grafiken für Social Media. Hier wird der Text als Verknüpfung angezeigt, alle Änderungen im Ursprungstext lassen sich wie bei Grafiken aktualisieren.

9.8 Fußnoten

Wie Text im Allgemeinen können Sie auch Fußnoten in InDesign selbst erstellen oder direkt mit einem Text importieren, der in einem anderen Programm wie Microsoft Word geschrieben wurde.

Fußnoten formatieren

Genau wie bei Seitenzahlen oder nummerierten Listen übernimmt InDesign auch bei den Fußnoten das Zählen. Sie brauchen also, falls die Fußnoten nicht sowieso schon mit importiert wurden, nur anzugeben, wo sich Fußnoten im Text befinden sollen. Die Formatierung der Fußnotenzahlen 1 und Fußnotentexte 2 können Sie wie gewohnt über Absatz- 3 und Zeichenformate 4 realisieren.

▼ **Abbildung 9.60**
Die Formatierung von Fußnoten ist Ihnen prinzipiell bekannt.

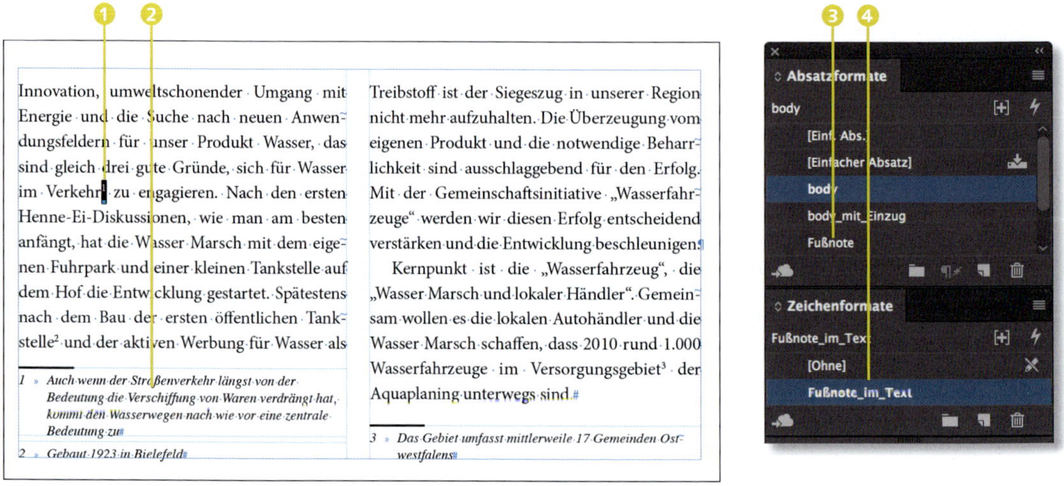

Für fußnotenspezifische Formatierungen – beispielsweise wie lang die Standardlinie über dem Fußnotentext sein soll – finden Sie im Schriftmenü das Bedienfeld OPTIONEN FÜR DOKUMENTFUSSNOTEN.

Falls Sie selbst Fußnoten eingeben sollen: Die Fußnotenzahl wird an der gewünschten Stelle im Text über den Befehl FUSSNOTE EINFÜGEN des SCHRIFT-Menüs eingefügt. InDesign erstellt daraufhin selbsttätig am Spaltenfuß einen Bereich, in dem Sie direkt den Fußnotentext eingeben können. Die Höhe des Fußnotenbereichs wird dabei der Textmenge entsprechend dynamisch angepasst. Verschiebt sich die Fußnote im Text in eine neue Spalte oder auf eine neue Seite, folgt der Fußnotentext in die entsprechende Spalte.

Die eigentliche Zuordnung, welches Zeichen- bzw. Absatzformat die Fußnotenzahl und der Fußnotentext erhalten, nehmen Sie im Dialogfenster OPTIONEN FÜR DOKUMENTFUSSNOTEN des Schriftmenüs vor. Im Bereich NUMMERIERUNG UND FORMATIERUNG 5 habe ich für die Fußnoten in Abbildung 9.60 das Zeichenformat FUSSNOTE_IM_TEXT 6 und das Absatzformat FUSSNOTE 7 gewählt.

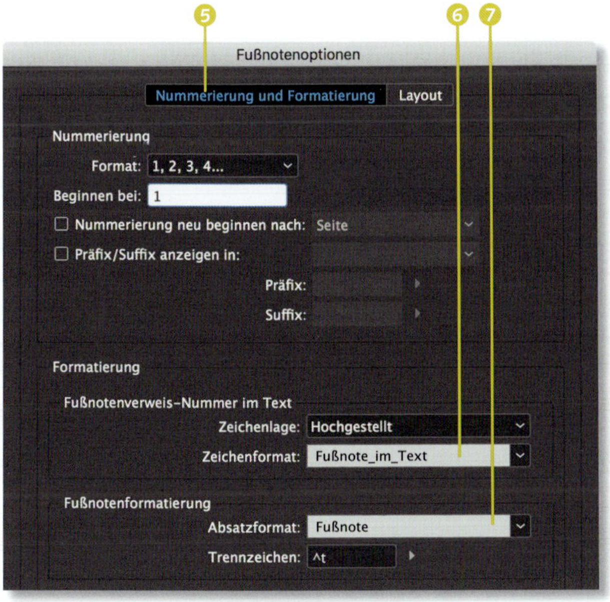

◂ **Abbildung 9.61**
In den FUSSNOTENOPTIONEN weisen Sie den Fußnoten die gewünschten Zeichen- und Absatzformate zu.

Abstände vor den Fußnoten und Ähnliches stellen Sie im Bereich LAYOUT ① ein. Die Möglichkeiten hier sind zwar recht umfangreich, entsprechen aber letztlich Einstellungen, die Sie von gewöhnlichen Absätzen und Absatzlinien kennen.

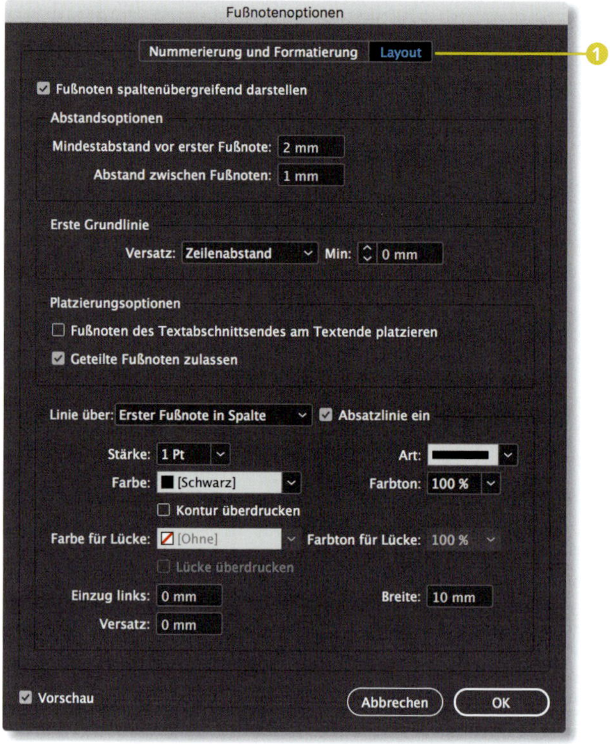

Abbildung 9.62 ▶
Weitere Einstellungen können Sie im Bereich LAYOUT vornehmen. Hier finden Sie auch die Option für die Situation, in der sich Fußnoten über mehrere Spalten erstrecken sollen.

9.9 Textmodus

InDesign bietet neben den Layout- und Formatierungsfunktionen auch hilfreiche Funktionen zur eigentlichen Textverarbeitung an. Dazu zählt besonders der Textmodus. Im Textmodus wird Ihnen der reine Text bar jeder Formatierung angezeigt. Hierdurch erhalten Sie einen Blick auf die reine Struktur eines Textes, ohne durch Formatierungen abgelenkt zu werden.

Das ist beispielsweise bei Texten hilfreich, in denen Tabellen und Grafiken verankert sind oder bei denen Übersatztext vorkommt. Auch bei gestürzten (gedrehten) Texten haben Sie über den Textmodus einfachen Zugriff auf den Text. Aufgerufen wird

Verborgene Zeichen

Die Sichtbarkeit von verborgenen Zeichen wie etwa Leerzeichen steuern Sie über SCHRIFT • VERBORGENE ZEICHEN EINBLENDEN bzw. AUSBLENDEN.

diese besondere Textdarstellung über Bearbeiten • Im Textmodus bearbeiten oder über [Strg]/[⌘]+[Y]. Da im Textmodus immer Textabschnitte dargestellt werden, muss der Textcursor in einem Text positioniert sein. Entsprechend der Länge des Textes kann es eine Weile dauern, bis InDesign den aktuellen Text einblendet.

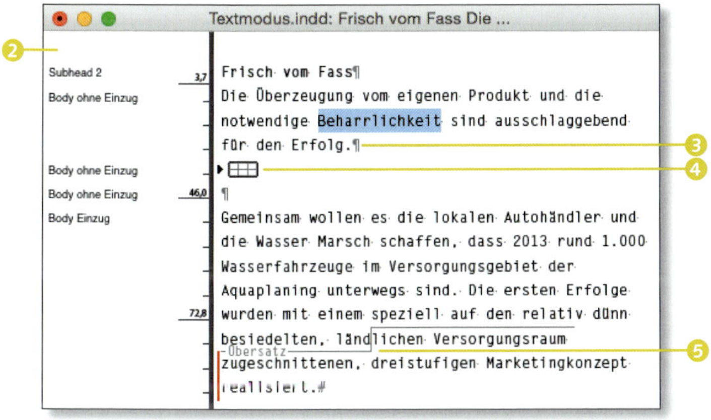

◂ Abbildung 9.63
Für eine Reihe von Arbeiten ist die nüchterne Darstellung im Textmodus sehr hilfreich.

Das Textmodus-Fenster ist vertikal in zwei Bereiche aufgeteilt:

- Links sind die Absatzformate aufgelistet ❷, die auf den Text im rechten Bereich angewendet wurden. An dieser Auflistung lässt sich die aktuelle Formatierung wesentlich besser überblicken und bei Bedarf überprüfen. Am formatierten Text im Layoutmodus ist ja nicht erkennbar, ob Absatzformate angewendet wurden oder ob der Text nur lokal formatiert wurde.
- Im Hauptbereich rechts werden neben dem eigentlichen Text auch die nicht druckenden verborgenen Zeichen wie Leerzeichen und Absatzenden ❸ eingeblendet. Die zugrunde liegende Textstruktur ist so eindeutig zu erkennen. Tabellen werden im Textmodus als kleine Boxen ❹ dargestellt, die an dem Ausklapp-Pfeil vergrößert werden können.

Im Gegensatz zur Layoutansicht wird im Textmodus der gesamte Text eines Textabschnitts präsentiert: Falls Übersatztext vorhanden ist, wird dieser genau gekennzeichnet ❺ und kann hier bearbeitet werden. Der Textmodus ist somit die einzige Möglichkeit, sich den konkreten Übersatz anzeigen zu lassen, ohne z. B. den entsprechenden Textrahmen zu vergrößern.

Textmodus modifizieren

Wenn Sie das Erscheinungsbild des Textmodus ändern möchten, können Sie dies in den Voreinstellungen in der Kategorie Textmodusanzeige erledigen. Dort lassen sich u. a. die Schrift und der Schriftgrad einstellen.

Anzeigeoptionen

Im Menü Ansicht • Textmodus lassen sich verschiedene weitere Optionen wählen.

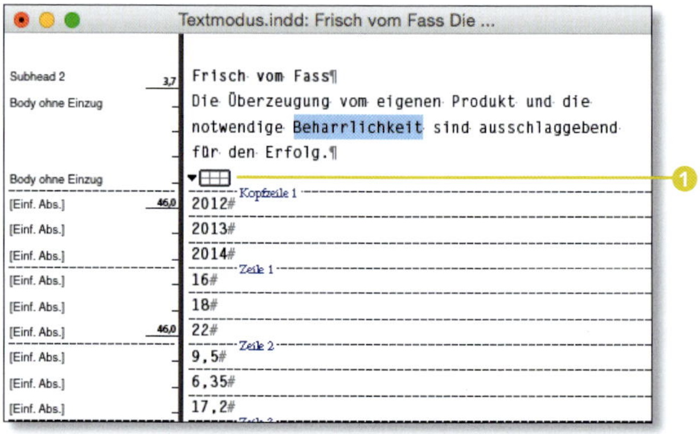

Abbildung 9.64 ▸
Im Textmodus lassen sich auch Tabelleninhalte bearbeiten.

Gerade auch bei Tabellen kann der Textmodus sehr hilfreich sein. Zelleninhalte lassen sich im Textmodus gegebenenfalls einfacher markieren und ändern. Ausgeklappte Tabellen werden hier als einfache Listen (1) dargestellt.

Texte, die Sie sich im Textmodus anzeigen lassen, werden von InDesign als schwebende Fenster behandelt und können deshalb über Datei • Schliessen verlassen werden. Bei Änderungen werden Sie beim Verlassen des Textmodus nicht zum Sichern aufgefordert, da das eigentliche Dokument nach wie vor geöffnet ist.

9.10 Querverweise

Querverweise sind typisch für lange Sach- und Fachtexte und verweisen auf andere Stellen im selben Text. Häufig werden Querverweise eingesetzt, um auf eine Textstelle hinzuweisen, in denen ein Thema weiter vertieft wird. Das kann etwa so aussehen: »Für weitere Informationen siehe Seite 142«.

In InDesign werden Querverweise immer in zwei Schritten angelegt:

1. Zunächst definieren Sie die Stelle, auf die Sie verweisen möchten. In InDesign wird diese Ziel Hyperlinkziel genannt.
2. Im zweiten Schritt verweisen Sie von einer beliebigen anderen Textstelle auf dieses Hyperlinkziel. Dabei kann sich das Hyperlinkziel auch in einem anderen InDesign-Dokument befinden. Das ist insbesondere beim Arbeiten mit der Buch-Funktion von Bedeutung.

Sobald das Hyperlinkziel aufgrund einer Umbruchänderung eben auf einer anderen Seite steht, aktualisiert InDesign die Seitenzahl eines Querverweises automatisch.

Für die Anlage eines Querverweises öffnen Sie zunächst das entsprechende Bedienfeld über FENSTER • SCHRIFT • QUERVERWEISE ❸. Markieren Sie den Text, auf den Sie von anderer Stelle aus verweisen möchten ❷. Über das Bedienfeldmenü rufen Sie anschließend den Befehl NEUES HYPERLINKZIEL ❹ auf.

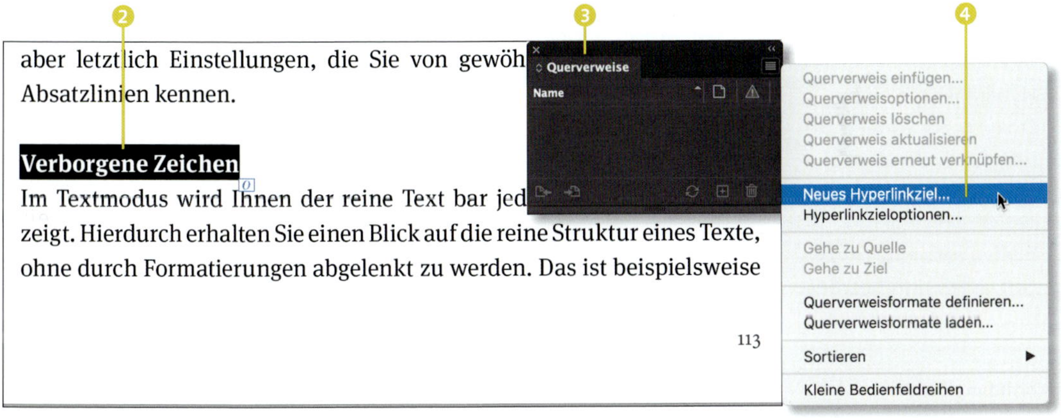

▲ **Abbildung 9.65**
Legen Sie zuerst ein Hyperlinkziel im Text fest.

Es öffnet sich das Fenster NEUES HYPERLINKZIEL. Hier können Sie im Menü ART zwischen den Optionen SEITE, TEXTANKER und URL wählen. Für einen Querverweis, der die Seitenzahl dieses Hyperlinkziels enthalten soll, wählen Sie hier TEXTANKER ❺. Unter NAME können Sie einen eigenen Text einfügen; wenn Sie zuvor einen Text markiert haben, wird dieser hier automatisch eingefügt ❻. Bestätigen Sie die Einstellungen an dieser Stelle.

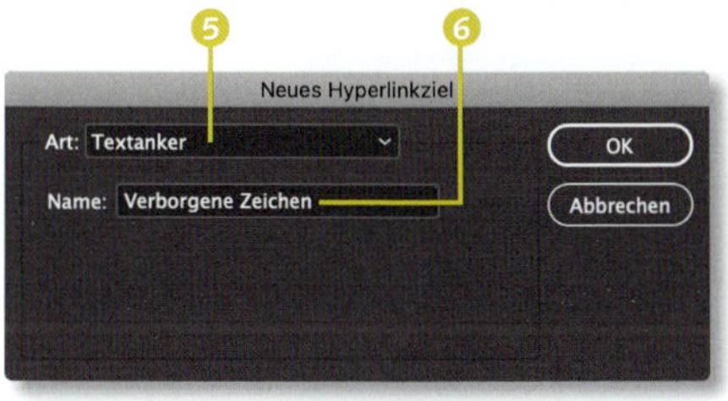

◀ **Abbildung 9.66**
Im Textmodus lassen sich auch Tabelleninhalte bearbeiten.

Dass Sie ein Hyperlinkziel angelegt haben, wird Ihnen bei eingeblendeten verborgenen Zeichen und im Textmodus angezeigt. Bei eingeblendeten verborgenen Zeichen sehen Sie einen Doppelpunkt 1 am Anfang eines Hyperlinkziels, im Textmodus wird hier ein Fadenkreuz auf einem Balken 2 angezeigt.

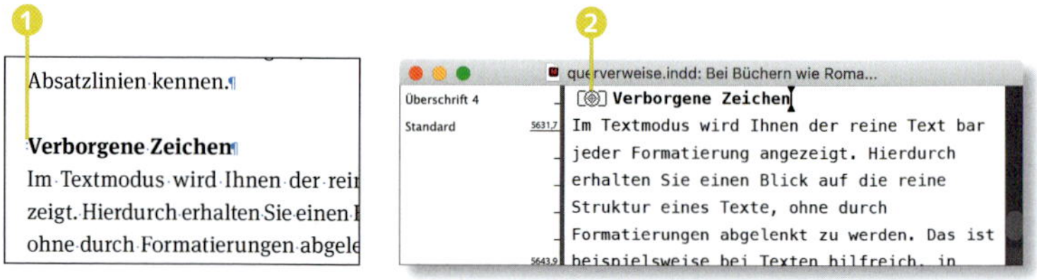

Abbildung 9.67 ▶
Hyperlinkziele sind nur bei eingeblendeten verborgenen Zeichen und im Textmodus sichtbar.

> **Hyperlinkziele**
>
> Hyperlinkziele eines Dokuments können Sie sich durch den Befehl HYPERLINKZIELOPTIONEN des QUERVERWEISE-Bedienfeldmenüs anzeigen lassen und bearbeiten.

Nachdem Sie ein Hyperlinkziel angelegt haben, navigieren Sie zu der Stelle im selben oder in einem anderen Dokument, von der aus Sie auf das Hyperlinkziel mittels eines Querverweises verweisen möchten. Im Beispiel habe ich mit dem Textcursor an die betreffende Stelle geklickt, an der ich den Querverweis einfügen möchte 3. Danach klicke ich auf den Button NEUEN QUERVERWEIS ERSTELLEN 4 im QUERVERWEISE-Bedienfeld.

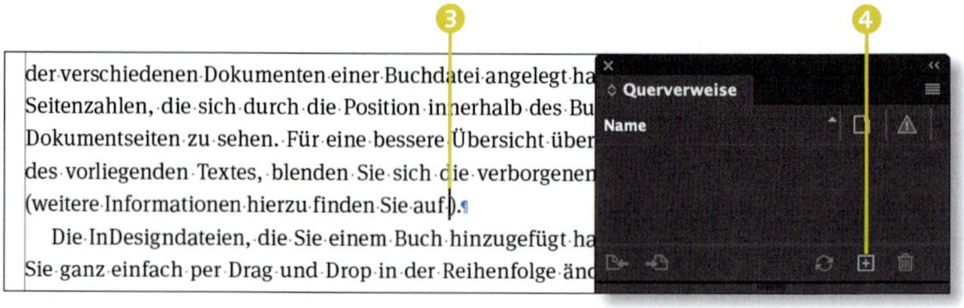

Abbildung 9.68 ▶
Der Cursor ist an der Stelle platziert, an welcher der Querverweis eingefügt werden soll.

Im Dialog NEUER QUERVERWEIS, der sich nun öffnet, nehme ich die nötigen Einstellungen vor, damit auch der richtige Inhalt an der Stelle des Querverweises eingefügt wird:

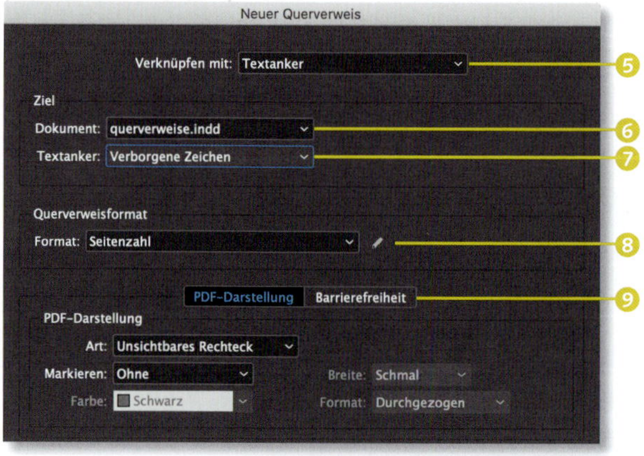

Abbildung 9.69 ▶
In den Optionen definieren Sie, was wie an der Position des Querverweises eingefügt werden soll.

Im Menü VERKNÜPFEN MIT wähle ich die Art des Hyperlinkziels, die ich im ersten Schritt angelegt habe: TEXTANKER ⑤. Bei DOKUMENT ist das aktuelle Dokument vorausgewählt ⑥. Das ist in meinem Beispiel richtig. Bei Bedarf, etwa bei der Arbeit mit der Buch-Funktion, kann hier eben auch ein anderes Dokument gewählt werden. Im Menü TEXTANKER wähle ich aus den verfügbaren Textankern des ausgewählten Dokuments den passenden aus ⑦.

Unter FORMAT sind eine ganze Reihe von Optionen anwählbar. Bei Bedarf können Sie sogar noch weitere Formate anlegen. Ich wähle hier SEITENZAHL ⑧. Die anderen Optionen bei PDF-DARSTELLUNG bzw. BARRIEREFREIHEIT ⑨ belasse ich bei den voreingestellten Werten.

Logo, Bildmarke, Wortmarke

Sollte das Hyperlinkziel nicht mehr erreichbar sein, beispielsweise, weil der Text gelöscht wurde, wechselt das Grün zu Rot.

◀ **Abbildung 9.70**
InDesign hat auf Grundlage des Querverweisformats SEITENZAHL Text und Seitenzahl eingefügt.

Durch die Wahl des Querverweisformats SEITENZAHL fügt InDesign an der Cursorposition »Seite 113« ⑩ ein. Bei eingeblendeten verborgenen Zeichen sehen Sie, dass die Seitenzahl des Querverweises in einem Rahmen steht. Die Seitenzahl wird von InDesign automatisch generiert und lässt sich daher manuell nicht ändern. Im QUERVERWEISE-Bedienfeld hat InDesign den Querverweis eingetragen. Die Seitenzahl ⑪ ist verlinkt, daher können Sie von jeder beliebigen Seite des Dokuments wieder zu diesem Querverweis springen.

In der Statusspalte rechts sehen Sie bei einwandfreiem Hyperlinkziel einen grünen Button ⑫, der ebenfalls als Link funktioniert. Sollte das Hyperlinkziel nicht mehr erreichbar sein, wird der Button rot. Im Textmodus werden Ihnen Text und Seitenzahl eines Querverweises durch verschiedene Marker deutlich angezeigt:

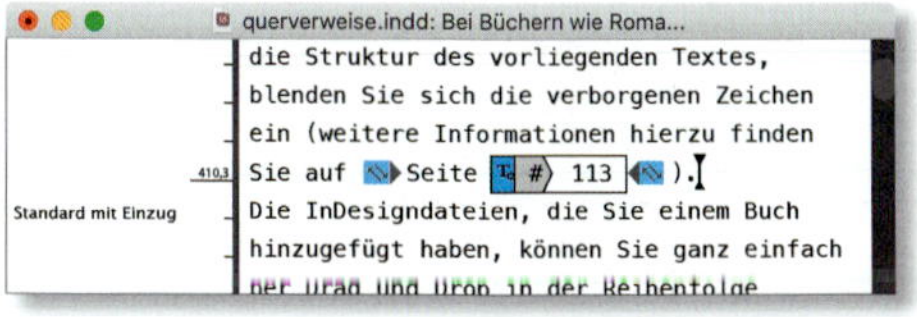

◀ **Abbildung 9.71**
Im Gegensatz zur Layoutansicht erhalten Sie im Textmodus einen umfassenden Blick in die Textstruktur.

9.11 Inhaltsverzeichnis

Ein Fachbuch oder eine Broschüre kommen stets mit einem Inhaltsverzeichnis daher. InDesign bietet für dessen Erstellung und Verwaltung eine gut organisierte Funktion.

Der Dreh- und Angelpunkt eines Inhaltsverzeichnisses ist ein Inhaltsverzeichnisformat. Hier wird hinterlegt, welche Inhalte in ein Inhaltsverzeichnis übertragen werden sollen. Dafür werden Absatzformate im Inhaltsverzeichnisformat verwendet, die konsequent im Inhaltsbereich angewendet wurden. Diese Zuordnung sorgt für die korrekten Inhalte. Mit Absatz- und Zeichenformaten, die nur im Inhaltsverzeichnis Verwendung finden, können diese Inhalte im Inhaltsverzeichnis unabhängig vom Inhaltsbereich formatiert werden. Gehen wir die notwendigen Schritte gemeinsam durch.

Inhaltsverzeichnis aktualisieren

InDesign aktualisiert die Einträge und Seitenzahlen eines angelegten Inhaltsverzeichnisses nicht automatisch. Bei Bedarf wählen Sie LAYOUT • INHALTSVERZEICHNIS AKTUALISIEREN.

Schritt für Schritt

Inhaltsverzeichnis erstellen und formatieren

In diesem Workshop erstellen wir ein Inhaltsverzeichnis mit zwei inhaltlichen Ebenen. Als Beispiel dient ein Kochbuch, dessen Rezepte in drei Kapitel eingeteilt sind: »Morgens«, »Mittags« und »Abends«. Das Inhaltsverzeichnis soll folgendermaßen aussehen:

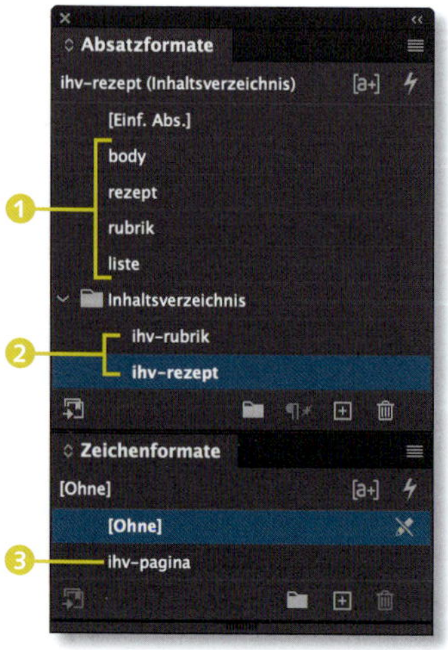

Abbildung 9.72 ▼
Wir benötigen für das zweistufige Inhaltsverzeichnis zwei mal zwei Absatzformate und ein Zeichenformat.

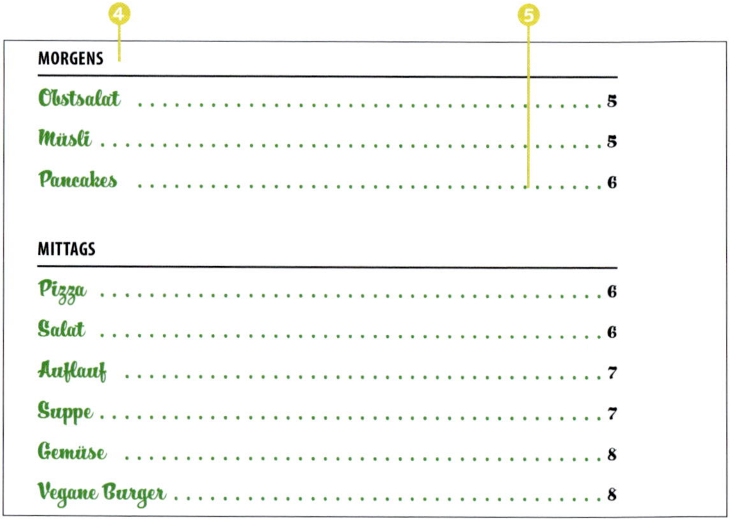

Um ein solches Inhaltsverzeichnis automatisiert zu erstellen, benötigen Sie zwei unterschiedliche Arten von Absatzformaten:

1. Konsequent eingesetzte Absatzformate im Inhaltsbereich ❶
2. Absatzformate für das Inhaltsverzeichnis selbst ❷.

Das Inhaltsverzeichnisformat und die Absatzformate, die wir nur für das Inhaltsverzeichnis anlegen, steuern die Formatierung des Inhaltsverzeichnises. Dazu gehört, dass die Kapitel ❹ ohne Seitenzahlen, die Rezepte ❺ mit Seitenzahlen und den Füllpunkten dargestellt werden. Die Formatierung der Seitenzahlen können wir mittels Zeichenformat ❸ definieren.

Fehlende Fonts laden

Beim Öffnen eines InDesign-Dokuments, in dem Fonts von Adobe verwendet werden, die nicht auf Ihrem System installiert sind, werden Sie gefragt, ob Sie diese laden möchten. Bestätigen Sie dann die Aufforderung.

1 Überblick InDesign-Dokument »inhaltsverzeichnis.indd«

Öffnen Sie »inhaltsverzeichnis.indd«, und verschaffen Sie sich kurz einen Überblick: Es sind 12 Seiten DIN A5 angelegt, von denen die ersten drei Seiten leer sind, es kommen vier Absatzformate zum Einsatz und es ist noch kein Zeichenformat erstellt worden.

Diese Datei finden Sie in den Beispielen unter dem Namen »inhaltsverzeichnis.indd«.

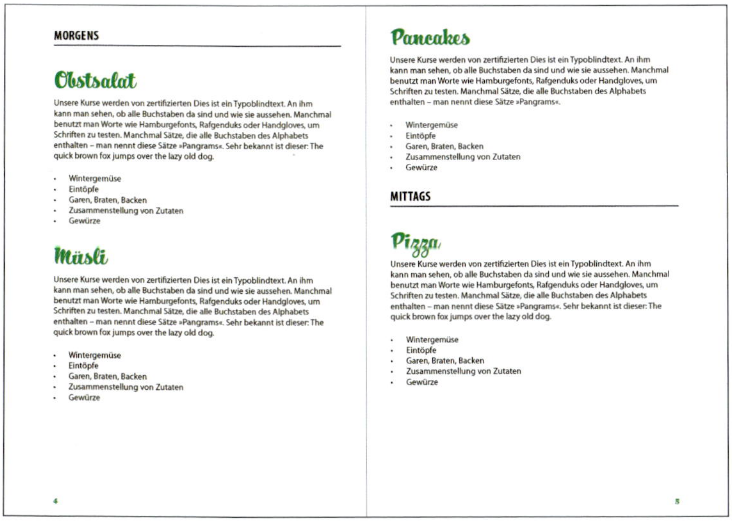

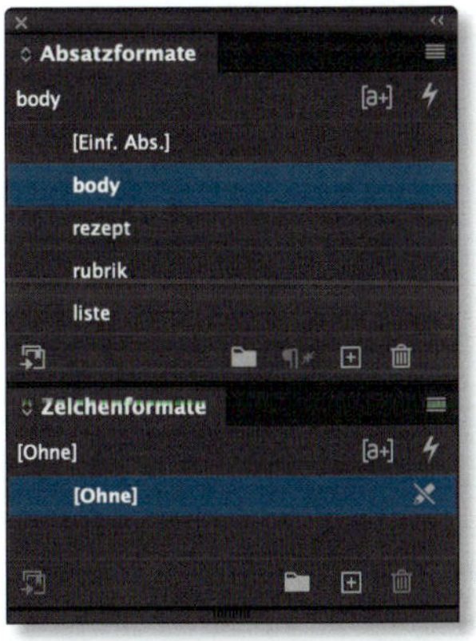

◄▲ Abbildung 9.73
Die Absatzformate, die auf den Rezeptseiten zum Einsatz kommen, sind schon angelegt, die des Inhaltsverzeichnisses fehlen noch.

2 Inhaltsverzeichnisformat definieren

Navigieren Sie zu der noch leeren Seite 3, und wählen Sie im LAYOUT-Menü INHALTSVERZEICHNIS. Es öffnet sich der entsprechende Dialog. Aktivieren Sie hier unbedingt per Klick auf den Button oben rechts MEHR OPTIONEN.

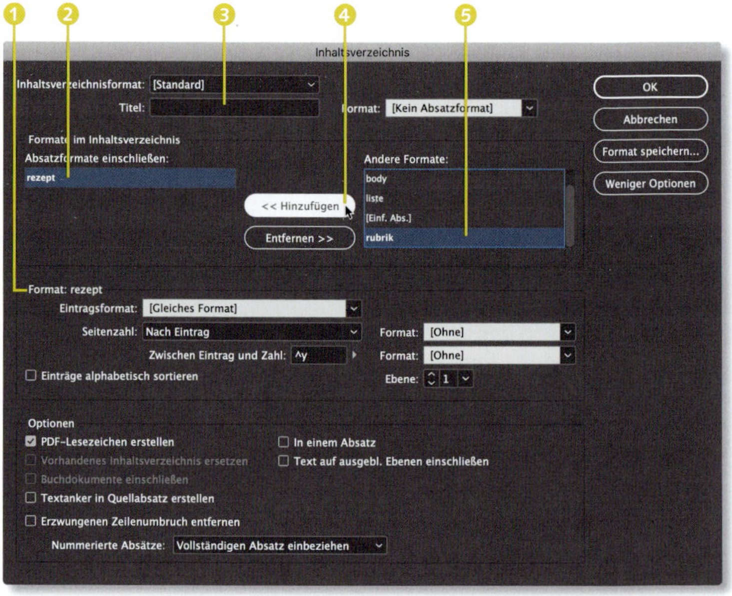

Abbildung 9.74 ▼▶
Wir nehmen in diesem Schritt nur wenige Modifikationen im Dialog INHALTSVERZEICHNIS vor.

Im Eingabefeld TITEL könnten Sie dem Inhaltsverzeichnis eine Überschrift voranstellen. Ich lösche aber den voreingestellten Eintrag ❸. Im Bereich ABSATZFORMATE EINSCHLIESSEN findet sich beim ersten Öffnen des Dialogs nur das Absatzformat »rezept« ❷. Beachten Sie, dass Sie an dieser Stelle entscheiden, welche Inhalte im Inhaltsverzeichnis zu sehen sein sollen. Die Formatierung dieser Inhalte wird weiter unten definiert ❶, hierum kümmern wir uns später.

Um auch die Inhalte, die mit dem Absatzformat »rubrik« formatiert wurden, im Inhaltsverzeichnis abzubilden, wählen wir im rechten Bereich ANDERE FORMATE »rubrik« ❺. Daraufhin können wir den Button HINZUFÜGEN ❹ betätigen. Das Absatzformat wird nun auch im Bereich ABSATZFORMATE EINSCHLIESSEN angezeigt (Abbildung 9.74 links).

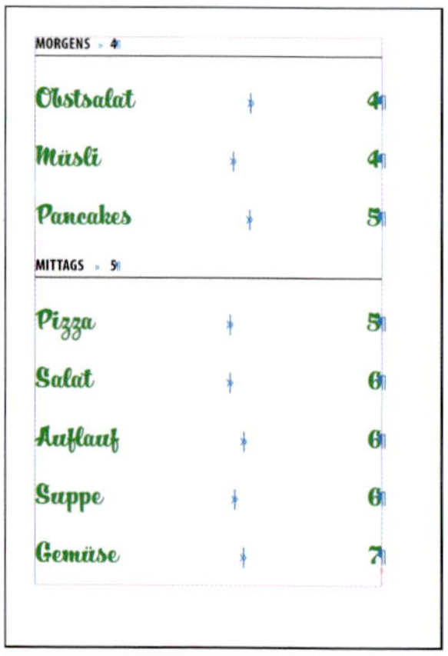

▲ **Abbildung 9.75**
Die erste Version des Inhaltsverzeichnisses: Die Inhalte stimmen schon, aber die Formatierungen passen noch nicht.

3 Inhaltsverzeichnis erstellen

Durch Bestätigung der Änderungen mit Klick auf den Button OK oben rechts im Dialog wird das Inhaltsverzeichnis in den Textcursor geladen. Ziehen Sie hiermit einen Textrahmen auf, der sich an den Seitenrändern orientiert. Das Ergebnis sollte etwa wie in Abbildung 9.75 aussehen. Die Inhalte sind schon einmal korrekt, die Formatierung muss aber optimiert werden.

4 Absatzformat »ihv-rezept« anlegen

In der Voreinstellung eines neuen Inhaltsverzeichnisformats werden für die Formatierung der Inhalte einfach die bestehenden Absatzformate verwendet. Das führt in der Regel im Inhaltsverzeichnis zu viel zu großen Einträgen, wie es in unserem Beispiel auch der Fall ist.

Da wir die Absatzformate, die auf den Rezeptseiten verwendet werden, dort weiterverwenden wollen, erstellen wir uns eine neue Gruppe mit Absatzformaten, die nur im Inhaltsverzeichnis Verwendung finden. Beginnen wir mit den Rezeptnamen im Inhaltsverzeichnis. Markieren Sie einen Rezepteintrag im Inhaltsverzeichnis 6, und verringern Sie im EIGENSCHAFTEN-Bedienfeld die Schriftgröße auf 14 Pt 7.

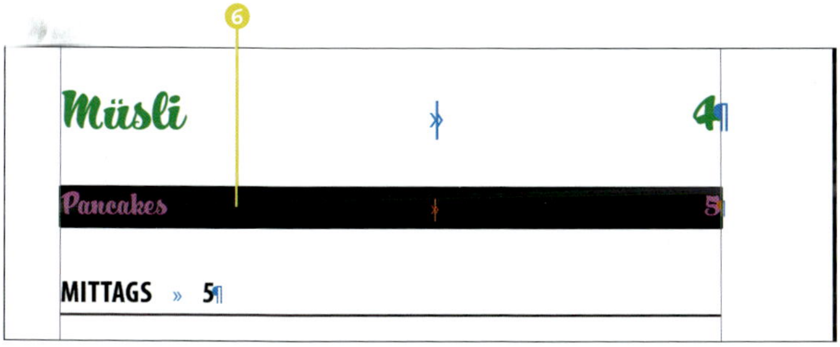

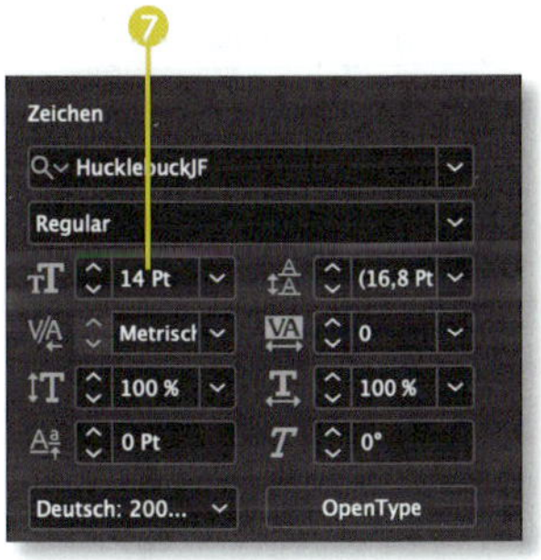

▼ Abbildung 9.76
Verringern Sie die Schriftgröße der Rezepteinträge im Inhaltsverzeichnis auf 14 Pt.

Öffnen Sie das ABSATZFORMATE-Bedienfeld über FENSTER • FORMATE. Da wir das bestehende Absatzformat »rezept« ändern, quittiert InDesign dies wie gewohnt mit dem Pluszeichen hinter dem Absatzformatnamen 8. Für die Absatzformate, die im Inhaltsverzeichnis Verwendung finden, erstellen wir uns mit einem Klick auf den entsprechenden Button 9 die Formatgruppe »ihv« 10.

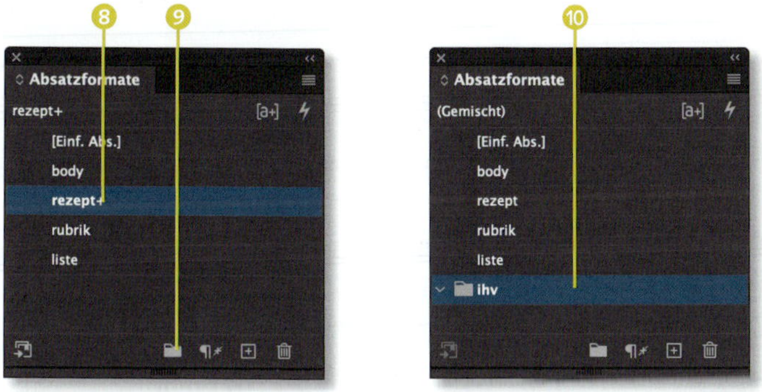

◄ Abbildung 9.77
Die lokale Formatierung erwidert InDesign direkt mit einem Pluszeichen. Zunächst legen wir eine neue Formatgruppe an.

Als Nächstes erstellen wir auf Grundlage der geänderten Formatierung des Rezepteintrags im Inhaltsverzeichnis ein neues Absatzformat. Dafür muss der Textcursor noch im gerade geänderten Eintrag platziert sein. Ein neues Absatzformat wird direkt in einer Formatgruppe erstellt ①, wenn Sie eine Formatgruppe im ABSATZFORMATE-Bedienfeld markieren und dann auf den Button NEUES FORMAT ERSTELLEN ② klicken. Benennen Sie das Format in »ihv-rezept« um.

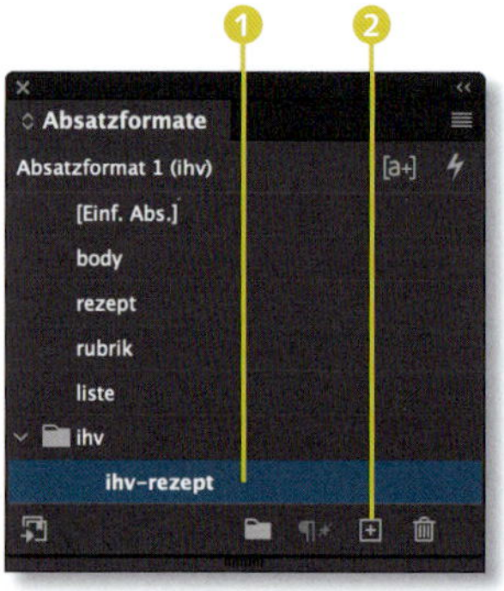

Abbildung 9.78 ▸
Das erste der beiden Absatzformate, die wir nur im Inhaltsverzeichnis verwenden werden, ist schnell angelegt.

5 Absatzformat »ihv-rubrik« anlegen

Für das Anlegen des Absatzformats der Rubriken, das wir im Inhaltsverzeichnis verwenden möchten, gehen wir genauso wie beim Absatzformat »ihv-rezept« vor. Markieren Sie eine Rubrik im bisherigen Inhaltsverzeichnis ③, und ändern Sie die Schriftgröße auf 10 Pt ④.

Abbildung 9.79 ▾
Verringern Sie die Schriftgröße der Rezepteinträge im Inhaltsverzeichnis auf 14 Pt.

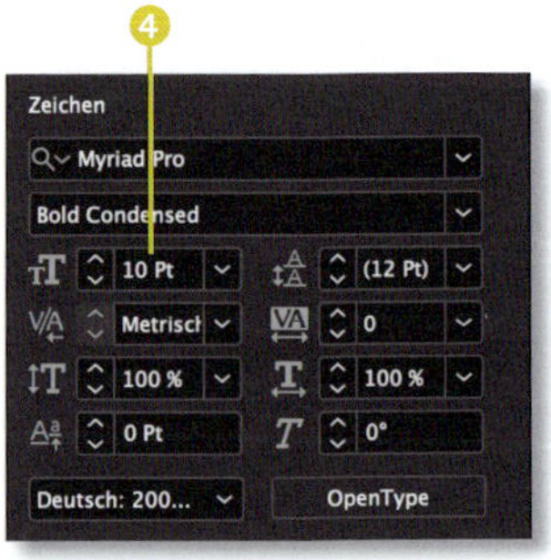

Erstellen Sie ein neues Absatzformat, indem Sie wie im vorigen Schritt zunächst die Formatgruppe »ihv« im ABSATZFORMATE-Bedienfeld markieren und dann auf den Button NEUES FORMAT HINZUFÜGEN klicken. Benennen Sie das Format in »ihv-rubrik« um.

Das ABSATZFORMATE-Bedienfeld sollte nun folgendermaßen aussehen:

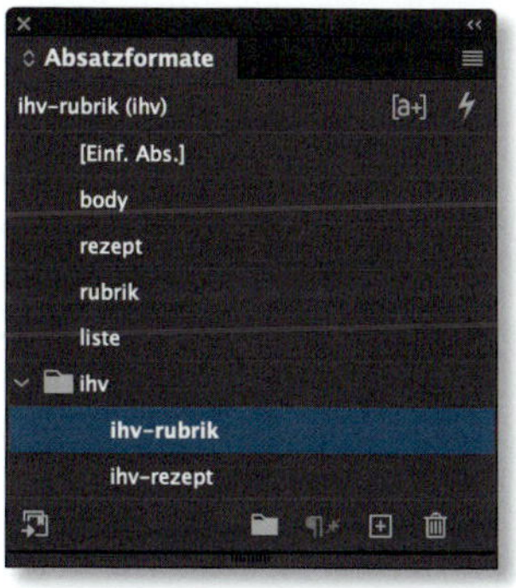

◂ **Abbildung 9.80**
Die beiden Absatzformate sind erstellt und werden im nächsten Schritt im Inhaltsverzeichnisformat zugewiesen.

6 Die Rubrikeinträge einstellen

Wählen Sie im Menü LAYOUT den Eintrag INHALTSVERZEICHNIS, um das Inhaltsverzeichnis weiter anzupassen.

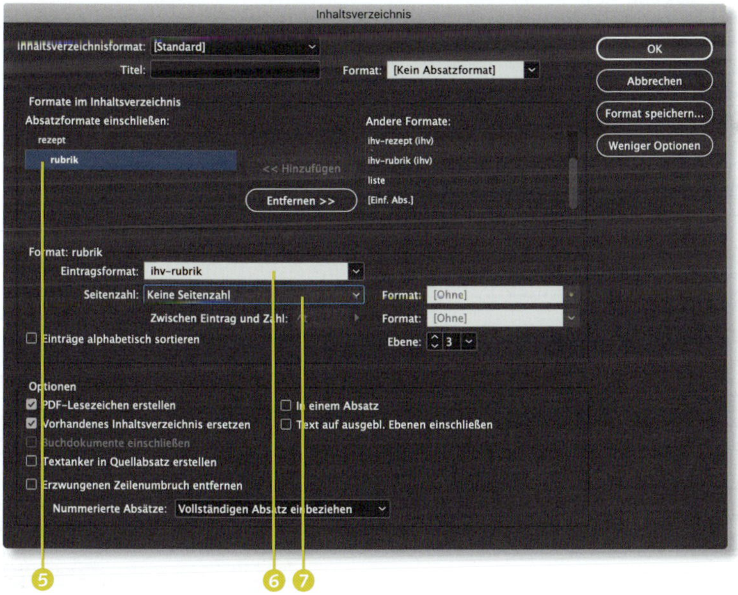

◂ **Abbildung 9.81**
Jetzt verknüpfen wir das neue Absatzformat mit dem Inhaltsverzeichnis und nehmen weitere Einstellungen vor.

Zunächst bearbeiten wir die Einträge, die sich aus den Texten ergeben, die mit dem Absatzformat »rubrik« formatiert wurden ❺. Diesen weisen wir als Eintragsformat das eben erstellte Absatzformat »ihv-rubrik« ❻ zu. Bei SEITENZAHL wählen wir aus dem Menü KEINE SEITENZAHL ❼. Wir lassen dieses Fenster geöffnet.

7 Die Rezepteinträge einstellen

Jetzt modifizieren wir die Einträge, die das Aussehen der Rezepte ❶ im Inhaltsverzeichnis steuern. Als Eintragsformat wählen wir das in Schritt 4 erstellte Absatzformat »ihv-rezept« ❷.

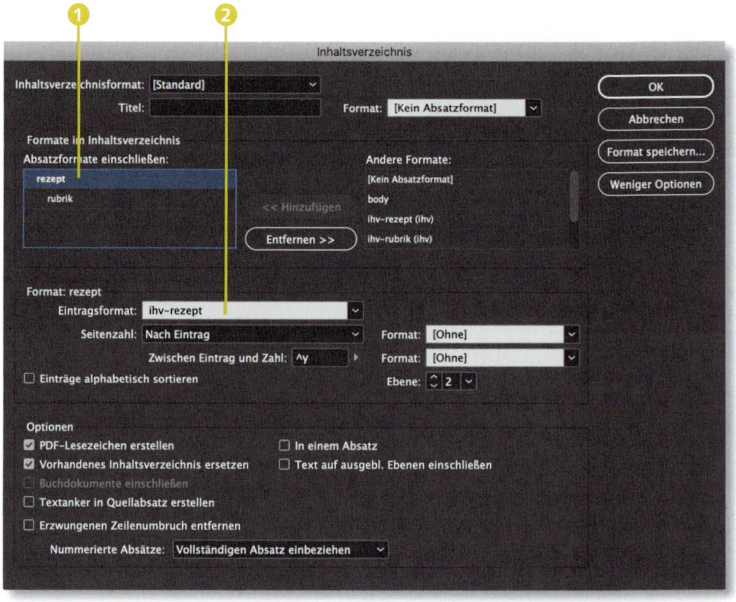

Abbildung 9.82 ▸ Den Rezepteinträgen brauchen wir nur das neue Absatzformat »ihv-rezept« zuzuweisen.

Mit Klick auf den OK-Button oben rechts bestätigen wir die Modifikationen der letzten beiden Schritte. InDesign aktualisiert das bestehende Inhaltsverzeichnis daraufhin automatisch:

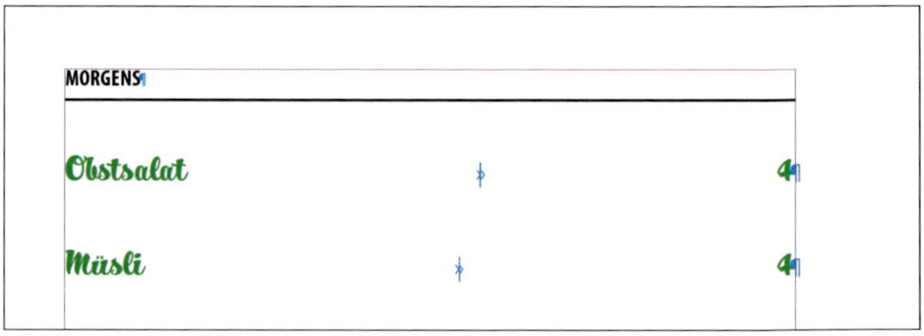

Abbildung 9.83 ▸ Im nächsten Schritt korrigieren wir die vertikalen Abstände zwischen den Einträgen.

8 Abstände korrigieren

Da wir die beiden Absatzformate »ihv-rubrik« und »ihv-rezept« auf Grundlage der ursprünglichen Absatzformate erstellt haben, wurden deren Vorgaben bei Abstand vor bzw. Abstand nach übernommen.

Klicken Sie in einen Rezepteintrag ❸, und verringern Sie die Werte im Eigenschaften-Bedienfeld im Abschnitt Absatz bei Abstand vor zu »0 mm« ❹ und bei Abstand nach zu »2 mm« ❺. Da wir hierdurch eine lokale Formatierung vorgenommen haben, zeigt InDesign uns dies mit dem bekannten Plus ❻ an.

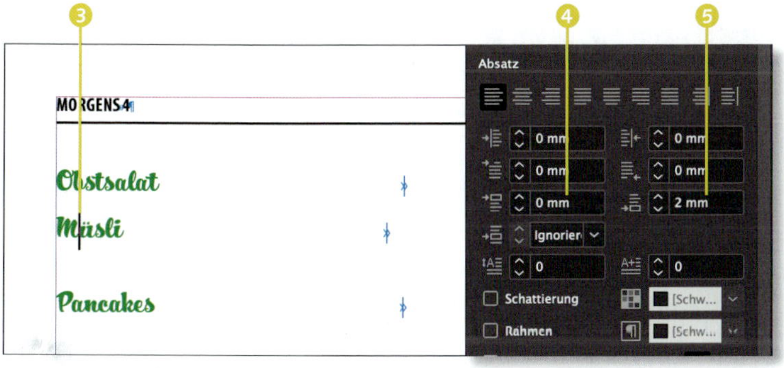

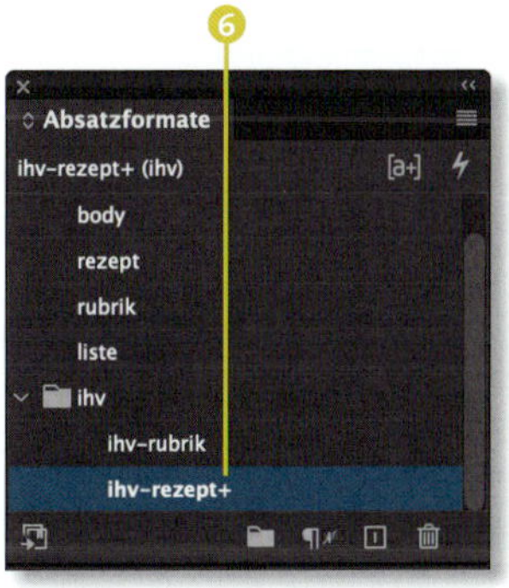

▼ **Abbildung 9.84**
Verringern Sie die Werte bei Abstand vor und Abstand nach.

Übernehmen Sie diese Änderung in das Absatzformat. Wählen Sie hierfür den Eintrag Format neu definieren im Kontextmenu oder im Menü des Absatzformate-Bedienfelds. Dadurch liegt keine lokale Formatierung mehr vor ❼, und das Inhaltsverzeichnis sollte wie folgt aussehen:

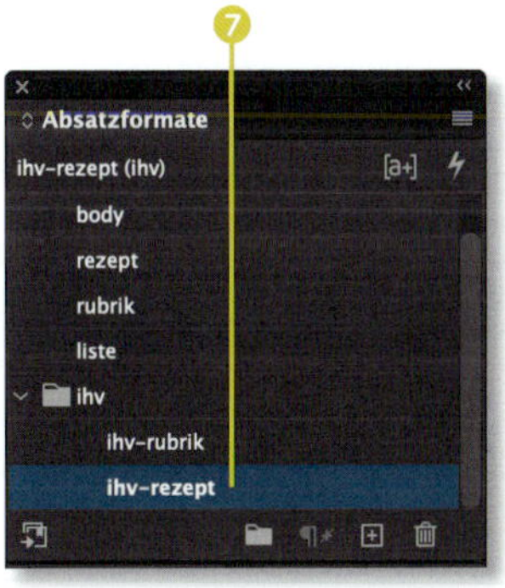

▲ **Abbildung 9.85**
Im nächsten Schritt korrigieren wir die vertikalen Abstände zwischen den Einträgen.

9 Tabulatorfüllzeichen einfügen

Wenn die Seitenzahlen im Inhaltsverzeichnis wie in unserem Fall mit einigem Abstand rechts der Einträge stehen, werden häufig Punkte verwendet, um Einträge und Seitenzahlen optisch zu verbinden. Die notwendige Einstellung hierfür wird nicht im Fenster Inhaltsverzeichnis, sondern im betreffenden Absatzformat vorgenommen. Öffnen Sie sich daher mit einem Doppelklick auf »ihv-rezept« oder über das Kontextmenü die entsprechenden Absatzformatoptionen.

Wählen Sie links den Bereich TABULATOREN ①. Für die Punkte, die zu der sogenannten Pagina, der Seitenzahl, hinführen, benötigen wir einen rechtsbündigen Tabulator. Klicken Sie hierfür den entsprechenden Button ② an. Mit einem Klick oberhalb des Lineals ④ legen Sie einen rechtsbündigen Tabulator an. Der genaue Stand dieses Tabulators ist in diesem Fall unerheblich, weil sich dieser aus dem Inhaltsverzeichnisformat ergibt. Im Eingabefeld FÜLLZEICHEN geben Sie einen Punkt ein. Weil ich die Punkte etwas offener haben möchte, füge ich hier auch noch ein Leerzeichen hinter dem Punkt ein ③. Bestätigen Sie anschließend diese Modifikationen.

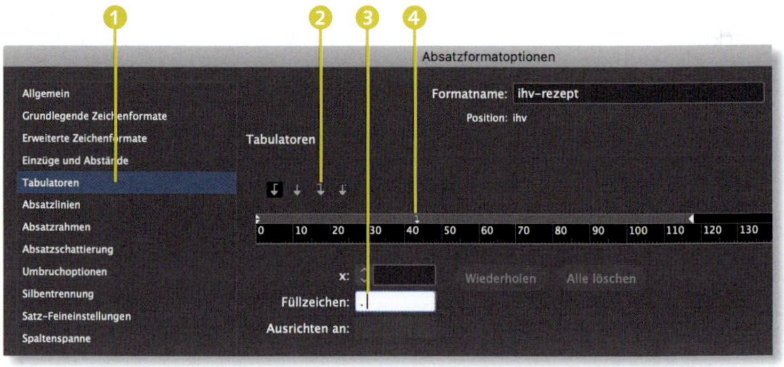

Abbildung 9.86 ►
Wir definieren im Absatzformat »ihv-rezept« einen rechtsbündigen Tabulator samt Füllzeichen.

Die Änderungen des Absatzformats »ihv-rezept« führen zu folgendem Ergebnis:

Abbildung 9.87 ►
Bei den großen Abständen von Rezepten zu den Seitenzahlen sind die Füllzeichen absolut notwendig.

10 Seitenzahlen formatieren

In Abbildung 9.72 sehen Sie, dass die Seitenzahlen kleiner und in Grau gesetzt sind. Um die Seitenzahlen im Inhaltsverzeichnis unabhängig vom Absatzformat zu formatieren, legen wir ein entsprechendes Zeichenformat an und weisen dieses den Seitenzahlen im Inhaltsverzeichnisformat zu.

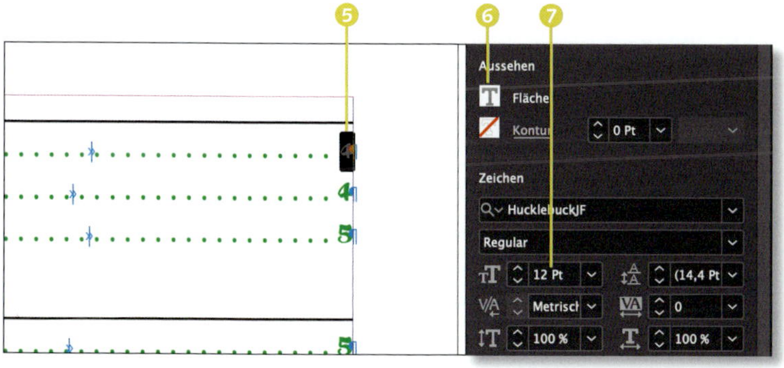

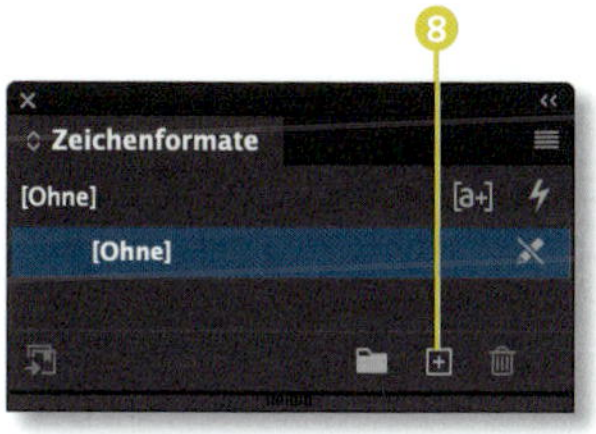

◀▲ **Abbildung 9.88**
Zur Formatierung der Paginas legen wir zunächst ein Zeichenformat an.

Markieren Sie hierfür eine der Seitenzahlen im Inhaltsverzeichnis ⑤, und ändern Sie über das EIGENSCHAFTEN-Bedienfeld die Schriftfarbe und die Schriftgröße. Als Schriftfarbe habe ich 50% SCHWARZ ⑥ gewählt, als Schriftgröße wähle ich »12 Pt« ⑦. Diese Formatierungen übernehmen wir nun in ein Zeichenformat. Öffnen Sie hierfür das betreffende Bedienfeld über FENSTER • FORMATE. Klicken Sie dann auf den Button NEUES FORMAT ERSTELLEN ⑧. Benennen Sie das neue Zeichenformat anschließend mit »ihv-pagina« (Abbildung 9.89).

Als letzter Schritt öffnen Sie über LAYOUT • INHALTSVERZEICHNIS die Optionen für das Inhaltsverzeichnis. Wählen Sie links das Absatzformat »rezept« ⑨ und als Zeichenformat für die Seitenzahl »ihv-pagina« ⑩. Das Ergebnis entspricht Abbildung 9.72.

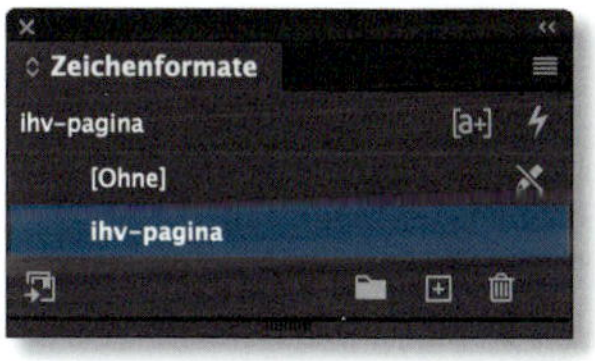

▲ **Abbildung 9.89**
Das Zeichenformat mit den Formatierungen aus Abbildung 10.88 ist erstellt.

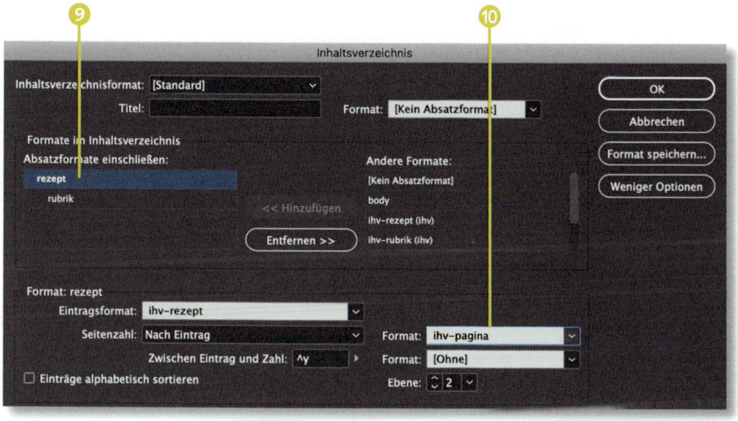

◀ **Abbildung 9.90**
Weisen Sie nun das Zeichenformat in den Inhaltsverzeichnisoptionen den Seitenzahlen des Absatzformats »rezept« zu.

9.12 Index

Indexe finden Sie wie Inhaltsverzeichnisse insbesondere in Sach- und Fachbüchern. Ein Index listet wichtige Begriffe und Personen samt der Seitenzahl oder den Seitenzahlen, auf denen die entsprechenden Einträge im Buch zu finden sind. Die Ordnung der Einträge ist praktisch ausnahmslos alphabetisch, und ein Index ist meist im hinteren Bereich eines Buches zu finden.

Das Anlegen eines Index erfolgt in InDesign in zwei Stufen: dem Zuweisen von Einträgen und dem Erstellen des Index. Wie bei Inhaltsverzeichnissen aktualisiert InDesign auch Indexe nicht automatisch – bei Änderungen bzgl. Seitenzahlen oder der Einträge müssen Sie einen Index erneut generieren.

Für das Anlegen und Verwalten von Indexen rufen Sie sich das INDEX-Bedienfeld über FENSTER • SCHRIFT UND TABELLEN auf:

Abbildung 9.91 ►
Noch sind weder Verweise noch Themen im Index hinterlegt.

Verweise ❶ machen den Großteil eines Index aus. Mittels Themen ❷ können Verweise gruppiert werden. In einem Kochbuch könnte ein Verweis »Basilikum« sein, das Thema, unter dem »Basilikum« (auch) zu finden ist, könnte »Gewürze« lauten. Eine derartige Zuordnung eines Verweises müssen Sie händisch vornehmen. Auf das genaue Vorgehen kommen wir später zurück.

Verweis hinzufügen

Um einen Text als Verweis einem Index hinzuzufügen, markieren Sie ihn ❹ und rufen über das Menü des INDEX-Bedienfelds die Funktion Neuer Seitenverweis auf ❸. Da Sie diesen Befehl sehr häufig aufrufen werden, benutzen Sie am besten hierfür von Beginn an den Tastaturbefehl Strg/⌘+7.

Der markierte Text wird automatisch in die erste Themenstufe geschrieben ❺ (auf Themen kommen wir später noch zu sprechen). Der voreingestellte Wert Aktuelle Seite bei Art dürfte in den allermeisten Fällen die korrekte Wahl sein ❻. Nun können Sie diesen einen Verweis mit Klicken auf den Hinzufügen-Button ❼ dem Index hinzufügen. Wählen Sie den Button Alle hinzufügen ❽, werden alle Vorkommen des Begriffs dem Index hinzugefügt. Diese Variante ist – abhängig vom Wort, das Sie gerade markiert haben – mit Bedacht zu wählen, weil Sie gegebenenfalls zu viele Textstellen im Index haben und diese im Nachgang wieder manuell löschen müssen.

Übersicht behalten

Bei eingeblendeten Zeichen und im Textmodus werden Indexeinträge gekennzeichnet.

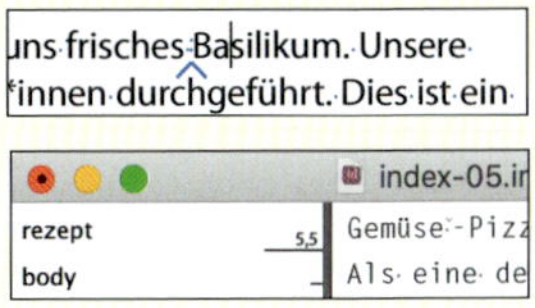

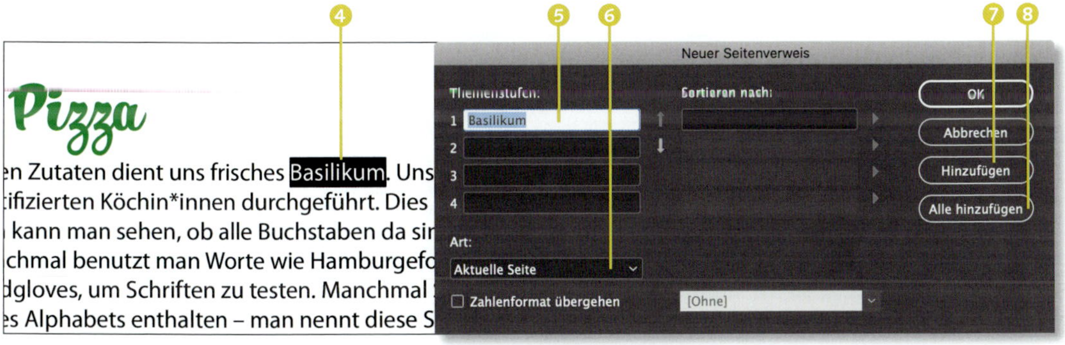

▲ **Abbildung 9.92**
Ein einfacher Seitenverweis ist zwar schnell erstellt, für das Erstellen eines umfangreichen Index müssen Sie jedoch Zeit einplanen.

Nachdem Sie das erste Wort einem Index hinzugefügt haben, erstellt InDesign eine alphabetische Liste im Index-Bedienfeld. Die Einträge darin können Sie an den Winkeln links ❾ immer weiter aufklappen, bis Sie die Seitenzahl des jeweiligen Indexeintrags sehen.

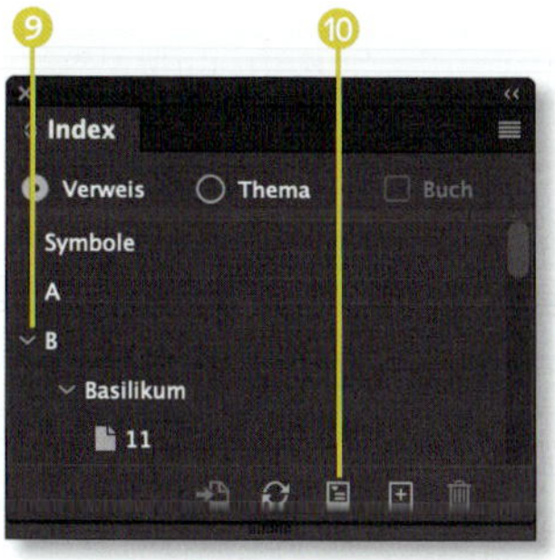

◀ **Abbildung 9.93**
Im Index-Bedienfeld können Sie genau nachvollziehen, was bisher im Index eingetragen wurde.

Index anlegen

Nachdem Sie die gewünschten Einträge in den Index aufgenommen haben, erstellen Sie mit einem Klick auf den Button INDEX GENERIEREN (⑩ in Abbildung 9.93) Ihren Index.

Zunächst wird das Fenster INDEX GENERIEREN eingeblendet, in dem Sie eine Reihe von Einstellungen vornehmen können. Diese betreffen Absatz- und Zeichenformate, die im Index angewendet werden sollen ① ③ ④, sowie die Eintragszeichen, die InDesign etwa zwischen Thema und Seitenzahl einfügen soll ②.

Doppelte Leerzeichen

In Abbildung 9.95 sehen Sie doppelte Leerzeichen zwischen Thema und Seitenzahl. Diese sind – obwohl nicht sichtbar – im Dialog INDEX GENERIEREN bei EINTRAGSTRENNZEICHEN • NACH DEM THEMA hinterlegt und können beliebig geändert werden.

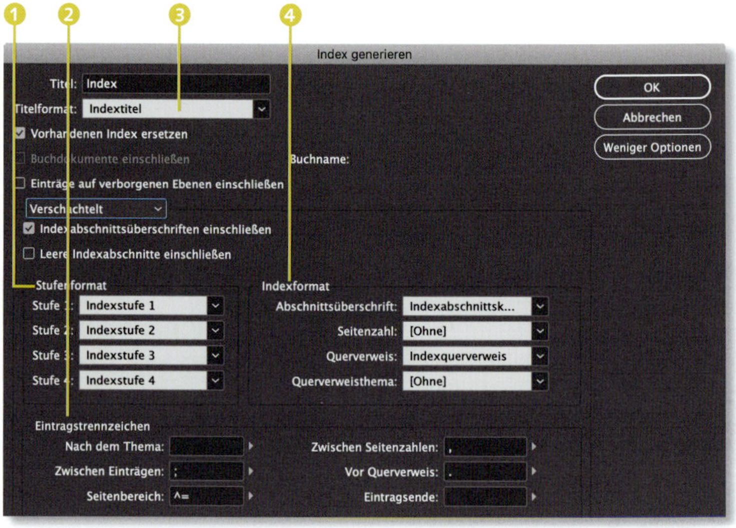

Abbildung 9.94 ▶
Wenn Sie die Begrifflichkeiten hier verstanden haben, ist es ganz logisch, was Sie hier einstellen können.

Da wir diese Einstellungen zu jedem späteren Zeitpunkt ändern können, belasse ich es bei den Voreinstellungen. Durch Drücken des OK-Buttons oben rechts wird der Index in den Textcursor geladen. Ich füge den Index in einen Textrahmen ein:

Abbildung 9.95 ▼
Nach dem Hinzufügen von Indexeinträgen ist das Anlegen eines Index schnell erledigt.

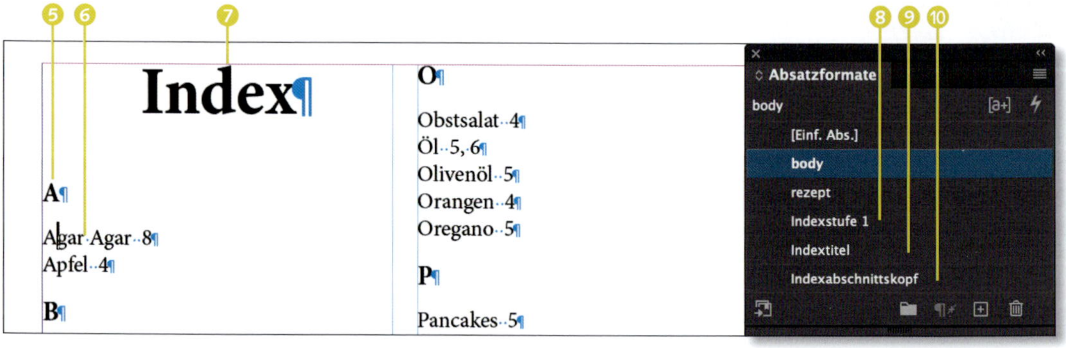

InDesign legt einen Index mit allen hinzugefügten Wörtern an. Falls Sie nicht im Vorfeld die Absatzformate für den Index erstellt und im Dialog Index generieren den verschiedenen Textarten zugeordnet haben (Abbildung 9.94), erstellt InDesign beim ersten Erstellen eines Index die nötigen Absatzformate:

- Hierbei formatiert das Absatzformat »Indextitel« ⑨ die Überschrift über dem Index ⑦.
- »Indexabschnittskopf« ⑩ formatiert die Überschriften der Einträge ⑤.
- »Indexstufe 1« ⑧ formatiert die Einträge selbst ⑥.

Wenn Sie Änderungen an diesen Absatzformaten vornehmen, werden diese wie gewohnt direkt im Index übernommen.

Themen erstellen und anwenden

Ich möchte nun beispielsweise die verschiedenen Obstsorten wie Apfel und Banane nicht nur unter den entsprechenden Buchstaben im Index sehen, sondern auch unter dem Begriff »Obst«. Das bedeutet, dass ich die jeweiligen Begriffe nochmals als Verweise anlege – dieses Mal unterhalb eines Themas.

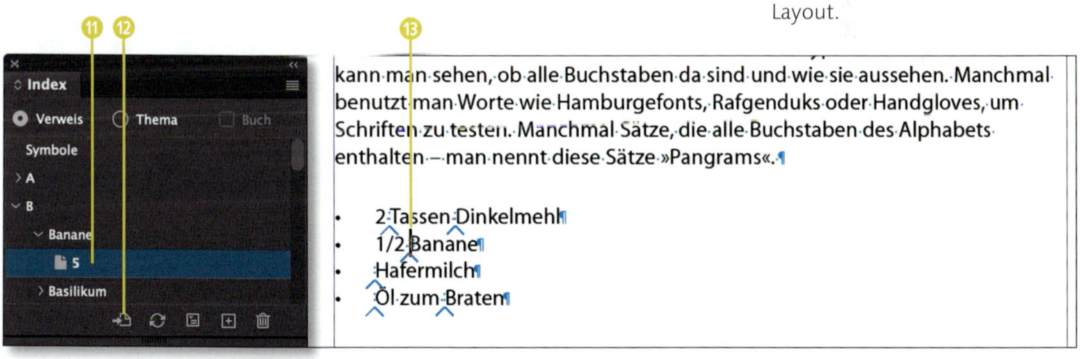

▼ Abbildung 9.96
Nach der Anwahl der Seite im Index-Bedienfeld springe ich über die Funktion Gehe zur ausgewählten Marke zur entsprechenden Stelle im Layout.

Im Index-Bedienfeld markiere ich den Eintrag, den ich ein weiteres Mal als Verweis hinterlegen möchte ⑪. Dann klicke ich auf den Button Gehe zur ausgewählten Marke ⑫. Daraufhin wird mir die entsprechende Textstelle im Layout angezeigt ⑬.

Nun wiederholen sich die Schritte zum Anlegen eines Verweises. Ich markiere das Wort »Banane« im Layout und rufe über [Strg]/[⌘]+[7] den Dialog Neuer Seitenverweis auf.

Das markierte Wort wird wie zuvor direkt in das Eingabefeld 1 ❶ geschrieben. Durch einen Klick auf den Nach-unten-Pfeil ❷ wird das aktive Wort auf eine Ebene weiter nach unten verschoben ❹. In das nun frei gewordene Eingabefeld schreibe ich das Thema »Obst« ❸, unter dem »Banane« im Index auch vorkommen soll.

Abbildung 9.97 ▸
Themen werden auch beim Anlegen von Verweisen angelegt.

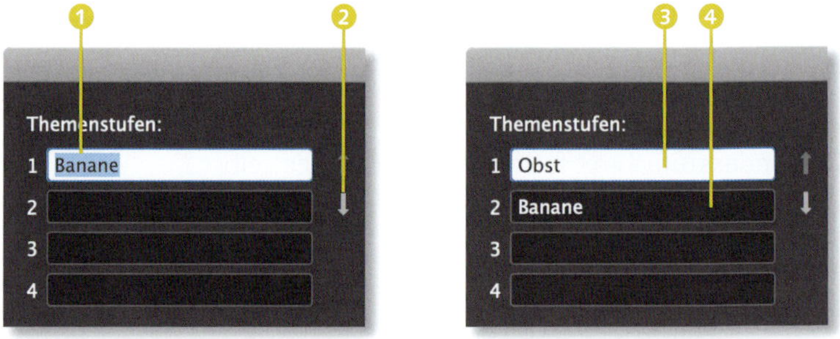

Den neuen Eintrag samt dem Thema lege ich durch Klicken auf den Button Hinzufügen an.

11 Index finalisieren

Danach muss ich den Index noch aktualisieren, dafür reicht ein Klick auf den Button Index generieren ❺. Es wird dann wieder der Dialog Index generieren eingeblendet, den ich wie zuvor einfach bestätige. Hierdurch wird ein vorhandener Index aktualisiert. Anschließend stehen die beiden Verweise im Index, einmal unter »B« ❻ und ein zweites Mal unter »O > Obst« ❼.

Abbildung 9.98 ▾
Ob ein Verweis einem Thema untergeordnet ist, können Sie im Index-Bedienfeld überprüfen.

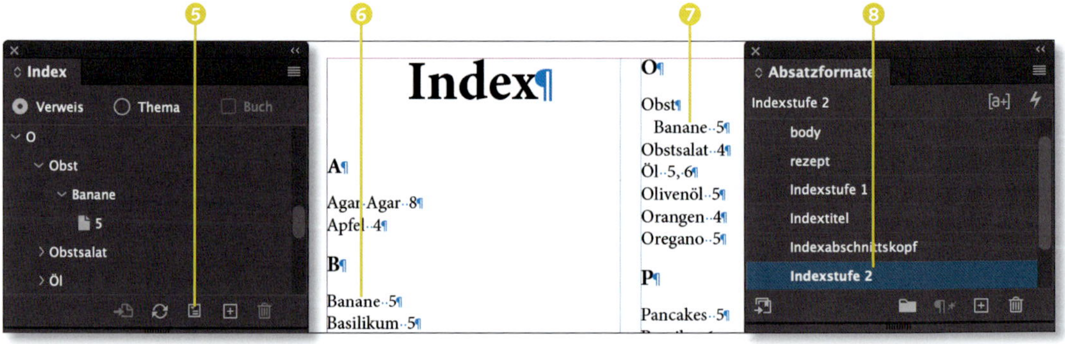

InDesign legt beim ersten Erstellen eines Themas automatisch auch das Absatzformat »Indexstufe 2« ❽ an. Hiermit können wir genau diese eingeordneten Verweise formatieren.

10

Digital Publishing

Neues Lesen – neue Designstrategien

- Was ist Digital Publishing?
- Welche Dateiformate werden dabei verwendet?
- Welche Besonderheiten gibt es zu beachten?
- Wie kann ich Layouts für verschiedene Geräte ausgeben?
- Wie kann ich meinen Layouts Interaktivität hinzufügen?

10 Digital Publishing

Amazon

Im August 2012 veröffentlichte Amazon eine Pressemitteilung: amazon.uk verkauft seither mehr Kindle- als gedruckte Bücher.

Neben der Ausgabe von Layouts für den Druck rückt die Veröffentlichung von Inhalten für digitale Endgeräte immer weiter in den Fokus der Mediengestalter. In diesem Kapitel werde ich Ihnen einen Überblick über grundlegende Konzepte zur Erstellung von Daten geben, die auf unterschiedlichen Geräten verfügbar sein sollen. Zum Abschluss lernen Sie noch diverse Möglichkeiten kennen, um PDFs mit Interaktivität zu versehen.

Mit der zunehmenden Verbreitung von Tablet-Geräten, auf denen Bücher und Magazine gelesen werden können, steht der Designer mit der Produktion von digitalen Daten neuen Herausforderungen und Möglichkeiten gegenüber. Für den digitalen Markt werden aus InDesign vor allem zwei Dateiarten erstellt: EPUB mit fließendem oder mit fixiertem Layout. Bei EPUB mit fließendem Layout passt sich der Inhalt dem Ausgabegerät an, er fließt sozusagen in den verfügbaren Platz. EPUB mit fixiertem Layout entsprechen eher PDFs, bei denen alles im Layout unverändert bleibt.

▼ Abbildung 10.1
Zwei unterschiedliche Medien für den digitalen Markt: ein fließendes E-Book im Kindle Previewer (links) und ein EPUB mit fixiertem Layout (rechts)

Amphibienfahrzeuge

Im Jahr 2004 wird die Wasser Marsch auf ihr zehnjähriges *Engagement* für Wasserfahrzeuge in Ruhrgebiet-Lippe zurückblicken. Was 1994 von „Überzeugungstätern" in Bochum als „Selbstversuch" begonnen wurde, hat sich 2004 in einer „strategischen Gesamtplanung Wasserfahrzeuge" manifestiert. Kernpunkt ist die *„Wasserfahrzeug"*, die „Wasser Marsch und lokaler Händler". Gemeinsam wollen es die lokalen Autohändler und die Wasser Marsch schaffen, dass 2010 rund 1.000 Wasserfahrzeuge im Versorgungsgebiet der Aquaplaning unterwegs sind.

Erste Erfolge

Und dies trotz der relativ kleinen Aquaplaning-Stammbelegschaft von 77 Personen mit kleinem Budget (75.000 EURO für 2003, 100.000 Euro für 2004 für den Bereich Wasserfahrzeuge) und kleiner bis mittlerer Größe der kooperierenden Händler. Die ersten Erfolge wurden mit einem speziell auf den relativ dünn besiedelten, ländlichen Versorgungsraum zugeschnittenen, dreistufigen Marketingkonzept realisiert. Durch die – auch formale – Einbindung der örtlichen Autohändler werden die Chancen für eine breitere Vermarktung von Wasserfahrzeugen erheblich steigen.

	1980	2000	2020 (geschätzt)
Autos	500	600	550
Fahrräder	150	200	250

INTERVIEW

Optimismus ist kein Luxus

„Innovation, umweltschonender Umgang mit Energie und die Suche nach neuen Anwendungsfeldern für unser Produkt Wasser, das sind gleich drei gute Gründe, sich für Wasser im Verkehr zu engagieren. Nach den ersten Henne-Ei-Diskussionen, wie man am besten anfängt, hat die Wasser Marsch mit dem eigenen Fuhrpark und einer kleinen Tankstelle auf dem Hof die Entwicklung gestartet.

DIESE ZEITSCHRIFT: **Hi Steve – schön, dass Du Dir Zeit für ein umfassenderes Interview nimmst! Die ersten Erfolge wurden mit einem speziell auf den relativ dünn besiedelten, ländlichen Versorgungsraum zugeschnittenen, dreistufigen Marketingkonzept realisiert. Durch die – auch formale – Einbindung der örtlichen Autohändler werden die Chancen für eine breitere Vermarktung von Wasserfahrzeugen erheblich steigen.**
STEVE: Und dies trotz der relativ kleinen Aquaplaning-Stammbelegschaft von 77 Personen mit kleinem Budget (75.000 EURO für 2003, 100.000 Euro für 2004 für den Bereich Wasserfahrzeuge) und kleiner bis mittlerer Größe der kooperierenden Autohändler.

DZ: **Die Wassermarsch GmbH mit Sitz in Bochum ist eine hundertprozentige Tochtergesellschaft der Vereinigten Kälte- und Wasserversorgung GmbH, und somit eingebunden in die Gelsenwasser-Gruppe.**
STEVE: Die Wasser Marsch ist heute Energiepartner für 13 Städte und Gemeinden in Ruhrgebiet und im angrenzenden Süd-Niedersachsen. Die Wasserabgabe über ein Rohrnetz von 1.273 km Länge betrug im Jahr 2000 insgesamt 1.697 Mio. kWh, davon an Haushalte 959 Mio. kWh (das sind 43.460 Haushalte), Industrie 304 Mio. kWh, Kureinrichtungen, Kliniken, öffentliche Einrichtungen 255 Mio. kWh, Handel und Gewerbe 179 Mio. kWh. Die Wasser Marsch ist heute Energiepartner für 13 Städte und Gemeinden in Ruhrgebiet. 1.273 km Länge betrug im Jahr 2000 insgesamt 1.697 Mio. kWh, davon an Haushalte 959 Mio. kWh (das sind 43.460 Haushalte), Industrie 304 Mio. kWh, Kureinrichtungen, Kliniken, öffentliche Einrichtungen 255 Mio. kWh, Handel und Gewerbe 179 Mio. kWh.

Die Wasser Marsch ist heute Energiepartner für 13 Städte

DZ: **Im Jahr 2004 wird die Wasser Marsch auf ihr zehnjähriges Engagement für Wasserfahrzeuge in Ruhrgebiet-Lippe zurückblicken. Was 1994 von „Überzeugungstätern" in Bochum als „Selbstversuch" begonnen wurde, hat sich 2004 in einer „strategischen Gesamtplanung Wasserfahrzeuge" manifestiert.**
STEVE: Die ersten Erfolge wurden mit einem speziell auf den relativ dünn besiedelten, ländlichen Versorgungsraum zugeschnittenen, dreistufigen Marketingkonzept realisiert.

DZ: **Durch die – auch formale – Einbindung der örtlichen Autohändler werden die Chancen.**
STEVE: Die Wassermarsch GmbH mit Sitz in Bochum ist eine hundertprozentige Tochtergesellschaft der Vereinigten Kälte- und Wasserversorgung GmbH, Rheda-Wiedenbrück, und somit eingebun-

In Ruhrgebiet und im angrenzenden Süd-Niedersachsen

10.1 EPUB mit fließendem Layout

Im Gegensatz zum EPUB mit fixiertem Layout ist das EPUB-Format (.epub) mit fließendem Layout eher mit einer Webseite als mit einem Print-Produkt zu vergleichen. Designer, die Erfahrungen im Webdesign gesammelt haben, werden hier viele Gestaltungsprinzipien wiederfinden – mitsamt den Einschränkungen und Möglichkeiten einfacher Webseiten. Von daher ist ein grundlegendes Verständnis der beiden Webtechnologien HTML und CSS für das Erstellen und die Bearbeitung von EPUB-Daten von großem Vorteil. Denn obwohl Adobe mit der Veröffentlichung von InDesign viel dafür getan hat, dass der Export von InDesign-Daten in das EPUB-Format kaum noch eine Nachbearbeitung der HTML- und CSS-Daten benötigt, müssen Sie immer noch mit einem gewissen Arbeitsaufwand rechnen, nachdem Sie ein EPUB aus InDesign erstellt haben.

Wie bei Webseiten ist auch beim Veröffentlichen von umfließenden EPUBs weder die genaue Darstellungsgröße, -auflösung noch die Software bekannt, mit der der Anwender die erstellte Datei ansehen wird, da E-Books auf diversen Endgeräten dargestellt werden. Hinzu kommt, dass der Betrachter auf den verschiedenen Lesegeräten die Möglichkeit hat, das Aussehen eines Textes etwa durch die Veränderung der Darstellungsgröße oder der Schriftart selbst zu ändern ❶. Dieser Umstand muss beim Erstellen von Daten, die als EPUB ausgegeben werden sollen, von Anfang an berücksichtigt werden. Letztlich betrachtet der User ein E-Book auf seinem Gerät mit einer browserähnlichen Software, die bloß rudimentäre Darstellungsmöglichkeiten bietet.

Wann welches Format?
Sollen lange, lineare Texte mit wenig Abbildungen veröffentlicht werden, bietet sich das umfließende EPUB-Format an. Soll der Anwender nur geringen Einfluss auf die Darstellung des Layouts haben, sollte das EPUB mit fixiertem Layout gewählt werden. Darüber hinaus müssen Sie auch die jeweiligen Gegebenheiten des gewünschten Endgerätes berücksichtigen.

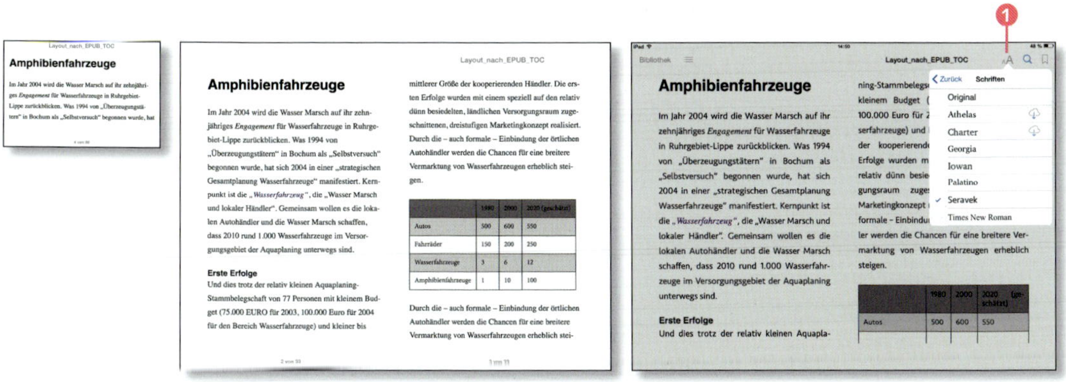

▼ **Abbildung 10.2**
Dasselbe E-Book auf iPhone und iPad in verschiedenen Schriftarten und -größen

Eine Datei für EPUB anlegen

Obwohl das Ausgabeformat, in dem das EPUB später gelesen werden wird, unbekannt und variabel ist, erwartet InDesign die Anlage einer konkreten Seitengröße, weil InDesign keine Daten darstellen kann, die sich mit der Veränderung der Dokumentfenstergröße ändern (im Gegensatz zu Webeditoren wie etwa Dreamweaver). Wenn Sie DATEI • NEU • DOKUMENT wählen und im Dialogfenster NEUES DOKUMENT als Zielmedium MOBIL ❷ auswählen, ändern sich die Einheiten zu px, als SEITENFORMAT habe ich das Preset IPHONE 8/7/6 ❶ angewählt.

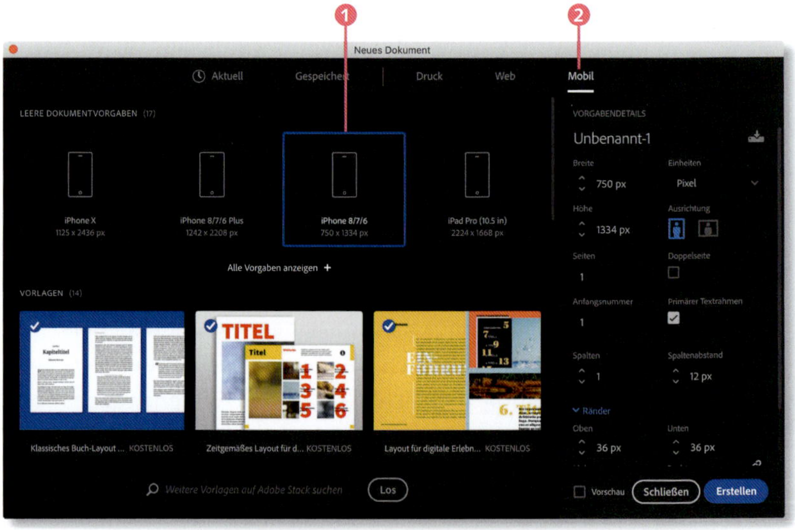

Abbildung 10.3 ▸
EPUB/HTML-Daten kennen im Wortsinn kein Seitenformat, in InDesign müssen Sie dennoch eines definieren.

Print oder EPUB?

Da sich die jeweiligen Vorgaben für Print bzw. EPUB doch in wesentlichen Bereichen unterscheiden, dürfte es in den meisten Fällen einfacher sein, neue InDesign-Dokumente für den EPUB-Export zu erstellen, als bestehende Print-Layouts für die EPUB-Ausgabe anzupassen.

Gängige Gestaltungselemente wie etwa Mehrspaltigkeit brauchen Sie in einem Layout, das als EPUB ausgegeben werden soll, nicht in Betracht zu ziehen. Dasselbe gilt für Gestaltungselemente auf Mustervorlagen, da diese beim EPUB-Export nicht automatisch berücksichtigt werden. Genauso verhält es sich mit statischen Seitenzahlen: Diese brauchen Sie für E-Books nicht anzulegen, da der Umbruch und damit der Seitenumfang u.a. von der Bildschirmgröße, der im Reader gewählten Schrift und von der Entscheidung des Anwenders abhängt, ob er das E-Book horizontal oder vertikal liest. Somit empfiehlt es sich aufgrund der vielen Einschränkungen bei der Gestaltung von E-Books, eher weniger Gestaltungselemente einzusetzen.

HTML und CSS

Absatz- und Zeichenformate spielen bei der Gestaltung von EPUBs weniger zur Definition einer konkreten Typografie eine Rolle als vielmehr zur sauberen Zuweisung von sogenannten Tags. Diese werden in HTML verwendet, um Texten eine bestimmte Gestaltung zuzuweisen. Die konkrete Formatierung wiederum ist in einer CSS-Datei hinterlegt, auf die die HTML-Dateien verweisen. Somit sind Inhalt (HTML) und Formatierung (CSS) strikt voneinander getrennt.

Durch diese Trennung wird zweierlei erreicht. Erstens wird der Code der HTML-Dateien übersichtlicher (und kürzer und damit kleiner), weil die konkreten Angaben, wie etwa die Definition der Schriftart, -größe und des Zeilenabstands, in die CSS-Datei ausgelagert werden. Zweitens werden die Verwaltung und gegebenenfalls eine Änderung des Aussehens von HTML Daten durch die Bündelung in einer CSS-Datei deutlich vereinfacht. Soll beispielsweise die Schriftart für eine große Anzahl HTML-Seiten eines EPUBs oder einer Website geändert werden, muss dies eben nicht in jeder einzelnen HTML-Datei umgesetzt werden. Es muss nur noch die eine CSS-Datei modifiziert werden, von der alle HTML-Dateien ihre Gestaltung beziehen.

Cascading Style Sheets

bedeutet so viel wie »sich vererbende Formatangaben«. Dieses Prinzip kennen Sie von den Absatzformaten: Sie können Absatzformate mit der Option ALLGEMEIN • BASIERT AUF aufeinander aufbauen lassen. Nicht weiter geänderte Absatzformatierungen werden dadurch auf das »Kind«-Absatzformat weitervererbt.

Weitere Editoren

Wenn Sie häufiger E-Books erstellen, empfiehlt es sich, dass Sie sich mit weiteren Programmen beschäftigen, mit denen Sie die von InDesign exportierten HTML- und CSS-Daten weiterbearbeiten können: *Calibre* und *Kindle Previewer*. Beide stehen für Windows und Macintosh zum kostenlosen Download bereit. Mit Calibre können Sie die verschiedenen Dateien eines EPUBs, ähnlich wie mit einem WYSIWYG-Web-Entwicklungstool wie Adobe Dreamweaver, nachbearbeiten. Der Kindle Previewer von Amazon kann die erstellten EPUBs für verschiedene Kindle-Versionen auf dem Rechner simulieren. Neben diesen beiden sind noch zwei weitere Programme eine Erwähnung wert: zum einen *Adobe Digital Editions* und *Books* (nur Mac) für die Anzeige von EPUBs. Auch diese beiden Hilfsprogramme können Sie sich kostenfrei aus dem Internet herunterladen. Für Fortgeschrittene sind noch *Atom* und *BBEdit* (nur Mac) einen Blick wert.

Updates

Wie schnell die Entwicklung im Bereich des Digital Publishing vonstattengeht, erkennen Sie auch an den kurzen Upgradezyklen der diversen Programme, die dabei zum Einsatz kommen.

Die Datei finden Sie unter dem Namen »layout-nach-EPUB.epub«.

Zur Verdeutlichung, wie HTML und CSS zusammenarbeiten, öffnen Sie die Datei »layout-nach-EPUB.epub« mit dem Programm Calibre (*https://calibre-ebook.com/*). Um das Innenleben der EPUB-Datei zu sehen, klicken Sie auf die Schaltfläche BUCH BEARBEITEN. Im linken Bereich, dem Dateibrowser, werden Ihnen die verschiedenen Dateien, die zu diesem E-Book gehören, in einer Übersicht angezeigt.

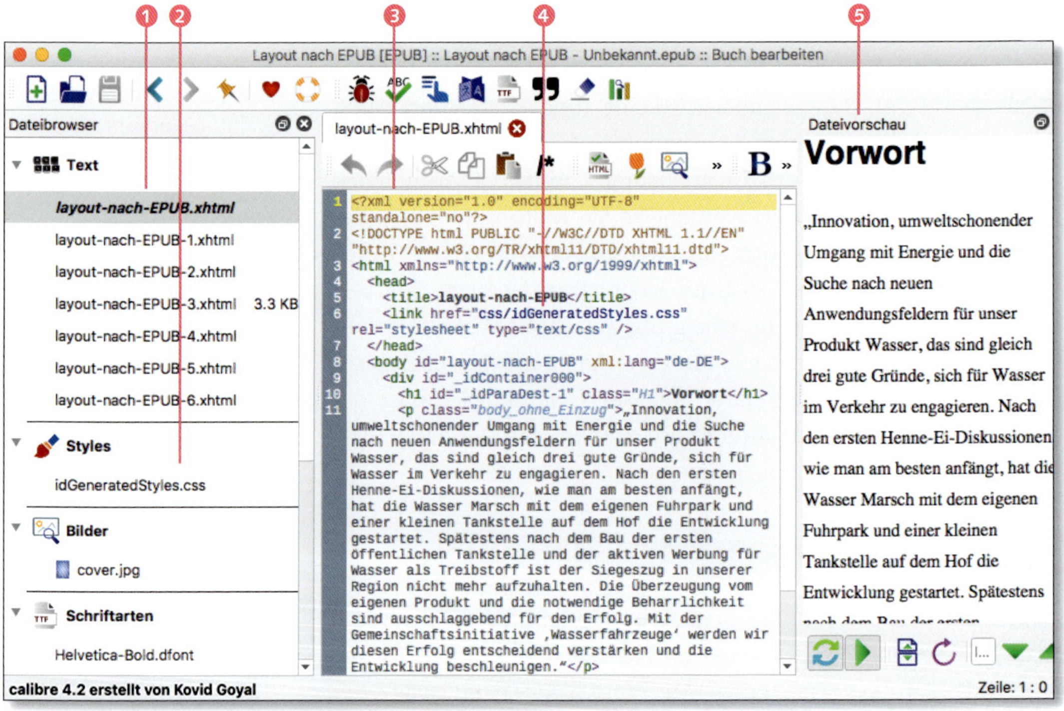

▲ Abbildung 10.4
Mit dem Gratisprogramm Calibre können Sie EPUB-Dateien analysieren und bei Bedarf korrigieren.

Doppelklicken Sie auf die erste Datei »layout-nach-EPUB.xhtml« ❶ im Bereich TEXT. Diese Datei wird Ihnen nun in der Codeansicht ❸ und gleichzeitig in einer Vorschau ❺, ähnlich einem E-Book-Reader, angezeigt. Wenn Sie sich die Verzeichnisstruktur genauer ansehen, finden Sie neben den von InDesign generierten XHTML-Daten auch die CSS-Datei »idGeneratedStyles.css« ❷ im Bereich STYLES. Den Verweis von der .xhtml-Datei auf das Style-Sheet finden Sie in Zeile 6 im Quellcode ❹.

Die Struktur der .xhtml-Datei wird über sogenannte Tags (engl. »tag« für »markieren«) realisiert. Diese werden von Calibre in Grün dargestellt: html, head, body, div, h1, p usw. Die Tags werden hauptsächlich paarweise angewendet: in einer öffnenden `<beliebigesTag>` und einer schließenden Version `</beliebigesTag>`. Dabei wird zwischen Block- und Inline-Elementen unterschieden. Block-Elemente formatieren absatzweise und entsprechen damit den InDesign-Absatzformaten. Sollen innerhalb von Absätzen einzelne Textpassagen anders formatiert werden, kommen hingegen Inline-Elemente zum Einsatz, die somit den Zeichenformaten in InDesign entsprechen.

Block- und Inline-Elemente

Da Block-Elemente immer absatzweise eingesetzt werden müssen, können sie keine weiteren Block-Elemente enthalten. Inline-Elemente können hingegen ineinander verschachtelt werden. Detaillierte Beschreibungen zu (Web-)HTML finden Sie unter *selfhtml.org*.

Der Tagsexport

Für EPUB-HTML steht dem Designer eine Liste von sieben Standard-HTML-Tags zur Kennzeichnung von Block-Elementen/Absätzen zur Verfügung. Diese sieben Standard-Tags finden Sie in InDesign im Bereich TAGSEXPORT innerhalb der ABSATZFORMATOPTIONEN eines beliebigen Absatzformats.

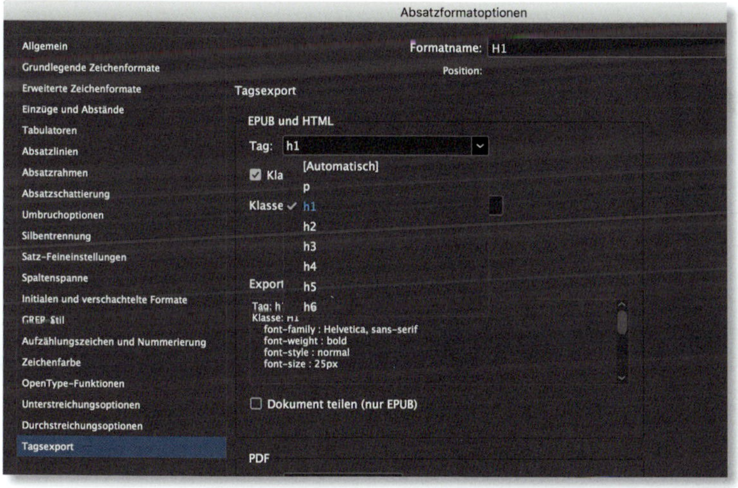

◂ **Abbildung 10.5**
Sieben Standard-Tags stehen zur Weitergabe an HTML-Dateien zur Verfügung.

Die Logik hinter diesen Tags: »p« steht für das englische »paragraph«, also »Absatz«. Die Angaben »h1« bis »h6« stehen für sechs Größen von Überschriften, engl. »heads«. Dabei ist »h1« das größte und damit wichtigste Überschriftenformat, das zur Verfügung steht. Diese HTML-Tags sind festgelegt.

Analog zu den Block-Elementen lassen sich aus InDesign drei Standard-Tags für Inline-Elemente über die Zeichenformatoptionen zuweisen.

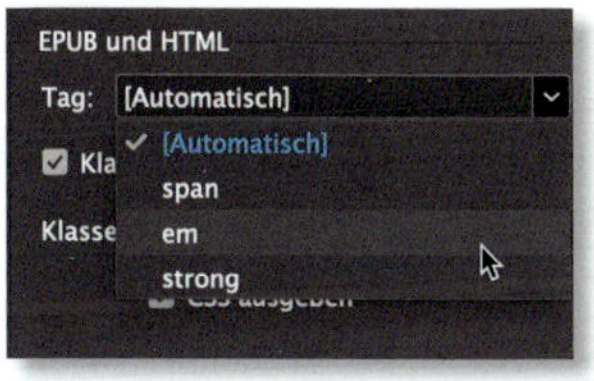

▴ **Abbildung 10.6**
Bei den Inline-Elementen stehen drei Tags zur Auswahl.

Der Klassen-Export

Keine Sonderzeichen

Absatz- und Zeichenformatnamen sollten weder Umlaute noch Leerzeichen enthalten. Diese können beim Generieren von CSS-Daten zu unschönen, schlecht lesbaren Namensvarianten führen.

Sobald Sie beispielsweise für Fließtexte mehr als zwei Absatzformate verwenden, reicht hierfür nicht mehr das reine p-Tag, um beide in einer HTML-Datei zu kennzeichnen. Hierfür benötigen Sie Klassen, welche die p-Tags weiter differenzieren können.

Wenn Sie z.B. mit den beiden Absatzformaten »body_ohne_Einzug« und »body_mit_Einzug« arbeiten, erhalten beide in den Absatzformatoptionen im Bereich TAGSEXPORT das Tag p zugewiesen. Das bedeutet, dass InDesign beim HTML-Export alle Absätze mit öffnenden und schließenden p-Tags einrahmt. Außerdem versieht InDesign die jeweiligen Absätze automatisch mit Klassennamen, die dem Formatnamen entsprechen, Sie können aber bei KLASSE auch explizit eigene Namen vergeben. Verwenden Sie bei der Benennung von Absatz- und Zeichenformaten nur Buchstaben und Unterstriche; auf Umlaute und Leerzeichen sollten Sie verzichten.

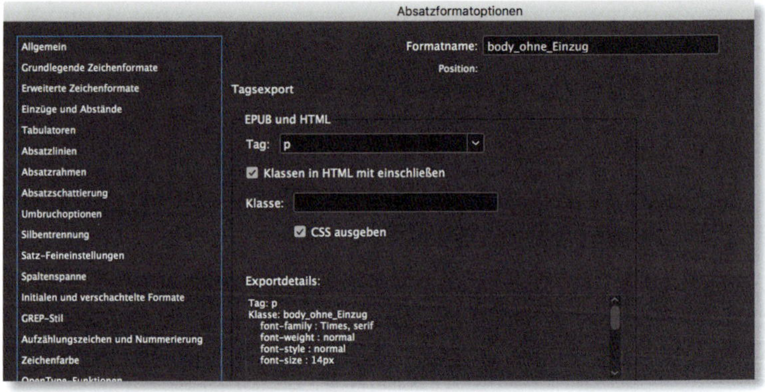

Abbildung 10.7 ▸
Wenn Sie keine Klassennamen vergeben, verwendet InDesign den Formatnamen.

In der Codeansicht von Calibre sieht der automatisch von InDesign getaggte und exportierte Code folgendermaßen aus:

```
      <h1 id="_idParaDest-1" class="H1">Vorwort</h1>
      <p class="body_ohne_Einzug">„Innovation,
umweltschonender Umgang mit Energie und die Suche
nach neuen Anwendungsfeldern für unser Produkt
Wasser, das sind gleich drei gute Gründe, sich für
Wasser im Verkehr zu engagieren. Nach den ersten
Henne-Ei-Diskussionen, wie man am besten anfängt,
hat die Wasser Marsch mit dem eigenen Fuhrpark und
einer kleinen Tankstelle auf dem Hof die Entwicklung
gestartet.“</p>
    </div>
```

Abbildung 10.8 ▸
Hier können Sie die Tag-Paare von h1 und p gut erkennen.

In den Menüs der beiden Bedienfelder ABSATZFORMATE und ZEICHENFORMATE finden Sie den Eintrag ALLE EXPORTTAGS BEARBEITEN. Er zeigt in einer Übersicht die vorgenommenen Tag-Zuordnungen aller InDesign-Formate an. Hier können auch neue Zuweisungen vorgenommen und bestehende bearbeitet werden. Außerdem sehen Sie hier in der Spalte CSS AUSGEBEN ❶, ob das betreffende Format in die CSS-Datei aufgenommen wird.

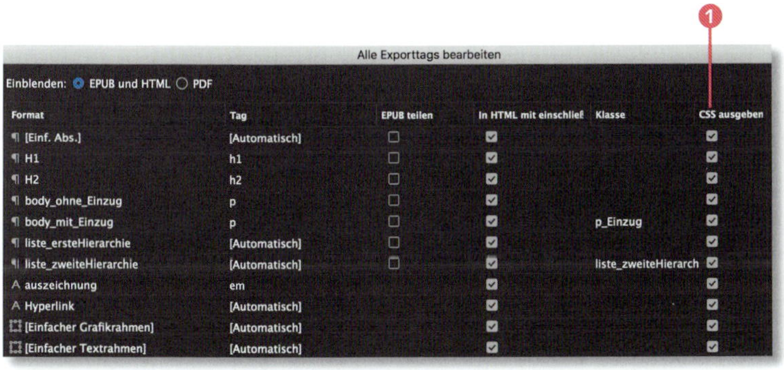
Alle Exporttags bearbeiten

Einblenden: ◉ EPUB und HTML ○ PDF

Format	Tag	EPUB teilen	In HTML mit einschließ	Klasse	CSS ausgeben
¶ [Einf. Abs.]	[Automatisch]	☐	☑		☑
¶ H1	h1	☐	☑		☑
¶ H2	h2	☐	☑		☑
¶ body_ohne_Einzug	p	☐	☑		☑
¶ body_mit_Einzug	p	☐	☑	p_Einzug	☑
¶ liste_ersteHierarchie	[Automatisch]	☐	☑		☑
¶ liste_zweiteHierarchie	[Automatisch]	☐	☑	liste_zweiteHierarch	☑
A auszeichnung	em		☑		☑
A Hyperlink	[Automatisch]		☑		☑
[Einfacher Grafikrahmen]	[Automatisch]		☑		☑
[Einfacher Textrahmen]	[Automatisch]		☑		☑

◂ **Abbildung 10.9**
ALLE EXPORTTAGS BEARBEITEN bietet eine Übersicht über alle Absatz- und Zeichenformate und deren Tag-Zuordnungen.

CSS ausgeben

Diese Option regelt nur, ob die generierte CSS-Datei bestimmte Stildefinitionen enthält. Die Tags werden in jedem Fall in die XHTML-Datei geschrieben.

Diese Einstellungen können Sie am Dokument »layout-nach-EPUB.indd« aus dem Beispielmaterial nachvollziehen.

Bilder in EPUBs

Nachdem wir uns bisher mit Text beschäftigt haben, sehen wir uns nun an, was es bei Bildern bezüglich EPUBs zu beachten gilt.

Um sich die Anforderungen an Bilder in E-Books zu vergegenwärtigen: E-Books sind im Grunde beliebig lange Webseiten, bei denen jedes Element vom Schriftzeichen bis zum Bild eine im Dokumentfluss eindeutige Position hat. Versuchen Sie sich vorzustellen, dass jedes Element des Layouts im E-Book wie auf einer Perlenschnur aufgereiht ist. Bei zusammenhängenden, langen Texten stellt das weder an das Layout noch an die HTML-Datei besondere Anforderungen. In dem Moment, in dem Bilder oder erläuternde Texte, die nicht im Fließtext stehen, hinzukommen, müssen derartigen Elementen im Layout – oder besser: im Textfluss – eindeutige Positionen zugewiesen werden.

Die Datei »layout-nach-EPUB.indd« finden Sie im Beispielmaterial.

Um das Vorgehen von InDesign zu verstehen, wenn ein Layout als EPUB exportiert wird, das nicht optimiert wurde, sehen wir uns folgendes einseitiges Layout an, das für die Print-Ausgabe gestaltet wurde. Links sehen Sie das Layout in InDesign, rechts die Datei als EPUB exportiert und im E-Book-Viewer von Calibre geöffnet.

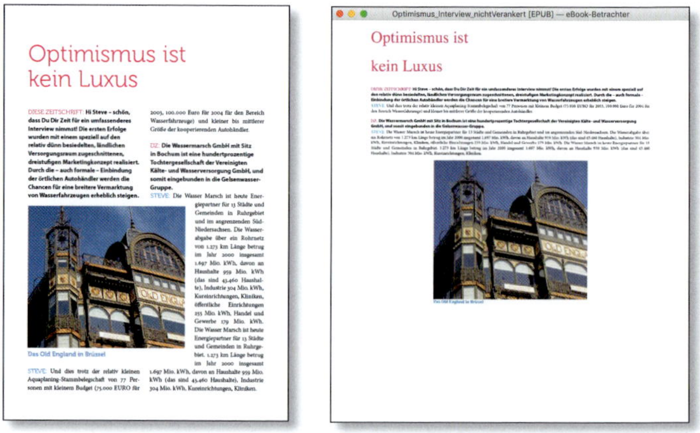

Abbildung 10.10 ▸
Wird das Layout (links) nicht für den EPUB-Export optimiert, stellt InDesign alle Bilder ans Ende des E-Books.

InDesign liest ein Layout von links oben nach unten und arbeitet sich dann weiter nach rechts vor. Dass in dem gezeigten Beispiel das Bild ans Ende des E-Books gestellt wurde, liegt daran, dass der gesamte Text ein zusammenhängender, verketteter Text ist und von InDesign als ein Objekt erfasst wird. Da das Bild nach dem Text das zweite Objekt ist, wird es erst nach dem gesamten Text im E-Book eingebunden.

Verankerte Objekte

Sollen im Text verankerte Objekte bearbeitet oder aus der Verankerung gelöst werden, rufen Sie den entsprechenden Befehl über Objekt • Verankertes Objekt oder über das Kontextmenü auf.

Objekte im Text verankern

Damit die Bilder auch im E-Book weiter an den richtigen Textstellen stehen, werden sie im Text verankert. Ziehen Sie hierfür das kleine Quadrat an der oberen Objektbegrenzung ❶ mit dem Auswahlwerkzeug an die gewünschte Textstelle im Layout ❷.

Abbildung 10.11 ▸
Zum Verankern von einzelnen Objekten oder Gruppen ziehen Sie das Quadrat an die gewünschte Textstelle.

Damit die Bildlegenden auch im E-Book weiter bei den Bildern stehen, können Sie Bild und Bildlegende mit dem Auswahlwerkzeug bei gedrückter [⇧]-Taste markieren und über OBJEKT • GRUPPIEREN zu einer Objektgruppe zusammenfügen. Eine solche Gruppe können Sie wie einzelne Objekte im Text verankern, woraufhin sie im E-Book dann auch an der gewünschten Stelle im Textfluss erscheint.

Darstellung

Die Darstellung von EPUB-Daten in Software wie Calibre, Adobe Digital Editions oder iBooks lässt nur bedingt Rückschlüsse auf das Aussehen des E-Books auf konkreten Ausgabegeräten zu. Testen Sie möglichst auf realen Endgeräten.

◂ **Abbildung 10.12**
Durch die Verankerung im Textfluss steht das Bild samt Bildlegende jetzt immer an der richtigen Stelle.

Übrigens ist das Verankern von Objekten keine Funktion, die auf das Erstellen von E-Books beschränkt ist. Vor allem bei langen Dokumenten wie Büchern, bei denen weiterführende kürzere Texte, die sogenannten Marginalien, bestimmten Textstellen zugeordnet sind, kommen verankerte Objekte zum Einsatz, damit diese mit dem Fließtext bei einer Umbruchänderung stets an der passenden Stelle stehen bleiben.

Nun gilt es zu definieren, wie sich Bilder bei verschiedenen Ausgabegrößen verhalten sollen: Sollen sie eine vom Ausgabegerät unabhängige absolute, unveränderliche Größe beibehalten, oder sollen sie sich an die Ausgabegröße anpassen?

Objektexportoptionen

Grundsätzliche Einstellungen, wie InDesign mit Bildern beim Export Ihrer Datei in eine EPUB-Datei verfährt, regeln Sie mit Hilfe der EPUB-Exporteinstellungen, die sich bei der Ausgabe automatisch einblenden. Wenn Sie einzelne Bilder oder auch Textrahmen individuell für den Export optimieren möchten, markieren Sie das entsprechende Objekt im Layout und rufen über OBJEKT •

Objektexportoptionen oder über das Kontextmenü den entsprechenden Dialog auf. Am oberen Rand haben Sie die Wahl zwischen drei Bereichen.

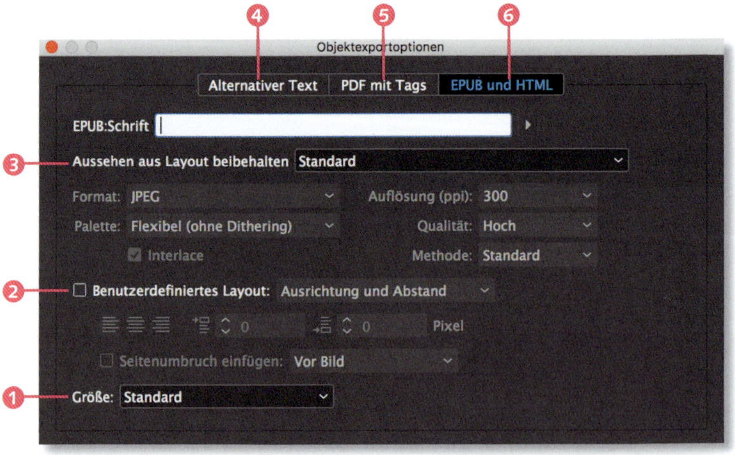

Abbildung 10.13 ▸
In den Objektexportoptionen können Sie definieren, wie einzelne Abbildungen exportiert werden sollen.

Für uns wird hier vor allem der in Abbildung 10.13 gezeigte Bereich EPUB und HTML ❻ am interessantesten sein. Die beiden Rubriken Alternativer Text ❹ und PDF mit Tags ❺ sind für den Export einer Datei für das Internet oder eben als PDF vorgesehen: Für barrierefreie Dokumente ist hier die Möglichkeit vorgesehen, im Bereich Alternativer Text etwa Bilder mit erklärenden Textinfos zu versehen, die z. B. von Screenreadern Usern mit eingeschränktem Sehvermögen vorgelesen werden können. Dies ist auch im Webdesign eine gängige Praxis. Im Bereich PDF mit Tags können Sie Elemente mit Tags – ähnlich den HTML-Tags für den EPUB-Export – versehen. Ein PDF, das so getaggt wurde, verfügt dann über weitere Informationen bezüglich seiner Struktur, was die Verwendbarkeit des PDFs erhöht.

Ist EPUB und HTML angewählt, wird eine ganze Reihe von Optionen eingeblendet, die bestimmen, wie InDesign das aktivierte Objekt beim Export ins EPUB-Format behandeln soll. Wenn Sie im Bereich Aussehen aus Layout beibehalten ❸ eine andere Option als Standard wählen, haben Sie Zugriff auf weitere Exportoptionen des markierten Bild- oder Textrahmens. Wenn Sie einen Text, wie etwa eine besonders gestaltete Zwischenüberschrift, rastern möchten, weil das EPUB etwa Ihre verwendete Schrift nicht unterstützt, sollten Sie hierbei bedenken, dass gerasterte Texte im E-Book-Reader nicht mehr zu markieren sind und auch nicht mehr neu umbrechen.

Bei Benutzerdefiniertes Layout ❷ können Sie mit drei Buttons und zwei Eingabefeldern einstellen, wie das markierte Objekt im Textfluss des E-Books erscheinen soll. Die Buttons sind von den Satzarten der Absatzformatierungsoptionen bekannt, hier bestimmen sie jedoch die Ausrichtung eines Objekts bezüglich des Bildschirmrands eines E-Book-Readers. In den beiden danebenstehenden Eingabefeldern kann der Abstand in Pixeln vor und nach dem Bild zum umgebenden Text eingestellt werden. Mit der Option Seitenumbruch einfügen kann im Pulldown-Menü zwischen drei Varianten gewählt werden. Hier legen Sie fest, dass ein Bild immer oben als Erstes (Vor Bild), als Letztes (Nach Bild) oder allein (Vor und nach Bild), also ohne Text auf einer E-Book-Seite, stehen wird.

Unter Grösse ❶ können Sie aus mehreren Optionen wählen, folgende beiden möchte ich beispielhaft erläutern: Wird Fester Wert aktiviert, exportiert InDesign das aktivierte Bild in der Größe, in der es im Layout platziert ist. Mit Relativ zum Textfluss wird das Bild im E-Book später auf dem Ausgabegerät entsprechend der prozentualen Breite zur Seitenbreite des InDesign-Dokuments dynamisch angepasst. Nimmt also ein Bild im Layout ein Drittel der Seitenbreite ein, wird dieses Bild auch auf den verschiedenen Lesegeräten immer ein Drittel der jeweiligen Bildschirmbreite einnehmen.

Objektformatoptionen

Die Exportoptionen, die Sie für einzelne Bilder festlegen können, finden Sie auch in den Objektformatoptionen. Wenn Sie also immer wieder dieselben Einstellungen vornehmen möchten, verwenden Sie besser Objektformate.

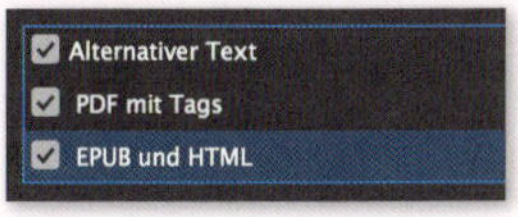

Das Artikel-Bedienfeld

Print-Layouts leben häufig von der freien Positionierung von Bildern und Texten auf dem Format. Dazu werden meist unverkettete Textrahmen eingesetzt. Da InDesign in solchen Fällen keinen linearen Text mehr vor sich hat, der über mehrere Textrahmen läuft, sieht das Layout nach dem EPUB-Layout noch »zerschossener« aus als im gezeigten Beispiel (siehe Abbildung 10.10). Um die einzeln auf der Seite verteilten Texte beim EPUB-Export dennoch in eine Reihenfolge zu bringen, geht InDesign nach der weiter oben genannten Regel vor, beginnt oben links, das Layout nach unten zu scannen, und arbeitet sich dann immer weiter nach rechts vor. Mit dem Artikel-Bedienfeld können Sie hier gegensteuern

Am folgenden Beispiel können Sie nachvollziehen, wie InDesign vorgeht, um aus einzelnen Texten einen zusammenhängenden Text fürs EPUB-Format herzustellen. Links ist das ursprüngliche Print-Layout mit verschiedenen nicht verketteten Textrahmen zu sehen, rechts ist das Layout nach dem EPUB-Export in Calibre geöffnet worden. Hier ist die Reihenfolge nun durch den Export als EPUB komplett vertauscht worden: Erst kommt der Interviewtext, dann der Vorlauftext, und erst ganz zum Schluss ist die Headline zu sehen.

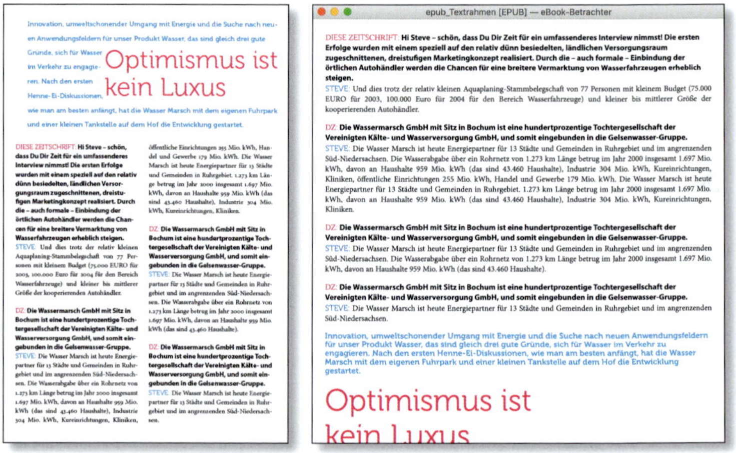

Abbildung 10.14 ▸
Bei Layouts mit freierer Gestaltung wird ohne entsprechende Vorarbeit ein ziemlich chaotisches EPUB generiert.

Um gar nicht erst solche chaotischen EPUBs zu exportieren, die dann noch beispielsweise in Calibre aufwendig nachbearbeitet werden müssten, hat Adobe das Artikel-Bedienfeld eingeführt. Sie rufen es wie gewohnt über Fenster auf. Entsprechend dem Bedienfeldnamen erstellen Sie hier einzelne »Artikel« und können diesen einfach über Drag & Drop neue Elemente wie Textrahmen, Abbildungen und Objektgruppen hinzufügen. Außerdem können Sie in diesem Bedienfeld nicht nur die Reihenfolge der Elemente, die zu einem Artikel gehören, sondern auch die Reihenfolge der Artikel untereinander festlegen.

Artikel erstellen

Schauen wir uns den Einsatz des Artikel-Bedienfeldes am eben gezeigten Beispiel an. Wie von anderen Bedienfeldern bekannt, sorgt ein Klick auf den Button mit dem Plus-Kästchen ❷ für ein neues Element des entsprechenden Bedienfeldes: Hier wird somit ein neuer Artikel angelegt. Anschließend werden Sie in einem kleinen Dialogfenster aufgefordert, einen Namen für den neuen Artikel einzugeben. Dieser erscheint dann als Listeneintrag im Bedienfeld. Sollen nun dem Artikel neue Elemente hinzugefügt werden, markieren Sie zuerst das betreffende Objekt und klicken dann auf den Plus-Button ❶.

Die Reihenfolge der Artikelelemente und der Artikel selbst sortieren Sie einfach durch Ziehen der Bezeichnungen im Artikel-Bedienfeld um.

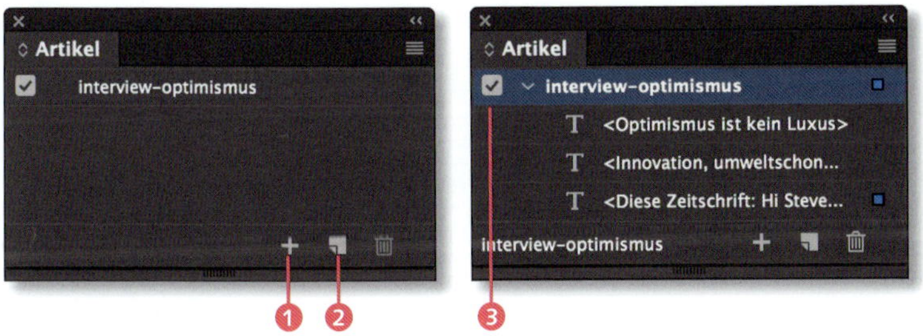

◂ **Abbildung 10.15**
Mit dem Artikel-Bedienfeld lässt sich die Reihenfolge von Texten und Bildern beim EPUB-Export steuern.

Damit die Reihenfolge im Artikel-Bedienfeld beim Export von InDesign berücksichtigt wird, muss die entsprechende Option in den EPUB-Exportoptionen explizit aktiviert werden. Darauf kommen wir gleich noch einmal zu sprechen.

Objekte vom EPUB-Export ausschließen

Mit dem Artikel-Bedienfeld bestimmen Sie nicht nur, in welcher Reihenfolge bestimmte Objekte in ein EPUB aufgenommen werden, sondern auch, welche Textrahmen, Bilder und sonstige Gestaltungselemente überhaupt in das EPUB exportiert werden. Objekte, die Sie nicht als Teil eines Artikels definiert haben, werden mit der entsprechend deaktivierten Option im EPUB-Dialog von InDesign auch nicht berücksichtigt. Das ist z. B. bei Schmuckelementen sinnvoll. Ebenso können einzelne Artikel komplett mit einem Klick auf die Checkbox Artikel berücksichtigen ❸ vom Export ausgeschlossen bzw. wieder für den Export markiert werden.

Diese Funktion betrifft grundsätzlich vollständige Artikel; einzelne Bilder oder Gestaltungselemente, die Teil eines Artikels sind, können im Artikel-Bedienfeld nicht individuell markiert bzw. demarkiert werden.

Der EPUB-Export

Ist eine InDesign-Datei für den Export als EPUB-Datei vorbereitet, wird über DATEI • EXPORTIEREN der schon bekannte Export-Dialog aufgerufen. Hier wählen Sie als Format EPUB (UMFLIESSBAR) ❶.

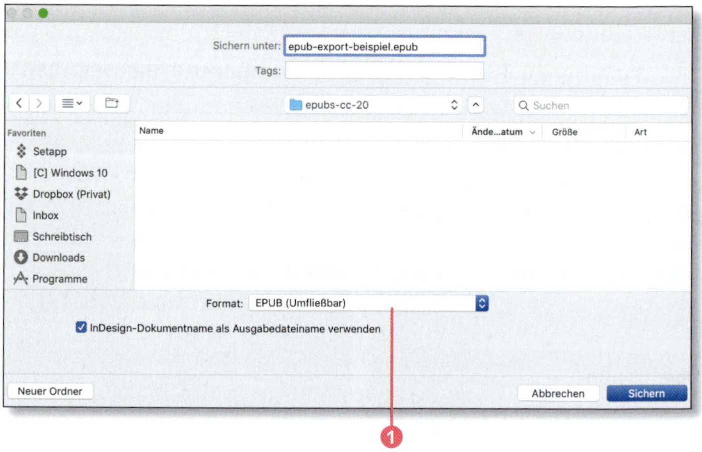

Abbildung 10.16 ▸
EPUBs können direkt aus InDesign heraus exportiert werden.

Daraufhin blenden sich die EPUB-EXPORTOPTIONEN ein. Dort lassen sich in mehreren Bereichen weitere Einstellungen vornehmen. Die wichtigsten stelle ich Ihnen vor.

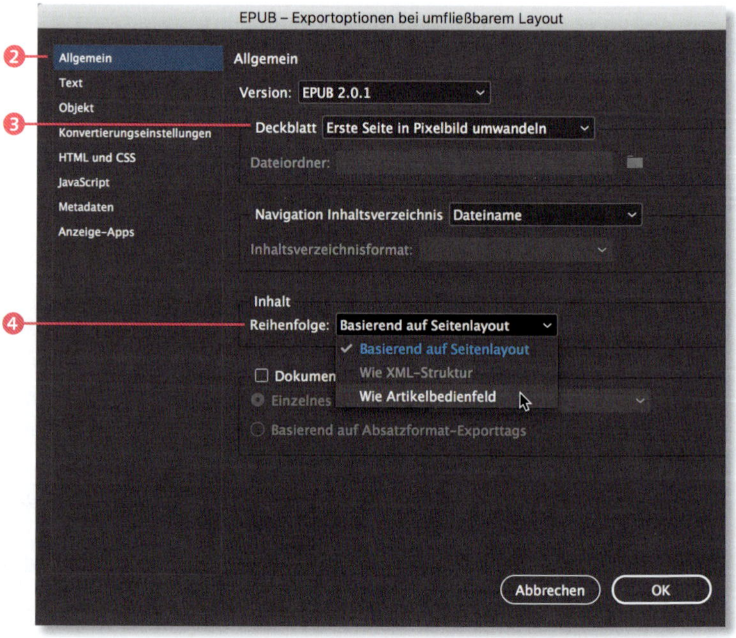

Abbildung 10.17 ▸
In den EPUB-EXPORTOPTIONEN lassen sich weitreichende Einstellungen vornehmen.

Im Bereich ALLGEMEIN ❷ kann unter DECKBLATT ❸ eine von drei Optionen gewählt werden. Mit Deckblatt ist das Titelbild eines E-Books gemeint, das im E-Book-Reader zu sehen sein wird. Meist wird sicher die dritte Option, BILD AUSWÄHLEN, gewählt werden. Als Bildformate bieten sich hier etwa .png und .jpg an. Sollen Artikel und die darin definierte Abfolge von Inhalten beim EPUB-Export berücksichtigt werden, wird unter REIHENFOLGE ❹ die Option WIE ARTIKELBEDIENFELD aktiviert.

Im Bereich TEXT ❺ können Sie angeben, ob harte Zeilenumbrüche entfernt werden sollen. Die beiden vorgestellten Optionen im Bereich LISTEN brauchen Sie in der Regel nicht zu ändern.

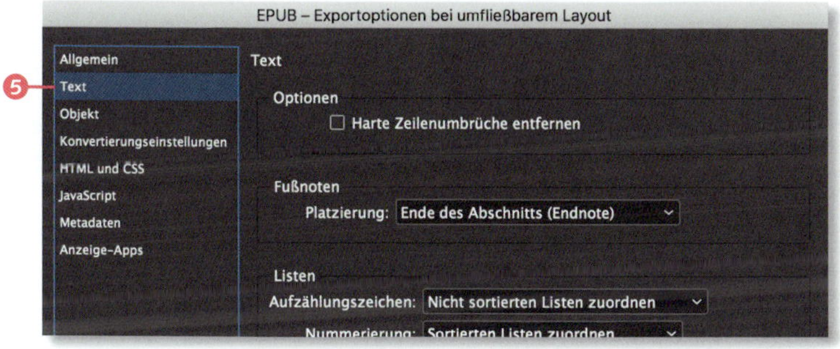

◂ **Abbildung 10.18**
Wie InDesign etwa mit harten Zeilenumbrüchen oder Listen verfahren soll, regeln Sie im Bereich TEXT.

Die Einstellungen im Bereich OBJEKT ❻ kennen Sie schon von den Objektexportoptionen. Die Einstellungen hier betreffen alle Objekte eines Dokuments, für die Sie keine individuellen Vorgaben hinterlegt haben. Mit einem Klick können Sie diese für den Export auch übergehen ❼.

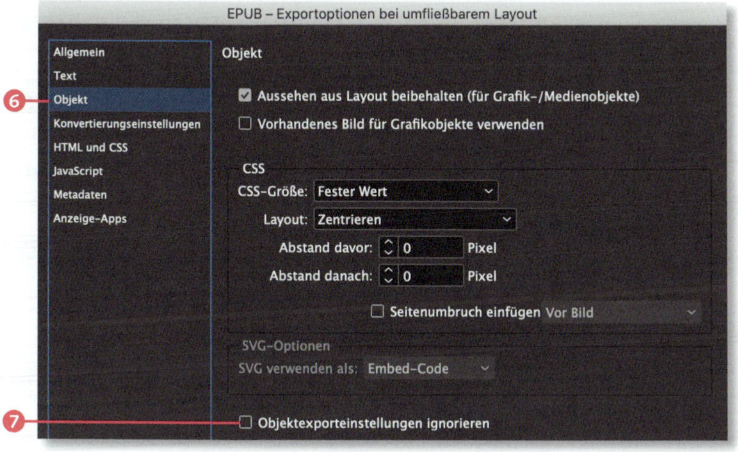

◂ **Abbildung 10.19**
Justieren Sie im Bereich OBJEKT z. B. die Abstände vor und nach Objekten.

Im Bereich KONVERTIERUNGSEINSTELLUNGEN ❶ stellen Sie die gewünschten Werte für gerasterte Objekte ein.

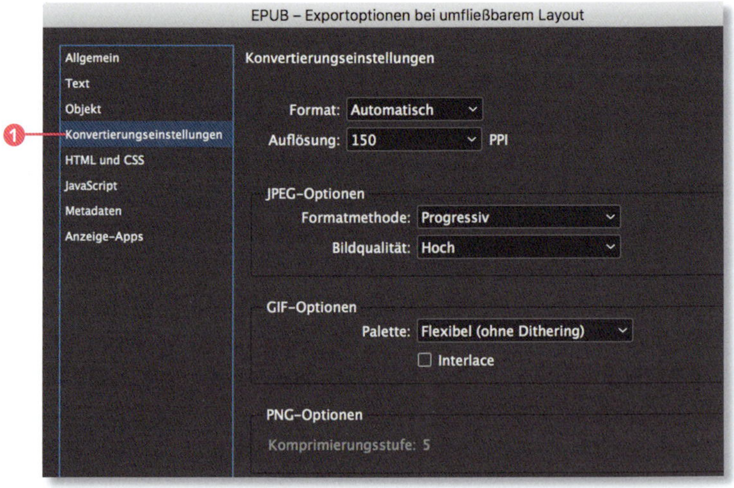

Abbildung 10.20 ▸
Hier können Sie einstellen, wie InDesign Bilder beim Export berechnen soll.

Grundlegende Einstellungen zum Generieren von CSS-Daten nehmen Sie im entsprechenden Bereich ❷ vor. Wenn Sie LOKALE ABWEICHUNGEN BEIBEHALTEN ❸ aktiviert lassen, schreibt InDesign eine ganze Reihe von Formatierungsanweisungen in die CSS-Datei, um die jeweilige Formatierung möglichst genau in CSS nachzubilden. Dadurch kann der CSS-Code gegebenenfalls sehr lang und unübersichtlich werden. Versuchen Sie also, ohne diese Option zurechtzukommen.

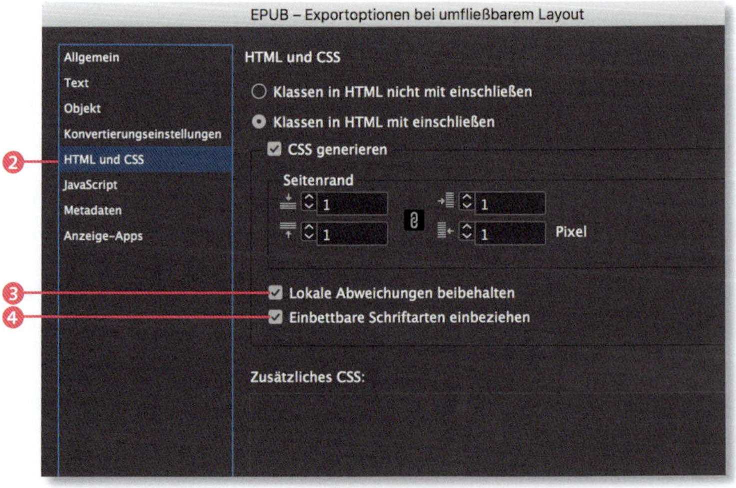

Abbildung 10.21 ▸
Grundlegende Einstellungen bezüglich CSS können Sie auch ändern.

Hier muss letztlich aber auch der Workflow darüber entscheiden, was an dieser Stelle sinnvoll ist. Durch die Option EINBETTBARE SCHRIFTARTEN EINBEZIEHEN ❹ werden die verwendeten Schriften in die EPUB-Datei kopiert. Ob sich eine Schrift überhaupt einbetten lässt, hängt von der Schrift selbst und möglicherweise auch von Ihrer Schriftlizenz ab. Und: Selbst wenn Sie eine Schrift in das EPUB eingebettet haben, bedeutet dies noch nicht, dass sie auf dem Endgerät vom Nutzer auch verwendet wird. Diese Punkte sollten Sie im Vorfeld klären.

Zusammenfassend lässt sich feststellen, dass im EPUB-Bereich – ähnlich wie beim Webdesign und im Unterschied zum Print-Bereich – aufgrund der vielen Unwägbarkeiten sehr viel getestet werden muss.

EPUB = ZIP

Eine EPUB-Datei ist im Prinzip ein ZIP-komprimiertes Verzeichnis, das weitere Unterverzeichnisse haben kann. Diese Verzeichnisstruktur sehen Sie im Dateibrowser links im Bearbeiten-Modus von Calibre.

10.2 EPUB mit fixiertem Layout

Der jüngste Zugang in der Familie der Digital-Publishing-Formate ist eine EPUB-Datei, die ein definiertes Layout beibehält. Bei der Gestaltung sind Sie, anders als beim umfließenden EPUB, kaum gestalterischen Einschränkungen unterworfen. Ein solches EPUB lässt sich derzeit allerdings nur mit Apples Software *Books* und wenigen weiteren Programmen lesen. So unterstützt Amazons Kindle dieses Format nicht. Klären Sie also auch hier vor Projektbeginn, für welche Hard- und Software Ihre Publikation verfügbar sein soll.

Verwenden Sie für ein EPUB mit fixiertem Layout nur Schriften im TrueType- oder OpenType-Format, PostScript-Schriften werden nicht mit exportiert.

EPUB 3.0

Geräte, die EPUBs mit fixem Layout darstellen sollen, müssen den Standard EPUB 3.0 unterstützen.

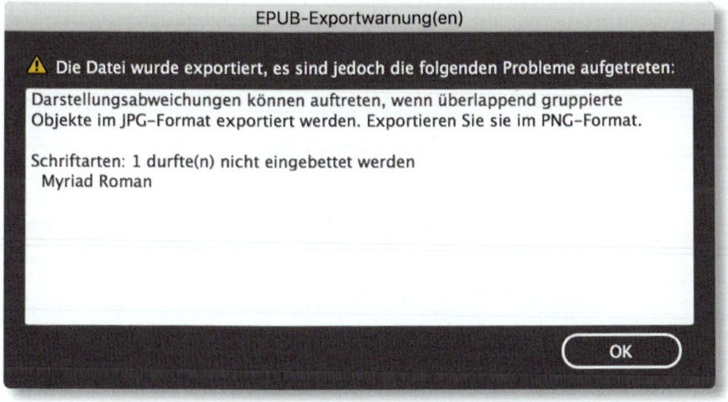

◀ **Abbildung 10.22**
Der im Layout verwendete PostScript-Font Myriad Roman wird nicht eingebettet

Übrigens entsprechen Typekit-Fonts nicht nur den technischen, sondern auch den lizenzrechtlichen Anforderungen.

Der EPUB-Export

Um ein Layout nun als EPUB mit fixiertem Layout zu exportieren, wählen Sie im EXPORTIEREN-Dialog das entsprechende Dateiformat ❶.

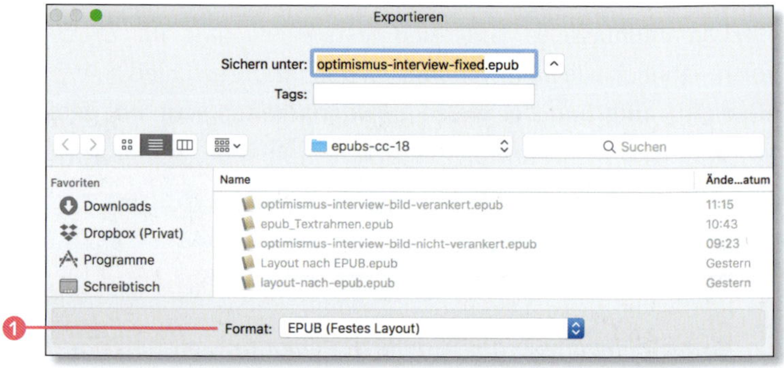

Abbildung 10.23 ▸
Im EXPORTIEREN-Dialog finden Sie unter FORMAT den gewünschten Eintrag.

Die meisten Einstellungen, die Sie nun ändern können, sind Ihnen vom Export von EPUB mit fließendem Layout bekannt.

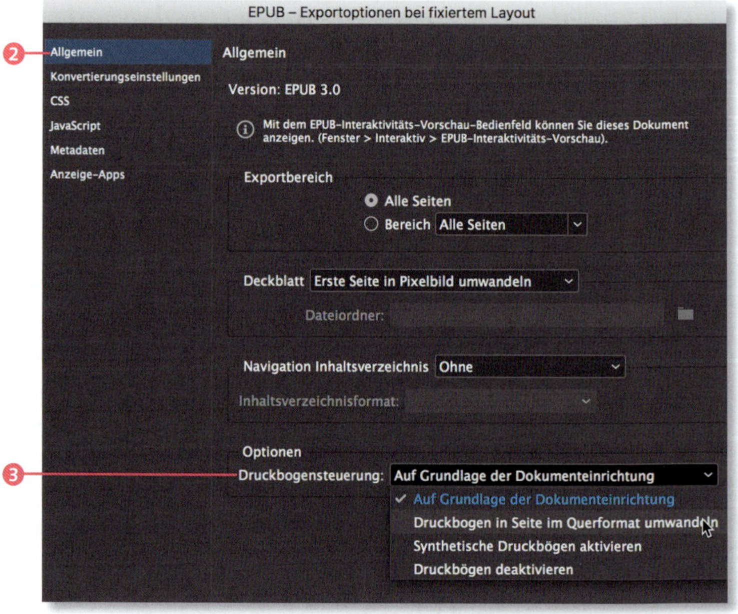

Abbildung 10.24 ▸
Unter ALLGEMEIN können Sie definieren, wie Druckbögen im EPUB mit fixiertem Layout dargestellt werden sollen.

Wenn Sie ein doppelseitiges Layout als EPUB mit fixiertem Layout exportieren möchten, können Sie im Bereich ALLGEMEIN ❷ über die DRUCKBOGENSTEUERUNG ❸ regeln, ob nebeneinanderliegende Seiten wie Doppelseiten etwa in eine Seite im Querformat umgewandelt werden sollen.

Im Bereich ANZEIGE-APPS ❹ können Sie einstellen, in welchem Programm InDesign Ihnen das neu erstellte EPUB mit fixiertem Layout anzeigen soll. Ich habe neben Calibre noch Adobe Digital Editions und Books hinzugefügt, um diese bei Bedarf zu aktivieren.

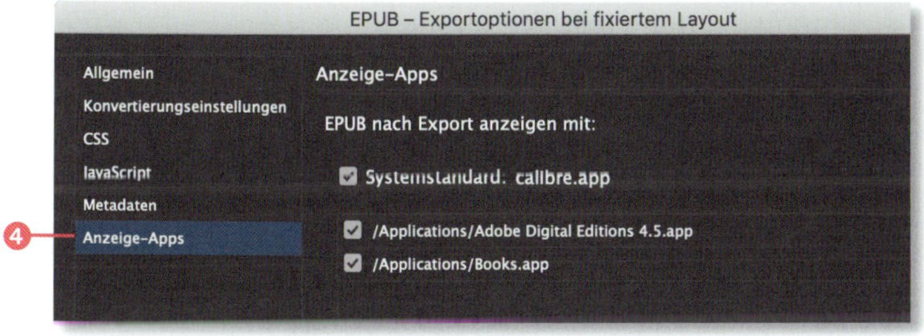

◄ **Abbildung 10.25**
Sie können weitere Programme zur Anzeige eines neuen EPUBs angeben.

Sie sehen, dass Sie für ein EPUB mit fixiertem Layout weniger bedenken müssen als bei der Ausgabe in ein EPUB mit fließendem Layout. Prinzipiell ändert sich der Workflow im Vergleich zum Print-Bereich kaum, bedenken Sie nur die eingangs erwähnten Einschränkungen bezüglich der Schriften und Ausgabeprogramme bzw. -geräte.

10.3 Interaktive PDFs

Auf den nächsten Seiten möchte ich Ihnen noch eine Reihe von Tipps im Umgang mit interaktiven PDFs geben. PDFs haben wir bisher als Ausgabeformat für den Druck behandelt. Es gibt darüber hinaus die Möglichkeit, PDFs z. B. mit klickbaren Lesezeichen oder Buttons zu versehen, durch deren Betätigung bestimmte Aktionen ausgelöst werden: etwa die Navigation im Dokument oder die Verlinkung zu einer E-Mail-Adresse oder einer Webadresse. Da Sie erst beim Export entscheiden müssen, welche Features Ihres Layouts in das neue PDF geschrieben werden, können Sie also dasselbe Layout einmal als Druck-PDF und einmal als interaktives

PDF ausgeben. Wählen Sie für die Ausgabe Adobe PDF (Interaktiv) ❶, um alle interaktiven Elemente, die Sie als Gestalter angelegt haben, im PDF auszugeben.

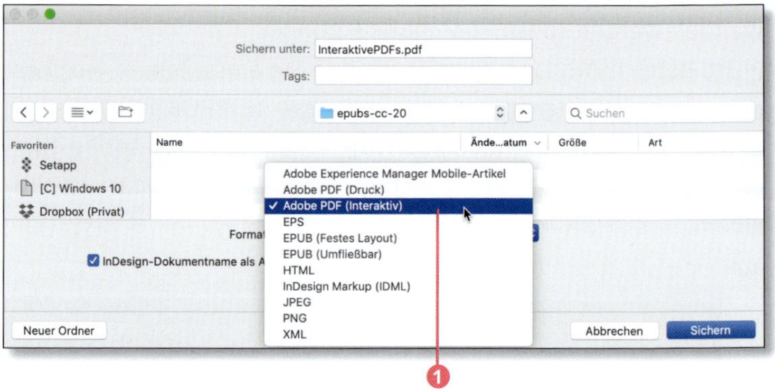

Abbildung 10.26 ▸
Wählen Sie für die Ausgabe von interaktiven PDFs das entsprechende Format.

Wie Sie zwei besonders praktische Funktionen, die die Benutzerfreundlichkeit Ihres interaktiven PDFs besonders erhöhen, bei der PDF-Ausgabe generieren, schauen wir uns nun an.

Lesezeichen, Links und Inhaltsverzeichnisse

Während Lesezeichen und Inhaltsverzeichnisse der Navigation innerhalb eines interaktiven PDFs dienen, können Sie durch verlinkten Text auf Webseiten oder Mailadressen verweisen. Diese Maßnahmen erhöhen die Benutzerfreundlichkeit entscheidend.

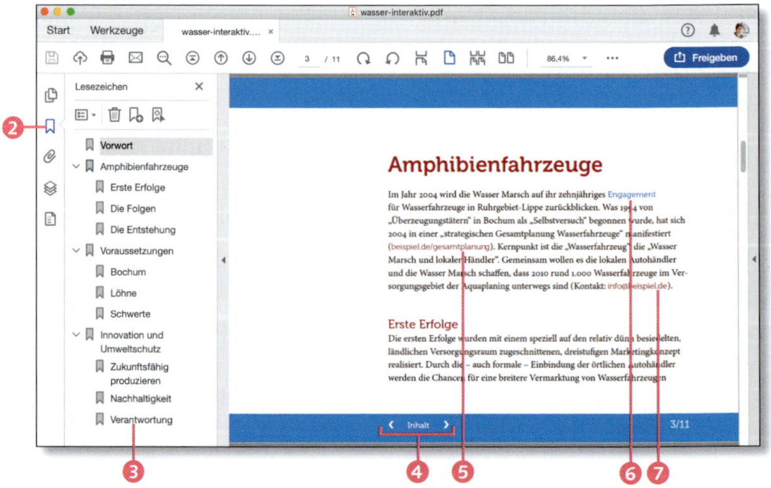

Abbildung 10.27 ▸
PDFs können eine Reihe interaktiver Elemente enthalten, die Sie direkt in InDesign anlegen können.

Lesezeichen werden dem Leser etwa im Adobe Acrobat Reader nach einem Klick auf die entsprechende Schaltfläche ❷ in einer Seitenleiste ❸ angezeigt. Diese Lesezeichen bieten dem Betrachter neben einer schnellen Übersicht auch eine komfortable Möglichkeit der Navigation, was umso hilfreicher ist, je umfangreicher ein Dokument ist. Lesezeichen können so ineinander verschachtelt werden, dass an ihnen die inhaltliche Struktur genau wie bei einem Inhaltsverzeichnis direkt abzulesen ist. Am einfachsten generieren Sie die Lesezeichen, indem Sie ein Inhaltsverzeichnis anlegen und dieses mit der Option PDF-LESEZEICHEN ERSTELLEN ausgeben. Das schauen wir uns gleich noch genauer an.

Weitere Navigationselemente wie die Vor- und Zurück-Buttons sowie eine Schaltfläche, die von allen Seiten z. B. auf das eigentliche Inhaltsverzeichnis der PDF-Datei verweist, können ebenso in InDesign angelegt werden ❹. Verlinkte Querverweise ❻ ermöglichen es dem Leser eines interaktiven PDFs, von der betreffenden Textstelle direkt zu weiterführenden Infos innerhalb desselben PDFs oder zu verlinkten Webadressen zu gelangen. URLs von Webseiten ❺ und E-Mail-Adressen ❼, die Sie in einem interaktiven PDF hinterlegen, können vom Leser des PDFs direkt geöffnet werden.

◂ **Abbildung 10.28**
Die Anlage und Verwaltung der verschiedenen Linkarten erledigen Sie über das HYPERLINKS-Bedienfeld.

Um einen Text mit einem Link zu versehen, markieren Sie den Text und rufen über FENSTER • INTERAKTIV • HYPERLINKS das Bedienfeld auf, das für alle drei Link-Varianten (interner bzw. externer Link und E-Mail-Adresse) verwendet wird. Mit einem Klick auf den bekannten Plus-Button ❽ am unteren Bedienfeldrand öffnen Sie einen Dialog, in dem Sie die gewünschten Optionen einstellen. An den verschiedenen Icons rechts der Einträge können Sie die Art des Hyperlinks ablesen. Mit einem Doppelklick auf einen Eintrag können Sie die Einstellungen auch später wieder ändern.

Lesezeichen-Bedienfeld

Unter FENSTER • INTERAKTIV finden Sie auch das LESEZEICHEN-Bedienfeld, in dem Sie Lesezeichen auch händisch anlegen und verwalten können.

Für die erwähnten Lesezeichen bietet es sich an, einfach ein Inhaltsverzeichnis zu erstellen. Dabei ist es unerheblich, ob das Inhaltsverzeichnis tatsächlich im PDF zu sehen ist. Damit Lesezeichen exportiert werden, können Sie ein Inhaltsverzeichnis auch einfach auf der Montagefläche neben einer Dokumentseite erstellen. Dafür rufen Sie den Befehl LAYOUT • INHALTSVERZEICHNIS auf. Es öffnet sich ein umfangreicher Dialog, in dem Sie angeben können, welche Absatzformate für das Inhaltsverzeichnis herangezogen werden sollen. Texte in den gewählten Absatzformaten werden von InDesign dann im Inhaltsverzeichnis ausgegeben.

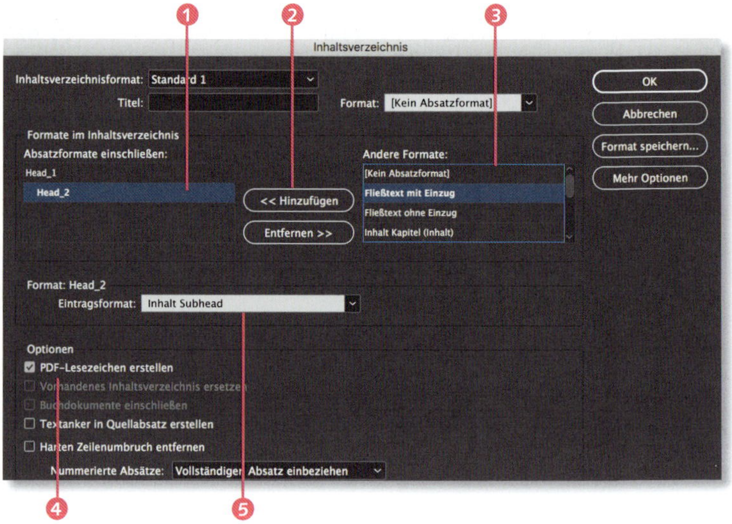

Abbildung 10.29 ►
Wenn Sie konsequent mit Absatzformaten arbeiten, ist ein Inhaltsverzeichnis samt Lesezeichen schnell erstellt.

Im Bereich ABSATZFORMATE EINSCHLIESSEN ❶ wird die Hierarchie der gewählten Absatzformate dargestellt. Im Beispiel ist HEAD_2 dem Absatzformat HEAD_1 untergeordnet. Alle im Dokument verfügbaren Absatzformate werden unter ANDERE FORMATE ❸ aufgelistet. Mit Hilfe der beiden Buttons HINZUFÜGEN bzw. ENTFERNEN ❷ können die gewünschten Formate dem Inhaltsverzeichnis zugeordnet werden. Sollen die Texte des Inhaltsverzeichnisses beispielsweise mit einer geringeren Schriftgröße formatiert werden als die Absätze, aus denen das Inhaltsverzeichnis generiert wird, können die (zuvor angelegten) Formate im Pulldown-Menü EINTRAGSFORMAT ❺ ausgewählt werden. Damit die Lesezeichen auch in einem interaktiven PDF als solche erstellt werden, muss die Option PDF-LESEZEICHEN ERSTELLEN ❹ aktiviert sein.

Inhaltsverzeichnis aktualisieren

Wird Text im Dokument geändert, der in das Inhaltsverzeichnis aufgenommen wurde, wird dieser im Inhaltsverzeichnis nicht automatisch aktualisiert. Hierfür ist der Befehl LAYOUT • INHALTSVERZEICHNIS AKTUALISIEREN vorgesehen.

Schaltflächen

Um dem Nutzer eines PDFs mittels Buttons die Navigation durch mehrseitige Dokumente zu ermöglichen, können Sie Schaltflächen anlegen und diese mit einfachen Aktionen versehen. Für Schaltflächen bieten sich Textrahmen, Pfade und platzierte Grafiken an.

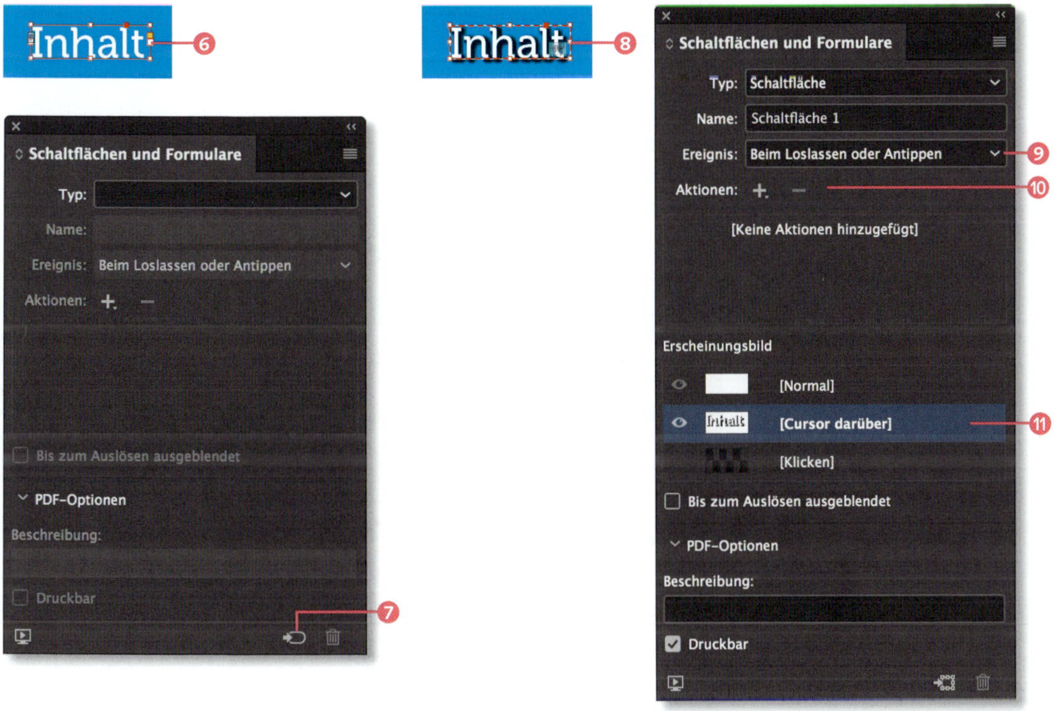

▼ Abbildung 10.30
Im Bedienfeld Schaltflächen und Formulare können Objekte in interaktive Elemente umgewandelt und bearbeitet werden.

Um ein Objekt in eine Schaltfläche umzuwandeln, markieren Sie es ❻, und rufen das Bedienfeld Schaltflächen und Formulare im Menü Fenster • Interaktiv auf und klicken auf den Button In Schaltfläche umwandeln ❼. Im Pulldown-Menü Ereignis ❾ können Sie wählen, wann eine Aktion stattfinden soll. Aktionen wie Gehe zu voriger Seite können über den +/–-Button ❿ hinzugefügt oder entfernt werden. Soll die Schaltfläche ihr Aussehen in Abhängigkeit von der Mausposition und -aktion ändern, realisieren Sie dies im Bereich Erscheinungsbild. Ein Klick auf den Eintrag [Cursor darüber] ⓫ bzw. [Klicken] erstellt eine Kopie des aktiven Objekts, die wie gewohnt geändert werden kann. Für das Beispiel habe ich dem Text mit dem Status [Cursor darüber] über Fenster • Effekte einen Schlagschatten hinzugefügt ❽.

Seitenübergänge

Im Menü des Seiten-Bedienfeldes können Sie unter Seitenattribute Animationen für den Seitenübergang wählen.

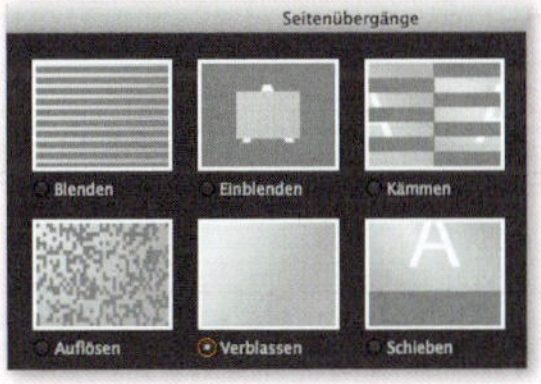

11

Dokumente prüfen und ausgeben

Perfekte PDF-Dateien für den Druck

- Wie setze ich die Rechtschreibprüfung ein?
- Wie kann ich Schriftprobleme erkennen und lösen?
- Wie kann ich Layouts für ältere Programmversionen speichern?
- Was ist Transparenzreduzierung?
- Was ist Separation, und wie kann ich diese überprüfen?
- Was ist Live-Preflight?
- Wie kann ich meine Layouts auf einem Drucker ausgeben?
- Wie kann ich Layoutdaten als PDF exportieren?
- Wie sammle ich meine Layoutdaten zur Archivierung?

11 Dokumente prüfen und ausgeben

Jedes gelungene Layout will letztlich ausgegeben werden, sei es, dass es auf einem Desktop-Drucker gedruckt oder im Digital- oder Offsetdruck vervielfältigt wird. In den beiden letztgenannten Fällen werden Sie am ehesten PDF-Dateien an die Druckdienstleister weitergeben und keine offenen InDesign-Dokumente.

11.1 Der Prüfworkflow

Review

Für Layoutabstimmungen können Sie die Funktion im Datei-Menü Für Review freigeben verwenden. Das Layout wird dann als PDF in die Creative Cloud hochgeladen und Sie können Kollegen per E-Mail zum Review einladen. Die Kollegen öffnen das PDF im Browser und können Rückmeldungen zum Layout einfügen. Diese Anmerkungen können Sie sich direkt in InDesign über Fenster • Kommentare • Review einblenden lassen und eigene Rückmeldungen verfassen.

Damit die jeweilige Ausgabe ohne Überraschungen vonstatten geht, sehen wir uns die verschiedenen vorbereitenden Maßnahmen und individuellen Arbeitsschritte genauer an. Hier die wichtigsten Arbeitsschritte als grobe Orientierung:

1. **Rechtschreibprüfung**
   Beginnen Sie früh mit der Rechtschreibprüfung. Wenn Sie freigegebene Texte im Layout platziert haben und das Groblayout steht, empfehle ich, die Rechtschreibprüfung einzuschalten und die offensichtlichen Fehler direkt zu korrigieren. Falsch geschriebene Wörter bzw. deren Korrektur können Einfluss auf den Umbruch haben – und am Umbruch sollte sich, so früh es irgend geht, nichts mehr ändern.
2. **Korrektur-PDF**
   Nachdem das Layout steht und Sie die gröbsten Rechtschreibfehler mithilfe der Rechtschreibprüfung korrigiert haben, versenden Sie ein grob aufgelöstes PDF zur Korrektur an die Kollegen. Sie bekommen Textkorrekturen im PDF zurück und pflegen die Korrekturen ein, nachdem Sie PDF-Kommentare ins Layout importiert haben.
3. **Preflight und Reinzeichnung**
   Beim Preflight kontrollieren Sie die Qualität der Bilder, tauschen Layoutbilder gegen hochaufgelöste Bilder aus und korrigieren gegebenenfalls Bilder bei Farbstichen oder Belichtungsproblemen (diese letzten beiden Arbeitsschritte sind Aufgaben, für

die InDesign nicht geeignet ist, hierfür kommt ein Bildbearbeitungsprogramm wie Photoshop zum Einsatz). Für die automatisierte Kontrolle setzen Sie die sehr praktische Preflight-Funktion in InDesign ein.

4. **PDF-Ausgabe**
   Wenn Sie schließlich alle Korrekturen umgesetzt und die Reinzeichnung erledigt haben, geben Sie das Layout als druckfähiges PDF aus.
5. **Archivieren**
   Nachdem ein Projekt produziert wurde, archivieren Sie die Layoutdaten. Hier kommt die Verpacken-Funktion zum Einsatz.

Nach diesen wichtigen Arbeitsabläufen schauen wir uns diese und noch weitere Funktionen an, die das Handling von InDesign-Dokumenten im Allgemeinen betreffen. Dazu gehören beispielsweise das Lösen von Schriftproblemen oder das Abspeichern von InDesign-Dokumenten für ältere Programmversionen.

11.2 Rechtschreibprüfung

An das Layout eines Projektes schließt sich in der Regel die Korrekturphase an: Dann werden neben der Überprüfung des Layouts die Texte Korrektur gelesen. Und Sie als Layouter bekommen die Korrekturen in einem PDF zurück und arbeiten die Korrekturanmerkungen der Kollegen in Ihr InDesign-Dokument ein.

Um nun die Korrekturphase abzukürzen, lassen Sie vor dem Erstellen des ersten Korrektur-PDFs unbedingt die interne Rechtschreibprüfung über das Dokument laufen! Mit der Integration der Duden-Wörterbücher verfügen Sie nämlich über den Standard für die Rechtschreibprüfung deutschsprachiger Texte. Sie können schon die ersten Korrekturen umsetzen, bevor das Dokument an die Kollegen geht. Dadurch ersparen Sie sich selbst und den Kollegen Korrekturen etwa von Flüchtigkeitsfehlern, die sich beim Schreiben eines Manuskripts eingeschlichen haben.

Rechtschreibprüfung in Word
Um den Korrekturaufwand in Bezug auf Rechtschreibung möglichst gering zu halten, sollten Manuskripte natürlich auch im Textverarbeitungsprogramm geprüft worden sein, bevor Sie sie in InDesign platzieren.

Wichtig in diesem Zusammenhang: Die Rechtschreibprüfung von InDesign greift auf Wörterbücher zurück, die nicht Teil Ihres Layoutdokuments sind, sondern separiert von Ihren Dokumenten auf Ihrer Festplatte in den InDesign-Programmverzeichnissen liegen. Das spielt bei der Weitergabe von offenen InDesign-Dokumenten eine Rolle, denn an einem anderen Rechner müssen Sie dann mit anderen Ergebnissen bei der Rechtschreibprüfung (und der Silbentrennung) rechnen.

Wie InDesign bei der Rechtschreibprüfung vorgehen soll, definieren Sie in den Voreinstellungen (Bearbeiten • Voreinstellungen / InDesign • Voreinstellungen) in den Bereichen Wörterbuch und Rechtschreibung.

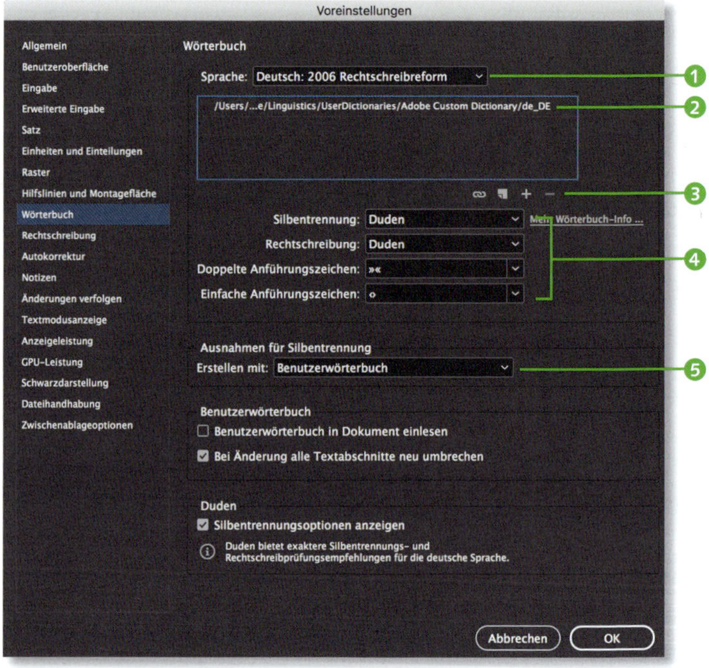

Abbildung 11.1 ▸
Nehmen Sie im Bereich Wörterbuch grundlegende programmweite Einstellungen vor.

Unter Sprache ❶ definieren Sie die Hauptsprache der Texte in neuen Dokumenten, für bestehende Dokumente hat diese Option nur bedingt Auswirkung. Wörter, die Sie einem Wörterbuch hinzufügen, können Sie in separate Wörterbücher speichern. Der Pfad auf Ihrem Rechner zu dieser Datei wird Ihnen hier angezeigt ❷.

Mit den vier Buttons unterhalb der Liste mit Benutzerwörterbüchern ❸ können Sie diese verwalten. Hier können Sie beispielsweise auch Dateien auf Servern oder in Ihrer Dropbox anlegen, wenn Sie von verschiedenen Rechnern auf dieselben Wörterbücher zugreifen möchten.

Wählen Sie sowohl für SILBENTRENNUNG als auch für RECHTSCHREIBUNG die Duden-Wörterbücher aus ❹. In Wörterbüchern sind nicht nur Wörter, sondern auch deren Trennstellen hinterlegt. Wo Wörter getrennt werden, ist neben der eigentlichen Rechtschreibung eine weitere wichtige Information. Abweichungen hiervon können Sie auch ins Dokument oder in Ihr eigenes Wörterbuch schreiben ❺. Auf beide Funktionen kommen ich später wieder zu sprechen.

Wörterbücher zuweisen

Die wichtigste Zuweisung von Wörterbüchern nehmen Sie innerhalb der Absatzformate vor.

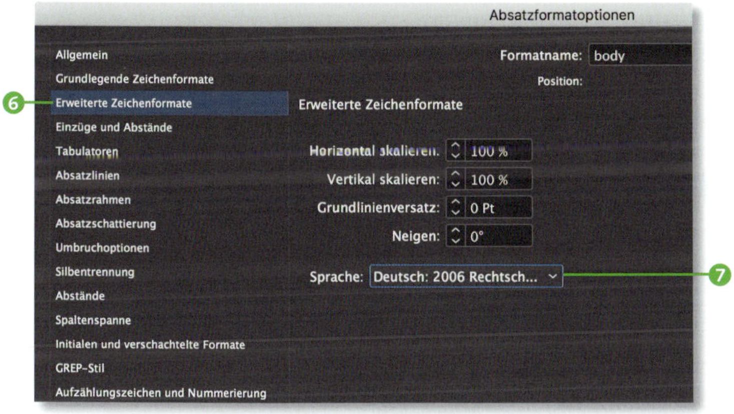

◄ **Abbildung 11.2**
Bevor Sie die Rechtschreibprüfung aktivieren, sollten Sie die richtigen Spracheinstellungen in den Absatzformaten vornehmen.

Wählen Sie in den Absatzformaten unter ERWEITERTE ZEICHENFORMATE ❻ die gewünschte Sprache unter der gleichnamigen Option ❼ aus. Ist hier eine falsche Sprache eingestellt, wird bei der Rechtschreibprüfung praktisch jedes Wort als falsch geschrieben angezeigt. Wenn die gewählte Sprache zum Text passt, können Sie die normale oder die dynamische Rechtschreibprüfung über BEARBEITEN • RECHTSCHREIBPRÜFUNG starten.

Sprache

Welche Sprache einem Text – das kann auch ein fremdsprachiges Wort sein – zugewiesen ist, wird Ihnen auch im EIGENSCHAFTEN-Bedienfeld im Bereich ZEICHEN angezeigt, wenn Sie sich die Optionen einblenden lassen.

Dynamische Rechtschreibprüfung

Bei der dynamischen Rechtschreibprüfung werden alle Wörter, die in der gewählten Sprache und dem ihr entsprechenden Wörterbuch nicht hinterlegt sind, rot unterschlängelt. Damit erhalten

Sie im Gegensatz zur normalen Rechtschreibprüfung eine Übersicht, was in Ihrem Layout noch zu korrigieren ist.

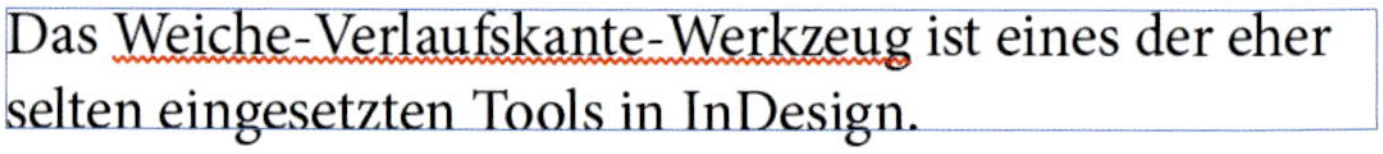

Abbildung 11.3 ▸
Wie von Office-Programmen gewohnt, werden problematische Wörter im Text gekennzeichnet.

Bei der Prüfung des Textes in Abbildung 11.3 mit dem Duden-Wörterbuch wird das Fachwort als falsch gekennzeichnet. Solche korrekten Wörter sollten Sie in Ihr eigenes Wörterbuch aufnehmen. Anschließend werden diese Wörter nicht mehr als falsch erkannt. Öffnen Sie hierfür mit einem Rechtsklick auf den betreffenden Text das Kontextmenü, und wählen Sie den Eintrag BENUTZERWÖRTERBUCH.

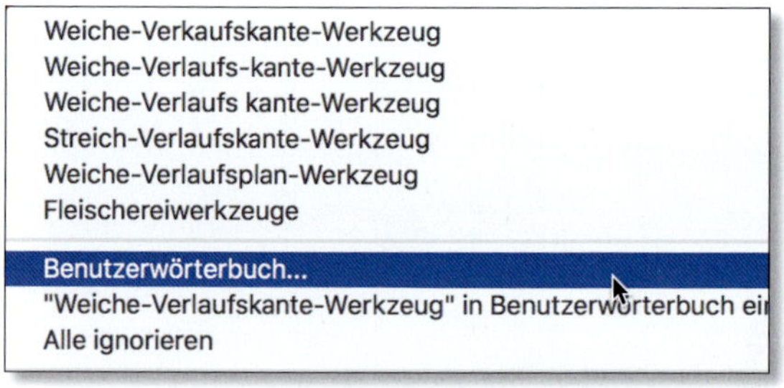

Abbildung 11.4 ▸
Ihr Benutzerwörterbuch können Sie über das Kontextmenü aufrufen.

Groß-/Kleinschreibung

Wenn Sie die Option GROSS-/KLEINSCHREIBUNG BEACHTEN verwenden, müssen Sie diese nach dem erneuten Öffnen Ihres Dokuments wieder aktivieren: InDesign merkt sich Ihre Wahl leider nicht.

Hier können Sie zunächst allgemeine Einstellungen vornehmen.

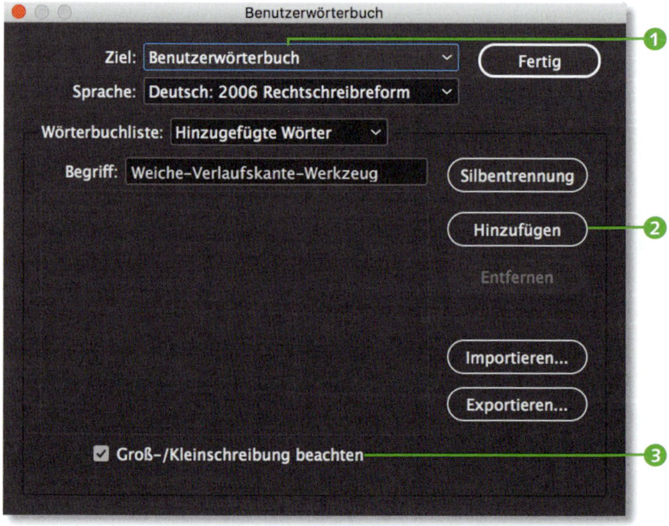

Abbildung 11.5 ▸
Überprüfen Sie vor dem ersten Hinzufügen, wie Wörter einem Wörterbuch hinzugefügt werden.

Das Benutzerwörterbuch ❶, das im Pulldown-Menü vorangewählt ist, ist jenes, das auch in den Voreinstellungen (siehe ❷ in Abbildung 11.1) ausgewählt ist. Als Alternative können Sie Ihre Wörter statt ins Benutzerwörterbuch auch in das Dokumentwörterbuch schreiben – dann haben Sie allerdings von anderen Dokumenten keinen Zugriff mehr auf Ihre Wortliste. Durch HINZUFÜGEN ❷ wird das Wort Teil des oben ausgewählten Wörterbuchs. Aktivieren Sie die Option GROSS-/KLEINSCHREIBUNG BEACHTEN ❸, sonst werden Substantive und Eigennamen in Kleinschreibung ins Wörterbuch aufgenommen.

Hier habe ich das als falsch markierte Wort meinem Benutzerwörterbuch hinzugefügt.

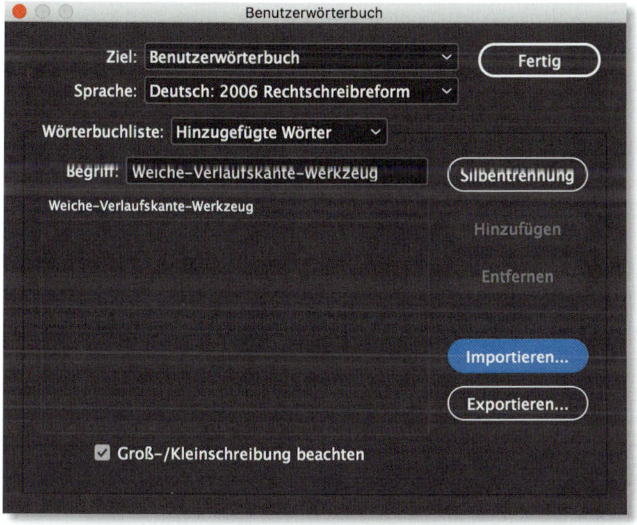

◂ **Abbildung 11.6**
»Weiche-Verlaufskante-Werkzeug« wird ab jetzt nicht mehr als falsch gekennzeichnet.

InDesign entfernt nach Verlassen des Dialogs umgehend die Markierung unter dem Wort »Weiche-Verlaufskante-Werkzeug«.

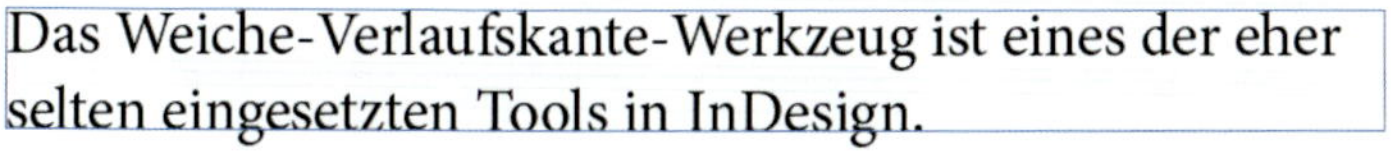

◂ **Abbildung 11.7**
InDesign markiert das eben hinzugefügte Wort nicht mehr als falsch.

Nach diesen grundsätzlichen Einstellungen können Sie Wörter auch direkt über das Kontextmenü Ihrem Benutzerwörterbuch hinzufügen.

Normale Rechtschreibprüfung

Bei der normalen Rechtschreibprüfung, die Sie neben dem Menübefehl auch über [Strg]/[⌘]+[I] aufrufen können, bestimmen Sie im Gegensatz zur dynamischen Rechtschreibprüfung mit der Position des Cursors im Text, von wo an Text überprüft werden soll. Und Sie können in einem Menü ❸ auswählen, was überhaupt überprüft werden soll (»Dokument«, »Textabschnitt«, »Auswahl« u.Ä.).

Außerdem finden Sie hier noch Alternativen zum Hinzufügen von Wörtern: Sie können hier auch Wörter von der Rechtschreibprüfung ausnehmen. Der entsprechende Befehl lautet ÜBERSPRINGEN ❶. Durch ÜBERSPRINGEN wird dieses Wort bei jedem erneuten Vorkommen wieder als falsch markiert. Nach einem Klick auf ÜBERSPRINGEN springt InDesign zum nächsten falsch geschriebenen Wort, bei dem Sie erneut entscheiden können, ob Sie dieses wie bei der dynamischen Rechtschreibprüfung Ihrem Benutzerwörterbuch hinzufügen wollen. Durch ALLE IGNORIEREN ❷ wird das angezeigte Wort komplett von der Rechtschreibprüfung ausgenommen. Bevor Sie diese Funktion verwenden, sollten Sie überlegen, ob es nicht sinnvoller ist, das betreffende Wort in Ihr Benutzerwörterbuch aufzunehmen.

Ignorierte Wörter

Wörter, die Sie per ALLE IGNORIEREN von der Rechtschreibprüfung ausgenommen haben, können Sie sich im Dialog BENUTZERWÖRTERBUCH unter WÖRTERBUCHLISTE • IGNORIERTE WÖRTER anzeigen lassen, um sie gegebenenfalls zu bearbeiten.

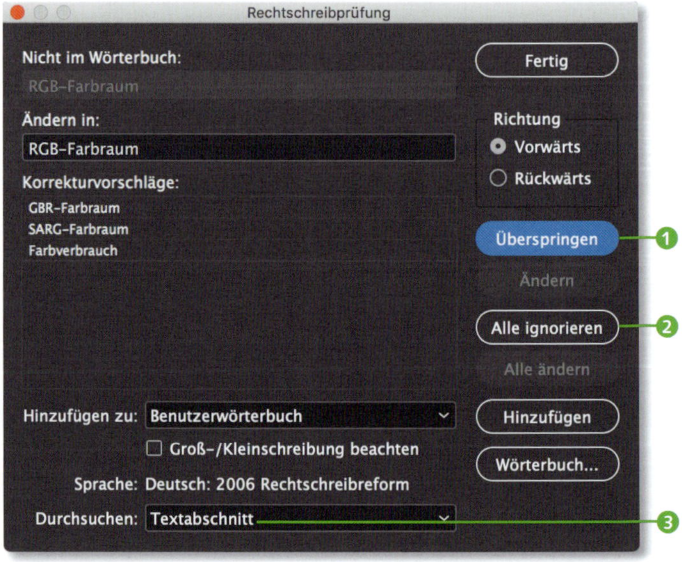

Abbildung 11.8 ▸
Die Rechtschreibprüfung bietet Ihnen diverse Optionen, mit denen Sie sich beschäftigen sollten.

Autokorrektur

Wenn Sie selbst Texte in InDesign verfassen, könnte die Autokorrektur für Sie von Interesse sein. Ist dieses Feature aktiviert, kann InDesign selbstständig falsch geschriebene Wörter korrigieren. Das funktioniert allerdings nur beim tatsächlichen Schreiben von Texten – die Autokorrektur kann nicht auf schon verfasste Texte angewendet werden.

In den VOREINSTELLUNGEN finden Sie in der Kategorie AUTOKORREKTUR zunächst ein leeres Feld, das Sie selbst mit von Ihnen häufig falsch geschriebenen Wörtern und deren korrekter Schreibweise füllen müssen. Ist die Autokorrektur aktiviert ❹, ersetzt InDesign das vertippte Wort durch die richtige Version.

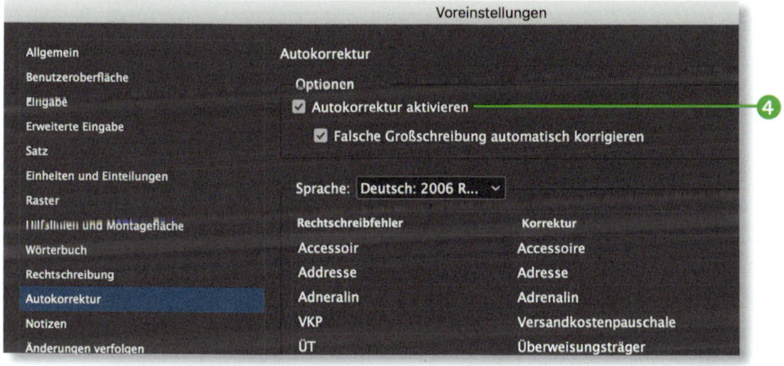

◂ **Abbildung 11.9**
Die Autokorrektur lässt sich auch für Textbausteine verwenden.

Die Autokorrektur können Sie auch für Textbausteine verwenden: Geben Sie selbst erstellte Abkürzungen als RECHTSCHREIBFEHLER an (z. B. »VKP«) und bei KORREKTUR den ausgeschriebenen Begriff (z. B. »Versandkostenpauschale«). InDesign fügt dann jedes Mal, wenn Sie die Abkürzung tippen, den vollständigen Begriff ein.

Silbentrennung

Auch falsche Trennungen gehören zu Rechtschreibfehlern. Versuchen Sie möglichst frühzeitig, falsche Trennungen zu reduzieren. Auch hier kommen die Wörterbücher zum Einsatz, denn Wörter sind mitsamt ihren möglichen Trennungen darin aufgenommen bzw. können damit aufgenommen werden. Beim Aufnehmen von neuen Wörtern können Sie die gewünschten Trennstellen direkt hinterlegen oder im Nachhinein korrigieren. Im folgenden Beispiel korrigiere ich die Trennstellen von »Farbräume«. Dieses Wort wird von der Rechtschreibprüfung nicht als Fehler angezeigt, Trennfehler müssen wir oder die Kollegen selbst sehen.

Abbildung 11.10 ▶
Das Wort »Farbräume« ist richtig geschrieben, aber die automatische Trennung führt zu einem Fehler.

Versuchen Sie, die Grundzüge der verschiedenen Far-
bräume zu verstehen.

Mit einem Rechtsklick auf das Wort rufe ich im Kontextmenü über RECHTSCHREIBPRÜFUNG • BENUTZERWÖRTERBUCH den entsprechenden Dialog auf.

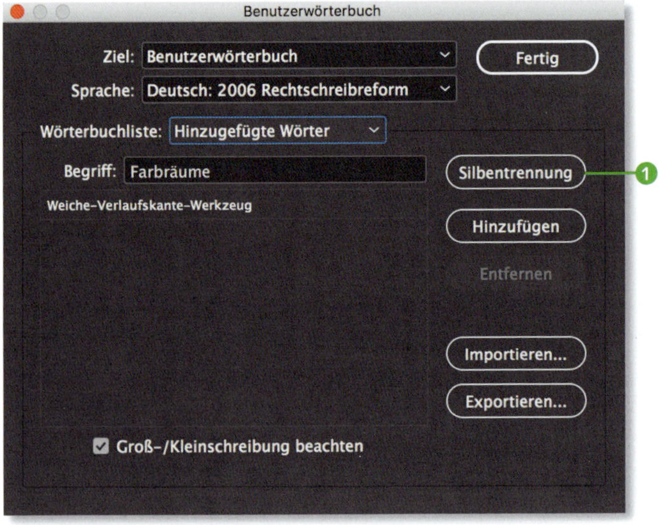

Abbildung 11.11 ▶
Um Trennstellen zu definieren, wählen Sie SILBENTRENNUNG.

Nach einem Klick auf SILBENTRENNUNG ❶ wird mir gezeigt, wie InDesign zurzeit »Farbräume« trennt.

Abbildung 11.12 ▶
Die Tilden definieren Trennstellen.

Hier zeigt sich die Ursache für die falsche Trennung: Mit den jeweils zwei Tilden sind die möglichen Trennstellen definiert. An dieser Stelle können Sie die Trennstellen direkt ändern. Sie können die vorhandenen Tilden löschen oder neue hinzufügen. Die

Tilde (~) geben Sie unter Windows mit AltGr+I, am Mac mit ⌥+N ein.

◂ **Abbildung 11.13**
Mit der Anzahl der Tilden können Sie die Trennprioritäten festlegen.

Trennprioritäten

Sie können bis zu drei Tilden in Wörtern hinterlegen.

In Abbildung 11.13 habe ich die Trennstellen korrigiert, und nachdem ich das Wort mitsamt den korrigierten Trennstellen meinem Benutzerwörterbuch hinzugefügt habe, trennt InDesign von nun an »Farbräume« korrekt. Diese Änderung wirkt sich sofort auf alle Stellen im Dokument aus, an denen InDesign dieses Wort automatisch trennt. Dabei versucht InDesign, Wörter an den Stellen mit den wenigsten Tilden zu trennen. Für »Farbräume« bedeutet das: Nach Möglichkeit wird InDesign »Farb räume« trennen, erst als zweite Option kommt »Farbräu-me« infrage. Somit können Sie über die Anzahl der Tilden regulieren, wie getrennt werden soll.

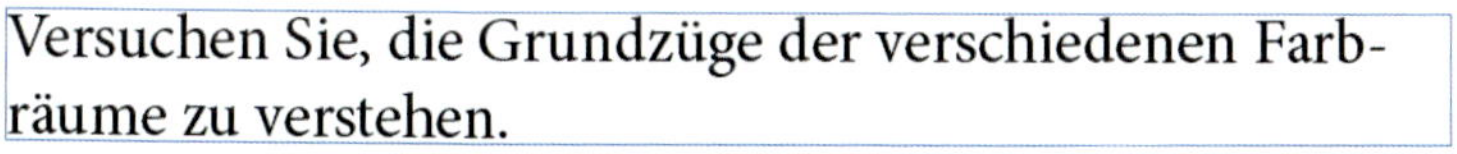

◂ **Abbildung 11.14**
Durch die Korrektur im Wörterbuch stimmt jetzt auch die Trennung von »Farb-räume«.

Fremdsprachige Wörter

Wie weiter oben beschrieben, sollten Sie immer die passende Sprache in den Absatzformaten angeben. Nun können auch Wörter im Text vorkommen, die von der grundsätzlichen Sprache abweichen, beispielsweise englische Wörter in einem ansonsten deutschsprachigen Text.

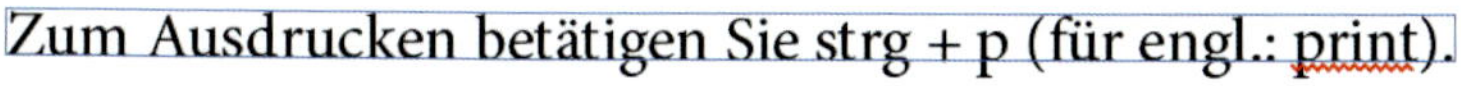

◂ **Abbildung 11.15**
Das englische »print« wird im deutschen Text als falsch markiert.

Natürlich könnten Sie derartige Situationen einfach per ALLE IGNORIEREN »wegdrücken« (siehe ❷ Abbildung 11.8). Wenn Sie jedoch ganz sauber arbeiten möchten, legen Sie ein Zeichenformat für die abweichende Sprache an:

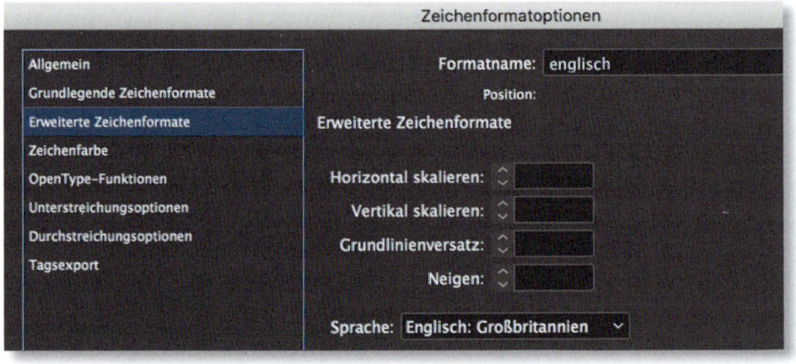

Abbildung 11.16 ▸
Für englische Ausdrücke habe ich ein Zeichenformat »englisch« angelegt, es definiert lediglich die Sprache.

Das Einzige, wofür das neue Zeichenformat aus Abbildung 11.16 zuständig ist, ist der Wechsel zu Englisch. Dementsprechend brauchen Sie nur im Bereich Erweiterte Zeichenformate bei Sprache Englisch: Großbritannien anzuwählen.

Nach Zuweisung dieses Zeichenformats verschwindet der Hinweis auf falsche Rechtschreibung.

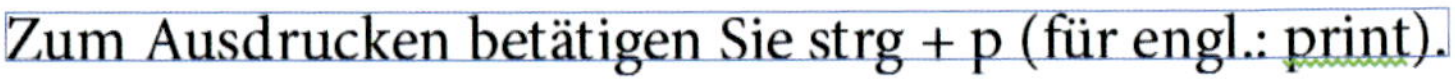

▲ Abbildung 11.17
Das englische »print« wird nach Zuweisung des neuen Zeichenformats nun nicht mehr als falsch markiert.

> **Farben bei der Prüfung**
> Was und wie InDesign bei der Rechtschreibprüfung markiert, stellen Sie in den Voreinstellungen unter Rechtschreibung ein. In Abbildung 11.17 wird die Kleinschreibung von »print« grün gekennzeichnet.

Wenn Sie sich fragen, ob nicht auch einfach die Zuweisung der korrekten Sprache über die Steuerungsleiste oder über das Zeichen-Bedienfeld reichen würde: Nein, denn das wäre eine Abweichung vom Absatzformat. Die Anwendung einen Zeichenformats hingegen wird von InDesign nie als Abweichung bewertet.

11.3 Korrektur-PDF erstellen und freigeben

Das gängige Dateiformat für Korrekturgänge ist PDF und da es bei Rechtschreibkorrekturen eben in erster Linie um Textkorrekturen geht, reicht es meist, dass Sie den Kollegen gering aufgelöste PDFs zur Verfügung stellen.

Um eine Datei zur Korrektur zu geben, wählen Sie im Datei-Menü Exportieren. Da Sie diesen Befehl sehr häufig benötigen, merken Sie sich hierfür am besten von Beginn an den Tastaturbefehl [Strg]/[⌘]+[E]. Als Format wählen Sie Adobe PDF (Druck) ❶.

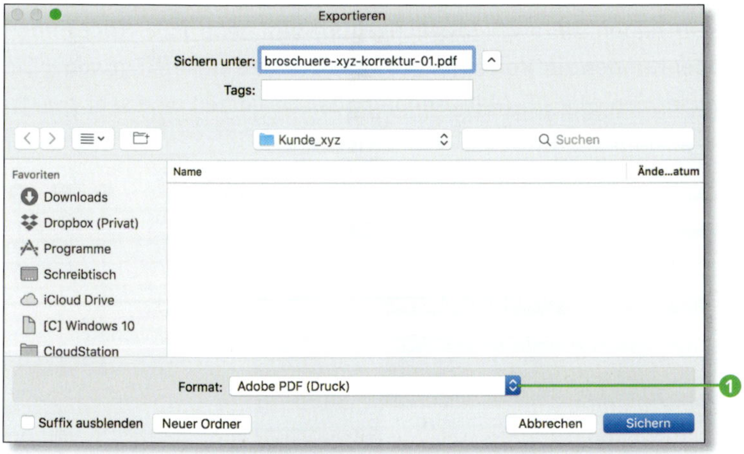

◂ **Abbildung 11.18**
Nach der Anwahl des Befehls Exportieren im Menü Datei wird Adobe PDF (Druck) als Format gewählt.

Durch Klicken des Sichern-Buttons öffnet sich der Dialog Adobe PDF exportieren. Hier wählen Sie aus den vorinstallierten Vorgaben (die in eckigen Klammern stehen und nicht geändert werden können) [Kleinste Dateigrösse] ❷. In dieser Vorgabe ist unter anderem die Option PDF nach Export anzeigen ❸ aktiviert – nach Sichern des PDFs wird dieses daher praktischerweise direkt in Ihrem Standard-PDF-Programm geöffnet. Falls Sie ein Komplett-Abo der Creative Cloud verwenden, sollten Sie für die Arbeit mit PDFs unbedingt das Programm Acrobat DC installieren und dieses Programm betriebssystemseitig als Standard für PDFs definieren.

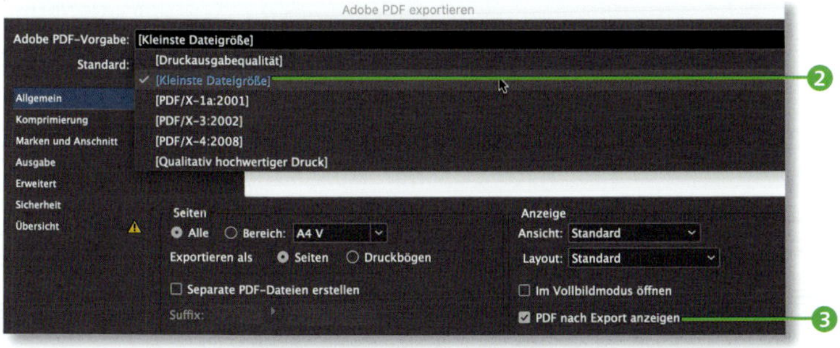

◂ **Abbildung 11.19**
Für Korrekturgänge können Sie einfach die Vorgabe [Kleinste Dateigrösse] verwenden.

Mit den PDF-Exportoptionen werden wir uns in Abschnitt 11.5 noch genauer befassen. Für Korrekturgänge reicht es, einfach die vorinstallierte Vorgabe zu verwenden. Durch Klicken auf den Button Exportieren wird nun das Layout als PDF erstellt und öffnet sich in Ihrem Standardprogramm für PDFs.

Nun haben Sie zwei Möglichkeiten, das neue PDF Kolleginnen oder Kunden zur Korrektur zur Verfügung zu stellen; Entweder Sie versenden es als E-Mail-Anhang oder Sie setzen eine sehr praktische Funktion von Acrobat DC ein:

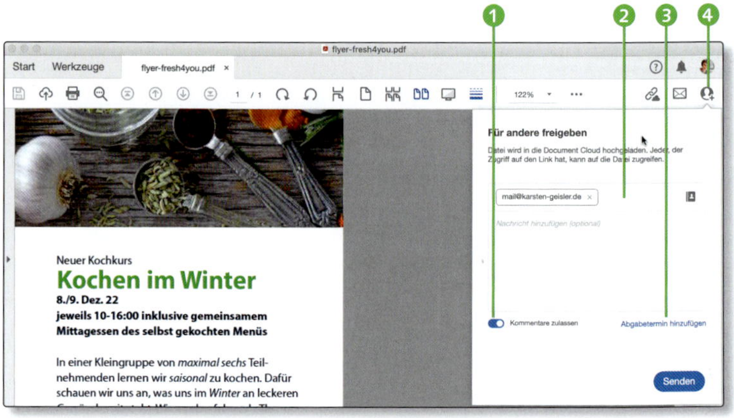

Abbildung 11.20 ▸
Verwenden Sie Acrobat DC für Korrekturgänge.

Ein Klick auf den Button Diese Datei für andere freigeben ❹ öffnet einen Dialog, in dem Sie Kontakte und E-Mail-Adressen der Korrektoren oder Kundinnen ❷ eingeben können. Des Weiteren können Sie hier die Datei zum Kommentieren freigeben ❶ und sogar eine Abgabefrist festlegen ❸.

Nach Klick auf den Senden-Button unten rechts wird das PDF in die Adobe Document Cloud ❺ geladen und die eingeladenen Personen erhalten per E-Mail einen Einladungslink. Verschiedene Informationen zum PDF werden Ihnen rechts eingeblendet.

Öffnen von PDFs

Beim Hochladen in die Adobe Document Cloud wird eine Kopie Ihres PDFs erstellt. Wenn Sie anschließend das Original-PDF öffnen, werden Sie darauf hingewiesen, dass es davon eine freigegebene Version in der Document Cloud gibt. Ihnen wird auch direkt ein Link angeboten, damit Sie direkt zu der freigegebenen Version gelangen.

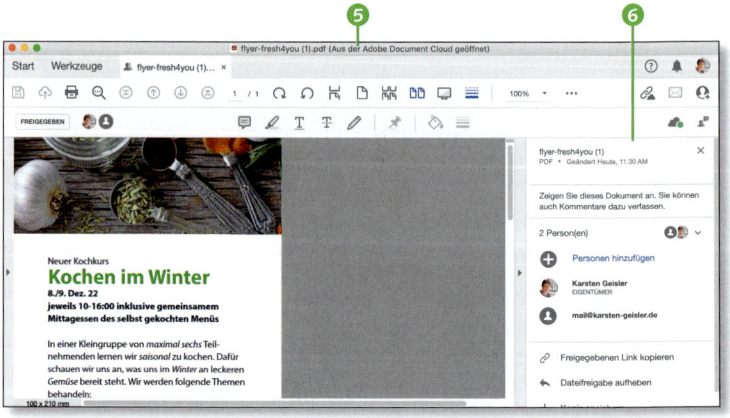

Abbildung 11.21 ▸
Nachdem Sie die entsprechenden Personen zur Mitarbeit am PDF eingeladen haben, werden Ihnen diese angezeigt.

Den Kollegen und Kolleginnen, die Sie eingeladen haben und die auf den Link in der Einladungs-E-Mail klicken, wird das PDF im Browser angezeigt:

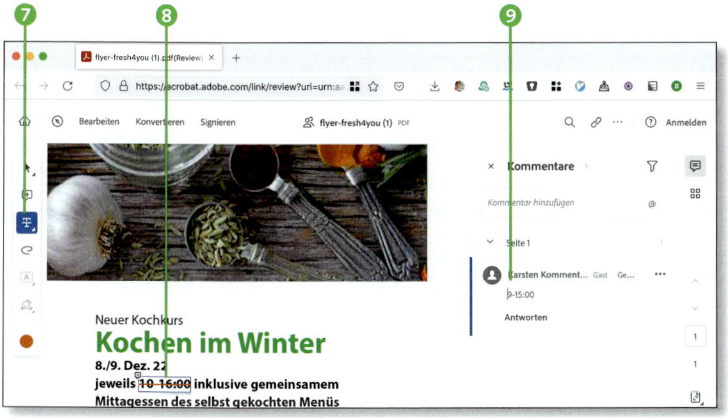

◀ **Abbildung 11.22**
Die Kollegen können das freigegebene PDF direkt im Browser kommentieren und korrigieren.

Mit diversen Werkzeugen können die eingeladenen Personen nun das PDF direkt im Browser kommentieren und korrigieren. Im Beispiel wurde die Zeit des Kochkurses im Layout ⑧ mit dem DURCHGESTRICHEN-Werkzeug markiert ⑦ und die richtige Zeit als Kommentar eingegeben ⑨. Dieser Kommentar wird kurz darauf bei Ihnen als Versender des PDFs angezeigt. Sie können die Korrekturen zwar händisch in Ihr InDesign-Dokument einpflegen, aber Sie können sich die Kommentare viel einfacher über DATEI • PDF-KOMMENTARE IMPORTIEREN in InDesign anzeigen lassen und vor allem übernehmen. Speichern Sie – nachdem wirklich alle Korrekturen eingegeben wurden – hierfür das freigegebene PDF (mit den Kommentaren) auf Ihrem Rechner. Wählen Sie anschließend den eben genannten Befehl. Die Korrekturen werden direkt im Layout ⑩ und im Bedienfeld PDF-KOMMENTARE ⑪ angezeigt.

◀ **Abbildung 11.23**
Die Korrekturen werden im Layout angezeigt und können mittels des Bedienfelds PDF-KOMMENTARE abgearbeitet werden.

Das Handling von Kommentaren lässt sich noch weiter vereinfachen, wenn sich die Kollegen und Kundinnen zum einen eine kostenlose Adobe ID anlegen und zum anderen mit dem ebenfalls kostenlosen Acrobat Reader DC arbeiten. Ohne eine Adobe-ID müssen sich die Bearbeiter jedes Mal erneut anmelden und haben keinen Zugriff auf die bisher erstellten Anmerkungen. Und Acrobat Reader DC bietet weitere Werkzeuge (wie beispielsweise Notiz zum Ersetzen des Textes hinzufügen), die gerade bei Korrekturgängen sehr nützlich sind. Eine solche Korrektur kann ohne das sonst nötige Kopieren und Einfügen, das Sie im Optionsmenü in Abbildung 11.23 sehen, direkt von Ihnen akzeptiert werden – die Korrektur wird dadurch direkt ins Layout übernommen.

11.4 Preflight

Wenn alle Textkorrekturen erledigt sind, kommen Sie zu den Arbeitsschritten, die unter dem Begriff **Reinzeichnung** zusammengefasst werden. Dazu zählen alle Arbeiten, um das Layout in ein druckfähiges PDF zu überführen: Kontrolle von Farben, Auflösung von Rastergrafiken, Position von Grafiken und sonstigen Gestaltungselementen wie Farbflächen und Linien und Kontrolle des Anschnitts.

Sauberes Arbeiten

Versuchen Sie, von Beginn eines Projektes an konsequent mit Absatz-, Zeichenformaten, hochaufgelösten, nicht verzerrten Bildern zu arbeiten und behalten Sie den Anschnitt im Auge. Je besser Ihr Überblick während der gesamten Arbeit an einem Layout ist, desto weniger Überraschungen erleben Sie beim Preflight.

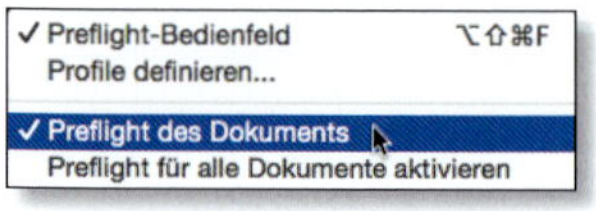

▲ **Abbildung 11.24**
Die Statuszeile des Preflight selbst hat auch ein Menü, über das Sie z. B. den Preflight auch deaktivieren können.

Das Bedienfeld »Preflight«

Um nicht jede Grafik etwa auf die nötige Auflösung und alle Texte auf eventuelle Verzerrungen hin einzeln zu überprüfen, setzen wir die Funktion des Preflights ein. Dadurch übernimmt InDesign die Dokumentprüfung und greift hierbei auf sogenannte Preflight-Profile zurück. In diesen können wir genau definieren, was InDesign als Fehler ansehen soll: etwa eine zu geringe Auflösung von Rastergrafiken, verzerrte Grafiken und verzerrte Texte oder der Einsatz von Sonderfarben.

Das Bedienfeld Preflight können Sie über Fenster • Ausgabe oder über das Menü in der Statuszeile am unteren Rand des Dokumentfensters öffnen. Über das Menü wie auch über das Bedienfeld (1) können Sie auch festlegen, ob der Preflight ausgeführt werden soll. Wenn Sie den Preflight aktivieren, überprüft InDesign

Ihr Dokument im Hintergrund laufend auf Fehler, wodurch sich die Statusanzeige häufig ändert. Das finde ich, solange ich am Layout arbeite, eher irritierend als hilfreich. Daher lasse ich den Preflight so lange deaktiviert, bis alle vorherigen Arbeiten wie Einpflege von Korrekturen erledigt sind, und starte dann erst den Preflight.

Im Bereich FEHLER werden die gefundenen Probleme in verschiedenen Kategorien zusammengefasst ②. Ein Klick auf die Ausklapp-Pfeile blendet die entsprechenden Fehler ein. Am rechten Bedienfeldrand sind die Seitenzahlen wie im VERKNÜPFUNGEN-Bedienfeld als Link dargestellt, dadurch wird das problematische Objekt nach einem Klick auf die Seitenzahl im Dokumentfenster eingeblendet. Im unteren Teil ③ des PREFLIGHT-Fensters wird eine genaue Beschreibung des oben markierten Fehlers eingeblendet.

Darüber hinaus schlägt InDesign Arbeitsschritte zur Behebung des Fehlers vor, die Sie ruhig beherzigen können, bis Sie alle Fehler im Dokument behoben haben. Mit Hilfe des EINBETTEN-Buttons ④ können Sie das aktuelle Preflight-Profil in das InDesign-Dokument einbetten, wenn das Dokument an Kollegen weitergegeben werden soll. Im Pulldown-Menü PROFIL ⑤ stehen zunächst nur die vorinstallierten Vorgaben [GRUNDPROFIL] und DIGITALE VERÖFFENTLICHUNG zur Auswahl. Über das Bedienfeldmenü können Sie über den Befehl PROFILE DEFINIEREN neue Profile erstellen. Für Abbildung 11.25 habe ich ein Profil »offset« angelegt.

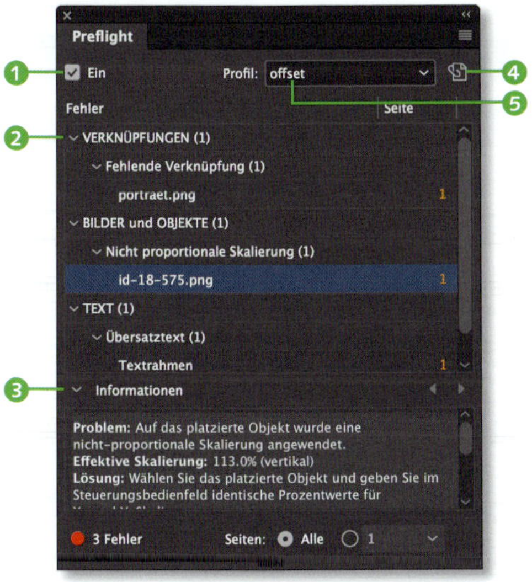

◂ **Abbildung 11.25**
Im PREFLIGHT-Bedienfeld werden nicht nur detaillierte Fehlerbeschreibungen ausgegeben, sondern auch mögliche Lösungswege.

Ein neues Preflight-Profil anlegen

▲ **Abbildung 11.26**
Über das Bedienfeldmenü können Sie neue Preflight-Profile anlegen.

Durch das vorinstallierten Preflight-Profil [Grundprofil] werden nur sehr wenige Prüfungen ausgeführt. Daher empfehle ich Ihnen, sich mindestens ein eigenes Preflight-Profil, etwa für die Ausgabe eines Dokuments für den Offsetdruck anzulegen. Ein angelegtes Profil können Sie auch später wieder ändern, wenn Sie sehen, dass es beim Anlegen noch nicht so funktioniert, wie Sie es benötigen.

Wählen Sie im Menü des PREFLIGHT-Bedienfeldes den Befehl PROFILE DEFINIEREN. Im sich nun öffnenden Dialog können Sie definieren, was nach Anwahl des Profils im Bedienfeld als Fehler erkannt werden soll. Die aufgeräumte Oberfläche macht die Anlage eines neuen Profils sehr anwenderfreundlich.

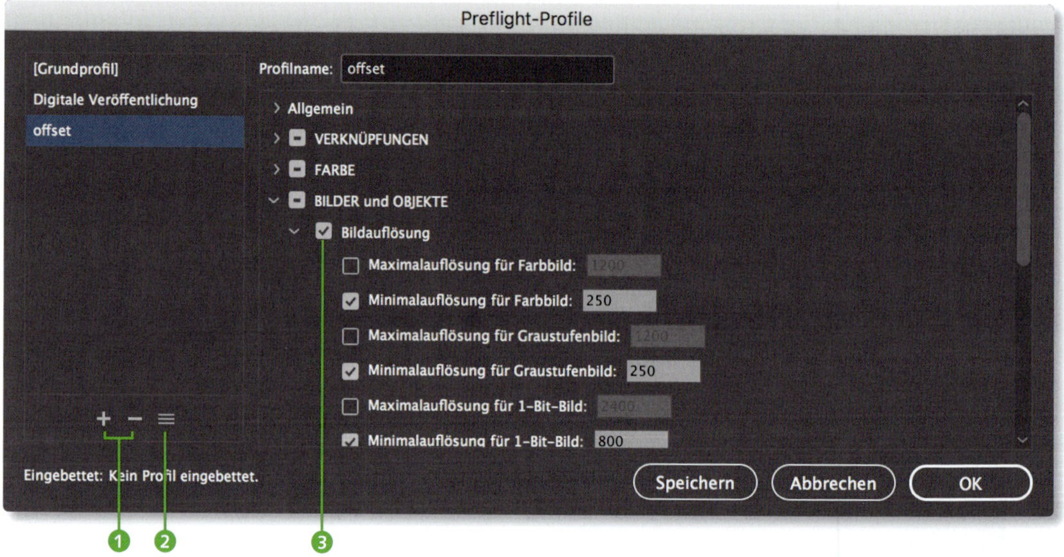

▲ **Abbildung 11.27**
Legen Sie eigene Preflight-Vorgaben an.

Mit den Plus- und Minus-Buttons ❶ legen Sie ein neues Profil an bzw. löschen das in der Liste oberhalb markierte Profil. Ihre Profile sind immer programmweit verfügbar, bei Bedarf können Sie diese über das Preflight-Profil-Menü ❷ auch beispielsweise zur Weitergabe exportieren bzw. laden (Abbildung 11.28). Im Beispiel habe ich für das gewählte Preflight-Profil u. a. festgelegt, dass die Bilder im Dokument eine Auflösung von mindestens 250 ppi haben sollen ❸. Im folgenden Screenshot habe ich gängige Anforderungen an ein Dokument zusammengefasst, das für den Offsetdruck vorbereitet werden soll.

▲ **Abbildung 11.28**
Im Dialog PREFLIGHT-PROFILE können weitere Optionen aufgerufen werden.

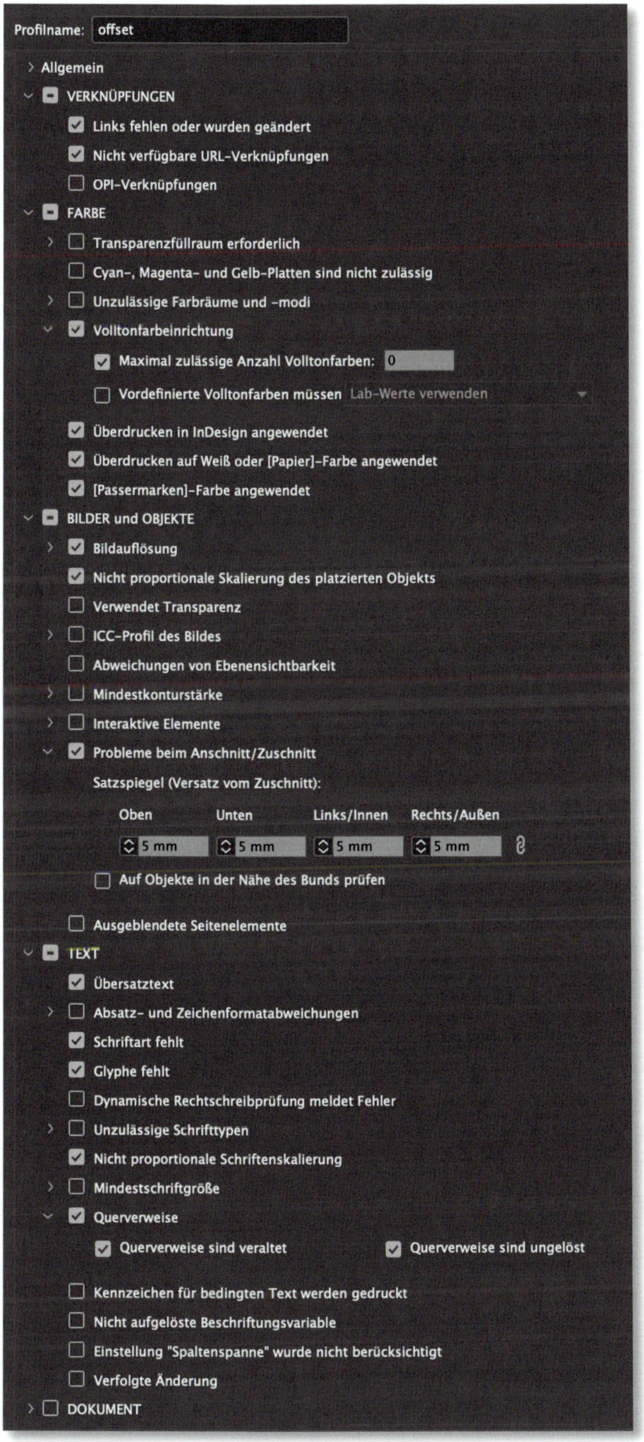

◂ **Abbildung 11.29**
Orientieren Sie sich bei der Anlage eines Preflight-Profils für den Offsetdruck an diesen Vorgaben.

Vorschaufunktionen

Es gibt drei fortgeschrittene Funktionen, mit denen Sie ein Dokument weiter auf die Drucktauglichkeit überprüfen können. Das ist der Farbproof, den Sie im ANSICHT-Menü finden. Bei Anwahl dieser Funktion versucht InDesign das zu erwartende Druckergebnis am Monitor zu simulieren. Hierbei können Sie das zu verwendende Farbprofil unter ANSICHT • PROOF EINRICHTEN definieren. Unter FENSTER • AUSGABE finden Sie noch die Bedienfelder REDUZIERUNGSVORSCHAU und SEPARATIONSVORSCHAU, mit denen Sie ein Dokument weiter untersuchen können.

11.5 Druck-PDF erstellen

Soll ein InDesign-Layout an eine Druckerei weitergegeben werden, geschieht das praktisch ausnahmslos im PDF-Format. Da Adobe seine Layoutsoftware mit der Preflight-Funktion und praktikablen Presets zum Exportieren von Layouts als PDF ausstattet, ist die Erstellung von im Offset druckbaren PDFs sehr einfach. Die wichtigsten Optionen, die hierbei eine Rolle spielen, stelle ich Ihnen in diesem Abschnitt vor.

Im Grunde genommen gibt es beim PDF-Export drei Varianten:

1. die Verwendung eines vorinstallierten Presets
2. die Erstellung eigener Vorgaben
3. die Installation eines von der Druckerei gelieferten Presets in Form von Joboptions

PDF-Vorgaben direkt anwählen

Wenn Sie sicher sind, dass eine Vorgabe genau den Anforderungen entspricht, die das PDF erfüllen soll, können Sie einfach den entsprechenden Eintrag im Menü Adobe PDF-Vorgaben anwählen. In diesem Fall werden Ihnen die Optionen, mit denen das PDF ausgegeben wird, nicht angezeigt, und das PDF wird direkt am gewählten Speicherort ausgegeben.

Von der Druckerei Ihrer Wahl erhalten Sie die Information über die Vorgaben, die ein Druck-PDF erfüllen soll. Bei Onlinedruckereien finden Sie diese Informationen auf deren Website, bei sonstigen Druckereien werden Ihnen diese einfach mitgeteilt. Häufig werden folgende Anforderungen an ein Druck-PDF seitens einer Druckerei gestellt: Das PDF darf weder RGB-Daten noch Transparenzen enthalten und soll außerdem kompatibel mit dem PDF/X-3-Standard sein.

Im sogenannten medienneutralen Workflow arbeiten Sie beim Layouten mit RGB-Grafiken und entscheiden erst beim PDF-Export darüber, ob diese für den Offsetdruck in CMYK umgewandelt werden oder ob die Bilder im RGB-Farbraum bleiben, weil das PDF auf einer Website zur Verfügung gestellt wird.

Schauen wir uns die Ausgabe eines Druck-PDFs auf Grundlage des Standards PDF/X-1 an. Die Vorteile dieses Standards: er kann nur CMYK-Daten enthalten und Transparenzen sind auch nicht vorgesehen. Und ein PDF, das PDF/X-1-konform ist, ist automatisch auch PDF/X-4-konform.

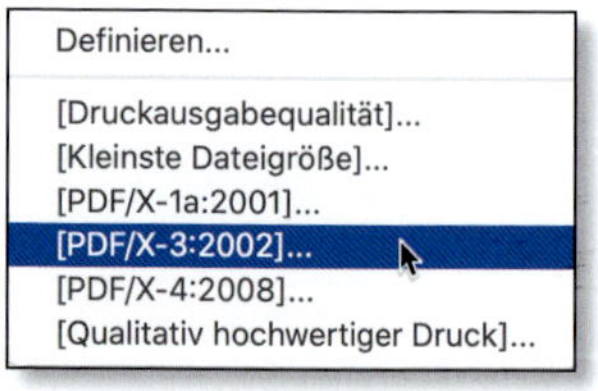

▲ **Abbildung 11.30**
Sechs PDF-Vorgaben werden mit InDesign installiert und können über Datei • Adobe PDF-Vorgaben direkt zum PDF-Export angewählt werden.

Vorinstalliertes Preset überprüfen und ändern

Im Datei-Menü finden Sie unter Adobe PDF-Vorgaben die bisher auf Ihrem Rechner installierten Presets. Bei der Installation von InDesign werden sechs Vorgaben mitgeliefert. Die Vorgabe

[Kleinste Dateigrösse] bietet sich für den Versand per Mail oder Korrekturgänge an (siehe Abschnitt 11.3, »Korrektur-PDF erstellen und freigeben«).

Um sich zunächst einen Überblick über die Vorgaben zu verschaffen, diese gegebenenfalls zu ändern und als eine neue Vorgabe zu sichern, wählen Sie Datei • Exportieren und anschließend im Exportieren-Dialog als Format Adobe PDF (Druck) ❶.

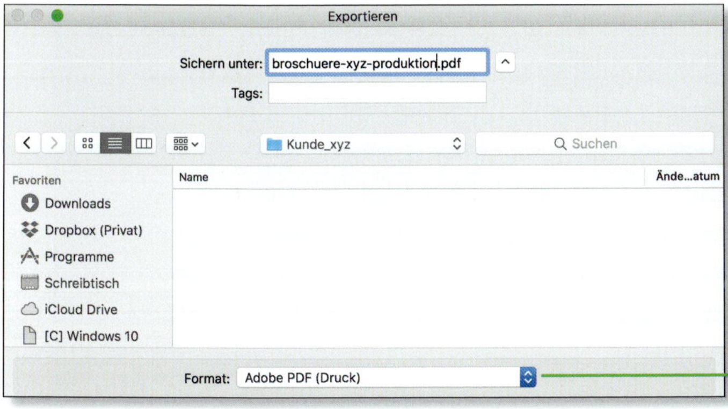

◂ **Abbildung 11.31**
Nach der Anwahl des Befehls Exportieren im Menü Datei wird Adobe PDF (Druck) als Format gewählt.

Im Menü Adobe PDF-Vorgaben finden Sie dieselben Presets, die Sie auch über das Datei-Menü aufrufen können (Abbildung 11.30). Ich habe hier [PDF/X-1a:2001] gewählt ❷. In der Regel werden Sie Seiten ❸ und keine Druckbögen ausgeben.

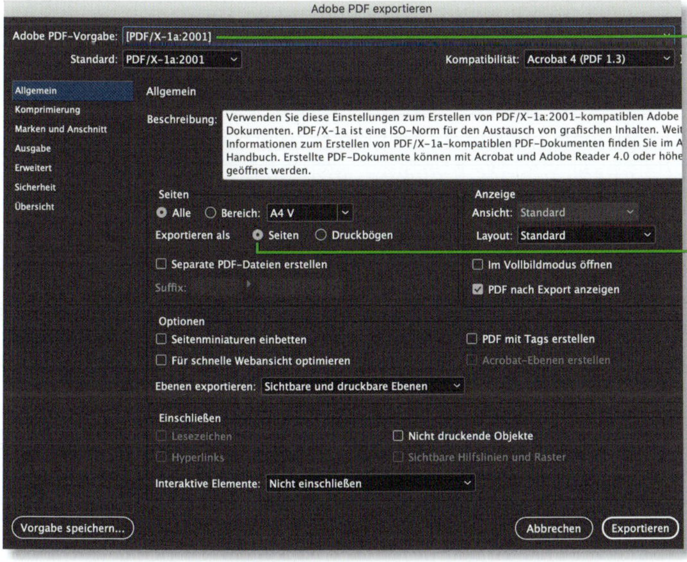

◂ **Abbildung 11.32**
Die voreingestellten Optionen im Bereich Allgemein sind für die allermeisten Projekte in Ordnung.

Druckbögen

Wenn Sie einen Wickelfalz-Leporello aus sechs Seiten angelegt haben, die jeweils zu dritt nebeneinanderliegen, wählen Sie die Option Druckbögen bei Exportieren als. Dann erhalten Sie im PDF zwei Seiten: die Druckbögen.

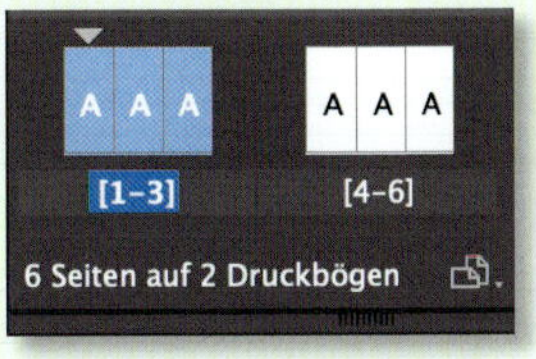

[Kleinste Dateigröße]

Die geringere Dateigröße, die aus der Anwahl der PDF-Vorgabe Kleinste Dateigrösse resultiert, erklärt sich insbesondere aus der stärkeren Komprimierung von Rastergrafiken. Rufen Sie sich einfach das Preset auf und vergleichen Sie die Werte verschiedener Vorgaben.

Im Bereich Komprimierung können Sie nachsehen, wie Rastergrafiken behandelt werden. Ändern brauchen Sie hier nichts, daher schauen wir uns direkt den Bereich Marken und Anschnitt an.

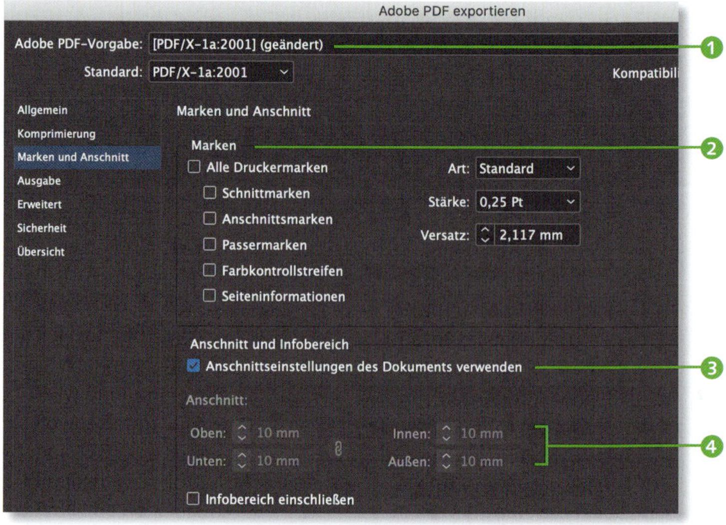

Abbildung 11.33 ▸
Ein PDF für den Druck muss einen Anschnitt enthalten, daher ändern Sie hier die Vorgabe.

Im Bereich Marken ❷ können Sie angeben, ob beispielsweise Schnittmarken mit ins PDF geschrieben werden sollen, häufig werden diese Marken aber nicht benötigt. Ganz anders sieht es beim Anschnitt aus: Die voreingestellten Werte stehen hier bei 0 mm. Damit sind sie für ein Druck-PDF ungeeignet. Sie haben hier die Wahl zwischen der Eingabe von Werten, die Sie von Ihrer Druckerei erhalten haben (meist wird mit einem Anschnitt von 3 mm gearbeitet)und der Option Anschnittseinstellungen des Dokuments verwenden. Empfehlenswert ist es, diesen Wert direkt zu Beginn eines Projektes abzufragen, ihn bei der Anlage eines neuen InDesign-Dokuments anzulegen und beim Layouten direkt zu berücksichtigen. Dann können Sie hier auch die entsprechende Option wählen ❸. Da sich diese Option und die manuelle Eingabe der Anschnittswerte gegenseitig ausschließen, sind die Eingabefelder nach Aktivierung dieser Option ausgegraut ❹.

Bedenken Sie, dass diese Einstellungen im Dialog Adobe PDF exportieren keinerlei Einfluss auf die Einstellungen des Dokuments oder gar auf randabfallende Elemente haben: Hier wird lediglich angegeben, ob das PDF einen Anschnitt enthält. Durch die Ausgabe eines Anschnitts wird das PDF größer als das Netto-

Bruttoseitengröße

Falls Sie Marken mitausgeben, können diese das Bruttoformat zusätzlich zum Anschnitt noch weiter vergrößern.

format Ihres Dokuments. Auch diese Information ist bei Onlinedruckereien häufig hinterlegt – das Bruttoseitenformat des PDFs ist demnach um genau diesen Anschnittswert größer. Dies können wir beim fertig ausgegebenen PDF in einem Programm wie Acrobat Pro DC, das Sie sich auf jeden Fall auch installieren sollten, überprüfen. Das schauen wir uns später noch an.

Ob Sie die Option Anschnittseinstellungen des Dokuments verwenden nutzen oder die Werte im Bereich Anschnitt eingeben: Sie ändern in jedem Fall die Vorgabe. Dies sehen Sie an dem Zusatz (Geändert) ❶ hinter dem ursprünglichen Namen der PDF-Vorgabe. Dieses Prinzip kennen Sie von verschiedenen Bedienfeldern: Bei den Absatzformate-, den Seiten- und den Farbfelder-Bedienfeldern etwa finden Sie Einträge, die in eckigen Klammern stehen und weder modifiziert noch gelöscht werden können. Wir werden die vorgenommenen Änderungen später als eine neue Adobe PDF-Vorgabe speichern.

Im Bereich Ausgabe können Sie festlegen, ob und wenn ja wie Farben konvertiert werden sollen. Falls Sie medienneutral gearbeitet haben, enthält Ihr Layout ja RGB-Daten und hier wird festgelegt, wie diese zu CMYK umgewandelt werden sollen. Die Voreinstellungen hier sind völlig in Ordnung: Bei Farbkonvertierung ist die Option In Zielprofil konvertieren (Werte beibehalten) ❺ und bei Ziel ist das Dokument-CMYK-Profil angewählt. Hier ist es ISO Coated v2 ❻.

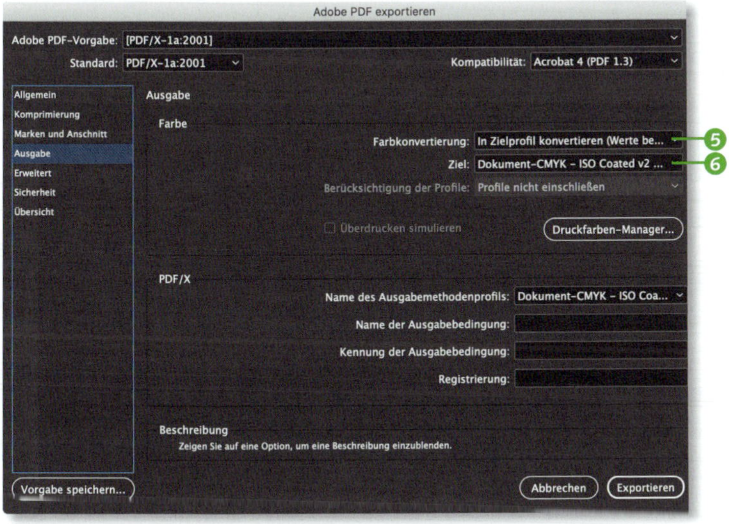

◂ **Abbildung 11.34**
Im Bereich Ausgabe definieren Sie, mit welchem Farbprofil RGB-Daten in CMYK konvertiert werden sollen.

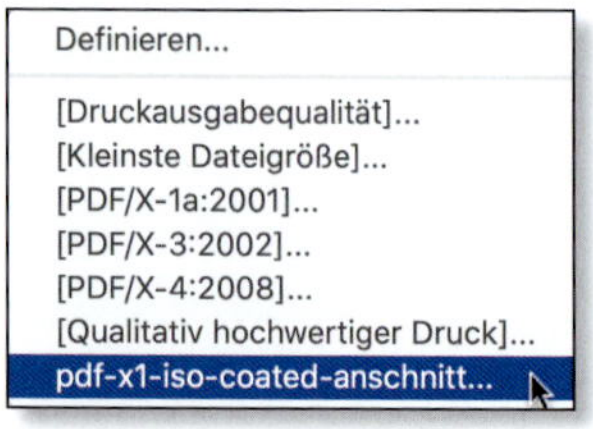

▲ **Abbildung 11.35**
Die neu angelegte PDF-Vorgabe steht direkt zur Verfügung.

Speichern Sie sich diese Einstellungen zum wiederholten Gebrauch mit einem Klick auf den Button Vorgabe speichern unten rechts als neue Adobe PDF-Vorgabe ab. Ich speichere mir die neue PDF-Vorgabe als »pdf-x1-iso-coated-anschnitt« ab.

Hier sehen Sie ein mit den eben erstellten PDF-Vorgaben ausgegebenes PDF in Acrobat Pro DC.

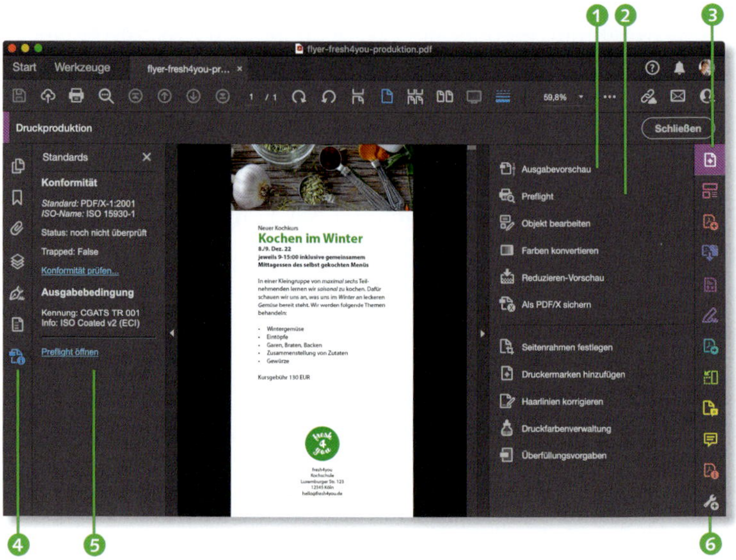

Abbildung 11.36 ►
Überprüfen Sie ein PDF vor der Weitergabe an die Druckerei in Acrobat Pro DC.

Über den Button Standards ❹ können Sie sich schnell einen Überblick über das PDF verschaffen: In der Spalte, die sich nach einem Klick auf den Button einblendet ❺, sehen wir, dass wir ein PDF/X-1:2001 vor uns haben, das mit dem Farbprofil ISO Coated v2 erstellt wurde.

Am rechten Fensterrand sehen Sie unten den Button Mehr Werkzeuge ❻. Ich habe mir darüber die Druckproduktion-Werkzeuge eingeblendet ❸. Hier finden Sie weitere Werkzeuge wie Ausgabevorschau ❶ und Preflight ❷, mit denen Sie das PDF weiter untersuchen können.

Um das Seitenformat eines PDFs abzulesen, wählen Sie im Datei-Menü von Acrobat Pro DC den Befehl Eigenschaften. Im Fenster Dokumenteigenschaften können Sie nun beispielsweise nachschauen, ob das Seitenformat korrekt ist. Wenn Sie hier den Reiter Beschreibung ❼ wählen, wird Ihnen die entsprechende Information angezeigt ❽. Das Seitenformat des PDFs, das ich für die letzten beiden Screenshots verwendet habe, wird mir als 106×216 mm angegeben und entspricht damit genau dem Nettoformat von DIN lang (100 × 210 mm) zuzüglich der zweimal 3 mm des Anschnitts. Somit entspricht das PDF den anfangs erläuterten Vorgaben und ich könnte es der Druckerei zukommen lassen.

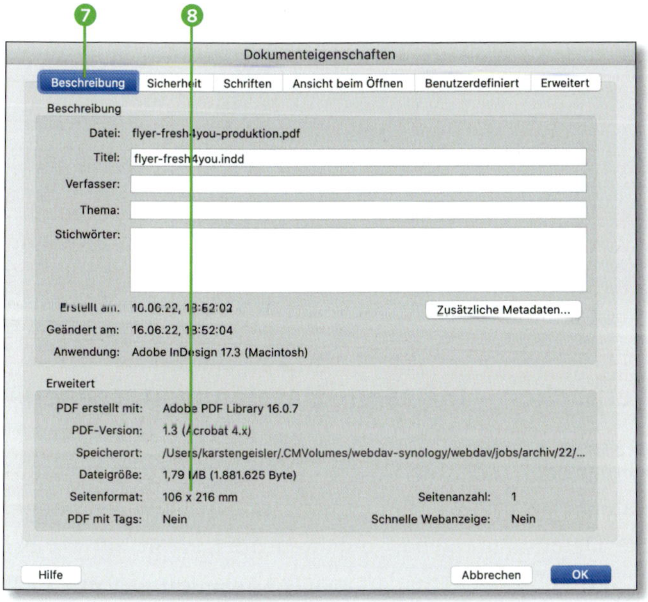

◂ **Abbildung 11.37**
In den Dokumenteigenschaften können Sie Informationen nachsehen und gegebenenfalls Einstellungen ändern.

In dem Fenster Dokumenteigenschaften können Sie bei Bedarf auch nachsehen, welche Fonts eingebettet sind, und Sie können beispielsweise Einstellungen bezüglich Sicherheit oder des Verhaltens beim Öffnen des PDFs modifizieren. Diese und weitere Funktionen finden Sie oben als Reiter im Dokumenteigenschaften-Fenster.

Verwendung von Joboptions

PDF-Vorgaben haben als Dateiendung .joboptions und können über Datei • Adobe PDF-Vorgaben • Definieren verwaltet werden. Das Fenster Adobe PDF-Vorgaben bietet Ihnen die Möglichkeit, PDF-Vorgaben anzulegen, zu bearbeiten, zu löschen und zu speichern. Gegebenenfalls können Sie hierüber selbst angelegte PDF-Vorgaben weitergeben oder Sie laden sich Joboptions,

druckerei-xy.joboptions

▴ **Abbildung 11.38**
PDF-Vorgaben können als Dateien im Joboptions-Format weitergegeben werden.

die Sie sich entweder von der Webseite Ihrer Druckerei heruntergeladen haben oder die Ihnen per E-Mail geschickt wurden:

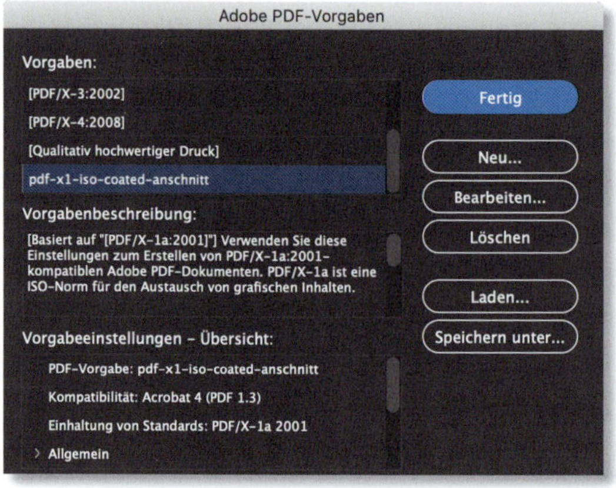

Abbildung 11.39 ▸
In den Adobe PDF-Vorgaben lassen sich auch von Ihrer Druckerei zur Verfügung gestellte Joboptions laden.

11.6 Verpacken – InDesign-Dateien weitergeben

In zwei Situationen möchten Sie alle in einer Layoutdatei verwendeten Dateien zusammen in einem Verzeichnis vorliegen haben: Wenn Sie Daten weitergeben möchten oder wenn ein Projekt beendet ist und Sie die Daten archivieren möchten. Um alle relevanten Daten einer Layoutdatei zusammenzuführen, gibt es den Befehl VERPACKEN im Menü DATEI.

Back-ups

Kaum etwas ist so unbeliebt und gleichzeitig so sinnvoll wie eine schlüssige Back-up-Strategie. Beim Arbeiten mit InDesign selbst gehen selten Daten etwa durch Abstürze verloren. Aber Festplatten von Rechnern können sich aus verschiedensten Gründen »verabschieden«. Sorgen Sie also immer (!) für mindestens eine Sicherungskopie Ihrer Arbeiten – beispielsweise auf einer externen Festplatte.

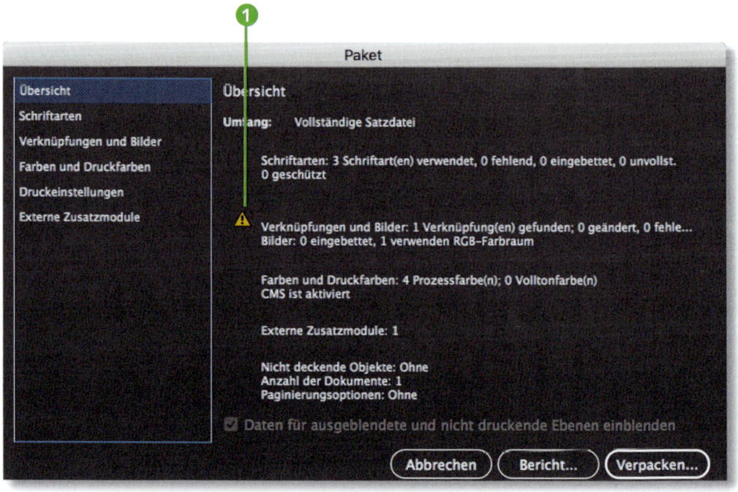

Abbildung 11.40 ▸
Durch den Befehl VERPACKEN werden zunächst alle relevanten Informationen der Layoutdatei eingeblendet.

Wenn Sie den Befehl VERPACKEN anwählen, werden Ihnen zunächst im Fenster PAKET zahlreiche Informationen und gegebenenfalls Warnungen bezüglich der verwendeten Daten eingeblendet. Im Screenshot sehen Sie eine Warnung, weil die Satzdatei RGB-Bilder enthält ①. Diese können Sie natürlich ignorieren, wenn Sie medienneutral arbeiten.

Ist von Ihrer Seite alles in Ordnung mit allen im Dokument verwendeten Bildern, Schriften, Farben usw., können Sie den VERPACKEN-Button betätigen. Dadurch werden Sie zu einem Dialog geführt, in dem Sie den Speicherort und den Verzeichnisnamen für alle zusammengetragenen Daten angeben können.

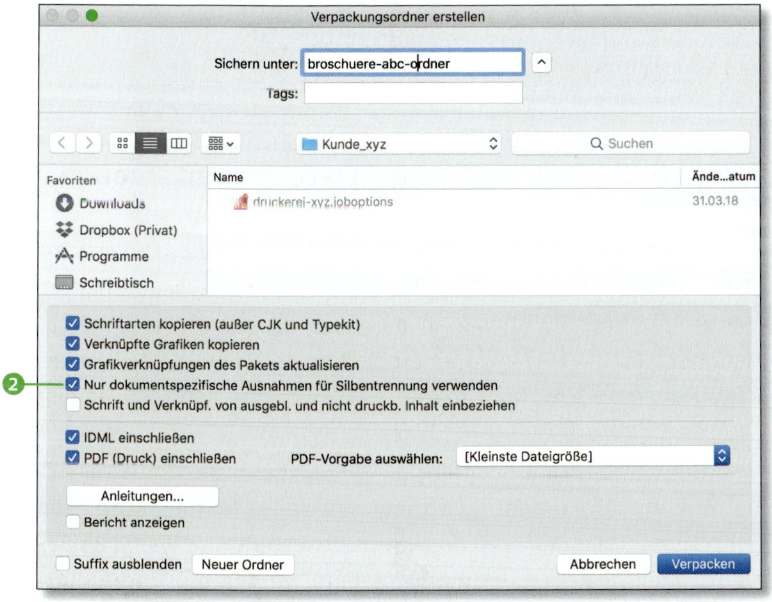

◂ **Abbildung 11.41**
InDesign sammelt auf Knopfdruck alle verwendeten Daten eines Layouts in einem neuen Verzeichnis.

Durch das Betätigen des VERPACKEN-Buttons wird ein neues Verzeichnis erstellt, in das die InDesign-Datei und die jeweiligen Unterverzeichnisse für die verwendeten Schriften und Grafiken kopiert werden. Nun haben Sie zwei gleichlautende Dateien auf dem Rechner, wobei die Ursprungsdatei weiter geöffnet ist. Am besten schließen Sie diese gleich und löschen sie dann.

Aktivieren Sie auf alle Fälle die Option, die die Silbentrennung betrifft ②, ansonsten kann es bei erneutem Öffnen der Datei zu einem neuen Umbruch kommen.

11.7 Schriftprobleme lösen

Schriftverwaltung

Wenn Sie Adobe Fonts verwenden, aktiviert InDesign diese im Bedarfsfall automatisch. Wenn Sie auch häufig Schriften einsetzen, die Sie manuell auf Ihrem System installiert haben, lassen sich diese am besten mit zusätzlichen Programmen wie Extensis Suitcase oder Linotype FontExplorer verwalten.

Adobe stellt InDesign-Anwendern verschiedene umfangreiche Funktionen bereit, die das Prüfen und das eventuell notwendige Beheben von potenziellen Problemen vereinfachen. Auf einige Fallstricke weist InDesign automatisch hin, wenn Schwierigkeiten festgestellt werden. Das ist beispielsweise bei Schriftproblemen der Fall. Wird ein InDesign-Dokument geöffnet, in dem Schriften eingesetzt werden, die auf dem aktuellen System nicht verfügbar sind, wird eine Warnmeldung eingeblendet, in der alle fehlenden Schriften aufgelistet sind:

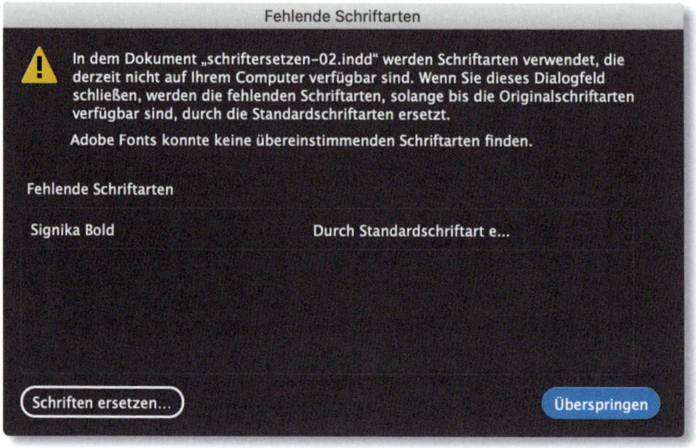

Abbildung 11.42 ▸
InDesign merkt beim Öffnen von Dateien, ob die verwendeten Schriften auf dem Rechner verfügbar sind.

Bestätigen Sie das Dialogfenster mit Überspringen, wird das betreffende Dokument geöffnet, und alle Textpassagen, die Schriften verwenden, die dem Betriebssystem und damit InDesign derzeit nicht zur Verfügung stehen, werden mit Rosa unterlegt. Als Ersatzschrift verwendet InDesign die Myriad:

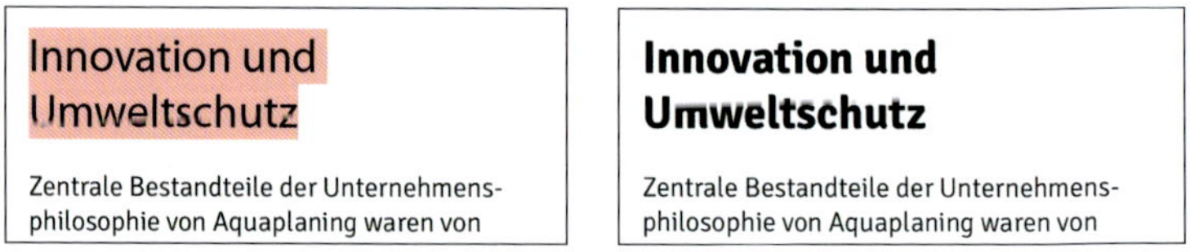

Abbildung 11.43 ▸
InDesign markiert Texte rosa, wenn diese mit Schriften formatiert wurden, die nicht (mehr) zur Verfügung stehen.

Wählen Sie im Dialog Fehlende Schriftarten statt Überspringen den Button Schriften ersetzen, erscheint ein zweiter Dialog, in dem Sie fehlende Schriften durch solche ersetzen können, die auf Ihrem Rechner aktiv sind:

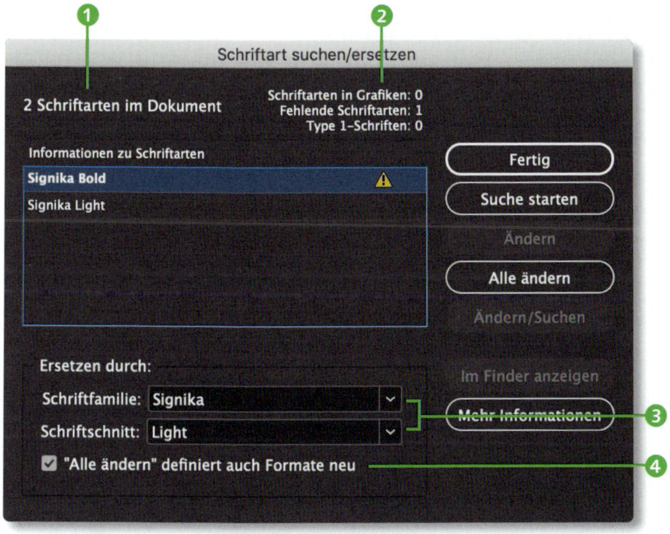

◂ **Abbildung 11.44**
Der Dialog SCHRIFTART SUCHEN/ERSETZEN bietet umfangreiche Möglichkeiten, mit fehlenden Schriften umzugehen.

Das Dialogfenster zeigt Ihnen im oberen Bereich an, wie viele Schriften im aktiven Dokument insgesamt verwendet werden ❶ und ob diese im InDesign-Dokument selbst oder in platzierten Grafiken eingesetzt sind ❷. Im Beispiel aus Abbildung 11.43 fehlt die Signika Bold für die Headline. Bei ERSETZEN DURCH ❸ können Sie die SCHRIFTFAMILIE und den SCHRIFTSCHNITT angeben, die den in der Liste markierten Schriftschnitt ersetzen sollen. Mit "ALLE ÄNDERN" DEFINIERT AUCH FORMATE NEU ❹ können Sie die Schrift auch in Absatzformaten und Zeichenformaten ersetzen. Dass der Austausch von Schriften bei fehlenden Schriften allerdings nur ein absoluter Notbehelf sein kann, versteht sich sicher von selbst.

Der Dialog SCHRIFTART SUCHEN/ERSETZEN, den Sie auch im Schrift-Menü finden, lässt sich aber auch dafür einsetzen, komplette Schriften gegeneinander auszutauschen, wenn sich beispielsweise die Hausschrift eines Kunden geändert hat.

Schriftart ersetzen

Der Button SUCHE STARTEN im Dialog SCHRIFTART SUCHEN/ERSETZEN durchsucht das gesamte Dokument nach der ersten Position, an der die markierte Schrift verwendet wird, und zeigt diese im Dokumentfenster an. Mit den daraufhin zur Verfügung stehenden Buttons WEITERSUCHEN bzw. ÄNDERN können Sie bestimmen, wie InDesign weiter vorgehen soll. Mit Betätigung des WEITER-

SUCHEN-Buttons ② bleibt die Textstelle unverändert. Mit ÄNDERN ③ tauschen Sie die Schriftart und den Schriftschnitt der Fundstelle direkt aus. Durch ALLE ÄNDERN ④ würden alle Stellen, an denen die fehlende Schrift eingesetzt wird, geändert – ohne visuelle Kontrolle Ihrerseits. Bei ÄNDERN/SUCHEN ⑤ ändert InDesign die aktuell gefundene Textpassage und springt gegebenenfalls direkt zur nächsten Stelle.

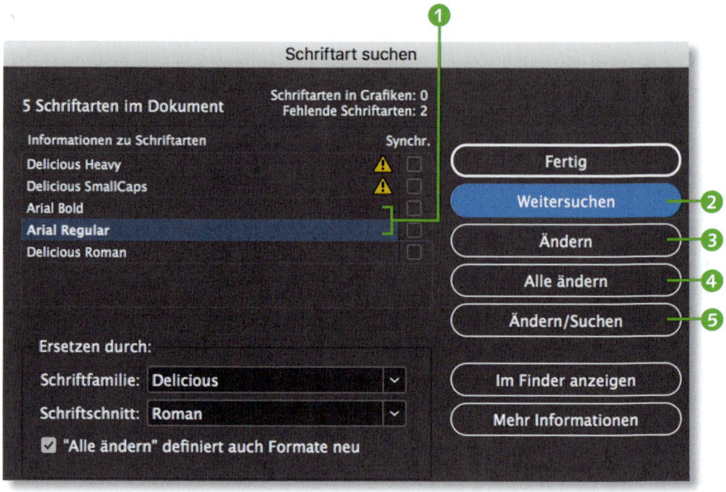

Abbildung 11.45 ▸
Mit Hilfe des Dialogs SCHRIFTART SUCHEN können Schriften im ganzen Dokument ersetzt werden.

Ein Blick in den SCHRIFTART SUCHEN-Dialog, den Sie auch über das Menü SCHRIFT aufrufen können, lohnt sich auch, nachdem Sie Word-Texte platziert und formatiert haben. Häufig werden beim Platzieren nämlich auch Leerzeilen und selbst Leerzeichen importiert, die weiterhin in Arial oder Times formatiert sind. Im Layout sehen Sie diese falsch formatierten Texte nicht ohne Weiteres.

Mit SCHRIFTART SUCHEN verschaffen Sie sich aber schnell einen Überblick ① und können Schriften, die partout nicht in Ihr Layout gehören, direkt von hier austauschen. Es kann nämlich ziemlich irritieren, wenn Sie zu einem späteren Zeitpunkt merken, dass Schriften in Ihrem Dokument zum Einsatz kommen, die Sie selbst gar nicht vorgesehen haben. Unbeabsichtigt verwendete Schriften fallen vielleicht auch erst bei der Archivierung Ihres Dokuments beim Verpacken auf (siehe Abschnitt 11.6, »Verpacken«). Daher lohnt ab und zu ein Blick in den SCHRIFTART SUCHEN/ERSETZEN-Dialog.

Schriftwarnungen

Bei aktiviertem Preflight (siehe Abschnitt 11.4, »Preflight«) weist Sie ein roter Kreis am unteren Dokumentfensterrand auf Probleme in Ihrem InDesign-Dokument hin – das können auch Schriftfehler sein. Über das Menü daneben ❻ öffnen Sie das PREFLIGHT-Bedienfeld. Im Beispiel werden auch hier die beiden fehlenden Schriften aufgelistet, und wie im Dialog SCHRIFTART SUCHEN können die entsprechenden Textstellen ❼ vom PREFLIGHT-Bedienfeld aus direkt im Dokumentfenster aufgerufen werden.

◀ **Abbildung 11.46**
Das PREFLIGHT-Fenster weist auch auf fehlende Schriften und mögliche Gegenmaßnahmen hin.

Neben diesem sogenannten Live-Preflight werden Sie außerdem bei dem Versuch, eine Datei als PDF oder auf einem Drucker auszugeben, mit einem Warnhinweis auf die fehlenden Schriften aufmerksam gemacht.

11.8 Austausch mit älteren Programmversionen

Aktuelle InDesign-Versionen können natürlich Dateien, die mit Vorgängerversionen erstellt wurden, problemlos öffnen. Ebenso können Sie Layouts für ältere Programmversionen speichern. Was es hierbei zu beachten gibt, schauen wir uns kurz an.

▲ **Abbildung 11.47**
Beim Öffnen eines Dokuments, das in einer älteren InDesign-Version erstellt wurde, wird im Dokumenttitel [UMGEWANDELT] angezeigt.

Dateien älterer Programmversionen öffnen

Wenn Sie ein InDesign-Dokument öffnen, das mit einer älteren InDesign-Version erstellt wurde als die, mit der Sie arbeiten, wird die Datei in das Dateiformat Ihrer Version konvertiert. Erkennbar ist dies an der Fensterzeile. Dort wird neben dem Dokumentnamen [UMGEWANDELT] eingeblendet. Möchten Sie ein konvertiertes Dokument schließen, werden Sie – auch ohne zusätzliche Änderungen vorgenommen zu haben – von InDesign gefragt, ob Sie die Änderungen speichern wollen. Bestätigen Sie dies durch Drücken des SPEICHERN-Buttons, ist die Datei von nun an nur noch ohne Weiteres mit der InDesign-Version zu öffnen, mit der Sie die Datei gespeichert haben, da Sie durch das Speichern die Konvertierung der Datei in das neuere Dokumentformat bestätigen.

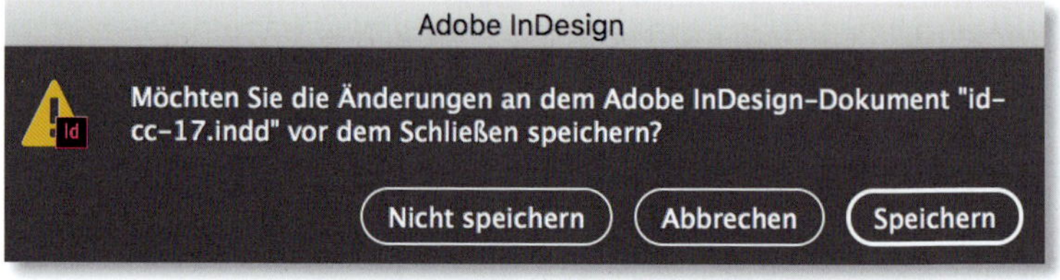

Abbildung 11.48 ▶
Wird ein Dokument einer älteren InDesign-Version geöffnet und gespeichert, kann es nur noch mit dem neueren Programm geöffnet werden.

Dass Daten von einer älteren InDesign-Version in eine neuere konvertiert werden müssen, ist bei jedem großen InDesign-Update nötig, wenn Sie an bestehenden Daten weiterarbeiten möchten.

Dateien für Vorgängerversionen speichern

Neuere Versionen von InDesign können immer problemlos Dateien von vorangegangenen Programmversionen öffnen und ältere InDesign-Versionen der Creative-Cloud-Reihe können Dokumente von neueren Programmversionen öffnen. Sie werden dann beim Öffnen gefragt, ob Sie das Dokument in das ältere Dateiformat konvertieren möchten. Es ist hingegen nicht ohne Weiteres möglich, Layouts neuerer Programmversionen mit einer InDesign-Version CS6 oder älter zu öffnen.

Auf Umwegen gelingt der Austausch zwischen einer höheren Programmversion und einer älteren dennoch. Diese Weitergabe funktioniert von InDesign CC aus an InDesign CS4 und höher. Um nun eine Datei für eine Vorgängerversion von InDesign zu speichern, wählen Sie als Dateiformat INDESIGN CS4 ODER HÖHER (IDML) ❷. Dieses Format finden Sie im Dialog über DATEI • SPEICHERN UNTER ❶. Durch das Speichern im .idml-Format (InDesign

Dateifehler beheben

Übrigens lohnt sich das Abspeichern einer InDesign-Datei als .idml auch, falls Sie einmal Probleme mit einem Dokument haben sollten: Nach dem Öffnen der .idml-Datei in Ihrer aktuellen Programmversion sind die Probleme durch diesen »Waschgang« dann hoffentlich behoben.

MarkUp Language) wird eine Reihe von Zusatzinformationen wie die Bildvorschauen aus der Datei gelöscht, weshalb die neue Datei gegebenenfalls deutlich kleiner als die Originalversion sein kann.

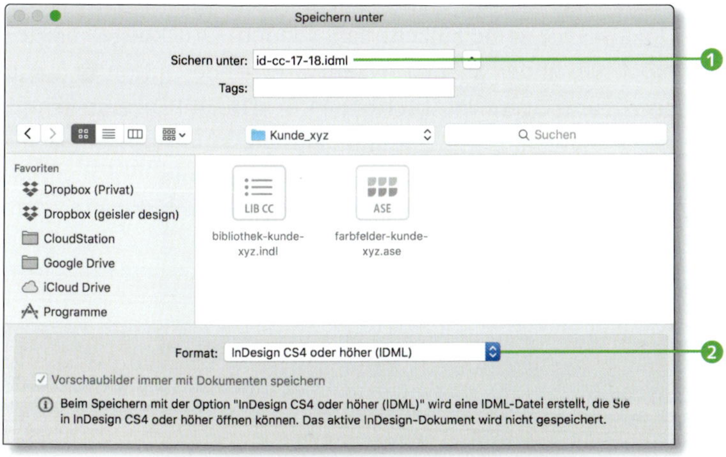

◂ **Abbildung 11.49**
Im SPEICHERN UNTER-Dialog steht Ihnen auch ein InDesign-Austauschformat für ältere Programme zur Verfügung.

Beim Öffnen einer .idml-Datei aus InDesign CS4 wird die Datei in ein unbenanntes Dokument umgewandelt. Entsprechend den im Ursprungsdokument angewendeten versionsspezifischen Features kann es hierbei zu Unterschieden kommen: Denn neuere Funktionen können natürlich nicht in jedem Fall von älteren Programmen wiedergegeben werden.

Prinzipiell ist es also möglich, InDesign-Daten zwischen verschiedenen Programmversionen und/oder Betriebssystemen auszutauschen, wegen der möglichen Probleme ist dies aber nicht empfehlenswert und sollte nach Möglichkeit vermieden werden.

11.9 Drucken

Wenn Sie ein Dokument drucken möchten, wählen Sie wie in anderen Programmen auch DATEI • DRUCKEN oder betätigen [Strg]/[⌘]+[P] (für engl. »print«). Wenn Sie allerdings nur einen bestimmten Seitenbereich ausgeben möchten, gibt es noch eine weitere interessante Möglichkeit, Seiten zu drucken: Markieren Sie im SEITEN-Bedienfeld die zu druckenden Seiten, und rufen Sie dann über das Kontextmenü den Befehl DRUCKEN auf. Die betreffenden Seiten trägt InDesign direkt in den DRUCKEN-Dialog ein. Das umständliche Eintragen von Angaben wie 12–15 unter Seiten • Bereich ❶ entfällt dann. Übrigens können Sie auch nicht zusammenhängende Seitenbereiche drucken. Geben Sie diese unter Bereich mit Kommas getrennt ein: etwa 90–91, 96, 98–115. Falls Sie keine Einzelseiten, sondern Druckbögen ausgeben möchten, finden Sie hier die entsprechende Option ❷ (siehe Kasten »Druckbögen« in Abschnitt 11.5, »Druck-PDF erstellen«).

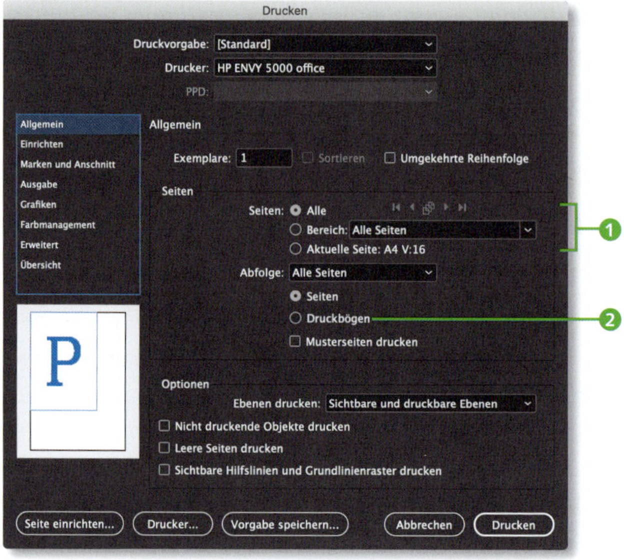

Abbildung 11.50 ▸
Der Drucken-Dialog mit den allgemeinen Einstellungen

Wenn Sie ein kleineres Layoutformat als das des Druckerpapiers ausgeben möchten, bietet es sich an, im Register Einrichten die Option Zentriert ❸ bei Seitenposition zu wählen. Für den Screenshot habe ich einen Visitenkartenentwurf gewählt:

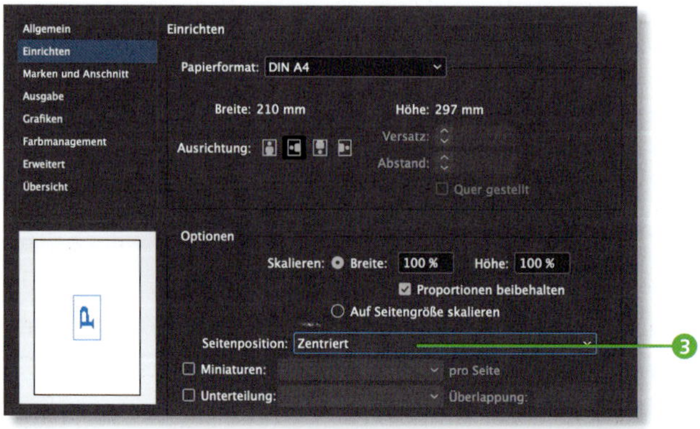

Abbildung 11.51 ▸
Bei kleineren Formaten bietet sich die Option Zentriert bei Seitenposition an.

Ebenfalls bei kleineren Formaten bietet sich die Ausgabe von Schnittmarken an, damit Sie auf dem Ausdruck eine Orientierung bezüglich der Layoutgröße haben. Schnittmarken können Sie im Register MARKEN UND ANSCHNITT aktivieren.

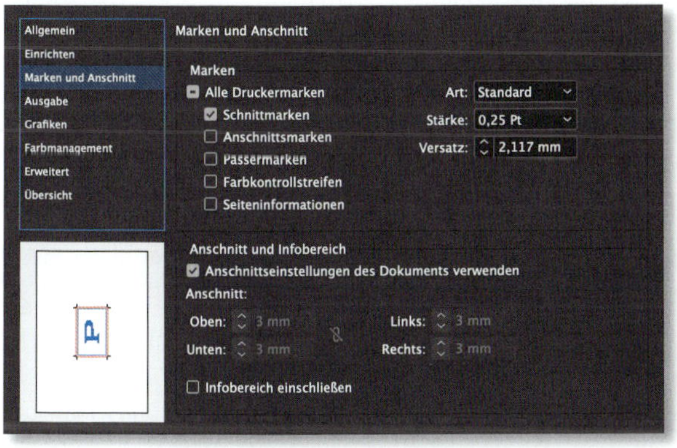

◂ **Abbildung 11.52**
Aktivieren Sie die Schnittmarken, um auf größeren Formaten ein Gefühl für die Layoutgröße zu erhalten.

Speichern Sie Druckvorgaben ab, die Sie immer wieder benötigen. Den VORGABE SPEICHERN-Button finden Sie am unteren Fensterrand.

11.10 Spezielle Funktionen zur Reinzeichnung

Zum Abschluss möchte ich Ihnen noch Funktionen vorstellen, die bei der Reinzeichnung, der Druckvorbereitung Ihres Layouts, eine Rolle spielen können. Hierbei werden wir Themen wie Sonderfarben, Separation oder Transparenzreduzierung streifen, von denen Sie mindestens gehört haben sollten und bei denen Sie wissen sollten, wo diese Themen in InDesign eine Rolle spielen.

Druckfarben-Manager

Die Funktion des Druckfarben-Managers finden Sie an verschiedenen Stellen in InDesign: im Menü des FARBFELDER-Bedienfelds und im jeweiligen AUSGABE-Register der Dialoge ADOBE PDF EXPORTIEREN bzw. DRUCKEN.

Im DRUCKFARBEN-MANAGER sind alle Farbauszüge der aktuellen Datei aufgelistet. Stellen Sie sich vor, Sie arbeiten an einem InDesign-Dokument, in das verschiedene Logo-Varianten und andere Designelemente eines Kunden eingefügt werden sollen. Logos und Grafiken werden Ihnen gestellt, und Sie stellen fest, dass in den Fremddaten derselbe Farbton, nämlich die Hausfarbe des Kunden, mit verschiedenen Volltonfarben realisiert wurde. Dies bemerken Sie an den zusätzlichen Farbfeldern ❶, die InDesign beim Import von Grafiken, in denen Volltonfarben verwendet wurden, der Farbfelderliste hinzufügt. In der Liste der Farbauszüge im Bedienfeld SEPARATIONSVORSCHAU, das unter FENSTER • AUSGABE zu finden ist und das wir uns gleich noch genauer ansehen, sind die drei zusätzlichen Volltonfarben ebenfalls zu sehen ❷. Eine solche Datei würde bei der Separation tatsächlich statt der regulären vier Farbauszüge gleich drei zusätzliche Farbauszüge ergeben. Mit Separation ist die Aufschlüsselung beliebiger Farben, die auch in RGB oder einem anderen Farbraum vorliegen können, in Farben des Offsetdrucks, die zumeist CMYK sind, gemeint.

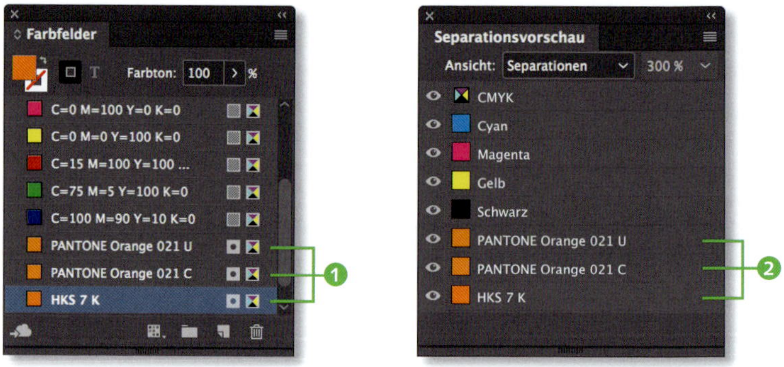

Abbildung 11.53 ▸
Die verwendeten Volltonfarben werden in den Bedienfeldern FARBFELDER und SEPARATIONSVORSCHAU aufgelistet.

Die umständliche Methode, um das zu umgehen, würde so aussehen, dass alle betreffenden Daten in ihren Ursprungsprogrammen geöffnet und die Farben dort vereinheitlicht würden. Mit dem DRUCKFARBEN-MANAGER hingegen lassen sich die Sonderfarben direkt aus InDesign heraus verwalten. Die Bilddaten müssen dadurch nicht in anderen Programmen geöffnet und korrigiert werden und bleiben mit ihren unterschiedlichen Volltonfarben unangetastet.

Mit einem Klick auf das Spotcolor-Icon vor den Namen der Volltonfarben ❸ wird die entsprechende Farbe in 4c umgewandelt. Sollen alle vorhandenen Volltonfarben bei der Separation nach 4c konvertiert werden, genügt ein Klick auf die Checkbox ALLE VOLLTONFARBEN IN PROZESSFARBEN UMWANDELN ❹.

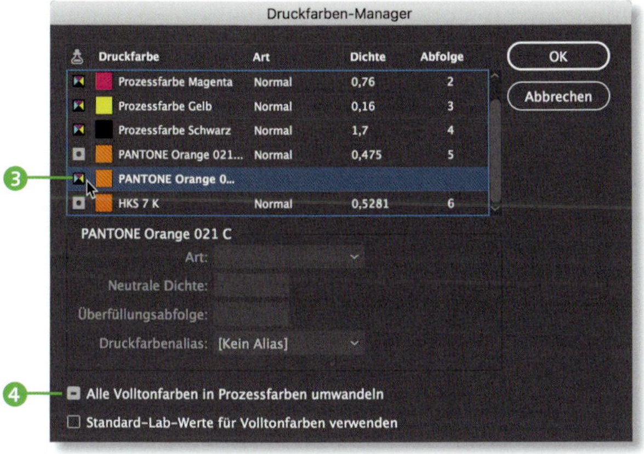

◂ **Abbildung 11.54**
Mit dem Druckfarben-Manager haben Sie die Anzahl der Farbauszüge im Griff.

Als weitere Variante kann ein sogenannter Alias für Volltonfarben verwendet werden. Mit einem Alias sind Sie in der Lage, die verschiedenen Volltonfarben in einer zusammenzufassen. Dadurch wird im Beispiel statt der drei Farbplatten nur noch eine benötigt. Um das zu erreichen, wählen Sie die Farbe im Druckfarben-Manager, die nun keinen eigenen Farbauszug mehr erhalten soll ⑤. Im zweiten Schritt markieren Sie im Dropdown-Menü Druckfarbenalias ⑦ diejenige Farbe, auf deren Auszug die oben ausgewählte Farbe ausgegeben werden soll. Im Beispiel werden die Farben PANTONE Orange 021 U und HKS 7 K ⑥ bei der Ausgabe auf dem PANTONE Orange 021 C-Auszug erscheinen.

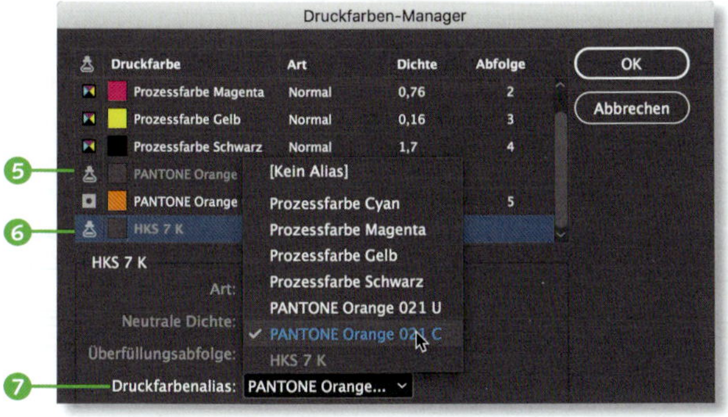

◂ **Abbildung 11.55**
Über den Druckfarben-Manager lassen sich Volltonfarben zusammenfassen, ohne dass die betroffenen Grafiken geändert werden müssen.

Beachten Sie, dass diese Zusammenfassung keine Auswirkung auf die Farbfelder selber hat – auf die eigentlichen Farben kann InDesign auch keinen Einfluss nehmen, da sie ja durch das Platzieren von Grafiken im Dokument auftauchen. Dass Vollton-Farbfelder als solche unverändert bestehen bleiben, sehen wir im FARBFELDER-Bedienfeld ①. Es wird also tatsächlich nur die Ausgabe modifiziert. In der SEPARATIONSVORSCHAU spiegelt sich die verringerte Anzahl der Farbauszüge aber wider ②.

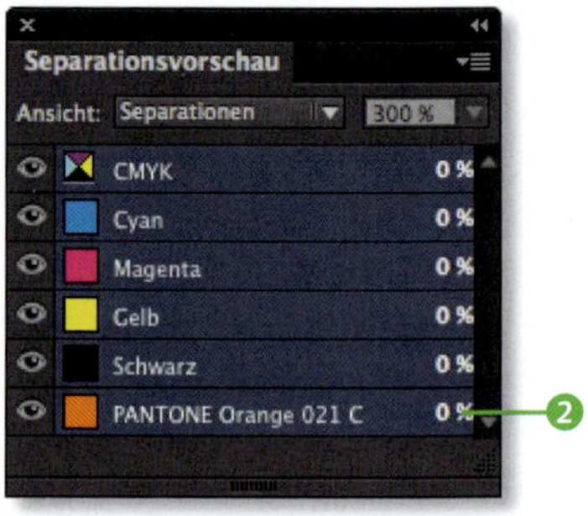

Abbildung 11.56 ▸
Wenn Sie Volltonfarben im DRUCKFARBEN-MANAGER zusammenfassen, hat dies keine Auswirkung auf die Farbfelder, auf die Separation allerdings schon.

Das Bedienfeld »Separationsvorschau«

Wie Sie im vorigen Abschnitt gesehen haben, verschaffen Sie sich über das Bedienfeld SEPARATIONSVORSCHAU, das Sie im Menü FENSTER • AUSGABE finden, einen Überblick über die zu erwartenden Farbauszüge Ihres Dokuments. Für jede der vier Offsetfarben wird beim Druck ein sogenannter Farbauszug erstellt. Auf ihm sind nur die Teile des Layouts sichtbar, die Farbanteile der jeweiligen Farbe verwenden. Normale Drucksachen kommen somit mit vier Auszügen für jede der vier Offset-Druckfarben aus. Kommt eine Volltonfarbe zum Einsatz, muss für diese – wie wir eben auch im vorigen Abschnitt »Druckfarben-Manager« gesehen haben – ein zusätzlicher Farbauszug erstellt werden.

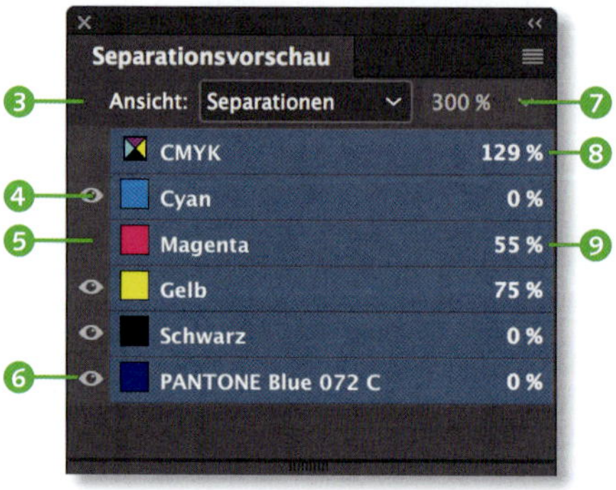

Abbildung 11.57 ▸
Mit der SEPARATIONSVORSCHAU haben Sie einen Überblick über die sogenannten Farbauszüge und den Gesamtfarbauftrag. Hier habe ich den Magentakanal ausgeschaltet.

Im Pulldown-Menü Ansicht ❸ stehen neben der hier gezeigten Option Separationen noch Aus und Farbauftrag zur Wahl. Aus dem Ebenen-Bedienfeld ist die Funktion des Auges ❹ bekannt: Ein Klick darauf blendet in diesem Bedienfeld den entsprechenden Farbauszug aus, und das Augen-Symbol verschwindet ❺. Möchten Sie sich nur einen bestimmten Farbauszug ansehen, klicken Sie auf den betreffenden Farbnamen, alle anderen Farben werden daraufhin ausgeblendet.

Neben den vier Offset-Druckfarben CMYK wird gegebenenfalls auch der Farbauszug der im Dokument verwendeten Volltonfarbe gezeigt ❻. Die Summe der übereinander druckbaren Farbanteile liegt je nach Druckverfahren und verwendetem Papier bei einem Wert zwischen 250 und 350%, den Sie in dem Eingabefeld für den Gesamtfarbauftrag ❼ nach Absprache mit Ihrem Druckdienstleister eintragen können. Der tatsächliche Wert des Gesamtfarbauftrags der Stelle, an der sich der Cursor im Dokument befindet ❿, wird neben CMYK angezeigt ❽. Dieser Wert gibt immer den tatsächlichen Gesamtwert an und ist unabhängig von den eventuell ausgeblendeten Farbauszügen. Der Farbauftrag der einzelnen Farben wird ebenfalls angezeigt ❾.

▲ **Abbildung 11.58**
Drei Ansichtsoptionen stehen im Bedienfeld Separationsvorschau zur Wahl.

Farbauftrag

Wird im Bedienfeld Separationsvorschau im Menü Ansicht ❸ die Option Farbauftrag gewählt, werden die Farbnamen im Bedienfeld ausgegraut, da in diesem Modus immer der Gesamtfarbauftrag im Dokument dargestellt wird. Alle Farben werden in diesem Modus in Graustufen wiedergegeben. Bereiche des Dokuments, in denen der im Feld Gesamtfarbauftrag ❼ über das Pulldown-Menü gewählte Prozentwert erreicht oder überschritten wird, werden in Rot gekennzeichnet. Je größer die Abweichung vom angegebenen Grenzwert ist, desto kräftiger erscheint das Rot. Dies gilt nicht nur für die im InDesign-Dokument angelegten Objekte, sondern auch für alle importierten Bilder und Grafiken. Sollten Sie in einem Dokument solche Bereiche feststellen, müssen diese in der Ursprungsapplikation korrigiert werden.

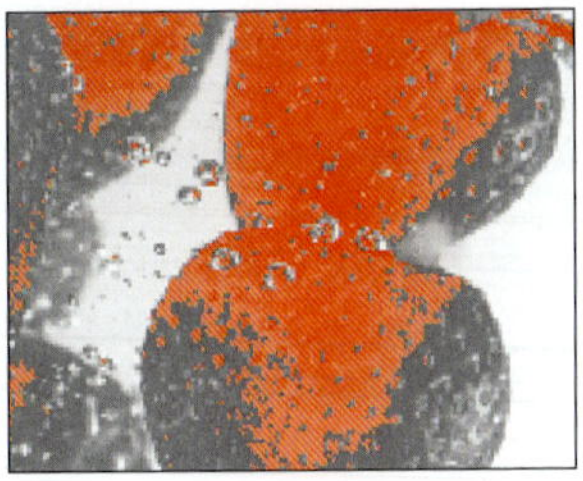

▲ **Abbildung 11.59**
In den rot gekennzeichneten Bildregionen übertrifft der zu erwartende Farbauftrag die Voreinstellungen.

Überdruckenvorschau

Sie befinden sich automatisch im Modus Überdruckenvorschau, wenn Sie im Bedienfeld Separationsvorschau unter Ansicht die

Option SEPARATIONEN gewählt haben. Als Farbprofil, das hierbei am Monitor simuliert wird, kommt jenes zum Einsatz, das unter ANSICHT PROOF EINRICHTEN eingestellt ist. Dies sollte in der Regel dem Dokumentprofil entsprechen, das Sie nach Absprache mit Ihrer Druckerei eingestellt haben. Schauen wir uns an, was *Überdrucken* bedeutet.

Lasierende Druckfarben

Offset-Druckfarben sind lasierend (nicht deckend), daher kann nicht einfach das Gelb im Beispiel über das Cyan gedruckt werden.

Jedes Objekt, das in InDesign eine farbige Kontur und/oder eine farbige Fläche hat, verdeckt die unter ihm liegenden Objekte (es sei denn, Sie haben dem Objekt über FENSTER • EFFEKTE eine Transparenz zugewiesen). Im Beispiel liegt ein gelber Kreis mit den CMYK-Werten 0/0/100/0 auf einem cyanfarbenen Rechteck mit den Werten 100/0/0/0. Für die Separation, also die Ausgabe einer Layoutdatei auf einem Belichter oder direkt auf die Druckplatten, bedeutet dies, dass verdeckte Objekte ausgespart werden. Im Beispiel wird der Kreis auf der Platte, die in der Druckmaschine Cyan druckt, ausgespart ❶.

Abbildung 11.60 ▸
Bei der Separation werden deckende Objekte von den unter ihnen liegenden Objekten ausgespart.

Eine Ausnahme hierbei bildet die Farbe [SCHWARZ], sie überdruckt immer ❷, jedenfalls solange Schwarz mit dem Farbton 100% wiedergegeben werden soll. Mit Überdrucken ist das genaue Gegenteil von Aussparen gemeint. Beim Überdrucken beeinflussen sich die verschiedenen Farbbereiche nicht ❸ (eben weil sie nicht ausgespart werden). Für den Druck bedeutet das, dass bei überdruckenden Objekten alle beteiligten Farben übereinandergedruckt werden und gegebenenfalls eine Mischfarbe ❹ bilden. Dass ein Objekt überdrucken soll, legen Sie bei Bedarf explizit im ATTRIBUTE-Bedienfeld (siehe Abbildung 11.61) fest.

▴ **Abbildung 11.61**
Über FENSTER • AUSGABE • ATTRIBUTE können Objekte als überdruckend definiert werden.

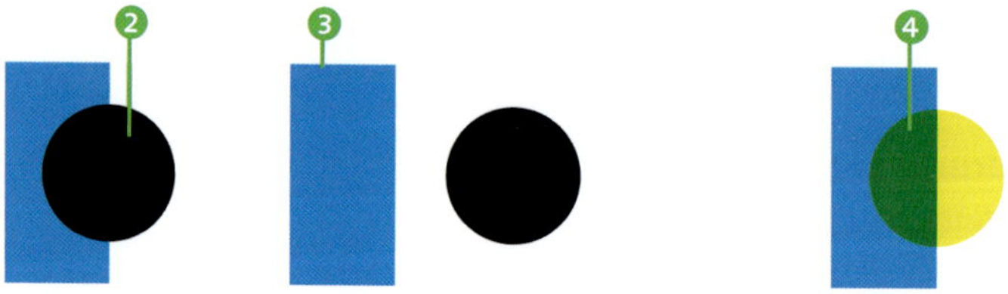

Abbildung 11.62 ▸
Schwarz überdruckt immer, von den schwarzen Objekten ist deshalb auf den unteren Farbauszügen nichts zu sehen.

Weil überdruckende Elemente in der Normal-Ansicht von InDesign als deckend wiedergegeben werden, ist hier Vorsicht geboten – nur in der Überdruckenvorschau ist sichtbar, welche Farben durch den Zusammendruck zu erwarten sind.

Transparenzreduzierung

Wenn Sie mit Transparenzen arbeiten, seien es Elemente, bei denen Sie die Deckkraft geändert haben oder bei denen Sie Effekte eingesetzt haben, kann es bei der Ausgabe eines Druck-PDFs nötig sein, dass diese Transparenzen reduziert, auf eine Ebene zusammengerechnet werden. Das ist abhängig vom gewünschten PDF-Standard: Bei PDF/X-1 und PDF/X-3 ❺ muss Transparenzreduzierung stattfinden ❻, ab PDF/X-4 ❼ nicht ❽.

▼ Abbildung 11.63
Im Bereich Ausgabe definieren Sie, mit welchem Farbprofil RGB-Daten in CMYK konvertiert werden sollen.

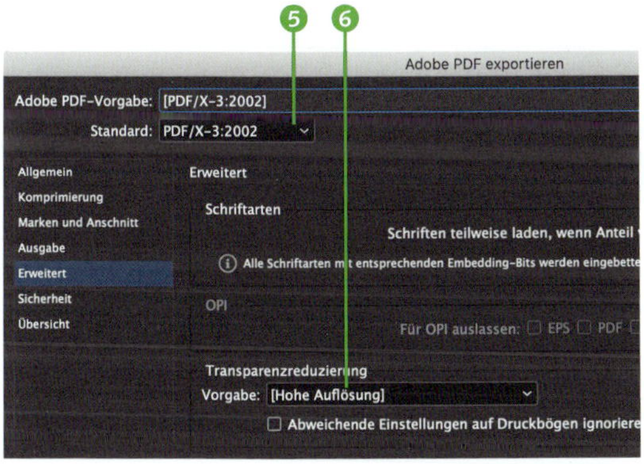

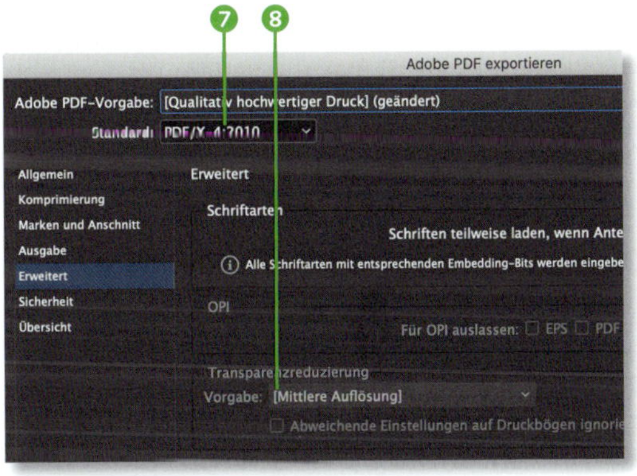

Wie diese Transparenzreduzierung bei der Umwandlung in ein PDF oder beim Drucken auf einem Desktopdrucker vonstattengeht, können Sie im jeweiligen Register Erweitert der Dialoge Adobe PDF exportieren bzw. Drucken überprüfen.

Wenn Sie also Gestaltungselemente mit Transparenzen verwenden und ein PDF/X-3 ausgeben, werden diese Transparenzen auf eine Ebene zusammengerechnet. Im Prinzip ist dieses Vorgehen ähnlich, wie wenn Sie in Photoshop verschiedene Ebenen zu einer reduzieren. Und genau wie in Photoshop ist es dem Ergebnis nicht anzusehen, ob Sie mit mehreren oder letztlich mit einer Ebene gearbeitet haben. Für ein transparenzreduziertes PDF aus InDesign kann es aber bedeuten, dass Text, der beispielsweise mit einem Schatten versehen wurde, in Pfade oder in Pixel umgerechnet wird. Um diese möglichen Problemstellen im Vorfeld der PDF-Ausgabe abschätzen zu können, setzen Sie das Bedienfeld REDUZIERUNGSVORSCHAU ein.

Bedienfeld »Reduzierungsvorschau«

Im Menü FENSTER • AUSGABE finden Sie verschiedene Bedienfelder, mit denen Sie das zu erwartende Ergebnis der Dokumentausgabe am Bildschirm vor der eigentlichen Ausgabe überprüfen können. Das Bedienfeld REDUZIERUNGSVORSCHAU kann Ihnen die verschiedenen Konsequenzen aus der Transparenzreduzierung im Vorfeld der Ausgabe anzeigen.

Abbildung 11.64 ▶
Transparenzen können Sie im Layout mit einem Bedienfeld überprüfen.

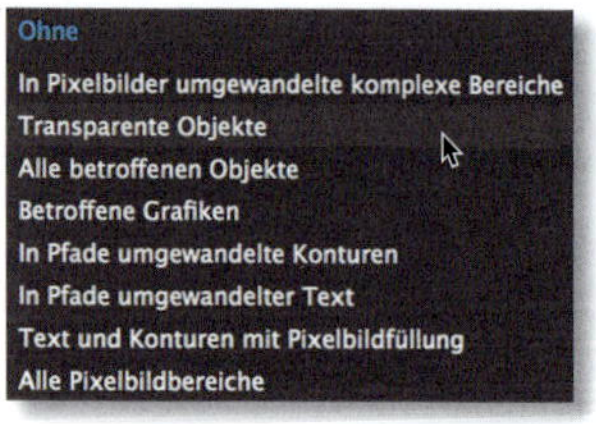

▲ Abbildung 11.65
Über das Pulldown-Menü MARKIEREN ❶ können Sie genau auswählen, was InDesign im Layout markieren soll.

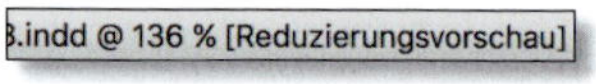

▲ Abbildung 11.66
InDesign weist auch in der Titelleiste darauf hin, dass Sie sich im Reduzierungsvorschaumodus befinden.

Im Menü MARKIEREN ❶ stehen Ihnen neben OHNE acht weitere Optionen zur Verfügung (siehe Abbildung 11.65). Hiermit steuern Sie, was InDesign zur Kontrolle der Transparenzreduzierung im Layout hervorheben soll. Entsprechende Objekte werden in Rot gekennzeichnet ❻.

Dass Sie sich im Reduzierungsvorschaumodus befinden, wird von InDesign durch zwei Maßnahmen gekennzeichnet. Zum einen erscheint [REDUZIERUNGSVORSCHAU] neben dem Dokumentnamen in der Dokumenttitelleiste (siehe Abbildung 11.66), zum anderen werden alle Dokumentseiten in Graustufen angezeigt.

Durch die Wahl des Menüpunktes OHNE wechseln Sie zur Standardansicht zurück. Wenn Sie mit dem Bedienfeld REDUZIERUNGSVORSCHAU arbeiten, markieren Sie die Checkbox AUTOMATISCH AKTUALISIEREN ❷, sonst müssen Sie bei jedem Wechsel der MARKIEREN-Option den danebenstehenden Button AKTUALISIEREN betätigen.

Im Pulldown-Menü VORGABE ❸ sind alle zur Verfügung stehenden Transparenzreduzierungsvorgaben anwählbar. In Kombination mit den verschiedenen MARKIEREN-Optionen lassen sich die Auswirkungen verschiedener Vorgaben beurteilen. Sollten Sie, wie bereits erwähnt, für einzelne Druckbögen individuelle Tranzparenzreduzierungen definiert haben, lassen sich diese mit der Checkbox ABWEICHUNG FÜR DRUCKBOGEN IGNORIEREN ④ bei der Reduzierungsvorschau übergehen. Mit einem Klick auf FÜR DRUCKAUSGABE ÜBERNEHMEN ⑤ wird das unter VORGABE gewählte Preset für den nächsten Ausdruck des Dokuments übernommen.

In der Vorschau können Sie beispielsweise erkennen, dass Text mit den entsprechenden Einstellungen in Pfade konvertiert wird, wenn er mit einem Transparenzeffekt wie beispielsweise einem Schlagschatten verrechnet wird ⑧. Mit der Markierungsoption IN PFADE UMGEWANDELTER TEXT ⑦ wird dies angezeigt.

◂ **Abbildung 11.67**
Text, der beispielsweise unter einem Schatten steht, wird gegebenenfalls bei der Ausgabe von InDesign in Pfade umgewandelt.

Für hochauflösende Ausgaben ist dies nicht zwangsläufig ein Problem, bei der Ausgabe auf einem Desktop-Drucker jedoch könnten die Textpartien zu kräftig erscheinen. Um dies zu umgehen, stellen Sie den Text mit Hilfe des Befehls OBJEKT • ANORDNEN • IN DEN VORDERGRUND oder über das EBENEN-Bedienfeld über das Objekt, auf das Transparenzeffekte angewendet werden. Text, der vor transparenten Objekten steht, wird nämlich von der Umwandlung in Pfade ausgenommen ⑨:

◂ **Abbildung 11.68**
Texte werden bei der Transparenzreduzierung von der Umwandlung in Pfade ausgenommen, wenn sie vor dem transparenten Objekt stehen.

Index

C

D

E

F

G

H

I

J

K

P

Q

R

S

T

U

V

W

X

Y

Z

Perfekte Druckdaten erstellen – inkl. Checklisten und Insidertipps